연극치료

이론과 실제

이선형 저

Drama Therapy

Theory and Practice

학지사

이 저서는 2020년 한국연구재단 저술출판지원사업의
지원을 받아 수행된 연구임(2020S1A6A4041089).

머리말

대학에 진학하면서 저자와 연극의 본격적인 만남이 시작되었다. 저자의 학과에는 원어로 연극을 하는 오랜 전통이 있었으므로 연극을 쉽게 접할 수 있었다. 대학원에 진학하여 시, 소설, 희곡 중 어느 장르를 전공으로 선택할까 고민하다가 불현듯 희곡을 공부해야겠다는 생각에 이르렀다. 학부에서의 연극 경험과 근처 대학로의 영향이 컸을 것이다. 대학원을 마칠 때쯤 원어 연극의 연출을 맡으면서 본격적으로 연극의 길로 들어섰다. 석사학위논문 「앙토냉 아르토(Antonin Artaud)의 잔혹연극과 형이상학」은 아르토의 연극론에 관한 글이다. 프랑스 유학 시절에 대학 극단을 기웃거리기도 하고, 스트라스부르 국립극장에 드나들면서 연극에 대한 시각을 넓혔다. 박사학위논문 「장 타르디유(Jean Tardieu)의 연극적 커뮤니케이션」은 프랑스 부조리 극작가 계열의 장 타르디유의 희곡을 분석한 것이다. 귀국해서 대학로에 드나들며 평론을 하였고 틈틈이 연출도 하였다. 특히 젊은 연극평론가 그룹인 '공연과 이론을 위한 모임'에 참여하여 많은 공연도 보고 평도 썼다. 당시 열띤 토론 덕택에 한국 연극에 대해 눈을 떴다.

상담심리학을 만난 것은 우연이었다. 대학에서 연극 관련 학과에서 연극을 가르치던 중 학과가 없어지는 바람에 새로운 학과 개설을 고민하게 되었고 고심 끝에 상담심리학과 간판을 내걸었다. 상담심리학에서 예술과 접목된 심리치료가 매우 중요하다는 것을 알게 되었다. 상담심리학과에서 관련 서적을 읽고 강의를 하면서 연극치료가 인간의 삶에 있어 꼭 필요한 실천적 분야임을 알게 되었다. 그동안 숱하게 보아 온 연극들, 연출 경험, 배우들과의 만남, 평론가로서의 경험을 살려 연극치료의 지평을 열 수 있으면 좋겠다는 생각이 들었다. 연극치료를 만난 것은 이렇듯 흐르는 강을 따라 우연히 이루어졌다. 사실 삶에서 우연이란 없다. 우연은 곧 운명이며 필연이다. 공연과 이론을 위한 모임 대표, 한국연극예술치료학회 회장, 한국연극치료협회 회장을 거치며 연극치료의 이론과 실제에 대한 경험을 쌓았다. 장애인복지관, 다문화가정센터, 교도소 등에서 일련의 연극치료를 하였고, 특히 협회에서 치료사와의 만남, 임상, 슈퍼비전, 워크숍, 강의 등은 연극치료의 장을 넓히는 소중한 시간이었다.

오랫동안 연극학자, 연출가, 배우들과 교류하였지만, 그들은 연극치료에 별로 관심이 없었다. 또 상담학이나 심리학 분야에서는 연극을 피부로 접한 학자는 드물다. 이 둘을 아우를 수 있다면 학문적으로 소기의 성과를 얻을 수 있고 실제로 참여자(내담자)에게 커다란 도움을 줄 수 있겠다는 확신이 들었다. 그래서 상담심리학과에 연극치료 과목을 개설하였다. 그중 하나가 '연극치료의 이해'라는 과목이었다. 그런데 연극에 전혀 문외한인 상담심리학과 학생들에게 과연 연극치료가 무엇이고, 상담심리학과에서 연극치료가 왜 필요하고, 어떠한 효과가 있는지 알기 쉽게 설명할 수 있는 서적을 찾을 수 없었다. 물론 연극치료와 관련하여 좋은 서적이 많이 나와 있긴 하지만 대부분은 번역서로서 이를 읽기 위해서는 연극치료에 대해 어느 정도의 기초적인 지식이 필요했다. 이에 연극치료에 대한 종합적이면서 전체를 소개할 수 있는 단행본이 필요하다고 생각했다. 마침『연극치료: 이론과 실제』가 한국연구재단의 저술출판지원사업에 선정되어 이를 실현할 수 있게 되었다.

연극치료는 예술치료의 한 분야다. 종합예술인 연극을 기반으로 하는 연극치료 역시 종합적인 예술치료 방식을 취한다. 연극이 예술을 종합한다는 점에서 자칫 연극치료가 모든 것을 종합할 수 있다는 맹신의 우려가 있다. 우리가 항상 염두에 두어야 할 것은 연극치료가 만병통치약이 아니라는 점이다. 역할을 입고 몸을 움직여서 몸과 정신을 활성화하는 연극치료는 직면에 어려움을 느끼는 참여자에게는 오히려 독이 될 수도 있다. 연극치료에 대한 글을 쓰면서 머릿속에는 항상 다음의 질문이 있었다. 연극치료란 무엇인가? 연극과 연극치료는 어떤 관계인가? 연극치료는 어떻게 이루어져야 하는가? 즉, 연극치료의 실제 방법은 무엇인가? 이처럼 단순하면서도 기본적인 질문을 바탕으로 연극치료가 '아하, 그런 것이구나!' 하고 좀 더 깊이 이해하도록 하는 것이 이 책의 목적이다.

이 책은 크게 총 6부로 구성된다. 제1부 연극치료 이해에서는 연극치료에서 가장 기본적인 것들을 다루었다. 연극치료의 정의, 역사, 현황 그리고 치료사와 참여자에 대해 언급하였다. 제2부 연극치료 이론에서는 연극치료와 관련된 중요한 요소를 심층적으로 소개하였다. 연극치료와 관련하여 꼭 이해해야 할 카타르시스, 모방, 투사, 은유, 가면, 인형, 거리두기, 역할, 몸, 제의, 즉흥, 놀이, 이야기를 다루었다. 제2부는 꼭 순서대로 읽을 필요는 없다. 제목을 보고 필요한 부분부터 먼저 읽어도 무방하다. 제3부 연극치료모델에서는 그간 축적된 연극치료의 다양한 치료 방식을 설명하였다. 제4부에서는 연극치료 진단평가를 소개하였다. 연극치료의 과학적 효용성이 입증되기 위해서 진단평가는 꼭 필요하다. 제5부 연극치료 계획에서는 연극치료 모델과 진단평가를 바탕으로 연극치료 작업이 어떤 방식으로 이루어지는가를 서술하였다. 제6부 연극치료 사례에서는 저자가 시행했던 치료적 공연 및 언어치료와 결합한 연극치료의 실제 작업을 소개하였다. 이 글 가운데 공동 논문을 기반으로 한 경우에는 공동 연구자의 허락을 받아 수정 및 보완하였다. 글을 길게 쓰다 보니 본의 아니게 반복되는 부분이 있다. 제2부 연극치료 이론에서 연극치료와 역할은 제3부 연극치료모델에서 역할모델과 겹치는 식이다. 이 점 양해 바란다.

저자가 연극치료에 관심을 두고 연구를 시작한 지 오랜 세월이 흘렀다. 이 저서는 그간 연극치료에 대해 고민하고 성찰하면서 쓴 수 편의 논문과 발표를 종합적으로 집대성한 것이다. 이 저서를 위해 조언을 아끼지 않은 생의 동반자 배희숙 교수에게 감사한 마음을 전한다. 연극치료와 관련하여 다방면으로 많은 도움을 준 박미리 교수님, 한국연극치료협회 한은주 협회장님에게도 감사드린다. 아울러 흔쾌히 출판을 허락해 준 학지사의 김진환 사장님, 꼼꼼하게 편집해 준 김지혜 선생님에게도 감사의 마음을 전한다.

이 저서가 연극치료에 관심 있는 일반인이나 학생, 현장에서 작업하는 연극치료사에게 길을 밝혀 주는 작은 등불이 되었으면 하는 바람이다.

2025년 5월

저자 이선형

차례

제3부 연극치료모델

제4부 연극치료 진단평가

제5부 연극치료 계획

제6부 연극치료 사례

제1부

연극치료 이해

제1부 연극치료 이해에서는 연극과 치료의 합성어인 연극치료의 정의를 다룬다. 또한 연극치료 역사에서 연극치료가 언제 생겨났고 누가 주춧돌을 놓았으며 현재 상황은 어떤지를 언급한다. 너와 나, 인간과 자연이 별개의 것이 아니라 상호적임을 강조하는 연극치료는 포스트모더니즘 시대에서 자연스럽게 태동하고 발전하고 있음을 알 수 있다. 나아가 연극치료사가 되기 위해서는 어떤 마음가짐과 교육이 필요한지 서술하며, 연극치료는 누구를 대상으로 하는지를 다룬다.

제1장 연극치료의 정의

어느 철학자의 진단처럼 현대는 피곤하고 우울한 사회인가? 적어도 대부분의 현대인은 치열한 경쟁에 노출되어 엄청난 스트레스를 받아 가며 살아가는 것은 분명하다. 요즘 각종 어휘에 치료라는 말을 덧붙여 사용하는 것을 보면 그렇다. 예술 또한 치료를 접목하여 미술치료, 음악치료, 무용동작치료, 영화치료, 그리고 연극치료 등 각 분야의 예술치료가 생겨났다. 연극을 비롯한 예술은 어떤 점에서 치료의 기능이 있는가? 하나는 예술은 표현이라는 점에 있다. 인류의 탄생과 함께한 예술은 인간의 가장 근원적인 표현 형태다. 예술은 인간이 자신의 정신적 · 심리적 · 신체적 상태를 표현한 결과물이다. 예술은 말하고 싶은 것, 욕망, 내적 고통과 상처를 다양한 방식으로 표현한다. 이러한 예술의 표현 행위는 자체로 치료의 효과가 있다. 원형, 집단 무의식, 그림자 등의 개념을 언급한 칼 구스타프 융(Carl Gustav Jung)은 인간이라면 누구나 마음속에 있는 어두운 그림자를 승화시키는 것이 예술이라고 말한다. 그에 의하면, 가령 비극에서 떨쳐버릴 수 없는 인간의 깊은 슬픔과 고통의 몸부림과 악의 요소를 적나라하게 드러내는 것은 그림자를 자극하기 위한 것이다. 자신의 그림자와 직면하여 승화에 이르게 하는 비극의 공간은 드라마 방식의 치료실이다. 또 하나는 예술은 우리에게 통념과 타성에서 벗어나 새로운 체험을 제공함으로써 새로운 시각을 갖도록 한다는 점이다. 예술로부터 세상을 새롭게 바라볼 수 있다는 것은 예술을 통해 변화와 치료

에 이를 수 있다는 의미다.

표현과 새로운 시각이라는 점에서 연극은 독특하다. 배우는 역할연기로부터 세상과 인생을 배운다. 배우는 희곡의 인물을 만나 해석하고 공감하는 가운데서 삶 속의 다양한 만남과 관계를 체험한다. 연습과 공연 내내 어떤 인물로 살아간다는 것은 최고의 공감 경험이다. 그 인물이 감당해야 할 거대한 비극과 갈등의 소용돌이에 휩싸여 배우는 자신을 투사하고 인생에 눈을 뜬다. 배우의 극적 경험은 무엇과도 견줄 수 없는 방식으로 새로운 세상과 만나는 시간이다. 관객 또한 무대로부터 세상을 읽고 인생을 경험하며 삶의 모델을 발견한다. 관객이 일상에서 공연장 안으로 들어가는 순간 블랙홀에 빨려 들어가듯 일상의 모든 것이 갑자기 사라진다. 무대 조명은 꺼져 있고 객석은 자리를 확인하는 관객들로 어수선하지만, 그 공간에 존재하는 자체로 새로운 기운이 물밀듯이 밀려온다. 이는 현실 세계에서 극적 세계로 전이하는 과정에서 생겨나는 현상이다. 이러한 과정을 거쳐 몸과 마음이 준비되어야 비로소 연극과 마주할 수 있다. 드라마의 전적인 수용은 일상과의 거리두기를 전제로 한다. 몸과 마음이 여전히 일상에 머물러 있다면 연극과 진정으로 만날 수 없다. 조금 전까지 인파로 붐비던 거리와 전혀 다른 차원의 극적 공간에서 일상은 뒷걸음치며 사라진다. 공연장의 입장은 몸과 마음속에 새로운 공간을 만드는 시간이다. 행인에서 관객으로의 역할 변신은 연극과 기꺼이 대면할 준비 과정이다. 이런 준비가 완료된 관객은 무대에서 벌어지는 극적 기운을 스펀지처럼 받아들인다. 극과 만날 준비를 하면서 관객은 체내에 단단하게 쌓였던 무의식 더미가 동요하는 것을 느낀다. 그 동요는 극이 진행되면서 지각 변동으로 활화산처럼 준동하고, 이 자극으로 잠자던 감각들이 일제히 깨어날 것이다. 이렇듯 관객은 극적 공간에 존재하는 것만으로도 정화 작업을 준비하는 것이 된다. 연극 공간이 특별한 것은 이런 까닭이다. 관객은 일상과는 전혀 다른 호흡, 기운, 움직임을 느낄 수 있으며 현실에서는 불가능하였던 자신을 기꺼이 맡길 자세가 되어 있다. 이렇듯 극적 공간은 배우와 관객이 서로를 비춰 보고 반성하며 변화의 의지를 새기는 곳이다.

한편, 연극 무대는 현실에서는 경험할 수 없는 신기한 장소다. 실제로는 아무런 변화도 없지만, 인물의 한마디에 그곳은 우주가 되고 바닷속이 된다. 이것은 연극이 지닌 비밀스럽고 위대한 힘이다. 극적 공간에 참여한 자는 누구나 배우이든 관객이든, 소위 연극적 관례라는 심리적 장치를 통해 어떠한 의심도 하지 않는 상태가 된다. 의식과 판단과 분별의 제로 상태가 된다. 일상에서는 있을 수 없는 일이 한순간에 벌어진다. 연극을 매체로 참여자를 치료하는 연극치료가 의미 있는 것은 이런 까닭이다. 만남의 예술이자 관계 맺음의 예술인 연극은 매 순간 변신을 통해 소통하도록 한다. 사람들은 극적 공간에서 역할이 변하면 관계도 변하는 것을 경험한다. 이러한 경험치들이 쌓이면 서로 만나 관계를 맺고 소통할 때 행복하다는 것을 알게 된다. 아울러 연극은 깊숙이 숨어 있는 어둡고 부정적인 요소를 불러내어 승화의 길을 제시한다. 연극이 종종 충격적인 것은 이런 이유에서다. 연극은 속을 후련하게 하고 자신을 성찰하게 하며 마음도 변화시킨다. 그렇지만 연극은 예술이지 치료 행위는 아니다. 연극의 치료적 특성을 활용하여 치료에 초점을 맞춘 것이 곧 연극치료다. 연극을 알면 연극치료를 이해할 수 있고, 연극치료를 이해하면 연극을 더욱 깊게 알 수 있다.

우리는 일상의 삶에서 각기 주인공으로 살아간다. 자기가 자기 삶의 주인공이라는 생각은 자존감 향상과 사회성을 위해 꼭 필요하다. 다만 주인공임을 지나치게 내세우면 압박감과 스트레스로 인해 정신병리의 현상이 생겨날 수 있다. 따라서 우리는 주인공이되 이따금 자신을 바라보는 관객이 될 필요가 있다. 자신에 대해 관객이 된다는 것은 자신을 바라보고 느끼고 이해하는 것, 즉 스스로를 성찰하는 것이다. 항상 주인공이라면 삶의 의미를 왜곡하고 타인과의 관계에서 오해가 생겨나며 자기 중심의 삶이 될 가능성이 크다. 자신의 관객이 된다는 것은 일상의 삶에서 여유를 갖는 것이며, 게으름을 피우는 것이며, 거리를 두고 한 발짝 물러서는 것이며, 명상하는 시간인 것이다. 연극치료는 주인공으로 살아온 사람에게 자신의 관객이 되는 시간을 제공한다. 지금까지 살아오면서 맡았던 역할과 다른 역할을 맡는 것은 자신의 관객이 되기 위한 실습이다.

사람은 누구나 천성적으로 두려움의 감정이 있다. 미지의 것, 자연, 타인에 대해, 어떤 때는 자신에 대해서도 두려움을 느낀다. 상처와 병과 죽음 그리고 거대한 자연재해와 알 수 없는 미래도 두려움의 대상이다. 두려움은 위기 상황에서 대처할 수 있는 능력을 주기 때문에 생존을 위해 꼭 필요한 감정이다. 를로르와 앙드레(Lelord & André, 2008)에 따르면, 두려움은 위험을 감지하도록 하고, 신체 반응을 불러일으켜 위험으로부터 준비 태세에 돌입하게 한다. 두려움은 즉각적으로 위험을 느끼고 그 위험에서 피하게 함으로써 생존을 보장해 준다. 과연 두려움을 느끼지 못하는 사람이 있을까? 남들이 보기에 두려움이 없을 것 같은 영웅들도 두려움에 휩싸이곤 한다. 윌리엄 셰익스피어(William Shakespeare)의 비극 〈맥베스(Macbeth)〉(2004)에서 전쟁터를 숱하게 누비며 적을 베었던 명장 맥베스는 덩컨 왕을 시해하고는 두려움에 떤다.

맥베스: 더 이상 못 가겠소. 내가 저지른 일을 생각하기도 두려워요. 감히 다시는 그 광경을 볼 수는 없소.

부　인: 그리 마음이 약해서야! 그 칼 이리 주세요. 잠자는 사람과 죽은 사람은 모두 그림이나 마찬가지예요. 어린애들이나 악마 그림에 겁을 먹는 거죠. 피를 흘리고 있으면 그 피를 하인들의 얼굴에 칠해 주겠어요. 그놈들이 한 짓으로 보여야 하니까요. (퇴장)

(안에서 노크 소리)

맥베스: 어디서 저렇게 문을 두드리는 거지? 왜 그럴까? 소리만 나면 깜짝 놀라게 되다니? 여기 이 손은 뭐람? 하! 내 눈을 뽑아내는구나. 바다의 신 넵튠의 거대한 바닷물 전체를 쓴다 한들 내 손에서 이 피를 씻어 낼 수 있을까? 아니다. 이 손이 온 바다를 진홍색으로 물들여서 푸른 물을 붉게 만들고 말 거야.

(2막 2장)

두려움은 수치스러운 것이 아니라 자연스러운 것이며 생존을 위한 본능이다. 만약 누군가 두려움을 느끼지 못하는 이상한 병에 걸렸다고 가정해 보자. 호랑이나 독사와 같은 무서운 동물이 갑자기 나타나면 사람들은 깜짝 놀라면서 본능적으로 몸을 피한다. 그러나 이상한 병에 걸려 두려움을 느끼지 못하는 사람은 무서운 동물의 공격을 받아 죽게 될 것이다. 생존 의지와 떼려야 뗄 수 없는 두려움을 극복하기 위해 사람들은 단단한 자물쇠나 금고, 거대한 성벽, 보험제도 또는 아이디나 비밀번호 등을 만들어 냈다. 무기를 발전시키고 권력과 재산을 모으려는 욕망도 두려움에서 벗어나기 위한 수단이다. 그렇다고 과연 두려움이 사라질까? 겹겹이 단단한 창살을 둘렀음에도 두려움은 여전히 그림자처럼 따라다니는 찰거머리 같은 존재다. 삶에서 두려움은 결코 없앨 수 없다. 두려움에서 벗어나려는 몸부림과 그것에서 결코 피할 수 없다는 모순으로부터 사람들은 위로가 필요하다는 것을 깨닫게 되었다. 철학, 의학, 예술, 그리고 종교는 사람들을 위로해 준다. 불안한 미래를 향한 기도에는 두려움을 극복하려는 간절한 소망이 담겨 있다. 사람의 마음을 다루는 심리학은 마음을 이해하고 진단하여 위로하고 치료하기 위한 학문이다. 심리치료, 예술치료, 나아가 연극치료 역시 두려움에 떠는 사람의 마음을 보듬기 위한 치료의 실천적 영역이다. 한 예로 연극치료는 타인의 시선에 신체를 온전히 노출하는 방법으로 두려움을 극복하도록 한다. 연극은 무대라는 특정한 공간을 만들어 배우(참여자)를 타인의 시선에 노출시킨다. 다른 상황이라면 엄두를 낼 수 없는 사람도 무대에 서면 이를 용인하며 견디게 되고 점차 즐거워한다. 이처럼 참여자가 두려움 없이 드러냄의 상태에까지 이를 수 있다면 그 자체로 치료의 단계에 있는 것이다.

1. 연극과 치료

'연극치료'는 연극과 치료가 결합한 단어다. 음악치료나 미술치료가 음악이나 미술이라는 예술 매체를 치료를 목적으로 하여 사용하는 것처럼, 연극치료는 연극을 매체로 치료한다. 연극과 치료, 예술과 치료의 만남이 중요한 것은 연극과 치료가 만나게 되면 그 치료 효과는 상상을 초월할 만큼 상당하기 때문이다. 그만큼 연극과 치료의 만남은 의미가 크다. 모방과 허구의 무대라는 거울, 공동 참여자로 관객의 변화를 유도하는 연극은 치료의 특징이 있다. 음악을 듣거나 시를 읊으면서 마음의 위로를 얻듯 연극을 관람하거나 실제로 공연할 때 커다란 위로를 받곤 한다. 그럼에도 연극에 치료를 덧붙여 연극치료라고 일컫는 이유는 연극의 치료 기능을 좀 더 확장하고 이에 초점을 맞추겠다는 의도다. 연극의 관객이 입장료를 내고 시간을 쪼개어 공연장을 찾는 이유가 즐거움을 느끼고 자신을 뒤돌아보고 위로를 받기 위한 것이라면, 연극치료를 찾는 참여자는 억압받고 상처받은 마음을 치료받기 위함이다.

1) 영국연극치료사협회의 연극치료 정의

영국연극치료사협회(BADTH, http://badth.org.uk/)에서는 연극치료를 다음과 같이 정의한다.

> 연극치료는 치료 과정으로 드라마와 연극의 치유적 측면을 의도적으로 사용하는 것에 초점을 맞춘다. 창조성, 상상력, 학습, 통찰력과 성장을 용이하도록 행동을 활용하는 작업 방식이자 놀이 방식이다. 또한 증상 완화, 정서적이고 신체적인 통합, 개인적 성장이라는 치료적 목표를 성취하기 위해 드라마와 연극 과정 및 관련된 기법을 의도적으로 사용하는 것이다.

이 정의를 보면 연극치료의 주된 목표는, 첫째, 참여자의 정신적 · 심리적인 문제의 증상을 완화하는 것이다. 둘째, 정서적이고 신체적인 통합으로서 감정과 몸의 상태를 스스로 조절하여 통합시킬 수 있는 능력을 기르게 하는 것이다. 즉, 자기조절능력을 몸에 익혀 원만한 사회생활을 하도록 돕는다. 셋째, 참여자가 창조성, 상상력, 통찰력을 길러 성숙한 자기가 되도록 함으로써 개인을 성장시키고자 한다. 이러한 기본적인 목표를 달성하기 위해 연극치료는 이야기와 움직임이 있는 예술, 즉 상황에 맞게 짜인 이야기 속에서 몸과 움직임에 초점을 두는 연극 매체를 적극적으로 사용한다. 종합하면, 연극치료는 의도적으로 연극적 방법을 사용하여 참여자의 심신 안정 유지에 도움을 주고, 의사소통 기술을 향상하여 대인관계를 원활하게 하며, 정신병리 현상을 완화하고 개인 성장에 관심을 둔다고 하겠다.

2) 미국연극치료협회의 연극치료 정의

한편, 미국연극치료협회(NADT, http://www.nadta.org/index.html)에서 내린 연극치료의 정의는 다음과 같다.

> 연극치료는 활동적이고 경험적이다. 연극치료는 참여자에게 자신의 이야기를 하게 하고 목표를 설정하여 문제를 해결하고 감정을 표현하며 정화에 이를 수 있도록 한다. 연극을 통해 내적인 경험의 깊이와 폭이 적극적으로 탐구될 수 있으며 대인관계 기술이 향상될 수 있다. 참여자는 자신의 고유한 삶의 역할이 강화될 수 있도록 다양한 연극적 역할을 확장할 수 있다.

이 정의 역시 연극과 관련성이 강조되어 있다. 첫째, 현재 이곳이라는 연극의 커다란 특징을 바탕으로 한 연극치료에는 몸으로 체현하는 생생한 활동과 경험이 들어 있다. 둘째, 연극치료를 통해 참여자는 자신의 이야기를 간접적으로 표출하면서 감정의 정화에 이른다. 셋째, 연극은 집단작업이기 때문에 자체적으로 인간관계를 향상하도록 하는 성격이 있다. 따라서 대인관계의 효과를 극대화한 연극치료에서 참여자는 역할의 기능을 확장함으로써 사회 기술을 습득하고 사회성을 향상할 수 있다.

3) 한국연극치료협회의 연극치료 정의

한국연극치료협회(KDATA, http://koreadramaarttherapy.org/?r=kdata)에서 내린 연극치료의 정의는 "연극을 매개로 육체적 · 정신적 문제를 스스로 치료하도록 돕는 것"으로 되어 있다. 여기서는 참여자의 자발성이 강조되어 있다는 특징이 있다. 즉, 연극을 통해 극적 상상의 세계와 집단 예술 작업을 경험하면서 자연스럽게 사회적 상호작용, 의사소통 능력, 상상력의 잠재력 가능성을 표출하고 치료에 이르도록 한다는 것이다.

2. 연극치료와 심리치료

1) 연극치료와 심리치료의 차이점

심리치료(psychotherapy)나 상담심리에서 흔히 사용되는 조각 기법, 빈 의자 기법, 역할연기 등은 연극의 특징을 활용한 것으로 연극치료의 주된 기법이다. 그렇다면 심리치료와 연극치료의 결정적인 차이점은 무엇일까? 앞선 정의에서 연극의 요소를 의도적으로 사용하여 참여자를 치료하는 것이 연극치료의 핵심이다. 즉, 연극치료는 일련의 연극 창작 과정과 유사한 과정을 거치면서 또는 연극예술의 특성을 접목하여 치료 효과를 얻고자 한다. 재현예술인 연극은 현실과 별개이며 독자적으로 존재하지만, 여전히 삶의 일부로 남아 있다. 심리치료가 드라마 기법을 부분적으로 사용한다면, 연극치료는 드라마 기법을 전적으로 도입한다. 연극치료는 의도적으로 그리고 명백하게 연극의 형태에 집중한다. 이런 점에서 연극치료는 가장 노골적이고 분명하게 가장(假裝)으로서의 정체성을 구축하는 연극과 닮았다. 그것은 근본적인 연극 과정, 즉 모든 종류의 연극을 특징짓는 어떤 것 안으로 들어가 그 안에서 살다가 다시 빠져나오는 경험을 강조한다(Andersen-Warren & Grainger, 2009). 따라서 연극치료에서 특히 조심해야 할 부분은 비행기의 이륙과 착륙처럼, 연극의 세계로 진입하는 순간과 연극에서 빠져나오는 순간이다. 참여자가 연극을 현실과 착각하거나 역할을 자기의 모습으로 혼동한다면 의도하지 않은 부정적인 결과가 생겨날 수 있다. 특히 조현병이나 강박증이 심한 참여자는 이런 점에 주의해야 한다.

심리치료는 대개 치료사와 참여자(내담자) 사이의 대화를 통해 참여자의 인지, 감정, 행동의 차원에서 발생한 고통을 완화하도록 한다. 참여자의 심리 문제를 덜어 줄 뿐 아니라 자긍심을 회복시키며 통찰력을 갖도록 하고 사회성도 증진시킨다. 일정한 치료 계획을 바탕으로 치료사와 참여자 사이의 상호작용을 통해 참여자의 비합리적 신념을 바꾸거나 개선하도록 돕는다. 즉, 심리치료는 대화를 통해 참여자가 안고 있는 문제의 성격 또는 감정을 개선하거나 제거하여 주변 환경에 잘 적응함으로써 자아존중감을 높이고, 참여자와 세계 사이에서 조화로운 관계가 다시 설정되도록 안내한다. 이렇듯 심리치료의 정의나 목적은 연극치료와 크게 다를 바 없다. 다만 결정적인 차이점은 치료의 매체와 수단이다. 심리치료는 치료사와 참여자 사이에서 언어를 소통의 도구로 삼지만, 연극치료는 연극을 매체로 삼는다. 연극치료 또한 연극의 언어라고 할 수 있는 이야기를 활용하지만, 이는 일상적인 소통의 언어와는 다른 문학적 언어라는 점에서 차별적이다. 그렇지만 심리치료에서 역할 바꾸기 등 연극적 요소를 활용하고 있고 연극치료 역시 참여자를 대할 때 상담 기법에 해당하는 방식을 활용하므로 이들 사이에 상호 보완적 요소는 상당하다고 할 수 있다.

2) 연극치료와 심리치료의 관계

연극치료를 연극과 관련된 고유의 치료 영역으로 보는 연극치료사와 심리치료의 한 영역으로 보는 연극치료사가 있다. 후자의 대표적인 사람은 데이비드 존슨(David Johnson)이다. 그는 심리치료에서 연극치료의 도움을 언급하면서 연극치료는 미술, 음악, 무용 등과 결합한 다른 예술치료처럼 연극이라는 창조 매체를 심리치료에 활용할 수 있다고 말한다. 반대로 수 제닝스(Sue Jennings)나 필 존스(Phil Jones)는 연극치료가 심리치료의 한 분야이기를 거부하고 독립적인 예술치료가 되어야 한다고 주장한다. 연극치료를 심리치료의 한 부분이 아니라 독창적이고 창의적인 예술치료로 간주한 제닝스는 연극치료는 임상 기관, 교정 시설, 지역사회 환경에서 고통을 받거나 건강하지 못한 사람들에게 연극예술을 적용하는 것이라고 언급한다. 연극 본래의 치료 효과를 중시하는 제닝스는 정신건강과 관련하여 연극을 예방적으로, 연극치료를 치료적으로 본다. 그에 따르면 연극은 사람들이 개인과 집단으로서 긍정적인 태도와 더욱 성숙한 지각을 견지하며 문제를 해결할 수 있도록 돕는 변형의 매체이며, 연극치료는 병들고 장애가 있고 상처받은 사람에게 변화의 매체로서 기능한다. 따라서 연극치료는 심리치료와는 달리 창조력과 상상력을 바탕으로 음성(목소리)과 몸(몸짓, 움직임)을 수단으로 하는 연극적 행위가 주요 수단이 된다. 제닝스(Jennings, 2003)는 연극치료에서 연극에서 비롯된 모든 요소, 이를테면 움직임, 목소리, 춤, 연극, 게임, 역할연기, 즉흥극, 텍스트 작업, 꼭두각시 인형, 가면 등을 상황에 따라 적극적으로 적용한다.

한편, 존스(Jones, 2005)는 연극치료를 치료 형식의 드라마로 정의한다. 이 정의는 상당히 파격적이다. 연극치료를 일종의 드라마로 정의한 이 짧은 단언에는 드라마 자체를 치료의 차원으로 끌어올리고 있다. 그는 심리치료에서 활용하는 역할연기, 빈 의자 기법과 같은 연극적 요소와 처음부터 연극 차원에서 드라마의 특성을 활용하여 접근하는 연극치료와는 다르다고 본다. 존스는 연극치료가 심리치료 같은 다른 치료 양식의 보조도구가 아니라 참여자의 변화와 관련된 근본적인 과정을 얼마든지 담당할 수 있으며, 이러한 과정의 뿌리가 연극이라고 언급한다. 그는 드라마가 치료에 복무하는 것이 아닌 드라마 과정이 치료에 포함되어 있다고 단언한다. 이처럼 다수의 연극치료사는 연극치료는 심리치료와 별개라고 주장하면서도, 한편으론 연극치료와 심리치료는 대립적인 관계가 아니라 상호 보충적이라는 점에 동의한다. 존스 역시 연극치료가 행동주의뿐 아니라 가족치료나 역동적 심리치료와 성공적으로 융합하면서 다양한 패러다임을 생산해 내고 있다고 진단한다.

이렇듯 초창기에 펼쳐졌던 연극치료가 심리치료의 한 분야인가 아닌가의 논쟁은 지금은 별 의미가 없다고 생각한다. 만일 참여자에게 도움이 된다면 심리치료에서 연극 방식을 사용하지 않을 리 없으며, 연극치료 역시 이미 깊은 연구 결과가 도출된 심리치료의 도움을 받지 않을 이유가 없다. 연극치료사는 이 점을 항상 염두에 두고 심리치료에 대한 다양한 이론과 실제를 탐구하는 데 게을리해서는 안 된다.

제2장 연극치료의 역사

1. 연극치료의 시작

연극치료의 역사를 논할 때 1920년대에 제이콥 레비 모레노(Jacob Levy Moreno)가 창시한 사이코드라마를 연극치료의 효시로 간주할 수 있느냐 하는 논쟁이 있다. 사이코(psycho)와 드라마(drama)의 합성어인 사이코드라마와 연극치료와의 관계 문제는 연극치료와 심리치료와의 관계 설정과도 깊은 관련이 있다. 일반적으로 정신과 전문의나 심리치료사들은 사이코드라마에서 연극치료의 전조를 발견한다. 이를테면, 존슨(Johnson, 2013)은 연극치료를 언급할 때 모레노를 빼놓을 수가 없다고 말한다. 반면, 연극에서 출발한 연극치료 전문가들은 연극의 고유한 특징을 강조하면서 사이코드라마와 거리를 두려는 경향이 있다. 제닝스나 존스는 연극치료에서 연극의 예술적 기능을 강조하고 사이코드라마로부터의 독립을 주장한다. 연극치료를 연극의 구조와 드라마의 과정을 특별한 목적을 가지고 응용하는 것으로 보는 제닝스는 연극치료는 연극의 창의적 성격을 바탕으로 한다는 점을 강조한다. 존스는 린다 린크비스트(Linda Lindkvist), 제닝스, 피터 슬레이드(Peter Slade)와 같은 초기의 연극치료사들이 연극치료를 시작할 때 사이코드라마를 알지 못하였다는 점을 들어 연극치료의 초기 과정이 사이코드라마에 빚진 것이 아니라고 언급한다. 한편, 로버트 랜디(Robert Landy)는 연극치료의 참여자를 의식과 무의식의 통합체로 본다는 점에서 심리치료와의 연관성을 언급하고 있으나 연극치료가 역할의 확장이라는 점에서 연극 요소를 강조하고 있어 절충적 태도를 취한다.

시간적으로 볼 때 사이코드라마가 연극치료보다 먼저 생겨난 것은 분명하다. 그렇지만 모레노의 사이코드라마는 연극의 측면보다는 정신병리 분야와 더욱 밀접한 관계를 맺고 있는 것도 사실이다. 국내에서도 사이코드라마의 전문가 가운데 정신과 관련 전문의들이 다수 포진된 것도 이러한 까닭이다. 다만 역할이 중시되는 사이코드라마가 정신병리에 효과적이라는 인식이 커지면서 직접 연극을 도입한 연극치료의 태동에 있어 촉진제로 작용하였다는 점은 부인할 수 없다. 넓은 관점으로 바라본다면 사이코드라마이든 연극치료이든 연극이라는 공통 요소가 있으므로 사이코드라마가 연극치료의 효시냐 아니냐는 별로 문제가 되지 않는다. 두 분야는 상생적 관계가 가능하므로 상호 소통의 통로를 구축한다면 서로 긍정적이고 바람직한 요소로 작용할 것이다. 현재는 상당한 연극치료사가 사이코드라마를 공부하고 사이코드라마 전문가 또한 연극치료에 관심이 크다.

2. 연극치료의 흐름

연극이 태생적으로 치료적 기능을 기반으로 하는 것과는 별개로, 구체적으로 연극과 치료가 만나 직접 치료를 위해 연극이 발 벗고 나선 것은 대략 한 세기 정도가 지났다. 연극치료는 사이코드라마처럼 한 사람의 전문가에 의해 불쑥 생겨난 것이 아니라 점진적으로 이루어졌다. 20세기 초부터 이미 심리치료 · 교육 · 임상 분야에서 연극의 기법은 널리 응용되고 있었다. 자료가 남아 있지는 않지만, 아마도 이전에 병원이나 교육 영역에서 연극이 활용되었을 것은 확실하다. 20세기 초반을 지나면서 연극과 결합한 치료 및 교육의 응용 단계에 머무르지 않고 연극이 주체적인 역할을 하면서 본격적으로 연극치료가 자리를 잡았다. 슬레이드, 애덤 블래트너 호로위츠(Adam Blatner Horowitz) 등은 1930년대 후반과 1940년대에 이미 연극치료와 관련된 글을 남겼다. 1970년대에 접어들면서 드라마와 연극의 치료적 특성과 효과에 초점을 맞춘 연극치료 영역이 급격히 확대되었다. 의료시설에서 연극 활동, 치료의 부속적 수단으로 드라마 활용, 변화의 주요 수단으로 드라마가 하나로 통합되어 연극치료가 본격적으로 수행되었다. 1960년대 말과 1970년대를 거치면서 연극치료의 이름을 앞세운 조직적인 집단이 생겨났다(Jones, 2005).

연극치료사 1세대는 서로 간에 연결고리 없이 개인적인 방식으로 연극치료의 문을 열었다. 각자 고립된 상태에서 교육연극, 놀이와 같은 인접 치료 분야와 연결된 작업을 하였기 때문에 연극치료는 명확하게 정의되지 않았다. 그러던 것이 특히 아동에게 교육연극이 효과적이라는 인식이 강하게 형성되고, 병원에서도 환자에게 예술의 활용과 집단작업에서 연극의 방식이 효과적이라는 사실을 공감하게 되면서 연극치료에 대한 긍정적 환경이 생겨났다. 특히 병원의 분위기 변화는 연극치료 발전에 한몫하였다. 과거의 병원이 약물 처방에 그치거나 환자를 수용하는 데 만족하였다면, 다양한 프로그램을 도입하여 환자에게 만족스러운 서비스를 제공해야 한다는 인식이 확산하면서 예술치료 및 연극치료는 주목의 대상이 되었다. 이러한 분위기에서 병원은 환자에게 예술 체험의 기회를 마련해 주었고 연극이 치료에 도움이 된다는 사실에 눈뜨게 되었다. 선구자들이 연극치료의 경로에 유입된 것은 상반되는 두 방향으로 나눌 수 있다. 하나는 병원이나 교육기관에서 일하는 전문가가 연극의 치료적 힘을 발견하고 연극과 심리치료 및 교육을 접목한 경우다. 다른 하나는 연극을 전공한 사람이 우연히 병원 같은 의료시설에서 작업하게 됨으로써 연극을 치료의 매체로 활용한 경우다. 현재에도 이들 영역은 크게 둘로 나눌 수 있고, 어느 방향에 속하느냐에 따라 연극치료를 대하는 태도에도 차이가 있다. 전자는 연극치료를 심리치료의 한 수단으로 간주하려는 경향이 강하지만 후자는 연극치료를 독립적인 예술치료로 간주한다.

존스(Jones, 2005)는 연극치료 등장의 특징적인 현상을 세 측면으로 언급한다. 첫째, 치료와 교육을 목적으로 연극을 활용하였던 것으로부터의 독립이다. 버지니아 멜드럼(Virginia Meldrum)이 언급한 것처럼 연극치료가 사이코드라마, 교육연극, 임상 드라마(remedial drama)로부터 독자적으로 분리된 것이다. 둘째, 연극과 관련이 없던 치료나 처치 분야에서 연극 방식이 활용되던 것에서 연극치료라는 고유한 치료 분야로의 이행이다. 연극치료는 집단작업에서 부속적 역할에서 벗어나 연극치료 고유의 영역으로 확장되었다. 셋째, 병원이나 복지시설에서 행해지던 예술 활동의 차원으로부터 연극치료의 정체성 확립이다. 이 세 측면은 약간씩 차이가 있으나 공통점은 연극 방식이 보조적인 수단으로 활용되던 것에서 연극의 특성을 살린 연극치료로 확립되었다는 것이다.

1) 1960년대

존스(Jones, 2005)는 '북미지역에서의 드라마치료의 역사 및 전개'라는 글에서 북미지역 연극치료의 역사와 현황을 언급한다. 미국에서 1960년 말에 베트남전쟁 등 사회에 변화의 물결이 일어나면서 미술치료, 음악치료, 무용치료, 연극치료가 확대되었다. 연극치료는 연극 예술가들이 정신건강 분야에 입문하면서 점차 영역을 넓혔다. 그가 연극치료의 선구자로 거론한 인물은 다음과 같다.

(1) 어윈

데이비드 어윈(David Irwin)은 언어치료사로 시작하여 정신분석학에 입문한 독특한 경력의 소유자다. 정신의학자인 셔피로(Shapiro)와 함께 아동상담소에서 작업한 경력을 볼 때, 언어치료가 필요한 아동들에게 적극적인 연극놀이를 동반하여 치료의 효과를 얻었을 것이다. 어윈은 연극치료와 정신분석학 사이에서 커다란 가교 역할을 한 것으로 평가받고 있다. 현재 국내에서도 언어치료가 활발하게 연구되고 있으며, 집단 언어치료에서 연극치료의 요소를 활용하려는 움직임이 두드러진다. 이 책의 6부에서도 언어치료와 연극치료를 연계한 연구를 제시하고 있다.

(2) 슬레이드

『아동극(Child Play: Its Importance for Human Development)』(1954)의 저자로 잘 알려진 교육연극의 전문가인 슬레이드가 있다. 1956년에 연극치료(dramatherapy)라는 말을 처음으로 언급한 것으로 알려진 슬레이드는 연극이 사람들을 회복시키고 교육을 위해서도 매우 유용하다고 생각하였다. 슬레이드는 연극적인 경험이 풍부하거나 극적 이론에 능통하였던 것은 아니지만 연극이 삶을 풍부하게 한다고 확신하였다. 그는 아동극에 관심이 많았으며, 심리치료사인 마리안 크레이머(Marian Kramer)와 공동 작업을 하면서 연극치료 방식을 공고히 하였다. 그는 인간의 내면의 드라마를 외부의 대상으로 전이시킨 다음 이를 투사하는 방식으로 연극치료를 전개하였다. 크레이머와의 공동 작업은 다음의 방식으로 이루어졌다. 크레이머는 융의 방식을 활용하여 참여자의 꿈을 분석한 후 슬레이드에게 보낸다. 슬레이드는 참여자에게 여러 상황을 즉흥적으로 연기하도록 하거나 앞서 크레이머에게 말하였던 꿈을 장면으로 만들어 볼 것을 권한다. 이렇게 연극치료 방식을 활용한 결과 참여자는 크레이머의 심리치료에서 얻지 못하였던 것을 연극치료에서 얻었다고 증언한다. 물론 참여자의 만족스러운 결과에는 크레이머의 심리치료가 상당한 역할을 하였을 것이지만, 슬레이드는 심리치료와 더불어 연극 방식이 매우 효과적이라는 것을 알아차렸다. 두 사람의 공동 작업은 연극 방식을 활용한 놀이와 융에 기반한 투사 기법의 조합이 훌륭한 치료 결과를 낼 수 있음을 보여 준 좋은 사례다. 한편, 슬레이드는 연극치료와 사이코드라마는 다른 요소가 분명히 존재한다고 생각하였다. 사이코드라마가 주어진 구조와 상징을 특징으로 한다면, 연극치료는 놀이에서 영감을 얻은 활동을 강조하고 드라마 경험 자체에서 발생하는 치료에 바탕을 둔다는 것이다. 정형화되지 않은 즉흥적인 놀이를 통해 극적인 경험을 하면서 치료의 효과를 낼 수 있는 것이 연극치료라고 생각한 슬레이드는 연극치료의 관점에서 아동의 자유 놀이를 중시하였다.

(3) 린크비스트

1964년 영국에서 세서미 연구소(Sesame Institute)를 설립한 린크비스트가 있다. 세서미 연구소의 세서미(참깨)는 〈알리 바바와 40인의 도둑〉의 '열려라 참깨(sesame)'에서 따온 것이다. 연기자이기도 한 그녀는 정신의학, 움직임, 예술, 드라마를 통합한 치료 작업을 하였다. 그녀가 개발한 것은 병원이나 복지시설에서 작업할 수 있는 세서미 단기 교육과정과 캐츠 프로그램(Kats programme)이다. 이 프로그램은 연극치료의 초기교육에 있어서 중요한 프로그램으로 꼽힌다. 그녀는 우연히 병원에 입원한 환자들과 드라마 작업을 하면서 연극이 매우 효과적인 것을 알게 되었고 캐츠 프로그램을 만들었다. 캐츠 프로그램은 극단을 직접 이끌고 병원으로 찾아가 환자-참여자들이 좀 더 활동적이고 창조적이게끔 간단한 드라마와 움직임이 포함된 연극치료 훈련과정이다. 처음에 그녀는 워크숍을 통해 작업치료사와 간호사 등 환자에게 서비스를 제공하는 병원 직원에게 드라마와 움직임의 효능을 알려 주고자 하였다. 1964년 런던의 가이 병원에서 25명의 작업치료사를 대상으로 세서미 단기 교육과정을 실시하였다.

한편, 세서미 연구소에서 중시하는 것은 드라마, 제의(ritual), 심리, 놀이, 그리고 접촉과 소리가 동반된 움직임이다. 이 연구소에서는 참여자가 변화를 느끼고 성장을 할 수 있도록 하는 드라마와 움직임을 내면의 문을 열기 위한 열쇠로 간주한다. 린크비스트는 드라마와 움직임에 큰 비중을 둔다는 뜻에서 교육과정을 "드라마 움직임 치료"라고 명명하였다. 이후 그녀는 원형 개념과 연결된 아프리카의 주술을 연구하였으며, 융의 제의식의 개념, 루돌프 라반(Rudolf Laban)의 움직임, 심리학에도 관심을 가졌다. 또한 사회적, 개인적으로 중요한 주제를 찾아내기 위해 '안내된 놀이(guided play)'를 활용한 슬레이드의 교육연극을 연극치료에 활용하였다. 세서미 연구소는 점차 치료 대상을 아동에서 성인으로 범위를 넓혔고, 정신환자에서 일반인으로 확대하였다.

(4) 제닝스

한국에도 방문한 적이 있는 제닝스는 영국의 연극치료사 1세대로 다양한 저서와 왕성한 활동으로 연극치료에 커다란 획을 그었다. 배우, 무용수, 안무가인 제닝스는 대학원에서 연극과 심리치료를 공부하였고, 인류학, 샤머니즘, 의학 등을 접하면서 이를 연극치료에 적용하였다. 말레이시아의 열대림에 2년간 체류하면서 테미아르 부족을 연구하여 「연극과 제의와 전이(Theatre, Ritual and Transformation)」라는 제목으로 박사학위를 받았다. 또한 셰익스피어 연구소에서 연극치료와 셰익스피어의 관계를 연구하였으며, 노르웨이, 덴마크, 그리스, 이스라엘, 한국 등을 순회하면서 활발한 연극치료 워크숍을 하였다. 연극치료, 놀이치료, 스토리텔링,

가면극, 집단작업, 제의식, 민속, 연극과 관련된 30여 권의 저서를 출간하였다. 제닝스가 연극치료에 입문하게 된 계기는 상당히 우연이다. 17세 때가 되던 해에 드라마 학교에 재학하던 시절 그녀는 정신병원에서 아르바이트를 하면서 환자들을 대상으로 드라마를 실시할 기회를 얻었다. 이때 임상 드라마 그룹이 만들어졌고 이들 그룹은 일종의 사회교육처럼 보육원, 정신병원, 교도소 등을 순회하며 임상 드라마를 펼치게 된다. 당시 제닝스가 모레노나 슬레이드가 사회심리학이나 놀이치료를 잘 알고 있었던 것은 아니다. 다만 막연하게나마 그것들과의 연극 작업이 특별하다는 것은 알고 있었다. 그 후 제닝스는 슬레이드의 『사람됨의 길잡이로서의 연극치료(Drama Therapy: A Guide to the human Experience)』(1959)를 읽으면서 깊은 감명을 받았다. 또한 정신분석학에도 입문하였지만, 연극치료의 틀로서는 적합하지 않다는 결론을 내렸다. 그녀가 도달한 곳은 인류학과 제의식, 즉 예술의 인류학이었다. 제닝스는 1970년 이전까지만 해도 연극치료 대신 임상 드라마라는 용어를 사용하였으나, 1976년에 연극치료협회가 만들어지면서 연극치료를 본격화하게 되고 사이코드라마와의 교류도 시작했다.

수 제닝스

(5) 코트니

존슨이 꼽은 연극치료의 중요한 인물로 캐나다 출신의 리처드 코트니(Richard Courtney)가 있다. 1968년 코트니는 인간의 극적 활동에 있어 발전적 양상, 즉 극적 행동이 만들어 내는 변화를 학문으로 규정하고 이를 발달연극학이라고 명명했다. 발달연극학은 개인적일 뿐 아니라 사회적이므로 교육적 · 치료적 · 미학적 · 예술적 · 문화적 분야를 포괄한다. 그는 교육연극 · 연극치료 · 예술교육 분야에서 명성을 얻고 있는 학자로서 대표 저서는 『청년을 위한 드라마(Drama for Youth)』(1964), 『학교연극(The School Play)』(1966), 『연극, 드라마와 사고(Play, Drama and Thought)』(1968), 『연극교육과정(The Dramatic Curriculum)』(1981) 등이 있다. 그의 저서 가운데 『The Dramatic Curriculum』은 『교육연극 교육 과정론』이란 제목으로 국내에 번역하여 출판되었다. 그는 이 책에서 교육과정을 연극의 관점에서 접근하여 기존의 교육과정 이론을 새롭게 해석하였다. 또 다른 책 『연극은 지적 행위인가(Drama and Intelligence)』(1999)도 번역되어 있는데, 발달연극학(developmental drama)의 관점에서 서술한 책이다.

2) 1970년대

이렇듯 유럽과 아메리카 양 대륙에서 연극치료 관련 연구가 활발하게 이루어지면서 1970년대에 접어들게 되었다. 이제 연극치료는 예술치료의 한 분야로 사이코드라마와는 차별되는 대안으로 인식되기 시작하였다. 대학에서도 연극치료 전문 과목이 개설되어 학생들을 가르치기 시작하였다. 영국연극치료협회는 1988년에 연극치료연구원을 설립하였고 연극치료 학위를 수여하였다. 영국연극치료협회가 밝힌 협회의 주요 목적은 다음과 같다.

첫째, 연극치료사의 직업적 발전을 도모한다.
둘째, 영국에서 작업하는 연극치료사들의 대표 단체가 된다.
셋째, 연극치료의 이론과 실천, 이익을 위해 대중의 교육을 촉진하고 유지하며 향상시키기 위해 노력한다.
넷째, 연극치료사의 공정한 대우와 조건이 정착되고 유지되기 위해 노력한다.
다섯째, 외국의 연극협회와 협력한다.

3) 1980년대

(1) 랜디와 에무나

조금씩 전진하던 연극치료가 양 날개를 활짝 펴고 도약을 하게 된 것은 1980년대부터다. 1982년 미국에서 랜디는 뉴욕 대학교의 교육연극학과에서 연극치료 프로그램을 실시하였고, 르네 에무나(Renée Emunah)는 안티오크 대학의 심리학과에 연극치료 프로그램을 도입하였다. 이때부터 영국과 미국의 연극치료 관계자들 사이에서 소통과 교류가 이루어졌다. 연극학, 심리학, 인류학 등을 토대로 연극치료모델이 활발하게 전개된 것도 이 시기다. 랜디는 『드라마치료, 이론과 실제(Drama Therapy: Concepts, Theories and Practices)』(1986)에서 심층적인 연극치료의 모델로 거리조절 이론을 전개하였으며 차후에 역할모델로 발전시켰다. 그의 역할모델은 앞으로 자세히 다룰 것이다. 에무나는 저서 『진실을 위한 연기(Acting for Real)』(1994)에서

로버트 랜디

르네 에무나

5단계 통합모델을 제시하였으며, 존슨은 1996년에 발달변형모델을 제안하였다.

(2) 던

파멜라 던(Pamela Dunne)은 1992년에 포스트모던의 이론을 토대로 서사드라마(narradrama)를 개발한다. 이야기치료의 개념과 연극치료, 그리고 창조적 예술을 결합한 서사드라마는 언어가 아닌 연극치료 또는 창작 예술의 기법을 사용하여 이야기치료를 구현하는 방식이다. 즉, 서사드라마는 이야기의 구조와 연극적 표현의 상호작용에 중점을 두고 이야기에 연극적 요소를 가미하여 독특한 연극 경험을 제공함으로써 참여자의 깊이 있는 정서적 참여를 목표로 한다. 이야기하기와 극적인 표현 사이의 균형을 강조하는 서사드라마에서 이야기는 인물이나 플롯 설정에 도움을 주고, 극적 표현은 이야기의 정서적 깊이와 강도를 높여 참여자에게 지적으로나 정서적으로 다차원의 경험을 하도록 한다. 또한 서사드라마는 이야기와 드라마의 시너지 효과를 탐구하여 이야기하기의 힘을 연극의 현재성과 즉시성을 결합하여 이야기의 구조와 극적 연출의 융합을 통해 다양한 감정을 불러일으키는 독특한 연극치료의 경험을 제공한다. 서사드라마는 다음의 단계로 구성되지만, 그 순서가 엄격한 것은 아니고 참여자에 따라 변할 수 있다.

파멜라 던

첫째, 웜업을 통해 회복된 신체 그리기, 자화상, 인형, 신체 조각 등을 만들어 자신의 정체성이나 환경을 새롭게 기술한다.
둘째, 예술 활동, 신체 조각, 모래놀이 등의 투사 기법을 통해 문제와 분리하여 밖으로 드러낸다.
셋째, 창의적 예술, 움직임 또는 장면들을 통해 새롭게 시도할 선택사항을 제시함으로써 확장의 가능성을 제공한다.
넷째, 표현 예술 형태를 통한 새로운 선택과 경로를 드러낸다.
다섯째, 해결해야 할 문제를 알아차리기 위해 일기 쓰기, 가면, 표현 예술을 통해 개인의 행위를 탐색한다.
여섯째, 장면 만들기와 역할극을 통해 나타난 독특한 결과와 대안적인 이야기를 활용한다.
일곱째, 선택적 결과로 만든 장면들을 탐색하여 서사가 깃든 문제를 다시 이야기한다.
여덟째, 지금까지 나타난 제의성 그리고 집단과 나눔으로 종결한다(Dunne, 2006).

다양한 모델 개발과 함께 연극치료의 변화 양상도 일어났다. 플레시먼 등(Fleishman et al., 1981)은 이런 변화에 대해 연극치료의 작업 양식이 참여자에 의한 공연, 인형극, 기존의 희곡 공연으로부터 자발적인 역할에 바탕을 둔 작업으로 이동하고 있다고 지적한다. 공연 형식에서 참여자의 자발성으로 중심이 옮겨 갔다는 것이다.

(3) 존스

필 존스

한 걸음 더 나아가 존스는 1987년에 심리치료 영역으로의 점진적 전환을 지적하면서 연극치료 작업이 자발성과 창조성을 북돋우는 일반적 시도로부터 중요한 정서적 주제를 탐색하기 위해 개인화된 극적 행동을 통해 보다 강도 높게 구조화되고 세심하게 통제된 체계로 변화되었다고 말한다. 즉, 연극치료가 자발성과 창조성을 강조하면서 개인의 변화를 목표로 삼았던 것에서 진일보하여 과학적이며 체계적으로 심리치료 분야에서 중요한 역할을 담당하게 되었다는 것이다. 그에 따르면 심리학, 교육학, 정신의학, 연극학 등을 연계한 연극치료는 개인의 변화뿐 아니라 정신병리 문제를 치료하는 등 발전을 거듭하고 있다. 존스(Jones, 2005)는 연극치료의 등장과 발전에 대해 긍정적으로 전망하면서 다음과 같이 언급한다.

> 연극치료는 하나의 작업이자 특정한 치료 형식으로서 명확한 정체성을 확립해 왔으며, 그 과정에는 여러 가지 요인이 함께 작용하였다. 치료로서 드라마와 관련된 사람들 사이의 접촉이 증가된 것, 직업 기구와 교육과정의 설립, 연극치료 사례 자료와 이론적 저작의 축적 등이 그것이다. 여기에 덧붙여 치료 효능을 평가하려는 시도가 함께 증가하였고 그것은 다시 치료로서 드라마가 가진 잠재력과 타당성에 대한 한층 강화된 자신감과 교육과정에서의 명확한 기준과 구조를 낳았다.

이렇듯 연극치료는 점차 영역을 확장하면서 발전을 이루었고 인접 학문과 연계하는 동시에 차별성을 확립하면서 정체성을 형성하였다.

3. 연극치료의 계보

존슨과 에무나(Johnson & Emunah, 2011)는 연극치료의 계보를 한눈에 볼 수 있도록 [그림 2-1]과 같이 구성한다. 연극치료가 어떤 경로를 통해 발달해 왔는지 전체를 조망할 수 있는 계보로서 이에 따르면 연극치료는 심리치료, 정신병리, 그리고 연극이라는 커다란 세 줄기가 있다.

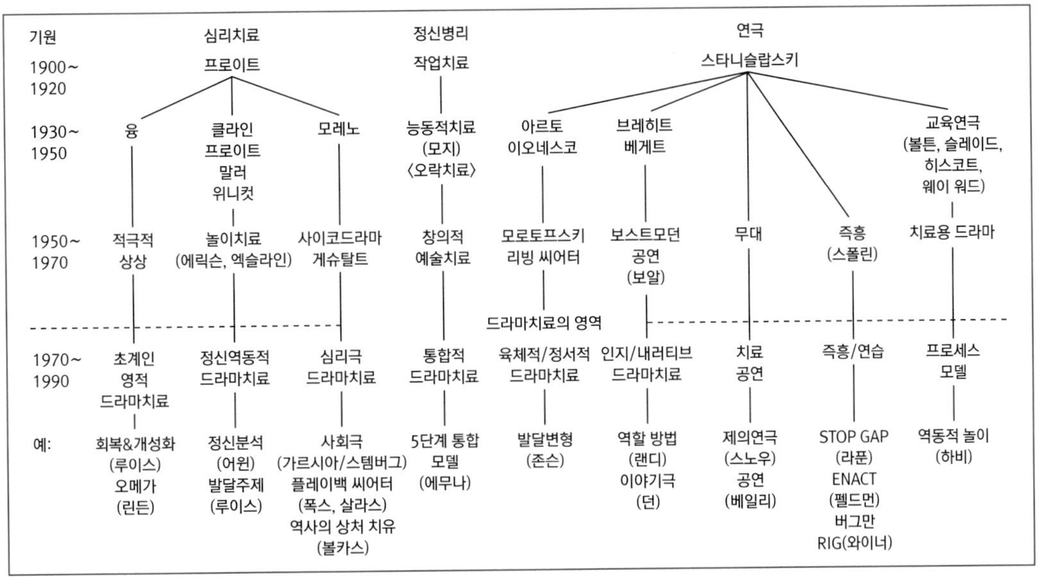

그림 2-1 드라마치료 접근법의 역사적 뿌리(1900~2000)

1) 심리치료

계보의 첫 가지인 심리치료는 프로이트로부터 시작된다. 프로이트 이후 세 갈래로 나뉘는데 첫 번째 갈래는 융의 분석심리학, 두 번째는 멜라니 클라인(Melanie Klein), 안나 프로이트(Anna Freud), 도날드 위니컷(Donald Winnicott)에 이은 놀이 치료, 세 번째는 모레노의 사이코드라마와 게슈탈트 심리치료로 이어진다. 융은 프로이트에서 출발하였음에도 그와는 다른 독자적인 방식으로 집단 무의식을 탐구하고 원형의 개념을 밝혀 예술을 통한 치료적 근간에 이론적 개념을 제공한 심리학자이다. 아동과 성인에게서 정상과 병적 발달의 초기 내부 대상관계(object relations)의 중요성을 강조한 클라인, 아버지 프로이트의 뒤를 이어 방어기제를 완성한 안나 프로이트, 신생아가 산모와의 관계에서 공생과 개성화의 과정을 이론화한 대상관계 이론의 말러, 아동이 지닌 부모와의 환경 속에서 상호작용을 통해 정서발달을 설명한 소아과 의사 위니컷 등이 정신역동적 연극치료 계보를 이어 가고 있다. 모레노의 사이코드라마는 점차 진화하여 소시오드라마와 플레이백 시어터로 나뉜다.

2) 정신병리

정신병리와 연관이 있는 작업치료는 놀이의 치료적 활동으로 참여자가 능동적으로 사회에 참여하거나 독립적으로 일상생활을 수행하도록 돕는다. 작업치료사는 흥미롭고 가능한 놀이를 통해 환자 스스로 희망을 지닐 수 있도록 한다. 이때 참여적 예술치료, 통합적 연극치료, 놀이, 레크리에이션과 같은 연극 방식의 치료 접근은 매우 유용하다. 작업치료의 놀이 성격은 통합예술치료와 연결되며 5단계 통합모델을 제안한 에무나로 이어진다.

3) 연극

[그림 2-1]의 세 갈래 중 가장 많은 가지로 나뉜 것이 연극이다. 콘스탄틴 스타니슬랍스키(Konstantin Stanislavski)를 정점에 놓고 앙토냉 아르토(Antonin Artaud)와 외젠 이오네스코(Eugène Ionesco), 베르톨트 브레히트(Bertolt Brecht)와 사무엘 베게트(Samuel Beckett), 치료적 공연, 즉흥적 공연, 교육연극으로 나눈다. 연극의 차원에서 존슨의 분류는 썩 이해가 되지 않는다. 이를테면, 사실주의를 추구한 배우이자 연출가인 스타니슬랍스키의 연극은 잔혹연극(Théâtre de la cruauté)의 아르토나 서사극(Epic Theatre)의 브레히트와 크게 연관되어 있다고 보기 어렵다. 다만 시기적으로 앞선 것은 확실하다. 이 분류는 아르토를 전위연극, 실험연극, 나아가 부조리 연극의 수장으로 간주하고 있다. 물론 그로토프스키나 예르지 그로토프스키(Jerzy Grotowski)나 리빙 시어터(The Living Theatre)가 그의 영향을 받았다는 것은 인정받고 있지만, 부조리 극작가 이오네스코가 그와 나란히 있는 것은 납득이 되지 않는다. 이오네스코는 오히려 베케트와 짝을 이루어야 더 어울릴 것이다. 서사극의 브레히트와 부조리극 베케트의 조합도 어색하다. 아무튼 스타니슬랍스키의 정서 이입을 위한 메소드 연기(method acting), 제의식의 방식으로 합일을 지향한 아르토의 잔혹연극, 거리두기를 통한 브레히트의 서사극이 연극치료에 지대한 영향을 끼친 것은 사실이다. 이들 이후 연기자의 신체 연기를 강조한 그로토프스키의 가난한 연극, 억압받는 민중에 초점을 둔 아우구스토 보알(Augusto Boal)의 토론연극(Forum Theatre) 등은 즉흥적 방식을 도입하여 참여자들의 내적 정서를 표출하도록

하는 연극치료 방법론적인 기반을 제시하고 있다.

이처럼 진화와 발전을 거듭하고 있는 연극치료의 더 나은 미래를 위해 주력해야 할 것은 무엇인가? 존슨에 따르면, 첫째, 프로그램의 개발 및 확대가 필요하다. 이를 위해서는 대학에서 체계적인 교육이 이루어져야 하고 학생들에게 더 많은 훈련 기회가 있어야 한다. 잘 훈련된 전문가가 많아진다면 그만큼 프로그램도 다양해질 것이다. 둘째, 이론과 경험이 풍부한 연극치료사를 육성해야 한다. 이를 위해서는 대학에서 석사 및 박사 과정의 설립이 필요하다. 연극치료사의 깊이 있고 체계적인 육성이 이루어질 때 이론과 실제의 양 분야에서 괄목할 만한 성과를 얻을 수 있다. 셋째, 연극치료와 관련된 깊이 있는 연구 논문과 서적이 필요하다. 이 역시 이론과 경험이 풍부한 전문적인 연극치료사가 있어야 가능하다. 넷째, 연극치료사의 안정적인 지위가 필요하다. 이는 연극치료사의 고용 문제와 관련이 있는 것으로, 치료사로서 직업에 대해 자부심을 갖도록 해야 한다. 또한 연극치료사 자격증을 국가에서 철저하게 관리한다면 실력 있는 연극치료사를 육성할 수 있고 치료사로서 긍지를 지닐 수 있을 것이다.

4. 한국의 연극치료 현황

21세기에 시작한 한국의 연극치료는 이제 시작 단계를 지나 발전 단계에서 점차 원숙한 단계로 접어들었다. 주로 연극 전공자들로부터 시작된 한국의 연극치료 단체는 현재 상호 교류가 활발하지 못한 상태에서 각자의 영역에서 활동하고 있다. 사이코드라마의 강세로 전공자를 제외한 일반인들은 연극치료와 사이코드라마를 혼동하기도 한다. 관련 학회로는 한국연극치료학회, 한국연극예술치료학회, 한국심리극연극치료학회 등이 있으며, 협회로는 한국연극치료협회가 대표적이다. 그러나 심도 있는 학술대회를 진행하거나 논문지를 꾸준히 발간하면서 왕성한 활동을 하는 학회는 많지 않다. 2010년에 창립된 한국연극예술치료학회는 전문 학술지로서 한국연구재단 등재지인 『연극예술치료연구』를 발간하여 연극치료의 기반 형성에 힘쓰고 있다.

재미있는 현상은 한국의 여러 대학에서 석사과정에서 연극치료 교육이 이루어지고 있다는 점이다. 한양대, 중앙대, 동국대, 단국대, 명지대, 동신대, 세종대, 동덕여대, 부산교육대, 한국교원대, 연세대, 이화여대, 상명대 예술 · 디자인대학원, 경성대, 용인대 예술대학원에서 연극치료 관련 논문이 발표되었다. 이들의 전공은 연극 관련학과, 교육학과 등으로 다양하다.

이들 대학 중 직접 연극치료 관련 학과가 개설된 대학으로는 용인대, 동덕여대가 있다. 용인대의 문화예술대학원에 소속되어 있는 연극치료학과에서는 연극치료에 관한 이론과 실제를 교육함으로써 한국 상황에 맞는 연극치료사의 육성은 물론 연극치료의 학문적인 발전을 위해 힘쓰고 있다. 동덕여대 미래전략융합대학원의 연극치료학과 역시 연극치료의 학문적 기반을 위해 노력하고 있다. 한편, 2005년에 설립된 한국연극치료협회에서는 3단계의 양성과정을 운영하여 연극치료사 양성에 힘쓰고 있다.

앞서 언급하였듯이 한국의 연극치료는 막 피어난 새싹을 지나 꽃봉오리는 맺은 상태이지만 양적인 발전은 선구자적 역할을 한 영미권에 견주어도 손색이 없다. 또한 점차 연극치료 박사학위자들이 생겨나고 이들이 임상에서 활발하게 활동하고 있다. 여전히 아쉬운 것은 각각의 전문가들이 참여자의 성격에 따라 다양한 연극치료 프로그램을 개발하고 있긴 하지만 상호 공유가 되지 못하고, 한국의 전통과 문화에 적절한 연극치료 프로그램 개발도 드문드문하다는 점이다. 이들 전문가 사이에 더욱 원활한 소통이 이루어질 때 한국의 연극치료는 이론과 실제에서 괄목할 만한 발전을 이룰 수 있을 것이다.

제3장 연극치료의 치료사

누가 연극치료사가 되는가? 이 물음에 대답하기는 간단하지 않다. 어떤 성품과 자질을 가진 사람이 훌륭한 연극치료사가 될 수 있을까? 미술치료사나 음악치료사가 꼭 미술이나 음악을 전공해야 하는 것은 아니듯이 연극치료사 역시 연극을 전공해야 하는 것은 아니다. 연극학과를 졸업하였거나 연극배우의 경험이 있어야 꼭 좋은 연극치료사가 되는 것도 아니다. 그렇지만 연극치료사는 연극을 깊이 있게 알아야 한다. 연극의 개념과 원리, 그리고 연극의 특성을 두루 이해해야 한다. 관객과 소통을 경험하고 극 무대를 직접 접한 연기 경험이 있는 사람이라면 연극치료에 더욱 쉽게 다가설 수 있다.

연극은 크게 문학 부문과 공연 부문으로 나뉜다. 좋은 연출가, 좋은 배우가 되기 위해서는 자신의 가치관을 기반으로 한 희곡 분석 능력이 필요하고, 독창적인 상상력과 창조성을 바탕으로 극적 공간 운용 능력과 관객과의 소통 능력도 요구된다. 또한 연극제작에 참여한 경험이라든가 이야기 창작과 같은 문학적 소양 등 연극 전반에 대한 실제적인 이해도 필요하다. 연극치료는 이에 더하여 치료가 강조된다는 점에서 연극치료사가 갖추어야 할 덕목이 있다. 이를테면, 타인에 대한 진솔한 공감 능력이라든가 심리학, 연극치료 이론과 실제에 대한 이해 등이 뒤따른다. 또 다른 요소로는 심리치료의 자성법처럼 치료사 자신을 진단하고 치료하는 경험, 연극을 통한 치료사로서 참여자의 경험도 필요하다. 이는 자전공연이 될 것이다. 자전공연은 연극에 대한 경험뿐 아니라, 무당이 신내림 또는 정화된 제식을 통해 이전과는 전혀 다른 모습으로 새롭게 태어나는 것과 같은 맥락이다. 연극치료사가 되기 위한 입문으로 꼭 거쳐야 하는 자전공연은 앞으로 자세히 다룰 것이다. 여하튼 연극 전공자이면 연극치료사의 기본 요건에서 유리한 위치에 있다고 할 수 있으나, 그렇다고 그것이 훌륭한 연극치료사를 보장하지는 않는다. 연극을 이해하고 치료사의 덕목과 이론, 그리고 풍부한 임상 경험을 갖춘다면 전공과 상관없이 좋은 연극치료사가 될 수 있다. 구체적으로 살펴보자.

1. 연극에 대한 이해

종합예술인 연극은 직접 몸이 참여하는 현장에서 배우와 관객이 만나는 예술이다. 공연예술의 특징인 직접적인 만남은 자체로 엄청난 파장을 일으킨다. 또한 집단예술이라는 점도 염두에 두어야 한다. 현장에 참여한 집단 관객은 서로 에너지를 주고받으며 예기치 못하였던 분위기를 형성한다. 따라서 연극치료사가 연극 관객으로 참여하여 극적 분위기를 자주 경험하는 것은 바람직하다. 오랜 역사를 지닌 연극은 아리스토텔레스(Aristotle)의 『시학(Poetics)』을 비롯하여 이론적으로 풍부하다. 연극의 이론과 실제에 대한 지식이 풍부하고, 희곡을 많이 읽고, 공연 참여 경험이 많을수록 좋다.

연극치료사가 염두에 두어야 하는 것은 연극치료란 궁극적으로 연극적인 방식으로 치료를 수행한다는 사실이다. 랜디는 연극치료사가 되기 위해서는 자신을 연극 예술가로 인식해야 한다고 말한다. 치료사는 치료사 이전에 예술가라는 인식이 선행되어야 한다는 뜻이다. 예술가로서의 선행 인식은 연극치료 작업에서 연극치료사와 참여자가 함께 드라마를 만드는 과정 자체가 치료적 영향을 미친다는 전제가 깔려 있다. 연극치료사는 연극의 예술 형식을 자유자재로 다룰 수 있는 능력, 직접 극적 창조 과정을 체험하는 것이 필요하며, 공연과 즉흥극의 기본을 터득할 필요가 있다(Landy, 2002).

스티브 미첼(Steve Michel)이 언급한 치료적 공연모델에서 연극치료사는 연출가의 역할을 담당하거나, 참여자가 연출가가 될 때는 조연출 역할을 한다. 치료적 공연은 참여 집단이 연극적 기술을 습득하도록 독려하고 연극제작 과정에서 치료가 되도록 한다. 다만 치료사는 희곡 선택과 분석, 새롭게 글쓰는 과정을 안내하는 역할을 하되 결코 지시적인 연출가가 되지는 않는다(Jennings et al., 2010). 치료적 공연에서 연극치료사는 연극적 소양이 더욱 요구된다. 현재 집단의 성격과 어울리는 희곡이 어떤 것인지 찾아낼 수 있다면 더할 나위가 없다. 꼭 희곡이 아니라도 신화나 전설, 문학 작품이나 그림, 음악, 영화 등을 통해 적절한 이야기를 찾아낼 수 있고, 참여자들과 협력하여 이야기를 한 편의 희곡으로 만들어 낼 수 있는 안목도 길러야 한다. 또한 연극치료사는 일반 연극의 연출자처럼 희곡의 분석 능력을 지녀야 한다. 인물의 성격, 시간과 공간의 구조를 탐구하여 평면의 종이에 쓰인 글씨를 입체적인 무대에서 살아 있는 인물로 만들어야 한다. 도식화되어 있지 않은 즉흥의 장면에서 상황에 적절하게 대처하기 위해서는 순발력과 판단력도 요구된다. 그러나 치료사에게 이러한 모든 능력을 요구한다면 그야말로 전지적인 능력을 요구하는 것일 수 있다. 사실은 이런 것들이 좀 부족하더라도 크게 문제될 것은 없다. 다만 연극치료사의 자질로 꼭 필요한 것을 말하라면 참여자와의 접측에서 자신이 부족한 것이 무엇인지, 강점은 무엇인지 알아차리는 것이다. 자기 알아차림의 능력은 끊임없는 자기계발과 성찰, 그리고 실전 경험에서 생겨난다.

2. 공감 능력

앞서 언급한 공감 능력은 어느 정도 타고난 것이지만, 성장하면서 주위 환경에 의해 생겨나기도 한다. 통계 자료를 보면 여성이 남성보다 상대적으로 공감 능력이 큰 것으로 보고된다. 진화적 측면에서 여성은 임신과 출산의 경험에서 또한 주양육자로서 아기와의 공감 능력이 필요하였을 것이고 그렇게 진행되어 온 환경이 현재에 영향을 미쳤을 수 있다. 여하튼 타인의 아픔을 자신의 아픔으로 느낄 수 있는 공감 능력은 연극치료사로서 갖추어야 할 덕목이다. 공감 능력이 있는 치료사는 참여자의 눈높이에 맞추려고 노력하고, 자신보다는 참여자를 기준으로 삼는다. 연극치료 과정에서 진정한 공감이 이루어질 때 신뢰 관계가 형성되고 이는 치료 결과에 커다란 영향을 미친다.

공감 능력을 갖추기 위해서는 세상을 바라보는 시각을 넓혀야 한다. 공감 능력의 향상을 위해서는 여행, 독서, 영화, 유튜브, 미술관이나 박물관 방문은 물론 새로운 사람과 만나 다양한 삶의 방식을 경험할 필요가 있다. 사실 연극치료사가 매번 새로운 참여자를 만나는 것 자체가 인생 공부다. 참여자는 치료사를 필요로 하는 사람이지만, 때에 따라 치료사의 삶을 위한 스승이 되기도 한다.

3. 가치관에 대한 점검

연극치료사는 자신의 가치관을 수시로 점검해야 한다. 가치관의 형성은 가정환경, 출신 지역, 지식 수준, 정치 성향, 종교 등 삶의 이력과 유관하다. 세상을 바라보는 시각은 개인마다 다르다. 누가 옳고 틀린 것은 없으며 우등하고 열등한 것도 없다. 연극치료사는 이 점을 항상 인지해야 하며, 행여 자신의 가치관을 참여자에게 강요하고 있지는 않은지 살펴야 한다. 연극치료 작업이 진행되는 공간은 그 성격상 평등하고 수평적인 관계이기가 힘들다. 대부분 치료사는 지시하고 참여자는 지시에 따른다. 이러한 관계를 지속하다 보면 어느새 운동장이 한쪽으로 기운다. 처음에는 치료사가 합리적이고 참여자를 존중하는 태도를 보이다가도, 회기를 거듭할수록 자신도 모르는 사이에 초심을 잊고 수직적 관계로 변한다. 인본주의 심리치료에서 칼 로저스(Carl Rogers)가 언급한 비지시적이며 참여자 중심의 상담이 정말로 힘들고 까다로운 것은 이런 까닭이다. 따라서 치료사는 치료 작업이 진정으로 참여자를 위한 것인지, 자신의 가치관을 참여자에게 주입하고 있지는 않은지 스스로 살피고 경계해야 한다.

특히 작업 공간에서 함께 움직이며 역할연기에 참여하는 연극치료에서 참여자를 자신과 동등한 인격체로 바라보고 대하는 태도는 꼭 필요하다. 이는 연극치료의 특징이기도 하다. 가령, 사이코드라마에서 디렉터는 지시적이며 적극적으로 개입한다. 이와는 달리, 연극치료에서 치료사의 개입 정도는 유동적이다. 참여자의 심신 상태나 유형에 따라 혹은 치료사의 치료 메커니즘에 따라 개입의 정도와 방식에 차이가 있다. 제닝스는 치료사의 지나친 개입이나 과도한 에너지 사용은 참여자와의 동일시로 인해 역효과를 낼 수 있다고 우려한다. 치료사의 역할은 참여자가 행동할 수 있도록 도와주는 일종의 촉진자이며, 그런 의미에서 치료사와 참여자의 관계는 역동적이어야 한다(Jennings et al., 2010). 치료사가 작업을 이끄는 운용자가 아닌 도움을 주는 촉진자의 역할이라는 것은 커다란 울림이다. 치료사가 지시자가 아닌 촉진자의 역할을 할 때 치료 작업은 역동적일 수 있다. 연극치료는 한쪽이 이끌고 다른 쪽이 끌려오는 관계라면 치료는 실패로 끝날 확률이 높다.

연극치료사는 치료 작업에서 치료사이자 동시에 참여자가 된다. 치료의 성과를 거두기 위해서는 치료사는 몸과 마음이 참여자와 교감할 수 있어야 한다. 상호 주고받는 신뢰 관계가 형성되면 관찰하고 평가하는 치료사에서 벗어나 동등한 관계가 될 수 있다. 연극치료사는 참여자의 문제를 함께 헤쳐가면서 치료사 자신도 치료가 됨을 경험한다. 연극치료 작업은 매일 성숙해 가는 작업인 것이다.

4. 심리학 및 심리치료에 대한 이해

치료하는 행위는 인간 행위 가운데 책임감이 막중하다. 그 행위로부터 타인에게 엄청난 영향력을 행사하며, 타인을 살릴 수도 죽일 수도 있다. 치료라는 일종의 의료 행위에서 나타나는 갖가지 사건들은 그것이 긍정적이든 부정적이든 타인에 커다란 영향을 끼친다. 비기능적인 과거에서 벗어나 행복한 현재를 만들고자 하는 사람, 인간관계나 사회성이 미숙하여 원만한 사회생활에 어려움을 느끼는 사람, 심리적 · 정신적 장애가 있는 사람, 원한과 분노로 가득 차 있는 사람, 마음의 병이 있는 사람을 치료하는 연극치료는 그들에게 희망의 불씨를 살릴 수 있지만, 언제든지 절망의 계곡으로 떨어트릴 수도 있다는 점에서 항상 주의를 기울여 접근해야 한다. 이 점에서 심리치료 체험을 통한 심리학에 관한 지식 습득은 중요하다. 랜디(Landy, 2002)는 연극치료는 게슈탈트든 사이코드라마든 혹은 심리 역동, 행동주의, 인본주의, 인지 모델이든 그 갈래와 상관없이 지향점이 다른 치료사와의 작업도 가치가 있다고 말한다. 참여자를 인간적으로 이해하고 그가 겪는 어려움의 근본 원인을 파악하기 위해 마음에 대한 지식은 매우 중요하다.

연극치료사는 한 인간이다. 문제가 있는 참여자를 치료하는 치료사는 월등한 도덕성과 건강한 마음을 가진 사람이어야 하는가? 그렇다면 더할 나위 없겠지만 꼭 그렇지 않아도 상관없다. 행복 전도사라고 해서 본인의 인생이 꼭 행복한 것은 아니고, 의사라고 해서 모두 건강한 것도 아니며, 가족치료사라고 해서 본인 가족에 문제가 없는 것도 아니다. 자신의 사적인 삶과 치료사로서 삶은 별개다. 연극치료사는 한 인간으로서 다른 사람처럼 생활에 문제가 있을 수 있고, 대인관계에서 고통을 받을 수 있다. 연극치료사를 지망하는 학생 중에는 심리적인 문제를 안고 있는 사람이 꽤나 많다. 이들이 연극치료사가 되려는 이유 중 하나는 누군가를 치료하기 이전에 자신이 어떤 사람인지 알아차리고 자기 문제를 해결하려는 욕망이 있다. 결국 연극치료사의 자질로 가장 중요한 사항은 자신을 알아 가려는 노력, 자기의 문제를 해결하려고 노력하는 태도인 것이다.

제4장 연극치료의 참여자

어떤 사람이 연극치료를 받는가? 연극사를 보면 연극은 사회적 · 정치적 · 종교적 교육이나 도덕적 훈육을 위해 사용됐고 학교에서 학습의 효과를 높이려는 방편으로 교육연극이 활성화되었다. 교육연극과는 달리 연극치료는 환자를 대상으로 치료하는 것이 원칙이다. 연극치료 대상 환자는 신체장애, 학습장애, 정신장애에 이르기까지 다양하다. 나아가 연극치료는 의사의 처방에 따라 입원하거나 약물을 복용하지 않더라도 정서적으로나 사회적으로 문제가 있다면 연극치료의 대상자가 된다. 말하자면 이상(abnormal) 또는 장애(disorder)가 있는 사람은 누구나 연극치료의 대상이 될 수 있다.

보통 이상이란 평균 또는 표준을 가리키는 정상(normal)에서 벗어난 것을 뜻한다. 그러나 발달 과정에서 비전형적이고 정상에서 벗어났다고 해서 이를 병자 또는 환자라고 할 수는 없다. 때에 따라 비전형적인 것이 지능이나 운동과 같은 특이한 분야에서 두각을 나타내는 예도 있다. 한편, 장애란 개인에게 손상을 가져오거나, 죽음과 고통을 겪게 될 위험을 증가하거나, 또는 중요한 자유를 상실케 하는, 임상적으로 의미 있는 행동적 심리 또는 심리적 양상으로 정의된다. 즉, 신체 기관이 본래의 제 기능을 하지 못하거나 정신 능력에 결함이 있는 상태를 장애라고 지칭한다. 결국 개인이 나이에 해당하는 범위 내에서 삶을 영위하는 데 어려움이 있고 사회생활에 있어 문제가 있다면 장애가 있는 것으로 판단할 수 있으며, 이들은 연극치료의 대상이 된다.

1. 장애 분류

일반적으로 장애의 군집은 증후에 따라 크게 내재화 장애(internalizing disorders)와 외현화 장애(externalizing disorders)로 나눈다. 내재화 장애는 과잉통제, 불안, 위축과 같은 정서적 장애를 가리키며, 외현화 장애는 과소통제, 품행장애 등으로 싸움, 떼쓰기, 반항, 파괴성의 유형과 관련된다. 내재적 증후군으로는 불안과 우울함이 대표적이며, 외현적 증후군으로는 규칙 위반 행동과 공격 행동이 대표적이다(Israel et al., 2022). 즉, 내재화 장애는 내적이며 정서적인 문제가 있는 장애이며, 외현화 장애는 과잉행동을 외부로 표출하는 문제가 있는 장애다. 내재적 증후군인 불안장애에는 공포증, 분리불안, 등교 거부, 공황장애, 강박장애 등이 있고, 기분장애에는 대표적으로 우울증과 조울증, 그리고 양극성이 있다. 외재적 증후군에는 품행장애와 주의력결핍과잉행동장애(ADHD)가 있다. 이외에도 아동과 청소년의 경우 언어 및 학습장애가 있으며, 지적장애, 발달장애와 조현병, 배설 문제, 수면 문제, 거식증과 폭식증 같은 신체적 기능의 장애도 있다.

장애의 분류는 낙인(stigma)과 편견(stereotyping)을 낳을 수 있다는 우려가 있지만, 장애를 더욱 명확하게 이해하도록 하고 이에 기반하여 치료할 수 있다는 점에서 연극치료사는 장애에 대한 전반을 이해해야 한다. 당연히 장애의 분류에 따른 적절한 연극치료 프로그램이 요구된다.

2. 아동 대상 연극치료

연극치료 참여자는 크게 미성년과 성년으로 나눌 수 있다. 미국정신의학협회의 DSM-5-TR에서도 아동 장애와 성인 장애로 분리하고 있는데, 발달 양상에 따라 아동의 정신장애와 성인의 정신장애가 다른 양상을 보이기 때문이다. 아동에게 문제가 되는 대표적인 병리 현상은 크게 정서행동장애, 자폐스펙트럼, ADHD, 지체장애 등이다. 또한 청소년기의 경우 품행장애가 대표적이며, 이로 인한 집단 따돌림과 같은 사회성 장애나 게임중독과 같은 중독성 장애가 생겨난다. 성인기의 경우 우울증이 대표적이다. 알코올중독이나 성중독과 같은 중독성 장애도 중요한 병리 현상이며, 이혼이나 배우자 폭력 혹은 다문화가정에 따른 특수한 문제를 지닌 성인 그리고 그에 속한 아동도 치료의 대상이다.

구체적인 사례로, 우리는 중증 자폐 아동을 대상으로 한 연극치료에서 의미 있는 결과를 도출한 바 있다. 참여자는 6세 남아의 중증 자폐 아동이었다. 아동의 상태가 워낙 심각하였기 때문에 의사가 대뜸 "1등급으로 할까요, 2등급으로 할까요?"라고 물을 정도였다. 아동은 눈도 맞추지 않았을뿐더러 질문을 해도 전혀 반응을 보이지 않았다. 치료사는 먼저 아동에게 동화를 읽어 주었다. 아동은 듣는 둥 마는 둥 혼자서 다른 세계에 있는 것 같았다. 동화를 읽으면서 오리 인형을 안으며 크게 "왕자님!"이라고 말하자 아동은 반응을 보였다. 사실 그는 아무런 관심도 없는 체하였지만 모든 이야기를 귀담아듣고 있었다. 치료사는 읽기를 마치고 오리를 보자기에 넣었다. 십여 분쯤 지났을까 아동은 보자기를 들춰 보았다. 이러한 간접적인 소통 방식은 충분한 시간을 두고 상호 익숙해지면서 점진적으로 발전할 수 있다. 정도가 심한 자폐아는 '바라본다' 혹은 '관심을 가진다' '지시에 따른다' 정도만 되어도 상당한 성과다. 자폐아는 언어소통이 불가능하므로 그림이나 몸짓 등 체어(體語)를 통해 의사소통을 꾀하는 것이 바람직하다. "주세요"라고 말하면서 두 손바닥을 모아 내미는 식이다. 여하튼 동화로 관심을 끌고 몸짓과 동작을 통해 접근하는 연극치료 방식은 자폐아에게 긍정적인 효과를 얻을 수 있었다.

이외에 논문을 검색해 보면 학습장애, 트라우마, 스트레스에 시달리는 아동에게 연극치료가 효과적이라는 연구 결과를 찾을 수 있다. 예컨대, 토머스 암스트롱(Thomas Amstrong)은 학습장애 아동에게 연극치료가 효과적이었음을 보고하였다. 그는 사회성 결여로 감정이 자주 폭발하고 자존감이 낮은 학습장애 아동에게 연극치료를 하였다. 아동이 연극적 방식으로 자기 이야기와 감정 표현을 하는 작업을 통해 자기 표현력과 자신감이 향상되었다고 언급하였다(신동인, 조연호, 2010). 홀리 칼슨-사베리(Holly Carlson-Sabelli)는 정신적 충격으로 인한 트라우마로 병원에 입원한 아동에게 인형극을 적용한 연극치료 작업을 한 결과 참여자 아동이 감정 표현과 상호작용, 새로운 행동을 함에 있어서 긍정적인 영향을 미친 것으로 보고하였다. 캐서린 부주키스(Katherine Bouzoukis)는 연극치료 결과 정신적, 육체적으로 심각한 문제가 있는 아동의 스트레스 감소 효과를 언급했다.

연극치료의 장면

3. 청소년 및 성인 대상 연극치료

일반적으로 13세부터 20세까지를 청소년이라고 한다. 이 시기의 주된 행동반경과 관심사는 학교생활과 친구, 이성에 관한 관심, 미래 진로에 대한 불안감 등이다. 질풍노도의 사춘기에 해당하며 반항적 태도가 심하다. 특히 부모에 대한 반항감이 커지는 시기로서 가족 안에서 문제를 일으키기도 하고, 가족 문제가 학교생활이나 친구 관계 형성에 영향을 끼친다. 가정과 학교에서 규칙적인 생활에 적응하지 못하는 청소년은 학습장애나 품행장애에 빠질 우려가 있다. 학습장애의 경우 교육연극은 효과적일 수 있다. 하지만 증상이 심각하고 집중력 저하에 따른 학습장애일 경우 연극치료가 도움이 될 수 있다. 다만, 유전적 영향이나 지적 능력 저하에 따른 학습장애는 세심한 프로그램이 요구된다. 또래가 중요한 시기인 만큼 집단적 치료 형태를 띠면서 학습 효과를 높이는 연극치료 프로그램을 원활하게 운용한다면 뚜렷한 효과가 있을 것이다.

청소년 대상 연극치료는 품행장애, 집단 따돌림 같은 사회성 장애, 게임 중독의 중독성 장애는 물론 시설 청소년에게도 유효하다. 연구에 따르면, 연극치료는 비행 청소년, 가출청소년, 시설 청소년, 학교에서 폭력적인 청소년이 참여하여 정서적인 안정감, 자기효능감, 자기개념을 강화하는 데 도움이 되었다. 인터넷 게임 중독 청소년, 자기통제력이 미약한 아동 및 청소년에게도 그 효과가 증명되었다. 연극치료 참여자가 아동이나 청소년이라면 보통 연극놀이의 개념을 더욱 활성화하는 것이 바람직하다. 아동과 청소년은 인형 같은 소품이나 놀이를 좋아하는 특성이 있는 만큼 인형, 장난감, 사물 등의 소품을 적극적으로 활용하여 재미있는 극적 놀이를 한다면 이들의 능동적 참여에 더욱 커다란 동기를 부여할 수 있을 것이다.

한편, 성인을 위한 연극치료의 예로는 이상 증상을 보이는 대상자뿐 아니라 우울증, 이혼가정, 폭력가정, 다문화가정 등의 가족치료, 알코올중독자들에게 효과적이었음이 보고된다. 특히 노인의 경우 시설 노인, 분노 조절이 어려운 노인, 독거노인, 나아가 뇌졸중과 실어증 같은 뇌 병변의 환자도 대상이 될 수 있다.

4. 연극치료의 범위

그동안 연극치료는 다양한 분야에서 치료가 이루어졌다. 네덜란드 연극치료협회에서 실시한 양적 조사를 보면 인성, 기분, 불안, ADHD, 외상후스트레스장애(PTSD), 전반적 발달장애, 식이장애, 강박신경장애, 정신이상, 약물남용장애, 치매 등의 장애가 가장 흔하게 연극치료에서 다루어졌다(Johnson et al., 2013). 국내에서 발표된 연극치료 관련 연구 논문에서 참여자는 전신마비 환자, 조현병 환자, 청각장애와 시각장애, 지적장애, 그리고 아동, 청소년, 성인(직장인, 전업주부, 노인) 등 다양하다. 가령, 우울 성향 청소년, 우울감이 있는 독신 미혼 여성, 정서적 안녕감이 떨어지는 대학생, 집 안에서 부모와 자녀의 의사소통 부재로 고통을 겪는 청소년을 대상으로 한 연극치료에서 우울 감소가 보고되었다. 또한 적응에 어려움이 있는 직장인, 교통사고 장애인, 장애아동 가족(형제, 엄마)의 자존감 향상에도 도움이 되었으며, 스트레스 대처에도 효과가 있음이 입증되었다. 발달장애 아동, 저소득가정 아동, 탈북청소년을 대상으로 한 연극치료에서는 사회성 향상이 있었고, 학교나 가정에서 폭력 성향이 있는 참여자는 공격성이 완화되었으며, 성매매 피해 여성도 연극치료를 통해 정서적 안정감, 사회성과 자존감 향상이 보고되었다. 알코올의존 환자나 정신장애로 정신과에 입원한 정신장애인에게도 효과가 있었고, 제소자 또는 가장 폭력으로 자존감이 떨어진 가족을 대상으로 한 연극치료에도 효과가 있었다. 뇌졸중 환자의 재활치료에서도 연극치료가 활용되었음이 보고되었다. 한편, 역할연기 등 몸의 움직임을 수반하는 연극치료에서 전신마비 환자를 치료하는 것이 가능할까 하는 의문이 있을 수 있다. 완전마비나 불완전마비의 여부와 관계없이 전신마비 상태는 다양하다. 환자의 상태에 따라 눈 깜빡임이나 고개의 끄덕거림 또는 피부의 접촉이나 언어적 소통을 기반으로 그에 해당하는 연극치료 프로그램을 개발할 수 있다.

최근에는 연극치료에 관한 관심이 부쩍 커지면서 학교, 센터, 시설 등에서 집단 연극치료를 의뢰하고 있다. 방과후 학교 프로그램, Wee 클래스와 Wee 센터, 정신건강복지센터, 중독관리통합지원센터, 치매안심센터, 자살예방센터, 교도소 등을 중심으로 연극치료가 활발하게 이루어지고 있다.

연극치료는 중증 환자도 참여하지만, 예방적 차원의 치료도 중시한다. 연극 매체를 통해 즐겁게 놀이를 하면서 은연중에 자기를 알아차리고 타인과의 소통의 폭을 넓히며 세계에 대한 새로운 시각을 가질 수 있도록 한다는 점에서 그렇다. 정기적으로 병원에 들러 건강검진을 하여 건강을 유지하는 것처럼 정신적인 문제가 발생할 징후가 있거나 인간관계에서 원활한 기능 수행에 어려움이 있을 경우, 연극치료를 통해 병리적 증상을 완화시키거나 예방할 수 있다. 예컨대, 일상에서 상호 불편함은 없는 부부이지만 연극치료의 예방적 부부치료 프로그램에 참여함으로써 더욱 돈독하고 행복한 부부가 될 수 있다. 이혼 직전에 다다른 부부가 솔루션을 위해 동분서주하기 이전에 연극치료를 통해 상호 믿음을 바탕으로 한 소통의 부부로 거듭난다면 파국 이후의 뒤처리가 아닌 예방적 차원에서 효과적일 것이다. 이처럼 긴장된 환경이 아닌 거리두기의 안전장치와 유쾌한 놀이가 곁들인 연극치료는 심각한 환자에게도 유용하지만 예비 환자에게도 도움을 줄 수 있는 예술치료의 한 분야다.

제2부

연극치료 이론

제2부 연극치료 이론에서는 연극치료와 관련된 중요한 이론을 심층적으로 소개한다. 연극치료를 이해하기 위해 꼭 필요한 요소, 즉 카타르시스, 모방, 투사, 은유, 가면, 인형, 거리두기, 역할, 몸, 제의, 즉흥, 놀이, 이야기를 연극치료와 관련하여 알아보고자 한다.

제5장 연극치료와 카타르시스

연극치료는 치료라는 명백한 의도를 가지고 드라마에 참여하는 것이다. 이 간단한 연극치료의 정의는 드라마의 특성을 충분히 발휘하여 참여자를 치료하는 것이 연극치료라는 의미를 함축한다. 즉, 연극은 본질에서 이미 치료의 기능이 있지만, 연극치료는 이 기능을 좀 더 부각하여 참여자의 상처를 치료한다는 것이다. 한편, 존스는 연극치료에서 핵심적인 과정 중 하나를 '극적 투사'와 '변형'이라고 말한다. 참여자는 인물, 놀잇감, 인형 같은 극적 투사체를 통해 정서적으로 그리고 지적으로 문제와 만난다. 그런데 연극치료에서 극적 투사를 위해 가장 많이 활용되는 것은 역할연기다. 역할을 하는 과정에서 극적 투사가 활성화된다. 또한 변형은 제기된 문제에 대한 참여자의 경험이 연극치료 과정에서 변화되는 방식을 말한다. 연극치료 과정에서 일어나는 참여자의 변화 경험은 궁극적으로 카타르시스와 연결된다. 즉, 연극치료에서 변형은 카타르시스와 긴밀하게 맞닿아 있으며, 카타르시스를 경험할 때 변형이 이루어진다고 할 수 있다.

아리스토텔레스가 언급한 카타르시스의 개념은 시대와 사상에 따라 달리해 왔다. 과연 시대적 상황 속에서 변모되어 온 카타르시스의 개념은 무엇이며 연극치료에서 카타르시스는 어떠한 메커니즘으로 작용할까?

1. 카타르시스의 의미

아리스토텔레스는『시학』에서 비극을 정의하면서 '카타르시스(Katharsis)'라는 용어를 딱 한 번 언급한다. 비극은 심각하고 완전하며 일정한 크기가 있는 하나의 행동의 모방으로서 그 여러 부분에 따라 여러 형식으로 아름답게 꾸민 언어로 되어 있고 이야기가 아닌 극적 연기의 방식을 취하며 연민(eleos)과 두려움(phobos)을 일으켜서 그런 감정들의 카타르시스를 행하는 것이다(Aristotle, 2005). 더 이상의 설명이 없는 아리스토텔레스의 카타르시스의 개념은 모호하고, 해석의 지평이 넓은 까닭에 그간 많은 연구자가 나름대로 카타르시스를 해석해 왔다.

2. 카타르시스의 의미 변화

아리스토텔레스의 카타르시스에 대한 해석의 방향은 크게 윤리적 · 도덕적 해석, 의학적 해석 혹은 영혼 치료적 해석이 주를 이룬다. 전자의 해석은 순화(純化, purification)의 개념으로 아리스토텔레스의 『니코마코스 윤리학(Nicomachean Ethics)』에서 개진된 윤리학적 관점에서 해로운 감정을 조절하고 훈련시켜 감정을 다스리게 한다는 입장이다(김한식, 2008). 이 입장은 다시 언급하겠지만 브레히트나 보알의 비판 대상이 된다. 반면, 후자는 정화(淨化, purgation)의 개념에 해당하는 것으로, 의학적 관점에서 사하요법(瀉下療法)의 배설의 의미가 있다.

한편, 제3의 해석으로 구조적 해석이 있다. 카타르시스는 관객에게 주어지는 효과가 아니라 비극 자체에 내재한 요소, 즉 극의 진행을 통해서 주인공이 자신의 과오(hamartia)를 몰랐다가 알게 되면서 생기는 죄책감에 관한 정화라는 것이다. 지성적 정화로 보는 관점도 있다. 즉, 직접 시체를 보았을 때의 혐오감이 시체 그림에서는 사라지는 것처럼 학습을 통해 고통이 쾌감으로 바뀔 수 있다는 입장이다. 정화와 순화라는 전통적 의미의 카타르시스에 무엇을 뚜렷하게 드러낸다는 의미를 덧붙여 학습의 즐거움과 연결하여 해석하고 있다.

정리하면, 카타르시스는 윤리적 입장에서 순화, 종교적 입장에서 죄를 용서받고 새롭게 탄생함, 의학적 입장에서 치유의 의미로 해석되고 있다. 이런 관점 차이를 고려한다고 해도 궁극적으로는 들추어내므로 비롯된 순수함, 깨끗해짐, 정화됨이라는 커다란 의미를 지닌다. 이런 의미의 카타르시스는 그 자체에 머물지 않고 한 걸음 더 나아가 기쁨, 정서적 만족, 쾌감, 황홀감 등으로 나아간다.

한편, 폴 리쾨르(Paul Ricoeur)는 미메시스를 전형상화(préfiguration), 형상화(figuration), 재형상화(refiguration)의 세 겹으로 구분하면서 '재형상화'에서 카타르시스를 만날 수 있다고 언급한다. 그가 말하는 카타르시스란 의미론적 혁신, 이야기의 뜻을 나름대로 풀어 삶의 뜻을 다시 풀어 보고 자기 삶을 새롭게 만들어 나가는 과정, 즉 '이야기의 정체성'의 정립 과정에서 느끼는 '깨달음'과 '창조'의 즐거움이다(김한식, 2008b). 이야기 해석학의 관점에서 독서의 즐거움과 독자의 변화를 제시하는 리쾨르의 미메시스와 카타르시스는 비극의 카타르시스를 이해하는 데 중요한 단초를 제공한다. 즉, 비극의 관객은 무대와 대면하여 자기 삶을 재구성하고 깨달음을 통해 말할 수 없는 즐거움을 느끼게 되는데 그것이 곧 카타르시스인 것이다.

3. 연민과 공포

다양한 감정 가운데 카타르시스를 일으키는 감정을 왜 '연민'과 '공포'라고 하였을까? 이들 어휘는 자체로도 상당한 논란거리다. 고트홀트 레싱(Gotthold Lessing)은 연민과 공포를 독일어로 Mitleid(연민)와 Furcht(공포)로 번역하였으며, 한국에서도 '연민(eleos)'과 '공포(phobes)'가 주로 사용된다. 그러나 볼프강 샤데발트(Wolfgang Schadewaldt)는 엘레오스를 Jammer(비탄)이나 Rührung(감동)으로, 포보스를 'Schrecken(경악)'이나 'Schauder(전율)'로 번역하는 것이 더 바람직하다는 의견을 제시하였으며 이 의미가 갈수록 널리 통용되는 추세다(이주동, 2006). 『시학』에서는 인물의 비극적인 불행이 자신에게 닥칠 수 있을 것으로 상상하였을 때 '공포'가 생겨나고, 인물의 불행이 부당하다고 느낄 때 '연민'이 생겨난다고 언급되어 있다.

한편, 아리스토텔레스는 『수사학(Rhetoric)』의 감정론에서 연민과 공포에 대해 설명한다. 공포는 어떤 나쁜 일이나 파괴적이거나 혹은 고통스러운 일에 대한 상상을 통해 일어나는 일종의 불안하고 불편한 마음이며, 연민은 눈 앞에 펼쳐지는 파괴적이고 고통스러운 불행을 보았을 때 갖게 되는 아픔의 감정인데, 그 불행을 당할 이유가 없는 사람이 당하였을 때 느끼게 되며, 그 불행은 또한 우리 자신이나 가까운 사람에게 일어날 수 있는 정도의 불행일 때 생기는 감정이라고 말한다. 두 감정을 종합하면, 연민을 일으키는 일은 무엇이든지, 그것이 타인에게 (이미) 일어났거나 (앞으로) 일어날 상황이면 공포스럽다가 되고, 스스로에게 공포스럽다고 느껴지는 일이 타인에게서 일어나면 그것은 동정심의 대상이 된다. 즉, 무대의 불행한 사건의 대상이 자기에게 투영되면 공포가 되고 타인에게 투영되면 연민이 된다. 말하자면, 타인에게 적용된 연민이 슬픔의 감정이고, 자신에게 적용된 공포는 두려움의 감정이다. 슬픔의 감정은 타인에 대한 나의 공감을 전제로 한다. 희극이 거리두기라면, 비극은 거리 없애기다. 비극적인 주인공에 깊숙이 감정이입이 되면서 주인공의 슬픔은 자신의 슬픔이 된다.

한편, 공포는 생리적으로 오랫동안 기억으로 남는다. 뜨거운 다리미를 만진 적이 있는 아기는 앞으로 절대 다리미를 만지지 않는다. 경험을 통한 공포 학습은 금기를 범하였을 때 어떤 결과가 초래하는지 몸으로 기억한다. 악행을 저지른 적도, 친구를 배신한 적도 없으며 지극히 인간적인 비극의 주인공이 철저하게 비극적 숙명으로 빠져드는 것을 두 눈으로 똑똑히 목격한 관객은 형언할 수 없는 두려움에 사로잡힌다. 공포의 사회적 학습 효과란 레싱이 언급한 카타르시스의 윤리적 해석과 맞닿아 있다. 이런 맥락에서 공포를 조성하는 비극은 보알이 말하였듯이 사회적 질서를 위한 수호자가 된다. 이 공포는 '신에게 맞서지 마라' '금기에서 벗어나지 마라' '눈을 뜨려 하지 마라' 등의 구호와 직결된다. 에덴동산에서 선악과를 먹은 인류의 조상은 금기를 깨트린 최초의 비극적 인간이다. 금기를 어기는 순간 극도의 공포를 경험함으로써 그들은 눈을 뜨게 되었고 자신들이 벗었다는 사실을 깨닫고는 부끄러워한다. 오이디푸스(Oedipus) 왕이 두 손으로 눈을 찌르는 행위도 공포의 관점에서 이해할 수 있다. 보기를 금하겠다는 고통스러운 손짓은 금기를 엿보았다는 것, 인간인 주제에 감히 신이 정해 준 운명의 사슬을 끊으려고 하였다는 것을 인정하는 행위인 것이다. 눈 찌름이라는 인간 의지의 행위로부터 관객은 공포를 느끼며 오이디푸스와 감정이입이 되어 그에게 연민을 느끼게 된다.

이런 관점에서 연민과 공포로부터 비롯되는 아리스토텔레스의 카타르시스는 비극의 원조로 간주되는 디오니소스(Dionysos) 축제의 카타르시스 개념과는 약간의 차이가 있다. 디오니소스 축제는 질서가 아닌 무질서, 이성이 아닌 광기, 순응이 아닌 반항, 안락함이 아닌 고통을 추구한다. 따라서 정신분석학에서 히스테리를 치료하기 위해 억압된 무의식을 배설하도록 하는 것이 아리스토텔레스의 카타르시스 개념이라면, 영혼의 정화를 위해 광란의 노래와 춤사위로 몸을 움직여 혼을 빼앗는 몸짓은 디오니소스 방식의 카타르시스 개념이라 할 수 있다.

4. 음악의 카타르시스

음악은 카타르시스에 이르도록 하는 마술적 힘이 있다. 저승의 문을 지키는 수문장 케르베로스(Kerberos)를 음악으로 굴복시킨 전설적인 리라 연주자 오르페우스(Orpheus)는 음악의 위대한 힘을 보여 준다. 프리드리히 니체(Friedrich Nietzsche)가 말한 것처럼 음악은 디오니소스적 예술이다. 아리스토텔레스가 『시학』에서 한 번만 언급한 카타르시스를, 8권 『정치학(Politics)』에서 음악의 카타르시스를 설명하면서 네 번이나 언급하고 있는 것도 이와 무관하지 않다. 그리스 비극은 근본적으로 디오니소스 축제에서 부른 노래, 디티람보스(Dithyrambos)에서 발전한 것이다. 디오니소스의 주변에는 항상 술과 노래와 춤이 있었다. 그의 시종인 사티로스(Satyros)는 음악을 좋아하여 참(Charm)이라는 악기를 가지고 다녔다. 사티로스는 판(Pan)으로도 불리는데, 이 판에서 목가적 악기인 팬플루트(Pan-flute)가 유래하였다. 디오니소스를 위한 축제에서 빠지지 않았던 것은 음악이었으며 이로부터 영혼을 정화하는 카타르시스를 일궈 내려 하였다. 민중은 희열과 환각 상태에서 노래를 부르며 신과 접촉을 꾀하였고 백지처럼 순수한 영혼의 불멸성을 얻고자 하였다.

아리스토텔레스는『시학』에서 음악을 진지한(윤리적) 음악과 가벼운(열광적) 음악으로 구분한다. 후자의 오락적이고 열광적인 음악이 바로 기분 전환과 긴장 해소를 통해 카타르시스의 효과를 꾀하는 음악이다. 민중의 취기를 북돋는 음악은 정신을 맑게 하는 것이 아니라 도취시킨다. 음악을 위한 악기 가운데 주목할 것은 사티로스가 잘 불렀다는 피리다. 피리는 사티로스가 양 떼를 돌볼 때 불렀던 악기, 즉 동물의 정신을 제어하고 기분 전환의 요술을 부리는 악기다. 볼프강 아마데우스 모차르트(Wolfgang Amadeus Mozart) 오페라 〈마술피리〉에서도 피리의 효능이 강하게 사용되었던 것처럼, 피리는 그리스 비극의 공연에서 자주 사용되었던 악기다. 피리 소리는 술의 효험처럼 긴장을 해소하고 기분을 전환하여 정신을 미망의 상태로 유도한다. 한편, 자연에서 흔히 불렀던 버들피리나 보리피리 또한 탄생과 생의 도약을 알리는 봄의 소리이자 정령을 불러냈던 마법의 소리다. 생명의 도취를 이끄는 피리는 민중을 무아지경의 상태로 이끌어 신(神)에 의해 빙의되도록 한다. 이 신성한 도취의 음악 덕분에 카타르시스의 강력한 효과가 생겨난다. 아리스토텔레스가 말하는 '음악적 카타르시스'란 바로 외부로부터 강력한 기쁨이 밀고 들어와 그 힘으로 슬픔을 밀어내는(혹은 중화시키는) 방식이다(김효, 2006).

5. 디오니소스 축제와 카타르시스

그리스 신화에서 디오니소스는 찢겨 죽었다가 다시 살아난 반인반신(半人半神)이다. 다시 살아났다(재탄생)는 것은 죽음의 트라우마가 있는 인간에게 운명적인 의미를 부여한다. 재탄생은 자연의 순환 속에서 추운 겨울이 지나고 봄에 움트는 새싹의 의미로부터 자손 번창의 개념, 그리고 영생불사의 종교적 차원에 이르기까지 무한한 의미의 저장고다. 그러므로 디오니소스를 경배하는 축제일에 벌어지는 행동은 포도의 풍년과 다산, 나아가 치유와 행복, 영원성을 보장받으려는 생의 몸부림이다. 그곳에는 춤과 노래가 있으며 음주가 있고 파토스(Pathos)의 상태에서 광란의 향연이 펼쳐진다. 폭력적이고 에로틱한 음담패설, 성적인 희롱이 만연하고 가면과 우스운 복장 그리고 남근숭배의 물결이 휩쓴다. 디오니소스는 광기의 신이자 해방의 신으로 추앙되었고, 그의 숭배를 구실로 습관적인 것, 규칙적인 것이 파괴되었다. 얼굴에 가면을 쓰고 양가죽의 옷을 입고 무아지경의 상태에서 춤을 추는 그리스인의 모습에서, 이따금 청소년들을 실신케 하는 현대의 열광적인 라이브 공연을 연상할 수 있다. 고대인이든 현대인이든 이들의 공통적인 특징은 사회적 규율에서 빠져나와 스트레스를 해소하고 자연적인 본능과 쾌락의 카타르시스를 추구한다는 점이다. 디오니소스 축제는 집단적 도취를 통해 터부를 깨트리고 금기시된 것을 실행함으로써 완전한 신체적 · 정신적 해방을 꿈꾸는 해방 공간이었다.

디오니소스 축제

니체(Nietzsche, 2005)는 『비극의 탄생(Die Geburt der Tragödie)』에서 디오니소스의 본질을 언급하기 위해 아르투어 쇼펜하우어(Arthur Schopenhaue)를 인용한다. 사면이 광막하고, 울부짖는 거센 파도가 오르내리는 광포한 바다 위에서 한 사공이 일엽편주에 의지하여 앉아 있듯, 개별 인간은 고통의 세계 한가운데에 개체화의 원리에 근거, 의지하여 고요히 앉아 있다. 니체는 이 개체화의 원리가 파괴될 때 우리가 경험하는 공포 및 지극한 황홀감이 디오니소스적인 것의 본질이라고 말한다. 고통을 안고 살아가는 인간은 언제 덮칠지 모르는 포효하는 바다 한가운데에서 작은 돛단배에 의지하여 살아가는 연약한 존재다. 그런데 디오니소스의 광적 몰아침은 태풍의 바다이자 고통의 세계로, 만일 개체화 원리를 파괴할 수 있다면 마음의 평화와 자유를 얻을 수 있다. 디오니소스적인 것의 마력 하에 인간과 인간 사이의 유대가 다시 맺어진다. 그뿐만 아니라 소외되고 적대시되고 억압당해 왔던 자연은 자신의 돌아온 탕아인 인간과 화해의 축제를 벌인다. 이제 노예는 자유민이다. 마치 마야의 베일이 갈기갈기 찢긴 채 신비에 찬 근원적 일자(Ur-Eine) 앞에서 펄럭이듯! 이렇듯 디오니소스 축제를 통해 억압에서 해방된 자유민이 된 인간은 본성을 되찾은 인간이다. 갈등과 번민, 고통과 질투의 노예에서 벗어나 자유민이 된 것이다. 니체에 따르면, 디오니소스적 체험은 도취와 황홀의 충동과 마취적인 봄의 음료로 인해 비밀스러운 세계에 이르도록 한다. 걷는 대신 춤추게 하고 말 대신 노래하게 한다. 마법에 걸린 것처럼 그는 전혀 다른 사람이 되면서 상상력 속에서 살아 있었던 신을 자기 안에서 느끼게 된다. 디오니소스 축제가 비극의 원천임을 상기할 때 연민과 공포의 감정을 이끌어내는 비극의 메커니즘은 술과 춤과 노래로 촉발된 최고조의 고양된 감정으로 카타르시스를 이끌어 완전한 자유를 성취하고 치료된 자로 거듭나도록 한다.

6. 서사극과 토론연극에서 카타르시스

브레히트의 서사극이나 보알의 토론연극은 아리스토텔레스 방식의 카타르시스를 비판한다. 이들은 그리스의 카타르시스 이론이 반사회적인 요소들을 순화시키는 것이라고 평가한다. 이들의 혁명적인 미학은 의심, 연민, 두려움을 배설하기보다는 사회정치적인 기존 질서를 비판하고 의심하기를 요구한다. 보통의 카타르시스가 감정이입을 전제로 한다는 점에서 거리두기 기법의 서사극과는 대척점에 있다. 그렇지만 서사극 역시 다른 방식의 카타르시스를 언급한다. 이는 동화의 카타르시스와는 반대의 개념으로 거리를 통해 자신을 냉정하게 판단하고 억눌렸던 경험을 인식함으로써 발생하는 카타르시스다. 랜디(Landy, 2002)에 따르면, 이론상 카타르시스는 미적 거리를 성취할 때에만 발생한다. 그러므로 관객은 자신의 과거에서 웃음거리가 되었다거나 유혹을 받았다거나 자기를 항문의 이미지로 생각하였던 억눌린 경험들을 찾아 인식할 수 있어야 한다. 연극치료사는 작업에서 거리를 조절하면서 참여자가 새로운 역할을 시도하고 낡은 역할을 확장하는 가운데 균형 상태를 성취하여 충동적 발산과 강박적 억제에서 해방됨으로써 일종의 카타르시스에 도달하도록 해야 한다는 뜻이다.

보알은 좀 더 급진적으로『시학』의 저자를 비판한다. 그리스 비극 또한 연민과 공포를 통해 관객에게 자신의 비극적 결함을 정화하도록 강요하는 일종의 협박 장치라고 비판한다(원준식, 2011). 보알은 진정한 카타르시스는 계급적이거나 위압적인 비극 체계가 아닌, 디오니소스의 축제처럼 관객 전체가 자유롭게 노래하고 춤추면서 배우와 하나가 될 때 생겨난다고 본다. 그는『시학』을 '억압의 시학'으로 간주하고 이를 폐기할 것과 새로운 '억압받는 사람들의 시학'을 제시하면서 관객이 주체가 되어 능동적으로 참여하는 연극을 제안한다. '억압받는 사람들의 연극(theater of the oppressed)'을 거쳐 거듭난 토론연극에서 관객은 자유롭게 연극적 토론에 참여하여 가장 자유로운 상태, 또 다른 의미의 카타르시스에 이를 것이다.

서사극이나 토론연극에 적극적으로 참여하는 관객은 정치적 측면이든 자기 파악의 측면이든 학습을 통해 인식의 장을 넓힌다. 그 전개 방식은 연극치료에서 자기 인식에서 출발하여 카타르시스에 이르는 방식과 닮았다. 사실 연극치료의 관점에서, 아리스토텔레스나 브레히트나 보알의 극적 태도는 방향은 달라도 목적지는 같은 형국이다. 다만 브레히트와 보알의 관객은 감정의 카타르시스 차원이 아닌 행동의 차원, 즉 거리두기에서 생겨난 객관적 인식을 바탕으로 적극적인 사고와 행동과 치유의 차원으로 전개된다는 특징이 있다.

7. 집단적 카타르시스

연극은 집단적인 까닭에 전염성의 카타르시스가 가능하다. 전염성의 카타르시스는 디오니소스 축제를 비롯한 원시 연극의 형태에서 잘 나타난다. 이를테면, 민중이 전염되어 혼연일체가 된 로마의 농신제, 중세의 바보제, 바바리아 지방에서 성 니콜라스 축일 전야에 행해지는 '와일드 맨의 지배', 패드스토우의 말 등 전해오는 고대의 관습은 디오니소스적 카타르시스의 틀로 해석된다. 이러한 축제는 공포나 경외에서 해방을 위한 미하일 바흐친(Mikhail Bakhtin)의 카니발 이론처럼, 개인과 공동체에게 이익이 되는 심리적이고 정서적인 방출로 인식된다. 방출의 관점에서 '원시 사회의 종교적 제의'와 치료를 위한 드라마와 연극의 사용 사이에는 그 목적과 효과 면에서 유사하다. 이는 또한 샤먼(Shaman)의 주술 행위와도 연결된다. 예를 들어, 크리스티안 엘사스(Christian Elsass)는 정신분석가와 마찬가지로 샤먼은 드라마에서 주인공을 연기한다고 말하면서, 정신분석과 현대연극, 그리고 샤머니즘을 '샤머니즘적 치유'라는 단어로 한데 묶는다(Landy, 2002).

8. 연극치료와 카타르시스

비극처럼 연극치료도 일종의 카타르시스를 최종 목적으로 한다. 연극치료 역시 비극처럼 다양한 층위의 카타르시스 개념을 지니고 있다. 연극치료사와 참여자의 우연적인 만남으로부터 비예측성과 즉흥성이 대두되는 연극치료에서 다층적 카타르시스는 어느 정도 예상된다. 연극치료에서 추구하는 카타르시스는, 첫째, 아리스토텔레스의 카타르시스 개념 가운데 순화와 정화의 개념이다. 둘째, 반(反)아리스토텔레스의 깃발을 든 브레히트의 서사극이나 보알의 토론연극의 개념과 관계가 있다. 비록 반(反)이 들어 있긴 하지만 이 역시 연극치료에서 단계적으로 적용된 새로운 관점의 카타르시스에 해당한다. 셋째, 디오니소스의 제식처럼 원시종교나 아르토의 잔혹연극에서 보여 준 망아의 상태에서 일어나는 절대적 치유의 카타르시스 개념이 있다. 그러나 이들을 별개가 아닌 하나로 통합할 때, 연극치료의 참여자는 자기에 대한 인식에서 진정한 변화를 느끼고, 변화에서 즐거움이 생겨나며, 일련의 과정에서 궁극적으로 치료에 다다르게 된다. 이 변화는 서두에서 존스가 언급한 '변형', 바로 그것이다. 이 과정은 [그림 5-1]과 같다.

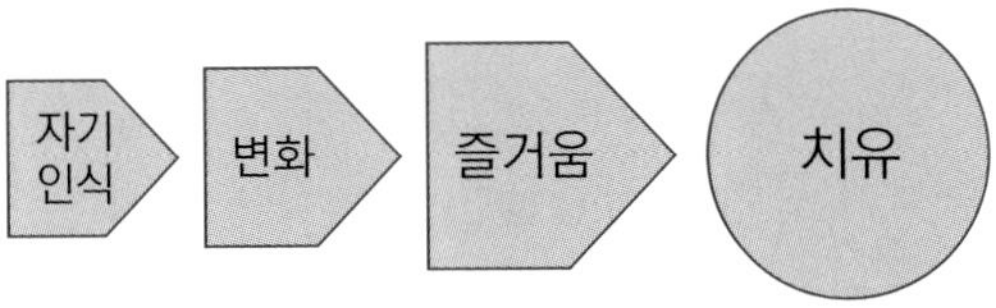

그림 5-1 연극치료에서 카타르시스의 작동 기제

출처: Jones (2005)

연극의 고유한 특징 가운데 하나는 극적 공간에서 관객이 자발적으로 불신을 중지한다는 사실이다. **'불신의 자발적 중지'**(Jones, 2005)는 **'연극적 관례'**에 해당하는 것으로, 관객이 극적 미메시스(Mimesis)에 기꺼이 참여하는 것을 의미한다. 이러한 관극 태도는 카타르시스를 이끌어 낼 수 있는 기본 요소다. 연극치료에서도 참여자가 불신을 자발적으로 중지하면서 자연스럽게 역할 속으로 이입되고 '변화'를 위해 이행되어 감(becoming)을 위해 준비한다. 이 변화는, 첫째, 깨어남이며 레싱의 관점에서는 '감정의 덕성으로의 이행'이다. 둘째, 모레노, 요제프 브로이어(Josef Breuer), 그리고 프로이트의 기법에서 변화는 다른 의미의 카타르시스와 연결된다. 즉, 참여자가 억눌린 분노나 적대적 감정을 표출하고 나면 균형과 조화의 느낌을 되찾는 것이다. 이 모델은 카타르시스의 기능 가운데 하제(배설)의 의학적 개념에 해당한다.

연극치료에서 카타르시스의 세계로 안내하는 방법 중 자주 사용되는 것은 극적 투사를 위한 역할연기다. 비극의 관객은 무대를 관조하며 상상의 나래를 펴고 그로부터 촉발된 감정, 연민과 공포 속에서 카타르시스를 경험한다. 그런데 연극치료에 참여한 참여자는 연기자가 되어 직접 투사에 참여한다. 역할연기를 시작하면 연극치료사나 참여자는 하나의 세계 안에 존재하게 된다. 치료사 역시 한 인간으로서 순화 또는 정화를 경험하고 치료됨을 느낀다. 비극의 관객이 오이디푸스의 비극에 동참하였던 것처럼, 연극치료 참여자는 자신의 비합리적이었던 과거를 소환하여 현재화한다. 그 과거는 현재에 영향을 미치므로 과거의 매듭을 풀지 못하는 한 자유롭고 정제된 현재는 없다. 따라서 역할연기로부터 과거를 탐구하고 진실과 대면하며 극적 투사가 이루어지고 감정이 순화된다면 변화와 치료가 가능하다. 참여자는 드라마를 통해 치유된다. 역할연기를 통해 과거를 극화하면서 제대로 기능하지 못하였던 자신의 이미지를 만나게 된다(Landy, 2002).

정리해 보자. 디오니소스 축제이든 그리스 비극이든 서사극이나 토론연극이든 그리고 연극치료이든 카타르시스의 경험으로부터 변화가 생겨난다. 축제나 연극 또는 연극치료 참여자는 가슴 깊은 곳에서 솟아나는 공포와 연민으로부터 생겨난 슬픔을 경험한다. 그 경험은 그것으로 끝나지 않고 형언할 수 없는 가벼운 느낌, 밀려드는 감동, 새로운 세상을 가슴에 품은 것 같은 포만감 등으로 이어진다. 이런 감정들이 커다란 물줄기를 이루어 카타르시스의 호수가 된다. 가령, 디오니소스 축제에 참여한 사람들은 원초적 무질서, 광기와 취기가 뒤섞인 집단적인 행동들을 실천하고 기존의 자기 해체와 새로운 자기를 발견한다. 연극치료 작업이 근본적인 변화를 추구한다는 것, 즉 이 변화가 세상의 변화로 수렴되며 고통과 슬픔의 경험이 자아의 즐거움과 자유, 자기 존재의 참다운 깨달음과 치료로 귀결된다는 것을 고려할 때, 연극치료는 참여자에게 카타르시스를 체험하도록 하는 장소가 된다. 카타르시스에 이른 참여자는 완벽하게 바뀌는 연금술적 전이, 그것으로부터 발생하는 순수하고 참다운 자기를 알아차리고 치료에 이르게 된다. 이는 야스퍼스(Jaspers, 1964)가 언급한 것처럼, 카타르시스가 자기 존재로부터 참다운 것을 깨닫는 일이라는 개념과 상통한다. 그는 말하길, 인간이 자기 존재에 접한 사태가 카타르시스다. 이는 단지 구경하는 일이 아니라 갑자기 마음을 두드리는 그런 경험으로부터 참다운 것을 자기 것으로 하는, 즉 존재를 받아들이는 데에서 성립된다. 참다운 것을 깨닫는 일이다. 비극적인 것을 본다는 것은 그 관람을 통해서 비극적인 것으로부터의 해방, 다시 말하면 일종의 정화작용, 즉 카타르시스를 위한 것이다.

카타르시스의 의미가 윤리적 순화이든 종교적 용서이든 의학적 치료이든 공통으로 순수해짐, 깨끗해짐, 정화됨의 뜻이 담겨 있다. 이 단계를 거쳤을 때 쾌감, 황홀감, 기쁨, 정서적 만족으로 이어진다. 그런데 연극치료 실제에서 카타르시스는 대개 슬픔으로 나타난다. 순화, 용서, 정화는 과거의 만남에서 시작되고 이의 알아차림은 슬픈 감정에 휩싸이게 한다. 두려웠던 과거나 연민의 감정과 만나게 되었을 때 억제할 수 없는 슬픔이 밀려온다. 사랑하는 사람과 사별의 아픔을 극복하기 위해서는 충분하고 깊은 슬픔이 필요하듯, 치료 작업에서 참여자의 눈물 흘림은 슬픔의 정화 행위, 곧 카타르시스의 체험이다. 연극치료에서 어떠한 억제도 없이 순수하게 이루어진 감정의 표현은 카타르시스에 이르게 되고 이는 곧 자기 발견과 변화 그리고 치료로 이어진다. 마치 태어나서 처음으로 실컷 운 것처럼 눈물을 흘렸을 때 형언할 수 없는 청량하고 시원한 마음이 드는 것, 바로 이것이다.

제6장 연극치료와 모방

연극은 미술이나 사진, 그리고 영화와 더불어 대표적인 재현(representation) 예술이다. 재현은 간단히 말하면 외적 사물의 모방을 의미한다. 전통적으로 미술이나 사진은 인간이나 자연 등의 외적 형태를 모방하며, 영화나 연극은 현실뿐 아니라 그 안에서 살아가는 인간 삶의 내 · 외적인 요소를 모방한다. 그런데 미술이 2차원의 화폭에 고정된 형상의 모방이고 영화는 이미지들의 움직임이 있긴 하나 역시 스크린이라는 2차원에서 모방이 이루어지는 반면, 연극은 현실과 거의 차별이 없는 무대에서 3차원 세계를 모방한다. 따라서 철학적 논제였던 모방을 이해하고 이를 바탕으로 연극의 모방 개념을 활용한다면 역할연기, 이야기, 움직임, 글쓰기 등 연극치료에서 이루어지는 갖가지 모방의 요소들의 원리와 가치를 깨닫고 작업에서 이를 훌륭하게 적용할 수 있다.

모방으로 번역되는 미메시스의 어원에 대해서는 분명하게 밝혀진 것이 없다. 분명한 것은 미메시스가 디오니소스 축제와 깊은 관련이 있다는 점이다. 원래 모방은 흉내 내기의 의미보다는 종교적 행위를 지칭하는 것으로, 디오니소스 축제를 거행하는 사제들의 춤과 노래를 의미하였다. 또한 모방은 형태적 모방이 아닌 내면적 표현을 의미한 것으로, 춤, 연극, 음악 같은 뮤지케(musike)와 관련된 것이었다. 하지만 모방은 점차 외적으로 확대되어 재생, 재현, 표현, 은유 등의 의미를 포함하게 된다. 모방은 연극, 회화, 조각에서 실재를 재생한다는 '재현'의 의미를 지니게 되었고, '외면 세계에 대한 재생'으로 의미가 확대되었다. 고트프리트 콜러(Gottfried Keller)는 모방은 단순한 모방(imitation)뿐 아니라 재현(representation) 또는 표현(expression)의 의미가 있다고 주장하며, 켈 쇠르봄(Kjell Sörbom)은 은유의 의미도 있다고 언급한다. 이처럼 모방은 모방, 재현이라는 일반적인 의미에만 국한되어 있지 않고 표현, 은유 등의 의미를 지니고 있다(노영덕, 2006). 보통 춤이나 흉내는 자체적으로 재현, 표현, 은유의 의미가 담겨 있으므로 이러한 외현 확장이 새삼스러운 것은 아니다. 다만 디오니소스 축제를 거행한 사제들의 모방이 몸과 깊게 연계되어 있음은 주목의 대상이다. 모방이 몸의 영역으로 확장된다면, 몸의 예술인 연극과 연계될 수 있고 연극치료 분야로 확대될 수 있을 것이다. 모방으로 통칭되는 디에게시스(diegesis)와 미메시스는 약간의 차이가 있다. 연극은 무대에서 보이는 것과 보이지 않는 것들로 구성된다. 특히 비극에서 이 점은 중요하다. 비극은 지나치게 폭력적인 장면은 무대에 직접 드러나면 안 된다는 엄격한 규칙이 있으므로 비윤리적이고 폭력적인 장면들은 인물의 대사로 처리된다. 가령, 잔인한 살육 장면은 황급히 달려온 증인이 알리는 방식으로 관객에게 전달된다. 여전히 두려움에 벌벌 떠는 증인의 대사는 사건을 설명하는 디에게시스가 된다. 이에 비해 무대에서 벌어지는 인물의 모든 행동은 미메시스다. 즉, 디에게시스는 서술적 모방이고 미메시스는 재현적 모방이다. 디에게시스가 언어에 의한 모방이라면, 미메시스는 몸에 의한 모방이다. 연극치료는 대사 모방(디에게시스)과 몸짓 모방(미메시스) 둘 다를 적극적으로 활용한다. 연극치료에서 치료사의 성향 또는 참여자의 문제 정도에 따라 이야기를 기반으로 하는 디에게시스를 강조하거나, 행동을 기반으로 하는 미메시스를 강조한다. 보통은 이들을 균형 있게 다룬다. 아리스토텔레스에 의하면, 인간의 모방 본능은 연극의 기원 중 하나다. 흔히 연기란 흉내 내는 것, 모방하는 것으로 알려진 만큼 연극에서 모방에 대한 성찰은 꼭 필요하며, 연극치료에서도 당연히 관심을 가져야 할 대상이다.

1. 모방과 테크네

모방은 테크네(techne)의 개념과 밀접하다. 무릇 인간은 무엇인가를 끊임없이 만들어 내는 존재다. 도구를 사용하고 제작하는 인간을 뜻하는 호모 파베르(homo faber)는 바로 이 만듦의 인간을 뜻하며, 테크네는 만들어 내는 기술 혹은 솜씨를 의미한다. 오늘날 기술의 뜻을 지닌 테크닉(technic) 또한 테크네에서 유래되었다. 테크네는 간단한 도구의 제작에서부터 음식 솜씨, 건축술, 의술, 웅변술, 군사술은 물론 지식, 지혜에 이르기까지 매우 폭넓은 의미를 지닌다. 제작 기술 및 생산, 나아가 지식을 포괄하는 테크네는 장인의 기술뿐 아니라 예술가의 예술적 기교도 포함한다. 그리스인들은 테크네의 차원에서 장인과 예술가를 구분하지 않았고 이들을 동일하게 호모 파베르로 보았다. 그런데 테크네에서 중요한 것이 모방이다. 테크네는 아무것도 없는 상태에서 무엇인가를 만들어 내는 것이 아니라 기존의 것을 바탕으로 그것을 흉내 내거나 응용하는 방식으로 이루어진다. 플라톤(Platon)은 테크네를 사용하는 기술, 만드는 기술, 모방하는 기술 셋으로 분류하고 이것들을 좋은 것과 나쁜 것으로 구분한다. 이 셋 중 어떤 것이 가장 잘 만들어진 것인지 제일 잘 아는 사람은 그것을 직접 사용하는 사람이다. 제작자는 사용자의 조언에 따라 이를 제작할 것이므로 사용자에 의해 그것의 훌륭함과 나쁨에 관한 옳은 믿음을 갖게 된다. 한편, 모방자는 자신이 그리는 대상에 대한 지식이 없으므로 자신이 모방하는 것의 훌륭함이나 나쁨에 대해 알지도 못하고 옳게 판단할 수도 없다. 이렇듯 테크네의 관점에서 모방하는 기술은 일종의 놀이일 뿐 진지하지 못하므로 플라톤은 모방하는 기술을 최하위에 놓고 나쁜 것으로 평가한다.

한편, 예술을 의미하는 영어 'art'는 라틴어 '아르스(ars)'에서 유래하였으며, '아르스' 또한 '테크네'에서 유래하였다. 그런데 예술로서 테크네는 다시 뮤지케와 구분된다. 테크네는 모방의 측면에서 주로 회화와 조각을 염두에 둔다. 플라톤이나 아리스토텔레스는 자연을 모방하여 그 대상을 이미지로 제작하는 회화와 조각을 테크네로 간주하였다. 한편, 시, 음악, 무용, 연극 등은 여신 뮤즈의 영감에 의해 촉발된 것으로 뮤지케라고 하였다. 시는 뮤지케에 속하지만, 어원인 그리스어 포이에시스(poiesis)에는 물건을 제작하는 테크네의 의미가 들어 있다. 즉, 뮤지케, 아르스, 포이에시스는 테크네의 개념에 포함된다. 회화와 조각의 테크네는 이상적인 재현을 위해 규칙이 필요하지만, 뮤지케인 시, 무용, 특히 음악은 감정에 호소하는 것으로 신적 영감에 따른 비이성이거나 광적인 활동을 특징으로 한다. 플라톤은 테크네 자체를 부정적으로 보지는 않았으나 뮤지케는 감정적이고 불순한 것으로 간주하였다. 그런데 뮤지케의 대표적인 예술은 서사와 노래와 춤이 곁들여진 연극이다. 플라톤이 연극에 대해 불편해했던 감정을 충분히 이해할 수 있는 부분이다.

2. 플라톤의 모방

플라톤이 『국가(The Republic)』 제7권에서 언급한 유명한 **'동굴의 비유'**에서 죄수들은 벽에 비친 그림자(illusion)를 실물로 알고 살아간다. 우연히 누군가 동굴 밖으로 나오면 지금까지 보았던 것들이 실은 환상임을 알게 되고 충격에 휩싸인다. 그는 처음엔 눈이 부셔 진실을 제대로 파악하지 못하지만, 점차 빛에 익숙해져서 실상을 파악하게 된다. 그는 동굴로 되돌아가 사람들에게 자신이 본 것을 전한다. 플라톤은 다음의 질문으로 그 상황을 설명한다. 그가 다시 예전 자리로 되돌아가면 어찌 될까? 그는 갑자기 햇빛에서 벗어난 까닭에 눈이 침침해질 것이고, 이때 만일 다른 죄수들과 함께 예전의 그 그림자에 대해 논의한다면 그는 다른 사람들로부터 비웃음을 사고 눈을 버려서 왔다는 말을 듣지 않을까? 다른 사람들은 어쩌면 자기들을 햇빛으로 인도하려는 사람을 오히려 죽이려고 하지 않을까(Platon, 2016)? 아마도 빛을 본자는 죽임을 당할 것이다. 소크라테스 역시 사형을 당하지 않았던가. 동굴의 비유에서 보통 사람들이 아닌 죄수들을 등장시킨 것은 무슨 이유일까? 인간은 원래 죄수라는 의미인가? 진리를 깨닫지 못한 채 그림자를 실상으로 알고 있다는 자체가 죄를 범하는 것일까? 그들이 어떤 죄를 저질렀는지 알 수는 없으나 플라톤에 의하면 우연히 태양을 본 정의로운 철학자에 의해 교육받고 인도되어야 할 존재들인 것은 분명하다. 플라톤은 거짓을 진실로 알고 있는 것 그 자체를 죄악이라고 생각하였다. 이렇듯 죄에서 벗어나기 위해, 진실을 파악하고 인식과 진리의 원천인 이데아의 완전한 세계를 이해하기 위해서는 우리가 몸담은 현상계의 불완전한 세계와의 비교가 필요하다. 자기동일성의 관점에서 이데아는 자기동일성을 갖추고 있으나 현상계는 그렇지 못하다. 자기동일성은 감각이나 모방으로 지각할 수 없다. 우리가 몸으로 지각하는 현상계는 결코 자기동일성을 갖출 수 없다. 모방은 유사성은 성립하지만 자기동일성일 수 없으므로 이상계에 도달할 수 없는 허상에 불과하다. 플라톤이 모방을 부정적으로 볼 수밖에 없었던 이유다. 플라톤은 모방은 감각을 통한 모사에 불과할 뿐 대상의 본질에 다다르지 못한다고 보았다. 이에 따라 미켈란젤로(Michelangelo)와 같은 후대의 서양화가들은 눈에 보이는 외적 사물을 있는 그대로 모방하는 것이 아닌 오브제 너머의 이데아를 찾아내는 작업에 몰두하였다.

그러나 흥미롭게도 플라톤은 모방 자체를 전적으로 부정하지는 않았다. 그가 화가나 시인(극작가) 같은 모방자를 깎아내린 가장 큰 이유 중 하나는 그들이 모방하는 대상에 대해 무지하였기 때문이다. 시인이 추방되어야 하는 이유도 모방자가 자신이 모방하는 것이 좋은지 나쁜지도 알지 못하고 모방하기 때문이며, 모방이 이데아인 진리를 모방한 것을 또 모방하기 때문이며, 오로지 보이는 것만을 모방하기 때문이다. 우리가 바라보는 현상은 이미 이데아를 모방한 것인데, 화가나 시인은 모방의 현상을 다시 모방하는 삼중의 모방자라는 것이다. 따라서 화가나 시인이 모방 대상을 잘 인지하고 있고 보이는 것만 모방하지 않는다면 그들을 굳이 추방할 이유는 없다. 이처럼 이데아론에 기초하여 전개된 플라톤의 모방론은 모순처럼 보이는 경우가 있다.

플라톤은 쇠퇴해 가는 조국 아테네를 바라보며 이상 국가의 희망을 품고 『국가』를 저술한다. 그는 올바르지 못한 삶이 이롭다는 소피스트들의 주장을 논박하면서 올바름의 본질을 언급하는 것으로 저술을 시작한다. 올바름은 실재를 부여할 뿐 아니라 불멸하고 영원한 신적 존재인 영혼을 참된 모습으로 드러나도록 한다. 올바름에 의해 영혼은 참되고 순수해진다. 올바른 삶을 사는 사람이 통치자가 된다면 이상 국가가 가능하리라고 생각한 그는 올바른 삶과 진실, 그리고 이상 국가를 자신의 이데아론과 연계시킨다. 이데아계는 감각적 경험으로는 지각할 수 없으며 진정한 미적 개념은 현상이나 감각을 넘어 관념 세계로 존재한다. 플라톤은 예술이 현상을 모방하는 것이 아닌 현상 뒤의 보편적 진리를 담아낼 수 있는 이데아의 범주에 포함되고 도덕적 가치를 지닐 때 비로소 그 가치를 인정하였다. 이런 점에서 후대에 외적 형상보다는 내적 표현에 더욱 커다란 관심을 기울인 미술사조, 예컨대 후기 인상주의, 입체파, 현대 추상미술 등은 플라톤의 이념과 유사한 선상에 놓여 있다고 하겠다. 한편, 그는 올바른 국민을 육성하기 위해서는 음악교육과 체육교육이 중요하다고 강조하면서도 다만 음악에서 모방적인 것은 배제해야 한다고 주장한다. 모방은 올바름과 배치되며 영혼을 타락시키기 때문이다.

그는『국가』제10권에서 침상의 예를 통해 본질의 창조자로서 신, 침상을 만드는 장인, 장인이 만든 침상을 그리는 화가의 3단계로 나눈다. 화가와 마찬가지로 비극 작가 역시 본질로부터 세 번째 산물의 제작자일 뿐으로 이들 모방의 기술은 진실한 것에서 멀리 떨어져 있다. 호메로스(Homer)를 위시한 시인들은 이미지를 모방하는 사람들일 뿐이며 진리를 파악하는 것과는 거리가 멀다. 화가처럼 시인도 낱말과 구문이라는 색채로 모방한다. 시인은 화가나 조각가처럼 기만적인 눈속임으로 가짜를 만들어 내는 사람일 뿐이며 젊은이를 유혹하고 환상에 빠트리는 위험한 인물이다. 소크라테스를 만나기 전, 시를 썼던 플라톤이 이처럼 시를 적대적으로 생각하게 된 것은 당연히 이데아론과 깊은 관련이 있다. 플라톤은 어두운 아테네의 현실을 극복해 줄 수 있는 본(本)을 수립하고자 하였고, 본에 해당하는 이데아론을 완성하고자 하였으며, 이러한 이상 세계를 건립하기 위해서는 삼중 모방에 해당하는 예술, 모방의 테크네인 예술은 퇴출 대상이었다.

그가 보기에 윤리적 관점에서도 모방을 통해 환영을 제작하는 시인은 아이에게 나쁜 영향을 준다. 아이에게 들려주어서는 안 될 이야기, 거짓말, 신과 영웅을 나쁘게 서술하기에 그렇다. 비극에서는 얼마나 많은 영웅이 악인으로 등장하는가. 어린 시절에 굳어진 생각은 씻어내기 어려우므로 교육적 관점에서 훌륭하게 지어진 것만을 들려줘야 한다. 따라서 시인에게 규범을 제시하고 이에 어긋나는 시 창작을 금해야 한다. 규범이란 곧 이데아일 것이다. 거짓을 참으로 잘못 알고 있는 거짓의 세계에서 벗어나고, 올바르지 못한 것이 올바른 것보다 행복해질 수 있다는 믿음에서 벗어나기 위해서는 모방이 아닌 이데아계를 추구해야 한다.

3. 좋은 모방과 나쁜 모방

플라톤이 테크네를 뮤지케와 구분하여 좋은 것과 나쁜 것으로 나눈 것처럼, 모방은 무지한 나쁜 모방과 지식에 근거한 좋은 모방으로 나눈다. 무지한 모방인 '시뮬라크르(phantasmata)'는 이데아와 멀리 떨어져 있으나, 가지적인 모방인 '복사물들(eikones)'은 이데아와 유사하다. 무지한 모방은 감각적인 것으로 자신에게 보이는 대로 사물을 모방하는 화가이며, 훌륭한 모방은 지식에 근거하여 있는 그대로를 제작하는 장인의 모방이다. 예술적 모방이 무지의 상태에서 장인의 작품을 모방한 것이라면, 지식을 갖춘 장인의 모방은 실재를 모방한 것이다. 모방의 좋고 나쁨은 이데아에 얼마나 접근하였느냐에 달려 있으므로 이 점에서 예술적 모방은 비판의 대상이다. 예술에서도 특히 외형을 모방하는 회화나 조각은 나쁜 모방의 전형이다. 시의 경우에는 만일 장인의 제작품처럼 지식을 근거로 모방한다면 좋은 모방이 될 수 있다. 이러한 견해는 앞서 뮤지케에서 언급한 비이성적이고 광적인 예술 활동으로서의 시를 비판한 것과 모순적으로 보인다. 그런데 플라톤은『국가』에서와 달리『이온(Ion)』과『파이드로스(Phaedrus)』에서는 시인의 광기를 적극적으로 찬미하고, 특히『이온』에서 영감(靈感)을 테크네에 대치하기도 한다. 신에 의해 영감을 받아 수동적인 상태에서 쓴 시를 이데아를 모방한 것으로 보았다. 보이는 그대로를 모방하는 회화나 조각이 나쁜 모방라면, 지식에 근거하고 영감을 받아 제작한 시는 좋은 모방이 된다. 이 점은 음악교육을 적극적으로 권장하였던 입장과도 맞닿아 있다. 시를 포함하고 있는 음악은 회화와는 달리 형태적 모방이 아니라 영감을 받은 시인의 예술로서 이데아에 접근할 수 있다고 보았다. 이는 쇼펜하우어가 인간의 고통을 달래 주는 것이 예술이며 그 가운데서도 재현적 성격이 가장 적은 음악이 그렇다는 주장과 같은 맥락이다.

보이는 대로 모방하는 것을 나쁜 모방으로 간주하는 이유는 그것이 눈속임으로 환상을 유발하여 이데아계와 멀어지게 하기 때문이다. 나쁜 모방은 다시 복제(copie)의 예술과 모사(simulacre)의 예술로 구분한다. 복제의 예술은 모델의 길이, 넓이, 깊이의 정확한 비율을 빌려 오는 모방으로 존재 자체를 모방한다. 하지만 모사의 예술에서 모델의 정확한 비율은 환영을 만들어 내는 비율을 위해 희생된다. 플라톤은 모사의 예술인 모방에 대해서는 비난하지만, 모델을 있는 그 자체로 재현하여 모델의 존재를 존중하는 것은 인정한다. 장인의 모방은 복제이며 화가의 모방은 모사다. 화가는 눈에 비치는 대로 대상

좋은 모방과 나쁜 모방

을 그려 내므로 대상은 그의 시각에 따라 다른 형태를 띤다. 화가는 위치나 방향을 고려하지 않고 자신의 눈에 보이는 고정된 하나의 형상만을 표현한다. 즉, 보이는 외관을 그대로 모방한다. 플라톤은 이러한 회화가 모델의 외관만을 따르고 존재 자체를 따르지 않는다고 비난한다. 화가가 그려 내는 것은 감각적인 것으로 가짜이며 눈속임의 결과라는 것이다. 시각은 혼란스럽고 착각을 일으키도록 한다. 같은 크기라도 보는 거리에 따라 달라 보이고, 물속에 있는 것은 굽게 보이기도 하며, 색채를 사용하면 오목하게 또는 볼록하게 보이기도 한다. 시각의 착각을 모방하는 화가의 화법은 이처럼 영혼을 혼란 속에 빠뜨리는 마술이나 다름없다. 예를 들어, 석굴암 불상의 비율은 실제는 두상이 비균형적으로 크다. 하지만 아래에서 올려다보는 사람의 시각에서는 완벽하게 균형 잡힌 불상이다. 만일 실제 크기의 두상이었다면 일반 시각에서는 거꾸로 비대칭적인 불상이 되었을 것이다. 플라톤은 사전에 시각적 환영을 염두에 두고 제작된 이러한 예술품을 인정하지 않았다. 그는 예술이 외관이 아닌 실재 자체를 따르거나, 실재인 척하지 않을 때에야 비로소 좋은 모방이 된다고 보았다. 이에 따라 플라톤은 이상적인 본에 따라 작품을 만든 이집트 예술을 옹호하였으며, 원근법의 기술처럼 사실적으로 보이게 하려는 눈속임 기법은 인정하지 않았다. 플라톤이 『법률(The Laws)』 2장에서 문예 비판의 세 규준 가운데 진실성 혹은 정확성을 가장 근본적인 규준으로 제시한 것도 같은 원리다. 그는 모방 대상과 모방물 사이의 유사성의 문제를 중시하였으며, 수학적 계산이나 기하학적 측량을 시각적 착각이 아닌 정확한 측량을 기반으로 한다는 점에서 높이 샀다. 측정된 것은 이성적인 것이며 영혼과 동일한 것이다. 이와 달리 이성적 모방이 아닌 감각적 모방, 즉 시각과 관련된 모방인 회화와 청각과 관련된 모방인 시의 모방 기술은 진리 또는 지혜와 멀리 떨어져 있으며 진실하지 못하다(Platon, 2016).

4. 모방과 대상

회화나 시의 모방 기술이 변변치 않은 것들과 어울려서 변변치 않은 것이 될 때, 문제가 되는 것은 모방의 대상이다. 플라톤은 이성과 감정을 분류하고 인간이 괴로운 일을 당하였을 때 이에 저항하게끔 하는 것이 이성이며, 괴로움으로 이끄는 것이 감정이라고 언급한다. 인간에게 최선의 길은 고통이나 비탄으로 이끌리는 것이 아니라 이성의 헤아림을 간직하는 것이다. 고통이나 비탄의 감정은 비이성적이고 게으르고 비겁한 것임에도 시인은 이런 종류의 감정을 모방하려는 경향이 강하다. 감정과 모방의 관계를 보면 화를 잘 내는 사람은 온갖 것을 모방하지만, 분별 있고 침착한 사람은 쉽사리 모방하지 않는다. 감정에 쉽게 휘둘리고 격렬한 감정을 모방하는 시인은 이성 부분을 파멸시키고 진실과 멀리 떨어진 이미지를 만들어 냄으로써 영혼 안에 나쁜 통치 체제를 만들어 낸다. 비탄에 잠겨서 제 가슴을 치는 영웅을 모방하는 호메로스 또한 비난의 대상이다. 그의 시는 선량한 사람들까지 수치스럽게 만드는 무서운 능력이 있다. 인간은 비참하기보다 더 행복해져야 하지만, 정욕과 격정을 비롯한 모든 욕구나 괴로움과 즐거움과 관련한 시 짓기의 모방은 오히려 이러한 감정이 지배하도록 한다. 따라서 이상 국가에서 시인은 당연히 추방되어야 하고 시와 모방을 잘 다스려야 한다.

분별력 없는 감정이나 나쁜 대상을 모방하는 시인은 추방되어야 함에도 시와 모방을 다스릴 필요가 있다고 언급한 것은, 만일 시인이 좋은 대상을 모방하고 감정을 다스릴 수 있다면 시가 권장될 수도 있다는 것을 의미한다. 플라톤은 시의 모방을 다스림이라는 교육적 관점에서 바라보았다. 이렇듯 플라톤의 모방에서 중요한 것은 모방 자체가 아니라 모방 대상이며 대상과 모방물과의 관계다. 시에 대한 플라톤의 태도에 일관성이 없어 보이는 것도 이로부터 연유한다. 시인은 근본적으로 비난의 대상이지만 교육을 시켜 선한 대상을 올바르게 모방한다면 특별히 시인을 비난할 이유는 없다. 장인은 침대를 모방하여 침대를 제작함으로써 사람들에게 유익함을 제공한다. 장인처럼 시인도 절도 있는 사람이라면 훌륭한 사람의 말투나 행동을 모방할 뿐 아니라 이런 모방을 부끄러워하지도 않을 것이다. 이처럼 시의 권장 여부는 모방 대상과 표현의 절제 여부에 달려 있다. 따라서 뇌물을 받았다거나 재물을 좋아한다거나 신이 여자를 겁탈하려고 하였다거나 영웅들이 불경한 짓을 하였다는 이야기는 자제되어야 한다. 그것을 듣는 사람에게 해를 끼치기 때문이다.

절도가 있고 훌륭한 사람은 자신보다 못한 사람의 말투나 행동을 모방하지 않을 것이지만 비천한 사람은 온갖 것들을 이야기하면서 모든 것을 모방하려고 할 것이다. 이를테면, 시인의 모방 대상이 비탄과 통곡의 장면이라면 젊은이에게 해로운 영향을 끼칠 것이다. 이런 이야기를 젊은이가 진지하게 듣는다면, 자신이 그런 행위를 하였을 때 부끄러움이나 참을성 없이 애가를 부르며 통곡할 것이다. 말투도 마찬가지다. 옳게 이야기하는 사람은 말투에 변화를 주지 않고 하나의 리듬만 사용하겠지만, 반대의 사람은 말투에서 모든 화음과 리듬을 사용할 것이다. 훌륭한 사람의 말투를 절도 있게 모방해야 하는 이유다. 이처럼 모방함에 있어서 훌륭한 사람의 말투를 모방하는 것이 권장되며, 자신보다 못난 사람의 말투나 행동을 모방하거나 잡다한 것, 천둥소리나 도르래 소리, 악기 소리나 새소리를 모방하려는 사람은 경계 대상이다. 이런 종류의 모방은 테크네보다는 뮤지케에 해당하므로 배격해야 한다.

결국 다스려야 할 시인은 잡다한 모방인 모방을 즐겨 사용하고, 하나의 리듬이 아닌 다양한 리듬, 화음 등을 사용하여 말투의 변화를 주는 시인, 훌륭한 사람의 말투가 아닌 천한 사람의 말투를 모방하는 시인인 것이다. 이렇듯 플라톤은 철저하게 교육적 관점 나아가 사회적 관점에서 예술과 모방을 파악한다.

5. 탈플라톤주의와 모방의 치료성

1) 예술의 새로운 변화

화가를 보이는 것만을 그려 낸다는 나쁜 모방의 생산자로 간주하고, 회화를 거짓 혹은 환상의 테크네라고 본 플라톤은 이후 유럽 화가들에게 고민을 안겨 주었다. 플라톤 이후의 서양 회화는 이데아에 접근할 수 있는 충실한 재현 가능성에 대한 고민이라고 할 수 있으며, 이 엄격한 틀을 벗어나기 위해서는 탈플라톤주의 철학을 기다려야 하였다. 플라톤의 전통적인 모방에서 결정적으로 탈피하게 되는 것은 모더니즘 이후의 예술이다. 모더니즘에 이르러 차용과 혼성 모방과 재현의 영역을 확장하는 오브제와 데포르마시옹(déformation)의 예술적 장치를 통해 다원화하는 재현의 방법적 양상이 나타났다(윤영범, 2015). 이러한 현상은 예술에서 진실을 정확하게 모방해야 한다는 오래된 관념에서 벗어나 변형과 왜곡에 대한 의미 부여라고 할 수 있다. 오늘날 모방을 통해 치료에 이를 수 있다는 연극(예술)치료의 이념도 원본과 모방 사이의 유사관계가 아닌 이미지, 환상, 가상에 대한 가치를 반영한다.

2) 모방의 의의와 가치

전통적 모방에서 벗어나고자 하는 현상은 니체에 이어 질 들뢰즈(Gilles Deleuze)의 플라톤 전복으로 더욱 확고해진다. 들뢰즈는 이데아와 복제의 구분은 더는 의미가 없다고 선언하고 객관적 진리를 부정하는 포스트모더니즘의 철학을 바탕으로 모사(시뮬라크르)를 정의한다. 장 보드리야르(Jean Baudrillard)가 사용한 시뮬라크르는 자체로 모방, 모사의 의미가 있으나 원본이 없는 이미지, 이미 존재하는 진짜와 연결이 끊긴 또 하나의 독자적인 현실을 뜻한다. 관광지 홍보 사진이 현지보다 훨씬 멋져 보이는 것처럼 시뮬라크르는 원본을 압도하며 오히려 원본이 시뮬라크르의 이미지를 따른다. 이러한 시뮬라크르를 옹호하는 들뢰즈는 동굴의 죄인들이 왜 태양을 바라봐야 하는지 의문을 제기한다. 들뢰즈에 따르면, 참 진리라고 하는 이데아란 애초부터 없다. 『감각의 논리(Logique de la sensation)』(2008)에서 그는 이렇게 언급한다.

> 시뮬라크르들을 기어오르게 하라. 그리고 도상들이나 복사물들 사이에서의 그들의 권리를 긍정하라. 이제 문제는 더 이상 본질-외관 또는 원본-복사본의 구분이 아니다.

이러한 구분은 표상의 세계 내에서 작동한다. 문제는 이 세계 내에서 전복을 시도하는 것, **'우상들의 황혼'**을 만들어 내는 것이다. 시뮬라크르는 퇴락한 복사물이 아니다. 그것은 원본과 복사본, 모델과 재생산을 동시에 부정하는 긍정적 잠재력을 숨기고 있다. 이데아를 없애 버리면 복제물이라는 것도 없다. 원본과 복사본, 시뮬라크르와 시뮬라크르 사이의 구별도 없다. 이제 절대적이던 이데아의 도그마가 깨지고 사진기, 컴퓨터 등 뉴미디어의 탄생과 발맞추어 모방과 차용의 예술이 주목받는 포스트모더니즘의 시대가 열리게 되었다. 현대 예술에서 눈속임이나 거짓은 나쁜 모방이 아니다. 현대 예술은 모방이 인간에게 상상력을 자극하여 환각, 환상을 심어 줌으로써 새로운 시각, 관점, 철학을 갖게 한다고 보고 이를 다각화시키고 의미를 확장하고자 노력한다. 이제 새들이 부딪혔다는 솔거의 〈노송도〉는 비난받을 나쁜 모방이 아닌 가짜 같은 진짜 혹은 진짜 같은 가짜를 보여 주었다는 점에서 찬사받게 될 것이다. 인간의 시선에 균형 잡힌 이미지를 제공하는 석굴암의 불상 또한 뛰어난 예술품으로 평가받아야 마땅하다. 그것이 눈속임의 결정판이 아니라 오히려 우리의 세계가 환각 속의 세계라는 것을 적극적으로 강조하고 이를 수용하도록 격려하기 때문이다.

플라톤이 나쁜 모방이라고 하였던 대표적인 예술인 회화는 현대에 들어와서 다양한 실험을 거친다. 현대 회화는 모방과 모방의 모방을 원본과 구분하지 않는다. 복제가 지속적으로 이루어져서 원본에서 멀어진다고 해서 그 존재 가치가 엷어지지도 않는다. 그냥 하나의 존재물일 뿐 원본과의 상대적 비교로 가치를 정하지 않는다. 원본에 대한 존경심이 사라지는 현상은 동굴 속의 죄인들이 태양을 바라보아야 하는 이유에 대한 문제 제기나 동굴 벽에 비친 그림자가 진짜일 수도 있다는 가설과 상통한다. 벽의 그림자가 원본이 아니라고 해서 가치가 없는 것이 아니다. 그것은 나름의 존재 이유를 지니고 있다. 죄인들이 동굴 벽에 비친 그림자를 보고 그것이 사실인 것을 모르는 것은 중요하지 않다. 중요한 것은 그림자에 대한 숙고가 일방적·단선적·합일적인 범주에 머물러서는 안 되고 각기 고유한 해석을 가해야 한다는 사실이다. 이런 과정을 거칠 때 비로소 자신과 그림자가 상호 역동적 관계인 탈주체적 단계에 이를 수 있다. 원본을 파악해야 한다는 필수적 과제가 주어져 있지도 않다. 각자는 고유한 환경과 상황 속에 존재하는 개인으로 그림자와 마주하면 된다. 이렇듯 현대 회화는 모방을 적극적으로 활용한다. 모방을 통해 현실을 변화시키고 참 세계에 다가설 힘이 있다고 본다. 이는 연극치료에서 참여자가 자신과 직면하고 변화를 통해 본 모습을 찾아갈 수 있도록 환영, 허구, 가장, 그림자, 이미지 등을 적극적으로 활용하는 근거가 된다.

르네 마그리트(René Magritte)의 〈이것은 파이프가 아니다(Ceci n'est pas une pipe)〉는 모방에 대해 많은 것을 시사한다. 미셸 푸코(Michel Foucault)가 주목하였던 르네의 그림, 화가가 파이프를 정교하게 그려 놓고 〈이것은 파이프가 아니다〉고 제목을 붙인 것은 무슨 의미일까? 하나는 이 그림은 하나의 이미지일 뿐이지 정말 사용 가능한 피아프가 아니라는 의미다. 또 하나는 그림이란 단순한 모방이 아님을 뜻한다. 화가가 그린 파이프는 그 화가의 고유한 시선이 담겨 있어 다른 화가가 그린 파이프와는 다르다. 그러므로 마그리트의 파이프는 일상적인 파이프로 볼 수 없고 화가에 의해 태어난 새로운 오브제다. 대체로 모방적인 그림은 닮음을 통해 의미를 전달하려 한다. 그러나 마그리트는 정교하게 파이프를 그린 다음 〈이것은 파이프가 아니다〉고 제목을 붙임으로써 전통적인 회화의 원리, 모방의 원리, 유사성의 원리를 깨트린다. 즉, 오브제와의 닮음을 추구한 과거의 회화 방식에서 탈피하고자 한 것이다. 닮은 그림으로 모방의 원리, 닮음의 원리를 해체한다면 그다음에 무슨 일이 일어날까? 회화가 현실의 모방이 아닌 다른 방식의 표현이라면, 일상적인 시각으로는 알아차릴 수 없는 새로운 면들을 볼 수 있지 않을까? 결국 모방으로 촉발된 모방을 통해 모방의 시각에서 벗어날 때 그동안 보지 못하였던 새로운 것을 바라볼 수 있다는 논리인 것이다.

과거에 원본과 복제물은 주종관계였다. 그러나 시뮬라크르 시대에는 적어도 둘 사이의 평등 관계를 추구한다. 앤디 워홀(Andy Warhol)의 작품 〈마릴린 먼로(Marilyn Monroe)〉(1967)는 실제 배우를 찍은 사진에 실크 스크린으로 색을 입혀 변화시킨 작품이다. 일반 사진은 원본인 먼로를 복제한 원본이 있겠지만, 워홀의 작품 속 먼로는 원본이 없다. 복제의 연속일 뿐이다. 그런데 이 복제의 이미지가 워홀에게는 실제의 먼로보다 더 중요하다. 워홀은 그림보다 미디어를 통해 인물의 인격이 더 잘 전달된다고 믿었다. 그가 사랑한 것은 실제로 존재하였던 헐리우드의 유명한 여배우가 아니라 미디어가 만들어 낸 이미지다. 그의 먼로는 미디어의 산물, 복제 이미지로 생산된 존재였다.

오늘날 TV 등의 이미지는 반만 믿으라는 말이 있다. 소비자들의 머릿속에는 이미지로 재생산된 것이 남아 있을 뿐 그 실체에는 거의 관심이 없다. 이러한 시뮬라크르의 현상을 가리켜서 발터 벤야민(Walter Benjamin)은 '**기술 복제의 시대**'라고 정의하였다. 고도의 기술이 발달하면서 사진이나 영화와 같은 복제물이 오히려 원본보다 더욱 뛰어나게 되었다.

현대연극의 한 경향은 재현과 모방이 이미지와 생체(몸)의 결합으로 나아가는 것이다. 홀로그램, CG 기술의 발달 덕택에 배우는 이미지와 몸으로 동시에 존재한다. 영화 〈매트릭스(The Matrix)〉나 〈인셉션(Inception)〉에서 볼 수 있듯이, 어떤 것이 현실이고 어떤 것이 가상 세계인지 알 수 없는 상태에서 인간은 있는 그대로의 모습(진실)을 보기 위해 노력한다. 환상, 이미지, 허구, 가상현실에서 벗어나고자 하는 것은 환각, 환청, 망상에 시달리는 조현병 환자와 유사하다. 그렇다면 그것이 실제가 아닌 가상이라는 것을 어떻게 알아낼 수 있을까? 현실보다 더욱 현실 같은 복제 기술 속에서 과연 인간은 무엇을 근거로 현실이라고 믿을 수 있을까? 현실, 각자의 일상을 객관적으로 바라보기 위한 하나의 방법으로 허구에 관심을 둘 수 있다. 의도적으로 비현실, 가상, 꿈, 환영의 세계에 들어갈 수 있다면 그곳에서 벗어나거나 혹은 조화를 이룰 가능성이 생겨난다는 말이다. 이 논리는 "호랑이를 잡으려면 호랑이굴에 들어가야 한다"는 속담처럼 유머, 말실수, 꿈, 최면, 자동기술을 통해 까마득히 잊었던 과거의 상처를 들추어내려는 고전적 정신분석학의 수법과도 유사하다. 이에 따르면, 허구의 역할연기를 통해 현실을 바로 볼 수 있다는 명제가 힘을 얻는다.

기술 복제의 시대에 현대연극은 현실의 모방을 통해 현실을 밝히는 거울 역할에 관심이 크다. 연극은 현실을 모방하면서 동시에 현실이 연극을 모방하는 방안을 찾는다. 이를 위해 연극은 무대라는 특수한 공간을 버리고 현실 공간으로 나와, 지금 벌어지는 일들이 연극인지 현실인지 분간할 수 없는 애매한 상황을 연출한다. 관객은 입장권을 구입하여 내부 공간에 들어온 특수한 사람들이 아니라 쇼핑을 하거나 친구를 만나러 가는 일상적인 사람들로 이루어진다. 복제가 원본을 지향하던 방식에서 복제가 원본에 영향을 끼치게 되면서 관객은 현실에서는 인식할 수 없었던 것을 연극적 현실에서 깨닫게 된다.

원본, 절대 진리의 추구는 더는 현대인의 관심사가 아니다. 이제 우리는 인간들, 사물들이 각각의 사이에서 차이를 보일 뿐이라는 사실을 알게 되었다. 즉, 모든 인간은 제각기 주체를 지니고 있으며, 서로 다를 뿐 좋고 나쁜 것, 잘하고 못하는 것, 선하고 악한 것의 이분법의 세계로 존재하지 않는다. 치료사가 참여자를 대할 때 전이와 역전이를 일으키지 않도록 유념해야 하는 당위성은 여기에 있다. 치료사는 성숙한 인간으로 자아를 직시하며 궁극적으로 주관의 개입을 최소화하고 전적으로 참여자의 입장을 존중해야 한다. 참여자는 그의 삶 속에서 주어진 한 명의 개인으로서 유사의 원리(수직성)가 아닌 상사의 원리(수평성) 속에 존재한다. 연극과 현실, 현실과 연극 사이의 모방 전이는 연극치료에서 중요한 의미가 있다. 연극치료 작업에서 연극을 통해 가상의 현실을 구현하는 과정에서 어느 순간 연극적 현실이 모방의 세계가 아닌 참여자의 실제가 된다. 참여자는 연극을 통해 자신의 비합리적 신념을 은유적으로 표현하는 과정에서 그것이 갑자기 현실화되면서 전혀 예상하지 못했던 새로운 국면을 맞는다.

6. 카메라의 눈과 인간의 눈

1) 인간 시각의 상대성

인간의 눈은 개인의 인식 기반을 바탕으로 사물을 바라본다는 것이 일반적인 견해다. 인간은 자신의 고유한 시각, 다른 말로 편향적 시각이 있다는 것이다. 이마누엘 칸트(Immanuel Kant)는 인간이 고유한 지성의 창을 통해 사물을 바라본다고 언급한 바 있으며, 게슈탈트 심리학 역시 개인이 처한 심리적·생리적 상황에 따라 모든 관계적 양상이 달라진다고 말한다. 사막에서 한 잔의 물과 우물 곁에서 한 잔의 물은 엄청난 차이가 있지 않은가. 이렇듯 개인에게 다가오는 사물의 의미는 자신이 처한 상황을 근거로 생겨난다. 인간의 시각이 주관적이고 나아가 주변 환경에 좌우되는 것이라면 개인의 시각은 결코 보편적이거나 객관적일 수 없다. 반면, 카메라의 시각은 절대성을 지닌다. 물론 카메라를 작동시키는 것은 인간이다. 누가 카메라의 셔터를 누르느냐에 따라 이미지의 구도와 분위기가 달라진다. 그렇지만 일정한 구도와 순간 포착을 제외한 나머지 요소들, 즉 동일한 조건으로 설정된 카메라는 객관적인 시선을 유지한다. 나아가 인간의 눈으로 포착할 수 없는 순간 포착이 가능하므로 훨씬 사실에 접근할 수 있다. 예를 들어, 프로야구에서 비디오 판독이 도입된 것은 인간의 눈보다 카메라의 눈이 더욱 정확하다는 점, 더욱 진실에 접근할 수 있다는 점을 인정한 셈이다. 요즘 사람들은 인간의 눈보다 카메라의 눈이 더 진실이라고 믿는다. 이처럼 인간의 감각적 한계를 극복하는 방법으로 카메라의 재현 이외에도 예술적 모방 또는 연극적 재현이 있다. 플라톤의 모방론과 정면으로 배치되는 이 이념은 카메라나 연극적 재현과 같은 예술 모방이 오히려 인간의 시각을 더욱 객관적이게 하는 힘이 있다는 것을 뜻한다. 다만 이런 모방은 맹목적인 따라 하기가 아닌 날카로운 의식을 필요로 한다.

2) 모방과 연극치료

이러한 모방 원리에 따르면, 연극치료 작업에서 역할연기와 같은 재현은 현실의 모방이 아닌 또 다른 현실 아니면 현실보다 더 현실 같은 개념을 갖는다. 나아가 연극치료사는 자신의 시각이나 참여자의 시각이 각기 주관적이라는 사실을 인정하고, 자신의 주관적 시각을 강조해서는 안 된다는 점을 깨달아야 한다. 이로부터 치료사와 참여자는 동등한 관계여야 한다는 원칙이 생겨난다. 한편, 연극치료 작업에서 신화, 설화, 전설, 민담, 동화 등의 이야기, 즉 보편성이 담긴 디에게시스로부터 시작하는 것 또한 객관화된 모방의 원리에 따르는 것이다. 더욱이 연극치료는 디에게시스 단계에 머물지 않고 몸의 모방인 모방을 적극적으로 활용한다. 이야기와 몸 등의 연극적 활용을 통해 또 다른 현실, 현실보다 더 진실한 현실을 추구하는 연극치료는 현대적 의미의 모방인 시뮬라크르를 적극적으로 활용하는 치료다.

7. 연극과 모방

인간은 영화관의 스크린 또는 무대 앞에서 웃거나 울면서 감정을 폭발시킨다. 허상 앞에서 자신의 감정을 스스럼없이 노출하는 것을 민망하게 여기지 않는다. 무대나 스크린의 영상이 허구라는 사실을 당연히 알고 있지만, 기꺼이 그 속에 빠져든다. 이처럼 허구의 세계가 인간에게 강렬한 영향을 미친다는 사실을 이미 플라톤은 인지하고 있었다. 그러나 오늘날 사람들은 자발적으로 모방 세계에 빠져든다. 오히려 허상을 통한 감정을 준동시켜 억압된 상황의 철문을 열고 밖을 마음껏 활보하려고 한다. 동굴에서 얼굴을 돌려 그림자를 만들어 내는 형상과 햇볕의 존재를 탐색하는 것은 이상 세계에 대한 동경일 것이다. 그런데 탈플라톤 철학은 불변, 이성, 진리의 틀에서 벗어날 때 비로소 인간은 자유로워질 수 있다고 말한다. 이미지나 모방의 세계는 현재 이곳에서 도외시해야 할 곳이 아니라 비록 고통스러울지라도 함께 넘어야 할 삶의 질곡이라고 본다. 여기에는 이미지의 환각을 통할 때 현실을 직시할 수 있다는 아이러니가 들어 있다.

연극에서 모방과 허구의 문제는 사실주의 연극을 떠올릴 수 있다. 모방이 극치를 이룬 사실주의 연극은 현실을 충실하게 재현하는 것을 목표로 삼았다. 사실주의 무대를 현실 모방이 아닌 '**재현**'이라고 하는 까닭은 사실적 무대의 주목적이 현실의 객관적 관찰에 있기 때문이다. 에밀 졸라(Émile Zola)는 자신의 소설을 각색하여 극화한 『테레즈 라캥(Thérèse Raquin)』의 서문에서 이렇게 선언한다. "인간과 그 하는 일이 모두 정확한 분석—모든 경우, 환경과 유기적인 사건을 고려한—의 체계에 따르지 않을 수 없다. 이제 진실이 탄생되었다." 생물학적 원리처럼 정확한 분석을 통해 현실 모습 그대로를 무대에 올려놓으려는 사실주의 연극은 자연을 가장 정확하게 그려 내고자 한 사실적 그림이나 사진의 원리와 유사하다. 물론 사실주의 연극은 현실을 정확하게 그려 내면서 보이지 않던 것을 드러내려는 의도가 있다. 사실주의 무대는 현실에서 보고 싶지 않았던 혹은 잊고 있었던 현실을 대면시켜서 상기하도록 하거나 미처 몰랐던 사실을 깨닫도록 하는 데 주된 목적이 있다. 사실주의 연극은 환각주의를 극대화하기 위해 무대와 객석 사이에 넘나들 수 없는 제4의 벽을 구축해서 관객의 심리적 · 감정적 틈입이 부분적으로만 허용되는 원칙을 엄격하게 적용한다. 비록 사실주의 연극이 철저한 환각주의에 입각한 것이라도 관객은 수동적 상태에 머물 수밖에 없고 무대와 객석 간의 물리적인 상호 소통이 불가능하므로 이를 본격적으로 연극치료에 적용하기에는 무리가 있다.

이와는 달리 가상의 극적 세계를 수용하되 관객의 능동적 참여를 강조한 연극들이 있다. 탈이데아의 흐름에 편승하여 모방과 허구의 세계를 능동적으로 수용한 반(反) 플라톤적 성격의 연극으로 거리두기의 서사극, 이미지를 강화한 매체 연극, 그리고 무대와 현실을 의도적으로 조합한 포스트드라마 연극 등이 있다. 가령, 서사극은 무대를 감추지 않으며 일부러 드러낸다. 관객의 눈앞에서 무대장치가 변경되고, 배우는 관객 앞에서 스스럼없이 역할을 바꾼다. 사실주의 극과는 반대로 서사극은 연출의 힘이 클수록 무대는 현실이 아닌 극적 장소라는 느낌을 준다. 서사극은 무대가 현실의 모방이자 허구일 뿐 현실이 아님을 강조한다. 그렇지만 관객은 서사극의 무대와 직면하여 자신의 참모습과 현실을 되돌아보고 점검한다. 환영을 통해 실재를 숙고하고 이를 현실에 적용한다. 또한 살아 있는 유기체들이 구현하는 무대에 영상이미지를 적극적으로 도입하는 매체연극이 있다. 매체연극은 생생한 무대에 이미지 매체를 침투시켜서 허구와 실재의 벽을 허물어 무대적 환상을 강조한다. 이미지에 흠뻑 젖은 관객은 상상력이 극대화되어 제한된 공간을 뛰어넘는 가상의 세계에 휩싸인다. 한편, 포스트드라마 연극 가운데 예컨대, '장소 특정적 연극'은 관점에 따라 과거로 회귀한 느낌을 주는 극적 양식이다. 야외 연극, 길거리 연극, 장터 연극처럼 현실 공간과 무대 공간의 장소적 구분이 사라지고 관객과 행인이 뒤섞인다. 연극과 현실의 뒤섞임이 일어나는 연극에서 가상과 실재와의 혼용과 전도를 거쳐 허위의 세계가 가치를 인정받는다. 연극은 가상이 아니라 실재가 되며, 모방은 더 이상 모사적이 아니다. 연극적 현실이 생성될 때 사회적 삶은 다양한 역할의 집합체가 된다. 그것은 랜디(Landy, 2002)가 언급한 것처럼, 인간은 먹는 사람, 숨 쉬는 사람, 움직이는 사람의 역할을 최적화함으로써 생명의 의미를 수행하는 것과 다를 바 없다. 연극은 현실이 되고 현실은 연극이 된다. 이렇게 해서 플라톤에 의해 추방의 대상이었던 연극의 모방은 현실적 삶에서 치료의 주요소가 된다.

8. 연극치료와 모방

연극치료는 극적 창조성과 상상력을 바탕으로 극적 모방을 강조하는 치료다. 가령, 이야기, 놀이, 역할연기 등의 가상의 극행동을 통해 환자를 치료하거나 예방을 통해 삶의 질을 높이고자 한다. 나아가 연극치료는 무대를 삶의 환경으로 설정해 놓고 연기하기를 통해 자신의 사고와 행동을 점검하거나 삶을 예행 연습하도록 하여 통합, 예방, 변화, 성장, 치료에 이르도록 한다. 모방하는 무대는 삶의 리허설을 실천하는 장소인 것이다. 무대에서 우리 자신을 행위화하는 과정은 '세상이라는 무대'에서의 삶을 위한 리허설로서 연극치료가 부여한 자유를 사용하여 우리가 어떤 사람이 될 수 있는지에 대한 비전을 확장한다(Andersen-Warren & Grainger, 2009).

한편, 연극치료 무대는 그림자 또는 페르소나가 사심없이 발현되는 장소다. 이 무대는 자신을 온전히 비추는 거울이 된다. 참여자는 무대라는 거울 속의 이미지, 모방된 이미지를 통해 자신의 현실적 모습을 파악할 것이다. 사실 참여자가 궁극적으로 원하는 것은 거울 속의 이미지가 아닌 현실에서의 모습이다. 연극치료의 참여자가 된다는 것은 무대가 만들어 내는 허구적 세계에 빠져들기 위한 것이 아니라 허구를 기반으로 현실의 자기와 직면하기 위해서다. 플라톤이 언급한 나쁜 미메시스에 머물러 가짜 세계를 진짜로 착각하기 위한 것이 아니라 가짜 세계가 가짜라는 것을 알면서도 가짜 세계를 통해 진짜 모습을 알아차리기 위한 것이다. 앤더슨-워렌과 그레인저(Andersen-Warren & Grainger, 2009)는 이를 가리켜 연기된 역할은 인간적인 연기 역할을 명확하고 명쾌하게 만든다고 말한다. 연극치료에서는 허구의 세계가 실제가 되고 실제의 세계가 허구가 되는 특별한 전이가 일어난다. 만일 참여자가 무대에서 벌어지는 허구의 세계가 실제를 경험하는 것이라고 믿는다면, 감당할 수 없는 고통으로 마음의 문을 쉽게 열지 못할 것이다. 현실은 벗어날 수도, 돌이킬 수도 없는 견고함을 지니고 있다. 한 번 지나간 것은 영영 되돌아오지 않는 냉정한 현실은 후회와 고통을 안겨 줄 뿐이다. 그러나 모방의 세계는 은밀하고 자유로우며 안전하다. 멈출 수도 있고 후회의 순간을 되돌릴 수도 있으며 자신이 바라는 방향으로 조절할 수도 있다. 그렇지만 가상은 가상일 뿐 언제까지나 그곳에 머물 수는 없다. 극적 세계에서 자신과 충분히 대면하지 않은 상태에서 역할을 벗는다면, 참여자의 현실은 여전히 두렵고 고통스러울 것이다. 따라서 연극치료의 무대는 모방을 통해 가상의 세계에서 후회 없이 현실을 경험할 수 있는 마력을 행사해야 한다. 그러한 무대에서 모방하는 참여자는 거울을 바라보듯 문제의 자신을 똑똑이 알아차리게 될 것이다. 이렇듯 허구적인 것이 현실적이 되는 연극치료에서 일상적 현실이 연극적 현실로, 과거가 현재로, 현실이 상상으로 전이됨으로써 경험과 인식의 전환이 가능해진다. 참여자는 무대에서 재현한 자신의 그림자를 통해 가슴 깊숙이 숨겨 왔던 문제를 스스럼없이 드러내게 된다. 연극치료는 삶으로부터의 도피라기보다는 삶을 위한 연극의 한 형식인 것이다(Jones, 2005).

9. 모방과 참여자

발달장애나 자폐아의 경우에는 모방에 취약하다. 가령, 자폐아는 다른 사람과 눈을 맞추지 않으며 이름을 불러도 쳐다보지 않고 다른 사람을 자발적으로 흉내 내지도 않거니와 의미 있는 단어를 사용하지 않는다. 다른 사람을 흉내 내는 모방의 결여는 사회성의 결여로 이어진다. 모방은 사회적 행위로서 타인과 교류를 하고 나아가 인습, 문화를 학습하는 중요한 수단이다. 발달장애나 자폐아 등의 참여자가 역할연기를 수행하기 어려운 것은 모방에 대한 어려움이 있기 때문이다. 문제의 참여자가 모방 자체를 어려워하는 것을 보면, 모방이란 단순히 재현이 아닌 정신적 작용이 개입한다는 것과 모방은 모방 대상과의 교류, 즉 상호성이 중요하다는 사실을 알 수 있다.

모방은 상호주관성(intersubjectivity)과도 연관된다. 보통 인간은 태어나면서 다른 사람들과 감정을 교류하고 그들에게 관심을 지니는데 이러한 마음 상태가 바로 상호주관성이다. 이는 생득적인 것으로 뇌신경 체계의 거울 뉴런과 관련이 있다. 거울 뉴런은 다른 사람을 자기처럼 생각하게 만들어서 다른 사람의 행동과 의도를 자신의 마음속에서 경험할 수 있게 해 준다(Israel et al., 2022). 인간이 타인과 공감할 수 있는 것은 거울 뉴런 덕택이며 이러한 뇌의 작용으로 인간은 타인과 접촉하고 교류하며 서로 감정을 나눈다. 타인과의 관계 형성이 필수적인 인간에게 상호성의 결여는 장애이자 불능을 뜻한다. 발달단계에서 모방이 결핍된다면 인간 상호성이 미약해지고 장애 및 불능의 상태가 되기도 한다. 따라서 연극치료 작업에서 모방과 상호작용에 어려움을 겪는 참여자가 어느 정도 역할을 맡아 연기할 수 있다면 소기의 성과를 거둔 것으로 인정한다. 역할연기는 대표적인 모방 행동이기 때문이다. 결국 개인이 타인과 공감하고 상호 모방하며 소통할 수 있는 바탕에는 모방 작용이 있으므로 연극치료 작업 시 항상 이 점을 주목해야 한다.

10. 이야기 모방(디에게시스)의 치료성

역할연기에는 이야기가 있으며, 이야기 또한 하나의 모방이다. 이야기를 통해 자신 또는 무엇인가를 표현한다는 것, 즉 이야기로 모방하는 디에게시스는 어떤 점에서 치료적인가? 무엇보다 이야기하는 것 자체에 이미 치료의 의미가 들어 있다. 이야기 모방은 상처, 고통, 죽음마저 극복하게 한다. 소설가 김탁환(2013)은 '소설 〈거짓말이다〉와의 관련 인터뷰'에서 이야기는 죽음도 극복할 힘이 있다고 말했다.

> 김탁환: 삶과 죽음이 별개라고 생각하였는데, 이젠 붙어 있는 것처럼 느껴져요.
>
> 질　문: 죽은 아이들의 시신을 안고 나오는 잠수사들처럼…… 생사가 하나의 육체인가요?
>
> 김탁환: (웃음) 일단 이야기 안에서 죽은 자도 산 자가 될 수 있구나 하는 경험을 하였어요. 유가족을 만나 보면 대단한 이야기꾼들이에요. 이야기하는 동안은 아이들이 살아 있다고 느끼는 거죠. 문학이란 게 그런 거죠. 원시시대에는 얼마나 어이없는 죽음이 많았겠어요? 사랑하는 사람의 부재를, 그 사람 얘기를 하며 극복하였을 거라고 봐요. 이야기에 그런 어마어마한 힘이 있다는 거죠.

한편, 이야기 모방은 자신의 이야기를 직접 표현하는 직접 모방과 원형적 이야기로 표현하는 간접 모방으로 나눌 수 있다. 직접 모방은 실존주의 관점처럼 태어남이 자발적이 아니어도 필연적 운명이라고 한다면, 그 후 백지에 써 내려간 이야기는 그의 삶 자체가 된다. 인간 발달이란 이야기의 주체가 점차 자신이 된다는 뜻이기도 하다. 부모에 의해 이끌리던 삶은 성장하면서 점차 주체자가 된다. 그런데 자기 이야기 쓰기에 문제가 발생하면 삶이 흔들리게 되고, 치료를 받아야 하는 경우도 생겨난다. 연극치료 작업에서 참여자는 그동안 살아온 자신의 이야기를 글로 표현할 기회를 갖는다. 기억을 더듬어 쓰는 이야기는 일종의 자서전으로, 참여자가 자신을 직접 표현하는 것이다. 그런데 참여자에 따라 이야기의 직접 모방은 주관의 늪에 빠질 위험이 있다. 직접 모방의 자서전에서 타인을 등장시킬 때 타인은 순전히 참여자 자신의 관점에서 바라본 타인이므로 자서전에서 직접 표현하는 타인과의 관계 묘사는 주관적일 수밖에 없다. 습관적인 지각 방식에 따른 직접 표현은 자기 세계에 갇혀 있는 글쓰기가 될 우려가 있다.

이처럼 직접 표현이 지닌 자기 중심의 난점을 해결하기 위해 간접 모방을 제시할 수 있다.

간접 모방은 자신의 이야기 아닌, 자신과 상관없는 이야기에 빗댄 간접적인 표현 방식이다. 연극치료에서 신화, 전설 등 원형적인 이야기를 다루는 것은 이런 까닭이다. 개인 저마다의 이야기들이 공통으로 지닌 원형성을 바탕으로 은유와 상징을 통해 표현한다면 주관성에서 벗어나 객관적으로 자신을 드러내는 길이 열린다. 이렇듯 치료 작업에서 이야기를 통한 모방을 중요하게 다루되, 상황에 따라 자서전적 이야기와 원형적 이야기를 적절하게 선택해야 한다.

11. 연극치료에서의 모방

인간은 본능적으로 자신을 제대로 알고 싶어 하지만 그에 도달하는 것은 어렵다. **'너 자신을 알라'**가 누구에게나 언제든지 잊어서는 안 될 귀중한 명제라는 점은 결국 풀어야 할 숙제가 아니라 그것이 인간의 속성이라는 것을 밝혀 준다. 인간이 자기를 내려놓고 욕심을 버리고 타인과의 관계에서 청명하고 맑은 마음을 가지는 것은 참으로 힘든 일이다. 종교인이 도를 닦고 신에게 의지하려는 것은 인간으로서 이의 한계를 알기 때문이다. 나 자신을 객관적으로 바라보는 것이나 개인적인 감정을 온전히 내려놓는 것이 불가능하다면, 이에 조금이라도 접근할 방법은 없는 것일까? 모방 또는 재현을 기반으로 하는 역할연기는 그나마 주관성에서 벗어나 자신을 객관적으로 표현하고 알아가는 하나의 길이라고 말하고 싶다. 처음에는 모방으로 시작하지만, 어느덧 자신의 이야기가 되는 역할연기는 그 깊이를 알 수 없는 모순투성이의 인간성을 밝히는 횃불이 된다. 더구나 역할연기는 거리두기를 실현하여 안전한 느낌을 제공한다. 역할연기 중인 참여자는 은유적으로 두려움 없이 속마음을 털어놓는 순간이다. 역할연기는 참여자의 말과 행동의 모방으로 이루어진다. 그런데 역할연기 모방은 흉내 또는 동일성만을 뜻하지 않는다. 역할연기는 모방을 근간으로 하지만 참여자의 개성과 해석, 나아가 문제의식이 들어 있다. 극중 인물을 연기하는 참여자는 그 인물을 모방하는 동시에 자신의 개성을 덧붙이므로 모방에 의한 극적 재현은 참여자에 따라 다양한 양상으로 나타난다. 이렇듯 동일성과 개성을 동반하는 모방은 원본 그대로를 재현하는 것이 아니다. 원본과 복제의 관계에서 복제의 가치를 폄하시키지도 않는다. 원본은 지고한 것이고 모방물은 하찮은 것으로 여긴 플라톤에게는 있을 수 없는 일이다.

고프만(Goffman, 1959)은 세상은 한 편의 연극이라는 **세상연극**(theatrum mundi)의 개념을 도입한다. 그는 현실을 역할들로 이루어진 일종의 드라마라는 견해를 바탕으로 역할을 인간적 역할과 연기된 역할로 구분한다. 일상을 살아가면서 행하는 역할이 인간적 역할이라면 무대 혹은 치료 작업에서 행하는 역할은 연기된 역할이다. 그는 연기된 역할이 가상이나 환상 세계로 향하는 것이 아니라 인간적 역할을 성찰하도록 한다고 말한다. 사실 연기된 역할과 인간적 역할 사이의 이러한 작동 기제는 곧 연극치료의 원리다. 고프만의 생각처럼, 인생과 연극을 통합적 관점에서 바라본다면 원본과 복제의 영역을 굳이 경계 지을 이유가 없다. 극적 모방의 경험으로부터 현실에서 자신을 용기 있게 표현하고 일상생활에서 긍정적인 관계 형성과 건강한 삶을 이룰 수 있다는 사실은 연극치료 관점에서 흥미롭다. 연극치료 과정에서 연극을 통해 가상의 현실을 구현하면서 어느 순간 연극적 현실이 모방의 세계가 아닌 참여자의 실제가 되기 때문이다. 자신의 비합리적 신념을 연극을 통해 은유적으로 표출하는 과정에서 그것이 갑자기 현실화되면서 전혀 예상하지 못하였던 새로운 국면을 맞이하게 된다. 이렇듯 연극과 현실이라는 모방의 전이는 연극치료에서 중요한 의미를 갖는다. 극적 모방이 현실을 반영하여 갈등이나 문제를 표현하고 해결책을 제시할 수 있다는 점은 연극치료에서 주목해야 한다.

연극치료의 역할연기에서 행해지는 모방은 탈플라톤적이며 포스트모던적이다. 연극치료의 모방은 현실을 재현하는 것이 아닌 진실을 찾기 위한 수단이다. 모방은 외적 형태를 따라하기, 흉내 내기가 아닌 새로운 현실, 잊어버린 과거, 자신의 본모습을 찾기 위한 것이다. 역할연기를 하다 보면 자신도 모르는 사이에 자기의 내적 세계에 성큼 다가선다. 시뮬라크르의 의미가 강한 모방을 적극적으로 활용하는 연극치료는 참여자를 가장(假裝)의 세계에 참여시켜서 고통스러운 현실과 직면하도록 하고 자유로운 자기표현과 변화, 나아가 치료에 이르도록 한다. 연극치료 작업에서 모방과 관련된 재현과 역할연기 등을 주목해야 하는 이유다.

제7장 연극치료와 투사

"가장 건강한 투사의 형태는 예술이다."

– 프리츠 펄스(Fritz Perls)

연극치료의 목표 중 하나는 참여자가 이야기와 몸짓과 움직임으로 소통하고 변화를 끌어내어 삶과 세상에 대해 새로운 관점을 지니도록 하는 것이다. 그런데 연극치료사와 참여자 사이의 양방의 주고받음이 일어나는 연극치료의 작업에서 방어기제 차원에서 주도적으로 작동하는 것은 전이와 역전이 그리고 동일시와 투사다. 이 가운데 동일시와 투사에 대해 존스(Jones, 2005)는 연극에서 관객이 배우를 지켜볼 때 무대에서 벌어지고 있는 것에 몰입하기도 하고 동시에 거리를 두어 멀어지기도 하면서 인물과 관계를 맺거나 혹은 인물들을 통해 체험되는 서사적 행동과 관계를 형성하는 과정에서 동일시와 투사가 일어난다고 말한다. 동일시와 투사의 공통적인 특징은 무의식적 산물로서 상상력의 작동으로 이루어진다는 점 그리고 타인이 필요하다는 점이다. 이를테면, 주체가 타인을 닮음으로써 불안감을 해소하고자 하는 것이 동일시라면, 현실에서 수용될 수 없는 욕망을 타인으로 돌리는 것이 투사다.

타인을 향해 주체를 대입시키는 방어기제는 연극에서 배우와 역할, 관객과 배우, 혹은 그 역할 사이의 작동 원리와 흡사하다. 이런 방어기제의 특징인 주체와 타인과의 관계는 무대에서 열연 중인 배우의 이중성을 그대로 보여 준다. 공연이 한창 진행 중일 때, 배우와 그가 맡은 인물 사이에서 어떻게 합일을 이룰 것인가? 배우의 신체와 목소리로 표현되고 있는 극 속의 인물은 누구인가? 자신인가 자신이 아닌가? 〈햄릿(Hamlet)〉을 열연 중인 남자 배우는 현실에서 누구의 친구이며 누구의 아들이라는 사실을 잊고 비극적인 햄릿 왕자가 된다. 그러나 무대 뒤로 퇴장하는 순간 역할에서 벗어나 배우로 되돌아온다. 연극이 진행되는 동안 배우는 무대의 드나듦과 더불어 자신과 역할 사이에서 동화와 이화가 밀물과 썰물처럼 되풀이됨을 경험한다. 그가 커튼콜에서 카타르시스의 감정을 느낄 수 있는 것은 동일시와 투사가 쉼 없이 행해진 결과다. 동일시와 투사는 지향하는 방향이 반대다. 동일시는 자기를 대상자로 보지만 투사는 대상자를 자기로 본다. 공연에서 이러한 동일시와 투사가 쌍방향으로 동시에 작용하여 너를 나로 만들고 나를 너로 바꾼다(Landy, 2002). 자신이기를 멈추었다가 자신을 찾아가는 곳, 자신을 잊었다가 자신을 알아차리는 무대는 가장 황홀한 소통과 치료의 장소가 된다. 이러한 투사의 기능이 연극치료에서는 어떻게 작동할까? 그 전에 동일시와 전이에 대해 알아보자.

1. 동일시와 전이

1) 동일시

동일시는 개인이 타인의 태도와 행동과 닮아가면서 불안을 완화하고자 하며, 때에 따라 불안의 요인이 되는 누군가와 닮은 행동을 취하는 태도다. 특히 청소년기에는 연예인이나 스포츠 스타의 외모나 가치관과 동일시함으로써 자신의 약점을 감추고 가치를 찾고자 하는 동일시 성향이 강하다. 동일시는 끊임없이 '나는 누구인가?'를 묻는 과정이다(Landy, 2002). 인간은 소설을 읽거나 연극 혹은 영화를 관람하면서 윤리적, 인격적, 신체적으로 닮고 싶은 주인공과 동일시함으로써 자아 정체성을 확립한다.

이러한 동일시에서 중요한 개념은 앞서 언급한 모방이다. 자발적인 모방 의식에서 동일시가 형성된다. 아리스토텔레스는 인간의 모방은 본능적이고 모든 예술은 모방에서 비롯되며 비극은 인간의 행동과 생활 그리고 행과 불행을 모방하여 표상한 것이라고 말한다. 연극 또는 연극치료에서 매우 중요한 요소인 모방은 곧 동일시로 이어진다. 이를테면, 젊은 배우가 노인 역을 맡았을 때 노인에 관한 모든 언행 연구는 모방에 해당하며, 모방을 통해 노인과의 동일시를 꾀한다.

배우란 역할과 완벽한 동일시를 이루려고 노력하는 사람이다. 이 동일시는 스타니슬랍스키의 감정이입을 위한 동일화 작업과 유사하다. 스타니슬랍스키는 연기자가 정서의 기억을 통해 역할과 동일시를 이룰 때 진정한 연기가 가능하다고 보았다. 역할-타인과의 감정 공유의 능력을 키우기 위한 'magic if'의 메소드 연기는 동일시를 위한 훈련 기법이다. 이로부터 연기자는 역할과 감정을 공유하는 전적인 공감이 가능하며 실제를 체험하기도 한다.

2) 전이

한편, 동일시와 더불어 또 다른 중요한 요소인 전이 또는 역전이에 대해 랜디(Landy, 2002)는 전이의 과정을 통해 친구가 어머니가 되고 치료사가 아버지로 변한다고 말한다. 연극에서 역할로의 변신은 전이가 작용한다는 뜻이다. 연극치료에서도 인물이나 장소의 변신은 전이가 작용하기에 가능하다. 전이는 자신의 주관에 따라 현실을 재창조하도록 한다. 처음 본 사람인데 왠지 호감이 가는 것, 어떤 특정 역할에 집착하는 것은 전이 현상 때문이다. 전이는 예를 들어, 별다를 것 없는 평범한 집을 보고 누군가는 어린 시절에 살던 집을 떠올리는 것처럼 중성적인 외부의 대상에 개인의 과거 경험을 옮겨 놓는 것을 말한다. 전이 체험은 현재를 통해 과거를 거듭 사는 데자뷰(déjà vu)로서 과거를 현재로, 또 퍼슨(Person)을 페르소나(Persona)로 변형시킨다는 점에서 본질적으로 극적이다. 어떤 사물이나 사람이 자신에게 다가오는 것, 그 사람이 자신에게 의미 있는 역할로 바뀌는 것은 전이가 이루어졌기 때문이다.

이렇듯 배우의 연기, 연극치료의 역할연기는 전이의 원리가 작용한다. 배우가 유독 어떤 역할이 마음에 들거나 기억에 남거나 그에 애착을 느끼는 때가 있다. 어떤 역을 맡았는데 인생 캐릭터였다는 말도 듣는다. 역할에 대한 특별한 감정은 그것이 배우의 과거 경험이나 정서를 자극하거나 자신의 개성적 특성과 깊이 관련되기 때문이다. 특정한 역할이 배우에게 자극적 요소가 되었다는 것은 전이가 작용한 까닭이다. 따라서 연극치료사가 작업에서 이 점을 인지하고 참여자의 연극적 전이에 관심을 기울인다면, 그에 대한 내적 정보를 얻을 수 있고 참여자도 자신에 대해 알아차릴 수 있다.

치료 작업에서 참여자의 전이와 치료사와 역전이는 거의 예외 없이 일어난다. 치료사가 전이 또는 역전이를 염두에 두어야 하는 까닭이다. 치료사가 참여자의 전이를 잘 이해하고 활용한다면, 참여자의 문제의식을 명료화할 수 있다. 치료사는 참여자의 전이를 통해 그가 살아온 삶을 짧게 극화하여 명료하게 바라볼 수 있다. 나아가 치료사가 자신의 역전이를 분명하게 인식할 경우 참여자와의 관계 설정 그리고 긍정적인 관계도 마련할 수 있다.

2. 연극적 투사

1) 투사로부터 자기를 바라보기

예술은 투사 행위다. 인간에게 있어 먹을거리를 해결해 주는 일차적 생산물이 아님에도 예술은 투사적 기능 덕택에 삶에서 소중한 것으로 간주된다. 우리는 소설을 읽거나 그림을 그리거나 노래하거나 연극이나 영화, 텔레비전 드라마를 보면서 끊임없이 투사한다. 드라마의 비극적인 주인공의 안타까운 처지에 눈물을 흘리는 여성은 드라마 속 주인공과 동일시와 전이가 이루어진 틈 사이로 자신을 투사하기 때문이다. 그 여성이 주인공과 한마음이 되어 속 시원히 울었다면 투사적 정화를 경험한 것이 된다. 아울러 예술가가 예술 행위를 몸소 체험할 때, 혹은 관객이 예술가의 행위를 바라볼 때에도 항상 투사가 작동한다. 미술치료에서 참여자는 종이에 뭔가를 그리면서 자신을 투사하고, 음악치료 역시 발성과 호흡을 기반으로 노래를 하면서 자신을 투사한다.

관객이 공연장을 찾는 이유가 꼭 재미가 있어서만은 아니다. 물론 연극은 재미도 있고 감동적이어야 한다. 그러나 시간과 돈을 투자하여 기꺼이 관객이 되려는 까닭은 근본적으로 무대를 향한 자신의 시선이 결국 자신에게 되돌아오는 것을 경험하기 위해서다. 관객의 눈은 무대의 인물로 향하지만, 그들은 반사체가 되어 관객 자신에게 투사된다. 윌셔(Wilshire, 1982)는 『역할연기와 정체성(Role Playing and Identity: The Limits of Theatre as Metaphor)』에서 사람들이 꾸준히 공연장을 찾는 이유는 거기에서 자신을 좀 더 선명하게 볼 수 있기 때문이라고 말한다. 무대는 자신을 파악하고 알아차리도록 한다. 공연을 통해 자신을 본다는 것은 본다는 그 행위로 인해 개인이 변화하기 때문이다(Jones, 2005).

이렇듯 연극은 자체적으로 정화와 치유의 장소다. 아리스토텔레스가 비극의 궁극적인 목표로 감정의 정화를 언급한 것은 어느 예술보다도 연극이 정화 기능에 적합하다고 판단하였기 때문이다. 제닝스(Jennings et al., 2010) 또한 사람들을 일상생활에서 배우들이 무대에서 펼치는 이야기와 장면 속으로 옮겨 놓을 때 연극은 그 자체로 치유라고 언급한다. 이처럼 연극이 치유의 예술일 수 있는 까닭은 강한 투사성 덕분이다. 연극 무대가 아무리 사실적이고 사실적인 연기를 한다고 해

연극적 투사

도 분명한 것은 그곳은 상상력과 창조력이 작동하는 허구의 세계라는 점이다. 일반적으로 공연장에 들어서는 관객은 무대에 관여해서는 안 된다는 상식적이고 합리적인 사실을 알고 있다. 관객이 허구인 무대를 기꺼이 인정하고 동참할 때 그곳은 자신을 비춰 볼 수 있는 거울, 즉 투사의 장소가 된다.

2) 투사와 공감

도널드 홀랜드(Donald Holland)는 우리는 왜 연극에서 우리 자신을 보는 것일까 혹은 그것이 변화와 무슨 관계일까 하고 질문하면서, 우리는 공연이라는 외부의 현실에서 우리 안에 숨겨진 것들을 발견한다고 언급한다. 그가 말한 공연으로부터 우리의 내적 모습을 탐색하도록 하는 것, 이것은 바로 투사를 통해서다. 동일시가 모방과 관련된 것이라면, 투사는 공감과 깊은 연관이 있다. 공감의 예술인 연극은 배우와 관객이 모두 실시간 투사에 참여하고 있는 것이다. 배우가 역할과 깊이 공감할 때, 관객이 자신을 무대의 인물에 덮어씌우기를 할 때, 투사적 공감이 이루어질 때 자신과의 직면이 가능하다.

연극은 땀 흘리는 실제 배우와 대면하면서 생생한 투사가 이루어지는 현장 예술이다. 직접적인 참여와 소통으로 날것의 투사가 두드러지는 예술인 것이다. 연극이 진행 중인 공간은 배우와 배우 사이, 배우와 역할 사이, 배우와 관객 사이, 관객과 관객 사이에서 종횡으로 투사의 에너지가 발산되고, 받아들이고, 다시 발산되는 순환이 일어난다. 관객은 오감으로 무대를 지각하면서 또 다른 현실이나 달콤한 환상으로 도피하는가 하면 실제 삶 속에 존재하는 관계와 갈등과 주제에 직면하기도 한다. 감정의 완만하고 격렬한 흐름을 경험한 관객이 극장 밖으로 나설 때는 변형의 체험을 통해 새로운 생각과 결심한 상태가 된다. 관객이 공연을 통해 벅찬 감동을 경험하는 것은 깊은 공감을 전제로 한다. 그의 공감은 가슴에 머물지 않고 다시금 극이 숨 가쁘게 진행되는 무대를 향해 투사된다. 그리하여 어느덧 적대적인 인물과 우호적인 인물에 대한 각각의 깊은 정서를 자신의 것으로 체험한다. 한편, 배우는 관객의 에너지를 느끼게 되면서 자신도 모르게 뜻밖의 정서를 발산하게 되고 어제의 공연과는 다른 연기의 세계로 빠져든다. 주고받음, 즉 투사의 작용과 반작용의 순환적 결과로부터 관객과 배우는 예견할 수 없는 새로운 세상과 만나게 되고, 클라이맥스에 이르러 최고조의 감정 상태를 경험한다.

현대연극에서는 배우와 관객의 직접적인 대면만으로 만족하지 않는다. 전통적인 연극에서 관객은 단순히 응시적 태도를 지닌 수동적 존재였다면, 서사극이나 잔혹극 또는 실험극에서는 관객을 제2의 배우 혹은 하나의 배우로 보려는 경향이 크다. 참여자로서 관객-배우가 될 때 투사는 더욱 강렬해지므로 실험극이야말로 투사를 적극적으로 개진한 연극이라고 할 수 있다. 오늘날 참여적인 관객은 거울을 향하듯 무대의 인물에게 투사하면서 자기를 향해 돌진한다. 게슈탈트 심리치료에서 연극적 기법을 많이 활용하는 것도 연극의 이곳-지금의 개념과 맞닿아 있기 때문이다. 개인의 주체성을 통합적으로 바라보고 이를 옹호하면서 현재의 문제에 집중하는 게슈탈트 심리치료는 연극의 투사성을 활용한 치료 기법인 것이다.

3. 배우의 투사

1) 배우가 역할을 맡는다는 것

배우가 역을 맡는다는 것은 무슨 의미일까? 이 물음은 연기론과도 관계가 있다. 스타니슬랍스키는 배우와 역할이 하나로 통합될 때 가장 훌륭한 연기가 이루어질 수 있다고 말한다. 반면, 드니 디드로(Denis Diderot)나 브레히트는 배우가 자신의 역할을 냉정하게 관찰할 수 있을 때 최고의 연기자가 될 수 있다고 주장한다. 현대 연출가들은 이 역설적인 두 관점을 보완하고 새로운 시각을 첨가하여 새로운 연기론을 설계한다. 그런데 염두에 두어야 할 사실은 배우가 자신의 개성과 정체성을 완전히 죽이고 새로운 역할을 창조하는 것은 불가능하다는 점이다. 목소리와 신체처럼 생물학적으로 이미 주어진 외적인 조건뿐 아니라 그가 지닌 내적 성격은 그만의 고유한 역할을 창조하도록 한다. 따라서 배우의 기본적인 자세는 역할 속으로 들어갈 때 자신을 벗어 던지기보다 자신을 파악하는 바로 그 자리에서 출발한다는 마음가짐이다.

그렇다면 자기를 기반으로 한 냉정한 연기는 동화로 인해 생겨나는 몰입과는 정반대의 개념일까? 그렇지 않다. 자기라는 출발점에서 시작된 마라톤은 결승점에 가까워질수록 서서히 몰입의 상태로 빠져든다. 심장박동이 빨라지고 비정상적으로 가빠진 호흡과 열기가 가득 찬 몸짓은 온전히 달리기의 세계 속으로 들어간다. 온 힘으로 역주하는 마라토너는 꿋꿋한 자세를 유지하고 있지만, 주체는 사라진 상태다. 의식 없이 몸이 스스로 달리는 것은 배우와 역할의 통합된 상태와 다를 바 없다.

2) 배우가 역할에 몰입한다는 것

배우가 역할에 몰입한다는 것은 동일시의 단계를 넘어 투사에 이르는 투사적 동일시의 상태를 의미한다. 투사적 동일시는 투사와 동일시가 동시에 작동한다는 뜻이다. 희곡을 읽으면서 머릿속에서 자신이 맡은 등장인물에게 자기를 대입시키는 것은 동일시의 상태이며, 무대에서 연기의 절정에 다다랐을 때 자신이 인물을 연기하는 것인지 인물이 자신을 표현하고 있는 것인지 구분이 모호해지는 것은 동일시와 투사가 동시에 작동한 상태다. 배우가 연극이 끝난 뒤에 역할 벗기를 시도할 때 허탈감이 엄습하는 것도 동일시와 투사로 인해 익숙해진 역할에서 빠져나오는 것이 그만큼 어렵기 때문이다. 또한 연극치료의 마무리 단계에서 점진적인 역할 벗기로 투사적 몰입 상태에서 빠져나오는 것이 중요한 것은 이러한 이유에서다.

그런데 만일 배우가 맡은 역할이 우연히도 자기와 어떤 연관성이 있다면 어떠할까? 자신의 과거 혹은 경험과 일치하는 역할을 맡았을 때 배우는 특이한 전이의 감정을 느낄 것이며 이때 투사는 더욱 확실히 작용한다. 존스(Jones, 2005)는 배우의 투사의 한 예로 셰익스피어 왕립극단의 배우인 브라이언 콕스(Brian Cox)가 리어왕을 연기하면서 투사한 경험을 다음과 같이 설명한다.

> 그는 자신의 두려움을 리어의 상황과 경험에 투사하였다. '나 역시 꽤나 늙었다'라고 자신을 리어와 연결 지어 이해한 것이다. 역할을 연기하면서 그는 나중에 늙어서 사랑하는 사람들에게 거절당할지도 모른다는 두려움을 리어의 상황에 투사하기 시작하였고, 그러면서 점점 더 불안을 느끼게 되었다. 수용되기를 원하는 그의 개인적인 욕망은 '끊임없이 거절당하고 거절당하고 거절당하는' 리어에 대한 강한 반응에서 나온 것으로 보인다.

국내에서 공연된 〈불가불가〉(이현화 작, 채윤일 연출, 1988)에서도 배우의 투사 경험의 예를 찾을 수 있다. 공연이 시작되면 배우들은 일상과 연극을 혼용하듯 불 켜진 객석과 무대를 오가며 분장을 하거나 대사를 읊조린다. 그들 중 극중 인물 남자1은 다양한 역사 속 인물들을 연기하면서 점차 극 속에 빠져든다. 극이 진행되면서 배우이자 극중 인물인 남자1의 투사의 농도는 더욱 짙어지고, 대단원에 이를 때쯤 남자1은 현실과 연극을 구분하지 못하는 상태가 된다. 현실과 연극의 경계선이 모호해지는 것은 현실 속의 자신과 연극 속의 역할을 혼동한다는 뜻이며 투사가 확실하게 이루어졌음을 의미한다. 결국 무대에서 남자1은 칼을 내리쳐 다른 역할을 살해하고 만다.

또 다른 작품 〈카덴자〉(이현화 작, 채윤일 연출, 1985)의 등장인물에는 여자 관객이 있다. 공연에서 이 인물은 객석에 앉아 있다가 영문도 모른 채 연기자들에 의해 무대로 끌려 나와 고문을 당한다. 처음에 여자 관객은 마치 진짜 관객인 양 무대에서 행해지는 고문에 적극적으로 저항한다. 그러나 어느 순간부터 여자 관객은 무대의 인물에 순응하면서 자신의 죄를 인정한다. 여자 인물은 메타연극의 기법 속에서 배우와 관객과 역할 사이에 동일시가 이루어지고 역할의 죄를 자신에게 투사한다. 그리고 죄를 인정하고 순순히 죽음에 이른다.

> 왕: (차분히 가라앉은 음성으로 낮게, 담담한 질의) 네가 네 죄를 알렸다.
>
> 여자 관객: ……! (비로소 반응이…… 눈물이 핑 돈다. 천천히 일어선다. 어느새 눈물이 흘렀다. 드디어!) …… 내가 내 죄를 알겠소.
>
> (여자 관객, 의자 위로 올라선다. 밧줄 올가미 안으로 스스로 목을 넣는다.)
>
> **(<카덴자>, 『이현화 희곡 시나리오 전집2』, 2007)**

4. 관객의 투사

관객의 입장에서 무대는 구체적이면 유연한 투사의 장소다. 이야기와 몸짓으로 또 다른 현실을 만드는 무대에서 투사는 입체적으로 펼쳐진다. 관객이 무대의 인물과 동일시하면서 동시에 자신의 무의식을 무대 위의 인물에 전이시킬 때 투사는 더욱 극적이 된다. 예를 들어, 고인이 된 아버지에 대해 깊은 회한이 있는 한 관객이 늙은 아버지와 아들이 등장하는 무대를 만났다고 하자. 그는 순간적으로 극중의 아들과 자신을 동일시할 것이고 늙은 아버지에게 자신의 아버지를 전이시킬 것이다. 그는 동일시와 전이의 감정으로 인해 공연 내내 아버지 생각에 몰두하게 되고 격한 감정이 생겨나면서 눈물을 쏟아 낼 것이다. 이런 방식의 극적 행동에서 생겨난 동일시와 전이로부터 관객은 분노와 용서, 후회와 자책의 투사적 감정을 체험한다.

이처럼 배우를 지켜보는 관객은 무대에서 벌어지고 있는 것에 몰입하기도 하고 동시에 거리를 두어 멀어지면서, 한 명 또는 그 이상의 인물과 관계를 맺거나 혹은 인물들을 통해 체험되는 서사적 행동과 관계를 형성한다. 이 두 과정이 곧 동일시와 투사인 것이다(Jones, 2005).

앞서 언급한 〈카덴자〉의 공연에서 실제로 일어난 하나의 해프닝이 있었다. 2012년 이 공연에서 전기 고문에 시달리는 여자 관객을 보면서 더 이상 참을 수 없게 된 한 남자 관객이 "안 돼!"라고 외치면서 실신한 사건이 있었다. 현실과 무대를 혼동하고 극적으로 감정을 이입한 그 관객이야말로 투사를 완벽하게 경험한 관객일 것이다.

5. 연극치료에서의 투사

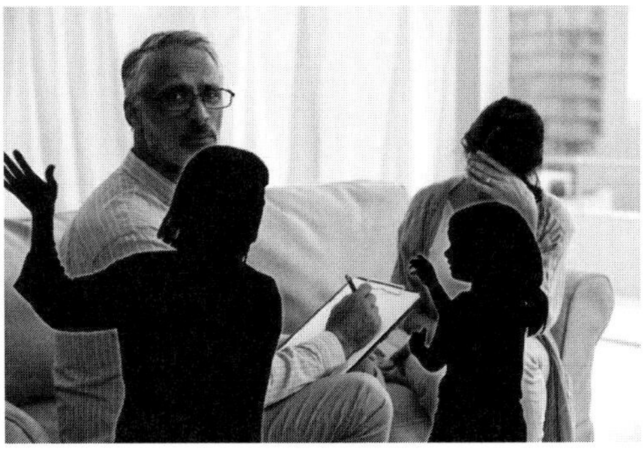

자기의 무의식을 다른 대상에게 덮어씌우는 투사의 정신적 · 심리적 과정은 연극치료에서 특히 관심을 두는 부분이다. 연극치료에서 투사는 방어기제의 심리적 작동 방식이 아닌 연극적 행위로서 자신과 허구의 인물 간의 소통을 통해 이루어지는 것으로 간주한다. 공연장에서 관객은 자신을 극중 인물의 딜레마와 감정적인 상황에 투사한다. 한편, 연극치료에서 참여자는 가상의 인물, 즉 역할을 맡게 된다. 그리고 소품을 가지고 놀거나 무대를 만들거나 이야기를 극적 행동으로 표현한다. 여러 정체성을 취함과 동시에 자신이 여러 양상을 극적인 내용에 투사한다. 집단과 자기 속에 작은 극장을 하나 짓는 것이다(Jones, 2005).

1) 치료적 극화

연극치료에서 투사는 치료적 극화의 균형 잡힌 형식을 창조하는 데 활용된다. 투사를 극적 형식과 연결하고 참여자가 내면의 갈등을 외적으로 재현함으로 참여하고 창조하고 발견할 수 있도록 한다. 이것이 랜디(Landy, 2002)가 말한 치료적 극화다.

연극치료에서 참여자가 행하는 역할연기는 자체로 투사적 성격이 강하다. 참여자가 역할을 통해 혹은 역할을 향해 내면의 문제를 발견하고 표출하는 일련의 과정은 투사를 바탕으로 한다. 무엇인가를 다른 사람의 탓으로 돌리고 싶은 투사 기제는 심리치료나 연극치료에서 같은 맥락이지만, 투사가 극적인 형식으로 넘어가면 전혀 다른 차원이 된다.

연극치료에서 투사가 제대로 작동하기 위해서는 두 단계가 필요하다. 첫 단계에서 투사는 참여자의 내적 감정의 특성과 영향력을 취하여 드라마를 가능하게 하는 방식으로 기능한다. 이 상태에 이르렀을 때 비로소 다음 단계에서 역할, 가면, 인형, 사물놀이 등의 극적 형식을 바탕으로 투사를 탐구할 수 있다. 다시 말해, 연극치료에서 투사가 제대로 작동하기 위해서는 참여자가 연극의 영역에 발을 들여놓고 허구 세계를 인정하는 것이 필요하며, 이를 수긍하였을 때 다양한 극적 방식의 투사가 가능하다는 의미다. 이런 분위기가 조성되었을 때, 참여자는 투사의 힘을 빌려 자신의 문제를 표현하고 탐험할 수 있게 된다(Landy, 2002).

2) 창조적 투사

일련의 연극학자들은 관객이 연극을 관람하는 이유에 대해 궁극적으로 자신을 알아차리고 이해하기 위한 것이라는 논지를 전개한다. 그런데 이러한 과정은 연극에서만 일어나는 것은 아니다. 문학과 예술의 세계에 빠져드는 것도 그 세계를 통해 자신을 되돌아보고 재발견할 수 있기 때문이다. 그런데 연극이 다른 예술에 비해 자신의 이해와 파악에 있어 좀 더 효율적인 것은 살아 있는 신체가 말하고 울고 웃으며 관객의 감정과 동질화 및 공감대를 형성하기 때문이다. 눈앞에서 펼쳐지는 무대가 사실적이 아니어도, 무대를 거짓이나 가짜로 인지하는 관객은 없다. 처음에 무대는 관객의 시선에 노출된 바라봄의 대상이지만 공연이 진행되면 이 외부의 현실은 곧장 자기 안으로 향한다. 그리하여 홀랜드의 말처럼, 공연이라는 외부의 현실에서 우리 안에 숨어 있는 것들을 발견할 수 있게 된다. 이때 작동하는 것, 즉 연극에서 자신을 바로 보는 데 있어 중요한 요소가 투사다. 사실 연극에 참여하는 배우와 관객 모두는 언제나 투사의 상태에 있다고 할 수 있다(Jones, 2005).

일반적으로 동일시와 투사는 표리관계로 작동한다. 타인이 자신에게로 향하는 동일시와 반대 방향인 투사는 자신의 심리적 상황과 감정을 타인에게 덮어씌운다. 동일시가 타인의 감정을 이해하고 있음에 반하여 투사는 자신의 감정을 이해하는 것에 주안점을 둔다. 자기로부터 출발한 감정을 타인에게 덮어씌운다는 것은 자신이 그러한 시각을 가지고 있기 때문에 상대방을 그렇게 바라본다는 뜻이다. '뭐 눈에는 뭐만 보인다'는 속담이 이와 같은 의미로, 그렇게 생각하기 때문에 그렇게 생각된다는 것이다. 새소리를 들었을 때 개인의 감정 상태에 따라 새소리는 울음소리로 또는 노랫소리로 들린다. 이처럼 개인의 주관적 시선, 개인적 정서에 따른 외부 현실의 지각은 예술 창조의 원리가 되기도 한다.

존스는 투사를 통한 예술 창조의 예로 에드바르 뭉크(Edvard Munch)의 〈절규〉를 든다. 뭉크는 해변을 산책하면서 우연히 일몰의 장면과 마주한다. 그는 붉게 타오르는 하늘을 보면서 마치 자연을 찢어 내는 크고 끝없는 비명을 느낀다. 화가는 자신의 불안과 절망의 감정을 바닷가에서 펼쳐진 일몰의 장면에 투사하였고 이를 그림으로 표현한 것이 바로 〈절규〉인 것이다. 화가가 자신의 불안과 절망의 감정을 그림으로 투사하여 이를 재현하고 탐험한 것이다. 이런 관점에서 예술가들이 고유의 시각으로 세상을 바라보는 것은 예외 없이 일종의 투사 작용이며, 연극치료 역시 극적 행위 속에서 실상과 허상, 내면과 외부의 역동적 관계, 자기와 역할 사이에 적절한 관계를 형성하면서 창조적 투사를 활성화하는 치료 작업이라고 할 수 있다.

3) 제닝스의 EPR모델에서의 투사

연극치료모델에서 더 자세히 설명하겠지만, 제닝스의 EPR모델은 인간의 발달단계를 극적인 측면에서 체현(Embodiment), 투사(Projection), 그리고 역할(Role)의 3단계로 분류한다. 체현–투사–역할의 3단계는 아동 발달단계의 초석으로서 심리적 · 신체적 · 정서적 발달의 모태가 되는 극적 발달단계다. 아동이 성장하면서 자연스럽게 체현, 투사, 역할을 경험하며, 그것이 원활하지 않을 때는 심리적 문제가 생겨난다. 이 극적 발달은 자기와 타자의 존재를 확립하고 분별할 수 있게 하며 우리의 신체와 정신과 관계를 맺는 모두에게 영향을 미친다.

자기와 타자의 정체성 형성 없이 관계 형성은 불가능하다. 따라서 EPR의 각 단계는 정체성의 확립을 뜻하며 정체성은 심리적 차원을 넘어선 사회적 구조체를 의미한다. 이 과정을 거치면서 아이는 일상적 현실에 대한 이해와 상상력을 키울 뿐 아니라 '자기됨'과 '타자됨'을 분명하게 이해한다. 체현과 투사, 그리고 역할의 학습은 성장하는 과정에서 지속적으로 이루어지면서 집단적인 사회 활동에 적응할 수 있는 기초를 제공한다. 체현은 자기 탐구이며, 투사는 외부와의 관계 맺기이고, 역할은 타인과 외부 세계로의 완연한 이동인 까닭에 EPR은 자기로부터 시작되어 점차 타인과 외부 세계로 영역을 넓혀 가는 단계가 된다. 요약하면 첫 번째 단계인 체현은 언어 이전이자 신체적으로 걷기 이전의 시기다. 두 번째 단계인 투사는 돌을 지나면서부터 걷기 시작하고 행동반경이 확장되면서 언어능력이 향상되는 시기로 아동은 사회성을 학습한다. 세 번째 단계인 역할은 폭발적인 어휘의 증가와 더불어 주변 세계에 대한 호기심과 관계의 확대로 사회성이 진일보한 단계다.

EPR 가운데 우리의 초점인 투사에 대해 좀 더 살펴보자. 투사 단계에 진입하기 전의 아동의 사고적 틀은 자기중심적인 특징이 있다. 그런데 아동이 점차 외부의 사물에 흥미를 보이며 투사를 하거나 투사 놀이를 하는 현상이 나타난다. 곰 인형을 가지고 단순한 놀이에서 진일보하여 고양이가 기분이 나쁘다, 어릿광대가 배고프다, 곰 인형과 토끼가 해변에 간다든가 하는 좀 더 복잡한 시나리오로 나아간다(Jennings et al., 2010). EPR에서 체현 단계에서 투사 단계로 넘어간다는 것은 이야기가 덧붙여지고 외적인 사물에 자신의 감정을 덧씌우기를 할 줄 알게 되었음을 의미한다. 장난감도 단순한 사물이 아니라 감정이입이 가능한 대상으로 변하면서 진정한 투사 놀이가 시작된다.

제닝스는 투사 놀이에서 **'이야기'**와 **'음악'**의 중요성도 강조한다. 감각과 움직임으로 이루어진 체현 단계에서 영아가 내는 소리를 간단한 명사들의 집합이라고 한다면, 투사 단계는 명사와 동사가 곁들인 단문이라고 할 수 있고, 역할 단계에서는 복잡한 문장의 이야기라고 할 수 있다. 따라서 투사에서 이야기는 옹알이로부터 어휘의 사용과 확장을 의미하며 다음 단계인 역할에서 필수적인 스토리텔링을 위한 준비 과정으로 간주할 수 있다.

이렇듯 원활한 성장에 있어 투사는 꼭 거쳐야 할 요소다. 투사의 경험은 적절한 감정이입과 이해 및 공감 능력의 향상으로 이어져서 정체성 확립과 타인과의 관계 형성으로 이어진다. 즉, 어릴 적의 투사 경험은 타인과 원활한 소통과 교류 등 사회성 향상에 기여하고, 본인에게는 자존감 향상과 살아가는 힘을 갖도록 한다. 따라서 만일 투사 기능이 허약하거나 과도 또는 왜곡된 참여자라면 일종의 투사인 연극치료는 훌륭한 치료 도구가 될 수 있다. 상황에 따라 치료 작업에서 투사적 장면을 직접 연출할 수 있다. 제닝스가 언급한 투사의 시기와 상황을 설정하고, 인형이나 가면 등을 활용해서 감정을 직접 투사하게 하는 것이다. 과거의 결핍된 투사 단계를 충분히 재경험하도록 하여 보완하는 방식이다.

4) 연극치료에서의 투사의 대상물

연극치료에서 인형, 꼭두인형, 가면은 흔히 사용되는 투사의 대상물이며, 색종이, 찰흙 등도 자주 활용된다. 사실 연극이 무한한 상징과 은유의 공간이라는 점을 감안하면 그곳에 존재하는 자체만으로도 투사가 작동한다. 상자나 빈 의자, 나아가 빈 공간도 투사의 대상이다. 그러나 실질적으로 투사가 보다 쉽게 기능하는 것은 도상적 성격이 강한 대상물로서 인간의 형상을 닮은 가면이나 인형 같은 것들이다. 참여자는 인형이나 가면을 가지고 노는 과정에서 투사된 특성을 인식하면서, 혼란스러운 감정이나 행동을 유발한 자기 내면의 특성을 발견하게 된다. 닮음은 동일시뿐 아니라 투사를 끌어내는 데 유리하다.

랜디(Landy, 2002)는 연극치료에서 대상물에 대한 투사를 중시한다. 그에 따르면, 투사 기법은 사람의 여러 양상을 인형, 장난감, 꼭두인형, 가면과 같은 대상에 투사하는 연극치료 접근법을 통칭한다. 이때 투사 작업은 퍼슨보다는 페르소나나 역할에 초점을 맞추는 허구와 상상의 영역으로의 이동을 포함한다. 참여자는 극적인 투사 작업을 하면서 나와 나 아닌 것의 역설을 살게 된다. 즉, 배우가 역할에 투사하듯, 관객이 배우에게 투사하듯, 참여자는 인형이나 가면에 투사한다. 참여자가 적극적이고 능동적으로 투사하기 위해서는 대상과 어떤 특별한 관계가 형성되어야 한다. 또한 투사의 대상이 비인격적일 때 인격화라는 상상력이 필요하며 이를 제대로 수행하기 위해서 투사 대상과 대면하고 있는 자신의 외적인 모습(페르소나)이나 주어진 역할에 초점을 맞출 수 있어야 한다. 초점 조절에 성공하게 되면, 참여자는 자기의 정체성을 기반으로 자신과 일종의 사회적 가면을 착용한 페르소나 혹은 역할이 동시에 존재하는 현상을 겪게 된다. 그리하여 숨기고 싶은 자신의 이중적 자아, 융이 말한 그림자나 프로이트의 이드 등과 중첩 또는 반향이 되면서 이를 똑바로 인식하는 계기가 된다. 존스(Jones, 2005)는 투사의 기능은 참여자의 내적 감정의 특성과 영향력을 취하여 드라마를 가능케 하는 방식이라고 언급하고, 투사를 탐구할 수 있는 것은 역할, 가면, 인형, 사물놀이 등의 극적 형식을 통해서라고 밝혔다.

음악이나 미술 또한 투사의 도우미다. 흥얼거림이나 리듬에 맞추어 소리 내기 이외에도 사물과 사물이 부딪히며 내는 원시적이고 리듬적인 타악기의 소리는 투사를 원조한다. 음악의 사용은 몸의 움직임도 원활하게 해 준다. 리듬과 멜로디에 따라 느껴지는 대로 움직이다 보면 어느덧 자신에게 익숙하였던 본래의 신체적 움직임을 되찾게 된다. 이러한 움직임은 자신의 본래 모습에 더욱 쉽게 다가가고 이를 인식하도록 한다(박미리, 2009). 또한 투사는 그림 그리기, 색칠하기, 그림으로 이야기 만들기, 찰흙 놀이, 조각 그림 맞추기 등 미술적 요소의 도움을 받는다. 이렇듯 참여자는 음악이나 미술 등 다양한 매체를 통해 투사하면서 자기 바깥에 하나의 세계를 창조한다.

5) 연극치료에서의 투사의 의미

펄스가 언급하였듯이, 예술은 가장 건강한 투사의 형태다. 그중 연극에서는 특히 투사의 예술이라 할 만큼 다중적이고 생생한 투사가 종횡으로 일어난다. 연극과 긴밀한 연극치료에서 투사 기법이 중요한 것은 이런 까닭이다. 연극치료의 참여자는 직접 역할연기를 하거나 관객이 되어 쉼 없이 투사하고 내면의 문제를 자극받아 표상화한다. 따라서 치료사가 다층적 투사를 적절하게 활용한다면 연극치료의 효과를 배가시킬 수 있다. 연극치료에서 투사는 통찰과 자아 인식, 궁극적으로 인식의 변화와 실천을 목표로 한다. 그것은 자기만족이나 의식적인 보호물에 숨어 버리기가 아니라 떳떳한 자세로 긍정적 정서를 향해 능동적으로 나아가기 위한 것이다. 연극치료에서 극적 투사는 내면의 감정적 상황과 외부의 형식과 존재 사이에 필수적인 관계를 창출한다는 측면에서 중요한 의미가 있다(Jennings et al., 2010).

랜디가 연극치료에서 핵심적 요소로 간주한 역할 역시 투사 작용을 기반으로 한다. 랜디의 확장된 극화는 투사 기법 중 매우 심화된 접근 방식이다. 허구적 인물과 그들의 극적 관계를 통해 개인의 특성, 가상의 가족 혹은 공동체의 이미지가 드러난다. 극적 투사는 각 개인과 집단의 역할을 포함한다. 그리고 역할은 인간 행동의 전반을 포함한다. 행동이란 육체적이든 음성적이든, 또는 정신적이든 간에 모든 인간의 반응으로 구성되므로 이때 나타나는 투사적 이미지는 참여자의 삶 속으로 깊이 침투하는 도구가 된다(이가원, 2011). 이렇듯 역할에서 생겨나는 투사는 연극치료에서 핵심 사항이다. 투사는 역할을 실천할 때 언제나 생겨나는 정신적 현상이다. 각자 역할을 지닌 채 누군가와 관계를 맺고 교류할 때 투사가 생겨난다. 상대에 따른 열등감, 질투, 호감이나 비호감 등은 투사의 산물이다. 따라서 참여자가 역할연기에서 건강한 투사가 이루어진다면 마음의 건강을 회복한 것이라고 할 수 있다. 치료 작업에서 투사는 은유로 이루어질 때 바람직하며, 은유적 투사가 제대로 작동하지 않는다면 대인관계에서 심리적 문제에 봉착할 수 있다. 극적 투사는 참여자에게 역할연기를 통해 적정한 거리를 인식하여 불안감에서 벗어나도록 하는 동시에 역할 또는 페르소나 또는 과거의 자신과 일치를 이루면서 자신을 바로 바라볼 수 있도록 한다.

6) 연극치료에서의 투사의 기능

연극치료에서 투사는 구체적으로 어떠한 기능을 하는가? 존스(Jones, 2005)는 이를 다음과 같이 요약한다.

첫째, 연극치료에서 극적 투사는 참여자의 내적 갈등을 밖으로 드러내는 과정이다. 밖으로 드러냄은 참여자가 자신의 경험을 극적 내용이나 행동에 투사할 때 더욱 활성화된다. 즉, 자신의 이야기를 직접 극화하거나 익히 알려진 기존의 이야기를 각색하여 행동과 움직임이라는 연극적 요소를 가미할 때 투사는 더욱 능동적으로 실현된다. 나아가 극적 대사와 행동은 새로운 관점을 창조하고 투사된 역할연기를 통해 자기 탐험과 통찰의 기회를 제공한다.

둘째, 극적 투사는 참여자의 주제 탐험의 수단으로서 극적 과정으로 들어가는 통로가 된다. 참여자가 현실에서 극적 허구의 세계로 단번에 진입하는 것은 쉬운 일이 아니다. 더구나 낯선 환경에서 목소리를 변형하거나 일상과는 다른 방식으로 몸을 움직인다는 것은 참여자에게 곤혹스러운 일이다. 그렇지만 치료 작업에서 참여자가 극적 과정으로 진입하고 몰입해야만 비로소 문제의 실체를 파악할 수 있다. 진입과 몰입은 현실의 인물이 극중 인물에 다가섬을 뜻하는데, 이 경로에서 주요 역할을 하는 것이 투사다.

셋째, 극적 투사는 참여자의 문제를 새롭게 재현하도록 한다. 연극의 실천은 현실과는 다른 새로운 현실의 창조다. 따라서 참여자가 한 존재를 연극적으로 재현할 때 그는 거리를 유지한 채 극 속의 자기와 만나게 된다. 중요한 것은 또 다른 자기인 극 속의 인물이 고정된 인물이 아니라 언제든지 수정 가능하다는 점이다. 참여자는 극중 인물에 자기를 투사함으로써 현실에서 감히 표현할 수 없었던 정서를 쉽게 노출할 수 있다. 투사를 실천하는 참여자는 현실-연극이라는 이중의 세계에서 심적 부담에서 벗어나 자기와 직접 대면할 수 있게 된다.

넷째, 투사를 통해 참여자는 자신의 내면과 그 외적 표현 사이에서 극적인 대화를 끌어낼 수 있다. 참여자가 역할에 투사하여 대화하게 되었다는 것은 자기와 자기 사이의 속삭임으로 끝나는 것이 아니라 두 자기가 소리 내어 진지한 대화를 하게 되었음을 뜻한다. 더구나 대사와 몸짓이 수반된 역할로 이루어진 극적 대화는 더욱 현실적이다.

다섯째, 참여자는 투사적 표현과 탐험을 통해 문제와 새로운 관계를 맺게 된다. 여섯째, 새로운 관계 맺음에서 문제의 재통합이 일어난다. 다섯째와 여섯째는 연극치료 종결부에서 이루어지는 것으로, 극적 투사를 기반으로 자신의 문제를 파악하고 이를 새롭게 바라보는 단계 그리고 문제를 재통합하여 치료에 이르는 단계다.

이렇듯 연극치료에서 투사는 소중한 자원이므로 연극치료사는 치료 작업에서 투사가 어떻게 작용하는지, 효과적으로 응용할 수 있는 방법이 무엇인지 등을 꾸준히 탐구해야 한다.

제8장 연극치료와 은유

1. 은유란 무엇인가

비유법 중 하나인 은유는 '내 마음은 호수요'처럼 'A(마음)는 B(호수)다'의 원리로 작용한다. A의 원관념 대신 B의 보조관념으로 대상을 드러내고 표현하고 설명하여 그 특징을 묘사하는 수사법이다. 은유는 일상에 깊숙이 자리하고 있을 뿐 아니라 삶과는 떼려야 뗄 수 없는 관계를 맺고 있다. 언어와 몸짓, 삶과 죽음의 궤적에는 은유가 가득 차 있지만, 매 순간 호흡을 의식하지 못하듯 은유를 의식하지 못한 채 살아간다. 그래서 일상이 되어 전혀 거부감이 없는 은유를 '죽은 은유'라고 한다. 일상에서 넘쳐나는 은유는 무엇보다도 언어에서 자주 만난다. 언어는 온통 은유 및 환유로 짜여 있으므로 인간은 은유 및 환유로 생각하고 판단하고 행동한다고 해도 과언이 아니다. 환유가 한 개체를 그 개체와 관련 있는 다른 개체로 말하는 방법이라면, 은유는 한 사물을 다른 사물의 관점에서 말하는 방법이다. "나에게 빵을 달라"처럼 부분(빵)으로 전체(먹을 것)를 대표하는 환유가 사물의 개념을 지칭하는 데 그 기능이 있다면, 은유의 기능은 주로 사물이나 개념을 이해하는 데 있다(김욱동, 1999). 일상 대화에서 성격을 표현할 때 차갑다거나 깨지기 쉽다거나 비뚤어졌다는 등의 표현은 흔한 은유이며, 문학 특히 시의 영역에서 은유는 빈번하다.

한편, 언어가 사고와 불가분의 관계라는 점에 착안하여 조지 레이코프(George Lakoff)와 마크 존슨(Mark Johnson)은 인간의 사고 구조가 본질적으로 은유적이라고 선언한다. 또 프로이트가 언급한 무의식도 은유와 밀접하게 연관되어 있으며, 정신분석학의 방어기제 가운데 동일시는 하나의 관념이 동일한 의미 구조 안에서 다른 관념과 관련을 맺는다는 점에서 은유로 볼 수 있다. 이처럼 언어, 사고의 구조 및 방어기제와 밀접한 은유는 연극치료에서 주목의 대상이다. 그 이유는, 첫째, 참여자의 언어나 무의식 속에 드러나는 은유를 파악하여 치료를 끌어내는 기능적인 측면에서 그 효과를 기대할 수 있기 때문이다. 둘째, 참여자의 사고 체계에서 은유가 활성화될 때, 기존의 자기에서 벗어나 의미를 확장하고 새로운 세상과 만날 수 있다는 점에서 유용한 치료 도구가 되기 때문이다. 은유는 의미의 확장을 위해 모호함을 내포하지만, 무질서를 방치하지는 않는다. 은유는 다형적이지만, 은유의 에너지는 역설적으로 자기가 무너트리고자 하는 장벽을 필요로 한다. 은유는 새로움을 발생하게 하며 동시에 이를 조정하는 수단이다. 은유는 '이미 알려진 것의 잔여(殘餘)'라는 점에서도, '깨닫는 힘'이라는 점에서도 우리가 인식하게 될 어떤 발견을 향한 수단을 제공한다(김용석, 2009). 깨달음의 힘을 지닌 은유는 이야기를 통해 참여자의 속마음을 파악하고 이를 신체로 구체화하는 과정을 거치는 연극치료에서 소홀히 할 수 없는 요소다. 은유가 무엇인지 파악하고, 연극치료에서 주목하는 은유의 기능이 무엇이며 어떤 방식으로 활용할 수 있는지 살펴보자.

은유를 뜻하는 메타포(metaphor)는 의미의 전이를 뜻한다. 메타포의 어원은 그리스어 메타페레인(metapherein)과 라틴어 메타포라(metapora)에서 찾을 수 있다. 메타페레인에서 메타는 '너머' 혹은 '위로'를 뜻하며, 페레인은 '옮기다' '나르다'의 뜻을 지니고 있다. 즉, 은유란 본질적으로 한 대상이나 개념을 다른 대상이나 개념의 관점에서 이해하고 경험하는 비유법이다. 그러므로 원개념과 매개개념 사이에 일정한 거리감이 있다는 것은 은유의 중요한 특징이며, 거리를 메우기 위해 상상력을 발휘해야 하는 은유는 창조 행위의 도구가 된다. 만일 거리감의 개념(은유)을 수용하지 않고 단지 논리적으로 합당하게 연관된 개념(환유)만을 인정한다면 인간의 삶은 삭막한 사막이 될 것이다. 은유는 개념의 거리감을 절묘하게 운용하면서 다른 사고 유형으로는 불가능한 방법으로 자기와 자기를 둘러싼 세계를 깊이 있게 이해하도록 한다. 인간의 삶은 은유라는 조미료 덕택에 더욱 풍성하고 윤택해지는 것이다.

2. 아리스토텔레스와 은유

아리스토텔레스(Aristotle, 2005)는 은유를 한 사실에서 다른 사실로, 즉 유(類)에서 종(種)으로, 종에서 유로, 종에서 종으로 또는 유추에 의하여 한 낱말을 옮겨서 쓰는 것으로 정의한다. 유추는 거리감이 있는 개념을 연합시켜 새로운 의미를 창출한다는 뜻을 내포하고 있다. 예컨대, '인생의 황혼'은 '인생의 끝 무렵'과 '하루의 황혼'을 유추관계에 두고 꾸민 은유이다. 따라서 시적 언어를 훌륭하게 구사하기 위해 가장 중요한 것은 은유를 능숙하게 구사하는 일이며 성공적인 은유의 사용은 사물의 유사성을 파악하는 능력에 의존한다. 이 유사성은 뒤에서 설명할 존스가 연극치료 관점에서 언급한 '**은유적 연관**'과 비슷한 개념이다. 결국 새로운 통찰을 위해서는 은유가 필요하고 새롭고 참신한 것은 은유로부터 비롯된다는 것이 아리스토텔레스의 생각이다. 그가 『수사학』에서 언급한 은유의 기능을 살펴보면 은유가 연극치료에서 얼마나 중요한지 알 수 있다.

첫째, 은유는 문자 그대로는 표현할 수 없는 것을 소통할 수 있도록 한다.
둘째, 은유는 문자 그대로의 사실적 언어보다 더 생생하고 인상적인 방식으로 의미를 파악하도록 한다. 은유가 깊은 인상을 남기는 것은 낯섦과 결합한 의외의 요소 덕택이다.
셋째, 은유는 간결할뿐더러 압축된 방식으로 생각을 표현한다.
넷째, 은유를 만들기 위해서는 단어를 새로운 방식으로 사용해야 한다.
다섯째, 은유는 서로 판이하지만 어떤 면에서는 서로 비슷한 요소들을 연결한다.
여섯째, 은유는 문자 그대로의 언어 사용과 규범에서 벗어난 언어 사용, 이 양자 사이의 연속선 위 어딘가에 위치할 수 있다.

은유의 첫째와 둘째의 특징은 주로 언어를 통하여 치료의 효과를 끌어내는 심리치료나 상담에서 관심을 가질 만하다. 참여자와의 빈약한 대화 속에서 절대 무너지지 않을 두꺼운 벽을 느낀 치료사라면 더욱 그럴 것이다. 심리치료나 상담에 입문하면서 배우는 것은 참여자의 문제를 대화만을 통해 섣불리 판단하거나 해석해서는 안 된다는 것이다. 언어 자체가 가지고 있는 소통의 한계성 그리고 인간이라면 자기 세계관으로 세상을 바라보려는 속성이 있으므로 대화를 곧이곧대로 수용한다면 위험하다는 의미다. 따라서 심리치료사는 참여자 언어의 의미 자체에 함몰되기보다는 언어 속에 들어 있는 은유 파악에 주력하는 것이 바람직하다.

3. 구조주의와 은유

구조주의 언어학자 페르디낭 드 소쉬르(Ferdinand de Saussure)는 기호(signe)를 기표(시니피앙, signifiant)와 기의(시니피에, signifié)로 나눈다. '의미화하는 것'의 기표는 청각, 시각 및 촉각의 이미지로서 '의미의 운반체'의 뜻을 지니며, 기의는 '의미화되는 것'으로 기호 내부의 추상적 내용이나 의미를 뜻한다. 이에 준거할 때 전혀 다른 두 관념을 유사한 것으로 간주하는 은유는 기의적이다. 즉, 두 관념에서 유사성에 근거하여 기의(의미)를 추출하여 하나로 연결하는 것이 은유다. 반면, 인접성에 근거하여 일치시키는 환유는 기표적이다. 야콥슨

(Jakobson, 1989)은 이러한 특징의 은유와 환유를 문학 비평에 적용한다. 그에 따르면 유사성에 근거하며 소쉬르의 계열적(수직적 · 통시적) 관계를 지닌 것이 은유이고, 인접성에 근거하며 통합적(수평적 · 공시적) 관계를 지닌 것이 환유다. 은유가 선택과 유추라면 환유는 결합과 연상이고, 은유가 시에 해당한다면 환유는 소설에 해당하며, 연극이 은유적이라면 영화는 환유적이다. 그는 이렇게 말한다.

> 삶의 단면이라는 말에서도 잘 드러나듯이 연극은 겉으로는 삶과 환유적 관계를 맺고 있는 것 같다. 그러나 아무리 자연주의적 작품이라고 하더라도 연극은 삶의 단면을 어디까지나 은유적으로 표현하게 마련이다. 한편, 영화는 아무리 은유적으로 보일지라도 연극보다 쉽게 삶에 대한 환상을 불러일으킨다. 사건이 시간을 통하여 일직선적으로 나아간다는 점에서도 그러하고, 무엇보다도 공간적 인접성이 강조된다는 점에서도 그러하다. 몽타주는 은유적이라면, 클로즈업과 셋업은 환유적이거나 제유적이다(김욱동, 1999).

야콥슨이 연극을 은유적, 영화를 환유적으로 표현한 것은 매우 흥미롭다. 연극이 인생을 표현하되 유사성에 근거한 시적 표현에 가깝다는 뜻인데, 연극이 삶을 아무리 사실적으로 표현하더라도 시공간의 비사실성과 재현성의 축조라는 극적 특징을 염두에 본 것으로 보인다. 야콥슨(Jakobson, 1989)이 정리한 은유와 환유의 비교는 〈표 8-1〉과 같다.

<표 8-1> 은유와 환유의 비교

은유	환유
유사성	인접성
계열적	통합적
수직적	수평적
선택	결합
유추	연상
시	소설
낭만주의, 상징주의	사실주의
연극	영화

〈표 8-1〉에서 인접성과 연관된 환유와의 비교를 통해 유사성의 은유의 개념을 확연하게 파악할 수 있다. 다시 말하자면 계열적인 은유는 깊은 사유를 통해 원관념과 보조관념의 의미를 선택하거나 유추해야 하는 시 혹은 연극의 특성이 있는 것이다.

4. 정신분석학과 은유

정신분석학에서 예술 창조의 원리는 무의식의 준동에 있다고 본다. 따라서 정신분석학의 지대한 영향을 받아 무의식을 탐구하는 데 주력한 초현실주의 예술을 이해하기 위해서는 작품을 창조하는 내면 원리에 대한 심층 이해가 선행되어야 한다. 이 심층 이해를 위해 필요한 것이 바로 은유와 꿈 작업이다. 은유는 새로운 의미들을 생성하는 원리로, 꿈 작업은 꿈을 생성하는 원리로 작용한다. 은유와 예술 창조 기법 사이의 연관성은 [그림 8-2]와 같다(이창재 외, 2010).

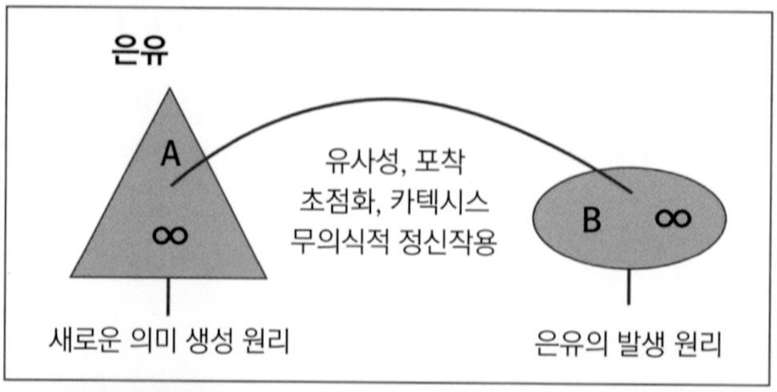

그림 8-2 은유와 예술 창조 기법 사이의 연관성

[그림 8-2]는 은유의 원리 'A는 B다'를 충실하게 보여 준다. 삼각형 A와 타원형 B는 형태가 다르지만 두 기호는 마치 밀접한 연관을 지닌 것처럼 논리성이 배제된 채 유사성, 포착, 초점화, 카텍시스, 그리고 무의식적인 정신작용을 거쳐 은유적 동일시가 이루어진다. 카텍시스(cathexis)는 일정한 관념이나 인간 또는 경험 등에 자기의 감정이나 정신적 에너지(리비도)를 집중시키는 일 또는 그 상태를 가리킨다. 이 은유적 동일시 작용 덕택에 A와 B는 제3의 새로운 의미를 지닌 예술을 창작해 낸다. 말하자면 다른 두 기호가 은유 형식의 힘에 의해 동일시되는 과정에서 의미 충돌 및 심리적 저항과 기존 관점에 충격과 균열과 붕괴가 일어나고 제3의 관점과 새로운 의미 결합이 생겨난 결과가 예술품이라는 것이다. 은유 작용은 하나의 특정 의

미와 해석 관점에 구속되지 않으며 개인마다, 시대마다 끊임없이 새로운 해석들이 가능하고 그로부터 새로운 의미들이 생겨난다. 시대마다, 예술가 개인마다 계속해서 새로운 예술 창작이 일어나는 것은 이러한 까닭이다. 정신분석학에 기반한 예술에서 은유는 누군가의 삶 자체 혹은 이야기에 충격을 가하거나 해체하여 새로운 관점을 제시하고 예상치 못하였던 방식으로 해석할 수 있는 여지를 제시한다. 논리적으로나 직접적인 방법으로는 절대 드러나지 않는 무의식은 대체 표현되거나 재구성될 뿐이며, 그 속에서 작동하는 기제가 바로 은유인 것이다.

5. 밀턴 에릭슨과 은유

이러한 은유의 장점을 십분 활용한 심리학자로서 은유와 최면을 중시한 밀턴 에릭슨(Milton Erickson)이 있다. 은유가 원활한 소통뿐 아니라 생생하고 충격적인 소통 방식이라는 것을 인지한 에릭슨은 이를 활용할 때 참여자 무의식의 심연을 일거에 전복시킬 가능성이 있음을 알았다. 은유적인 의사소통 방식이 참여자에게 자신의 문제를 인식하고 행동에 변화를 가져오게 할 수 있다는 것이다. 은유는 참여자의 의식과 무의식 모두와 대화를 가능하게 하므로 저항이나 반발이 강한 참여자에게 감정을 은유적으로 표현하도록 한다면 변화에 대한 두려움을 효과적으로 대처할 수 있다. 또한 그는 치료사의 개입 없이도 참여자가 자발적으로 숙고하고 반성할 수 있는 능력이 있다는 것을 깨달아 스스로 문제의 해결책을 찾아낼 수 있다고 생각한다.

1) 스토리텔링과 은유

그가 제안한 것 가운데 스토리텔링은 은유가 적용된 대표적인 치료 기법이다. 참여자의 삶과 환경에 대한 통제 감각을 도와주는 심적 기제인 스토리텔링은 참여자 문제와 관련이 있는 이야기를 그들의 문제와 유사한 방식으로 전개하면서 해결책을 제시한다.

간단한 예로 에릭슨은 주사 맞기와 약 먹기를 완강히 거부하는 아이에게 이렇게 말한다. “전에도 너랑 비슷한 아이를 만난 적이 있거든. 그 아이도 주사 맞고 쓴 약을 먹는 것을 너무 힘들어하였단다. 결국엔 주사를 맞고 나서 더 건강해졌고, 쓴 약도 상처를 낫게 해서 아이는 매우 건강해졌지.” 이런 이야기를 들려주었을 때 아이는 이야기 속 인물과 동일시하여 주사나 약의 고통을 이겨 내면 건강해질 수 있다는 것을 무의식적으로 알아차리게 된다. 이렇듯 에릭슨은 은유처럼 습관화된 무의식적인 패턴에 영향을 주는 간접적인 입력에 초점을 맞출 때 가장 효율적으로 변화가 일어나고 영속화된다고 생각한다. 문제의 참여자가 주사를 맞으면 아프다는 굳어진 무의식으로 인해 부정적인 신념에 빠져 있을 때, 단단한 고착 덩어리를 준동시켜서 이를 해체하기 위해서는 이야기 또는 상징과 같은 간접적 입력이 매우 효과적이다.

또 다른 예로 남자 친구에 대해 여성 참여자의 호소를 들은 치료사는 만약 남자 친구와 공원을 산책하다가 날개가 다친 새를 발견한다면, 어떻게 할 것인지를 질문하였다. 참여자는 주저 없이 그 새를 돌봐 줄 것이라고 대답하였다. 치료사는 남자 친구가 어떻게 할 것으로 추측하느냐고 묻자, 그도 틀림없이 다친 새를 돌봐 줄 것이라고 대답하였다. 치료사는 자기가 보기에 당신이 바로 날개를 다친 새로 보인다고 암시하였다. 이렇게 해서 참여자는 자신의 상황을 긍정적으로 보게 되었을 뿐 아니라 남자 친구도 자신에게 연민을 가질 것이라고 확신하게 되었다(이윤주, 양정국, 2009). 이것이 에릭슨이 즐겨 사용한 스토리텔링의 은유 방식의 예다.

상징은 융이 언급한 것처럼, 그 본성이 아직 알려지지 않았기 때문에 다만 짐작될 수밖에 없는 무의식의 내용을 표현하는 가장 좋은 수단이다. 그런데 이 상징에 접근할 수 있는 언어적 도구가 바로 은유다. 에릭슨은 참여자의 의식과 무의식이 동시에 대화하기 위한 도구로서 의식과 무의식을 연결하는 상징을 이야기하는 것이 은유라고 언급한다. 여기에는 인간의 활동은 근본적으로 은유를 바탕으로 하고 있으며, 은유는 언제 어디서든 인간의 현실을 구성하고 있다는 기본 전제가 깔려 있다.

2) 에릭슨의 은유

에릭슨의 은유를 종합하면 다음과 같다(이윤주, 양정국, 2009). 첫째, 참여자의 독특한 은유로부터 그의 언어 세계와 주관적 경험을 이해할 수 있다. 따라서 참여자의 언어에 들어 있는 은유를 고찰할 때 참여자의 내면 세계와 현재 몰두하고 있는 문제를 탐색할 수 있다. 나아가 참여자가 즐겨 사용하는 은유의 분석을 통하여 부정적인 은유가 긍정적인 은유로 바뀐다면 긍정적으로 변화된 모습으로 거듭날 수 있다. 긍정적인 은유를 통해 부정적 행동에서 탈피하고 대상을 새롭게 바라보며 타인과의 대응 방식을 달리할 수 있기 때문이다. 새로운 은유의 활용을 통해 사물에 대해 연상하는 의미가 달라지고, 고

밀턴 에릭슨

통과 기쁨을 연결하는 것이 바뀌며, 말을 바꾸는 것만큼이나 효과적으로 삶이 변하기도 한다.

둘째, 은유는 변화를 원하는 마음과 변화를 원치 않는 마음 사이에서 안전한 다리 역할을 한다. 이 다리를 통해 생각의 변화에 아직 준비되어 있지 않은 참여자에게 변화의 욕구가 잠재하고 있는 무의식의 영역에 접근하도록 한다. 이 경우 은유는 참여자가 자신과 세상에 대해 오랫동안 갖고 있던 묵시적인 믿음을 밝혀 내는 유용한 도구가 된다.

셋째, 은유의 간접 표현은 참여자의 복잡한 양가 감정이나 변화에 대한 두려움을 효과적으로 다루도록 한다. 인간은 누구나 직면의 두려움이 있다. 은유는 이 두려움에서 벗어나도록 하는 안전망 역할을 한다. 은유는 직접 직면이 아닌 비유적인 표현이므로 참여자의 저항을 줄인다. 그렇다고 강한 인상이 축소되지는 않는다.

넷째, 참여자가 새로운 은유를 진심으로 받아들이게 되면 그의 준거 및 이 준거에 영향을 미치는 지각과 행동에 변화를 일으키게 된다. 참여자가 새로운 은유를 수용하였다는 것은 기존의 것을 버리고 새로운 자각의 세계에 들어섰음을 의미한다. 새로운 은유는 참여자에게 자신의 경험을 새롭게 깨닫도록 하고 과거나 현재에 대해 새로운 의미를 부여하도록 한다. 자신의 과거를 결코 바꿀 수 없는 비합리적 신념으로 결정해 버리고 그 무게에 신음하던 참여자는 예상치 않았던 낯선 관점을 획득하게 됨으로써 기존의 경험을 오히려 긍정적 시선으로 바라보게 된다.

다섯째, 참여자가 자신의 경험을 은유적 관점에서 이해하면 새로운 실재를 창조하는 힘이 생긴다. 이는 은유의 수용이 자각의 수준에 머물지 않고 실제적 행동의 변화마저 촉구한다는 뜻이다.

정리하면, 에릭슨의 은유는 새롭고 창의적인 준거 틀을 마련하는 수단이며 참여자의 경직된 정체감을 변화시키는 치료적 수단이다. 에릭슨의 근본적인 치료 방식은 창조적인 은유를 제공하여 참여자의 내면에 있는 참된 정체감을 자극하고, 자기 효능감에 대해 확신하게 하여 자연스럽게 변화를 이루도록 하는 데 있다.

6. 사티어와 은유

은유야말로 인간이 소유한 가장 윤택한 힘이라고 생각한 버지니아 사티어(Virginia Satir)는 가족치료 과정에서 가족 참여자들이 서로에게 직접 표현하지 않고 은유적 기법을 사용하여 간접적인 의사소통이 일어나도록 하였다. 경험적 가족치료에서 사티어가 주로 사용한 은유는 가족 조각, 가족 역할극, 가족 그림, 이야기 등이다.

버지니아 사티어

사티어(Satir, 2004)가 제시한 은유의 특징은 다음과 같다. 첫째, 은유는 의미와 실제 대상 사이에 공간을 만들어 낸다. 이 공간은 참여자가 나름대로 해석할 수 있는 여유를 제공하며 간접적 치료를 유도하는 보조 치료사의 역할을 한다. 참여자는 은유를 통해 객관적 거리를 유지하게 되고, 이 거리두기 덕택에 냉정하게 자신과 가족 간의 관계를 직시할 수 있게 된다. 참여자와 부모 사이 혹은 참여자의 강력한 감정을 분리하고자 할 때 은유는 큰 도움이 된다. 또한 은유를 사용함으로써 참여자와 치료사 사이에도 일정한 거리를 두어 참여자의 두려움을 감소시킬 수 있다.

둘째, 이야기에는 은유적 특징이 내재되어 있다. 이야기는 참여자에 대한 정보, 참여자가 자신의 문제를 포함하며 치료사와 신뢰 관계 형성에 중요한 역할을 담당한다. 이야기 및 이야기 창조는 에릭슨이나 사티어가 관심을 가졌던 것으로 뒤에서 보게 되겠지만 연극치료에서도 빼놓을 수 없는 중요한 요소다.

셋째, 은유를 강조하는 사티어의 치료 목적 중 하나는 우뇌의 자극이다. 은유는 우뇌와 연결되어 감각을 활성화하므로 우뇌를 자극하고 발달시킨다. 은유는 두뇌에 이미지를 제공하는 시각, 청각, 촉각 등의 감각을 활성화하고 이는 다시 지각의 변화 과정으로 이어진다. 언어를 담당하는 좌뇌는 분석적이고 논리적이지만, 비언어적인 부분을 담당하는 우뇌는 은유적, 직관적이고 예술적이다. 이 점에서 참여자는 은유로 자극된 우뇌를 통해 감정을 발산하고 창조적 인간형이 되는 데 도움을 받을 수 있다. 한편, 우뇌는 비언어적, 신체적이며, 시공간의 학습에 익숙하고, 환상과 상상을 선호한다는 점에서 비언어, 신체, 공간을 중시하는 연극치료는 우뇌의 활성화에 유리한 조건을 지니고 있다고 하겠다.

이처럼 사티어의 은유는 인간의 감정을 다루는 방법으로 새로운 소리, 모습, 촉감, 느낌, 사고하도록 하며, 새로운 것과의 연결고리로서 장애를 뛰어넘어 변화가 일어날 수 있도록 도움을 주는 도구다. 은유는 자신이 아는 가장 도움이 되는 치료적 개입이라고 생각한 사티어는 은유를 통해 참여자에게 자신의 신념을 다른 방식으로 바라보기를 요구하였으며, 이로부터 참여자에게 새로운 이미지와 지각이 일어난다면 궁극적으로 변화가 뒤따를 것으로 확신하였다. 사티어는 참여자를 깨우치고 두려움을 완화시키고 새로운 수준의 사고를 끌어내기 위해, 또는 친숙하지 않은 것을 친숙한 것으로 만들기 위해, 그리고 대안을 확장하기 위해 은유를 사용하였다. 가족치료에서 은유가 참여자의 저항을 줄이고 스스로 깨우쳐 해결책을 찾도록 하는 데 유용함을 알았던 것이다.

7. 연극치료와 은유

지금까지 살펴본 것처럼, 은유는 저항을 줄이고 낯섦에 접근하여 소통에 장애가 되는 벽을 허물고 원활한 소통이 이루어지도록 한다. 은유는 무의식을 효과적으로 파악할 수 있고 충격적인 인상을 전하며 내면의 소리를 커다란 두려움 없이 외현화하는 창구다. 아리스토텔레스(Aristotle, 2008)가 은유가 새로운 관념을 얻게 해 주고, 낯선 말은 단순히 우리를 당혹하게 만들며, 일상어는 오직 우리가 이미 알고 있는 것만을 전달하기 때문에 새로운 것을 얻게 되는 것은 바로 은유를 통해서라고 말한 것도 이 같은 맥락이다. 낯섦으로 새로운 관념의 세계로 인도하는 은유는 일상과 습관화된 자기에서 벗어날 기회를 제공한다는 점에서, 나아가 연극은 자체로 은유의 성격을 지니고 있고 현실을 은유한다는 점에서, 연극치료는 한마디로 은유의 치료라고 할 수 있다. 가령, 역할연기나 이야기는 자체로 일종의 은유인 까닭에 연극치료에서 참여자의 역할연기나 이야기를 활용한 치료는 은유의 치료가 된다.

1) 존스의 은유

존스 역시 연극치료에서 은유를 주목한다. 그는 은유의 원관념(A)과 보조관념(B) 사이에 연결 끈이 있다고 보고 이를 은유적 연관(Jones, 2005)이라고 부른다. 존스가 언급한 은유의 기능은 다음과 같다.

첫째, 치료 작업에서 막힌 상황이 발생하였을 때 은유는 돌파구 역할을 한다. 가령, 참여자가 어떤 상황이나 문제를 생각하다가 막다른 길에 다다르면 은유의 도움을 받을 수 있다. 즉, 경직된 사고로 인해 소통의 통로가 원활하지 않을 때, 은유를 개입시켜 사고를 유연하게 하여 통로의 장애물을 제거할 수 있다. 은유를 통해 경직된 사고를 유연하게 풀어줌으로써 치료 작업에서 하나의 계기를 마련할 수 있다는 것은, 앞서 언급한 은유의 특징 중 은유가 사고의 폭을 넓히고 새로운 시각을 갖게 한다는 점과 상통한다. 따라서 연극치료사는 참여자의 이야기 선택이나 역할연기 과정에서 개입하는 은유의 작용에 항상 주의를 기울여야 한다.

둘째, 참여자가 직접 표현하기 힘든 사항을 은유를 빌어 표현할 수 있다. 이는 앞서 언급한 은유의 소통 기능 및 거리두기 특징과 부합한다.

존스의 은유는 일반적 상황에서 접근이 어려운 참여자의 내적 세계에 다가설 수 있는 통로로 작용한다. 우회적 표현은 단순한 간접 표현이 아니다. 이는 직설적 표현이 유발할 수 있는 경직된 해석에서 벗어나 훨씬 폭넓은 해석의 여지를 제공한다.

2) 존스의 사례: 탑 속의 왕자

존스(Jones, 2005)가 제시한 사례인 '탑 속의 왕자'는 이야기 은유를 통해 참여자의 문제에 어떻게 접근하는가를 보여 준다. 그는 자폐 성인 집단을 대상으로 이야기 작업의 은유적 가치를 검증하려는 목표를 세운 뒤, 참여자의 내적 체험과 이야기의 외적 표현 사이에서 어떻게 은유 관계가 성립되는지 탐색하였다. 이야기 활용은 연극치료에서 흔히 진행되는 작업이지만 그의 작업은 은유에 초점을 맞추었다는 특징이 있다.

그는 3단계로 작업을 진행하였다. 첫 단계에서 그는 참여자에게 이야기 목록을 작성하도록 하였다. 스토리텔링을 구체화하기 위해 이야기에 필요한 요소들, 즉 인물, 사물, 사건, 시나리오 등을 나타내는 이미지 카드를 참여자에게 만들도록 하였다. 참여자는 그림 카드를 만든 다음에 카드를 일련의 순서로 배열하여 간단한 이야기로 만들었다. 두 번째 단계에서는 이야기를 장면으로 구성하였다. 자신이 선택한 이미지 카드로부터 생성된 이야기는 인지 기능이 떨어진 참여자에게 이야기를 구체화하고 장면으로 구성하는 데 도움을 주었다. 이런 방식으로 한 참여자는 다음의 간단한 이야기를 만들었다.

> 이야기는 왕자에 관한 것이다. 그는 집을 갖고 싶어 한다. 집과 탑은 마녀의 것이다. 마녀는 그 집에 있었다. 왕자는 그 탑에 있었다. 왕자는 밖으로 나가 집을 찾고 싶었다. 탑 속에 있는 왕자는 마녀가 죽으면 행복할 것이다. 왕자가 마녀를 때려눕힌다면 탑에서 빠져나올 수 있을 것이다. 마녀가 탑으로 다가왔을 때 그는 마녀를 때려죽이고 밖으로 나왔다. 왕자는 마녀의 집으로 들어갔다. 그는 집으로 돌아갔고 그들은 산책을 나갔다.

참여자가 창작한 이야기는 '탑 속의 왕자'라는 이름이 붙여졌다. 그는 기본적인 탑 속의 이야기를 만든 다음에 점차 구체적으로 다듬었다. 탑 안의 문과 자물쇠, 복도와 방에 관한 이야기를 덧붙였고, 탑 속에 이미지, 사물, 사건들이 가득 모이게 되었다. 결국 이 이미지들이 은유적이라는 점이 분명해졌고, 참여자 본인의 삶과 깊은 연관이 있음이 드러났다. 이처럼 참여자는 이미지 카드를 활용한 이야기 창작을 통해 자기 삶의 주제와 문제를 돌아볼 수 있었다. 차후에 그의 가족을 통해 명확히 밝혀진 것이지만 참여자의 '탑 속의 왕자'라는 이야기 주제가 그의 삶과 밀접하다는 것을 알 수 있었다. 참여자는 평소에 이런 말을 한 적이 없었지만, 작업에서 펼쳐진 이야기는 은유로서 표현의 통로가 되었다.

이야기를 활용한 존스의 연극치료 작업이 특별한 것은 아니다. 다만 참여자가 창조한 이야기가 곧 그의 삶을 은유한다는 점에 초점을 맞추었다는 점에 의의가 있다. 치료사가 치료 작업에서 자주 도입하는 이야기가 은유의 성격이 있다는 점을 인지한다면, 치료 현장에서 은유의 의의와 가치를 더욱 활발하게 활용할 수 있을 것이다.

연극치료는 전반적으로 은유적이며, 작업에서 창조된 모든 이야기는 은유로 작용한다. 참여자가 이야기 속 사건이나 인물과 같은 은유적 언어로, 자신에 대해 직접 말하지 않으면서 개인적인 내용을 다룬다는 점에서 그러하다. 참여자는 이야기를 창작하고 연극으로 실천하는 은유의 과정에서 자신의 문제를 깨닫고 무의식을 재구성하게 된다. 은유의 관점에서 타인의 이야기가 A라면 자신의 이야기는 B가 된다. 참여자의 사례에서 '탑 속의 왕자'의 주인공이 A라면 그와 연관된 참여자 본인의 이야기는 B다. 더욱이 참여자가 만들어 낸 이야기(A)는 그의 삶(B)과 분명하게 연관되어 있다. 참여자가 꾸며 낸 이야기는 평소에 감히 입 밖으로 꺼낼 수 없었던 것으로, 그의 억눌린 욕망 또는 무의식이 대체 표현되었다. 이 사례에서 알 수 있듯이 치료사는 참여자가 사용하는 구어적인 이미지와 극적인 세계가 무엇인지 파악하고, 참여자가 자신과 이미지를 연관 짓는 개인적 은유를 어떻게 만드는지 확인하는 것이 중요하다.

연극치료에서 이야기 창작은 그것으로 끝나지 않고, 다음 단계로 역할연기를 통한 장면 만들기로부터 자기 탐색이 이어진다. 역할연기 역시 은유적 표현이다. 이야기라는 언어적 은유에서 한 걸음 더 나아간 역할연기의 은유적 체험은 무의식의 깨달음과 변화를 가속화시킬 것이다. 극적 은유 혹은 은유적 체험은 더욱 강한 깨닫는 힘을 제공하여, 참여자가 지닌 단단한 경계선, 폐쇄와 고착의 미로에서 벗어나는 길잡이 역할을 한다.

이야기 창작과 역할연기의 은유 단계를 거쳐 도달한 세 번째 단계는 치료 작업에서 이루어진 은유적 탐험을 일상의 삶과 연관시키는 것, 즉 작업을 현실에 동화시키는 방안에 초점을 맞춘다. 즉, 역할 벗기 과정에서 참여자의 이야기와 역할연기가 자신의 현실과 어떻게 연관되는지 알아차리도록 하는 것이다.

3) 은유의 치유성

존스는 연극치료에서 은유의 치료 가능성을 다음과 같이 정리한다.

> 첫째, 극적 은유는 실제 삶에서 일어나는 문제의 정체성으로부터 일정한 거리를 창조한다. 즉, 은유는 거리두기다.
>
> 둘째, 그 거리는 새로운 관점을 창조함으로써 참여자가 문제를 다른 각도에서 바라볼 수 있게 한다.
>
> 셋째, 참여자는 은유를 창조하면서 문제와 변화된 관계를 맺게 된다. 은유를 통해 극적 형식과 문제를 연관 지음으로써 애초에 문제를 바라보고 경험하던 방식을 확장한다.
>
> 넷째, 은유의 창조는 문제를 상상적이고 극적인 탐험에 노출하여 연극치료의 치료적 잠재력과 대면하도록 한다.

연극치료 작업에서 참여자와 은유 사이에서 발생하는 과정은 참여자에게 문제를 풀어 갈 수 있도록 돕는다. 이렇듯 현실의 문제를 탐색하는 과정에서 얻은 자각과 은유의 연관은 치료의 효능 면에서 중요하다. 은유가 사고 구조를 표현하고 무의식을 자극하고 깨닫는 힘을 제공하며 서로 다른 것들을 연결하고 의미 확장과 새로운 시각을 제공한다는 점에서, 또한 안전한 거리를 제공한다는 점에서 치료사는 은유를 분명하게 인식하고 적극적으로 활용해야 한다.

8. 은유의 힘

빼어난 이야기꾼이었던 성인들은 하나같이 은유의 달인이었고, 그들의 은유는 후대에까지 커다란 영향을 미쳤다. 그것은 은유가 지닌 수수께끼 같은 충격적이고 거대한 흡입력 덕택일 것이다. 은유를 통한 전언은 한 사람에게만 와닿는 것이 아니라 모두에게 자신과 관련된 것으로 생각하게 하는 마술의 힘이 있다. 그것은 삶 자체가 은유의 날실과 씨실로 짜여 있기 때문일 것이다. 삶을 풍요롭게 하는 예술 역시 은유의 일종이다. 논리적 언어로는 표현할 수 없는 예술가의 정서와 사상이 예술품이라는 아름다운 오브제로 승화되어 나타날 수 있는 것은 기적이다. 연극 공연에서 느낄 수 있는 진한 감동이나 가슴 저미는 슬픔은 직설적인 어떤 말로도 표현할 수 없는 은유의 결과다.

인생과 연극은 '**은유적 연관**'을 맺고 있다. 연극인들이 만들어 내는 무대는 영화의 '컷'이나

'편집'이 없다는 점에서 인생과 닮았다. 무대에서 '옥의 티'는 수없이 발견된다. 한 번 지나가면 되돌릴 수 없는 무대는 삶을 은유한다. 치료 작업에서 참여자가 은유의 언어나 행동을 통해 자신의 상처를 드러내는 것은 배우가 예술 창작을 위해 몰입하고 있는 정신 상태와 흡사하다. 몸으로 구현되는 누군가의 이야기가 어느 순간부터인가 자신의 이야기가 되는 연극치료는 자체로 은유다. 다시 말해, 표현이 어려운 감정을 이야기와 몸의 은유로 풀어내는 것이 곧 연극치료인 것이다. 집단적이며 종합예술인 연극을 매체로 활용하는 연극치료에는 이야기와 신체의 움직임뿐 아니라 모든 예술이 종합되어 있으므로 치료 작업 현장은 예술적 은유가 광범위하게 작용하는 장소인 것이다.

제9장 연극치료와 가면

얼굴은 그 사람을 대변한다. 얼굴을 찍은 조그만 증명사진이 신원을 보증하듯이, 얼굴은 그 사람의 정체성과 대표성으로 인정받는다. 역사적으로 자기 얼굴을 가리거나 변장하는 것은 불명확하고 부조리하며 비윤리적인 것으로 간주하였고 손가락질의 대상이었다. "넌 가면을 썼어!"라는 말은 어느 문화권에서든 비난의 소리였다. 그렇지만 인간은 끊임없이 가면을 써왔다. 인간의 역사는 가면의 역사다. 현재에도 우리는 일상에서 매번 가면을 쓰고 벗고 또 쓴다. 얼굴은 숙명이다. 선천적인 얼굴은 자신의 의지와는 무관한 자기 모습이다. 그런데 인간은 자기 얼굴을 직접 볼 수가 없다는 아이러니가 있다. 눈이 얼굴에 달린 탓이며 시선은 오로지 타인을 향하는 한 방향의 성질을 지니고 있기 때문이다. 거울 같은 반영체를 통하여 이미지로만 볼 수 있는 얼굴은 실상과 허상의 이중성을 고스란히 간직하고 있다. 얼굴의 이중성에 착안한 자크 라캉(Jacques Lacan)은 6개월에서 8개월 정도의 어린아이가 거울에 비친 이미지를 통해 자아를 확립한다는 거울 단계를 주장하였다. 하지만 라캉의 거울과는 달리, 가면의 거울은 반사하는 거울이 아니라 관통하는 거울이다. 가면을 쓰고 바라보는 거울은 반사가 아닌 투사의 거울이다. 마음을 비추는 거울이다. 가면의 거울은 마음속의 응어리나 찌꺼기 혹은 그림자나 죄의식이 무엇인지 MRI처럼 그 실체를 분명하게 보여 준다.

자기 얼굴을 실제로 바라볼 수 없는 인간 조건은 얼굴에 무엇인가를 덧씌움으로써 실제 얼굴을 만날 기회를 엿본다. 이때의 얼굴 가림은 두 손으로 가리는 것이 아니라 또 다른 얼굴, 가짜 얼굴 혹은 허위 얼굴, 말하자면 떼었다 붙였다 할 수 있으며 언제든지 거리를 두고 바라볼 수 있는 하나의 얼굴, 즉 가면에 의한 가림이다. 가변적이며 덧없는 이미지를 지닌 얼굴이 허상이라면, 불변적이며 실제로 접할 수 있는 가면이 오히려 진짜 얼굴이라고 할 수 있다. 이렇게 본다면 가면은 얼굴을 감추는 도구에서 출발하지만, 종국에는 진짜 얼굴을 드러내는 기능이 있다고 할 것이다. 가면의 미학은 감춤과 드러냄의 모호한 이중주를 연주하면서 인간의 진정한 본성과 욕망을 드러내는 데 있다. 그러나 가면이 얼굴을 덮는다고 해서 얼굴과 대립하지는 않는다. 가면과 얼굴은 상보적 존재로서 서로를 보완해 준다. 연극치료는 이러한 가면과 얼굴의 기묘한 관계 및 그 특징을 간파하고 투사의 매체로 활용한다. 이러한 가면의 특징은 무엇이며, 연극치료는 이를 어떤 방식으로 활용하는가?

1. 가면의 특징

가면의 특징은, 첫째, 방어의 도구라는 점이다. 가면은 신체에서 가장 중요한 부위를 물질적으로 보호하고 동시에 심리적으로도 보호한다. 이를테면, 적의 창검에서 얼굴을 보호하는 전사의 가면은 자신의 두려움을 숨기는 대신 적에게 두려움을 안겨 주어 승리를 쟁취하도록 한다. 가면의 방어와 안정성은 연극치료에서 가면을 기능적 도구로 적극적으로 활용하는 이유다.

둘째, 가면은 변신의 도구다. 숙명적으로 타고난 얼굴에 가면을 착용함으로써 자신에게서 벗어나 주어진 한계를 뛰어넘을 수 있다는 믿음이 생겨난다. 가면을 쓰는 사람은 일시적으로 자신의 존재를 상실한다. 그리고 가면을 쓰는 순간 무대 위에서는 그 가면의 영(신, 조상, 영웅, 토템 동물 등)이 되살아난다. 그는 이것을 숨었다고 말할 수는 없다. 그는 일시적으로 다른 존재가 된 것이고, 그동안 진짜 존재는 잠시 괄호 속에 넣는 것이다. 이때 가면은 변신의 도구다(Bédouin, 1986).

셋째, 가면은 개인을 집단화시키는 힘을 지니고 있다. 동일한 가면의 착용은 개성의 얼굴을 감추고 전체를 똑같은 모습으로 만들어 거부감 없이 집단에 소속되도록 한다. 가면은 인간 집단이 개인적인 특징과 집단적인 특징 간의 관계를 찾고 개인을 집단으로 만들려는 노력이다. 이로써 가면을 쓰는 행위는 개인이 집단의 가치를 스스로에게 결합하는 것이 된다.

넷째, 가면은 영에 사로잡힌 주술사처럼 기존의 정체성을 잊고 진정한 또 다른 성격을 띠도록 한다. 가면은 기본적으로 과거의 나와의 단절을 종용하며 상징적이고 신성한 세계로 진입하는 문이 된다. 두 번째 특징이 객관적이고 사실적인 변모라면, 네 번째 특징은 신성한 변모라고 할 수 있다.

다섯째, 가면은 변모로서 끝나지 않고 영화 〈마스크〉(1994)의 가면처럼, 가면으로 재현된 얼굴을 통해 영혼을 재생시키는 특징이 있다. 이때 가면은 살아 있는 존재로서 은유로 작용한다. 가면은 역할과 지위를 부여하며 아우라를 만들어 낸다. 가면은 눈에 보이지 않는 세계, 즉 죽은 조상의 영혼이나 신과의 소통을 위한 수단이다. 의식이 진행되는 동안 가면을 쓰고 있는 사람은 그 영혼을 가장하는 것이 아니라 실제로 그 영혼이 된다. 이렇게 가면은 일상의 자기에서 영적인 존재로 변화시켜서 환각 선인장을 입에 넣은 것처럼 새로운 세계와 만나도록 한다.

2. 가면의 활용

이러한 특징을 지닌 가면은 각 문화권에서 다용도로 사용되었다.

1) 주술적 · 초자연적 가면

제의 및 장례식에서 사용한 주술적이며 초자연적인 가면이 있다. 신을 닮아야만 하는 주술사의 몸을 신성하게 변모시키는 가면은 신성 자체이며 이 신성 가면은 여성에게는 금지된 남성의 전유물이었다. 가면을 영혼 자체로 간주한 신성 가면은 신과 만나기 위해 사용되었으며 갖가지 금기사항이 엄격하게 정해져 있었다. 가령, 가면 제작은 항상 비밀리에 이루어졌으며 사용 후에는 아무도 모르는 장소에 숨기거나 파괴하는 방식으로 신비로움을 부여하였다.

하회탈의 설화에도 비밀스러운 제작 과정과 여성의 금기가 발견된다. 하회마을에 허씨들이 터를 잡고 살았다. 한 번은 마을에 커다란 재앙이 일어났다. 모두 걱정하는 가운데 허도령의 꿈에 산신령이 나타나 12개의 탈을 만들어 굿을 하면 재앙을 물리칠 수 있다는 계시를 내렸다. 다만 탈이 완성될 때까지 누구도 보아서는 안 된다는 금기사항도 일러주었다. 허도령은 몸과 마음을 정결케 하고 금줄을 쳐서 외부인의 출입을 금한 다음에 탈 제작에 들어갔다. 허도령이 두문불출하자 그를 사모하던 한 처자가 궁금히 여겨 문틈으로 작업장을 들여다보고 말았다. 그 순간 허도령은 피를 토하며 죽어 버렸다. 당시 허도령은 마지막으로 이매탈을 제작하고 있었는데, 그가 죽게 되자 이매탈은 미완성의 상태로 남게 되었다. 이매탈이 턱이 없는 것은 이런 이유라고 전해진다. 여하튼 이처럼 비밀스러운 제작 방식의 가면은 초자연적 힘을 지닌 것으로 인정되었고, 가면을 쓰고 제식을 집행하는 자는 신, 정령, 조상으로서의 동물, 무시무시하고 풍요로움을 주는 갖가지 종류의 초자연력으로 변신할 수 있었다(Caillois, 2002).

2) 배우의 가면

연극에서 사용하는 배우의 가면이 있다. 가면은 인물을 유형화시키고, 즉흥극을 가능하게 한다. 고대 그리스의 비극에서 사용된 반가면, 코메디아 델아르테의 유형 가면, 그리고 한국의 전통연희에서 사용된 가면 등이 이에 해당한다. 또한 사육제의 가장무도회 가면도 있다. 축제의 가면은 무질서의 세계로 안내하는 문이다. 가면은 존재와 부재, 즉 지상으로 내려온 영혼의 존재 그리고 배우가 한 인간으로서의 존재를 잠시 멈추는 부재로 작용한다(Bédouin, 1986). 사육제에서 가면의 착용은 인간이기를 멈추면서 영혼의 존재로 탈바꿈하도록 한다. 축제의 참여자 모두는 얼굴을 가림으로써 구별이 사라진다. 적대적 가문 출신인 로미오와 줄리엣이 첫 만남에서 정렬의 키스를 나눌 수 있었던 가면무도회처럼, 이곳은 가면으로 인해 신분과 출신이 사라지고 익명의 세계가 된다. 나아가 질서와 전통마저 해체되어 억눌렸던 본성이 발산된다. 사육제의 가면은 얼굴을 가림으로써 본연의 모습을 드러내는 가면이기도 하다. 마지막으로 융이 말한 페르소나 혹은 고프만이 언급한 사회적 가면이 있다. 상대나 사회적 역할에 따라 수시로 바뀌는 다양한 얼굴을 가면으로 표현하고 있다.

덮고 가리고 숨기는 기능을 지닌 가면 속에 초월성과 열림의 세계가 있다는 것은 신기한 일이다. 가면의 착용은 감춤, 답답함이라는 예상과는 달리 시공간을 벗어나 자유로운 상태가 된다. 가면의 착용은 자아의 정체성을 찾기 위해 스스로를 응시하는 행위가 된다. 자기복제와 자기 찾기 욕망을 지닌 인간은 가면으로부터 자신을 직시하는 계기를 마련한다. 인간은 운명적으로 잃어버린 시간을 찾는 존재이며, 스스로가 누구인지 추적하기를 멈출 수 없는 존재다. 오이디푸스 왕은 자신의 과거 탐구가 불행의 씨앗이 될 것을 직감하였지만 탐구의 행위를 멈출 수 없었다. 주위의 만류에도 불구하고 그는 엄격한 고고학자의 자세로 끝까지 자신의 행적을 탐구하였다. 인간적인 인간이라면 누군들 지난 일을 덮어 두고 현재와 미래를 살아갈 수 있을까? 끈질긴 추적의 결과 오이디푸스는 자신이 아비를 죽인 친부 살인자이며 아내가 어머니임을 밝혀 낸다. 자신의 의지와는 무관한 일이지만 어쨌든 그는 지금까지 가면을 쓰고 살아왔던 것이 드러난다. 까닭 모를 불안감과 죄의식의 실체를 파악한 오이디푸스는 스스로 눈을 찌른다. 눈을 찌름은 가면을 벗는 행위다. 눈이라는 이성에 가려 제대로 볼 수 없었지만 눈먼 자가 됨으로써 진실과 맞서게

되었기 때문이다. 그는 눈이 멀었지만, 오히려 자신을 깊이 있게 바라보게 되고 인간적인 성취감을 얻는다. 자신의 몹쓸 운명이 아폴론 신의 장난이었다면 눈을 찌른 행위는 인간-자기가 선택한 결과이기 때문에 진정한 인간으로 거듭난 것이 된다. 눈을 찌르고 허위의 가면을 벗음으로써 오이디푸스는 자신과 진정으로 대면할 수 있게 된다.

3. 가면과 연극

1) 연극 가면의 역사

연극에서 가면의 역사는 매우 길다. 고대 그리스에서 행해진 비극에서 최초의 배우로 알려진 테스피스(Thespis)가 얼굴에 흰 가루로 분장하였던 것이 가면으로 발전한 것으로 전해지고 있다. 그러나 연극의 기원 중 하나가 제의설이라는 점과 가면이 제의에서 이미 사용되었다는 점을 감안하면, 가면은 이미 원시 연극에서 사용되었을 것이다. 연극에서 사용되는 가면의 형태는 다양하다. 이를테면, 반가면, 얼굴 가면, 신체 가면(인형, 꼭두인형), 손가면 등이 있는데 이들 가면의 공통적인 특징은 정도의 차이는 있지만, 얼굴에 집중되어 있다는 점이다. 연극에서 가면은 대체로 인물의 유형화에 기여한다. 16세기 이탈리아에서 발생한 코메디아 델아르테뿐 아니라 동양의 전통극인 한국의 탈춤, 중국의 경극, 일본의 노(能)에서도 가면은 인물 유형화에 공헌한다. 가면을 착용한 인물은 구태여 설명을 덧붙이지 않더라도 그가 누구인지, 극에서 어떤 성격을 지니며 어떤 역할을 하는지 여실하게 보여 준다. 또한 문학 텍스트에서 벗어난 가면극은 대체로 과장되어 있고 희극적이며 지배층을 비판하고 풍자하는 민중극이라는 특징이 있다. 가면 덕택에 연극은 관객의 성격과 취향에 따라 극을 즉흥적으로 진행하는 가변적인 즉흥극이 가능하게 된다. 신탁을 행하던 샤먼의 신성한 가면이 장터의 놀이 가면으로 탈바꿈하게 되면서 희극으로 편입된 가면은 극중 인물을 우스꽝스럽게 만들었다. 이후 꾸준하게 계승되던 가면은 영국에서 청교도 혁명 이후 정치적 · 종교적 이유로 잠깐 중단되었으나 현대에 이르러 연극성과 수행성, 연극의 재연극화와 신체표현(Pavis, 1999)이 강조되면서 새롭게 부각되고 있다.

2) 연극 가면의 종류

수잔 스미스(Susan Harris Smith)는 『근대 드라마의 가면들(Masks in Modern Drama)』(1984)에서 좀 더 확장된 의미에서 연극의 가면을 분류한다. 첫째, 연극 가면에는 풍자적이고 그로테스크한 가면이 있다. 이는 앞서 말한 광대의 전통적인 희극 가면을 일컫는다. 연극에서 희화화된 가면의 착용자는 축소된 느낌을 갖게 되고 반대로 이를 바라보는 관객은 상승하는 느낌을 얻는다. 둘째, 가면의 원형 속에 잠재된 제의, 신화, 그리고 스펙터클의 가면, 즉 비극의 가면이 있다. 이 비극의 가면은 착용자를 상승시키고 관객을 축소함으로써 희극 가면과 대조를 이룬다. 가면 착용자의 행동은 영웅적으로 되고, 거대한 규모의 가면에 의해 과장된다. 셋째, 꿈의 이미지와 심리적 투사 가면으로 이들이 등장하는 무대는 꿈이나 무의식의 이미지를 투사한다. 넷째, 맡겨지고 부과된 사회적 역할의 가면으로 페르소나, 즉 외적 인격 혹은 사회적 가면이 있다(김형기 외, 2005). 이 가면은 현실을 그대로 모방하고자 한 사실주의 연극에서 만날 수 있다. 이렇게 볼 때 현대연극에서 가면은 풍자 가면, 신적 가면, 투사적 가면 및 사회적 가면 등이 있으며, 이것들은 무대와 조화를 이루며 다양하게 사용된다.

인류의 탄생과 함께 길을 걸어온 가면은 원시 연극과 고대 연극을 거쳐 현대연극에서도 다양한 형태로 사용되고 있다. 신성시되었던 가면은 무대에 도입되어 유희와 풍자의 도구로 사용되었고 몸과 수행성을 중시하는 포스트드라마 연극에서도 가면은 여전히 유용하다. 시대가 변하였음에도 연극에서 가면이 중요한 위치를 차지하고 있는 것은 그만큼 가면이 미학적인 매력을 지니고 있기 때문이다. 과연 가면의 어떤 매력이 우리에게 얼굴에 가면을 쓰도록 하는 것일까? 그것은 가면이 지니는 자아 탐구 미학과 관련이 있으며, 다양한 사회적 가면을 쓰고 살아가는 인간의 속성과도 무관하지 않다. 나아가 가면을 통해 제2의 본성, 참된 모습을 발견할 수 있다고 보기 때문이다. 고프만(김형기 외, 2005 재인용)에 따르면, 이런 가면은 우리 스스로가 만들어 온 개념, 즉 우리가 실천하고 애쓰는 역할을 의미하는 한, 이 가면은 우리가 보다 참된 자아, 즉 우리가 되고 싶어 하는 자아다. 결국 우리 역할에 대한 우리 스스로의 인식은 제2의 본성이 되고, 우리 인성의 내재적인 한 부분이 된다. 우리는 한 개인으로서 세상 안에서 성격을 형성하고, 또 하나의 사람이 되는 것이다.

예술은 인간에게 성찰의 기회를 제공한다. 연극 또한 관객에게 통찰의 시각을 제시한다. 중국 전통 가면술인 변검처럼 얼굴을 수시로 바꾸는 사회적 가면(페르소나)에 익숙한 인간이지만 마음 깊숙한 곳에는 '나는 누구인가'라는 질문과 함께 진정한 자기 실체를 갈망한다. 세상을 비추는 무대와 그 공간에서 역할 가면을 쓰고 있는 배우와 만나면서 관객은 끊임없이 자신의 가면을 벗고 또 벗는다. 결국 맨살이 드러나지 않을지라도 혹은 사회적 가면이 영원히 벗지 못할 운명적 가면이라고 하더라도 인간은 가면과 대면하기를 멈추지 않을 것이다. 이것이 여전히 살아 있는 가면의 매력이며, 연극과 가면의 만남에서 기대할 수 있는 가치이며, 연극치료에서 주목하는 점이다.

4. 가면과 배우

1) 배우의 관점에서 가면의 역할

가면을 직접 착용하는 배우의 관점에서 가면은 어떤 역할을 하는가? 배우에게 가면은 연기 훈련뿐만 아니라 인생 성찰의 도구다. 다양한 가면의 사용은 배우에게 종종 몸과 마음이 하나가 되는 경험을 줄 수 있으며, 훌쩍 커 버린 자기 자신을 발견케 한다. 가면은 연기자에게 어려움을 극복하는 자극제이자 타인을 이해하고 사랑하게 하는 치료제의 역할을 담당한다. 가면은 연기를 위한 연기 훈련에 그치지 않고, 인생을 성찰할 수 있는 경험으로 확대된다. 가면과 몸은 서로에게 도구가 아니라 서로에게 존재가 되기 때문이다. 따라서 이때 나오는 연기는 존재가 태어나는 순간이라고 하겠다(이기호 외, 2007). 현대연극에서 다양한 가면의 쓰임새는 전통극이나 중세극에서 사용된 인물 유형화의 단순함에서 벗어나 배우의 역할을 확장하고 무대를 비추는 거울로 확산된다.

2) 현대연극의 가면 미학

마르셀 드크루(Marcel Decroux)가 밝힌 현대연극의 가면 미학은 다음과 같다. 첫째, 가면을 쓰는 '배우 주체'가 가면을 통해 나타나는 '인물 객체'가 되어 분별력을 가질 수 있게 된다. 가면을 착용한 배우는 등장인물의 감정 저변에 무엇이 도사리고 있는지 체험적으로 지각하게 된다. 둘째, 가면은 남녀노소뿐 아니라 만물로 이어지는 연기를 가능하게 한다. 이는 가면이 배우를 무대에서 자유롭게 변형할 수 있도록 힘을 제공한다는 뜻이다. 가면 덕택에 배우는 자유롭게 노인이 될 수 있고 젊은이가 될 수도 있으며, 시인, 조각가, 화가처럼 상상적 공간을 마음껏 활보할 수 있다. 셋째, 가면은 배우에게 장엄함을 준다. 가면은 배우를 변형시켜서 큰 동작으로 몸을 움직이도록 한다. 이를테면, 신성 가면을 착용한 배우의 몸은 자연스럽게 신성화된다. 넷째, 무대의 가면은 인간 존재를 무의미하게 하는 것이 아닌 다른 차원으로 초월하게 한다. 가면으로 얼굴을 가리는 것은 타자와의 교감을 차단하는 것이 아니다. 가면 덕택에 유한한 존재인 인간은 그 유한성을 깨고 타자와 만날 수 있게 된다. 가면은 이러한 방식으로 공간을 확장하고, 개인에게 초월적 능력을 부여하며, 소통의 문을 활짝 열어 준다.

3) 가면의 기능

가면은 배우의 얼굴을 가린다. 그런데 동형의 가면이라도 배우의 개성에 따라 그 의미와 느낌, 형태마저도 달라진다. 가면을 착용한 얼굴은 무명의 인물이 되기보다는 얼굴 이외의 다른 신체 부분으로 자기를 재현하려는 노력을 계속한다. 즉, 얼굴이 가려지는 순간에 얼굴을 제외한 몸 전체가 활성화되어 스스로를 드러내고자 한다. 표정 연기를 제한하는 가면으로 인해 몸의 연기가 더욱 과장된다. 가면을 착용한 배우는 본능적으로 몸의 움직임을 극대화하여 인물의 내면을 표현한다. 가면 덕택에 배우는 몸을 강조하고 몸의 고유성을 되살린다. 몸으로부터 생성된 개성은 자체에 머물지 않고 이번에는 가면-얼굴에 그 영향을 미친다. 가면으로 시작된 가림은 얼굴에서 몸으로 다시 몸에서 가면-얼굴로, 그리고 궁극적으로 전체로 확산된다. 이 순환과 확산의 긍정적 결과는 진짜 모습의 드러남이다.

가면을 쓰게 되면 몸은 말보다는 춤이나 몸짓으로 소통하려고 든다. 가면을 쓴 몸이 하는 말은 언어보다는 소리에 가깝다. 가면은 숨겨진 몸을 드러내게 하여 더욱 몸답게 만드는 성질이 있다. 가면의 육체성은 일상의 몸을 자유로운 몸짓과 소리로 이르는 원초적인 움직임으로 발가벗겨진 몸으로 돌아가게 한다(이기호 외, 2007). 가면으로 생겨난 원초적 움직임, 발가벗겨진 몸이라는 것은 사회적 가면이 벗겨진 상태라는 뜻이다. 사회적 가면이 벗겨진 그러나 가면으로 가려진 얼굴은 제도나 관습, 일상적 언어에서 벗어나 원시적인 자유로움을 만끽하는 상태가 된다. 이제 얼굴에 종속되었던 몸이 주체가 된다. 가면 덕택에 얼굴과의 종속적 관계에서 해방된 몸은 원시적 벌거벗음의 진정성을 되찾는다. 언어에 의해 묶였던 몸은 자유로운 움직임의 나래를 편다.

파비스(Pavis, 1999)는 중성화된 얼굴과 끊임없이 움직이는 신체 사이의 대립은 가면의 착용이 가져오는 미학적인 주요 결과 중 하나라고 언급하면서 가면의 변증법적 효과를 기대한다. 단 잊지 말아야 할 것은 가면과 얼굴, 가면과 몸은 비교적, 대립적, 적대적이 아니라 결국은 상보적이라는 사실이다. 가면이 드러나는 표정 아래로 몸의 감정이 흘러나온다. 양반의 가면 아래로 음흉한 성격이 드러나고, 초랭이 · 말뚝이 · 쇠뚝이 가면 아래로 풍자와 조소가 섞여 나온다. 가면의 표정과 몸의 감정과 정서가 서로 교차되면서 인물의 다중성을 창조해 내는 것이다(이기호 외, 2007).

정리하면 가면은 배우에게 몸에 집중된 움직임, 즉 몸을 통한 연기를 구축하도록 격려한다. 전통 가면극인 코메디아 델아르테나 탈놀이의 광대들이 큰 몸짓으로 허풍스럽고 과장되게 연기하는 것은 이런 까닭이다. 또한 가면은 사실적 연기나 언어적 연극에서 벗어나 몸의 연극, 비언어적 연극이 되도록 한다. 가면에 의한 연극은 궁극적으로 움직이는 몸을 보여 주는 것이며, 자유로운 몸을 보여 주는 것이며, 몸의 연극을 보여 주는 것이다. 배우는 끊임없이 역할을 맡고 소화해 내는 존재다. 설령 가면을 착용하지 않더라도 무대적 존재는 극적 역할 속에서 자신을 찾으려고 한다는 점에서 이미 가면을 착용한 것이 된다. 배우는 극중 인물이라는 가면을 통해 자기와 마주하고 드러낸다. 이렇듯 가면은 배우에게 자기와 직접 대면케 하면서 내적 신념을 공고히 하고 스스로를 인식하도록 하여 자유를 맛보고 진정한 자기를 깨닫도록 한다. 이것이 곧 치료가 아니고 무엇이겠는가?

5. 가면과 관객

관객은 무대와 동화되려는 욕망으로 가득 차 있다. 거울 뉴런의 작용 탓도 있지만, 관객은 끊임없이 무대의 공감각적 자극에 호응한다. 이러한 관객의 특성을 인지하고 있는 연출가는 무대와 객석 사이에서 연속적으로 벌어지는 동화와 이화의 리듬을 적재적소에 배치한다. 현대연극의 두 범주는 대체로 크게 동화를 줄기차게 추구하는 무대(잔혹연극)와 전적으로 이화를 추구하는 무대(서사극)로 나눌 수 있다. 이 나눔에서 거리두기의 차원에 중요하게 작용하는 것이 가면이다. 가면은 자체적으로 동화작용 또는 이화작용을 한다. 제의 가면은 관객을 몰입시키지만, 희극 가면은 관객과 거리가 생겨나도록 한다. 일반적으로 가면의 등장은 낯섦의 분위기를 만든다. 현실성이 결여된 가면으로 인해 감정이입에 불편함을 느끼는 관객은 무대와 거리를 유지하게 되고 그 순간에 극적 줄거리가 아닌 배우의 몸짓에 시선이 모아진다. 가면 연기가 희극적이고 유희적이며 수행적인 까닭은 여기에 있다. 가면들로 이루어진 무대를 바라보며 관객은 심리적 갈등의 전개 양상보다는 수행적 연기에서 관극의 즐거움을 찾는다.

얼굴을 감싸는 가면은 표정이 하나다. 가면은 천의 얼굴을 하나의 얼굴로 고착시킨다. 통상 관객은 하나의 가면보다도 천의 얼굴이 더욱 익숙하다. 배우의 얼굴이 다양한 표정을 만든다고 해도 극적 맥락 속에서 관객은 변화무쌍한 표정을 어렵지 않게 따라간다. 그런데 가면은 시간이 흐르고 극이 전개되어 대단원으로 치닫는데도 여전히 처음의 표정을 고수한다. 자연스러운 흐름을 배경으로 한 불변의 표정은 흐름을 거역하는 것으로, 천의 얼굴보다 더욱 강한 뉘앙스를 풍긴다. 하나의 얼굴, 즉 가면은 변하는 환경 속에서 오히려 수많은 의미를 양산한다. 분위기와 맥락은 변하는데 그에 따라야 할 얼굴은 그대로이니 참으로 난감하고 낯설다. 가면을 착용한 배우의 몸은 울다가 웃는 정서의 변화를 겪는데 얼굴이 그대로라면 관객의 습관적인 사고는 어떻게 작용할 것인가? 천의 얼굴에 익숙한 관객은 불변의 얼굴에 오히려 당황할 것이며 습관적 수용이 거부됨을 느낄 것이다. 꿈적도 하지 않는 가면은 이러한 방식으로 관객의 인습적인 수용을 해체한다.

한편, 가면의 낯섦으로 분리되었던 관객의 정서는 점차 가면에 적응하면서 불변의 가면에서 자신의 모습을 보기도 한다. 가면은 반사체가 되어 관객의 무의식을 비춘다. 가면은 이런 방식으로 배우나 관객에게 새로운 관점을 요구하고 강렬하고 정화된 체험을 제공한다. 연극에서 가면은 그 본질상 그리고 특별한 작용 가능성에 근거하여 관객과 연기자에게 극도의 강렬한 체험과 또 감정의 정화, 영적인 해방을 선사할 수 있는 연기와 예술에 대한 고양된 기쁨을 준다(김형기 외, 2005).

6. 연극치료와 가면

연극치료에서 흔히 사용되는 오브제 중 하나가 가면이다. 가면이 습관에서 벗어나도록 하고 감정을 정화하며 전적인 자유를 느끼도록 한다면 이미 자체적으로 치료적 기능을 지니고 있다고 할 것이다. 앞서 본 것처럼 배우나 관객 모두에게 가면은 인위적인 것을 덮음으로써 본능적인 자신을 찾아 스스로를 자유롭게 한다. 인간에게 자연적이고 본능적인 가면 쓰기와 흉내 내기의 기본 목표는 기만이 아니라 자유, 즉 진정한 개성을 해방시키는 것이다(Caillois, 2002). 따라서 참여자가 자유와 해방의 가면을 쓸 수 있다면 기존의 비합리적 자기라는 틀에서 벗어나 새로운 자기를 바라볼 수 있으며, 가면이 얼굴을 대신하는 순간 일상에서 탈피하여 연극과 같은 은유의 세계, 속박이 없는 자유로운 세계로 들어서게 될 것이다.

1) 연극치료에서의 가면의 효과

연극치료와 가면의 만남은 피차의 특징이 중첩되어 시너지 효과를 낸다. 연극치료의 관점에서 가면은 일차적으로 안전을 담보한다. 가면의 착용은 심리적으로 안전한 상태에서 상대를 바라볼 수 있다는 관음증적인 안전감이다. 은폐물 뒤에서 자신을 감추고 타인을 관찰함으로써 안전감과 위로를 얻는다. 참여자는 가면을 착용함으로써 치료사-타인과의 직접적인 대면에서 생겨나는 공포감을 완화할 수 있다.

둘째, 가면은 평등성을 의미한다. 가면은 누가 누군지 분간할 수 없도록 하여 사회에서 생겨난 낙인과 서열을 무시한다. 개성의 얼굴을 감추는 가면은 집단적이며 위계질서를 파괴하므로 기존에 대한 거부로 이어진다. 질서의 공백 상태는 현기증 나는 흥분을 유발할 것이다.

셋째, 가면은 사회적 관례가 강요하는 금지와 터부의 불안으로부터 해방시킨다. 이는 사육제의 가면의 특성과 맞닿아 있다. 가면 덕택에 사회적 역할에서 해방되고 사회적 관계를 무시할 수 있으며 터부의 행동조차 가능하다. 사회적 관례에서 해방되었다면 그다음 단계는 자기 이탈이다. 가면을 착용한 자는 스스로 변신하였다는 믿음이 생겨난다. 그 결과 본능이 폭발하고 흥분과 도취가 생겨난다. 조르주 뷔로(Georges Buraud)는 이 영매 상태를 이렇게 표현한다.

> 개인은 더 이상 자신을 의식하지 못한다. 기괴한 부르짖음이 그의 목구멍에서 나오지만, 그것은 짐승이나 신의 소리, 초인의 외침이며 아울러 자기 내부에 그 순간 머물러 있다고 믿으며 또 실제로 머물러 있는 무한한 마력, 전투력, 세상을 여는 듯한 정열의 순수한 발산이다(Caillois, 2002 재인용).

요약하면, 연극치료에서 가면이 주는 효과는 참여자의 안전감, 평등하다는 느낌, 사회적 불안감에서의 해방, 자기 발견 등이다. 이는 곧 변화와 치료로 이어진다. 연극치료에서 가면은 투사의 대상물로도 자주 사용된다. 치료적 관점에서 참여자는 가면을 만드는 과정 그리고 그 가면을 쓰고 역할연기를 하는 과정에서, 참여자는 자유로운 내적 표현은 물론 이탈, 해체, 자유, 해방을 느낀다.

2) 가면과 극적 투사

연극치료는 참여자에게 내면의 상처나 미해결 문제를 극적 재현으로 투사하도록 격려한다. 투사 과정에서 생겨나는 창조적인 양상을 치료적 목적으로 활용하는 것이다. 앞서 투사에서 언급한 것처럼, 연극치료에서 투사는 내적 감정 상태와 외부의 극적 형식 사이에 필수적이고도 특별한 관계를 만들어 낸다는 점에서 의의가 있다. 랜디(Landy, 2002)에 따르면 투사 기법이란 사람의 여러 양상을 인형, 장난감, 꼭두인형, 가면과 같은 대상에 투사하는 연극치료 접근법을 통칭한다. 연극치료가 특히 투사에 관심이 있는 것은 연극치료의 다양한 치료모델이 대부분 투사의 성격에 의거하기 때문이다. 투사를 위해 연극치료는 다양한 오브제를 활용하는데, 그중 대표적인 것이 가면이다. 가면이 무의식이나 원형 또는 본심을 드러낼 수 있다는 믿음은 투사를 통해 현실 너머의 또 다른 현실을 비출 수 있다는 가면의 특성과 맞닿아 있다. 가면을 통한 투사에서 참여자는 숨겨진 자기의 진짜 모습을 발견할 것이다. 가면으로 만들어진 진짜 얼굴이란 열등감, 억눌림, 죄의식이 사라진 본래의 얼굴을 뜻한다. 연극치료에서 참여자의 가면은 무대에서 배우가 쓰는 가면의 의미와 멀지 않다. 겉모습을 감추고 속내를 드러내는 가면의 특성 덕택에 참여자는 억제된 무의식이나 트라우마를 드러내어 이를 정화할 수 있다.

3) 연극치료에서 가면의 활용

가령, 연극치료 작업에서 치료사는 참여자에게 가면을 제작하도록 할 수 있다. 치료사는 놀이적 측면에서 사전 설명 없이 참여자에게 즉흥적으로 가면을 만들도록 한다. 이러한 즉흥가면은 어느 정도 참여자의 무의식이나 욕망이 반영된 것이다. 한편, 치료 작업에서 선택된 이야기를 바탕으로 가면 만들기를 하기도 한다. 가면이 이야기 속 어떤 인물을 반영할지 치료사와 참여자가 함께 결정한 다음에 가면을 만드는 것이다. 가령, 〈토끼와 거북이〉에서 참여자가 토끼 역할을 맡았다면 토끼 형태의 가면이 될 것이다. 참여자는 가면의 제작 과정에서부터 무의식을 투사하므로 가면의 크기, 색, 형태에 따라 참여자가 숨기고 싶어 하는 과거나 숨겨진 욕망의 흔적을 찾아낼 수 있다. 즉석에서 만든 가면은 참여자 대부분 자신도 놀라는 이례적인 형태가 대부분이지만 그 형태로부터 진실을 탐구할 수 있는 무엇인가가 생겨난다.

가면 제작은 만들기라는 상상적 재미 속에서 은연중에 새로운 의미를 발견하게 하는 은유적 행위다. 가면의 재료는 신문지부터 두꺼운 종이, 찰흙이나 석고에 이르기까지 다양하다. 여기에 가면을 장식할 수 있는 단추, 반짝이, 천 조각, 꽃 등

재료가 다양할수록 좋다. 실제 치료 작업에서 가면 제작은 가능한 주위에서 손쉽게 구할 수 있는 재활용의 재료가 좋으며, 쉽게 만들고 해체할 수 있으면 더욱 좋다. 가면 제작 행위는 자체로 가면의 세계 속으로 들어가는 통과의례다. 참여자는 가면 제작에 몰두하면서 현실의 의식에서 벗어나 가면에게 말을 건다. 가면이 점차 형태를 갖추어 갈수록 그 의미가 명확해진다. 가면이 완성되면 참여자는 자기가 만든 가면에 대해 소감을 발표한다. 왜 그러한 가면을 만들었는지, 만들고 나니 어떤 생각이 드는지 등을 말한다. 참여자에게 가면에 적절한 이름을 붙이도록 하여 가면의 의미를 더욱 깊이 있게 생각하도록 한다. 가면을 직접 얼굴에 착용하기에 앞서 참여자에게 작업 공간에서 가장 적절하다고 생각하는 장소에 가면을 놓도록 한다. 그리고 거울을 바라보듯 가면을 보면서 주위 환경과 어떻게 어울리는지 생각하는 시간을 갖도록 한다.

이러한 과정을 거친 다음에 참여자는 가면을 얼굴에 착용하고 이야기 맥락에 따른 역할을 하게 될 것이다. 이제 참여자는 안전함 느낌 속에서 내면을 드러낼 것이며, 역할연기 과정에서 가면의 투사적 기능을 통해 내적 정서를 표출할 것이다. 이를 지켜보는 치료사는 참여자의 이야기와 역할이 가면과 어떻게 상호작용하는지 분명하게 파악할 수 있다. 연극치료 작업에서 가면을 통해 미해결 과제, 트라우마, 무의식을 드러낼 수 있다면 이는 치료의 성과라고 할 것이다.

제10장 연극치료와 인형

1. 인형의 개념과 기능

사전에서 인형은 헝겊, 플라스틱, 나무, 흙, 종이, 비닐, 고무 등 다양한 재료로 사람이나 동물 또는 가공의 생물을 흉내 내어 만든 물체를 말한다. 인형은 선사시대부터 존재하였고 과거에는 신앙의 대상이기도 하였다. 현대에 인형은 주로 장난감이나 관상품으로 이용되지만, 여전히 제의나 종교 행사, 인형극 등에서 사용된다. 인형은 사람의 형상뿐 아니라 동물의 모습을 본 떠 만든 장난감을 가리킬 때가 있는데, 이때는 일반적으로 동물의 명칭을 앞에 붙여서 부른다. 곰을 본뜬 인형을 곰 인형, 강아지를 본뜬 인형을 강아지 인형이라고 하듯이 말이다.

우리 일상에서 떼어 놓을 수 없는 인형은 가면보다 더욱 친숙한 느낌을 준다. 누구나 어린 시절의 인형에 대한 추억이 있을 것이다. 아이에게 인형은 매우 중요한 투사체다. 특히 상징놀이 발달단계에서 아이가 대략 16개월 정도에 인형 등의 대상으로 상징 행동을 하면서 흉내를 낸다. 24개월 정도가 되면 인형에게 먹을 것을 주거나 재우거나 하는 계획적인 상징 놀이를 시작하고, 48개월 정도에서는 인형과 함께 사회적 역할놀이를 한다. 여러 인형에게 역할을 부여하여 드라마 방식의 인형 놀이를 한다. 이렇듯 성장 발달 과정에서 인형은 중요한 역할을 한다.

요즘 아이의 문제행동을 해결하려는 TV 프로그램이 인기다. 이런 프로그램이 시청률이 높다는 것은 그만큼 가정에서 부모와 자녀 사이에 크고 작은 문제가 많다는 의미다. 부모의 역할, 자식의 양육 문제는 정말 정답이 없는 난제다. TV는 시청자에게 아이의 문제 상황을 보여 준 뒤 아이의 속마음이 무엇인지 알아보기 위해 질문한다. 이때 인형이 사용된다. 만일 치료사가 직접 질문을 하였다면 아이는 쉽게 대답하지 않을 것이다. 아이는 어른과는 달리 보다 쉽게 인형을 인격화하고 친근함을 느끼며 속마음을 드러낸다. 사람은 아니지만 사람 같고, 사람보다 더 친밀하고 안전한 느낌을 주는 특징은 투사체로서 인형이 갖는 치료적 힘이다. 연극치료에서 이러한 인형의 속성에 주목하는 것은 당연하다.

아이는 인형으로부터 안전감이나 친밀함을 느끼며 때로는 감정 표출의 대상도 된다. 아이는 인형에 대고 나름의 분노, 슬픔, 사랑의 솔직한 감정을 거리낌 없이 표현한다. 아이가 성장함에 따라 인형은 사람으로 대치된다. 그렇지만 인형에 대한 과거의 기억은 여전히 뇌리에 남는다. 따라서 연극치료 작업에서 참여자가 어린 시절의 특별한 정서가 담긴 인형과 교감하도록 하는 것은 상당히 효과적이다. 가면이 낯섦의 효과가 있다면, 인형은 친숙함의 효과가 있다. 가면이 직접 얼굴을 가려 안전한 느낌을 준다면, 인형의 상징 놀이는 확실한 거리두기를 제공하는 방식으로 안전함을 제공한다.

2. 거대인형

인형은 친숙함과 안전함을 제공하지만, 다른 한편으로 모양과 형태가 왜곡된 인형은 전혀 다른 의미도 있다. 오래전부터 인간은 자신을 본 떠 만든 인형, 그러나 초월적인 인형이 신비한 힘을 지니고 있다고 믿어 왔다. 이러한 믿음을 기반으로 신과 만나기 위한 제의에서 인간 신체를 기본으로 하되 신체로는 표현할 수 없는 변형된 인형이 사용되었다. 인형은 신과 접속할 수 있는 통로였다. 애초에 인간이 인형을 발명한 것은 신과 만나기 위해서였다. 인간은 인간의 힘으로 이룰 수 없는 소망을 초월적인 힘을 빌려 이루고자 인간의 형상을 본 떠 신을 발명하였으며, 인형의 발명은 신을 불러들이기 위한 것이었다. 인형이 신에 빙의되면 인형이 움직이기 시작할 것이다(김효, 2009). 창조설처럼 신이 자신의 형상을 본 떠 인간을 만들었다면, 인간 또한 자신의 모습을 본 떠 만든 인형으로 신의 세계에 접근하려고 하였다. 제의에서 신의 이미지 혹은 배경의 인물로 제시되는 무서운 형상의 인형은 공포감을 불러일으키고 야릇한 흥분 상태를 자아낸다. 인형의 고압적인 분위기에 압도당한 참여자는 갑자기 온순해져서 샤먼의 당돌한 지시에도 저항하지 않고 따르게 된다. 인형이 만들어 낸 무섭고 낯선 환경에서 참여자의 자의식은 정지되고 의식 너머의 세계로 안내된다. 초월적이고 마력의 상징이 깃든 인형은 투사체로 활용되어 인간 내면의 원형이나 무의식을 드러내도록 한다.

1) 거대인형의 의미

그런데 인형이 사람이나 동물 등을 본 뜬 것이긴 하지만 크기나 규모가 꼭 닮은 것은 아니

다. 때에 따라서는 형태나 크기가 왜곡된다. 닮았으면서도 같지 않은 인형인 것이다. 그렇다면 연극 또는 연극치료에서 낯섦의 모습에서 예상치 않은 감정을 유발하도록 하는 엄청난 크기의 거대인형(super-marionette)은 어떤 의미가 있을까? 일반적으로 인형의 크기는 본래의 것보다 작다. 그런데 일반적 시각을 거스른 거대한 인형은 다양한 느낌과 감정을 유발한다. 이 점에서 거대인형은 연극치료에서 관심의 대상이다.

2) 대표적인 거대인형 연출가

(1) 에드워드 크레이크

에드워드 크레이그(Edward Craig)는 거대인형에 지대한 관심을 보인 연출가다. 크레이그가 거대인형에 관심을 둔 것은 무엇보다도 배우를 통제하고자 하는 욕망에서 비롯되었다. 배우는 한 인간으로서 신체와 정신에서 독특한 개성과 세계관을 지니고 있기 때문에 연출가가 완벽하게 통제하기란 불가능하다. 따라서 연극에서 균일성을 강조하고 전지전능한 힘을 구사하고자 하였던 연출가에게 유동적이며 우연적인 배우는 골칫거리였다. 그들은 배우를 대체할 것을 찾았고, 그 대체물이 바로 거대인형이었다. 무용수의 완벽한 동작에서 기계와 같은 예술체의 출현이 가능하다고 본 크레이그는 인간과 객관적 법칙의 완성체인 기계의 거리를 넘어서는 새로운 연기자의 형태로서 거대인형을 고안하게 된다(남상식, 2000). 그런데 크기의 차원에서 배우의 신체를 훨씬 넘어서는 거대인형은 단순히 통제를 위한 대체자의 의미를 넘어선다. 닮은 거대함이 주는 익숙하면서도 낯선 형태의 거대인형은 새로운 형태의 연기자, 새로운 무대 언어의 창조와 관련이 있다. 거대인형은 삶을 탐구하는 것에 그치지 않고 삶을 초월한다. 일반 신체와 닮았지만 이를 뛰어넘는 거대인형은 살과 뼈로 된 몸을 넘어 황홀경을 이룬다. 신체를 초월하는 황홀경은 무아지경으로 자아 상실을 의미한다. 이렇듯 거대인형은 생명의 발산뿐 아니라 자기 초월이라는 죽음의 미학마저도 드러낸다. 크레이그는 거대인형에는 삶과 죽음이 공존한다고 보고, 관객을 일상과는 전혀 다른 세계로 안내하는 연극적인 배우, 상상력을 유발케 하는 배우로 간주한다. 그는 거대인형을 무대에 등장시켜서 야릇한 흥분과 공포감을 조성하고 낯선 무대, 초현실적 세계를 창출하고자 하였다.

(2) 타데우시 칸토르

이의 영향을 받은 타데우시 칸토르(Tadeusz Kantor) 역시 거대인형을 즐겨 사용하였지만, 배우의 우연성과 자율성을 중시한 연출가라는 점에서 거대인형을 대하는 태도가 달랐다. 칸토르는 거대인형을 배우의 대체자가 아닌, 그로부터 생겨나는 죽음과 허무의 메시지를 전달하는 데 초점을 두었다. 그는 거대인형을 통해 죽은 자의 움직임에서 생겨나는 정서 및 이질적이고 근원적인 움직임을 창조하려고 하였다. 경직되고 낯선 움직임을 지닌 칸토르의 거대인형은 비인간적이며 신성모독의 차원으로 이어진다. 인간의 형상을 하고 있으나 인간이 아닌, 무대에 굳은 채로 존재하는 엄청난 크기의 존재는 관객에게 상당한 이질감과 당혹감을 줄 것이다. 이러한 의미의 거대인형은 아르토의 잔혹연극에서도 나타난다. 잔혹연극에서는 특별한 무대장치가 제시되지 않는다. 대신에 무대장치로 인물의 상형적 모습과 제의의 의상들, 분노한 리어왕의 턱수염을 나타내는 높이 10미터 정도의 마네킹들, 사람 크기의 악기들, 형태도 목적도 알 수 없는 사물(Artaud, 2021)이 제시된다. 잔혹연극의 무대는 배우 대신 거대한 마네킹들로 채워진다. 무대에 존재하는 10미터 정도 크기의 마네킹을 상상해 보라. 설령 움직임이 없더라도 정상에서 벗어난 엄청난 크기는 공포감을 준다. 거대인형이 제시하는 비인간, 비정상, 일상에서 벗어남은 관객 또는 참여자의 습관적 사고를 일거에 해체하는 효과가 있다.

(3) 제닝스의 거대가면

제닝스(Jennings et al., 2010)는 연극치료에서 은유 및 형이상학과 관련하여 거대인형을 언급하였다. 우리에게 친숙한 인형은 크기가 어느 정도 일정하다. 두 손으로 잡아 안을 수 있을 정도의 크기가 대부분이다. 그런데 사람보다 훨씬 큰 인형은 일단 시각적인 충격을 준다. 제닝스는 치료 작업에서 참여자 집단에게 하나의 거대한 인형을 만들도록 하였다. 여럿이 합심하여 잡다한 폐품들을 모아 이미지를 창조하는 과정은 자체로 사회적인 훈련이기도 하다. 인형은 팔다리나 입이 움직일 수 있도록 제작되었고 적어도 두 사람이 들어갈 정도의 크기였다. 인형을 다 만든 다음 참여자들은 즉흥극을 하면서 여러 이야기를 엮어 넣었다. 이 과정에서 참여자들은 거대인형에 대해 강렬한 동일시와 투사가 이루어졌다. 일단 거대인형 제작이 집단의 협동 작업이라는 점에서 연극치료 같은 집단 작업에서 유용하다. 그런데 거대인형이 참여자는 자신의 손에서 태어났지만, 일상에서 접할 수 없는 거대한 크기의 형체로부터 그들은 감각적 충격을 받는다. 참여자들은 점차 거대인형에 익숙해져서 이야기 속 역할에 스며들었지만, 생소하고 신선한 충격의 여운은 오랫동안 남아 있었다. 제닝스는 거대인형과의 만남에서 참여자는 더욱 창조적이고 모험적인 자세로 작업에 참여하였고, 거대인형 작업은 나름의 성과가 있었다고 말했다.

3) 연극치료에서 거대인형의 의의

연극치료에서 거대인형의 의의를 정리하면 다음과 같다. 전반적으로 제의 · 연극적 의미를 함유하는 거대인형은 제작 단계에서부터 의미가 있다. 공동으로 거대한 인형을 만든다는 것은 협동을 요하는 작업이므로 특히 정신질환으로 인해 협업이 어려운 참여자에게 공동체 학습의 장이 된다. 나아가 거대인형이 점차 익숙해지면 극적 현실의 몰입에 도움을 준다. 사람의 형상을 한 거대인형에서 생겨난 이미지를 바탕으로 즉흥적인 이야기를 창출할 수 있다. 제닝스(Jennings et al., 2010)는 작업에서 참여자들이 거대인형의 이미지에 동일시되고 이야기를 투사하는 창조적 에너지가 생겨난 경험을 다음과 같이 언급한다.

> 처음에 나는 그런 작업 방식이 왜 중요한지 확신하지 못하였다. 그러나 한 회기를 해 보고 나자 참여자들이 이미지에 얼마나 강렬하게 동일시하는지 그리고 그 이미지를 통해 이야기를 투사하는 데 얼마나 거대한 창조적 에너지가 요구되는지를 실감할 수 있었다.

나아가 거대인형은 뚜렷한 거리두기를 제공한다. 참여자는 닮았지만 크기가 다른 대상에 자신을 투사하면서 같음과 다름의 변증법이 제공하는 안전한 느낌 속에서 드라마의 행위를 하게 된다. 거리두기를 제공하는 거대인형은 한편으론 두려움을 주는 존재다. 거대인형이 제공하는 안전함과 두려움은 아이러니하지만 그만큼 거대인형의 의미 폭이 크다는 것을 뜻한다. 형상의 크기는 힘과 직결되므로 거대인형은 압도적인 위압감으로 공포를 자아낸다. 더구나 그 형상이 인간의 모습일 경우 그 압도감은 더욱 커진다. 인간의 거대한 형상은 초월적 존재로서 저승사자, 사찰 입구의 사대천왕, 그리스 신화에서 죽음과 지하 세계를 관장하는 하데스와 유사한 이미지를 갖는다. 이처럼 두려움, 공포감을 주는 거대인형을 무대에 세울 경우, 카타르시스의 세계로 쉽게 진입할 수 있는 관문이 된다.

3. 인형 작업 사례

우리는 한 워크숍에서 다음의 방식으로 신문지 인형을 활용하였다. 이 워크숍에는 현재 활발하게 활동하고 있는 8명의 연극치료사가 참여하였다.

1) 웜업

웜업에서 이들 각자에게 신문지 한 장씩을 제공하고, 생각나는 대로 무엇이든 만들라고 주문하였다. 약 10초 정도를 주고 고민 없이 즉흥적으로 머릿속에서 떠오르는 것을 빠르게 만들도록 하였다. 그 정도 시간으로는 정성스럽게 만들 수 없으므로 대개는 상징적 수준에서 만들었다. 만들어진 오브제에 이름을 붙이고 돌아가면서 그 의미를 설명하고 왜 그것을 만들었을까 생각하는 시간을 가졌다. 2인 1조가 되어 만든 것을 가지고 간단한 즉흥극을 하였다.

2) 본 활동

본 활동에서는 4명씩 두 그룹으로 나누어 집단으로 신문지 인형을 만들었다. 필요한 만큼 신문지를 제공하고 주어진 재료 내에서 가능한 한 커다란 사람 형태의 인형을 만들도록 하였다. 4명이 한 조인 만큼 각자 머리, 팔, 몸통, 다리를 맡도록 하였다. 만일 한 조가 여섯 명이라면 팔과 다리를 하나씩 나누면 된다. 시간을 충분히 주고 각자 맡은 부위를 만들었다. 머리, 팔, 몸통, 다리가 다양한 모습으로 완성되었다. 완성된 인형을 나란히 놓고 서로 비교하는 시간을 가졌다.

다음으로 각 치료사에게 그 부분을 만든 이유를 설명하도록 하였다. 나는 왜 인형의 머리를 만들었을까? 혹은 몸통을 만들었을까? 한 번쯤 생각해 볼 수 있는 문제다. 특별한 이유는 없었다는 대답도 있었고, 그냥 되는 대로 또는 남아서 맡았다는 대답도 있었다. 그래도 무엇인가가 작용하였을지도 모른다고 말하자, 그것이 우연이 아닐 수 있다는 점에서 다들 골똘히 생각하였다. 이후 생각한 것을 글로 적는 시간을 가졌다. "생각해 보니 나는 평소에 생각이 좀 많은 것 같아요. 그래서 머리를 만들지 않았을까요?" "나는 왜 다리를 만들었을까 생각해 봤어요. 내가 좀 여기저기 많이 다니는 것 같아요. 그런 행동과 무관하지 않다는 생각이 들었어요" 등의 이야기가 나왔고, 여전히 별생각이 없다는 참여자도 있었다.

다음 단계에서 인형의 머리는 머리끼리, 몸통은 몸통끼리, 팔은 팔끼리, 다리는 다리끼리 만나 이야기를 나누도록 하였다. 신체 부위에 대해 평소에는 별로 생각이 없었던 각각의 역할을 깊이 있게 생각하는 시간이 되었다. 머리 제작을 맡은 사람은 리더십에 관심이 많을 수 있고, 다리는 활동적인 사람이 만들 수 있다. 아니면 두통이 있는 사람이 머리를, 다리가 불편한 사람이 다리를 만들 수 있다. 여하튼 중요한 것은 그 부분을 맡았다는 사실이다. 아니 땐 굴뚝에 연기 날 리가 없지 않은가!

다 함께 이야기를 나누고 글을 쓴 뒤에 즉흥극을 하였다. 다리와 다리가 즉흥적으로 연기를 하였는데, 즉흥적인 연기를 통해 참여자 개인의 성향이 드러났다. 가령, 다리는 긴 다리와 짧은 다리로 외관상 차이가 있었다. 긴 다리는 활기차게 큰 걸음으로 뛰어다니고 짧은 다리는 힘겹게 뒤를 쫓다가 왜 같이 가야 하는지 스스로 의문을 품었다. 그렇다고 긴 다리 또한 목적지가 있는 것도 아니었다. 그냥 바쁘게 돌아다닐 뿐이었다. 다리 역할연기를 잠깐 멈춘 다음, 관객이 된 참가자에게 느낀 점들을 말하였다. 보는 사람의 입장에서의 느낌은 연기하는 참가자에게 생각거리를 제공하였다. 자신이 만든 부위에 이름을 붙였으며, 각자 즉흥연기가 끝난 뒤 소감을 말하고 글로 적었다.

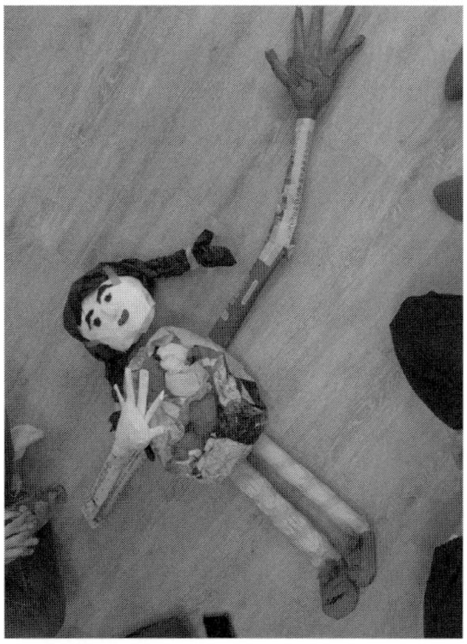
인형 작업 사례

이번에는 그룹끼리 신체를 합하였다. 머리, 몸통, 팔과 다리를 실제로 붙이는 것이 아닌 인형을 조종하듯 각자가 자신이 만든 부위를 조종하였다. 인형 하나에 네 사람이 붙어 조종하는 꼴이다. 두 인형 인격체가 서로 만나 즉흥연기를 하였다. 한꺼번에 참여하여 즉흥연기를 한다면 그룹당 4명의 조종자가 있어 총 8명이 말하는 형국이 되어 어수선할 것이다. 따라서 역할연기는 맨 처음 무언극으로 진행하는 것이 바람직하다. 두 인형은 몸짓을 통해 관계를 형성하고 서로 간에 무엇인가를 표현할 수 있다. 무언극이 끝나면 부위별로 대화를 하고 나머지는 보조자가 된다. 예를 들어, 머리가 말을 주고받으면 팔, 몸통, 다리는 머리의 말에 따라 움직인다. 머리가 말을 하고 이야기를 전개하기 위해서는 몸통, 팔과 다리는 머리가 하는 말을 곧이곧대로 따라야 한다. 팔이 주인공이 되었을 때에도 마찬가지다. 부위별로 네 번의 즉흥극이 끝나면 마지막으로 신체 전체가 하나의 성격이 되어 즉흥적으로 장면을 만든다. 비록 머리가 대표가 되어 말을 하지만, 신체를 구성하는 세 부위의 인물이 같은 캐릭터 구성을 위해 함께 토론하고 그 결과를 머리에서 말을 하는 식이다.

3) 마무리

이름이 부여된 두 인형의 즉흥극이 끝났다. 각 조의 네 명의 인형 조종자는 즉흥극에 이르기까지 전체적인 진행 상황에 대한 소감을 말하고, 자신의 인형 조정에서 느낀 점을 이야기하였다. 한때 신문지는 가장 일상적인 흔한 종이였다. 그 일상의 소품을 인형으로 만들어 인격화한 다음에 자신을 투사하고, 타인과의 관계 속에서 어떻게 기능하는지 찾아보고, 소품의 인격화와 투사를 통해 자신을 거울에 비추듯 탐색하는 시간을 가지는 것이 이 워크숍의 목적이었다.

이날 워크숍 참가자들은 연극치료사들로, 문제행동을 보이는 사람이 아니다. 정신적으로 위로나 치료를 받아야 하는 환자도 아니다. 하지만 인간은 삶 속에서 누구나 고통과 번민이 있다. 따라서 힘든 삶에서 잠시나마 위로의 시간을 갖고, 자신을 되돌아보며 새롭게 나아갈 힘을 얻을 필요가 있다. 신문지로 만든 인형 작업은 개인 작업이자 동시에 협동 작업이다. 개인의 작업이 모여 전체를 이루는 방식에서 각 참가자는 자신의 내적 문제를 표현하였고 동시에 관계에서 비롯된 문제가 무엇인지도 깨달았다. 하기야 개인 문제는 집단에서 비롯되고, 집단 문제는 개인으로부터 비롯된다. 상호 떼래야 뗄 수 없는 관계다. 이런 점에서 신문지 인형을 통한 신체 부위별 역할연기와 집단의 장면 만들기는 통합적인 연극치료 작업이라고 할 수 있다.

제11장 연극치료와 거리두기

2020년 이후 코로나19의 대유행에 따른 사회적 거리두기(distanciation)가 관심사가 되었지만, 심리학 차원에서는 오래전부터 거리의 개념이 연구되어 왔다. 타인과의 관계 양상에 따라 심리적 거리가 달라지는 것은 개인이 고유의 영역을 중시하는 인간의 본성에서 비롯된 것이다. 낯선 사람, 비호감인 사람과 거리가 가까워지면 심리적인 부담이 생겨난다. 반면, 심리적 친밀감은 그만큼 물리적 거리를 가깝게 한다. 타인과의 관계에서 거리를 따져 보면 그와의 친밀성 정도를 가늠할 수 있고, 개인의 거리두기 성향을 알면 그의 성격이나 대인관계, 사회생활의 안정성 여부도 파악할 수 있다. 인간의 삶에서 관계는 필수적이며, 이러한 관계의 근간에는 거리가 있다. 병리적 현상에 따라 타인과 눈 맞춤을 피하고 자신의 세계에 빠져 있는 자폐스펙트럼장애(Autism Spectrum Disorder: ASD)는 가능한 한 타인과 거리를 두려고 한다. 반대로 감정 기복이 심하고 불안정한 대인관계를 보이는 경계성 인격장애(Borderline Personality Disorder: BPD)는 타인과의 거리를 견디지 못한다. 정신적으로 건강한 사람이란 상황과 조건에 따라 적절한 거리를 조절할 줄 아는 사람이다.

이런 점에서 개인이 세상을 바라보는 심리적 거리(psychological distance)가 사고와 행동에 미치는 영향을 분석한 해석수준 이론(construal level theory)은 의의가 있다. 심리적 거리란 자신과 타인(사회적 거리), 현재와 미래(시간적 거리), 당신의 위치와 물리적으로 멀리 떨어진 장소(공간적 거리), 예상과 실제 경험(경험적 거리) 사이의 간극을 말한다. 이에 따르면 같은 사건이라도 개인이 지닌 고유한 시간적 거리, 공간적 거리, 사회적 거리, 확률적 거리에 따라 이를 다르게 해석한다. 즉, 거리를 가깝게 느끼면 구체적으로, 거리를 멀게 느끼면 추상적으로 해석하는 경향이 있다. 따라서 해석수준 이론은 먼 곳을 여행하거나 먼 미래를 상상하는 방식으로 거리감을 주어 추상적으로 해석하도록 하면 창의성 향상에 도움이 된다고 주장한다. 이처럼 심리학의 다양한 차원에서 중요한 요소로 자리매김하고 있는 거리의 개념은 연극과 연극치료에서도 중요한 요소다.

앤더슨-워렌과 그레인저(Andersen-Warren & Grainger, 2009)는 거리두기는 드라마 작업을 치료의 경험으로 만들므로 연극치료의 핵심에 자리한다고 언급한다. 존스(Jones, 2005) 또한 연극치료의 핵심 요소 가운데 거리두기를 제시한다. 연극치료는 감정의 몰입과 거리 사이에서 적절한 균형 찾기에 관심을 둔다는 것이다. 거리 없애기와 거리두기를 대립의 개념보다는 조화로운 거리 운용을 위한 지렛대로 삼는 연극치료는 때로는 감정이입을 통해 때로는 감정 이화를 통해 치료의 효용성을 극대화한다. 치료사는 참여자의 상황과 특성에 따라 적절하고 유효한 거리를 제공하면서 변화의 가능성을 찾아내어 치료를 꾀하므로, 연극치료의 관점에서 합리적이고 객관적인 거리를 찾아내기 위해 거리 없애기와 거리두기의 양극단을 이해하고 이를 조화롭게 응용할 필요가 있다.

1. 서사극의 거리두기

1) 브레히트의 서사극

연극에서 거리두기를 언급할 때 보통 브레히트의 서사극이 제시된다. 서사극은 거리를 생산해 내는 생소화 효과를 통해 관객에게 익숙한 것을 낯설게 하여 새로운 시각을 갖도록 한다. 생소화 효과란 어떤 사물에 주의를 돌려 이 사물을 이해하도록 해야 할 때, 이 사물이 일상의, 기지(己知)의, 직접적으로 현존하는 사물과 구분되는 특이한, 눈에 띄는, 예기치 못한 사물로 만들어진다는 데 있다(송동준, 1993). 서사극은 사물뿐 아니라 사회적 현상에 대해서도 같은 논리를 적용한다. 순응을 강요당하고 억압과 착취에 익숙해진 피지배층의 사회적 현상에 주목한 브레히트는 생소화 효과를 통해 관객이 당연한 것으로 받아들이는 것이 실은 당연한 것이 아니라는 사실을 깨닫도록 한다. 낯섦, 새로움을 추구하는 생소화 효과는 관객에게 안정보다는 불안정을 제공한다. 생소화 효과로 인해 익숙한 것이 낯설게 되면 안정적이던 마음이 흔들려서 불안정한 상태가 된다. 일반적으로 인간은 낯선 것이 나타나면 심리적 안정의 항상성을 위해 그에 접근하거나 피한다. 낯선 것은 위험한 것이므로 이를 제거하거나 그것이 여의치 않다면 익숙한 것으로 받아들인다. 집단의 첫 만남에서 상호 탐색의 시간이 필요한 것은 낯선 것에 대한 경계심 때문이다. 그런데 흥미로운 사실은 인간은 한 번 익숙해지면 처음처럼 깊은 관심을 두지 않는다는 것이다. 익숙함 자체로 만족하고 더는 앞으로 나가지 않는다. 익숙함은 안정을 제공하지만 동시에 게으름을 낳는다. 이 점을 간파한 브레히트는 생소화 효과를 통해 관객의 심리적 불안감을 자극함으로써 의식의 게으름에서 벗어나도록 한다. 익숙한 상태에 매몰되려는 습관적 게으름에서 벗어나 날이 선 상태가 될 것을 권유한다. 익숙함과 게으름에 함몰되는 습관은 개인뿐 아니라 사회의 전반적인 현상이기도 하다. 독재적인 권력자는 국민에게 익숙함을 제공하고 정치에 의문을 품거나 손들어 질문하는 것을 원천 봉쇄한다. 국민이 사회정치적으로 익숙해짐은 곧 예속 상태를 뜻한다. 브레히트는 집단적 힘이 강한 연극 매체를 통해 생소화 효과를 일으킴으로써 권력자에 의해 암암리에 조성된 사회적 익숙함에서 벗어나기를 기대하였다. 서사극을 통해 개인의 변화뿐 아니라 사회의 개혁마저 바랐던 것이다. 그러므로 서사극의 관객은 수동적인 태도를 지닌 채 무대의 사건에 대해 감정을 일으키거나 즐거움을 느끼는 공연의 대상이 아니라 능동적 관찰자가 되어야 한다. 관객은 극 중 이야기 안으로 들어가 동화되는 대신, 이야기와 마주하며 극 중 상황과 대립하면서 무엇인가를 결정해야 한다. 결정한다는 것은 적극적인 판단과 참여를 의미하는 것으로, 관객은 공연의 소비자가 아닌 생산자로서 배우와 함께 활동하는 자가 된다. 생산자로서의 관객은 연극의 주체자로서 관객의 연극화를 뜻한다. 서사극에서 관객을 연극화하기 위한 기법으로, 가령 배우가 관객에게 직접 말하기, 희곡에 일련번호 붙이기, 주석 달기, 노래 부르기 등이 있다. 극적 흐름을 중단시켜 관객을 생산자로 참여시키는 이 다양한 기법은 연극치료 작업에 적용할 수 있다.

2) 현대연극에서의 거리두기

서사극의 거리두기는 현대연극에서 더욱 혁명적으로 진행된다. 서사극은 당시에 파격적이었지만, 연극의 고전 틀을 완전히 벗어난 것은 아니었다. 서사극의 거리두기는 연극의 기존 관례를 방해하지 않는 범위 내에서 이루어졌다. 서사극의 각종 연출적 장치는 관객의 몰입을 방해하려는 방편이었으나, 연극은 시작과 끝이 있었고 무대와 객석은 분리되어 있었다. 무대와 객석의 엄격한 분리는 관객에게 거리를 유지하도록 권유하기보다는 몰입을 부추기는 경향이 크다. 이것은 연극의 아이러니다. 객석과 무대 사이의 경계가 약화될수록 관객은 배우와 이화되지만 경계가 강화될수록 배우와 동화된다. 일반 연극에서 무대와 분리된 관객은 무대에 감정을 쉽게 이입시키는 반면, 무대 설정 없이 배우와 관객이 뒤섞인 극적 공간에서 관객은 능동적인 참여자 내지는 이성적인 관찰자가 된다. 예를 들어, 우리의 전통연희가 그렇고 토론연극, 재생연극, 가난한 연극, 과정 드라마가 그렇다. 이런 연극 가운데는 아예 무대와 객석을 없애버리는 파격을 시도하기도 한다. 무대와 객석을 상호 침투시키는 것이다. 이에 참여한 관객은 배우가 되기도 하고 한참 진행되는 극을 갑자기 멈추도록 요구할 수도 있다. 극의 중단은 브레히트가 제시하였던 어떤 거리두기 기법보다 강력한 거리두기 효과를 유발한다. 일반 연극에서 결코 있을 수 없는, 연극의 관례를 심각하게 위반하는 극의 중단은 극의 흐름을 완벽하게 차단하고 관객에게 현실로 귀환케 함으로써 무대와 완벽한 거리두기를 일궈낸다. 극의 중단 그리고 재시작은 극적 세계와 현실 세계를 오가는 마법의 통로로 작용한다. 역할을 입었던 배우로서의 관객이 역할을 벗고 현실의 자기로 돌아왔다가, 다시 연극이 시작되면 역할 속 인물이 된다. 이처럼 극적 역할과 현실의 자기 사이의 변증법적 순환을 바탕으로 관객은 어느새 자기의 삶, 삶에서 일어나는 갈등과 문제, 대인관계 등을 관찰할 수 있게 한다.

3) 서사극의 거리두기의 의의

앞서 언급한 것처럼, 서사극은 거리두기를 통해 관객을 변화의 장으로 이끌고자 한다. 서사극은 관객이 변화할 수 있는 존재라고 믿는다. 아무런 의식 없이 습관적으로 살아가던 사람이 서사극을 마주하여 자신의 나태한 모습을 깨닫게 된다면 이로부터 변화를 일으켜 구속된 삶에서 벗어날 수 있다. 즉, 충격, 내적 인식, 변화의 단계를 거쳐 최종적으로 자유를 얻게 되는 것이다. 자유는 곧 치유다. 서사극의 생소화 효과는 외적 형식에서뿐 아니라 내적인 인식 변화마저 꾀한다. 서사극은 단순히 익숙한 것을 낯설게 하기라는 형식적인 차원에 머물지 않고 이를 통해 소외 대상을 파악한다는 내용 인식의 차원과 연결되어 있다(송동준, 1993).

서사극의 거리두기는 내적 인식에 기반한 자신에 대한 성찰로 귀결된다. 거리두기는 냉랭한 관찰자로서의 관객을 의미하기에 앞서 자기 성찰의 순간들로 채워 나가도록 한다. 낯섦과 불안정을 제공하는 거리두기는 이방인으로서 관망하는 태도가 아닌 삶 전체에 의문을 던지도록 한다. 이러한 변화와 자유를 위한 거리두기는 연극치료에서 주목하는 요소다. 연극치료는 참여자를 변화시켜 자유로운 상태가 되도록 하는 치료 작업이다. 변화가 필요하지만 그 필요성을 느끼지 못한 채 살아간다면 어제와 오늘은 다를 바 없다. 그런데 만일 연극치료를 통해 낯섦을 경험하고 불안의 자극을 통해 자신을 살피고 자신과 마주 설 수 있다면 참여자의 변화 가능성이 커지고 궁극적으로 치료에 이르게 된다. 이러한 의미를 지닌 서사극의 거리두기는 연극치료에서 어떻게 활용되는가?

2. 연극치료에서 거리두기

연극치료에서 서사극에 주목하는 부분은 크게 거리두기와 관객의 변화다. 서사극과 연극치료는 거리두기를 통해 관객 또는 참여자가 스스로에 대해 통찰하고 변화하도록 자극한다. 외부의 자극 때문에 세상을 다르게 본다는 것은 인식의 변화이며 이는 치료의 초석이다. 이 점에서 연극치료가 거리두기를 소중하게 여긴다. 랜디(Landy, 2002)에 따르면, 거리 조절은 연극치료 이론의 열쇠가 되는 개념이다. 서사극에서 브레히트의 거리 조절 개념은 정서로부터 사고를, 역할에서 배우를, 그리고 기대된 반응으로부터 관객을 떼어 놓는 분리하기에 초점을 맞춘다. 서사극의 거리두기가 감성과 이성, 연기자와 역할, 무대와 객석을 분리함으로써 효과를 노리듯, 연극치료 역시 거리두기를 통해 통찰과 변화에 이르도록 한다. 서사극과 마찬가지로 연극치료의 거리두기는 이성적 사고와 성찰과 조망의 의미를 지닌다. 연극치료 참여자가 역할을 맡아 연행하는 과정에서 또한 역할 벗기를 통해 해당 역할과 만남의 의미, 느낌 등을 충분히 고찰한다면 자신에 대해 객관적 시각을 가질 수 있다. 존스(Jones, 2005)는 거리두기는 사고와 성찰과 조망에 더 무게를 둔다고 말한다. 브레히트의 용어로 표현하자면, 참여자는 제시된 문제에 대한 독자로서 기능한다. 거리두기 접근법은 참여자가 자기 자신이나 주제에 대한 시각을 창조하도록 도울 수 있다. 그러한 반응을 만들어 내는 능력은 그 자체로 치료 작업일 수 있다. 참여자는 역할로 들어가 움직인 다음에 역할 벗기를 통해 살펴보는 과정에서, 연행하면서 해당 역할이 만났던 상황과 역할 자체를 통찰하고 변화된 관점을 얻을 수 있다. 연극치료에서 역할 입기와 역할 벗기를 시행하는 과정에서 거리 조절에 어려움을 느끼는 참여자는 자신의 문제가 무엇인지 깨닫게 될 것이다. 우리의 삶에서 거리가 중요한 것은 관계와 거리에 따라 삶의 질이 달라지기 때문이다. 거리두기에 문제가 있는 사람이나 거리 없애기가 어려운 사람은 진정한 만남이나 관계 형성에 어려움을 느낀다. 난로처럼 너무 가까우면 뜨겁고 너무 멀면 차가운 것이 인간관계이고 보면 거리의 적절성은 곧 건강한 삶의 조건이다.

1) 거리의 적절성

연극치료의 거리두기는, 심리치료 분야에서 억압된 기억 또는 매장된 기억을 찾아낸다는 명분 아래 역할연기가 오용되고 있다는 제닝스의 지적에서 그 개념을 좀 더 명확하게 할 수 있다. 연극에 대한 깊은 이해 없이 심리치료 분야에서 행해지는 역할연기는 위험하다. 물론 심리치료에서 역할연기를 통해 미해결된 과거를 현재화하여 직면시키는 것은 문제 파악과

해결에 도움이 될 수 있다. 하지만 철저한 준비 없이 상처를 들춰낸다면 상황은 오히려 악화될 것이다.

심리치료 및 예술치료에서 과거의 아픈 상처를 현재화하는 방법은 다양하다. 가장 빈번한 것은 언어를 통한 진술이며, 비언어적 표현 또는 예술적 표현도 자주 사용된다. 연극치료에서는 주로 역할연기를 통해 특정한 상황을 장면으로 재현한다. 그런데 현장검증과 같은 역할연기로부터 과거의 외상을 재현하는 것은 거리를 없앤 생생한 체험이므로 효과가 큰 만큼 주의가 필요하다. 역할연기를 통해 외상을 극화시키고자 한다면 치료사와 참여자의 관계 형성은 물론 참여자의 마음 준비와 함께 다양한 현실, 경험, 삶의 전체적인 맥락, 나아가 거리의 적절성을 고려해야 한다. 심리치료 및 예술치료에서 시기가 무르익었다고 판단되면 참여자에게 과거의 상처와 맞설 수 있도록 직면시킨다. 호랑이를 잡으려면 호랑이 굴에 들어가야 하듯, 직면 없이는 극복도 없다. 직면은 누구에게나 어려운 순간이다. 직면을 위해서는 고통과 두려움을 극복할 수 있는 용기가 필요하다. 연극치료 또한 적절한 시기에 참여자에게 직면하기를 권한다. 신체의 현존이 필수적인 연극치료에서 역할을 통한 직면은 참여자에게 가공할 영향력을 행사한다. 직면과 거리두기는 양날의 칼이다. 직면의 순간 거리두기는 강한 방패가 되어 위험을 예방할 수 있지만 그만큼 효과는 반감된다. 연극치료의 직면에서 거리두기와 거리 없애기의 균형이 필요한 것은 이런 까닭이다.

제닝스에 따르면, 의식의 기억과 기록의 자료 너머로 과거를 현실로 발굴하는 것이 항상 건설적인 것은 아니다. 따라서 과거보다는 '지금-여기'의 극적 현실을 다루고, 신화와 희곡이라는 큰 이야기 속에서 삶의 이야기와 관련된 주제와 은유를 무대화할 것을 권한다. 역할연기가 참여자의 상처를 현재 이곳에 불러내는 것은 거리를 없애는 것이지만, 연극의 이야기라는 은유적 요소를 활용하면 적절한 거리두기가 가능하다는 의미다. 역할연기를 할 때 전적인 거리 없애기나 거리두기보다는 상황에 따라 적절한 거리를 둘 수 있다면, 균형 있는 거리를 통해 안정적인 상태에서 직면하고 새로운 시선과 변화의 자세를 지니게 된다면 밀도 있고 안전한 치료 여정이 될 것이다.

2) 거리두기의 분류

랜디는 『연극치료의 진단평가(Assessment in Drama Therapy)』(2013)에서 연극치료에서의 거리두기의 적절성에 대해 과소 거리두기, 과잉 거리두기, 미적 거리두기로 구분하여 치료에 가장 효과적인 거리를 제시한다.

연극치료에서 거리의 운용 방식은 거리두기와 거리 없애기의 양측을 섭렵하면서 궁극적으로 거리의 적절성에 도달하는 것이다. 지나치게 거리가 멀면 냉랭한 분위기 속에서 치료에 필수적인 공감대를 형성하지 못하고, 지나치게 거리가 가까우면 실제와 허구를 착각하여 환각이나 망상에 빠질 위험이 있다. 거리 조절은 무엇보다도 참여자의 상태에 따라야 한다.

거리두기는 참여자의 감정, 사고, 신체적인 자아상에 대한 친근감 또는 소외감과 관련되어 있다고 본 랜디는 연극치료에서의 거리두기를 역할연기 과정에서 참여자의 정서적 몰입 정도에 따라 셋으로 구분한다.

(1) 과소 거리두기와 과잉 거리두기

첫째, 감정을 드러내는 정서적 몰입은 현실의 참여자와 역할 사이의 거리를 없애는 것으로 과소거리(underdistanced) 관계로 정의된다. 둘째, 참여자와 역할 사이의 정서적 분리는 과잉거리(overdistanced) 관계로 충분한 거리를 두게 하여 안정감을 제공한다. 가령, 이야기치료의 외현화나 연극치료의 역할연기는 자신을 직접 드러내는 대신 이야기와 역할을 통해 외적으로 표현한다는 점에서 과잉 거리 관계라고 할 수 있다. 그러나 과잉 또는 과소가 지나치면 관계 형성은 물론 치료의 의미마저 사라질 수 있으므로 이들 사이의 균형 잡힌 거리 조절이 요구된다. 참여자가 역할에 지나치게 몰입하거나 지나치게 건조한 상태는 건강하지 못하다는 것을 의미한다. 연극치료사 또한 치료 작업에서 균형적 거리를 창출해 내지 못하면 실패할 확률이 높다. 연극치료에서 거리가 과소이거나 과잉이면 참여자가 자신과의 연계에서 불완전하거나 불균형적이므로 치료 작업이 거의 효과가 없다.

랜디는 과소 거리와 과잉 거리를 장 피아제(Jean Piaget)가 학습 과정에서 제시한 도식(scheme) 형성을 위한 조절(accommodation)과 동화(assimilation) 기능에 빗대어 설명한다. 조절은 기존의 구조를 수정하는 것이고, 동화는 기존의 도식에 새로운 대상이나 사건을 적용하는 것이다. 예컨대, 언어를 습득하기 위해서는 알파벳과 단어를 배우는 조절과 이 단어들에 대한 자신의 연상과 의미를 지니는 동화가 필요하다. 영유아는 조절과 동화의 적절한 균형 속에서 언어를 발달시킨다. 이를 연극치료에 적용하면 조절은 형식, 즉 인식 가능한 몸짓과 말처럼 스스로 표현하는 기존 수단들을 조절하기가 되고, 동화는 감정, 즉 자신의 경험을 예술적 표현으로 동화하기가 된다. 요약하면 형식 과잉과 감정 과소는 과잉 거리두기가 되고, 형식 과소와 감정 과잉은 과소 거리두기가 된다.

(2) 미적 거리두기

연극치료는 거리두기의 조절과 동화, 즉 과잉과 과소 사이에서 균형을 꾀하는 것을 권장하는데, 이것이 곧, 셋째, 미적 거리(aesthetic distance)다. 연극치료가 제공하는 형식과 감정 사이의 균형인 미적 거리를 통해 참여자는 신체와 마음과 감정이 서로 연결됨을 느끼는 동시에 이성적으로 생각하고 경험할 수 있게 된다. 정서적 · 인지적 · 신체적 차원에서 동시에 치료할 수 있으려면 참여자가 미적 거리라는 균형을 찾아야 한다.

미적 거리란 사람이 자신의 신체, 마음, 감정에 동시에 연결되는 상태를 느끼고 생각하고 경험할 수 있는 상태를 말한다. 이 정신 내적 장소는 치료의 의미 만들기가 일어나는 곳이다(Johnson & Emunah, 2011).

참여자는 균형 잡힌 거리 조절을 통해 참여하기와 관찰하기를 할 것이며, 과거의 억압된 감정에 압도당하지 않으면서 그 감정을 재경험하고 인식할 것이다. 조절과 동화, 형식과 감정, 과잉과 과소 사이의 거리의 균형에서 생겨나는 카타르시스는 곧 연극치료의 목표가 된다.

3. 연극치료에서 거리두기의 실제

연극치료 작업에서 실제로 활용될 수 있는 적절한 거리, 즉 균형 잡힌 거리두기를 위한 구체적인 방법으로 원형적 이야기, 투사체 활용, 역할연기가 있다. 사실 은유와 상징을 사용하는 연극치료는 자체로 거리두기 치료라고 할 수 있다. 무대는 현실과의 거리를 두고 있으며, 이야기, 가면, 역할연기는 은유나 상징을 통한 거리두기의 표현 방식이다.

1) 원형적 이야기를 통한 거리두기

연극치료는 이야기를 통해 거리를 조절한다. 연극치료는 보편성을 지닌 원형적 이야기로부터 주인공을 찾아 나선다. 융에 의하면, 원형을 담고 있는 이야기는 집단 무의식을 나타내므로 그 집단에 소속된 개인과 뗄 수 없는 연관성이 있다. 따라서 원형적 이야기를 무대화할 때 역할을 맡은 참여자는 자신도 모르는 사이에 자기 문제와 맞닥트리게 된다. 원형적 이야기는 누구에게나 통용되는 만큼, 처음에 자기 이야기가 아닌 것으로 시작하지만 어느덧 자기 이야기로 귀결된다. 거리두기에 신축성을 제공하는 원형적 이야기는 위험하지 않게 자신을 드러내도록 한다. 연극치료에서 거리를 둔 상태에서 이루어지는 원형적 역할은 개인의 상처 입은 과거를 외면하는 것이 아니라, 현재의 삶이 삶 전체의 맥락에서 옛날부터 지금까지 있었고 앞으로도 그러할 삶을 함께 고찰하는 것이다. 은연중에 직면을 조성하는 원형적 이야기 속의 역할연기는 거리두기이지만, 한편으로는 실제적인 장면에 직접 참여하여 역할을 구현한다는 점에서 거리 없애기이기도 하다. 즉, 신화의 인물을 재연하는 것은 거리를 두는 것이지만, 몸으로 체현하는 것은 거리를 없애는 것이다. 이렇듯 거리두기와 거리 없애기의 균형 속에서 연극치료는 참여자에게 현장감은 물론 심리적 안정감을 제공한다. 참여자는 자신과 무관한 이야기를 자신의 이야기로 투사함으로써, 즉 일인칭이 아닌 삼인칭으로 이야기를 무대화함으로써 제닝스가 우려하였던 역할연기의 오용에서 벗어난다. 참여자는 거리라는 안전망 속에서 직면할 수 있게 된다.

한편, 연극치료에서 원형적 텍스트를 기반으로 거리에 탄력성을 주어 참여자의 능동성을 강화하는 거리 조절 방식은 이야기치료의 외재화 과정과 비교할 수 있다. 마이클 화이트(Michael White)가 개발한 이야기치료는 언어를 통해 생각을 외재화함으로써 유체가 이탈된 것처럼 참여자가 자신의 문제와 분리된 상태에서 진술하도록 돕는다. 우선 질문을 통해 문제는 문제일 뿐 참여자의 문제가 아니라는 것을 깨우치도록 한다. 객관화를 위해 문제라고 생각하는 것에 이름을 붙이게 한 다음, 참여자에게 문제를 자신과 분리하도록 한다. 문제를 객관화하여 참여자가 자신과 문제 사이에서 거리 조절을 기반으로 고통스러운 문제를 외부에 놓고 문제와의 관계를 새롭게 조명하도록 하는 것이다. 연극치료에서 활용하는 원형적 이야기도 이와 유사하다. 즉, 이야기를 방패 삼아 자신을 드러내지 않고 문제를 외재화한다. 직면이 두려운 참여자는 이야기의 뒤에 숨어 보호받는 느낌 속에서 자신을 표현한다. 연극치료에서 이야기는 생생함을 손상하지 않으면서 안전망 역할을 하므로 참여자는 큰 어려움 없이 자발적인 참여가 가능하다. 연극치료에서 원형적 이야기는 훌륭한 거리 조절의 도구인 것이다.

2) 가면을 통한 거리두기

연극치료는 또한 투사체를 통해 거리두기를 실천한다. 연극은 이미 현실을 투사하는 예술이지만, 연극치료는 한 걸음 더 나아가 가면, 인형, 소품 등 극적 투사체를 적극적으로 활용한다. 가면의 장에서 설명한 것처럼, 가면은 감춤으로써 거리를 제공하는 안정적인 투사 매체다. 가면 같은 투사체가 흥미로운 것은 감추기만 하는 것이 아니라 한편으로는 드러나게 하기 때문이다. 가면은 참여자에게 심리적 안전거리를 제공하면서 자신을 마음껏 개방하도록 자신감을 준다.

융은 배우의 가면이 갖는 중요한 두 가지 목적을 언급하였다. 첫째는 카타르시스다. 가면은 그것을 쓴 사람의 상처받기 쉬운 성질을 보호하면서 동시에 그만의 개별성을 표현할 수 있게 한다. 덕분에 가면을 쓰는 사람에게는 금기가 폐기된다. 가면의 보호와 표현 덕택에 참여자는 타인의 시선에서 보호받고 자신을 자신 있게 표현한다. 보호받는 느낌 속에서 가식 없이 마음껏 표현할 때, 속풀이나 한풀이처럼 카타르시스에 이르게 된다. 둘째는 가면은 원형적 정체성의 실현을 목적으로 한다. 배우는 개별적 자기이지만, 가면을 쓰게 되면 가면 특유의 정체성을 입는 것이 된다. 가면은 참여자에게 자신과의 거리뿐 아니라 타인과의 거리를 확보하게 하여 심리적 자유로움을 제공한다. 가면이 제공하는 보호막 덕택에 참여자는 다른 개성을 지닌 사람, 즉 억압에서 해방된 본래의 존재로 거듭난다. 가면을 쓰면 이전의 모습이 사라지고 예상할 수 없는 존재, 원형적 정체성을 지닌 존재가 된다.

연극치료는 이러한 가면의 특징을 십분 활용한다. 가면을 쓰고 역할연기에 참여한 참여자는 자유로운 극적 표현 과정에서 자신의 문제를 직시하고 분명하게 알아차린다. 알아차림은 문제 해결의 첫 단추로서 이로부터 행동과 사회적 관계를 새롭게 정립할 수 있다. 이것이 거리 조절로부터 자기 성찰에 이르도록 하는 가면의 힘이다. 가면과 만나 새로운 자신을 만남으로써 치료의 길이 열린다. 거리를 제공하여 자기를 감추도록 하는 가면이 깨달음의 힘을 제공한다는 점은 연극치료에서 유독 가면이 많이 활용되는 이유를 설명해 준다.

3) 역할연기의 거리두기

연극치료에서 흔히 사용되는 역할연기 또한 거리를 의미한다. 참여자의 역할연기는 극중 인물의 입을 빌려 말하지만 실은 자신이 자신에 관해 말하는 것이다. 우리는 예외 없이 개인적 역할과 사회적 역할로 직조된 삶을 산다. 그런데 자기(self)와 관련된 역할 이론은 거리두기의 관점에서 흥미롭다. '연극치료와 역할'에서 더 자세히 설명하겠지만, 조지 허버트 미드(George Herbert Mead), 융, 모레노의 경우에는 자기를 중심에 두고 역할이 형성된다고 본다. 그들에게 자기는 불변의 것이고 역할은 가변적이다. 이와는 달리 랜디는 역할들이 모여 자기를 이룬다고 주장한다. 다양한 사회적 역할이 곧 그의 정체성을 형성한다는 것이다. 역할모델을 개발한 랜디는 다양한 역할 사이의 경계가 유연해져 적절한 거리가 형성되면 건강한 것으로 간주한다. 랜디의 역할모델에서 치료의 목적은 참여자가 하나의 역할에 압도되지 않고 다양한 역할을 취하여 서로 다른 역할의 병존을 수용할 수 있도록 돕는 데 있다.

자기와 역할의 이중성에서 알 수 있는 것은 그 중심을 어디에 두든 자기와 역할 사이에는 거리가 있으며 그 거리의 적절성은 자아 정체감과 직결되는 것으로, 역할연기가 치료에 활용될 수 있는 근거를 제공한다는 것이다. 자기와 거리를 제공하는 역할은 일종의 안전망으로 자기를 억제하지 않고 있는 그대로 표현하도록 한다. 가면이 얼굴을 가리는 것이라면 역할은 자기를 가리는 가면이다. 역할을 드라마의 가면이라고 언급한 랜디는 역할-거리(role-distance)라는 개념을 사용하여 연극에서 어떤 역할을 맡으면서, 즉 드라마의 가면을 씀으로써 평상시보다 과감하게 행동하게 되는 과정을 설명한다. 드라마에서 연기하는 역할은 분명히 현실의 내가 아니므로 나는 거기서 은밀한 방식으로 내 감정과 태도와 욕망을 표현할 수 있는 자유(거리)를 얻는다. 연극에서 취하는 역할은 일종의 가면이 되어 우리가 위험을 감수하도록 부추긴다(Johnson & Emunah, 2011). 역할연기를 행하는 연극 무대는 허구가 실제화되는 공간이다. 자기에게 다른 인물을 덧씌운 역할연기는 자기의 모습을 지닌 다른 사람이 되도록 한다. 역할연기를 행하는 참여자는 충분히 거리를 두고 거울을 통해 자신을 바라보는 형국이다. 역할연기를 통해 참여자가 평소와는 다른 자신의 모습을 마음껏 표현하게 된다면, 그 자발적 표현 자체는 이미 치료의 조짐인 것이다.

4. 연극치료에서 서사극의 거리두기 적용하기

앞서 보았듯이 연극치료는 참여자의 상황과 조건에 따른 적절하고 균형 잡힌 미적 거리두기를 추구한다. 그런데 연극치료에서 거리의 적절성, 즉 미적 거리는 과연 어느 정도의 거리를 의미하는가? 그것은 코로나19로 인한 사회적 거리두기처럼 접촉 금지나 외따로 있음을 의미하지 않는다. 이 점에서 서사극의 거리두기는 연극치료에 많은 시사점을 제공한다. 예컨대, 연극치료에 응용할 수 있는 서사극의 거리두기 방식으로 배우와 역할의 분리, 인물의 자기 분열, 생소화 기법이 있다. 이를 자세히 살펴보자.

1) 배우와 역할의 분리

브레히트는 배우에게 거리를 두고 연기할 것을 권하면서 배우와 역할을 분리하고자 하였다. 분리된 연기란 익숙한 것을 익숙하지 않게 하기, 낯익은 것을 낯설게 하기, 일상적으로 접하는 것을 독특한 것으로 접하게 하기, 자연스럽게 여기는 것을 인위적으로 여기게 하기다(Brecht, 2005). 어떤 문제에 봉착하였을 때 그것에 지나치게 골몰하면 좀처럼 해결책을 찾기가 어렵다. 개인은 대부분 유사한 패턴으로 문제에 접근하는 경향이 있으므로 문제 해결을 위해서는 이따금 익숙한 것, 낯익은 것, 일상적인 것, 자연스러운 것을 벗어던질 필요가 있다. 습관적인 자기 방식으로 문제에 몰입하기보다 잠시 거리를 두게 되면 불현듯 해결책이 떠오른다. 거리가 객관적인 판단을 제공하기 때문이다. 이처럼 배우가 역할과 분리될 때, 역할에 대해서뿐 아니라 스스로에 대해서도 객관적 판단의 여지가 생겨난다. 이 점은 연극치료에서 강조하는 부분이다. 정신과 신체가 총체적으로 동원되는 연기는 몰입하도록 하는 속성이 있다. 그런데 이러한 속성에서 벗어나 참여자가 서사극의 배우처럼 거리를 두고 역할연기를 수행한다면, 익숙한 것을 익숙하지 않은 것으로 경험할 수 있다. 나아가 참여자와 역할의 분리는 연극치료가 끝나고 역할 벗기에서 현실의 자신으로 되돌아오기 위해 반드시 실천되어야 할 사항이기도 하다.

참여자와 역할의 분리 방식은 브레히트가 거리를 둔 연기, 역할과 분리된 배우의 연기 방식으로 제시한 유명한 교통사고의 예를 통해 엿볼 수 있다. 교통사고를 정확히 재구성하기 위해서는 사고의 목격자가 사고 순간을 과장하지 않고 있는 그대로 설명해야 한다. 그래야 가해자이든 피해자이든 책임의 정도를 공정하게 판단할 수 있다. 서사극의 배우 역시 교통사고 목격자처럼 연기하기를 권한다. 가장 중요한 문제는 연기를 통해 보여 주는 사람이 주위에 둘러싼 사람들에게 자동차 사고에 관해 판단할 수 있도록 운전자의 태도나 차에 치인 사람의 태도, 또는 그 두 사람의 태도를 보여 주는 일이다(Brecht, 2005). 감정적 태도에서 벗어난 객관적이고 사실적인 역할연기, 역할과 분리된 연기는 배우뿐 아니라 관객에게도 영향을 끼친다. 배우가 목격자로서 연기할 때 관객은 감정에 휩싸인 편향적이 아닌 객관적이고 공정한 판단과 결정을 내릴 수 있다. 연극치료에서도 현장검증하듯 참여자에게 목격자처럼 역할연기를 권하는 것이 바람직하다. 참여자가 감정에 치우치지 않고 과장하지 않으며 있는 그대로를 보여 준다면, 역할을 맡되(거리 없애기) 자신과 분리(거리두기)한다면 이성에 기반을 둔 자기 관찰자로 거듭날 것이다. 역할과 분리된 거리는 미적 거리에 해당하는 것으로, 형식과 감정, 동화와 이화, 몰입과 거리 사이의 균형을 의미한다.

2) 인물의 자기 분열

인물의 자기 분열이란 서사극의 배우가 구현하는 희곡 내의 인물이 자체적으로 지닌 자기 분열을 뜻한다. 인물의 이중성은 지킬 박사와 하이드처럼 문학 구성의 주요 요소다. 다만 서사극에서의 인물 분열은 갈등의 원인을 제공하기보다는 관객에게 비판적 태도를 유발하고 사회구조를 통찰하도록 하는 데 주목적이 있다. 중요한 것은 서사극에서 분열된 인물은 심리적 · 정신적인 분열이 아닌 사회적 환경에 의해 인위적으로 분열된 인물이라는 사실이다. 외적 요인에 의해 발생한 인물의 분열을 통해 관객은 그 인물이 분열된 삶을 살 수밖에 없는 사회적 환경과 조건을 분명히 인식할 수 있게 된다. 관객이 분열된 인물을 만나 새삼 사회 문제를 깨닫는다는 점에서 이는 생소화 효과에 해당한다.

분열된 인물을 통한 생소화 효과는 연극치료에서 어떻게 활용될 수 있을까? 참여자는 치료사에 의해 의도적으로 제시된 분열된 역할을 경험한다면 자신을 괴롭히는 미해결 과제가 자기 내부에서 비롯된 것이 아닌 외부의 상황과 조건 및 관계에 의한 것임을 알아차릴 수 있게 된다. 이는 치료사가 궁극적으로 참여자에게 해야 하는 말 "네 잘못이 아니야!"와 연결되는 것으로, 참여자는 분열된 인물과 만남으로써 위안을 얻고 치료에 이르게 될 것이다.

3) 생소화 기법

(1) 3인칭화, 과거화, 상대화 기법

브레히트는『연극의 새로운 기법(Über experimentelles Theater)』에서 배우의 연기술을 위해 자기 역을 3인칭으로 옮겨 놓고 해 볼 것, 자신의 현재 역을 과거로 옮겨 놓고 해 볼 것, 자기 역에 대한 지문과 논평을 말하면서 자기 역을 해 볼 것을 주문한다(Brecht, 2005). 이러한 연기술은 역할과 거리를 두게 하는 생소화 효과를 위한 실제적인 기법이다. 이를테면, 주어진 역할을 3인칭으로 부르는 순간 그 역할은 자신이면서 동시에 자신과 멀어진 인물이 된다. 나아가 과거화를 통해 역할을 현재에서 과거로 후진시키는 작업 역시 시간적으로 현재와 거리를 둔 생소화 효과가 나타난다. 지금-여기(here-now)의 사건이 아니라 이미 지나버린 사건이라면 그것을 냉정하게 바라보고 판단할 여지가 생겨난다. 자신의 역할에 대해 해석하고 주석을 다는 상대화 기법 또한 거리를 두고 역할을 바라보는 태도다. 배우가 자기의 역할을 해석하는 것은 생소한 상태에서 스스로를 평가하는 것이 된다. 이러한 생소화를 위한 다양한 연기술은 배우가 역할과 거리를 두게 함으로써 몰입하는 것을 방해한다. 극작가이기도 한 브레히트는 이러한 연기법을 자신의 창작품에서 실현하였다. 가령 3인칭화 기법은『코카서스 백묵원(Der kaukasische Kreidekreis)』에서 시몬과 그루쉐 간의 구혼 장면에서 찾을 수 있으며, 과거화 기법은『사천의 선인(Der gute Mensch von Sezuan)』의 8장에서 찾을 수 있고, 상대화 기법은『어머니(Die Mutter)』의 5장에서 찾을 수 있다.

미적 거리를 추구하는 연극치료는 참여자가 현실과 비현실을 혼동할 위험이 있으므로 격정적인 감정이입을 경계한다. 따라서 배우-참여자-환자가 역할을 3인칭으로 표현하거나 역할을 과거로 옮겨 놓거나 역할을 지문과 주석으로 설명함으로써 자신을 상대화시키고 몰입하지 않도록 하는 것은 유용한 방법이다.

(2) 생소화 기법 응용 사례

다음에 제시된 예는 저자가 연극치료 워크숍에서 브레히트의 생소화 기법을 응용한 사례다.

1. 노트에 자기소개를 적는다. 거리두기 방식의 자기소개에서 주의할 점은 이름, 가족, 고향, 친구, 직업 등의 일반적 소개를 생략해야 한다는 것이다. 또한 남자 참여자는 '그 남자'로, 여자 참여자는 '그 여자'로 자신을 3인칭으로 소개한다. 이러한 자기소개는 감정이입 대신 묘사와 설명으로 미적 거리를 가능하게 한다.
2. 참여자는 가능한 한 가까운 시기에 생겨난 머리에서 떠나지 않는 문제가 있는지, 스트레스를 받았던 사건이 있는지를 점검하고 노트에 적는다.
3. 참여자는 자신의 현 문제와 관련된 인물 또는 스트레스를 준 인물을 찾아 과거화시킨다. 인물을 '그때의 남(여)자'로 지칭하고 본인은 '지금의 남(여)자'로 표현한다. 현재의 역할을 과거로 옮겨 놓음으로써 현재에 매몰될 수 있는 위험성을 줄이고 현재를 관찰자의 입장에서 바라볼 수 있다.
4. 참여자는 그때의 남(여)자와 지금의 남(여)자, 즉 과거의 인물(타인)과 현재의 인물(자기)이 대화하는 방식으로 2인극 대본을 창작한다.
5. 두 인물의 대사를 분석하여 각각의 성격, 감정, 사고, 행동 양식 등 인물의 캐릭터를 해석한다. 인물 분석은 희곡 이해를 위해 흔히 하는 작업으로, 연기의 방향을 결정하게 하는 요소다. 연극치료에서 인물 분석과 해석 과정은 타인과 자신 사이에 생겨난 문제에 대해 충분한 거리를 두고 바라보도록 한다. 이러한 일련의 작업은 브레히트가 언급한 자신의 역할을 지문과 주석으로 설명함으로써 자신을 상대화시키는 기법이다.

만일 연극치료가 집단 작업이라면 전체 인원을 서너 명의 소그룹으로 나누어 본격적인 역할연기를 실시한다. 각 소그룹에서 노트에 적은 자기소개를 읽은 후 각기 창작한 대본을 낭독하고, 나머지 참여자들은 관객으로서 피드백을 준다. 창작 대본을 낭독한 참여자의 주도로 역할을 배정하고 역할연기를 실시한다. 이처럼 소그룹에서 참여자 전체는 낭독자로서 또는 역할연기자로서 역할과 관객을 두루 경험한다. 소그룹에서 피드백이 이루어진 후 다시 전체 모임을 가진다. 여기서 각 소그룹에서 있었던 자기소개, 낭독 공연 및 역할연기에 대한 소감을 나누는 것으로 마무리한다.

3인칭화, 과거화, 상대화 기법을 응용한 이 사례는 본격적인 연구는 아니지만, 참여자 피드백에서 미적 거리의 가능성을 충분히 확인할 수 있었다.

연극은 거리 또는 사이(틈)의 예술이다. 연극의 예술적 완성은 극작가와 텍스트, 텍스트와 연기자, 연기자와 역할, 역할과 관객, 즉 무대와 객석의 거리 또는 사이에서 비롯된다. 흔히 현대연극에서 거리와 관련하여 스타니슬랍스키와 브레히트는 거리 없애기와 거리두기의 양대 산맥으로 간주된다. 거리 또는 사이를 구체적으로 실천함으로써 감정이입을 돋우는 거리 없애기와 그 반대의 거리두기는 크게 연기자와 역할 사이 그리고 극중 인물과 관객 사이에서 작동한다. 그런데 동화의 거리 없애기와 이화의 거리두기는 꼭 반대의 개념으로 작용하는 것은 아니다. 연극은 그 특성상 완벽한 거리두기와 거리 없애기를 실천한다기보다 거리 사이를 교묘하게 넘나든다는 점에서 이들은 대립적이면서 상호적이다. 연극은 거리를 통해 드러내고 감춘다. 거리를 둠으로써 드러내고, 거리를 없앰으로써 감춘다. 그 반대도 가능하다. 이렇듯 감춤과 드러냄, 거리두기와 거리 없애기의 연극의 변증법적 특징을 십분 활용한 것이 연극치료다.

서사극에서 거리두기의 미덕 중 하나는 습관 속에 매몰되어 있는 의식을 일깨운다는 점이다. 잊어서는 안 될 것은, 개인의 성향이 저마다 다른 만큼이나 참여자 개개인에 따른 탄력적인 거리가 필요하다는 것이다. 교과서에서 정한 거리두기를 무작정 실천하는 것은 능사가 아니다. 연극치료의 거리두기는 상황과 조건에 따른 과잉과 과소 사이의 줄타기다. 줄타기의 동요와 흔들림을 거쳐 참여자가 느끼는 안정적인 거리가 확보될 때, 즉 미적 거리가 생산되는 순간에 그 거리야말로 치료에 가장 유효한 거리가 될 것이다.

제12장 연극치료와 역할

은유의 장에서 언급한 것처럼, 경험적 가족치료 전문가인 사티어는 가족치료에 다양한 연극적 요소를 도입한다. 가령 '가족 조각 기법'에서 참여자 가족이 직접 몸을 조각하도록 하여 가족 간의 내적 관계를 체험하도록 한다. 사티어는 다층적이고 체험적인 연극에서 극적 역할을 통해 몸으로 수행되는 비언어적 의사소통 방식이 주는 효능을 잘 이해하고 있었다. 한편, 게슈탈트 심리치료를 창안한 프리츠 펄스(Fritz Perls)는 빈 의자를 활용한 '빈 의자 기법'을 즐겨 사용했다. 참여자 앞에 놓여 있는 빈 의자는 비록 비어 있는 상태이지만 참여자와 갈등을 겪고 있는 누군가가 앉아 있다고 가정한다. 상상력이 필요한 '빈 의자 기법'은 참여자가 직접 표현하기 어려운 문제의 감정을 외현화하거나 미해결 과제를 자각하여 비합리적인 정서에서 벗어나도록 한다. 이처럼 몸을 조각하여 역할 관계를 체험토록 하거나 빈 공간에 가상의 인물이 존재한다고 상상하는 방법 이외에도 '즉흥연기' '역할모델' '역할연기' 등은 상담이나 심리치료에서 흔히 사용되는 기법이다.

사이코드라마에서도 역할연기는 매우 중요하다. 역할연기라는 어휘를 처음 사용한 모레노(Moreno, 2019)는 개인적인 정신 역동과 사회적인 정신 역동을 이어 주는 것이 역할이라고 생각하였고, 개인적 역할들이 연결되어 사회적인 역할 네트워크를 형성한다고 보았다. 의미 있는 이야기를 연극적 방식으로 역할을 재현하면서 문제의 내면을 탐구하는 연극치료 역시 역할을 통한 치료 기법이다. 이야기 속의 역할을 참여자가 몸소 연기하면서 억압된 정서를 불러일으키거나 자기의 본 모습을 발견하도록 하는 것이 연극치료의 주된 목표 중 하나인 것이다.

여기서 다음의 물음을 제기할 수 있다. 몸을 조각하거나 어떤 존재를 상상하는 것이 어떤 점에서 치료적인가? 목소리와 몸의 움직임을 통해 이야기 속의 역할을 엮어 나가는 것이 어떤 점에서 효과적인가? 연극치료 작업에서 역할연기를 한다는 것은 어떤 의미인가?

1. 역할의 개념

역할(role)은 연극에서 나온 용어다. 라틴어에서 파생한 옛 프랑스어 'Rotula'에서 유래한 이 용어는 원래 피지로 감을 수 있는 작은 바퀴 혹은 둥근 통나무를 뜻한다. 배우나 프롬프터가 여기에 대사를 적어 놓고 읽었기 때문에 대본의 의미로도 사용되었다. 17세기에 들어와서 역할의 의미는 대사가 적힌 종이 묶음(roles)으로 사용되다가 장면의 부분을 의미하는 것으로 바뀌어 결국에는 배우들이 맡는 역할로 정착하기에 이른다. 역할의 개념이 연극에서 생겨났지만, 사회심리학 분야에서 사회 속의 개인의 역할에 대한 논의가 집중적으로 이루어졌다. 사회심리학이나 상담심리학에서 역할연기와 같은 극적 체험을 통해 상처받은 마음을 치유할 수 있다고 보는 것은 역할이 극적 영역에만 머물지 않는다는 것을 의미한다. 광의의 역할 개념은 극 공간을 뛰어넘어 사회 전반에 적용할 수 있다. 사회심리학에서는 우리의 삶은 역할들로 이루어져 있다고 간주한다. 사회 구성원인 각 개인은 사회 내에서 다양한 역할을 수행한다. 개인은 집안에서 맡은 역할이 있고, 외출 후에는 손님의 역할을 수행하며, 자기 가게에서는 주인의 역할을 담당한다. 상황에 따라 가변적인 개인의 사회적 역할은 융이 언급한 사회적 가면인 페르소나와 유사한 개념이다. 또한 환경 속에 처해 있는 다른 사람과의 사회적 상호작용과 거래를 통해 인간 발달이 이루어진다고 보는 고프만의 역할모델과도 상통한다.

연극 공연은 다양한 역할로 구성된다. 무대에서 역할을 훌륭하게 소화해 내는 배우는 자질 이외에도 일상에서 행해지는 역할의 세심한 관찰자로서 사회적 역할 개념을 잘 이해하는 사람이다. 연극을 이해하려면 '역할을 맡는 행위'를 이해해야 한다(김석만, 2001)는 말은 이러한 의미다. 무대의 역할은 일상의 역할과 동떨어져 있는 것이 아니다. 무대에서 역할을 통해 일상의 역할을 깨닫고, 역으로 일상의 역할에서 무대의 역할을 풍요롭게 할 수 있으므로 무대와 일상에서의 역할은 자신에 대해 진지하게 검토하고 스스로를 깨닫는 계기가 된다. 따라서 역할 개념을 명료하게 하기 위해서 연극적 역할은 물론 사회적 역할의 개념을 이해해야 한다. 나아가 이들의 관계 및 소통 방식에 관한 연구도 필요하다. 랜디는 처음에 역할 개념을 극문학에 등장하는 인물 혹은 유형의 특징으로 생각하였으나 결국은 역할 개념이 명확한 경계를 초월해 있다는 사실을 발견하기에 이른다.

2. 극적 역할과 사회적 역할

소설이나 희곡과 같은 문학 장르에서 역할(인물)은 필수적인 요소다. 뿐만 아니라 만화, 영화, 텔레비전 드라마, 게임과 같은 서사 장르에는 어김없이 역할이 존재한다. 역할 창조가 얼마나 섬세하게 이루어졌느냐에 따라 작품의 완성도가 결정된다. 역할들이 엮어 나가는 사건들을 이야기라고 한다면, 서사문학은 역할에 의해 직조된 문학이다. 앞서 언급하였지만, 사회적 삶 역시 역할로 이루어져 있다. 인간은 매시간 다양하고 수많은 역할을 하면서 살아간다. 개인의 역할은 발달 과정에 따라 다양한 형태로 나타난다. 모태에서 생명이 탄생하는 순간부터 태아는 먹는 사람, 숨 쉬는 사람, 움직이는 사람의 역할을 최적화함으로써 생명의 의미를 수행한다(Landy, 2005). 태어나는 순간에 신생아는 엄마의 품에 안겨 자식이라는 최초의 사회적 역할을 실천한다. 감기라도 걸려 소아과에 가게 되면 아이는 환자라는 좀 더 넓은 사회적 역할을 담당한다. 이렇게 발달단계에 따라 확산되는 역할을 감안할 때 삶 자체는 역할들로 가득 채워진 거대한 역할 보따리다.

연극에서든 사회에서든 역할은 개인 혼자서는 의미가 없고, 타인과의 관계 맺음 속에서 형성된다. 랜디가 언급한 상반되는 것끼리 관계의 짝을 이루는 역할 체계가 이에 해당한다. 아이의 역할은 부모가 있기에 가능한 것이며, 환자의 역할은 의사가 있기에 가능하다. 그러므로 만일 단계별 발달에서 역할 수행에 문제가 있다면 타인과의 관계 설정에 어려움을 겪을 것이고, 이로부터 자존감이 떨어지고 우울해지며 심리적으로 부정적일 확률이 높다. 아이가 사회성이 결핍되어 친구들과 어울리지 못하거나 역할 수행에 어려움을 겪거나 컴퓨터게임에만 몰두한다면 정신적, 정서적, 신체적으로 무기력해질 것이다. 역동성을 지닌 역할은 평생을 걸쳐 지속적으로 변모한다. 역할이 고착화되어 있다면 정신적으로 건강하지 못한 사람이다. 역할이 굳어 있어 변화가 어려운 사람, 새로운 역할 창출이 어려운 사람은 사회성이 부족한 사람, 관계 형성에 어려움을 겪는 사람이다.

3. 역할과 페르소나

사회적 역할에 대해 융은 페르소나로 설명했다. 사회적 가면을 뜻하는 페르소나는 원래 고대 그리스 비극 배우가 썼던 가면을 뜻한다. 융에 따르면, 각 개인은 페르소나가 있는 덕택에 사회에서 자신의 역할을 소화해 낼 수 있으며 주변 세계와 상호 관계를 맺을 수 있다. 페르소나는 진정한 자기가 아닌 타인에게 투사된 모습이며 집단 사회의 행동 규범 혹은 역할이다. 또 페르소나는 고유한 심리 구조와 사회적 요구 간의 타협점에 도달하도록 함으로써 개인에게 사회적 요구에 적응할 수 있게 한다. 즉, 개인이 사회에서 다양한 역할 수행이 가능한 것은 여러 모습의 페르소나가 있기 때문이다. [그림 12-1]은 융이 언급한 자기와 외적 세계와의 관계, 개인이 누군가와 사회적 관계를 맺을 때 겉으로 드러나는 페르소나의 과정을 보여 준다.

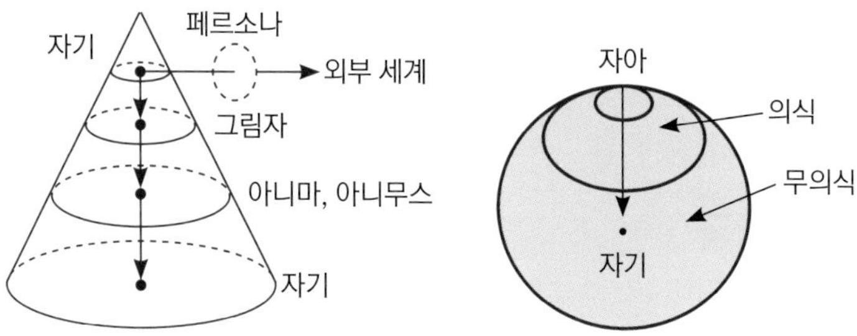

그림 12-1 자기 실현과 페르소나

인간의 정신세계를 나타낸 앞의 그림에서 자기(self)는 중심에 존재하며 무의식을 이루고 있고, 자아(ego)는 의식의 세계로 규모가 자기에 비해 훨씬 작은 세계다. 자기는 중심적 원형(central archetype)으로 아니마(anima)와 아니무스(animus), 그림자(shadow) 등을 통과해서 자아인 의식의 세계로 나아간다. 그런데 자아는 외부 세계에 그대로 투영되는 것이 아니라 외부 세계로 나가기 직전에 페르소나라는 가면을 통과한다. 그러므로 페르소나는 단순한 외적인 형태가 아니다. 자기와 자아가 토대로 작용하는 페르소나는 타인에게 그 사람의 고유한 모습으로 나타난다. 개인에 따라 자기가 외적인 모습, 즉 페르소나와 거의 동일할 수도 있다. 이는 소위 겉과 속이 같은 사람으로, 상대방이 누군가에 상관없이 자신이 하고 싶은 말을 하는 사람이다. 반대로 자기와 페르소나가 다른 모습을 한 사람은 자기를 밖으로 표현하지 못하고 내면에 축적하는 경향이 큰 사람이다. 무슨 일이든 남을 먼저 의식하고 남의 판단을 중시하는 사람이다. 전자는 행동이 지나치면 안하무인이 될 수 있고, 후자는 속병을 앓거나 우울증에 걸릴 확률이 높다.

사회적 가면인 페르소나는 사회적 환경 속에서 자기와 자아가 한데 어울려 외적인 자신의 모습, 말하자면 상황에 따른 다양한 역할을 생성해 낸다. 앞서 언급한 것처럼, 역할은 절대불변이 아니라 가변적이며 상대적이다. 역할은 본래의 모습이 아니라 일종의 가면으로, 역할이 확장되거나 변한다는 것은 인간이 수시로 가면-페르소나를 바꿔 쓴다는 말이기도 하다. 가면은 그 뒤에 본래의 얼굴이 존재한다는 것을 전제로 한다. 그러나 열 길 물속은 알아도 한 길 사람 속은 알 수 없다는 속담처럼 가면 뒤의 본 얼굴, 매번 바뀌는 역할-가면의 안쪽에 존재하는 본질적 요소, 융의 개념으로 자기를 파악하기란 쉽지 않다. 다만 겉으로 드러나는 페르소나가 자기를 기반으로 하고 있다는 점을 감안하여 자기를 어느 정도 추측할 수는 있다. 여기에 페르소나의 중요성이 있으며, 각각의 가면을 소홀히 할 수 없는 이유다. 상황에 따라 가면은 일종의 진실한 얼굴이 되기도 한다. 진짜 얼굴보다도 그의 내면을 더욱 확실하게 밝히는 페르소나-가면이 되는 것이다.

4. 역할과 세상연극

현실 속에서 끊임없이 수행되는 사회적 역할이 극적인 형태로 전환되어 치료의 효과를 지닐 수 있는 것은, 성장의 동력으로 인간이 어린 시절에 경험하는 상상적 놀이를 바탕으로 한 현실 세계와 극적 세계의 연결이 가능하다는 인식에서 비롯된다. 여기서 주목할 것은 연극이 세상이고 세상이 연극이라는 연극성의 확장이다. 기본적이고 고전적인 연극성의 개념은 확장을 거듭하여 문화 사회적 범주로까지 확산되었다. 상담 및 심리치료에서 적용되는 역할 개념 역시 확장된 연극성의 개념을 바탕으로 한다. 이를테면, 문화적 연극성이란 사회적인 삶 속에서 소위 연극적인 요소를 발견할 수 있는 인간의 문화적인 행위를 일컫는다. 니콜라이 에브레이노프(Nikolai Evreinov)가 든 예는 연극과 놀이의 결합, 샤머니즘적이고 교회의 제의, 체벌의 공적인 집행, 장애인 치료, 청소년들의 재사회화, 나체와 수치, 동물의 공적 안전과 행동생물학의 문제(김형기, 2004)이며, 축제, 전야제 행사, 스포츠, 이벤트, 라이브 공연 등을 포함할 수 있다. 연극성의 확대는 세상연극의 개념과 맥락을 같이한다. 세상연극(theatrum mundi)은 한마디로 이 세상이 무대라는 은유다. 인생을 한 편의 연극으로 간주하고, 현실에서 행하는 모든 행위는 무대에 존재하는 배우들의 행위와 다를 바가 없다고 본다. 이러한 인식은 17세기를 지나면서 급속히 발전한 무대장치의 도움이 컸다. 무대에서 표현 불가능한 것이 없게 되자 무대 자체가 세계라는 인식이 생겨났다. 무대-세계 혹은 세계-무대가 가능하다면 그곳에 거주하는 인간은 배우가 될 것이다.

이럴 경우에 무대를 구축하는 연출이나 무대감독, 그리고 전지전능의 관점으로 무대를 관조하는 관객은 신(神)적인 존재가 된다. 관객의 신격화 이념은 신 중심의 중세기를 지나 인간 중심의 르네상스가 도래한 것과도 무관하지 않다. 세상연극의 산물인 셰익스피어의 극작품을 살펴보면 세상은 일종의 연극 무대라는 표현이 쉽게 발견된다. 〈뜻대로 하세요〉에서 등장인물인 공작은 "이 넓은 세계라는 극장에서는 우리가 역을 맡은 장면보다 더 쓰라린 광경을 연출하고 있구나"라고 외치고 있고, 또 다른 등장인물 제이퀴즈는 "온 세계가 무대이며 온 남녀가 한낱 배우에 불과합니다. 각자 퇴장도 하고 등장도 하며 주어진 시간에 여러 역을 맡는 거지요. 연극은 7막으로 되어 있습니다"(2막 7장)라고 말한다. 〈맥베스〉에서 아내의 죽음 소식에 절망에 빠진 맥베스는 "꺼져라, 덧없는 촛불이여! 인생은 한낱 걸어 다니는 그림자에 불과한 것, 제 시간이 되면 무대 위에 등장하여 뽐내며 시끄럽게 떠들어 대지만, 어느덧 사라져 아무 소리도 들리지 않는 가련한 배우, 바보가 지껄이는 이야기와 같구나."(5막 5장)라고 절규한다. 셰익스피어의 대사에서 인간은 누구나 페르소나의 또 다른 형태인 배우이며 세상은 무대라는 인식을 재확인할 수 있다.

고프만은 인생과 연극을 별개의 것으로 보지 않고 삶 자체가 한 편의 연극처럼 직조된다고 생각하였다. 『일상생활에서의 자기표현(The Presentation of Self in Everyday Life)』(1959)에서 인간은 다양한 가면을 쓰고 의식적으로 역할을 소화해 내면서 일상을 살아간다고 말한다. 그의 연극적 사회관은 융의 페르소나와 유사하다. 말하자면 개인이 사회생활을 영위하면서 자신의 인상을 어떻게 관리하고 사회적 역할을 수행하는지 연극의 개념으로 설명한 것이다.

공간적 측면에서 고프만은 서양의 고성을 주목한다. 공포영화에서 볼 수 있는 고풍스러운 저택에는 내실을 은밀하게 관찰할 수 있는 구멍들이 실제로 뚫려 있다. 공포영화에서 개인의 사생활을 훔쳐보는 이러한 구멍들은 사실은 하인들을 위한 장치였다. 귀한 손님이 방문하였을 때 하인들은 주인이나 손님 앞에 전혀 나타나지 않으면서도 그들에게 필요한 것이 무엇인지 파악하여 곧바로 서비스를 가능하게 하는 비밀스러운 관찰 구멍이었다. 이처럼 대저택은 주인이 사용하는 보이는 공간과 하인들이 사용하는 보이지 않는 공간으로 이중적 구조를 지니고 있다. 고프만은 저택의 이중적 구조를 연극 무대와 동일한 것으로 간주한다. 관객에게 보이는 부분은 주인이 사용하는 공간이며, 관객의 눈에 띄지 않고 배우들이나 스태프들이 이동하는 공간은 하인의 공간이라는 것이다. 이렇게 보면 일상의 구조는 드러난 부분과 숨겨진 부분이라는 이중성을 지닌 무대와 닮았다고 할 수 있다. 자신의 시각에 드러나는 공간은 무대이며, 그렇지 않은 공간은 무대 뒤 공간인 것이다. 이처럼 일상의 이중적 공간을 살아가는 우리의 현실 무대는 변화무쌍한 역할에 따라 드러나기도 하고 드러나지 않기도 한다. 한 걸음 더 나아가 고프만은 현대인의 정체성은 연출에 의해 결정된다고 생각한다. 세상은 무대이며, 현대인은 배우이고, 그들이 소비하는 물품은 무대의 소품이라는 것이다.

인생이 한 편의 연극이라는 생각, 우리가 사는 공간이 무대라는 생각은 연극이 우리의 삶과 동떨어진 고립적인 예술이 아니라 우리의 일상 속에 언제든지 깃들어 있는 또 다른 현실이라는 이념과 맞닿아 있다. 이런 사유는 아르토의 잔혹연극으로 이어진다. 제의의 연극을 주장한 아르토는 연극이 현실을 모방하는 것이 아니라 오히려 현실이 연극을 본받아야 한다는 역발상의 주장을 전개한다. 그가 보기에 허위와 가식으로 넘쳐나는 현실은 어둡고 암울하지만, 연극 무대는 참담한 현실과는 달리 진실성이 담겨 있다. 극적 에너지가 활짝 펼쳐진 무대는 기만과 허위의 껍질을 벗고 세상의 진실한 모습을 드러내는 공간이다. 아르토에 의하면, 무대의 역할은 진실하고 현실의 역할은 위선적이다. 연극치료가 아르토의 잔혹연극에 관심을 두는 것은 이런 까닭이다. 연극이 치료의 영역으로 나아갈 수 있는 것은 역할연기를 통해 모방이나 거짓 세계에 익숙한 자기로부터 탈피하여 지금까지 살아왔던 자신의 모습이나 과거가 얼마나 헛된 것이었는지 직시할 수 있다고 보기 때문이다. 페르소나라는 가면을 쓴 채 일상을 살아가는 우리는 아르토가 주장하는 잔혹연극을 통해 혹은 꾸밈없는 극적 역할을 통해 가면을 벗은 나, 진정한 자기를 발견할 수 있을 것이며, 이것은 곧 연극치료가 된다.

5. 역할과 자기

융에게 있어 본연의 중심인 자기와 사회적 역할인 페르소나와의 관계는 명확하다. 그러나 극적 혹은 사회적 역할과 자기의 관계를 규명하는 것은 간단하지 않다. 일각에서는 융처럼 역할이 자기를 기반으로 한다고 주장하며 또 다른 일각에서는 자기도 역할의 일종이라고 주장한다. 전자가 윌셔와 미드이고, 후자는 고프만과 랜디다.

역할이 타인과의 관계에서 어떤 입장을 취하는 것이라면 각 역할은 그에 합당한 다양한 행동을 요구할 것이고 그와 상호작용하는 타인 역시 그가 행하는 역할에 기대할 것이다. 사회적 역할이란 다른 사람과 관련하여 어떤 입장에서 취하는 행위이기 때문이다. 이렇듯 역할이 상황에 따라 서로 다른 얼굴을 지니고 있다면 '자기는 어디에 있는가'라는 물음, 또는 그가 행하는 역할이 '그 자신인가'와 '그의 행동이 곧 그의 존재인가'라는 물음이 생겨난다. 또한 '역할은 자기의 모습을 반영하는가?' '그렇다면 심리학이나 상담학 또는 연극치료나 사이코드라마에서 인위적으로 설정된 허위의 역할을 통해 자기가 새로워진다는 것은 무엇을 의미하는가?' 등을 질문할 수 있다.

1) 자기의 일반적 개념

이러한 생각들을 명확하게 하기 위해서는 우선 '자기'의 일반적 개념을 파악해야 한다. 사회심리학의 관점에서 사회적 자기는 타인으로부터 얻은 자기다. 자기는 내가 자신에 대해 갖는 주관적 자기(I)와 타인이 나에 관해 갖는 모든 지식인 객관적 자기 혹은 일반화된 타자(Me)로 나눠진다. 내가 생각하고 있는 나(I)와 타인이 생각하고 있는 나(Me)는 다르다. I는 행위의 시발자이지만 행위가 시작되면 곧 Me가 된다. I는 의식의 주체이며 내가 나에 관하여 의식적으로 생각하는 어떤 것이 Me다. 즉, I를 시작으로 떠난 행위가 타인을 거쳐 돌아온 것이 Me인 것이다. I와 Me로 이루어진 자기 도식은 무대의 배우에게 적용할 수 있다. 공연 중인 배우가 주체 I라면 타인–관객의 시선에 반응하는 역할–인물은 Me가 된다. 배우 I는 관객의 열렬한 반응에 따라 자신도 예상하지 못하였던 새로운 인물 Me를 창출한다. 이 도식은 역할연기를 통한 치료에도 적용할 수 있다. 아동기에 신체적 · 정서적 · 사회적 욕구에 반응하는 방식에 문제가 있었던 참여자는 타인과의 관계 속에서 형성된 역할 Me를 통해 I를 새롭게 인식할 수 있다. 우리는 우리와 상호작용하면서 우리의 행동의 결과를 우리에게 다시 반영해 주는 다른 사람들의 반응을 통해 우리가 누구인지를 안다(Jennings et al., 2010). 이처럼 사회적 역할과 타인과의 관계 속에서 형성된 Me는 역할의 결과물이다.

2) 미드의 자기 발달 3단계

미드는 자기 발달을 3단계를 나눈다. 1단계는 언어사용 전단계(pre–linguistic stage)로서 자기 발달의 전단계로 사회적 역할이 없기 때문에 자기도 없다. 2단계는 놀이단계(play stage)로서 언어를 사용하고 역할을 수행하기 시작한다. 역할 속에서 타인의 평가를 받고 자기 기능이 형성되면서 자기에 대한 신념이 생겨난다. 3단계는 게임단계(game stage)로서 타인과의 관계에 관심을 갖기 시작하며 여기서 생겨난 지식을 내재화하면서 자기를 형성한다(홍성열, 2008). 자기 발달 3단계에서 알 수 있는 것은 역할이 없으면 자기도 없다는 점과 2단계부터 역할과 자기가 기능적으로 상호작용한다는 것이다. 이를테면, 아이의 울음소리에 엄마는 반응하게 되고 그에 익숙해진 아이는 혼자서도 엄마가 자기를 달랠 때 내는 소리를 냄으로써 엄마의 역할을 취한다. 그리하여 의식과 자아와 자의식의 발달을 유아가 성인의 반응을 내면화하고 놀이를 통해 외현화한 성인의 역할을 취하는 역동적인 과정이라고 미드는 주장한다.

3) 모레노의 역할 개념

모레노의 역할 개념 역시 융처럼 자기를 기반으로 한다. 모레노는 역할을 자기의 실제적이고 구체적인 형식으로 간주하며, 역할을 개인이 다른 사람이나 대상과 관련된 특정한 상황에서 반응하는, 특정한 순간에 취하는 기능적 형식이라고 정의한다(Jennings et al., 2010). 즉, 역할은 자기와 개별적인 것이 아니라 자기의 기능적인 형식으로 상황에 따라 변하는 모습을 한다. 자기의 외적 표현이 역할이 되는 것이다. 치료사로서 모레노는 역할이 자발적으로 이루어져야 하며, 그렇지 못한 경우에는 소통 또는 정서적인 문제가 생겨난다고 보았다. 한마디로 사이코드라마란 역할이 자발적으로 기능할 수 있도록 돕는 치료다. 자발성이란 개인이 새로운 상황에 적합하게 반응하거나 기준이 상황에 새롭게 반응하도록 만드는 힘이다. 환경에 따라 가변적으로 기능하는 역할이 자발성을 지니게 된다면 사회성과 대인관계가 원만해질 것이다. 이렇듯 모레노는 근본적인 자기가 존재하고 자기를 바탕으로 대상에 따라 자발적으로 변모된 형식이 역할이라는 관점을 지닌다.

4) 고프만의 역할 개념

고프만에 의해 역할은 또 다른 자기의 모습으로 격상된다. 그는 개인은 상대방에 따라 주어진 역할을 수행하며 그 역할 속에서 취하는 행동은 그가 가진 사회적 레퍼토리의 일부라고 주장한다. 개인은 역할에 따라 복수의 자아를 지니고 있다는 것이다. 고프만은 여의사와 환자의 관계를 예로 든다. 환자 앞에서 여의사는 자기 역할에 적절하다고 생각되는 방식으로 행동하면서 동시에 자기가 만든 인상이 역할에 적합한 행동인지 신경을 쓴다. 역할에는 개인적 특징이 부여되어 있지만, 거꾸로 역할이 개인의 자기-이미지에 영향을 미치기도 한다. 이런 관계에서 개인이 행하는 역할의 배후에 무엇인가가 존재한다는 힌트를 얻을 수 있다. 뭔가가 반짝이면서 불타오른다. 혹은 그 공식적인 외피를 뚫고 전면에 나선다(Jennings et al., 2010). 이 무엇은 진정한 자기를 들춰내는 인성이라고 할 수 있다. 그러나 이것 또한 자기의 진짜 모습이 아니며 사회적 역할보다 진실한 것도 환영적인 것도 아니다. 고프만이 보기에 역할은 단순히 상황에 따라 겉으로 드러나는 자기의 외피가 아니다. 인간은 언제든지 역할을 연기하고 있으므로 한 역할의 가면이 벗겨진다고 해도 또 다른 가면이 드러날 뿐이다. 그렇다면 진정한 자기는 결코 만날 수 없거나 우리가 보는 민얼굴은 비사회적 가면이라는 말이 된다. 이렇게 역할을 격상시킴으로써 자기를 바탕으로 역할이 형성된다는 이념이 전복된다.

5) 랜디의 역할 개념

랜디로 넘어오면 자기와 역할의 관계가 전혀 새로운 모습으로 설정된다. 랜디의 연극치료 역할모델에서 기본 축으로 작동하는 것이 자기, 타자, 역할이다. 이 세 개념은 상호 의존적이며 자기는 역할을 통해 타자와 관계를 맺는다. 역할은 자기와 타자, 자기와 사회적 세계를 잇는 매체다. 랜디의 핵심적인 개념인 거리 조절은 자기와 타자 사이의 거리를 뜻한다. 자기와 타자 사이에 지나치게 엄격한 경계가 형성되어 있다면 분리된 사람, 자기와 타자 사이에 경계가 희미하다면 밀착된 사람이다. 자기와 타자, 퍼슨과 페르소나, 한 역할과 다른 역할 사이의 유연하고 균형 잡힌 경계는 미적 거리를 지닌 상태가 되며 궁극적으로 지향해야 할 거리다. 이 미적 거리는 역할을 통해 탐구된다. 연극치료에서 역할연기의 중요성은 여기에 있다.

앞선 학자들과는 달리 랜디는 역할 이론에서 자기는 아무런 현실적 입지를 갖고 있지 않다고 주장한다. 인성이란 양파와 같아서 껍질을 벗겨 내면 또 다른 역할이 나오고 그렇게 해서 마지막 껍질까지 벗기고 나면 아무것도 남지 않는다. 그럼에도 인성의 핵심에 뭔가가 있다면 그것은 역할을 생산하는 개인의 능력일 것이며, 궁극적으로 구현자라는 하나의 역할일 뿐이다. 소위 자기 개념을 없애 버린 랜디의 역할 구현자의 주장은 오랫동안 자기가 점해 온 최고의 자리를 역할에 내준다. 핵심 객체로서 자기의 시대는 가고 역할의 시대로 접어든 것이다. 랜디에 따르면, 역할은 우리를 인간으로 규정하는 신체적 · 정신적 · 인지적 · 정신적 · 사회문화적 · 영적 · 미적 특징을 모두 포괄한다. 퍼슨의 일부인 역할은 오직 개인의 심리 내적이고 대인적인 측면에서만 의미가 있다. 연극치료 역할 접근법에서 치료의 목적은 참여자가 하나의 역할에 압도되지 않고 다양한 역할을 취하여 다른 역할들의 병존을 수용할 수 있도록 돕는 데 있다(Jennings et al., 2010). 랜디의 연극치료 역할연기는 다양한 역할 탐구의 일환이며, 그로부터 사회적 역할을 익히고 타인과의 소통 능력과 사회성을 획득하는 데 있다.

이처럼 역할과 자기의 주도권에 대한 다양한 주장이 있긴 하지만, 하나로 관통하는 것은 역할과 자기가 밀접하게 얽매여 있으며 I와 Me로 분리된 자기의 개념에도 역할이 내포되어 있다는 사실이다. 자기의 외피가 역할이든, 자기도 하나의 역할일 뿐이든 이 둘의 조합은 그의 인성과 정체성을 확립하는 주요 요소임이 분명하다. 역할에 관한 탐구가 자기 혹은 본성에 관한 탐구의 일환이 되는 것은 이러한 까닭이다. 특히 연극치료는 역할의 양면성, 은유성, 원형성에 초점을 둔다.

6. 연극치료에서의 역할

1) 역할의 양면성

(1) 연극의 역설

역할의 양면성은 곧 연극이 지닌 역설이기도 하다. 역할의 양면성은 두 차원에서 일어난다. 하나는 배우와 그가 맡은 역할 사이의 양면성이고 다른 하나는 배우 또는 역할 자체가 지닌 양면성이다. 즉, 배우 또는 역할이 제시하는 인간 모두는 자체적으로 영웅과 바보 광대, 피해자와 생존자, 영웅과 악당, 귀족과 서민, 가해자와 피해자, 현명한 바보와 어리석은 왕, 사기꾼과 조력자, 그 외 모든 종류의 연인들이 이 양면성에 포함된다. 이 역할의 모순적 양면성은 빛과 그림자 같은 융의 그림자의 개념과도 상통한다. 우선 배우와 역할 사이의 양면성은 현실을 살던 배우가 무대에서 인물을 연기하면서 발생한다. 배우는 하나의 직업이며 현실의 다양한 역할 중 하나다. 배우가 역할을 연기할 때 그는 배우 그 자신인가 아니면 역할 자체인가? 이에 대한 대답은 난처하다. 역할에 몰입할 때 배우의 사적인 정체성은 후경으로 물러간다. 그러나 연극이 끝난 후 관객의 박수 소리와 함께 현실이라는 전경으로 되돌아오면 역할을 벗게 되고 다시 현실의 에고를 지닌 배우로 귀환한다. 그런데 아무리 연기에 몰입한다고 해도 배우의 개인적 성향과 특성을 완전히 묻어 버릴 수는 없다. 그것은 불가능하다. 적어도 역할의 신체는 배우의 신체에 전적으로 의존한다. 동일한 역할이라도 그 배우가 연기한 역할은 다른 배우가 연기한 역할과 다르다. 연기는 배우의 개성을 바탕으로 이루어진다. 역할연기를 하는 배우의 심리와 정서, 그리고 목소리와 움직임의 틈새로 현실적 인간과 무대적 인간 사이의 균형추가 살짝살짝 오갈 뿐이다. 배우와 역할 간의 관계 설정에 따라 연기법도 달라진다. 배우의 역설을 언급한 디드로는 훌륭한 배우는 냉정한 이성을 지니고 있어서 역할을 연기하는 중에도 자신을 잃지 않는 배우라고 언급한다. 자연스러운 연기란 인위적인 기교와 계산이 절정에 달하였을 때 나오는 것, 이것이 그가 말하는 배우의 역설이다(Diderot, 2001).

반면, 스타니슬랍스키는 배우가 맡은 역할에 대해 최고조로 몰입하여 정서의 완벽한 동일시를 주문한다. 디드로의 이성론과 스타니슬랍스키의 감성론은 상반되는 연기론이지만 둘 다 배우와 인물이 함께 이중주를 연주하는 이중적 존재라는 사실을 부인하지 않는다. 결국 연극에서 의미심장한 사실은 배우와 역할이 별개이면서 동시에 하나라는 점, 그리고 배우의 비허구적인 현실이 역할의 허구적 현실과 공존한다는 사실이다(Landy, 2010).

랜디는 이러한 배우와 역할 간의 이중주를 극적 역설로 표현한다. 드라마의 역설은 존재하면서 동시에 존재하지 않는 것이다. 배우가 역할을 연기할 때 배우는 사라진다. 적어도 관객에게는 그렇다. 이때 배우는 존재하지만 존재하지 않는 것이므로 역할연기를 한다는 것은 존재와 비존재가 공존하는 것이 된다. 극작품 속의 인물을 연기하는 것은 일상의 자기를 잃는 것이지만 한편으로는 인물의 관점에서 자기를 객관적으로 바라보는 것이 된다. 배우가 역할을 입고 행동할 때는 역할로 존재하는 것이지만, 역할을 벗고 움직이지 않는 상태에서 관찰자가 되는 것은 존재하지 않는 것이 된다. 존재는 역할 속에 있는, 행동할 수 있는 개인의 일부다. 존재하지 않는 것은 역할을 벗고 행동하는 부분을 관찰하고 반영하는 움직임을 멈춘 부분이다. 역할은 존재하지 않는 것을 존재하게 한다는 점에서, 보이지 않는 것은 보이게 한다는 점에서, 자신을 나아가 세상을 객관적으로 바라보게 한다는 점에서 반성적이며 치료적이다.

(2) 인간의 역설

또 하나는 인간이 본래 지닌 역설적인 양면성이다. 햄릿이 보여 준 사느냐 죽느냐 또는 살 것인가 죽을 것인가, 존재할 것인가 존재하지 않을 것인가, 행동할 것인가 행동하지 않을 것인가는 보편적 역할의 모순적인 양면성이다. 한 인물 안에 동시에 내재해 있는 영웅과 겁쟁이처럼 역할 양면성, 모순되는 역할을 맡고 연기하는 데에서 생겨나는 감정의 충돌은 사물의 자연적인 질서다(Landy, 2010). 인간이 숨을 쉬면서 살아가는 동안에는 이 모순적 역할에서 결코 벗어날 수 없다. 역할의 양면성은 곧 인간 현실이다. 인간은 안정되고 평화로운 균형 잡힌 삶을 꿈꾸지만, 갈등과 전쟁이 난무하는 고통의 현실을 살아간다. 고통을 겪는 사는 사람은 흔히 갈등과 역할 선택의 기회를 제한함으로써 고통을 피하려고 든다. 그러나 양면성을 차단한다고 균형이 생겨나는 것이 아니라 더한 고통을 초래할 수 있다. 오히려 존재의 양면성을 인식하고 그 갈등하는 역할들 사이에서 살아가는 방법을 찾으려고 노력함으로써 균형 잡힌 통합된 삶에 다가설 수 있다. 결국 극적 역할을 바탕으로 균형 잡힌 역할을 찾고자 하는 것이 랜디의 연극치료 역할모델이다. 역할의 양면성은 자신을 거울에 비춰 보는 것과 유사하다. 현실의 나는 거울 앞의 허상(이미지)을 바라보면서 나를 관찰한다. 허상을 통해 옷매무시를 가다듬고 나의 참모습을 알아간다. 역할의 치료적 가능성은 그것이 나와 나 아닌 것의 극적 역설 내에 역할 취득자나 역할 연기자의 자리를 확보할 때 발생한다. 연극치료나 사이코드라마에서 역할 맡기, 역할연기, 역할 바꾸기 등이 치료에 효과적인 것은 허구적인 역할을 통해 현실의 자기를 비추기 때문이다.

2) 역할의 은유성

은유의 장에서 언급한 것처럼, 연극은 현실을 은유한다. 역할 또한 배우나 참여자를 은유한다. 사이코드라마의 경우에는 주인공이 존재에 대한 다양한 가능성을 연기할 수 있을 때 인성이 발달한다고 보고, 관객을 무대에 초청하여 그에게 직접 역할을 부여하는 것에서 시작한다. 사이코드라마의 주인공은 문제의 사건 발단을 초래한 인물들을 보조 자아의 도움을 받아 역할로 소환한다. 아버지와 갈등이 있는 아들은 무대에서 아들의 역할을 하면서 아버지 역할을 만난다. 무대라는 특수한 공간의 기능 덕택에 아들 또는 아들 역할은 아버지 또는 아버지 역할에게 평소에 할 수 없었던 말을 하게 되고, 자신의 내면을 탐색하면서 역할 간의 새로운 관계 설정을 위해 필요한 것이 무엇인지 알아간다. 사이코드라마의 주인공(A)은 하나의 역할(B)을 맡는다는 점에서 은유적이다. 다만 A와 B 사이에서 의미의 차원이 클수록 은유의 기능이 더욱 활발하게 작용하므로 주인공이 자신의 이야기를 직접 실연하는 사이코드라마에서 은유의 기능은 약한 편이다. 사이코드라마 무대가 현실을 투영한다는 점에서 기본적으로 은유적이지만 그 확장성은 그 정도에 그친다.

일반적으로 연극치료에서의 역할은 사이코드라마처럼 참여자가 직접 자신이 되는 것이 아니라 오이디푸스나 햄릿처럼 알려진 역할에 자신을 대입시킨다. 잘 알려진 역할을 활용하는 연극치료의 역할은 원형적이며, 참여자가 원형적 인물에 자신을 투사함으로써 참여자와 역할 사이에 은유가 의미 있는 기능을 한다. 연극치료는 자체로 현실의 자기인 비허구(A)와 극적 역할인 허구(B)의 만남을 기반으로 한다는 점에서 은유적이다. 연극치료는 참여자에게 비허구의 역할이 지닌 허구의 역할을 이해시키고, 일상 존재가 극적인 존재로 승화되도록 한다. 참여자의 일상적인 역할에 역기능의 역할이 있다면 이를 변형시켜서 제대로 기능하도록 한다. 연극치료는 허구의 극적 역할을 현실의 역할에 대입시키는 은유를 통해 현실의 역할을 수정하도록 유도한다. 이처럼 연극치료에서 역할은 현실과 상상 사이에서 창조적 에너지의 근원으로 작용함으로써 인성이나 가치관을 변형시킨다. 참여자는 배우 또는 인물이 됨으로써, 평범한 인간이자 신, 악마, 영웅, 악당 같은 특별한 인물이 됨으로써 그의 이해와 느낌과 가치판단을 변형시킬 수 있다. 이러한 변형은 연극치료 혹은 일상생활을 불문하고 극적인 역할 맡기와 역할연기 과정의 핵심에 자리한다. 랜디(Landy, 2010)는 연극치료에서 은유가 활발하게 기능하고 있음을 언급하면서 한 걸음 더 나아가 세상은 연극이라는 극적 은유 너머 역할을 통해 존재의 본질까지도 이해하기를 기대한다. 역할은 인성에 일관성을 제공하고, 여러 측면에서 자기라는 개념의 우월성을 대체하는 본질적인 개념이다. 이를 좀 더 확장하면 존재는 단지 드라마에서처럼 연기되는 것이 아니라 그 자체로 극적이라고 할 수 있다. 역할을 충분히 이해한다는 것은 곧 일상 존재의 극적인 본질을 이해함을 의미한다. 존재 자체를 극적으로 간주하는 것은 은유의 차원을 건너뛰어 현실 존재와 극의 역할 사이의 완전한 일치를 뜻한다. A는 B다가 아니라 AB로 통합되는 것이다. 이는 세상 연극을 넘어 연극이 현실 자체이며, 세상이 연극 자체라는 의미다. 이처럼 자기의 의미를 축소하고 대신 역할의 가치를 강조한 랜디를 가리켜서 '자기의 암살자'로 부른다.

3) 역할의 원형성

역할의 원형성을 찾기 위해 랜디는 다수의 극작품을 분석하여 인물의 전형적인 성격과 역할을 탐구한다. 극작품에서 성격은 인물이고, 인물은 역할 수행자로서 일정한 역할로 존재한다. 캐릭터(character)로 표현되는 성격은 곧 인물이자 역할 자체를 의미한다. 이처럼 성격이 상호작용하는 역할 체계라면 그 체계 내의 특정 역할은 무엇인가? 이 질문에 답하기 위해 랜디는 시간과 장르와 문화를 초월하는 성격 유형의 반복되는 패턴 연구를 통해 보편적이고 원형적인 역할 유형을 찾아 나선다. 원형적 역할 탐구는 연극치료 참여자의 역할 유형과 연계시키고 보편적인 역할들을 만들어 냄으로써 참여자에게 사회적으로 병적인 역할을 깨닫도록 하여 궁극적으로 문제의 역할로부터 자유로워지도록 하는 데 있다. 역할을 연극의 가장 중요한 요소로 간주한 랜디는 서양 연극사에서 회자되는 600여 편의 극작품을 검토하여 특정하게 되풀이되는 역할 유형을 추출하고, 역할 유형 분류 체계를 완성한다. 그는 역할 유형은 시대와 문화를 초월하여 뚜렷이 유지되며, 원형적이자 보편적인 인간의 조건을 이야기하므로 역할을 원형과 동격으로 간주하였다. 역할의 원형성은 랜디가 개발한 연극치료 역할모델로 이어지므로 연극치료 역할모델에서 더욱 자세히 다룰 것이다.

7. 역할의 치료성

개인이 자신과 다른 역할이 되어 본다는 것은 어떤 의미일까? 단순히 다른 사람이 되는 것이 아니라 전적으로 타인과 동일시가 이루어져서 그의 정서를 느끼는 역할을 하게 되었다면 자기와 타자(역할) 사이에 전적인 합일이 성립한 것일까? 정말로 자기와 역할(타자)의 합일은 가능한 것일까?

제닝스(Jennings, 2003)는 한 개인이 자신과 다른 사람을 연기할 수 있다면 그로써 정체성이 뚜렷해지고 강화된다고 말한다. 이런 문제는 연기론에서도 매우 중요한 요소다. 배우와 등장인물의 관계는 복잡하다. 배우는 인물의 사고와 감정, 그가 처한 상황을 가늠하고 이에 적응해야 하기 때문이다. '**연기가 삶**(acting is life)'이라는 의미는 배우와 인물이 완벽하게 통합되어야 한다는 의미보다는(이것은 불가능한 일이기도 하다) 배우가 인물의 사고와 상황을 파악하고 자신의 개성을 바탕으로 인물을 창조해야 한다는 의미다. 소리와 몸과 움직임의 모방은 머릿속으로 공감하는 것과는 비교가 되지 않을 만큼 타인과 동일체를 이루도록 한다. 동일체를 지향하는 것은 타인을 진정으로 이해하게 해 주고, 이를 바탕으로 사회성을 강화하기 때문이다.

치료의 측면에서 사회성 강화는 매우 중요하다. 궁극적으로 치료는 사회성 향상을 이루어 타인과의 균형 있는 관계 설정을 돕는다. 흥미로운 것은 타인에 대한 깊은 이해가 부메랑처럼 되돌아와 자신의 양심과 자존감을 회복시켜 준다는 사실이다. 이는 제닝스가 말한 정체감 강화에 해당한다. 타인과의 교류를 통해 소통의 방식이 학습되면 스스로 정서적인 안정감이 생겨난다. 사회적 역할 혹은 극적인 역할을 훌륭하게 소화할 때 성취감과 자신감으로 충만해지고 타인과 소통할 수 있는 심리적 공간이 확대된다. 이는 랜디(Landy, 2010)가 역할이란 자신과 타인의 사고와 감정을 아우르는 그릇이라고 정의한 것과 상통한다. 역할이란 우리가 현실사회와 상상의 세계 속에서 우리 자신과 다른 사람들에 대해 갖는 모든 생각과 감정의 그릇이다.

따라서 이러한 의미의 역할을 기반으로 한 역할연기로부터 참여자의 무의식, 고유한 감정 표출 방식, 행동 패턴, 심리 상태를 파악할 수 있다는 논리는 힘을 얻는다. 역할연기는 타인을 이해하는 것에서 시작하지만 결국은 자기를 자극하고 성찰하도록 하는 특징이 있다. 역할을 창조하면서 타인과 동일시되어 타인과 교류하게 되고 소통을 통해 자기를 발견하는 것이다. 한편, 연극치료를 비롯한 예술치료가 주목받는 이유 중 하나는 예술이 은유와 상징의 보고이기 때문이다. 예술 매체는 상징을 통한 간접적인 이야기와 일상에 대한 은유를 제공한다. 연극치료에서 역할 또한 일종의 은유다. 참여자는 역할이라는 가면 덕택에 직접적인 노출에서 벗어나므로 은유라는 견고한 안전장치를 갖추고 있는 것이다. 우회적 노출이 가능한 은유의 역할은 자기 노출의 부담감을 덜어 주는 장점이 있으므로 사회성이 부족하거나 정서적인 문제나 정신적 병리가 있는 사람에게 사회 및 타인과의 소통에서 정신적 역량을 강화한다.

역동적으로 변하는 환경 속에서 매번 다른 얼굴을 지닌 역할을 능동적이고 합리적으로 수행하기 위해서는 역할 창조 훈련이 필요하다. 연극에는 역할이 있다. 연극은 역할의 가장 중요한 원천이다. 현실에도 역할이 있다. 그런데 현실의 역할과 무대의 역할 중 아르토가 선언한 것처럼 무대의 역할이 더욱 순수하고 진지한 것이라면 오히려 무대의 역할, 즉 역할연기를 통해 자신의 진실한 모습을 발견할 수 있지 않을까? 극적 역할이 의의가 있는 것은 이런 관점에서다. 과거의 쓰라린 상처나 무의식에 새겨진 트라우마나 현재의 아픔까지도 왜곡시키지 않고 직접 대면하도록 하기 때문이다. 무대에서 역할은 현실의 역할보다 훨씬 극적이다. 따라서 무대에서 역할을 통해 극적 인물을 경험하거나 새로운 가치관을 접할 수 있고, 은연중에 숨어 있던 상처를 이해하고 사고의 폭을 넓힐 기회를 얻을 수 있다. 참여자는 배우이자 인물이 됨으로써 참여자의 이해와 느낌과 가치 판단을 변형할 수 있다. 이러한 변형은 연극치료나 일상생활을 불문하고 극적인 역할 맡기와 역할연기 과정의 핵심에 자리한다.

역할의 치료성을 정리하면, 첫째, 역할에는 재미를 주는 놀이의 성질이 있다. 둘째, 역할을 창조하는 연극 행위에는 은유와 상징이라는 거리두기의 안전망이 있다. 역할연기를 행하는 참여자는 무대에서 안전한 느낌으로 자신을 관찰할 것이다. 셋째, 역할에서 소리와 몸의 활용은 소통에 유리하게 작용하며 내적 자기를 명확하게 파악하도록 한다. 이러한 파악은 변형으로 이어진다. 넷째, 역할은 자기의 반영이자 또 다른 자기다. 자기이면서 자기를 바라보도록 하는 역할은 자신의 상처를 드러내어 해소시키는 강한 마력이 있다.

제13장 연극치료와 몸

1. 몸은 무엇인가

몸은 인간의 생존과 소통에 있어 가장 중요한 요소임에도 전통적인 서양철학이나 종교에서 몸에 대한 찬미는 저급한 가치 추구라는 이름으로 냉대를 받아 왔다. 살아 움직이는 몸을 매체로 하는 공연예술에서조차도 몸은 자연 상태로 평가받지 못하고 사회문화적 코드인 의상을 덧칠하고 인위적이고 도식적인 동작과 움직임으로 몸을 제어하였다. 그러나 푸코의 폭로, 여성주의적 비판, 몸과 성(性)의 상품화 담론들에 대한 미학적 반성, 정보화사회의 초실재적 가상현실이 초래하는 일상의 과잉상징화 앞에서 자신의 정체성과 사물/자연의 진정성에 대한 본원적 자행으로 인해 몸을 재조명하지 않으면 안 될 사태에 처하게 되었다(이거룡 외, 1999). 몸의 드러남이 필수적인 연극사에서도 몸이 관심의 대상이긴 하였지만, 생각만큼 중요한 요소로 부각되지는 못하였다.

1) 포스트드라마 연극에서의 몸

현대연극의 한 경향으로 포스트드라마 연극을 내세운 한스-티즈 레만(Hans-Thies Lehmann)의 몸에 관한 연구는 연극에서 몸의 역할을 이해하기 위한 중요한 시도다. 레만은 포스트드라마 연극의 특징을 재현보다 현전, 경험의 전달보다 공유, 결과보다 과정, 의미화보다 현시, 정보보다 에너지 역학이라고 요약하고 몸은 의미를 형체화하는 것이 아니라 에너지를 발화하는 것이라고 언급한다(Lehmann, 2013). 몸의 현전과 에너지의 발화에서 알 수 있듯이, 포스트드라마 연극은 몸을 새로운 시각으로 조명하고 몸의 가치를 되찾으려는 흐름이다. 레만은 몸성 자체를 강조하는 몸의 연극적 특징들이 포스트드라마 연극의 속성이라고 말한다. 몸을 중심으로 삼는 포스트드라마 연극에서 몸이 만들어 내는 의미는 더 이상 이성적 사유에 의한 의미로 귀결될 수 없으며, 몸은 생성적 과정으로 파악된다.

포스트드라마 연극은 다음과 같은 시각으로 몸을 새롭게 조명한다. 첫째, 몸은 더는 정신을 대리 표현하는 매체로 기능하지 않는다. 몸은 정신의 하수인이 아니라 자체로서 자기 지시성을 지닌 현상 그 자체로 지각된다. 둘째, 몸은 잠재성을 지닌 것으로 인식된다. 현존의 몸은 언제 도발이 발생할지 알 수 없는 잠재적인 상태에 있다. 무대에 존재하는 몸은 언제든 폭발할 수 있는 활화산과 같다. 셋째, 몸은 전염성이 있다. 이는 몸을 통한 에너지의 전염을 의미한다. 몸은 자기의 극적 표현화를 수행하며 전염성을 통해 관객의 참여를 유도한다. 배우의 몸에서 관객의 몸 사이의 전염은 수용미학에서 매우 중요한 개념이다.

2) 연극치료에서의 몸

레만의 포스트드라마 연극 개념은 몸과 그 움직임을 중시하는 연극치료와 상당 부분 교감한다. 연극치료는 치료 목표를 위해 연극적 기법을 매체로 활용한다. 즉, 소리와 표정과 몸짓과 움직임이 주 소통 수단인 연극을 도입하여 치료 수준에 도달하려는 것인데, 여기서 몸은 필수적 요소다. 존스(Jones, 2005)는 연극치료 차원에서 몸을 다음과 같이 말한다. 첫째, 연극치료는 참여자가 자기 몸의 잠재성을 계발하는 것과 관련이 있다. 이는 레만이 말한 몸의 잠재성과 같은 맥락이다. 둘째, 연극치료는 참여자가 신체적으로 다른 정체성을 취함으로써 갖게 되는 치료적 가능성과 이점을 강조한다. 이는 포스트드라마 연극에서 언급된 몸의 전염성과 관련된다. 셋째, 신체에 영향을 미치는 개인적 · 사회적 · 정치적 요인을 탐험하는 작업에 초점을 맞춘다. 이는 몸과 사회와의 접촉에 접근하여 몸의 사회적 기능을 회복시키고자 하는 것이다. 이처럼 몸에 대한 새로운 지각의 흐름 속에서 과연 연극치료에서 몸에 초점을 맞추어 치료하려는 근거가 무엇인지 이를 구체적으로 살펴보자.

2. 몸의 역사

서양철학사에서 몸은 경시되었다. 친구들이 간수를 매수한 덕택에 쉽게 감옥을 탈출할 수 있었음에도 소크라테스가 끝까지 고집을 피우며 독배를 마신 것은 몸이 영혼의 거푸집일 뿐이라는 몸 사상이 깔려 있다. 이상주의자인 그의 철학관에 따르면 몸이야말로 대표적인 현상물로 형이상학의 세계에 비해 가치가 없다. 몸이란 피안의 세계에 도달하기 위해 서둘러 떠나야 할 대상이므로 소크라테스에게 있어 독배는 영혼을 위한 약사발이었을지도 모른다. 그의 철학은 계승되어 플라톤과 르네 데카르트(René Descartes) 이래 몸은 정신의 우월성과 정신/몸의 이분법 하에서 고매한 정신적 진리의 그림자나 영혼의 감옥 정도로 폄하되거나 억압되었다(김방옥, 2003). 데카르트의 '나는 생각한다. 고로 존재한다'라는 명제에서 몸의 몫은 어디에서도 찾을 수 없다. 데카르트의 선언은 비신체성 혹은 탈육화, 시각 중심주의와 독백주의를 대표한다(정화열, 2005).

가톨릭이 가혹하게 박해를 받던 로마시대에 가톨릭교도들이 원형 경기장에서 찬송가를 부르며 기꺼이 사자 밥이 되었던 것도 비슷한 이유다. 저곳 하늘나라에 가기 위해서는 이곳의 삶은 별로 중요하지 않았다. 원죄를 품고 있는 몸, 즉 이곳의 존재인 몸은 가능한 한 서둘러 떠나야 할 대상이었다. 기독교에서 몸의 죽음은 슬픈 것이 아니라 오히려 기쁜 것이다. 죽음은 몸의 죽음을 의미하는 것이지 영혼의 죽음을 의미하는 것이 아니므로 '죽으면 살리라' 같은 믿음이 생겨났다. 죽음은 원죄를 지은 몸에서 해탈함으로써 영혼은 결코 죽지 않는 천상의 세계로 올라갈 기회인 것이다. 샘 족이 만들어 낸 유일신의 종교를 믿는 신앙인이 죽음을 두려워하지 않는 것은 이러한 이유다. 그렇다면 기독교인은 인위적으로 생을 마감할 우려가 제기된다. 따라서 유일신을 믿는 종교는 절대 신이 부여한 생명을 끝까지 영위하지 못하고 스스로 목숨을 끊는 자는 결코 하늘나라에 들어갈 수 없다고 경고함으로써 자살을 예방한다. 저곳에 대한 찬미는 이슬람교도 마찬가지다. 그들이 서방세계에 성전을 선포하고 자살폭탄테러를 감행할 수 있는 것은 기꺼이 몸을 희생시켜서 영웅적인 용사가 됨으로써 저곳에서 영생을 얻을 수 있다고 믿기 때문이다.

고대 그리스나 로마의 예술에서 표현된 인간의 몸은 완벽한 조화 자체다. 황금 비율에 따른 인체의 조화미는 인간 몸을 있는 자체 그대로 보기보다는 환각적으로 보려는 경향을 보여 준다. 고대의 조각가들이 부분별로 모델들을 사용하여 가장 아름다운 인체를 만들어 낸 것은 널리 알려진 사실이다. 나르시스(Narcissus)가 물에 비친 자신의 모습을 사랑한 것은 자기를 직접 대면한 것이 아니라 물속에 비친 자신의 이미지를 보았기 때문이다. 물속의 모습은 현실의 몸이 아닌 이미지의 환상적인 형태다. 나르시스를 죽음으로 몰아넣었던 이상적이고 아름다운 몸에 대한 환상을 깨

나르시스

뜨리기 위해서는 오랜 세월을 기다려야 했다. 19세기 후반에 이르러 인위적이고 균형 잡힌 아름다운 몸 대신에 있는 그대로의 몸, 자연스러운 몸, 추하면 추하고 비대칭이면 비대칭인 몸을 표현할 수 있게 되면서, 소위 추 역시 미의 일부로 간주되면서 몸에 대한 진정성이 획득되었다. 추의 강조에서 한 걸음 더 나아가 의도적인 몸의 왜곡은 절대적 균형미를 거부하려는 시도다. 이렇게 해서 환상적으로 미화된 몸이 아닌 있는 그대로의 몸에 대한 가치가 생겨났고, 몸으로 행해진 역할이야말로 진실을 체험할 수 있는 수단이 될 수 있었다. 몸에 관한 관심이 새로운 것은 아니다. 그것은 과거에 존재하였지만, 까마득히 잊고 있었던 몸의 가치를 회복하는 것이다. '**불변의 존재**(being)'에 의해 뒷전으로 밀려났던 '**변화**(becoming)'하는 몸을 되찾는 것이며 원시인들이 지녔던 몸에 대한 예찬을 회복하는 것이다. 원시인이 치유를 위해 집단으로 둥글게 모여 괴성을 지르며 주체할 수 없이 몸을 흔들어 댔던 것처럼 원래의 몸은 주술적 · 제의적인 성격을 지니고 있었다.

예술에서 몸의 진정성을 획득하게 된 것은 니체 철학의 영향이 크다. 몸-이곳을 경시하던 풍조는 현대철학의 시작을 알린 니체에 의해, 신의 죽음이 선포된 이후에 태도가 달라졌다. 저곳이 아닌 이곳, 천국이 아닌 현실, 여기에 현존의 모습으로 존재하는 몸에 대한 가치를 진지하게 검토하기 시작한 것이다. 따라서 몸-역할-움직임으로부터 문화에 의해 억압된 몸이 잃어버린 시원적 성질을 되찾을 수 있다면 자체로 훌륭한 치료 수단일 것이다. 할프린(Halprin, 2006)은 신체와 움직임에 대해 작업할 때 자아의 상처 입은 부분을 놓고 연상할 수 있는 주제들이 떠오르며, 사람들이 자신의 신체에 대해 마음을 열 때 깊은 기억과 상처가 깨어난다고 말한다.

조선시대에 성리학을 전통사상으로 삼았던 한국인에게 몸은 경외의 대상이었지만 서양 문물이 밀려들면서 변하기 시작하였다. 성리학에는 저곳의 절대자가 존재하지 않는다. 성리학은 피안의 세계인 저곳에 도달하는 것을 목표로 하지 않으며 이곳 현재의 삶이 중요하고 가치가 있다고 가르친다. 성리학은 이곳에서 살아가는 동안 최선을 다하라고 말한다. 성리학에서 부모가 물려준 몸을 함부로 해서는 안 된다고 강조하는 것은 이곳에 대한 존중이다. 『소학(小學)』과 『효경(孝經)』은 부모로부터 물려받은 몸을 정갈하게 하고 자기 몸을 소중하게 여기는 것이야말로 효도의 근본이라고 강조한다. 유교의 신체관은 시대에 따라 마음과 몸에 대한 강조점이 다르지만, 기본적으로 마음은 몸을 통하여 드러난다는 심신일원론(心身一元論)을 바탕으로 한다(이거룡 외, 1999). 이렇게 본다면 한국인에게 있어 몸의 회복은 전통의 회복인 셈이다. 전통의 회복은 만연하고 있는 일방적이고 인위적인 몸 미학에서 벗어나 소통의 몸으로 복귀하는 것을 의미한다. 디지털 시대를 맞이하여 타인의 몸이 나의 몸을 만지고 내가 타인의 몸을 만지는 촉각의 중요성을 강조하는 것(이거룡 외, 1999)도 현재 이곳을 살아가는 실존적 존재로서 몸 가치를 회복하려는 시도다.

3. 몸과 치료

포스트모더니즘의 흐름 속에서 몸은 새로운 시각으로 조명되고 있다. 연극치료나 사이코드라마는 물론이고 놀이치료, 무용동작치료, 음악치료, 미술치료 등에서도 몸은 중요한 요소다. 몸을 새롭게 인식하거나 의미 있는 움직임만으로도 치료 효과가 있다고 주장한다. 몸과 깊이 관련이 있는 이들 치료 방식은 몸을 사용하는 부위와 활용 정도가 다르다는 차이가 있을 뿐이다. 몸의 움직임이 치료에 효과적이라는 믿음은 어디서 근거하는 것일까? 연극치료 참여자는 연극 세계에 참여하는 것이므로 행동하지 않을 수 없다. 몸의 움직임을 강조하는 것은 연극치료와 사이코드라마에서 공통적인 반면, 주로 언어로 소통이 이루어지는 심리치료와 대조를 이룬다. 직접 몸과 교류하는 몸은 다른 몸들과 대면한다. 몸에 대한 새로운 자각과 움직임은 내적 세계에 커다란 반향을 불러일으킨다. 따라서 참여자의 내적 문제를 진단하고 이를 효과적으로 표출시키기 위해서는 몸에 대한 자각과 그 움직임에 주목해야 한다. 몸과 감각, 정서와 정신적 상태는 근원적으로 연계되어 있다. 몸을 움직임으로써 정서적이고 내적인 세계에 보다 쉽게 접근하게 된다. 치료에서 몸의 참여는 일상적인 자기를 보다 충분히 표현할 뿐 아니라 행동 속에서 새롭고 대안적인 역할을 입어 볼 기회를 의미하기도 한다(Jennings et al., 2010). 연극치료 작업에서 몸과 그 움직임으로 창조된 연기는 참여자의 무의식 세계를 분명하게 드러내고, 활성화된 감각 속에서 대안적인 역할을 경험하게 하여 문제 해결의 실마리를 피부로 느끼게 한다. 몸이 내적 무의식과 깊이 관련되어 있음은 조이스 맥두걸(Joyce McDougall)이 『몸의 연극(Theatres of the Body)』(1989)에서 주장한 바 있다. 그는 몸의 증상으로부터 내적 고통의 기원을 파악하는 것이 가능하다고 말한다. 가령, 등교하는 청소년의 태도, 표정, 어깨, 걸음걸이를 보면 그들이 어떤 마음의 상태에 있는지 알 수 있다는 것이다. 외적인 몸과 내적 의식 세계의 분리될 수 없는 연계성은 몸으로 체현된 연기가 내적 상처를 외현화시키고 증상을 완화시키는 결정적인 기제라는 근거가 된다.

4. 몸과 정신

서양의 주류 사상은 대체로 몸을 정신의 거푸집으로 간주하였다. 거푸집의 몸이란 정신과 전혀 무관한 것은 아니지만 껍질 정도의 미약한 역할만 부여됨으로써 그 가치가 폄하되었다. 몸-정신 관계가 과거에서 현대로의 이행은 그 가치가 일방적이었다가 조금씩 평형을 이루어 가는 단계라고 할 수 있다. 심리학에서 몸과 정신은 '건강한 신체에 건강한 정신'의 구호처럼 어느 정도 균형 잡힌 통합적 관계로 바라보고 있다. 프로이트의 '지각적 방어'는 몸과 정신의 통합관계를 잘 드러낸다. '지각적 방어'란 인간의 감각이 방어기제로 작용하면서 신체적 장애 현상이 나타나는 것을 일컫는다. 예컨대, 정신적으로 심한 충격을 받았을 때 의학적으로 아무런 문제가 없지만, 눈이 보이지 않게 되었다면 이는 '지각적 방어'가 된다. 이 방어기제에는 실명 현상이 생기지 않았다면 불안과 공포로 인해 정상적인 삶을 영위하지 못하였을 것이라는 전제가 깔려 있다. 생존 차원에서 실명이라는 신체적 방어기제가 작동한 것이다. 정신적 충격이 즉각적으로 몸으로 표출되는 이 현상은 몸과 정신이 복종적이거나 일방적이 아닌 통합적 관계라는 것을 확인시켜 준다.

인지행동치료 전문가인 아론 벡(Aron Beck)과 앨버트 엘리스(Albert Ellis) 또한 인지와 정서와 행동이 긴밀하게 상호작용을 하고 있다고 생각한다. 이들에 따르면, 사고가 우선인가 몸이 우선인가 하는 질문은 불합리하다. 중요한 것은 무엇에서부터 비롯된다는 시간 차이에 따른 순서가 아니라 몸과 사고, 사고와 몸이 통합적 관계라는 사실이다. 인지행동치료에서 언급하는 몸을 통해 정신을 치료할 수 있다는 믿음, 정서가 행동과 인지에 영향을 미친다는 주장, 또한 정서의 일치를 통해 행동의 일치를 볼 수 있다는 것은 몸과 정신이 통합적 관계라는 사실을 잘 보여 준다. 한편, 철학에서 몸의 중시는 이상이나 정신세계보다는 현상이나 현존에 관한 관심과 연결된다. 다만 몸의 추구는 물질만능과 소비사회에서 상업성에 의해 왜곡된 인위적 몸짱의 추구가 결코 아니다. 몸에 대한 중요성은 생성을 중시하는 태도와 맥락을 같이한다. 니체에게 생성은 변화이자 죽음에 대한 천착이다. 몸은 변화하며 생성하는 물질이자 사라지려는 암묵적인 욕망을 두려움의 떨림으로 표현한다. 그러나 한편으로 몸은 생성 사멸을 통해 새로운 몸으로 거듭날 것이라는 쾌감도 지니고 있다.

본격적인 몸의 연극은 사실주의에서 강조하는 배우와 인물의 정서가 혼연일체가 된 연극이 아니라 설령 역할의 덧씌우기를 하지 않더라도 무대에 존재하는 생물학적 몸 자체로 성립하는 연극이다. 몸의 연극은 움직임만으로 원초아가 드러나는 무대이며, 배우가 영매 상태에 빠져들어 몸이 자동적 움직임의 궤도에 들어서는 연극이다. 마치 무당이 초월적 상태에서 자신이 무슨 말을 하였는지 알 수 없는 현상과 동일하다. 자동적으로 움직이는 몸은 무아에서 새롭게 탄생하는 순간으로 이어진다. 방언이나 명상의 순간처럼 주체가 없어지고 무중력에서 유영하듯 온전히 내맡겨진 몸의 상태를 자크 코포(Jacques Copeau)는 '중립성(neutrality)' 혹은 '신체적 · 정신적 중립 상태'라고 표현한다. 모든 움직임의 가능성을 품고 있으면서도 움직임이 없고, 고요하면서도 창조적 에너지를 내포한 그런 순수한 존재의 상태인 것이다. 순수 존재가 된 배우는 아무 표정없는 가면(neutral mask)을 쓰고 순수한 에너지와 리듬에 의해 거리낌 없이 즉흥적 신체 연기를 통해 중립성을 발견하게 된다(김방옥, 2003). 이렇게 존재하게 되는 것을 우리는 현존(presence)이라고 부른다. 현존은 우연히 세계에 내던져진 실존(existence)과는 의미가 다르다. 실존은 본질이 형성되기 이전의 상태이지만, 무대의 현존은 몸과 정신 모두 중립의 상태가 되어 관객과 에너지를 주고받는 실체인 것이다.

방치된 몸의 가치를 회복하고 재발견하려는 연극치료는 몸과 정신의 균형에 주목한다. 이 균형은 코포가 말한 몸의 순수한 중립 상태와 크게 다르지 않다. 즉흥적 몸의 움직임을 통해 과거를 투사하고 오염된 찌꺼기를 정화하여 깨끗한 몸의 현존을 추구하기 때문이다.

5. 촉각과 연극치료

서양에서 몸을 대변하는 감각 역시 오랫동안 평가 절하되었다. 감각 중 촉각은 특히 하위의 요소로 간주되었다. 감각 가운데 시각은 이성적이며 남성적 성격을 지닌 것으로, 촉각은 감성적이며 여성적인 것으로 편이 갈렸다. 특히 시각의 강조는 남성 중심적, 가부장적, 거대 공포증적인 것이며, 관음증의 논리는 독특한 남성적인 논리가 된다. 마음의 시선(눈 또는 나)의 관음증과 '몸의 접촉(손 혹은 애무)'의 친밀성은 대조적이다(정화열, 2005). 플라톤의 이데아나 아리스토텔레스의 에이도스(eidos, 형상) 또한 시각 중심주의의 산물이다. 시각이 상위적인 감각으로 대우를 받는 동안에 촉각은 미천한 하위의 감각으로 여겨졌다. 전통적인 시각 중심주의는 신체 개념을 일방적인 것으로 만들었다. 남성은 여성에 비해 유난히 보는 것을 중시한다. 눈은 다른 어떤 감각기관보다 사물을 객관화하고 지배한다. 그것은 거리를 설정하고, 유지하려고 한다. 우리의 문화에서 냄새 맡고, 맛보고, 만져 보고, 듣는 것보다 보는 것을 우위에 둔 것은 결과적으로 신체적 관계를 빈곤하게 만들었다. 시각이 지배하는 순간 몸은 그 물질성을 잃어버린다(정화열, 2005).

과거의 연극 역시 시각의 연극이 주류를 이루었다. 지금도 우리는 '연극을 본다'고 말하는데, 이는 시각 연극에 대한 과거의 흔적이다. 강하고 아름다운 목소리와 음향 효과라는 청각의 도움을 받아 화려한 무대장치와 의상, 연기자의 현란한 자태와 몸짓은 시각을 위한 것이다. 현대연극은 시각 중심주의에서 탈피하여 공감각의 연극을 위한 연구의 장이라고 해도 과언이 아니다. 마셜 매클루언(Marshall McLuhan)은 『미디어의 이해(Understanding Media)』(1964)에서 '미디어는 메시지다'라고 하였다가 촉각의 성질을 지닌 마사지를 끌어들여 『미디어는 맛사지다(The Medium is the Massage: An Inventory of Effects)』(2001)라고 주장한다. 매클루언(McLuhan, 1999)이 보기에 원시시대의 인류는 오감을 사용하는 복수 감각형이었다. 그러나 문자의 발명과 요하네스 구텐베르크(Johannes Gutenberg)의 활자 인쇄술의 출현으로 인해 시각이 중심 감각이 되어 버렸다. 전자 시대에 접어들면서 현대인은 텔레비전, 라디오, 영화, 전화, 전신, 컴퓨터 등 다양한 미디어를 접하게 되고 감각 전체를 동원하여 메시지를 받아들이게 되었다. 매클루언이 미디어를 지각과 연결시키고 마사지라는 촉각적 현상을 언급한 것은 미디어가 인간의 신체 확장이라는 의수-테제(prothese-these)와 더불어 미디어가 인간의 확장, 즉 인간 감각의 확장, 다시 말해 촉각으로의 귀환을 의미한다. 촉각으로의 귀환은 광의의 의미로 공감각으로의 확장이다. 이 점은 벤야민이 영화를 언급하면서 우리가 시각적 지각 방식에서 촉각적 지각 방식으로 전환된 시대에 살고 있다고 진단한 명제와 동일하다. 벤야민은 영화의 지각이란 건물을 지각하는 것과 비슷하다고 말한다. 이를테면, 건물 안에 있는 목적지를 찾으려 할 때 그 경로를 미리 머릿속에 그리는 것이 아니라 빌딩 안에 들어가서 변화의 경로를 몸에 기입한다는 것이다. 따라서 다른 생각을 하면서도 목적지를 찾을 수 있다는 것인데, 이것이 바로 촉각적 지각 방식이다. 그는 영화 역시 현실에 비해 빠른 속도감으로 촉각적인 지각 방식을 암암리에 훈련시키고 있다고 말한다. 건물 속 목적지나 영화를 몸으로 지각하는 촉각적 지각 방식은 몸 전체로 지각한다는 공감각적 의미가 담겨 있다.

모성적 감각인 촉각은 모든 감각을 가능하게 하는 기본적인 감각이다. 들뢰즈가 언급한 원시적 공감각이 귀로 보고 눈으로 맛보고 입으로 듣는 식의 감각이라면, 매클루언의 공감각은 오감을 한쪽에 치우침 없이 균등하게 사용하는 것을 뜻한다. 현대연극에서 무대에 세워진 스크린은 영화나 사진이나 텔레비전을 모방하거나 시각을 위한 기념비가 아니라 오감의 균등,

적어도 촉각을 활성화할 것을 목적으로 한다. 한편, 첨단기술 매체와 이미지에 의해 활성화된 촉각과 그로부터 촉발된 공감각의 기제에서 생겨나는 것은 생생함이다. 이미지의 리드미컬한 움직임으로 인해 피부에 와닿는 생생함은 원본이 아닌 복제에서 찾을 수 있는 복제적인 생생함, 즉 원본보다 더욱 가치가 있는 복제의 생생함이라고 할 수 있다. 앞서 모방에서 언급하였던 것처럼, 이미지는 재현이 아니라 실제보다 더욱 사실적이라는 이념, 극적인 현란한 이미지의 파장은 복제의 복제인 상사가 더욱 실제적이라는 보드리야르의 시뮬라크르의 개념을 근거로 한다. 보드리야르는 '미디어는 인간의 확장'이라는 매클루언의 명제를 뒤집어 '인간은 미디어의 확장'이라고 언급하면서 몸이 미디어의 가능성을 실천하는 도구로 전락하고 있다고 비판한다.

연극치료 역시 몸의 감각 중 특히 촉각의 가치를 재발굴하고자 한다. 촉각의 생생함을 추구하는 연극치료에서 참여자는 몸을 열어 둔 채 촉각을 최대한 활성화할 것을 권유받는다. 시각이 눈뜬 시체가 되도록 강요한다면, 촉각은 생생함의 역동을 일궈 낸다. 연극치료에서 추구하는 촉각의 추동은 선입견에 빠져 있던 몸의 존재, 즉 잠자는 감각을 일깨운다. 혈액이 상승하여 몸이 뜨거워지면 코포가 말한 중립 상태가 되어 만지는 주체와 만짐을 당하는 대상을 구분할 수 없게 된다. 주체와 객체의 주도권 다툼이 사라지고 살과 살의 맞닿음이 부각된다. 촉각은 시각에 비해 훨씬 상호적 교류와 사회성을 필요로 한다. 이를테면, 간지럼은 타인을 필요로 하는 촉각으로 행해지는 몸의 지각이다. 자기 몸을 간지럽힐 수 없기 때문에 간지럽히는 것은 접촉 놀이라고 할 수 있다. 간지럼에는 타자의 인정이 필요하다. 타자가 없이는 절대로 이루어질 수 없기 때문에 간지럼은 진정으로 '대촉적'이며, '타자의 인정'을 요구한다(정화열, 2005). 타인의 존재, 상호 소통을 중시하는 촉각의 활성화는 정신적 공허와 촉각의 결핍을 느끼는 현대인에게 꼭 필요한 요소다.

6. 몸, 학대와 치유

역사적으로 몸은 경외의 대상이자 학대의 대상이었다. 현대에 들어와서 몸의 학대는 새로운 형태를 띠고 있다. 몸의 균형미를 예찬할수록 몸을 학대하는 아이러니한 현상을 어떻게 설명할 수 있을까? 날카로운 메스로 눈꺼풀에 영원한 흉터를 남기는 행위, 주름이나 지방질 제거 수술은 말할 것도 없고 심지어 아름다운 몸을 만들기 위해 땀을 흘리는 각종 운동도 일종의 몸의 학대 행위다. 몸은 학대받음으로써 아름다워질 수 있다는 생각에 깊숙이 사로잡혀 있는 사람은 높이 오르려다 태양열에 추락해 버린 이카로스의 후예다. 만년설로 뒤덮인 고봉을 등산하거나 마라톤을 할 때 느끼는 터질 듯한 심장의 고통은 몸의 학대를 은유한다. 성도착증이란 자기 혹은 타인의 몸을 학대하는 것이며, 역으로 성을 억제하는 사회적 규범 또한 몸을 학대하는 행위다.

신체 심리학의 창시자인 라이히(Reich, 2005)는 성을 억압하는 사회를 통해 몸의 학대가 어떤 결과로 나타나는지 보여 준다. 라이히는 브로니스와프 말리노프스키(Bronislaw Malinowski)의 『개개인의 성생활(The Sexual Life of Savages in North Western Melanesia)』(1929)을 인용하여 트로브리안드 군도의 미성년자의 성생활을 소개한다. 이곳에서는 어린 시절부터 전 생애 동안 자연스럽고 자유롭고 충분한 성 만족을 얻으며 성장한다. 어린이는 나이에 맞추어 자연스럽게 성 활동에 참여하지만, 이곳에는 성도착, 기능적 정신병, 정신신경증, 치정살인, 도둑 그 어느 것도 일어난 적이 없다. 배변 훈련도 겪지 않은 이곳 사람들은 자연발생적으로 깨끗하고 정연하며 지적이고 근면하다. 비강제적이고 자유의지에 의한 일부일처제 결혼이 성생활의 사회적 형태로서 우세를 점하고 있으며 난혼은 전혀 없다. 반면, 좀 떨어진 섬에 사는 가부장적이고 권위적인 가족제도를 지닌 부족에게는 유럽에서 볼 수 있는 신경증 환자들이 지닌 모든 특징들, 예컨대 불신, 불안, 신경증, 자살, 도착 등이 분명하게 나타났다.

종종 몸은 학대 혹은 폭력의 수단이자 대상이다. 모리스 메를로-퐁티(Maurice Merleau-Ponty)는 우리가 육체적인 존재인 이상 폭력은 우리의 몫이라고 말한다(정화열, 2005). 살인, 고문, 강간, 폭행, 마약 등은 몸에 의해 자행되는 몸의 학대 행위다. 만짐과 만져짐이라는 촉각에 기대고, 몸의 현존에 초점을 두는 연극치료는 이러한 몸의 학대에 관심을 둔다. 연극치료에서 말하는 학대 혹은 폭력은 단순히 감정들의 충돌로 일어나는 주먹다짐이나 육체적 가학 행위만을 뜻하지 않는다. 이 학대는 고통과 가책과 후회에 시달리는 삶과 연결되어 있다. 삶 자체는 실로 몸의 고달픈 여정이다. 한 끼만 굶어도 몸은 고통을 호소하기 때문에 끊임없이 먹을거리를 찾지 않으면 안 된다. 고통이 없는 세상은 오로지 죽음에서만 찾을 수 있으므로 죽음은 '영면(永眠)' '영원한 안식' 등으로 표현된다. 그렇지만 고통은 살아 있다는 증거이기도 하다. 몸은 학대의 상처로 가득하다. 인간은 규범이란 채찍으로 몸을 학대하기를 멈추지 못하는 모순적인 존재다. 진정으로 몸의 학대에서 벗어날 길은 없는 것인가? 굳이 그 길을 제시하자면 아마도 죽음이 있을 것이다. 생의 연장은 몸의 학대로 얻지만, 몸의 학대가 끝나면 감각 기간이 완벽하게 마비된 죽음의 세계가 펼쳐진다. 그 죽음은 숨쉬기를 멈추는 생물학적 죽음뿐 아니라 이성의 죽음, 자기의 죽음, 전통의 죽음, 종교와 문화의 죽음을 아우른다. 예술에서 몸을 학대하는 행위는 죽음을 전제로 하는 메커니즘이다. 주위를 살펴보라. 수많은 예술 행위는 곧 죽음과 연관되어 있지 않은가? 그러므로 현존의 어휘로 몸의 학대를 전면에 드러내는 연극치료는 학대의 결과인 죽음에 메아리처럼 반향하는 치료 행위라고 할 수 있다.

7. 자연몸의 회복

몸의 학대에 대한 형태 중 하나는 몸을 소비적 관점에서 바라보는 경향이다. 이는 현대적 삶이 추구하는 소비사회의 환경과 맞닿아 있다. 소비적 몸이란 몸의 외적 가치를 추구하는 몸, 인위적으로 재생시킨 몸이다. 운명적이고 본능적인 몸은 자연몸이어야 하지만 첨단 과학기술의 유혹적인 단맛을 경험한 현대인은 자연스러운 몸을 견디지 못한다. 의학의 발달로 성형외과는 번창하고 인위적인 몸이 양산된다. 인공적으로 변형된 몸은 다시 화려한 겉치장이 씌워지고 명품 가방과 구두가 덧입혀진다. 인공적인 몸은 소비적인 몸이다. 소비적인 몸의 추구는 욕망의 결핍을 낳고 그 결핍을 채우지 못할 때 몸은 존재 가치가 없는 것으로 판단된다. 날로 자살률이 높아지는 까닭 중 하나는 소비적 몸이 추구하는 욕망의 끝을 가늠할 수 없기 때문이다.

그렇다면 인위성을 탈피한 자연몸이란 무엇일까? 아무런 인공이 가해지지 않은 몸이 자연몸일까? 그렇다고 할 수 있지만 사실 인간의 몸은 인위적이지 않을 수는 없다. 태어나자마자 밀림에 버려져서 늑대에게 키워진 소년이라면 그는 진짜 자연몸의 소유자라고 할 수 있다. 언어를 사용하고 문화를 소비하며 살아가는 사람은 백 퍼센트 자연몸과는 거리가 있다. 자연몸은 원시적인 몸이며 순수한 몸이다. 종교나 정치의 이데올로기에 물들지 않은 몸, 치장하지 않은 몸, 완벽히 벗은 몸이다. 그러나 현대사회에서 이러한 자연몸을 만날 수는 없다. 마르틴 하이데거(Martin Heidegger)는 과학기술의 진보에 따라 사물과 인간은 그 고유성을 상실하였다고 선언한 바 있다. 현대인들에게 불가능한 자연몸은 개성이 중요하긴 하지만 전혀 손대지 않은 몸은 아니다. 손대지 않은 몸은 시간이 흐를수록 때가 끼고 냄새가 나며 더러워진다. 엔트로피의 법칙에 따라 머리나 손발톱을 다듬지 않으면 인간의 몸은 자연몸이기보다는 비인간적인 몸이 된다. 현대적인 자연몸의 개념은 차라리 개성을 지닌 몸, 예술성이 살아 있는 몸, 소통이 가능한 몸으로 보는 것이 합당하다. 연극치료가 추구하는 몸 또한 개성과 예술과 소통이 가능한 몸이다.

예술적인 몸이 자연몸이라는 선언은 동작중심 표현예술치료 전문가인 할프린(Halprin, 2006)의 개념이다. 예술성이 깃들어 있는 몸이 자연몸이라는 의미다. 이 의미는 연극치료가 염두에 두는 몸에 그대로 적용할 수 있다. 예술적인 몸은 역사적으로 부침을 거듭해 왔다. 이교도로 간주되는 신비주의자들에 의해 몸이 신성시되었던 적도 있지만, 이성이 중시되면서 물질적 사고관을 가진 성직자, 과학자, 의사와 같은 권위 있는 전문가에 의해 자연몸은 뒤로 물러났다. 자연몸과 연관된 감각이나 치유, 민중에게 속한 민속예술은 미신이나 이단 또는 무지하고 미개한 분야로 간주되었다. 예술은 재력가나 권력가의 밑에서 그들의 권력 구조를 드러내기 위한 목적, 천박한 오락물 제공이나 감각의 배출구, 성취감 결핍이나 자유로운 표현의 결핍을 보상하기 위한 수단으로 전락하고 말았다. 이렇게 이성과 권력의 시녀로 전락한 예술로 인해 몸은 자연몸에서 멀어졌다. 분리된 환경, 맹목적인 소비 욕망이 주를 이루는 오늘날에도 상황은 크게 변하지 않았고 예술의 몸은 치료의 힘을 잃었다. 따라서 치료의 자연몸을 되찾기 위해서는 우선 예술이 지닌 본래의 면면을 회복하는 것이 필요하다. 치료의 예술은 개인과 집단 기능의 본질적인 부분이며, 인간 삶의 모든 부분에서 소통과 지식을 위한 언어로 기능한다. 예술은 삶과 죽음, 결혼과 전쟁에 대한 통과의례, 질병을 치료하고 자연의 원동력과 상호작용하는 것 등과 같은 부분에 있어서 개인과 가족, 집단을 통합하고 또한 신성에 대한 연결과 기원에 이르기까지 모든 중요한 역할을 담당한다(Halprin, 2006). 자연몸을 추구하는 예술은 통합을 지향한다. 통합된 예술을 통해 몸이 소비와 욕망의 시선에서 벗어나 원시성을 회복한다면 몸과 마음과 영혼은 온전히 하나가 될 것이다. 통합된 몸은 건강한 태아 상태의 몸이며 궁극적으로 연극치료가 지향하는 몸이다.

8. 몸의 치료

전통적으로 배우의 연기론은 내면의 정서에서 외적인 행동이 나오는 것인지, 몸의 행동이 내적 심리를 불러일으키는 것인지를 고민하였다. 소위 '안에서 밖으로(inside out)'인가 혹은 '밖에서 안으로(outside in)'의 논쟁이 생겨났다. 그런데 몸에 초점을 두기 시작한 현대연극 이후의 연기론은 대부분 몸의 표현을 통해 정신적 · 내면적인 것에 도달하려는 경향이 있다(김방옥, 2003). 연기에 생체역학을 도입한 브세블로트 메이어홀드(Vsevolod Meyerhold)는 몸의 움직임이 심리를 이끈다고 생각한다. 내적 정서 이입을 강조한 스타니슬랍스키도 비슷한 생각이다. 그는 배우가 연기에 필요한 신체적 행동을 수행하지 않고 행동의 심리적 측면에 몰두하는 것은 대단히 위험한 일이라고 하였다. 즉, '밖에서 안으로(Outside in)'의 경향, 말하자면 몸을 정화 또는 준동시킴으로써 정신을 치유할 수 있다고 보는 관점인데 이는 바로 연극치료가 추구하는 방향이다.

몸은 움직이는 자체만으로도 어떤 치료 효과가 있다. 자기 탐색에 관심이 많았던 융은 몸동작, 그림, 글쓰기 같은 것이 이미지와 상징을 끌어내는 방법이라고 언급하면서 만다라 그림이 춤이 될 수 있다고 말한다. 그림이나 글씨를 쓰기 위해서는 몸을 움직여야 하므로 몸을 통한 상징적 재연은 보통의 적극적 상상력보다 훨씬 더 효과적이라고 믿었다(Halprin, 2006). 몸은 치료의 중요한 매체이자 대상이지만 정체된 몸, 닫힌 몸은 고통스러운 몸이다. 따라서 몸은 움직여야 하며, 내적 은유와 무의식의 언어를 발산할 수 있어야 한다. 움직임은 몸의 원초적 언어이므로 움직이는 몸은 우리를 깊은 느낌과 기억으로 이끈다. 움직이는 몸이 뭔가를 표현할 때 몸에 담겨 있는 정서가 외현화된다. 몸이 온전한 표현으로 지각되고 이해될 때 몸은 통찰과 변화를 위한 매체가 된다. 창의적이고 온전한 몸의 동작을 통해 표면에 올라온 것을 탐구함으로써 우리는 자기에 대해 새로운 방식으로 실험하고 드러내고 연구한다. 이때 무의식이 밖으로 드러나면서 알아차리지 못하였던 모든 것을 명확하게 알아차리게 된다.

동작중심 표현예술치료에서 몸은 신체적인 수준의 몸뿐만 아니라 정서적 · 인지적 · 영적인 수준의 몸으로 확대된다. 신체적인 몸에 대한 탐색은 감각, 신체 자세, 신체 부분, 몸짓, 동작 등이 있다. 나아가 정서적인 몸과 인지적인 몸에 대한 탐색이 이어지며 궁극적으로 이 세 수준이 어떻게 관련되는지, 즉 이들의 조화 혹은 대립 관계를 파악하도록 한다. 또한 이들을 실제에 적용할 때, 세 수준의 관계를 활성화하는 데 초점을 두며 신체적 반응과 표현으로부터 정서적이고 인지적인 감명이 일어나는 원리에 기초를 둔다. 이 원리는 연극치료처럼 몸을 활용하여 치료하는 예술치료에서 주목하는 것으로, 몸의 반응이 정서와 인지에 영향을 미친다는 사실에 초점을 맞춘다. 걷기만 해도 상쾌한 기분이 들거나 몸을 움직일 때 자유로움을 느끼거나 몸에 역할을 투사하여 감정을 이입시킬 때, 어떤 알아차림이 생겨나는 것은 바로 신체와 정서와 인지가 긴밀하게 연결되어 있기 때문이다. 따라서 이들 수준이 서로 분리되거나 대립한다면 내면의 영혼과 인간관계에서 갈등 상황이 나타날 것이며, 반대로 조화를 이룰 때 알아차림, 창조성, 표현 수준이 더욱 높아질 것이다. 그리하여 몸, 정서, 인지 세 수준의 상호작용이 창의적일수록 진실되고 깊어지며 통합될 수 있고 초월적이고 영적인 에너지를 얻을 수 있다. 세 수준이 충분히 통합되면 몸은 높은 의식 수준에 접근하도록 허락하는 통로가 된다. 몸은 정서와 인지적 반응이 일어나는 근거지다. 세 수준이 조화를 이루고 우리의 강점과 유연성이 증폭될 때 각 단계 사이에서 에너지의 흐름과 순환관계가 발전하기 시작한다. 그러므로 세 수준의 통합은 더욱 주의 깊게 듣고 다양한 감각을 느끼기 위한 근거지인 신체적 수준으로 돌아오도록 하는 것이며 감각을 활성화하는 것이다. 동작이 변하면 정신도 변하고, 동작이 새로워지면 몸이 새로워지고 이미지들도 변한다. 몸과 동작에 주목하는 연극치료는 몸을 통로로 활용하여 닫힌 몸이 열린 상태에서 움직이는 몸으로 변형되기를 기대한다. 변형된 몸은 기계적인 움직임이 아니라 모체와 탯줄로 연결된 태아의 움직임이나 모선과 연결된 우주인의 유형처럼 독특하며 생명을 향한 몸짓이 될 것이다. 촉각에 의거한 움직임과 예술적이고 자연적인 몸의 움직임으로 구성되어 인지와 정서에 막대한 영향을 끼치는 몸인 것이다.

9. 연극치료의 목표: 몸의 변화

메를로-퐁티의 몸의 현상학에 따르면, 타인의 시선에 노출된 몸은 동시에 타인을 바라보는 몸이다. 몸은 타인과의 교류에서 보여 주고 보는 쌍방적 관계를 지닌 특수한 물질로 소통에서 핵심적인 역할을 한다. 따라서 그는 지각 방식을 데카르트의 코기토와 대립하여 '신체적 코기토'라고 표현한다. 이는 눈이 대상을 받아들이는 행위 과정도 지각이 감관을 통해 받아들인 정보를 정신으로 퍼 올리는 인식론적 현상이 아니라, 살(chair)이라는 촉각적 접촉으로 이루어지는 운동 과정이라는 의미다. 육체와 결부된 운동이라는 감각적 지각이 인식의 요체가 되는 것이다(육현승, 2005). 한마디로 몸이 있기에 의사소통 또는 대인관계가 가능하다는 것이다.

연극치료가 몸을 중시하는 것은 정신과의 주도권 쟁탈에 관심이 있는 것이 아니라 몸을 통해 의사소통을 원활히 하고, 단절되었거나 매몰되어 있던 몸의 진정성을 발굴하려는 차원이다. 몸을 감각의 근원으로 간주하면서 윤리적 시각에서 어둠의 자식으로 치부하려는 습성에서 벗어나서 현존의 인자로 보고 소통의 근거로 삼으려는 것이다. 몸을 통해 소통하려는 연극치료의 근본적인 이념은 양자론에서 우주적 전 존재가 긴밀하게 연결되어 있다는 인식 또는 불교나 『주역』에서 우주 만물은 전체가 연결되어 있으며 고립된 존재는 하나도 없다는 관점, 또는 '동시성(synchronicity)'의 원리로서 '생태학의 제일 법칙'이라고 부르는 생태학적 관점과 궤를 같이한다(육현승, 2005). 몸으로 연결된 인간이나 기타 종(種)들은 상호 신체적으로 되며 그들 사이의 관계를 포괄하는 사회적 원칙과도 부합한다. 몸으로 존재를 지각하고 사회성의 원칙을 따르는 자, 다시 말해 연극치료의 참여자는 인식론적 차원에서 현상을 파악하는 데 머물지 않고 살에서 파생한 감각을 중시한 메를로-퐁티의 '육화된 행위자'라고 할 수 있다.

오늘날 몸은 중요한 화두다. 촉각적이며 학대의 주체이자 대상인 몸은 사회적이며 생태적이고, 자체적으로 퍼포먼스이며 해프닝이다. 몸은 공연의 장소이기도 한 것이다. 이런 의미에서 '육체 해석학'이란 신조어를 사용한 다음의 글귀는 의미심장하다.

> 육체 해석학 또는 몸의 정치가 공연을 위한 무궁무진한 광장으로서의 몸을 생각할 경우에 공연(performance)은 그 핵심어가 된다. 몸이 바로 공연 장소가 되기 때문이다. 공연되기 때문에 몸의 정치나 몸의 문제는 감성적이고 언어적이며, 정신분석학적이고 연극적이며 도덕적인 것이 된다(정화열, 2005).

배우가 무대에서 몸을 움직이는 것 자체가 자신을 찾는 행위다. 자신을 알고 자신을 찾게 되면 과거의 영욕과 외상과 원죄와 고통을 한꺼번에 해소할 수 있다. 그 치료 행위가 바로 몸에 기반한 행위다. 몸의 각 부분은 인생 이야기가 스며 있는 여러 양상의 은유다. 몸을 직면하면 몸속에 저장된 과거의 이야기보따리가 열린다. 그러므로 연극치료에서 몸을 움직이고 활성화하고 직면하는 것은 몸의 상상력을 통해 몸에 영향을 끼치는 놀이나 이야기를 곁들어서 몸 구석구석에 퍼져 있는 신경과 감각을 느끼게 하려는 것이다. 항상 있어 온 몸이지만 잊고 있었던 잠재성을 탐색하고 몸의 접촉으로 생겨나는 사회성을 탐구하며 지각에서 벗어나 있었던 몸을 변화시키려는 것이 연극치료 목표 중 하나다.

제14장 연극치료와 제의

제의(ritual)는 연극의 기원으로 간주된다. 모든 축제의 기원 또한 고대 농경사회의 풍속인 제천의식, 곧 제의로 본다. 이를테면, 고구려의 동맹이나 부여의 영고, 고대 그리스의 디오니소스 축제 등이 그렇다. 인간의 삶을 유지 및 확산시키고 집단의 안녕과 사회적 유대감을 확충시키려는 목적을 지닌 제의는 인간이 존재하는 곳이면 어디서든 찾을 수 있다. 제의는 인간사회에서 유대감을 강화하고 위로하고 치료하였다. 제의적 연극치료는 이러한 제의성과 연극의 제의적 성격에 초점을 맞추고 치료의 장으로 활용하는 연극치료모델의 한 형태다.

제의적 연극치료는 연극의 근원으로 간주되는 제의의 내용과 형식을 활용하여 참여자를 치료하고자 한다. 제의가 연극적 형식을 취하고 제의연극이 제의 형식을 취하므로 연극예술을 의도적으로 사용하는 연극치료에서 제의성을 연구할 필요성이 제기된다.

연극치료사 가운데 스티븐 스노우(Stephen Snow)는 인류학적 입장에서 제의적 드라마(ritual drama)의 기원을 탐구한다. 그는 극 요소인 통과의례는 무엇이며, 이러한 과정에서 일어날 수 있는 정체성의 파괴와 개선의 양상은 무엇인지, 초개인적인 상징과 원형 상징이 어떻게 이러한 과정에 요인이 될 수 있는지, 그리고 공연의 틀에서 심층적인 심리치료의 가능성은 어디에서 비롯되는 것인지를 오랜 전통의 치유적인 제의극 속에서 찾는다(김숙현, 2014b 재인용).

또한 수잔 미첼(Susan Mitchell)은 '자기표현의 연극'이라는 치료적 공연에서 내면의 삶을 창조적인 방식으로 표현해야 할 필요성과 과거의 인식이나 미래의 기대라는 스크린을 통해 세계를 경험하도록 한다. 그녀는 폐쇄적인 집단을 대상으로 작업할 때 초연극적 모델이나 제의연극의 원리에 초점을 맞춘다. 이는 개인적 공연 만들기가 집단 단위의 제의연극으로 확장되는 방식이다. 미첼이 제안한 제의연극은 '변형의 제의'로 참여자에게 리미널한(liminal) 공간, 즉 일상의 삶의 조건이 해체되고 새로운 가능성이 표면화되는 공간으로 진입하도록 한다. 변형을 위한 통과의례에 해당하는 이 제의성은 현실에서 극 세계로 또는 극 세계에서 현실로의 변형 덕택에 참여자는 안전한 거리에서 진정한 자기표현을 할 수 있게 된다.

한편, 제닝스(Jennings et al., 2010)는 아르토의 잔혹연극을 근거로 연극의 제의적 성격이 연극치료의 근간이 될 수 있음을 언급한다. 샤머니즘은 상징과 은유를 중시한다는 점에서 극적 형식의 치료적 제의와 관련이 있다는 것이다. 존스(Jones, 2005) 또한 의례와 의식을 넓은 범위의 제의에 포함하여 연극치료에 활용한다.

여러 연극치료사가 연극과 제의와의 상호 관계성에 초점을 맞추고 연극의 기원으로 거슬러 올라가서 그 내용과 형태를 탐구하고자 하는 제의적 연극치료는 과연 임상에서 어떻게 활용할 수 있을까? 실제 치료 작업에서 제의 형식을 본 따 프로그램을 구성하면 그것이 제의적 연극치료가 되는 것일까? 사실 제의적 연극치료는 철저한 이론적 근거와 임상적 실험의 결과로 신뢰성과 타당도가 인정된 연극치료모델은 아니다. 연극치료사들은 오히려 환각, 몰입, 무아경, 신들림의 제의성이 정신적으로 허약한 참여자를 곤란에 빠트릴 수 있다고 경고한다. 제닝스는 제의적 연극치료가 연극치료의 실제와 이론을 떠받쳐야 할 엄정함을 충분히 확보하지 못하고 있다고 말한다. 존스 또한 의례라는 다른 세계에 대해 광범위하고 모호한 진술들이 남발되고 있으며, 주술사가 역할연기를 한다거나 연극치료사가 다른 문화의 의례를 사용하는 식으로 제의와 연극치료를 연결 지으려고 한다면 이 분야의 특수성을 무시하는 처사라고 비판한다.

우리는 여기서 연극, 제의, 연극치료 사이의 연동에 초점을 두며, 그것들 사이에서 드러나는 공통점을 집중적으로 밝힐 것이다. 아울러 제의적 연극치료의 개념, 범위, 내용과 형식 등을 밝혀 연극치료 현장에서 실제로 활용할 수 있는 기틀을 마련하고자 한다. 이를 위해 제의와 연극치료의 공통분모라고 할 수 있는 연극성, 집단성, 일탈성, 체현성이 제의적 연극치료에서 어떤 의미를 지니고 어떻게 작용하는지 살펴볼 것이다. 또한 제닝스와 존스가 임상에서 제의적 연극치료를 어떻게 응용되고 있는지를 파악하여 제의적 연극치료의 범위와 성격, 활용 가능성을 밝히고자 한다.

1. 제의와 연극치료

인간은 종교에서 위안을 얻는다. 종교를 통해 양심의 가책에서 벗어나며 죄지은 것을 용서받고 새롭게 태어나 건강하고 긍정적인 미래를 꿈꾼다. 산다는 것은 죽음을 향해 나아가는 것이지만 종교 덕분에 죽음을 극복할 수 있다고 믿는다. 원시뿐 아니라 현재에도 세계 도처에

만연하고 있는 제의는 원시종교와 의료 행위를 종합하여 실천하는 무속신앙으로 연극의 기원으로 간주된다. 샤머니즘에 뿌리를 내리고 있는 것이 연극이며, 마법적 · 상징적 효용성을 수단으로 초자연적인 세계와 교류하고 치료에 이르고자 하는 것이 원형적 제의연극의 성격이라고 할 수 있다(신현숙, 2001a; 2001b).

커비(Kirby, 1976)는 제의를 연극의 기원으로 간주하고 인류학적 관점에서 제의를 연구하여 연극의 특성을 밝힌다. 커비가 연극적 관점에서 언급한 제의의 정의에서 주술사, 환자, 치료, 황홀 상태, 연극적 행위를 정리하면 다음과 같다.

첫째, 제의를 행하는 주술사는 일종의 배우다. 주술사의 제의는 환자의 치료를 목적으로 한다. 주술사는 황홀 상태에서 제의를 행하는데, 황홀경이란 접신과 관련된 정신적·신체적 상태다.
둘째, 주술사는 제의의 수단에 의해 환자를 치료할 목적으로 황홀 상태에서 연행하는 '정령들의 주인'이다.
셋째, 제의는 일종의 연극 행위다. 이처럼 커비는 치료를 위한 제의를 연극 행위로 본다.

한편, 연극사에서 제의와 연대할 수 있는 대표적인 연극인은 제닝스가 참고한 아르토다. 그는 연극을 통해 스스로 일종의 심령술사 혹은 주술사가 되고자 하였고, 연극을 혼령을 불러내는 굿판으로 만들고자 하였다. 아르토(Artaud, 2021)는 마치 연극은 마귀를 쫓는 의식의 새로운 형태와 유사하다고 하면서 발리연극(le théâtre balinais)을 샤먼의 푸닥거리와 비슷한 것으로 간주한다. 귀신 들린 환자를 정화하기 위해 환자의 몸속에 들어 있는 귀신을 주술사 자신의 몸으로 불러들이는 방식에서 귀신과 한 몸이란 신들림의 또 다른 형태로 가령 혼연일체, 현실과 비현실 사이의 정신적 왕래, 완벽한 합일, 절대적 통일 등이 될 것이다.

제의연극과 잔혹연극에서 연극치료의 가능성을 찾은 제닝스(Jennings et al., 2010)는 현실과 비현실을 이동하는 제의적 연극치료사의 역할은 하나의 현실에서 다른 현실로 그리고 다시 본래 현실로의 '이동' 또는 통행을 돕는 데 있으며, 어느 정도의 무아지경은 항상 존재한다고 말한다. 연극치료사는 무아지경이 존재한다는 믿음 속에서 극적인 제의 방식을 통해 참여자에게 현실과 비현실을 왕래하도록 하여 궁극적으로 정화된 현실에 안착하도록 돕는다는 것이다. 제의에서 비현실은 (귀)신의 세계 또는 사자(死者)의 세계일 것이다. 연극치료에서 비현실은 극적 세계다. 연극치료에서 웜업, 역할 입기, 역할 벗기와 같은 다양한 방식으로 안내된 참여자는 극적 세계로의 몰입과 현실 귀환의 왕래를 하면서 자아 탐색과 변화를 꾀한다. 참여자의 변화란 치료된 것을 의미하는데, 신도(환자)가 제의로부터 심리적으로 치료되는 것과 닮았다. 제의와 연극치료의 구체적인 공통점은 연극성, 집단성, 일탈성, 체현성 등이다.

1) 연극성

제의는 연극적이며 연극치료 또한 연극적이다. 연극은 제의와 연극치료에서 공통분모다. 제의적 연극치료를 염두에 둔 연극치료사라면 제의의 형식은 물론 주술사의 연극적 언어와 몸짓, 주술사의 황홀경 상태와 참여자들과의 관계 설정에 주목해야 한다.

제의적 연극치료에서 연극성은 어떤 방식으로 수용되는가? 첫째, 사람과 관련이 있다. 연극에서 사람은 연출가를 비롯한 스태프가 있고, 무대에 직접 모습을 드러내는 배우가 있으며, 그들과 마주하는 관객이 있다. 현대연극에서 무대예술은 전문화되어 각종 무대 예술가로 세분되어 있으나 크게 연출의 범주로 포함시킬 수 있다. 즉, 연출가는 연극의 모든 것을 감독하고 지휘하는 자로서 배우를 조련하고 인물의 성격을 부여한다. 실험연극에서 연출가는 신적인 존재로 군림하거나 공동 연출에서 연출가의 존재 자체가 아예 없기도 하지만, 연극치료의 관점에서 연출가-배우를 하나로 묶어 치료의 주체로 볼 수 있다. 연출의 창조적 예술성이 교묘하게 덧입혀져 독창적인 연기 세계를 창출하는 배우는 관객의 눈앞에 몸으로 현현하기 때문에 제의를 거행하는 주술사 또는 연극치료사나 적극적인 참여자인 동참자와 대응이 가능하다. 한편, 관객의 입장에서도 참여의 정도에 따라 대상자나 참여자, 나아가 동참자가 되며, 그 속에서 놀이, 교육, 변화, 그리고 감정의 정화 등이 생성된다. 제의에는 신과 주술사, 환자(신도), 그리고 관중이 있다. 주술사가 접신 상태에 이를 때 신과 일심동체가 되므로 주술사-신은 치료사가 되며, 대상자는 환자(신도)가 된다. 제의의 관객은 환자(신도)의 가족과 행인에 이르기까지 그 구성원이 다양하다. 제의의 연행은 조연들의 도움은 물론 환자(신도)와 관중의 적극적인 참여가 요구된다. 관중은 열락, 계발, 아늑함, 새로운 믿음을 체험하거나 어떤 때는 회의적인 반발을 하기도 한다. 제의가 끝나면 샤먼은 녹초가 된다(Kirby, 1976).

제의적 연극치료에는 신이 존재하지 않는다. 연극치료에서 신적 존재는 치료사와 참여자 사이에 공감대로 형성된 무의식적 소망, 영적인 믿음, 신념, 새롭게 태어남 등으로 대체된다. 연극치료에서 사람은 연극치료사와 참여자로 크게 나뉜다. 그런데 연극치료 행위가 이뤄지면서 참여자는 직접 참여자와 간접 참여자로 양분된다. 직접 참여자란 대상자로서 제의에서 환자(신도)에 해당하는 동참자이고, 간접 참여자란 관객 또는 구경꾼이 될 것이다. 연극치료에서 간접 참여자는 방관자가 아니다. 간접 참여자라고는 하지만 적극적인 관객이 되어 자신을 치료사나 직접 참여자에게 투사, 전이, 동일시하면서 치료사와 직접 참여자에게 커다란 영향을 끼치고 자가 치료에 이르기도 한다. 제의적 연극치료에서 연극치료사가 연출가이자 배우이며 신들린 자이자 접신 상태의 주술사라면, 동참자는 관객이나 환자(신도)가 된다. 그러나 이들은 엄격한 경계로 분리되지 않으며 하나 됨을 추구하므로 제의적 연극치료사는 발달변형모델(DvT)의 치료사와 마찬가지로 관찰자나 지시자의 역할이 아닌 적극적인 동참자가 된다. DvT에서 치료사는 참여자와 직접적인 관계를 맺으며 자유롭고 즉흥적인 상황 속으로 몰입한다. 치료사는 치료 회기를 구성하여 이끌어 가는 역할이면서 동시에 참여자와 동등한 위치에 선다.

둘째, 음성과 동작, 오브제와 장치와 관련이 있다. 연극이 종합예술로 불리는 까닭은 무대언어의 다양성 때문이다. 소리와 빛, 소품, 분장과 의상, 가면, 무대장치는 중요한 극적 언어들이다. 배우의 목소리로 발성되는 대사와 연기 역시 극적 언어의 한 부분이다. 가면이나 인형 또한 몸과 마음이 일치된 상태, 있는 그대로의 모습을 제시하는 일종의 극적 언어다. 제의에서도 몸짓과 소리뿐 아니라 장치, 조명, 의상, 분장, 가면, 음향효과 등이 폭넓게 활용된다. 커비(Kirby, 1976)는 주술사의 연극적 특징을 대화로 간주하면서 대화는 제의적인 연극의 생동적이며 적극적인 측면이라고 언급한다. 제의가 시작되면 주술사는 진단과 치료를 위한 조언, 악한 정령 또는 자애로운 정령을 부르는 연극적인 주문, 정령과 주술사의 싸움, 주술사의 신들림, 음성, 대화, 몸짓, 무언극의 정교한 구사, 병마의 위축과 추방, 환자의 혼 부르기를 실시한다. 악령을 추방하기 위한 황홀한 춤은 제의연극의 원형이며, 대화, 복화술, 주문 외우기, 음악, 무용 등은 연극의 형태다. 특히 제의에서 정령과 말하거나 영계의 모험을 이야기할 때 강신 의식에서 나타나는 주술사의 대화는 연극적이다. 주술사는 제의를 펼치면서 곡예, 마술, 점술, 불 먹기, 서커스의 행동들을 보여 준다. 이는 놀이이자 흡입력 증진을 위한 드라마로, 참여자의 참여도를 상승시키는 효과가 있다. 제의는 언어와 몸짓은 물론 소품과 장치에 이르기까지 강한 연극성을 지니고 있다.

2) 집단성

주술사의 움직임은 악령을 추방하고 치료하기 위해 무아경의 춤(trance dance)에 이르고, 연극으로 발전하여 하나의 스펙터클을 이룬다. 스펙터클의 참여자, 즉 주술사와 관중은 일사불란한 통합 집단이 된다. 제의에서 무아경의 춤이 스펙터클을 이루어 통합 집단을 형성할 수 있는 것은 제의 및 연극이 집단적 전염성을 지니고 있기 때문이다. 아울러 커비는 제의는 주술사, 환자, 관중-참여자가 참여하여 주술사의 치료적 접신(curing seance) 행위로부터 시작해서 결국에 관중-참여자에 의존한다는 점을 지적한다. 제의에서 치료의 행위와 믿음은 환자(신도)뿐 아니라 가족과 다른 참여자에게도 일어나는 것으로, 모든 참여자가 치료를 체험하는 것이 된다. 커비가 언급한 관중-참여자는 제의가 한 사람을 대상으로 하는 것이 아닌 다수의 참여자와 연합하여 제의를 수행하는 것을 뜻한다.

주술적 연극의 전형인 잔혹연극은 집단성에 주목한 연극이다. 잔혹연극의 집단성은 제의에서 주술사, 환자, 관객이 하나가 되는 것과 유사하다. 사실 잔혹연극의 전체 기법은 배우와 관객이 심리적, 정서적, 신체적으로 분리되지 않도록 하는 극단의 조처로 보아도 무방하다. 이를 위한 은유적 표현이 페스트의 전염성이며, 금을 제련하는 뜨거운 용광로이며, 유기체의 기관들이 제 기능을 상실한 기관 없는 신체다. 제의에서 영적 기운이 확산되어 전체가 신들림의 상태가 되기, 디오니소스 축제에서 황홀경을 체험하기, 잔혹연극에서 기관 없는 신체 되기는 동일한 의미를 다른 방식으로 표현한 것이다. 이를 제의적 연극치료에 적용하면 치료사와 참여자는 커다란 원으로 수렴되고, 주체가 사라진 무아의 상태에서 완전한 집단적 합일을 이루는 것이 된다. 제의적 연극치료의 집단은 결코 수동적이지 않다. 프로시니엄 무대를 바라보는 수동적 관객은 제의의 집단성을 체험할 수 없다. 제의적 연극치료는 실험극이나 거리극처럼 객석이 비고정적이고 유동적이어서 관객을 적극적인 참여자로 초대한다. 적극적 참여자로서 집단적 관객은 연극과 체현을 완성하는 일원이 된다. 제의적 연극치료는 직접적인 대상 환자-참여자뿐 아니라 공간 속의 모든 사람이 치료를 체험하는 연극치료모델인 것이다.

3) 일탈성

디오니소스 축제, 오르페우스교(orphisme)의 예식, 카니발, 잔혹연극 등에서 찾을 수 있는 공통적 특징 중 하나는 일탈성과 폭력성이다. 이것들은 일상, 관례, 규칙, 습관에서 벗어나려는 몸짓으로 가득하다. 플라톤이 연극(비극)이 마치 마약처럼 젊은이들이 이성을 잃게 하고 위험에 빠트릴 수 있다고 주장한 것은 이처럼 제의 성격의 연극이 지닌 일탈성을 간파하였기 때문이다. 일탈성은 무엇보다도 파괴적이고 폭력적인 성향이 있다. 체계에서 벗어난 일탈을 위해서는 해체하고 으깨고 뭉개야 하는 폭력적 수단이 동원되기 때문이다. 디오니소스, 오르페우스, 엘라가발루스(Elagabalus), 아스텍(Aztec)의 태양신을 위한 제의는 예외 없이 폭력적이다. 이들 제의는 희생제의로 피가 낭자하다. 조르주 바타이유(Georges Bataille)는 희생제의가 궁극적으로 합일을 지향한다고 언급한다. 희생제의란 초월적 존재에게 희생양을 제물을 바치는 의식이다.

그림 14-1 희생제의의 순서

세계 곳곳에서 행해졌던 다양한 희생제의에는 몇 가지 공통점이 있다. 폭력을 수반한다는 점, 폭력으로 인해 제의 참여자들이 불안을 느낀다는 점, 참여자들이 불안으로부터 합일을 이룬다는 점, 합일을 가능하게 하는 희생물이 성스러운 성격을 갖게 된다는 점, 희생제의 끝에 대규모의 축제가 이어진다는 점, 그리고 이 과정에서 제의의 모든 참여자가 다시 합일을 이룬다는 점이다. 이 희생제의의 순서를 도식화하면 폭력-불안-합일-축제-재합일이 된다. 그런데 폭력이 만들어 낸 불안으로부터 합일이 생성된다는 점에서, 즉 합일을 위해서는 자아가 해체되어야 한다는 점에서 이 불안은 극단적 불안, 해체적 불안, 나아가 정화를 위한 불안, 즉 공포와 연결된다. 카타르시스를 일으키게 하는 감정인 불안과 공포는 아르토가 잔혹연극을 연금술로 상징화한 것에서도 찾아볼 수 있다. 연금술에서 정화된 물질, 순금을 만들어 내기 위해서는 폭력과 불안의 과정을 거쳐야 한다. 잡다한 이물질을 으깨어 녹임으로써 고유의 성질을 완전히 상실하게 하는 용광로의 뜨거운 불은 폭력적이며 자기 속성의 상실이라는 불안으로 나타난다. 폭력과 불안의 과정을 거쳐야만 순금이라는 합일의 질료가 생성된다. 폭력과 불안 및 공포로부터 논리와 이성은 붕괴하고 주체는 완전히 소멸하며, 그런 후에야 비로소 타인과의 진정한 합일이 가능하다.

폭력은 황홀경(망아체험, extase)으로도 나타난다. 제의에서 환자(신도)는 약초 향과 주술사의 주문에 취하면서 점차 황홀경에 빠져든다. 디오니소스 축제에서 추구하는 황홀경도 이와 비슷하다. 그곳에는 음주와 춤과 노래가 있으며, 광란의 향연이 펼쳐진다. 폭력적이고 에로틱한 음담패설, 성적인 희롱이 만연하고, 가면과 우스운 복장 그리고 남근숭배의 물결이 휩쓴다. 디오니소스는 광기의 신이자 해방의 신으로 추앙되고, 그의 숭배를 구실로 습관적인 것, 규칙적인 것을 파괴한다. 황홀경이 폭력적인 것은 황홀경에 취하는 것이 신들린 상태에서 자아를 잊는 망아의 행위이자 주체를 파괴하는 행위이기 때문이다. 황홀경은 어원적으로 보아 extase와 뿌리가 같은 s'extasier는 자기에서 벗어남(sortir de soi)을 뜻한다(변광배, 2014). 제어를 벗어난 환희, 법열의 상태에 이르게 되면 자아는 어디에서도 흔적을 찾을 수가 없다. 황홀경은 한 사람의 자아 또는 정신적인 상태에서 벗어나 격렬하거나 고조된 느낌의 상태로 들어가는 것으로, 자의식은 사라지고 무의식의 지배를 받게 된다. 무의식의 지배는 신들림 또는 빙의(possession)로 나타나는데, 이는 나보다 더 큰 것, 절대적인 타자가 내 몸에 들어와 타자로서 내 입을 통해서 말과 행동을 하게 하는 현상이다(김진숙, 2010). 신탁, 공수, 방언 등은 인간의 입으로 자신도 모르게 내리는 신령한 말씀이라는 공통점이 있다.

나를 완전히 벗어던지고 소멸될 때 나는 나의 주체로서 작용하는 것이 아니라 타인으로 작용한다. 이제부터 나를 인식하고 판단하는 것은 거울에 비친 누군가(또 다른 나 혹은 타자)를 통해서다. 결국 내가 타인으로 존재하는 연극은 재현이 아닌 체현의 연극이며, 이것이 제의적 연극치료의 기본 방침이다. 제의적 연극치료는 고착화된 나를 없애고 새로운 나 찾기로 나아간다. 새로운 나란 변화된 나, 정화된 나 곧 치료된 나를 뜻한다. 드라마의 성격을 지닌 축제, 카니발, 제의의 형식으로 인류사에서 행해져 온 모든 것은 변화된 나, 치료된 나를 찾기 위해 나로부터 벗어나는 절차인 셈이다. 제의에서 참여자들이 정화됨, 치유됨, 새롭게 태어남을 느끼듯이 제의적 연극치료의 참여자도 일탈을 통해 신체와 정신이 새롭게 태어난다.

4) 체현성

연극과 연극치료는 다르다. 그러나 실험연극, 몸연극, 물체연극, 대안연극, 제의연극은 어느 정도 치료의 연극 개념으로 수렴되므로 연극과 연극치료의 경계가 모호한 경우도 있다. 몸의 감각을 자극하고 연극의 즉흥성을 강조하며 관객을 적극적으로 참여시키는 그로토프스키의 '가난한 연극', 조나단 폭스(Jonathan Fox)의 '재생연극', 보알의 '토론연극'은 일종의 연극치료라고 해도 크게 틀린 말이 아니다. 연극치료 또한 그 기법에 있어서 전적으로 연극적 수단에 의거한다. 연극치료가 잔혹연극이나 브레히트의 서사극에 주목하는 것은 이러한 이유에서다.

그렇다면 연극과 연극치료의 경계가 무엇일까? 이 물음에 대한 숙고에서 하나의 제안이 가능한데, 그것은 바로 재현과 체현의 문제다. 한마디로 연극 일반은 재현적이며, 연극치료는 체현적이다. 특히 제의적 연극치료는 연극의 장르나 양식에 관심을 두기보다는 체현연극에 초점을 맞춘다. 체현연극이란 어떤 연극인가? 연극사에서 비극의 원류로 간주되는 디오니소스나 오르페우스교의 제의에서 체현연극에 대해 단서를 얻을 수 있다. 디오니소스 축제에서 주목할 수 있는 것은 강렬한 황홀경, 즉 초자연적 존재와의 하나 됨이 몸을 통해 몸과 함께, 몸 안에서 행해지고 있다는 점이다. 광란에 빠진 여신도(메나드, mainades)들은 통음 난무와 함께 신들린 상태에서 신의 몸을 대신하는 희생물을 나누어 먹음으로써 신과 혼연일체가 되는 강렬한 황홀경에 빠져든다. 이 황홀경은 체험과 대상 사이에서 하나 됨을 의미하는 신비체험인데, 그 상태를 체험하는 사람에게는 하나의 지식 상태가 된다. 메나드들은 느낌을 춤과 행위로 표현하고, 영혼의 갈망-기도를 몸의 형체로 만든다. 외부로부터의 자극을 통해 황홀경을 체험하고 이 내적 체험을 춤과 행위의 외적인 형태로 표현한다. 그들은 디오니소스를 재현하는 것이 아니라 체현하면서 감정을 재창조한다(신현숙, 2001a; 2001b). 메나드가 몸으로 느낀 황홀경은 내부에 잠재적으로 머물지 않고 노래, 움직임, 춤을 통해 외부로 표출하는데, 이 외현화가 곧 연극적 체현이 된다. 황홀경에 빠져 있는 메나드는 곧 접신 상태의 주술사다. 접신은 신을 모방하는 것이 아니라 신을 체현하며 신과 하나가 되는 것이다. 신들림은 신의 모방이 아니라 빙의로서 신이 몸에 임하는 것이다. 이렇듯 주술사의 체현적 주술 행위, 몸과 신과의 혼연일체, 변화와 재창조는 제의적 연극치료가 지향하는 목표점이다.

체현이란 몸으로의 경험이다. 그러나 정신과 몸의 이분법에 익숙해진 현대인은 머릿속에서 세계와 작용하는 것이 인식의 총체인 양 곡해한다. 통감각적 체현을 요구하는 연극에서조차 몸은 부차적인 것으로 간주된다. 만일 체현연극에 참여할 수 있다면 전체 감각을 통해 무대와 교류하고 소통할 수 있게 될 것이다. 이때 감각은 이성적 지각을 위한 통로로 작용하는 것이 아니다. 몸의 감각은 정신적 인식 이전의 것으로 그 자체로 구조화가 가능하다. 몸은 상호 교류함을 원초적으로 새기고 있으므로 기존의 전통적인 인식 체계로는 지각되지 않는다. 무대와 교감 중인 관객의 몸은 지적 인식 이전에 행하는 지각을 몸 자체가 실현한다. 의식 이전에 몸이 반응하고 소통하는 식이다. 예컨대, 웃어야 하는 순간임을 깨닫고(지성주의) 웃는 것(몸으로의 반응)이 아니라 몸이 먼저 자발적으로 작용하여 의식과 상관없이 웃는 것이다. 체현연극은 몸이 몸에게 말을 거는 연극이다. 체현연극에서 배우의 몸은 대사를 말하는 몸이 아니라 신들린 몸이다. 몸의 언어가 주가 되는 연극이다. 체현연극의 배우는 사고 이전에 타인의 의도, 의지가 이미 내 몸 안에 있고, 나의 의도, 의지가 이미 타인의 몸 안에 있는 새로운 세계를 창출한다.

체현은 실험연극과 현대연극에서도 나타난다. 예컨대, 잔혹연극은 체현연극이며 가난한 연극, 도발적 연극(in-yer-face theatre)과 포스트드라마 연극도 체현을 추구한다. 잔혹연극에서 체현은 배우의 살아 있는 상형문자로 구체화된다. 배우의 몸이 자체로 상형문자가 될 때 체현이 가능하다. 무대에서 생생한 상형문자를 펼치는 배우는 신들린 주술사, 접신 상태의 무당이다. 몸으로 쓰는 글, 즉 호흡, 침묵과 고함, 명상, 영적 기운으로 가득 찬 움직임은 재현이 아니라 새롭고 낯선 몸짓, 우주적 몸짓, 영혼의 몸짓이다. 아르토는 자기의 몸이 작품이기를 바랐으며, 초현실주의 화가인 살바도르 달리(Salvador Dali) 역시 자신이 그림이 되고자 하였다. 도발적 연극 또한 관객의 감정을 동요시킨다. '도발적'이라고 표현한 것은 관객을 공격하고 도발시키겠다는 의미로서 관객을 끊임없이 자극하고 괴롭힌다. 의과 수술처럼 째고 찢고 아프게 파헤치는 도발적 무대는 지극히 폭력적이다. 외설적 언어와 행위, 노출, 폭력, 금기 파괴가 행해지는 무대로부터 관객은 불안에 시달리고 일상적 사유가 흔들리며 사유 이전의 체험을 경험한다. 포스트드라마 연극은 배우의 에너지 발산을 통해 관객과의 직접적인 교감 형성을 시도한다. 배우로부터 관객으로의 에너지 전이가 일어나며, 이는 수행적인 것의 미학이 전제하는 관객과 행위자의 신체적 공동 현존을 통해 달성된다.

한편, 스스로 상처를 드러내고 마취도 하지 않은 채 드라마라는 수술실에서 자가 수술을 진행하는 연극치료 자전공연 역시 체현연극의 일종이다. 물론 제의적 연극치료도 체현을 강조한 연극치료다. 제의적 연극치료는 자신과 또 다른 자신, 연기자와 관객, 치료사와 참여자 사이에서 직접적인 몸의 교감이 강조하는 체험연극이다. 체현연극의 배우는 현실과 비현실, 무대의 세계와 현실의 세계를 넘나든다. 체현연극은 현실의 재현이라는 표상적 특징과 현실이 아닌 또 다른 현실 혹은 비현실이라는 초월적 특징을 지니고 있다. 이 점에서 현실과 비현실 세계를 혼동하는 정신질환자에게 준비가 덜 된 체현의 연극치료는 독이 될 수 있다. 역할 입기와 역할 벗기가 제대로 이루어지지 않는다면 체현연극은 위험하다. 이를 의식한 제닝스(Jennings et al., 2010)는 이렇게 질문한다. 특정한 역할이 자기를 점령하도록 허락하는가 아니면 개인이 역할로 들어가는가? 역할이 내게 들어오는가, 내가 역할로 들어가는가? 역할이 내게 적합하지 않다면 어떤 일이 벌어지는가? 역할로 들어갔다가 다시 나오는 게 가능한가? 우리 역시 체현연극에 임할 때 이러한 질문을 던져야 한다.

연극치료모델은 다양하다. 종합예술인 연극을 매체로 한다는 점에서 다양한 방식의 활용이 가능하고, 통일된 담론으로 정립될 수 없는 예술의 특성이 작용한 탓이다. 제의적 연극치료는 제의라는 형식의 차원에서 시작하여 참여자의 내적 변화와 치료를 꾀하기 때문에 '밖에서 안으로'의 방향성을 지닌다. 외부로부터 움직임과 발성 기술이 먼저 구축되고, 그런 다음에 그것이 내면세계에 영향을 미치게 된다는 논지다(신현숙, 2001a; 2001b).

2. 제의적 연극치료의 특징

제의적 연극치료의 특징을 정리하면 다음과 같다. 첫째, 제의적 연극치료는 집단적이다. 개인 대 개인의 만남보다는 집단적 자장이 형성될 때 치료 효과는 극대화된다. 제의 및 제의연극이 공동체적 경험으로의 관객의 참여에 중점을 두는 것처럼 제의적 연극치료는 연극치료사, 참여자, 그리고 또 다른 참여자들(관중)이 집단을 형성할 때 효과적이다. 따라서 제의적 연극치료의 공간은 공동체적 경험이 가장 잘 이루어질 수 있도록 구성될 필요가 있다. 그곳이 실내이든 야외이든, 경계가 없는 공간으로 열린 느낌을 주며 치료사와 참여자의 구분이 없어야 한다. 디오니소스의 제의 공간, 주술 공간 또는 굿의 공간, 잔혹연극의 공간은 제의적 연극치료의 공간 모델이 될 수 있다.

둘째, 제의적 연극치료는 종합적이다. 종합은 무엇보다도 색, 소리, 리듬, 조명과 무대 공간, 의상과 같은 연극 언어 전체를 포괄하며, 가면과 거대인형 및 제의의 오브제도 포함된다.

셋째, 몸을 중시하는 제의적 연극치료는 서사적이기보다는 수행적이다. 제의적 연극치료는 시작, 전개, 마무리라는 일정한 형식 속에서 진행되나 그것이 이야기 구조를 의미하는 것은 아니다. 이야기가 없는 것은 아니지만 이야기 중심이 아닌 몸 기운의 흐름과 움직임에 더욱 예민하게 반응한다. 오직 몸을 통해서만 영혼의 형이상학으로 복귀하는 것이다(Artaud, 2021).

넷째, 제의적 연극치료는 새로운 언어로 낯설게 하기를 추구한다. 연극치료에서 고함과 침묵, 억양과 리듬이 강조된 새로운 언어와 가면, 거대인형은 접신을 위한 낯선 언어들이다.

다섯째, 제의적 연극치료는 형이상학적 통합을 추구한다. 통합의 의미는 인간과 신, 몸과 마음의 통합이며, 치료사와 참여자의 동참자로서의 통합이다. 나아가 치료의 목표로서 통합은 참여자의 이상적 자아와 현실적 자아 사이의 간극이 사라지게 함으로써 진정한 자아 통합에 이르도록 한다. 통합이 완성되기 위해서는 파괴, 정화, 통합의 단계를 거쳐야 하며, 이로부터 대립물들 사이에 대화와 화해가 이루어진다. 삶에 갈등이 없다면 신을 부르는 제의는 설 자리를 잃는다. 제의적 연극치료는 갈등의 요소를 부각시키고 대화하도록 하여 화해시키는 방식을 취한다. 이는 아르토(Artaud, 2021)가 언급한 '철학적 갈등'으로, 드라마와 신화의 갈등이자 우주적 갈등이다. 선과 악, 빛과 어둠, 천국과 지옥, 태양과 달의 갈등이다. 이러한 갈등을 거쳐야만 형이상학적 통합은 가능해지며, 이렇게 해서 신 혹은 초자연적인 힘과 인간 사이의 일체감(신현숙, 2001a; 2001b), 즉 치료에 이르게 된다.

제15장 연극치료와 즉흥

우리의 삶은 즉흥적인 면이 상당하다. 보기에 따라 삶 자체가 즉흥적이다. 일상에서 세세한 계획을 세워 실천하는 때도 있지만, 아무런 계획 없이 즉흥적으로 이루어지는 경우도 많다. 가령, 친구와 카페에서 한담을 나눌 때 이야기는 즉흥적이다. 오늘 친구를 만나면 이런 이야기를 꼭 해야지 하고 만나는 수도 있지만 예정된 이야기가 끝나고 나면 다음부터는 럭비공이 튀는 것처럼 생각나는 대로 마구 이야기가 옮겨 간다. 그래서 이를 수다라고 한다. 그런데 아무런 예정 없이 불쑥 솟아 나온 수다는 전혀 무관한 이야기가 아니라 궁극적으로 자신 또는 친구와의 관계에서 생겨난 주제들로 채워진다. 그래서 자주 만나는 사람일수록 이야기가 많아진다. 수다의 이야기 줄거리가 일목요연하지 않지만, 의식적이든 무의식적이든 그날의 분위기와 두 사람 간의 관계를 바탕으로 엮인다. 즉흥적으로 이루어지는 수다가 정신건강에 좋다는 연구는 이를 뒷받침한다. 수다뿐 아니다. 일상에서 즉흥은 갑자기 연락을 취해 만나는 번개 모임도 있고, 어디론가 떠나고 싶을 때 훅 떠나는 즉흥 여행도 있다. 이렇듯 우리는 즉흥으로 살고 있다고 해도 과언이 아니다. 예술도 그렇다. 음악에는 즉흥곡이 있고, 무용에는 즉흥무가 있으며, 연극에는 즉흥극이 있다. 과거 서양의 노래하는 음유시인은 청중 앞에서 칠현금에 맞춰 즉흥적으로 시를 읊는 즉흥시인이었다. 예술에서 즉흥은 특히 공연예술에서 더욱 활발하다. 공연예술은 예술가와 청중이 직접 만나는 현전의 분위기에 따라 무계획적인 즉흥이 이루어진다.

1. 즉흥이란

사전에서 즉흥(卽興)은 즉석에서의 홍겨움, 그 자리에서 일어나는 홍취를 뜻한다. 일상에서 “저 사람은 참 즉흥적이야”라고 한다면 사전에 계획된 것 없이 그 자리에서 일어나는 감흥이나 기분에 따라 내키는 대로 하는 사람을 일컫는다. 썩 긍정적인 의미는 아니다. 하지만 즉흥에서 긍정적인 요소는 얼마든지 있다. 바둑에서 '장고 끝에 악수'라는 말이 있다. 너무 오래 생각하면 올바른 결정이 흐트러질 수 있다는 의미다. 창의적이고 독창적인 사람이 즉흥적으로 결정하였을 때 오히려 참신할 수 있다. 즉흥적인 일 처리가 가능한 사람은 예민하고 감각적이며 순발력이 뛰어난 사람이다. 예술에서도 천재형은 곧장 즉흥적으로 작품을 창작하곤 한다. 즉흥연주는 사전에 준비된 악보나 계획 없이 연주자가 감흥에 따라 악곡을 즉석에서 만들어 연주하는 일을 가리킨다. 연주자가 청중과 흥겨운 교감이 이루어지는 가운데 갑자기 악상이 떠올라 즉석에서 연주하는 것을 뜻한다. 연극에서 즉흥연기 또한 배우가 대본에 없던 대사를 흥에 따라 그 자리에서 연기하는 것을 뜻한다. 연극치료에서 역할연기는 연습 없이 바로 그 자리에서 이루어지는 즉흥극이 주를 이룬다. 즉흥이 흥(興), 흥취와 관련이 있다는 것은 흥미롭다. 즉흥은 흥겨운 분위기에서 생겨나고, 거꾸로 흥이 있을 때 즉흥이 가능하다는 의미다. 또한 흥은 번창하다, 일어나다의 의미도 있다. 즉흥으로부터 번성하고 잘되어 간다면 얼마나 좋을까? 연극치료에서 흔히 사용하는 즉흥극에도 이러한 흥을 주목할 필요가 있다. 무용에서 즉흥, 그리고 연극과 연극치료에서의 즉흥을 살펴보자.

2. 무용에서 즉흥

몸으로 모든 것을 표현하는 무용에서 즉흥은 관심의 대상이다. 안무가가 무용수의 몸과 그 움직임을 일일이 지적하는 것은 불가능하다. 다만 어느 정도 틀이 정해지면 그 테두리 안에서 무용수는 상당 부분 즉흥적으로 움직인다. 사실 우리는 모두 일반적으로 개인 고유의 동작과 움직임이 있다. 특정한 상황에 부닥치면 개인은 그만의 특유의 몸짓이나 움직임으로 반응한다. 무용수도 마찬가지다. 체형이 개인마다 다른 무용수의 즉흥적 움직임은 그가 지금까지 살아오면서 축적된 경험 또는 무의식과 연계되어 있다. 같은 동작이라도 무용수에 따라 얼마든지 다른 분위기가 느껴지는 것은 이런 이유에서다.

1) 무용, 동작에서 즉흥의 특징

무용의 동작에서 즉흥을 연구한 블란시 에반(Blanche Evan)에 따르면, 첫째, 무용에서 즉흥은 자유연상의 특징이 있다. 무용수의 즉흥적인 움직임은 사전에 정해진 것 없이 자신도 모르게 자유롭게 나오는 동작이다. 자유로운 동작은 무작위의 아무런 동작이 아니라 무의식에서 흘러나오는 자유연상의 결과다. 이 점은 연극이나 연극치료의 즉흥연기에도 적용된다. 배우가 즉흥으로 연기할 때, 참여자가 역할을 즉흥으로 연기할 때 그것은 일종의 자유연상이 되어 무의식을 드러낸다.

둘째, 즉흥의 행동은 과거와 현재의 총체다. 인간은 삶을 영위하면서 경험을 축적하고 그 축적된 것이 현재의 모습으로 나타난다. 남을 도와 온 사람은 좋은 사람으로 평가받고, 남을 괴롭혀 온 사람은 못된 사람으로 평가받는다. 그리고 그런 모습이 실제로 나타난다. 그가 살면서 해 온 경험이 쌓여 오늘날 그의 모습이 된다. 무용수의 즉흥도 그렇다. 그가 과거로부터 생각하고 행동한 것들이 축적되어 지금의 모습으로 관객의 눈앞에서 나타난다. 즉흥은 가식적인 가리개를 없애고 본 모습을 총체적으로 선명하게 드러낸다.

셋째, 즉흥은 현실과 환상의 중재자다. 즉흥적으로 움직이는 무용수의 머릿속에는 움직임에 대한 환상으로 가득하다. 그중 일부만 실제의 움직임으로 표출된다. 이처럼 관중의 시선에 노출된 그의 모습은 현실이지만 그가 즉흥적으로 쏟아 내는 몸짓과 움직임은 환상의 세계에 발을 딛고 있다. 즉흥의 움직임은 현실과 환상의 세계를 넘나든 결과다.

넷째, 즉흥은 심리적 경험에 대한 신체적 형식을 제공한다. 이는 무용뿐 아니라 연극에도 적용된다. 무용수가 즉흥으로 움직일 때 심리적 경험들이 몸 곳곳에서 신체의 형식으로 드러난다.

다섯째, 즉흥은 무의식을 탐색하는 통로다. 기존의 관념이나 위압적인 강요가 아닌 몸의 자발적 움직임은 프로이트가 무의식 탐색을 위해 사용한 앞서 언급한 자유연상과 유사하다.

2) 치료를 위한 즉흥 기법

에반은 진실한 즉흥은 무의식에 도달하는 직접적인 통로라고 언급한다(Halprin, 2006). 즉, 몸을 통해 억눌린 무의식을 해소함으로써 치료에 이를 수 있다고 본다. 그가 치료를 위한 즉흥 기법으로 제시한 것은 외현화하기, 행동하기, 신체화하기, 연습하기다.

- 외현화하기: 참여자에게 꿈, 환상 혹은 신체의 기억을 춤으로 표현하도록 하는 것이다.
- 행동하기: 참여자가 폭행 같은 중요한 삶의 경험을 실제 무용 동작으로 재창조하는 것이다. 이전에는 표현할 수 없었던 것을 춤이라는 행동으로 표현하게 되면 삶과 직결된 새로운 움직임을 재실행할 수 있게 된다.

- 신체화하기: 기억이나 인지 영역에 저장되었던 감정들을 신체로 표현하는 것을 뜻한다.
- 연습하기: 말 그대로 참여자-무용수가 즉흥으로 대안적인 반응을 만들고 행동 변화를 연습하는 것이다.

이렇듯, 춤을 바탕으로 한 몸의 즉흥적인 움직임은 몸속에 잠자고 있던 과거의 트라우마를 두려움 없이 드러내고 일상에서 행동 변화를 일으키도록 하는 힘이 있다. 에반이 제시한 무용 동작의 즉흥의 의미는 연극치료에서 상당 부분 적용할 수 있다.

3. 연극에서 즉흥

1) 연기와 즉흥

배우에게 연기(演技, acting)란 무엇이며, 어떠한 연기가 훌륭한 연기인가 하는 물음은 밑도 끝도 없는 질문일 것이다. 연기에 관한 본격적인 연구를 위해서는 사회적 · 정서적 · 심리적 · 생리적 · 신체적 분야의 다각적인 연구가 필요하다.

연기에 대한 간략한 사전적 정의는 배우가 배역의 인물, 성격, 행동 따위를 표현해 내는 일이다. 배우가 맡은 역할을 표현하는 것이 연기라면, 그 표현 방법은 배우의 음성과 몸짓일 것이다. 배우가 음성과 몸짓으로 주어진 배역을 잘 표현하기 위해서는 예술적 창조성으로 수렴되는 상상력, 감수성, 지성을 갖추어야 한다. 역할이 결정되면 배우는 인물의 성격과 됨됨이를 연구하여 극중 인물로 거듭나기 위해 노력한다. 배우가 역할로 거듭난다는 것은 애초에 전혀 다른 삶의 이력을 지닌 배우와 역할이 동일한 인물로 변신한다는 의미다. 연극 연습은 두 인간 사이의 거리를 좁혀 가는 과정이다. 배우가 창조적인 음성과 몸짓으로 인물과의 거리를 좁히면서 인물은 생생한 존재로 거듭나고 가상이 아닌 진실에 다가서게 된다. 이렇게 창조된 무대의 인물과 대면하는 관객은 배우와 인물을 다르게 보지 않는다. 이렇듯 연기란 배우와 배역이 하나가 되는 행위로서, 역할은 배우의 창의적 표현을 통해 의미가 확장되고 생생함과 진실함이 구축된다. 배우와 역할 사이의 거리 좁히기라는 의미에서 연기는 은유적 성격을 띤다. 배우가 맡은 인물과의 관계 발달을 [그림 15-1]과 같이 표시할 수 있다. A는 배우고, B는 인물이다. 두 개의 원은 가까워지면서 점점 커진다.

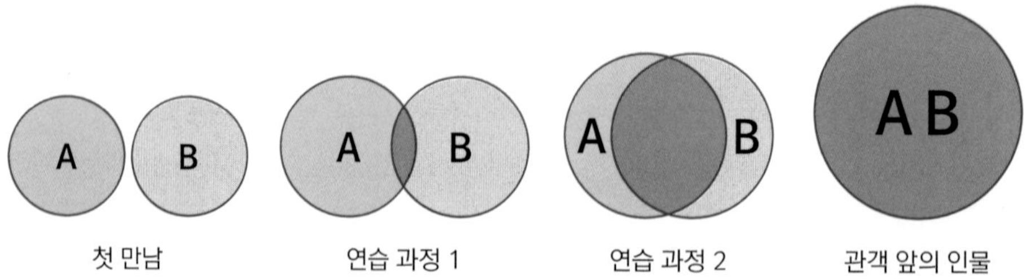

그림 15-1 배우와 인물 사이의 관계 발달

이러한 연기가 즉흥과 만나면 어떤 일이 벌어질까? 즉흥연기는 배우가 대본 없이 역할과 상황을 즉흥적으로 표현하는 것이다. 즉흥연기는 사전에 연습한 적이 없으므로 생각 없이 즉각적으로 연기해야 한다. 즉각적 연기라는 것은 자신을 꾸밈없이 있는 그대로 드러낸다는 뜻이다. 즉흥연기에서 꾸밈없음은 일상에서 화장하지 않은 민얼굴 같은 꾸밈없음과는 다르다. 즉흥적인 연기에서 꾸밈없음은 허구의 역할을 통해 자신을 진짜 모습을 드러내는 것이기 때문이다. 연기가 역할의 옷을 입고 자신을 드러내는 것이라면, 즉흥연기에서 이 점이 더욱 부각된다.

2) 즉흥극의 형태

연극에서 즉흥극의 형태는 다양하다. 우선 즉흥극은 텍스트의 존재 여부에 따라 달라진다. 보통 연극은 텍스트를 바탕으로 반복적인 연습을 통해 무대를 만들어 간다. 이때 연습 과정에서 즉흥이 활용된다. 즉, 연기 훈련으로 창의적인 즉흥연기가 종종 활용된다. 또는 텍스트 부재의 즉흥극도 있다. 배우가 대본 없이 즉흥적으로 연기하는 것이다. 그러나 엄밀히 말해 처음부터 끝까지 아무런 준비 없이 즉흥적으로 연기하는 배우는 없다. 연극은 한 번 지나가면 돌이킬 수 없는 삶처럼, 일단 지나가면 절대로 되돌릴 수 없는 숙명적 예술이다. 공연 중인 배우가 대사를 깜빡하거나 자기 차례를 잊어버렸을 때 "잠깐 다시 합시다"라고 할 수 없다. 어쩔 수 없이 즉흥으로 연기해야 하는 상황이 이따금 벌어지는 것이 연극이다. 공연에서 가장 바람직한 것은 연습한 대로 완벽하게 연기하는 것이지만, 사람의 일인지라 꼭 계획대로 진행되지 않는다. 재미있는 것은 노련한 배우의 임기응변 연기, 즉 즉흥적인 연기를 관객 대부분은 눈치채지 못한다는 것이다. 무대에서 범한 실수를 걱정하는 사람은 당사자나 다른 배우들이나 스태프들이지 정작 관객은 무슨 일이 일어났는지 알지 못한다. 또한 공연 도중에 갑작스러운 상황이나 배우의 돌발적 행동으로 연습 때와 다른 연기를 하는 애드리브도 즉흥에 속한다. 따라서 텍스트 부재란 아예 이야기가 없는 것이 아니다. 텍스트 없이 진행되는 집단창작의 형태를 보면 이를 알 수 있다. 집단창작은 연출과 배우들이 모여 집단으로 이야기를 만드는 것에서 시작한다. 상호 이야기를 만들고 엮으면서 혹은 무대에서 즉흥적으로 장면을 만들면서 조금씩 서사의 형태를 갖추어 간다. 이렇게 만들어진 장면들과 텍스트를 기초로 공연을 올리면 이는 즉흥극이라고 할 수 있다.

한국의 전통극이나 서양의 중세극에는 즉흥이 성행하였다. 이들 즉흥극은 정해진 대본은 없지만, 줄거리는 어느 정도 설정되어 있다. 다만 처음부터 끝까지 주어진 텍스트를 바탕으로 하지는 않는다. 이들 즉흥극의 특징은 양식화된 인물이 있다는 점이다. 인물의 양식화는 말투와 몸짓, 그리고 가면과 의상으로 나타난다. 양반탈을 쓴 인물이 등장하면 관객은 이미 그가 양반의 역할임을 알아차리고 장차 어떤 연기를 할지 지레짐작한다. 일정한 줄거리와 양식화된 역할 덕택에 그들이 펼치는 연기가 매번 달라지기는 해도 큰 줄기와 틀에서 크게 벗어나지 않는다. 이러한 즉흥극은 대부분 한 배우가 한 역할을 오랫동안 꾸준히 맡기 때문에 배우는 노련하게 극을 이끌어 관객을 즐겁게 한다. 아울러 즉흥극의 가장 커다란 장점은 관객과 함께 호흡한다는 점이다. 즉흥극의 특징 중 하나는 관객의 반응에 따라 적재적소의 대사와 연기가 가능하므로 관객이 개입할 여지가 많다는 것이다.

연극에서 즉흥의 강조는 배우의 강조와 통한다. 현대연극의 특징 중 하나는 전 세기까지 이어 온 극작가나 연출가 중심의 연극에서 무대 중심 또는 배우 중심의 연극으로 점차 회귀하고 있다는 점이다. 회귀라고 말한 까닭은 19세기 이전의 연극은 배우 중심이었지만 19세기 이후에는 연출가의 역할이 강조되면서 연출가가 연극을 총괄하는 지휘자 격이 되었기 때문이다. 그러나 포스트모더니즘 시대에 접어들면서 연극에서 집단창작, 즉흥극 등이 성행하게 되었고, 독재적인 연출의 형태에도 변화의 바람이 불어왔다. 집단 전체가 참여하여 집단창작을 하면 의견도 분분하고 마음에 들지 않아도 수용해야 하며, 때에 따라 설득해야 하는 어려운 일들이 뒤따른다. 하지만 혼자의 생각보다는 여럿이 충돌하고 조율하고 협응하면 만족스러운 작품이 나올 확률이 높다. 원탁에 둘러앉아 하나의 주제를 제시하고 각자의 의견을 말하면서 핵심으로 다가가는 작업 방식에서 대본이 완성되어 가는 단계에 이를 때쯤이면 모두가 충분히 이해와 숙지를 하고 있으므로 무대에서의 완성도 그만큼 높아진다.

이야기가 어느 정도 구조화되고 무대에서 동선과 함께 전개할 때에도 공동창작의 양상으로 이루어진다. 예컨대, 배우의 역할을 정하지 않은 상태에서 하나의 역할을 모든 배우가 돌아가면서 연기해 보는 식이다. 신기한 것은 단음절의 감탄사라도 열이면 열 모두가 다르게 표현한다는 점이다. 창작 과정에서 대본 분석이 거의 완벽하게 이루어진 상태임에도 그것을 표현하는 방식이 색다르다는 것은 그만큼 개인의 표현이 독창적이라는 것, 비슷한 맥락임에도 이를 표현하는 방식이 다양하다는 것을 보여 준다. 각자는 자신과 너무나도 차별화되어 있는 다른 배우의 소리와 동작을 보면서 충격을 받기도 한다. 다른 배우를 바라보면서 각자는 자신의 습관적인 표현이나 해석의 방식을 검토하고 새롭게 하려고 노력한다. 연출가나 다른 사람의 지적이 없어도 배우는 자발적으로 자신을 되돌아보고 수정하는 자세를 갖는다. 이처럼 즉흥은 그를 더욱 분명하게 드러내도록 한다. 배우의 즉흥적 몸짓은 그의 철학, 세계관, 사고방식, 무의식, 문화적 습관 등과 긴밀하다. 각자는 고유한 음색만큼이나 개인적인 몸짓이 있으므로 대부분은 자기 고유의 소리와 몸짓에서 벗어나는 것을 무척이나 어려워한다. 이를 연출가가 강압적으로 지적하면 마지못해 수정하는 듯하다가도 어느새 다시 원점으로 복귀한다. 지적 사항이 자기 생각과 다르다면 자기 세계가 깨질지도 모른다는 두려움이 생겨난다. 스스로 깬 달걀은 병아리가 되지만 누군가에 의해 깨진 달걀은 프라이가 되듯이, 진심 어린 깨우침은 배우의 자발성에 근거한다. 그리고 집단창작과 즉흥적인 몸짓은 바로 이 자발성을 촉진한다. 연극의 집단창작은 연극치료에서 대본 만들기와 역할연기 작업과 대응한다.

3) 스타니슬랍스키의 즉흥

배우의 연기 향상을 위한 훈련으로 이루어지는 즉흥의 대표적인 예로 스타니슬랍스키, 피터 브룩(Peter Brook), 보알, 그리고 도로시 히스콧(Dorothy Heathcote)의 과정 드라마를 들 수 있다. 에쮸드(etude)로 불리는 즉흥연기 훈련 방법은 스타니슬랍스키가 즐겨 사용하는 방법이다. 그는 사전에 아무런 설명 없이 'as~if' 또는 'magic~if'로 설정된 가상의 상황을 제시하고 배우가 상상력을 발휘하여 연기하도록 하였다. 스타니슬랍스키는 배우의 심리와 신체는 긴밀하게 연결되어 있으므로 심리는 신체 행동에 영향을 준다고 생각하였다. 이를 바탕으로 배우의 신체적 · 정서적 · 지적 훈련 방법으로 즉흥극인 에쮸드를 고안하였다. 에쮸드에서 배우는 주체적으로 극적인 상황을 설정한다. 배우는 극적 상황에 부닥친 인물들 간의 갈등을 엮어 사건으로 만들고, 그 사건에서 생겨나는 인물들의 교감을 즉흥적으로 표현한다. 이러한 즉흥적인 연기 훈련 과정에서 배우는 자기 내면의 심리적 표현력을 숙성시킬 것이다(박리디아, 2011).

스타니슬랍스키는 배우가 주체가 되어 즉흥연기를 펼치는 에쮸드 방식에서 배우는 자신의 무의식에 잠재한 과거의 경험을 깨닫고 이를 행동과 연계함으로써 연기력 향상에 도움이 된다고 보았다. 이런 즉흥연기는 연기자의 상상력을 확대하는데, 연기에서 상상력은 배우에게 창조적인 공상을 자극하고, 감정의 기억을 소환하여 배우의 의식이 미치는 범위를 넘어서 무의식에 잠재한 경험의 기억을 일깨운다(박서연, 2015).

4) 피터 브룩의 즉흥

피터 브룩 또한 연기훈련에서 즉흥을 중시한다. 그는 『빈 공간(The Empty space)』(2019)에서 사전 예고 없이 배우의 내적 충동에 모든 것을 내맡기는 즉흥연기 훈련을 하였다고 언급한다. "우리는 하나의 사건이나 경험의 단편을 취해서 그것들을 공유할 수 있는 형태로 전환하여 주는 훈련을 시행하였다. 우리는 배우들을 고무하여 그들이 스스로를, 자신의 내적인 충동에 자기를 맹목적으로 내맡기는 즉흥 연기자로서뿐 아니라 여러 형태를 탐구하고 그 가운데 선택할 책임이 있는 예술가로 보도록 하였다"(Brook, 2019). 브룩은 배우의 즉흥적인 훈련을 몸과 마음의 준비에서도 중요한 요소로 보았고, 연습에서 적극적으로 활용하였다. 즉흥으로 만들어진 장면이 좋다고 판단되면 연습에 그치지 않고 실제 공연에 도입하였다. 그는 즉흥이라는 것은 연기와 장면 만들기의 다양한 가능성 가운데 적합한 것을 모색하는 과정이라고 말한다. 즉흥을 통한 연습 과정은 '좋을 수도 있고 나쁠 수도 있는 수백만 가지의 가능성'의 모색이며, 새로운 구조(작품)의 용도에 맞게 그 가능성이라는 재료를 선별하고 사용하는 브리콜라주가 되는 것이다(백훈기, 2010). 브룩은 일정한 틀이 없는 자발적인 즉흥극에서 배우의 창조적 가능성을 발견하고자 하였다.

피터 브룩

5) 보알의 즉흥

보알의 토론연극은 억압받는 자를 해방시키기 위한 연극이다. 그는 관객에게 연극의 완성품을 제시하는 것이 아니라 과정을 중심으로 인간의 내면을 치료하는 것이 연극의 목적이라고 말한다. 그에 따르면 연극은 피억압자를 해방시켜서 그들에게 행복의 권리를 되돌려 주는 예술이다. 해방의 연극인 토론연극의 핵심은 관객이 더는 수동적이 아닌 주체적 존재로서 능동적으로 대화에 참여하는 것이며, 과거가 아닌 현재와 미래를 다루는 것이다. 가령, 토론연극의 일종인 '보이지 않는 연극(invisible theatre)'에서는 말 그대로 관객이 연극이라는 사실을 모르고 공연에 참여한다. 이 연극에서 배우와 관객의 유일한 차이는 배우는 공연 중인 것을 안다는 것이고 관객은 모른다는 것이다. 굳이 공연장이 필요하지 않으며 사람이 있는 곳이면 어디든 연극 장소가 될 수 있다. 비록 인쇄된 텍스트가 있기는 하지만, 이 연극에서 우연히 만나는 행인-관객의 반응은 저마다 다를 것이므로 배우는 어느 정도 이를 예상하고 연습해야 한다. 이렇게 즉흥으로 이루어지는 보이지 않는 연극은 우연히 만난 관객이 현실 문제를 어떻게 인식하고 있는지에 대한 문제를 제기하고 토론하는 것이 목적이다. 따라서 누구나 관심을 가질 수 있는 이슈를 제시하는 것이 필요하다.

아우구스토 보알

그는 1978년 파리의 한 대형마트에서 '보이지 않는 연극'을 실시하였다. 손님-배우는 계산대 앞에서 음식물을 내려놓으며 배가 고파 당장 필요하지만, 계산할 돈이 없다고 당당하게 말한다. 현재 자신은 해고당한 실업자이지만 취업해서 돈을 벌면 그때 갚겠다는 것이다. 당황한 계산대 직원은 매니저를 부르고, 매니저는 계산하지 않고 음식물을 가져가면 경찰을 부르겠다고 위협한다. 손님-배우는 이에 굴하지 않고 먹지 않으면 굶어 죽을 것이며 분명히 갚으면 되는 것 아니냐고 따진다. 계산대 주위에 있던 손님들도 합세하여 각자 얼마씩 돈을 내자는 등 여러 의견을 제시한다. 결국 경찰이 들이닥치고 그가 배우로서 연기하였다는 것이 밝혀져 상황은 종료된다. '보이지 않은 연극'은 만일 실제로 우리 앞에서 이런 일이 벌어진다면 우리 각자는 어떻게 행동을 할까라는 질문을 던진다. 보알은 '보이지 않는 연극'을 통해 현실에 깊숙이 침투하여 당면한 사회 문제를 깊이 있게 생각하도록 한다. 또 다른 '보이지 않는 연극'에서는 배우가 노숙인이 되어 지하철 승객에게 구걸하고 승객들은 그의 구걸 행위를 토론한다. 승객 중에는 또 다른 배우도 있다. 이렇듯 어느 정도 텍스트의 틀은 있으나, 토론은 주어진 상황에서 즉흥적으로 이루어진다. '보이지 않는 연극'에 우연히 참가하게 된 사람은 토론을 통해 사회적 현상을 비판적 시각으로 바라보게 될 것이다.

즉흥극에 기반한 '보이지 않은 연극'의 특징을 보면 관객이 극적 행위의 주인공이 되고, 객체에서 주체가 되며, 희생자에서 행위자가 되고, 소비자에서 생산자가 된다. 또한 관객에게 해방을 유도하는 실제 행동을 하도록 돕는다. 그들이 자유를 누릴 수 있는 것은 억압에서 벗어나 피억압자인 자신으로부터 비롯된다. 관객을 교화시켜서 행동하도록 하는 정치적 목적을 지닌 '보이지 않는 연극'에 우연히 참여함으로써 관객은 현실을 똑바로 인식하고 주체성을 확립하여 능동적 태도, 해방과 자유의 의지를 갖게 될 것이다.

6) 과정 드라마의 즉흥

도로시 히스콧에 의해 이론적 틀이 제시되고 세실리 오닐(Cecily O'Neill)에 의해 완성된 과정 드라마(process drama)는 교육적 관점에서 시작되었으나 성장과 치료 영역으로 확산되었다. 과정 드라마는 인간은 변화의 과정에서 성장하고 상호작용한다는 이념을 바탕으로 한다. 리더와 참여자가 함께 만들어 가는 과정 자체를 중시하는 과정 드라마에서 가상의 상황이 제시되면 각자는 일정한 역할을 맡아 이야기를 이끌어 간다. 사전에 제시된 텍스트 없이 즉흥적으로 이루어지는 과정 드라마에서 리더와 참여자는 작가, 연출가, 배우가 된다. 이들은 즉흥의 역할 속에서 극적 세계를 구축하고 그로부터 의미를 만들어 간다. 과정 드라마는 자체로 즉흥적이다. 과정 드라마의 목표는 공연의 결과물이 아니라 드라마를 창작하는 과정에서 참여자에게 성장, 변화, 치료가 일어나도록 하는 데 있다. 과정 드라마의 참여자는 드라마를 통해 자기 삶의 경험들을 상징화시키고 이를 비판적으로 바라보면서 자신의 삶 전반을 성찰한다. 과정 드라마는 탈텍스트, 에피소드들로 이루어진 병렬 구조, 통합된 관객이라는 특징이 있다.

세실리 오닐

연극적 방식을 전적으로 따르는 과정 드라마에는 '역할 내 교사(Teacher in Role: TiR)' '타블로(tableau, 장면)' '토론연극' '보조(assistance)' 등의 개념이 있다.

- 역할 내 교사: 역할 내 교사는 교사가 참여자-학생과 동등한 관계를 지닌 한 역할일 뿐으로, 참여자-학생과 수평적인 위치에 있다는 것을 의미한다. 스스로 행위를 통해 참

여자의 자발성을 유도하는 역할 내 교사는 의식적인 자기표현에 몰입하면서 참여자에게 적극적으로 반응하고 필요에 따라 진행되고 있는 사건들을 변형시키거나 반대할 것을 요구한다.

- 타블로: 정지된 한 장면을 의미하는 타블로는 회상의 강화를 위한 전략으로 활용된다. 타블로는 관객에게 집중도를 높이고 그들의 인식 과정을 지연시키는 기능이 있다. 타블로에서 제공하는 정지된 묘사는 의미 탐색의 시간이므로 참여자의 인식 지연은 인식 능력의 확대로 이어진다. 사전에 결정된 것이 아닌 작업 과정에서 발견되는 에피소드를 통해 참여자는 회상 시간을 갖고, 작품 속에 추상의 정도를 허용하고 정보와 통찰을 나누고 형태를 갖출 수 있는 여유를 지니게 된다. 타블로는 극중극 형태에서 참여자는 엿보고 있는 자신을 의식하고 비판적인 관찰자로서 이중적 의식을 고조시킨다(O'Neill, 2019). 타블로는 정지된 장면을 통해 참여자의 인식을 확대하고 관객과 배우라는 보는 자와 보이는 자를 통해 몰입과 거리두기의 이중성을 고조시킨다.
- 토론연극: 과정 드라마는 보알의 토론연극을 도입한다. 토론연극처럼 즉흥적인 상황을 연기함으로써 변화를 꾀하는 과정 드라마에서 즉흥극을 활성화함으로써 언제든지 중단, 수정, 변화가 가능하다.
- 보조: 보조는 브룩이 관객에 대해 사용한 용어다. 프랑스어 'assistance'는 보조의 뜻과 함께 참여의 뜻도 있다. 브룩(Brook, 2019)에 따르면, 공연은 배우와 관객, 쇼와 대중을 분리하지 않는다. 공연은 그들을 감싸안는다. 하나를 위해 공연되고, 그 공연된 것은 또 다른 하나를 위해 공연된다. 관객 역시 변화를 겪는다. 공연의 공간은 더 분명하게 그리고 더 강렬하게 매 순간을 살아내는 어떤 특별한 장소다. 관객은 배우로 참여하며, 무대 뒤 어딘가에서 참여자들이 등장한다. 이렇듯 보조는 관객이 되어, 보는 자 너머 배우와 동등한 참여자로 존재한다는 의미다.

모든 것을 과정에 두는 과정 드라마는 탈텍스트를 지향한다. 고정되지 않는 상태의 즉흥적인 텍스트는 프리텍스트(pretext)로 표현된다. 글, 기사, 사진, 그림, 음악, 단어 등으로 제공되는 프리텍스트는 드라마 창작의 출발점인 아이디어, 주제, 상황을 의미한다. 과정 드라마에서 가장 이상적인 텍스트는 공연마다 텍스트의 내용이 달라져서 새롭게 되는 것이다. 새로운 생각이나 해석, 발견, 놀람, 그리고 실수까지도 공연마다 다양한 결과를 낳게 한다. 이 예측불허의 특성은 모든 연극, 특히 즉흥극, 더 나아가서는 과정 드라마의 핵심이다(O'Neill, 2019).

과정 드라마의 특징은 다음과 같다.

첫째, 대본이 없고 즉흥적이다.
둘째, 직접 참여하든 관객은 능동적인 참여자다. 과정 드라마에서 관객과 참여자-배우 사이의 경계가 불분명하다.
셋째, 과정 드라마는 완성된 결과가 아닌 진행 중인 과정을 중시한다.
넷째, 과정 드라마는 참여자의 성장을 목표로 한다. 성장이란 개인의 변화, 발전, 치료를 포함한다. 이 점에서 연극치료는 과정 드라마 개념을 주목할 필요가 있다.
다섯째, 과정 드라마는 이야기가 일목요연하기보다는 단편적이며 에피소드별로 나열되어 있다. 다만 참여자에 따른 주제는 일정하다.
여섯째, 과정 드라마는 진행 중에 언제든지 멈춤이 가능하며 때에 따라 그대로 끝날 수도 있다. 일곱째, 과정 드라마의 결론은 나눔의 시간으로 짜여 있다.

이렇듯 관객을 능동적 참여자로 하여 텍스트를 창조하고 공연 중 언제나 멈출 수 있으며 나눔의 시간을 갖는 과정 드라마의 특징은 과정의 즉흥성이다. 나아가 과정 드라마는 관객의 적극적인 참여로 이루어지는 연극이다. 관객 또는 배우로서 창조적 드라마를 체험하는 참여자는 자발적이고 창조적인 참여로부터 변화와 성장을 이룰 것이다.

4. 연극치료에서 즉흥

연극치료 작업은 대부분 즉흥적으로 구성된다. 많은 연극치료모델 또한 즉흥 형식을 취한다. 예를 들어, 치료적 공연에서 역할을 연습하는 과정은 즉흥적이며, EPR모델이나 이야기치료 모델에서도 즉흥성이 강조된다. DvT는 전체가 즉흥성을 기반으로 한다. 연극치료에서 즉흥의 의의는 앞서 언급한 무용 동작이나 연극의 즉흥을 참조할 수 있다.

1) 연극치료에서 즉흥의 중요성

20세기 초 러시아에서 연극치료의 선구자 역할을 하였던 블라디미르 일진(Vladimir Iljin) 역시 즉흥을 중요하게 생각하였다. 그는 드라마게임과 훈련을 통해 참여자의 창조성을 개발하고자 하였고, 특히 자발성, 유연성, 표현성, 민감성, 의사소통 능력을 키우는 데 주력하였다(Jones, 2005). 그가 주목하였던 것은 정서나 정신 장애가 있는 참여자는 즉흥성에 쉽게 반응하지 못한다는 사실이다. 실제로 연극치료의 참여자는 장애의 정도에 따라 즉흥연기가 아예 불가능하거나 어려울 수 있다. 따라서 연극치료 작업에서 반복적인 훈련을 통해 즉흥적인 놀이나 역할이 가능해진다면 그 자체로 장애에서 상당히 회복된 것으로 볼 수 있다. 또한 일진이 주목한 즉흥극 훈련은 음성과 신체와 관련된 것으로, 이는 몸이 감정의 표현과 탐험에 필수적이라는 생각이 깔려 있다. 즉, 입으로 내는 음성(대사 포함)과 몸의 움직임을 즉흥으로 표현할 수 있다면 감정의 탐험이나 표현 능력이 향상될 수 있다고 보았다. 이러한 관점에 따라 일진은 다양한 즉흥극 훈련을 개발하였는데, 이를테면 동물을 관찰하여 동물들의 독창적인 움직임을 모방하거나 요가를 응용하거나 드라마게임 등을 하는 식이다(Jones, 2005).

2) DvT에서의 즉흥

한편, 존슨(Johnson, 2011)의 DvT에서 즉흥성은 핵심적인 요소다. 여기 제시한 에피소드의 예는 존슨이 직접 개인 연극치료에서 DvT 모델로 작업한 것이다. 이 예는 3년간 이루어진 치료 중 종결 단계인 107회기에 해당하며, 존슨은 이를 심화놀이(deep play)라고 부른다. 그만큼 오랜 기간 치료가 이루어져 충분한 라포가 형성된 상태를 뜻한다. 치료사와 참여자가 벌이는 심화놀이는 즉흥극으로 시작된다. 30대 여성인 참여자가 연극치료에 참여한 이유는 연극치료를 통해 표현하기 어려운 것을 신체를 통해 드러낼 수 있을 것으로 믿었기 때문이다. 작업 내용은 치료사와 참여자가 정해진 줄거리를 토대로 연기하는 것이 아니라 마치 아이의 놀이나 비논리적 시구처럼 마음대로 움직이며 즉각적으로 떠오르는 말을 하는 것으로 이루어져 있다. 정해진 것은 아무것도 없이 전체가 즉흥적이다. 사이사이에 멈춤과 긴 침묵이 있을 뿐이다. 참여자가 "난 아기를 원해요"라고 말하면 치료사는 "나는 당신의 아기예요"라고 말한다. 이어 참여자가 "내게 아기를 줘요"라고 하면 치료사가 "당신이 나의 아기예요"라고 말한다. 그리고 곧장 다른 주제로 넘어간다. 이런 방식의 심화놀이는 치료사와 참여자 사이의 깊은 신뢰 관계가 형성되었을 때 가능하다. 존슨은 이러한 작업에 대해 외적인 움직임도 거의 없고 의미 없는 대화들로 나열된 것 같지만, 내적으로 서로 간에 아주 강력하고 팽팽하고 집중적인 만남이었다고 말한다. 상황에 따라 치료사가 참여자의 아버지가 되거나 연인이 되는 등 계속해서 역할을 바꾸는 즉흥적인 놀이 작업을 통해 참여자가 지닌 남자 문제, 아버지와의 관계, 치료사에 대한 감사의 마음, 종결에 대한 불안감 등이 탐색되었다. 존슨은 이러한 즉흥적이고 가장된 놀이를 통해 참여자는 삶에 대한 새로운 시각을 갖게 되었다고 결론짓는다.

DvT의 즉흥적 연기 방식은 프로이트의 자유연상을 빼닮았다. 대사와 몸의 움직임으로 표현한 일종의 자유연상인 것이다. DvT의 즉흥성은 참여자의 의식의 흐름을 따라가면서 흐르는 물처럼 자연스럽게 어디론가 향한다. 자연스러운 움직임과 흐름은 참여자의 막혔던 장애물을 제거하고 시원한 속풀이에 이르도록 할 것이다.

3) 연극치료에서 즉흥의 효과

연극치료에서 즉흥의 효과를 정리해 보자.

첫째, 일상 역시 즉흥적 요소가 많다는 점에서 즉흥은 먼 나라의 이야기가 아니라 우리의 일상과 닮았다. 참여자는 연극치료의 즉흥극을 통해 자기의 일상을 성찰할 수 있다.

둘째, 연극치료에서 즉흥극은 흥을 북돋는 시간이다. 연극치료 작업에서 흥이 나고 에너지가 솟아난다면 치료는 성공적이다. 연극치료에서 즉흥극은 자체로 흥겨운 분위기에서 작업이 이루어지도록 해야 한다.

셋째, 즉흥극은 참여자에게 즉각성, 자발성, 창의성을 발현하도록 한다. 즉흥연기의 참여자는 머리에 떠오르는 생각을 즉시 행동으로 옮겨야 하므로 그 근본에는 자발성이 있다. 자발성은 곧 창의성으로 이어진다. 사실 자발성과 창의성은 모레노가 사이코드라마에서 강조한 것이다. 그는 관객 중 누가 주인공이 될지 모르는 상황에서 관객의 자발적인 참여와 자발적인 즉흥연기가 사이코드라마의 성패를 결정한다고 보았다. 연극치료 역시 참여자가 자발적이고 창의적일 때 작업은 성과를 얻을 수 있다.

넷째, 즉흥극은 공감의 효과가 있다. 연기한다는 것은 자신에게서 벗어나 다른 인물이 되는 것이다. 실제로 타인이 되어 보는 것, 그것은 타인을 이해하고 공감하기 위한 가장 효과적인 방법이다. 촘촘한 관계망으로 엮여 있는 세상살이에서 상대방을 공감해야 할 상황이 종종 발생한다. 이때 생각만이 아닌 실제로 상대방의 역할을 체험한다면 그를 더욱 잘 공감할 수 있다. 시각장애인의 불편함을 진정으로 알기 위해서는 실제로 시각장애인 체험이 도움이 되는 것처럼 말이다. 연극치료에서 즉흥적인 연기 체험은 진정한 공감에 이르는 가장 확실한 방법이다.

다섯째, 역할들로 이루어진 연극치료는 세상을 단순히 재현하는 것이 아니라 다각도의 관점에서 세상을 바라보도록 한다. 참여자는 즉흥극에서 평소의 습관적 사고나 행동을 인식하게 된다. 참여자의 눈높이에 맞춘 역할로 소통하고, 일상의 자신과 다른 모습으로 세상과 교류한다면 세상은 전혀 다른 모습으로 다가올 것이다. 즉흥적 역할연기는 공감을 넘어 세계에 대한 인식 체계의 확산으로 나아간다.

여섯째, 즉흥극은 자유연상처럼 무의식을 탐색하는 통로다. 정신분석학은 환자의 무의식 탐색에 집중한다. 환자의 욕망이 억제되어 무의식 속에 숨어 들어가 현재의 비정상적인 행동에 영향을 미치는 것으로 간주하고, 환자의 무의식 속에 들어 있는 억제된 욕망을 밖으로 표현할 때 치료가 가능하다고 본다. 꿈의 해석, 최면, 자유연상 등은 프로이트가 치료실에서 행하였던 무의식 탐색의 방식들이다. 그런데 즉흥극은 무의식을 탐색할 수 있는 기막힌 드라마 방식이다. 참여자가 사전 준비 없이 즉석에서 행해야 하므로 예견된 행동이 아닌, 당황하였을 때 나오는 평소의 습관대로 행동할 수밖에 없다. 즉, 자기 제어가 사라진 행동 또는 무의식적인 행동이 드러난다. 즉흥에서 비롯된 무의식적 행동은 사회적 가면을 벗겨 낼 것이다. 이처럼 즉흥적 역할은 참여자가 감추고 있던 본래의 모습을 드러나도록 한다. 즉흥극은 계획, 버릇, 습관과는 무관하다. 즉흥극을 통해 무의식적으로 행하던 습관에서 벗어난다면 새로운 자기 발견이 가능하다. 즉흥과 비즉흥을 간단히 비교하면 〈표 15-1〉과 같다.

<표 15-1> 비즉흥과 즉흥의 비교

비즉흥	즉흥
의식	무의식
이성	비이성
페르소나(사회적 가면)	진면목(비가면)

즉흥극은 자기와 세상에 대한 인식 확장으로 이어진다. 즉흥적 상황이 제시되면 참여자는 인식 체계를 총동원한다. 그가 알고 있는 지식과 경험을 총체적으로 집약하므로 그의 전체가 한꺼번에 수면 위로 드러난다. 생각해 본 적도, 경험도 없는 상황이 주어지면 참여자는 이를 즉흥으로 이끌기 위해 상상력을 최대한 발휘한다. 상상력은 신체의 지각 능력으로 이어지고 자기 인식 및 자아실현으로 나아간다. 즉, 즉흥극은 신체를 지각하도록 하여 자신감을 느끼게 하고 사고를 유연하게 한다(안병순, 2008). 연극치료에서 즉흥은 일상을 재현하면서 흥겨운 분위기를 창출하고 흥을 돋우는 가운데 무의식을 자극하고 비이성의 상태가 되어 저항 없이 순순히 사회적 가면을 벗도록 한다. 즉흥은 미처 알지 못하였던 자신을 알아가는 자기 이해와 자기 성찰의 시간인 것이다. 자기 이해와 자기 성찰은 변화와 치료로 이어질 것이다. 이렇듯 연극치료에서 즉흥은 참여자의 자아 성찰, 변화, 그리고 치료를 위한 효과적인 수단이다.

제16장 연극치료와 놀이

놀이는 연극치료에서 웜업뿐 아니라 본 활동에서도 활발하게 활용된다. 참여자의 발달단계나 성향에 따라 연극치료의 프로그램 가운데 상당 부분 놀이로 채워지기도 한다. 연극치료 자체가 놀이가 되고, 노는 가운데 연극치료가 되기도 한다. 다만 일상의 놀이와 연극치료의 놀이는 다르다. 연극치료에서 놀이는 치료라는 뚜렷한 목표를 지니고 일상의 놀이를 응용한다. 연극치료 작업에서 놀이는 치료를 목적으로 엄격하게 설계된다. 적절하게 기획된 놀이는 연극성과 치유성 덕택에 연극치료에서 훌륭한 도구가 된다. 연극 입문서에는 연극의 기원에 대한 몇 가지 가설이 있는데, 그중 하나가 인간의 놀이 본능이다. 인간은 본능적으로 놀이를 즐긴다는 것이며, 근본적으로 놀이하는 동물이라는 것이다. 요한 하위징아(Johan Huizinga)는 이를 가리켜서 놀이하는 인간, 즉 호모 루덴스(homo ludens)라고 표현한다. 아무도 가르쳐 주지 않아도 아이들이 시간 가는 줄 모르고 소꿉놀이하는 것을 보면 인간은 놀이하는 동물이 분명하다. 놀이가 인간의 본능이자 연극의 기원이라면 연극치료 관점에서 당연히 눈여겨봐야 한다.

1. 놀이의 정의

놀이(play, spiel, jeu)의 어원은 자체적으로 움직임, 역할 및 연극의 의미를 내포하고 있다. 놀이의 영어 play의 어원은 라틴어의 plaga에서 유래한 plega로서 활발하게 움직인다는 의미를 지니며, 운동, 싸움, 게임 등을 뜻한다. 우리말 '놀이'는 play보다 훨씬 넓은 의미를 지니고 있다. 놀이는 '놀다'의 어간 '놀'에 명사형 어미 '이'가 붙어서 이루어진 말이다. 놀이는 전반적인 놀이 활동인 굿 놀이, 음악, 무용, 체육, 연극, 경기, 묘기, 미술, 연희, 오락 등 제의와 예술 및 문화 활동 전반에 걸쳐 있는 말이나 '놀음'은 도박과 같은 판놀이와 연행적인 마당놀이에 한정되어 있는 말이다(위키백과). 스포츠, 전투, 연극, 연희, 도박, 오락, 제의에는 놀이의 성질이 들어 있으며, 이것들이 제대로 실현되기 위해서는 반드시 타인과의 관계 속에서 형성된 역할이 필요하다.

노는 것은 학습이자 관계 맺음이며, 자기 탐구의 장이다. 놀이에는 즐거움이 있다. 즐겁게 학습한다니 얼마나 신나는 일인가? 잘 노는 사회는 건강한 사회다(김정운, 2011). 놀이는 삶의 예행연습이다. 그런데 현대인은 건강하게 노는 것에 서툴다. 놀이의 결핍은 사회를 병들게 한다. 심지어 논다는 것은 죄의식에 사로잡히게 한다. 노는 것은 일하는 것과 대비되는 개념이 아니지만, 20세기 고속 성장을 이루어 온 우리 사회에서 노는 것이 곧 일하지 않는 것이라는 그릇된 인식이 생겨났다. 노는 것은 일하지 않는 것이 아니다. 노는 것은 휴식이자 충전이다. 잘 놀면 다시 일할 때 엄청난 집중력을 발휘한다.

원래부터 한국인은 흥이 많은 민족이었다. 놀이를 좋아하는 민족이었다. 노는 것도 그냥 노는 것이 아니라 국가적인 행사를 통한 집단적인 놀이가 성행하였다. 역사에 기록된 놀이 문화는 다양하다. 한국인이 인터넷 게임에서 강세를 보이는 것도 노는 문화의 유전자를 지니고 있기 때문이 아닐까? 놀아 본 사람이 놀 줄 아는 것처럼, 잘 놀 줄 알았던 조상의 피를 물려받아 노는 게임에서 강세를 보이는 것일 수 있다. '비보이'도 세계적 수준이다. 리듬에 맞춰 몸을 움직이고 비틀고 하는 스트리트 댄스 또한 수준이 높은 것은 노는 문화가 바탕에 깔려 있다. 이랬던 놀이 문화는 일제강점기와 한국전쟁을 거치면서 경직되고 단절되었다. 식민지와 민족상잔의 전쟁은 흥의 문화를 한의 문화로 변모시켰다. 여의도의 이산가족 상봉 행사장에서 있었던 헤어진 가족이 만나는 것을 보며 눈물을 흘리지 않은 사람이 없었다. 정말 한이 많은 민족이라고 느낄 수 있다. 그러나 원래 한국인은 한의 민족이 아니다. 식민지 및 전쟁의 상흔과 정치적 · 경제적 상황에 의해 학습된 것일 뿐이다. 원래 〈아리랑〉은 한을 표현한 것이 아니라 흥을 표현한 것이다. 우리는 님과 헤어짐조차 노래와 해학으로 승화시키는 민족이다.

> 나를 버리고 가시는 님은 십리도 못가서 발병 나네…….

애인한테 차인 상황에서 슬픔에 젖을 만도 하지만, 발병이 나고 말 것이라는 표현은 코믹하다. 아리랑을 듣고 슬퍼하는 사람은 별로 없다. 아리랑 고개를 넘어가는 몸짓과 움직임을 표현한 아리랑 가락을 들으면 어깨가 들썩인다.

주 5일제가 실시되고 갈수록 노동에서 벗어나게 된 현대인은 놀이를 찾아 유목한다. 과거에 놀이는 아이의 전유물로 간주되었고, 놀이를 좋아하는 어른은 철이 덜든 것으로 폄하되었

으며, 놀이에 몰두하면 무용(無用)한 사람으로 낙인찍혔다. 전통적으로 놀이는 심심풀이나 오락으로 간주하였고, 그것이 지닌 특수성, 즉흥성, 상황성, 일회성 등의 속성은 배척되었다. 특히 예술가의 창작 행위를 이데아의 모방을 다시 모방한 것으로 보고 그것을 놀이(paidia)로 표현한 플라톤의 이념에 따라 놀이는 부차적인 것으로 치부되었다(정낙림, 2010). 놀이는 비-진지한 것, 비-의무적인 것, 비-본래적인 것으로서 부정성(비-)으로 규정되고, 분방하고 한가로운 것으로 노동 또는 삶의 진지함과는 대립적인 것으로 파악하였다. 한민족은 "노새 노새 젊어서 놀아. 늙어지면 못 노나니"를 부를 줄 아는 민족이었다. 따라서 우리 사회가 더욱 건강해지기 위해서는 한의 문화를 다시 홍의 문화로 전환해야 한다. 놀이를 개발하고 신나게 놀 수 있는 사회를 만들어야 한다.

재미있게 노는 아이의 얼굴은 해맑다. 얼굴을 찡그리지 않는다. 노는 것은 몸과 마음, 그리고 정서에 커다란 영향을 미친다. 어른도 마찬가지다. 어른도 놀고 싶지만 일에 치이고 시간이 없을 뿐이다. 한때 아이였지만, 놀 줄 모르게 된 어른은 노는 아이를 불안하게 바라보고, 아이에게 노는 대신 학원을 가도록 강요한다. 어렸을 때는 실컷 놀아야 한다. 그래야 어른이 되어서도 놀 줄 안다. 놀아야 할 아이를 강제로 놀지 못하게 옭아매는 것은 동물의 집단 사육과 다를 바가 없다. 놀지 못하면 면역력도 떨어진다. 감기나 천식, 아토피 피부병이 성행하고 우울증이 증가한 것은 환경의 요인도 있지만, 노는 것이 부족한 측면도 있다. 잘 놀면 에너지가 소비되어 입맛도 좋아진다. 밥도 잘 먹고 신진대사가 왕성해지면 영양 상태가 좋아져서 몸과 마음이 건강해진다. 개인이 건강하면 당연히 사회도 건강하다.

이런 관점에서 놀이는 관심의 대상이 되었으며, 놀이를 치료 매체로 하는 놀이치료 등 여러 방면에서 다각도로 연구되고 있다. 가령, 문화인류학적-생물학적 놀이연구[프레데리크 뷔텐다이크(Frederik Buytendijk)], 교육학적 놀이연구(피아제), 사회학적 놀이연구(카유아)를 들 수 있으며, 이외에도 잉여에너지 이론, 휴식 이론, 연습 이론, 반복 이론, 치료를 위한 정신분석 이론, 인지 이론, 상징적 구성 이론, 행동개발 이론, 각성 이론, 의사소통 이론 등과 같이 놀이 현상을 관련 분야에 응용하려는 시도들이 있다(김재철, 2013).

니체가 『차라투스트라는 이렇게 말했다』(2022)에서 언급한 위버맨쉬가 되기 위한 유명한 세 단계의 비유는 놀이에 함의적이다. 첫 단계는 낙타의 정신이다. 무거운 짐을 싣고 뜨거운 사막을 불평 없이 걷는 낙타는 순종적이며 수동적이다. 전통적 세계관에 복종하는 낙타의 정신은 '너는 해야만 한다'로 요약된다. 낙타의 다음 단계는 자율적이고 공격적인 사자다. '나는 원한다'의 정신을 지닌 사자는 용감하지만, 지혜가 부족하고 자유로우며 부정적이다. 사자의 다음 단계는 해맑고 자유롭고 창의적인 아이다. 아이는 순진무구이며 망각이다. 새로운 시작, 놀이, 스스로에서부터 돌아가는 바퀴, 최초의 운동, 신성한 긍정이다. 창조의 놀이를 위한 긍정, 나의 형제여, 창조의 놀이는 신성한 긍정을 필요로 한다(김재철, 2013). 최후의 단계인 아이의 특징은 순진무구와 망각으로, 이는 놀이의 정신으로 수렴된다. 특히 망각은 수동성에서 벗어날 수 있는 기제로서 놀이의 전제 조건이다. 망각은 과거가 현재를 지배하는 것을 저지하는 것이며, 동시에 새로운 것이 창조되는 것을 가능하게 한다. 따라서 망각은 힘과 강건한 건강을 의미한다. 아이의 정신은 세계의 목적과 원인을 알지 못한다. 그러므로 아이는 놀이할 수 있는 것이다(김재철, 2013). 아이가 상상적 놀이로 다른 세계에 진입하고 새로운 자기를 발견할 수 있는 것은 순수한 망각 덕택이다. 기존의 자기를 망각한다는 것, 자기를 밖으로 내보낸다는 것은 연극치료의 측면에서 중요한 의미가 있다. 자기 밖으로 나선다는 것은 자신을 객관화시켜서 방어로 일관하였던 트라우마, 무의식 속에 억제되어 있던 불순물들을 안전한 느낌 속에서 드러내어 제거할 수 있다는 뜻이다.

스타니슬랍스키는 배우가 자기를 완전히 망각할 때 비로소 인물에 몰입할 수 있고 진정한 연극의 세계로 들어설 수 있다고 말한다. 연극치료 참여자가 자발적 참여로 주어진 장면에 몰입하기 위해서는 과거뿐 아니라 사회적 역할을 전적으로 망각해야 한다. 기존의 것을 망각할 때 비로소 자유로운 놀이의 연극치료 행위가 가능해진다. 망각은 새로움과 창조의 원천이다. 창조적 놀이는 망각과 기존의 것에 대한 해체로부터 생겨난다. 망각을 기반으로 하는 창조, 파괴를 통한 창조는 아이의 특징이자 놀이의 특징이다. 힘에의 의지를 기반으로 파괴와 창조 행위를 일삼는 아이의 놀이는 영원히 파괴하고 다시 창조하는 디오니소스적 놀이인 것이다. 파괴와 창조의 순환적 놀이는 궁극적으로 어디로 향하는가? 니체에 따르면, 놀이하는 아이의 정신은 최종적으로 삶에 대한 절대적 긍정을 의미한다(정낙림, 2010). 놀이가 삶을 절대적으로 긍정하도록 한다면, 즉 연극치료 참여자가 아이처럼 놀 수 있게 된다면 그는 마음과 몸과 정신이 정화된 순수한 상태에 도달할 수 있지 않을까?

놀이의 개념을 구체적으로 살펴보자.

1) 카유아의 놀이 개념

사회학자 로제 카유아(Roger Caillois)는 삶에는 다양한 형태의 놀이가 있다고 언급한다. 사람들은 축구, 당구 또는 장기와 같은 경기와 게임을 하며 놀고, 로또, 복권 또는 도박과 같은 것에서 행운을 바라며 놀고, 네로 또는 햄릿을 흉내 내는 연극을 하며 놀고, 놀이공원의 기구를 타고 빠른 순환 또는 낙하를 통해 주어지는 혼란과 광란의 상태를 즐기며 논다. 그는 놀이를 경쟁(agon), 우연(alea), 흉내(mimicry), 현기증(ilinx)의 네 범주로 분류한다(김재철, 2013). 그리고 경쟁은 경기나 게임 놀이, 우연은 도박이나 주사위놀이, 흉내는 연극놀이, 현기증은 혼란과 광란의 놀이에서 생겨난다고 말한다. 카유아는 '흉내'가 연극놀이라고 밝히고 있으나 사실 경쟁, 우연, 현기증도 연극과 무관하지 않다. 경기나 게임 놀이, 도박이나 주사위놀이, 혼란과 광란의 놀이에도 드라마의 요소가 들어 있다.

2) 하위징아의 놀이 개념

하위징아가 제시한 놀이의 특징(김재철, 2013)을 보면, 첫째, 자발적 행위다. 자발적으로 참여하는 등산은 유쾌한 놀이가 될 수 있지만, 의무적인 산행 훈련은 고역이다. 아이가 놀이를 즐기는 까닭은 자유롭고 자발적인 분위기에서 재미를 느끼기 때문이다. 놀이는 자발성의 여부에서 노동과 구별되며, 자발적으로 이루어지는 놀이는 자유 자체가 된다. 놀이의 자발성은 창조적 예술의 자발성과 유사하다. 연극배우의 창조적 연기 역시 자발성에 기초를 둔다.

둘째, 놀이는 실제 생활에서 벗어난 행위다. 놀이는 물질적 이해나 생물적 이익을 제공하지 않는다. 놀이가 직접 배를 부르게는 하지 않으나, 생필품의 획득과는 다른 방식으로 집단의 안녕과 복지에 봉사한다. 생산적 활동과 무관한 무상성의 놀이는 연극과 같은 예술의 특징이기도 하다.

셋째, 놀이의 시간과 장소는 일상과는 뚜렷하게 구분된다. 시간의 차원에서 놀이는 시작과 끝이 있으며 적절한 순간에 종료된다. 또한 계속 반복되기도 한다. 하위징아는 놀이 공간에 대해 신성한 장소와 놀이터의 구분이 어렵다는 것을 언급한다. 하지만 경기장, 카드 테이블, 마법의 원, 사원, 무대, 스크린, 테니스 코트, 법정 등은 그 형태와 기능에 있어서 모두 놀이터가 될 수 있다. 이 놀이터는 일상생활의 세계 속에 자리하는 일시적인 세계이며, 놀이적 행위에 모든 힘을 기울이는 공간이다. 놀이의 특징적 공간에 '무대'를 포함하고 있다는 점에서 연극 공간도 놀이의 터가 될 수 있다.

넷째, 놀이의 내면에는 특징적이며 절대적인 질서가 지배한다. 모든 놀이에는 규칙이 있다. 놀이에는 일상의 규칙과는 다른 자체적인 규칙이 있다. 연극의 갖가지 규약 및 관례 역시 자체적 규칙에 해당한다.

요약하면 놀이는 진지하지 않으며 독립된 자유로운 행위이고 완벽하게 몰두하도록 한다. 놀이는 물질적 이해와 상관없는 행위로서 현실에 아무런 이득도 제공하지 않는다. 나름의 시간과 공간의 한계를 가진 놀이터 내에서 고정된 규칙에 따라 일정한 방식으로 수행된다. 이러한 놀이의 자유로운 행위, 몰두, 무상성 행위, 시공간의 제약, 고유한 규칙 등은 그대로 연극에 적용된다. 따라서 연극치료에서 이러한 놀이와 연극의 공통 특징을 적절하게 활용하는 방안을 찾는 것은 자연스러운 일이다.

2. 심리학에서 놀이

심리학에서도 놀이는 흥미로운 연구 대상이다. 프로이트는 놀이가 아동의 정서 발달에 중요한 역할을 한다고 보았고 놀이를 통한 무의식의 정화를 강조한다. 그는 놀이로부터 현실에서 야기된 불안이나 불만을 완화할 수 있으며, 감정의 정화를 이룰 수 있다고 언급한다. 밀턴 에릭슨은 놀이는 아동의 심리적 · 사회적 발달단계를 통하여 진보한다고 보고, 자아와 현실 세계와 본능의 세계를 조화시키는 과정이라고 하였다. 아이는 놀이를 통해 사회성을 기른다는 것이다. 피아제 역시 놀이는 아이에게 세상을 이해하는 데 도움을 주는 매개물로서 유아 인지발달의 지표가 된다고 언급한다. 위니컷은 창의적 놀이와 놀이가 행해지는 변화의 공간에서 아이와 어른은 자신을 발견하고 회복할 수 있다고 주장한다(Halprin, 2006). 심리학에서 놀이를 중요하게 다룬 이유는 놀이의 주요한 구성 요소인 역할이 자기 탐색과 치유에 있어 주요 요소라고 보기 때문이다. 이렇듯 놀이에는 사회성을 길러 주는 역할이 있으며, 자기 발견을 촉진하거나 안정감을 주면서 심신 회복의 기능이 있다.

놀이는 아동의 인지발달에서 중요한 요소다. 특히 소꿉놀이는 일종의 역할 훈련으로, 심리학자와 교육학자가 주목한 부분이다. 소꿉놀이 시기는 피아제의 전조작기에 해당하며, 이때의 아동은 사물이 내재적으로 지닌 표상을 기호, 언어, 상징으로 표현하는 상징적 사고를 한다. 상징적 사고를 통해 내재적 표상을 다양한 형태로 표출시키는 것인데, 이 기능이 작동하는 대표적인 것이 바로 드라마 형태인 소꿉놀이다. 피아제는 아동이 놀이와 모방이라는 극적 과정을 거쳐 외부 세계를 자신의 의식에 동화시키고 현실에서 학습한 내용을 검증한다고 보았다. 한편, 인간의 사회심리적 발달단계를 8단계로 구분한 에릭 에릭슨(Erik Erikson)은 놀이 세계가 현실의 축소판이라고 생각하였다. 그중 세 번째 단계에서 아동은 자신과 자기 세계를 구성하는 것에 책임의식을 갖는데, 이를 주도성이라고 한다. 주도성은 부모에 대한 역할 모방과 현실에 대한 경험을 통해 형성되며 주로 환상과 놀이에 의거한다. 사회적 상호작용이 인간의 인지발달에 중요한 역할을 한다고 주장한 레프 비고츠키(Lev Vygotsky) 역시 인지발달에서 추상적 사고능력은 놀이를 통해 생겨난다고 언급한다. 피터 슬레이드(Peter Slade) 또한 놀이는 최고의 의사소통 훈련으로, 놀이는 상상력에 의존하므로 인간은 놀이를 통해 자기를 타인과 자기 자신에게 드러낸다고 주장한다(Andersen-Warren & Grainger, 2009).

이상에서 알 수 있듯이 맡은 역할 속에서 상상력이 작용하는 놀이는 인지발달은 물론 의사소통 능력 향상, 자기 발견과 성장에 있어 매우 중요하다. 아동이 놀이하게 되었다는 것은 그만큼 언어능력과 사고력이 향상되고 역할 영역이 확대되었다는 것을 의미한다. 상상력과 창조력이 조합된 소꿉놀이는 단순히 재미만을 추구하는 것이 아니라 다양한 역할로부터 주장, 갈등, 양보, 협력, 문제 해결을 실전적으로 경험하는 장인 것이다.

3. 놀이와 재미

노는 것은 즐겁다. 세상에서 노는 것을 싫어하는 사람은 없다. 자제할 뿐이다. 재미가 없는 것은 놀이가 아니다. 놀이에 빠지면 시간이 어떻게 지나는지도 모른다. 그만큼 놀이는 재미를 주고, 재미는 몰입도를 높인다. 재미는 무엇인가 흥미를 느끼고 즐거움을 맛보는 마음의 상태다. 재미가 주관적임에도 인간이 공통으로 놀이에 빠지는 것은 무엇보다도 놀이가 긍정적 정서인 흥미와 흥분, 행복과 재미를 주기 때문이다. 재미있는 놀이로부터 타인과 공유한 목표를 달성하고, 반복된 행동을 통해 숙달되어 가는 즐거움을 얻는다. 본능이 충족될 때 재미가 생겨나고 억제된 것에서 해방되어 자기 통제에서 벗어난다. 재미는 타인과의 유쾌한 경쟁 속에서 나의 능력을 평가할 때, 감각적으로 즐거움을 느낄 때, 몰입할 때 생겨난다. 사람들이 놀이의 일종인 노름이나 게임에 중독되는 것도 흥분과 재미를 느끼기 때문이다.

게임에서 재미가 어디에서 오는가를 밝히고자 한 게임 다자이너 라프 코스터(Raphael Koster)의 『라프 코스터의 재미 이론(Theory of Fun for Game Design)』(2017)에 따르면, 재미는 신체적인 자극이나 심미적인 만족 혹은 직접적인 화학 요법에서 생겨날 수 있다. 게임에서 재미는 숙달에서 오고, 숙달은 이해에서 온다. 퍼즐을 이해하고 하나씩 풀어내는 행위는 게임을 재밌게 만든다. 숙달과 연관된 학습은 생존에 있어 중요한 것이므로 학습의 순간 우리 몸은 기쁨이라는 보상을 준다. 물론 게임에 재미를 붙여 중독되는 것과 놀이의 재미는 엄연히 다르다. 중독은 개인이 사회생활에 어려움을 느끼고 스스로 괴로운 마음이 드는 경우이지만, 놀이는 쾌감과 성취감으로 행복감을 높인다. 감각적으로 즐거움을 주는 놀이는 상대방과 대결하면서 자기 능력을 테스트할 기회도 제공한다. 이렇듯 재미를 주는 놀이를 통해 우리는 창조적이 되고, 전체 성격을 사용할 수 있으며, 창조성 안에서 개인은 자기를 발견할 수 있으므로 심리치료에서 놀이는 중요하다(Halprin, 2006). 재미있는 놀이에 몰입하다 보면 자기 문제를 알아차리고 치료에 이를 수 있다는 의미다.

한편, 놀이치료는 놀이를 하면서 피곤한 심신을 치료하는 방법이다. 연극치료에서 행하는 놀이 또한 일단 재미가 있어야 한다. 참여자는 재미있게 노는 과정에서 어느새 역할연기에 들어서게 될 것이다. 재미없는 역할연기는 자발성과 창조성을 좀먹고 에너지가 감소하며 작업의 효용성도 떨어진다. 재미있는 놀이를 근간으로 하는 연극치료는 자발성 그리고 상상력과 창조성이 가미된 움직이는 몸을 통해 불안과 긴장감을 해소시키고 새로운 자기를 창조하는 근원적인 치료 행위가 될 수 있다.

4. 놀이와 모방

연극의 기원 중 하나는 모방이며 놀이 또한 모방에 근거한다. 연극과 놀이는 모방이라는 공통점이 있다. 아동에게 최초의 모방 대상은 부모이거나 형제나 친구 같은 주위의 다른 아동이다. 모방의 장에서 설명한 것처럼, 역할놀이의 근간이 되는 모방(미메시스)은 고대 그리스 시대부터 중요한 철학적 주제로 다루어져 왔다. 모방은 '무엇을 모방한다'에서 '무엇을'에 해당하는 원전을 전제로 한다. 플라톤은 실체 혹은 신을 설정해 놓고 인간이 이를 모방하는 것으로 간주하였으며, 예술은 자연을 모방하는 것으로 생각하였다. 유럽에서 예술의 현실모방이 사실은 모방이 아니라 예술가가 신적 지위를 지닌 창조의 경지라는 현실창조로 인식된 것은 계몽주의를 거쳐 낭만주의에 이르면서부터다. 바야흐로 현대예술의 서곡을 알리는 예술가의 신격화는 대상을 모방하는 것이 아니라 창조의 차원에서 기존의 오브제를 해체하여 낯설게 하는 포스트모더니즘의 원조가 된다. 이처럼 예술가에게 모방의 문제가 끊임없이 제기되어 온 것은 미학에서 모방은 주요 테마라는 의미다.

아리스토텔레스의 현실모방론은 모방이 인간의 본능이라는 믿음에서 비롯되었다. 그는 '시의 기원과 발전'에서 시는 사람의 본성에 뿌리박은 두 가지 원인에서 발생한다고 전제한다. 하나는 인간은 원래 모방 행동 성향을 타고난다는 것이다. 사람은 본능적으로 모방하며 모방을 통하여 지식의 첫걸음을 내딛는다는 점에서 동물과 다르다. 또 하나는 사람은 모방적 사물에서 즐거움을 얻는다는 것이다. 이는 본능적인 모방 놀이에는 즐거움과 재미가 있으며, 본능적인 모방은 모방 자체로 끝나지 않고 창조적 능력을 키우는 학습의 기능과 연계된다. 한편, 이러한 모방의 특징과 연극 기원으로 제시된 모방 본능설은 창조성이 발현되는 무대는 현실모방에 그치지 않고 현실의 보이지 않는 부분, 숨어 있는 가치 등을 발굴하게 할 것이라는 기대를 하게 한다. 인간은 놀이라는 모방을 통해 세계를 학습하고 삶을 풍요롭게 경작하며 정체성을 확립한다. 아리스토텔레스의 '모방하는 인간(Homo Imitatus)'은 곧 놀이하는 인간이며, 놀이를 통해 학습하는 인간은 '생각하는 인간(Homo Sapiens)'이자 역할을 수행하는 인간인 것이다.

피아제가 언급한 놀이 역시 모방과 불가분의 관계가 있으며, 행동주의에서도 모방은 매우 중요한 기능을 갖는다. 예를 들어, 앨버트 밴듀라(Albert Bandura)는 사회학습 이론에서 관찰학습과 모방학습 이론의 중요성을 강조한다. 인간은 타인을 모델링하면서 관찰하고 모방하여 그로부터 행동 방식을 학습한다는 것이다. 버러스 프레더릭 스키너(Burrhus Frederic Skinner)의 조작적 조건형성에 원리를 두고 있는 사회학습 이론은 인간이 주위의 사람들과 지속적으로 상호작용을 꾀한다는 전제가 깔려 있다. 행동 이전의 상황을 조작하여 행동을 변화시키는 이반 파블로프(Ivan Pavolv)의 고전적 조건화와는 달리 스키너의 조작적 조건화는 행동 이후의 상황을 조작하여 행동의 변화를 시도한다. 직접 모방이나 간접 강화를 통해 성장의 동력을 얻는 아이는 주변 사람들의 행동, 즉 사회를 관찰한 뒤에 모방하거나 다른 아이가 보상 또는 처벌을 받는 상황을 지켜보면서 강화를 받는다. 모방을 통한 학습은 대부분 놀이의 형태로 이루어지며 놀이 속의 역할로부터 더욱 강화된다는 점에서 모방과 놀이와 역할 간에는 긴밀한 조력 관계가 있다. 즐거움과 쾌락을 제공하는 모방은 역할이 있는 놀이에서 관

계 형성 방식과 사고의 다양화 및 사회성을 익히는 주요 요소로 작용한다.

5. 연극과 놀이

지금까지 살펴본 것처럼 놀이는 여러 측면에서 연극과 유사하다. 이를 정리하면, 첫째, 놀이와 연극은 실용적인 목적을 가지지 않는다. 놀이와 연극은 배부른 것과는 무관하다. 다만 실재이자 허구로서 양자의 경계를 자유롭게 넘나드는 놀이와 연극은 실존의 존재들이 가상의 세계를 펼치는 제3의 영역으로 마음의 충만을 추구한다.

둘째, 놀이와 연극은 건강한 삶을 위한 상상력을 최대한 자극한다. 위니컷은 환상과 상상을 구분하여 드라마의 현실은 건강한 상상의 영역에 속한다고 말한다. 즉, 지금-여기에서의 확실한 상상을 포함하며, 극적 현실로의 진입은 실제 세계에 대한 상상 세계의 능동적인 투사인 것이다. 극적 현실은 투사적 구조물로서 참여자의 내적 세계, 상호 인간적 관계와 자아 기능에 관한 다양한 정보를 제공하며 참여자의 상상력을 적극적으로 자극한다(Jennings et al., 2010). 놀이 또는 연극을 통해 상상력을 마음껏 발휘하게 된 참여자는 자기 내면, 타인과의 관계를 다른 시각으로 바라보게 된다.

셋째, 놀이와 연극은 규칙이 있지만, 현실의 규칙과는 달리 유연하고 즉흥적이다.

넷째, 놀이와 연극은 그 원류가 동일하다. 고대로부터 전해 온 축제나 제의, 의례 등에서 공통으로 드러나는 것이 놀이와 극적인 요소다. 축제에는 항상 놀이가 있었고 연극이 있었다. 각 나라의 언어에서 드라마는 놀이의 의미를 포함하고 있으며, 드라마 공연은 일종의 놀이였다. 희극과 비극 역시 놀이에서 유래되었다. 예컨대, 아테네의 희극은 디오니소스 축제에서 벌어진 방탕한 축제 행렬(코모스, komos)에서 나온 것이다. 비극은 공연을 위한 문학작품 이전에 신성한 연극 혹은 극화된 의례였다.

다섯째, 놀이와 연극은 창조성과 자발성을 근간으로 한다. 창의적 놀이를 할 때 전위적 인성을 발휘하며 자아를 발견할 수 있다. 창조성과 자발성은 동전의 양면이다. 창조성이 발휘될 때 자발성이 이끌리며, 자발성이 개입되면 창조성은 더욱 확산된다. 창조성 없는 자발성은 죽은 나무처럼 생명력이 없고 자발성이 없는 창조성은 깊이가 얕다. 연극치료에서도 치료의 극대화를 위해 창조성과 자발성은 꼭 필요하다. 참여자가 자발적으로 참여하고 창조력을 발휘한다면 치료자와의 신뢰 관계 형성은 물론 작업마다 즐거움이 넘쳐나고 치료의 성과도 일궈낼 수 있다. 이때 놀이는 참여자의 자발성을 북돋을 수 있는 좋은 방안이다. 자발적 참여가 이루어진 극적 놀이에 몰입하면 억제되었던 무의식이 어느새 겉으로 드러나고, 즐거움이 몸 전체로 확산하면서 평소에는 불가능하였던 남을 의식하지 않기, 크게 소리 내어 말하기, 자신 있는 몸짓이 가능해진다.

6. 연극치료와 놀이

놀이와 연극의 연관성을 고려할 때 연극치료에서 놀이는 중요한 요소임을 알 수 있다. 맞춤형 놀이는 연극치료의 일부로서 연극치료는 놀이를 재미있고 짜임새 있게 구성한 것이라고 할 수 있다. 가령, 단순한 놀이에서 시작하여 이야기나 역할을 첨가하여 몸으로 표현하면 자발성과 창조성이 곁들여진 흥미로운 연극치료 방식의 놀이가 된다.

1) 연극치료에서 놀이의 의미

『드라마와 치료(Drama as Therapy)』(2005)에서 존스가 밝힌 연극치료의 치료적 요인으로 아홉 가지 핵심 과정 중 하나가 놀이다. 그는 아이는 놀이를 통해 피할 수 없는 현실에서 새로운 현실을 창조하는 능력이 있다고 언급한 예브레이노프를 인용하면서 연극치료에서 참여자의 놀이를 표현 범주의 부분으로 간주하고, 그 안에서 의미를 창조하고 문제를 탐구하며 치료적 변화를 이뤄 낼 수 있다고 하였다. 놀이를 치료적 표현 행위로 간주하는 존스가 보기에 참여자가 놀이하는 가운데 문제 탐험과 의미 창조가 이루어져서 변화가 생겨난다는 것이다. 한편, 연극치료와 놀이와의 관계에서 핵심 사항은 참여자가 놀이하는 과정에서 의미를 찾는 방식에 있다. 연극치료사와 참여자가 함께 노는 가운데 치료적 의미를 찾게 되는 것이다.

존스가 제시한 연극치료와 놀이의 만남에서 염두에 두어야 할 점은 다음과 같다.

첫째, 연극치료에서 유희성과 놀이의 과정은 치료를 위한 변화의 도구다. 연극치료는 다양한 연극적 방식을 토대로 이루어지는데, 연극적 방식에는 유희적인 것, 즉 놀이가 있으며 재미있게 노는 가운데 변화가 일어날 수 있다. 놀이를 연극치료 실제 작업 현장에서 자주 활용하는 이유는 놀이를 극적 요소와 결합하면 분위기 창출이나 참여자의 자발성과 몰입도 등에서 효과적이기 때문이다.

둘째, 발달의 관점에서 놀이와 드라마 개념이다. 연극치료에서 놀이는 당연히 참여자의 발달 수준에 맞춘다. 인간 발달단계에 따라 놀이의 양상이 달라진다는 것은 주목할 만하다. 아동 놀이, 청소년 놀이, 성인 놀이, 노인 놀이 등 놀이는 발달단계에 따라 다양한 모습으로 나타난다. 따라서 치료사는 발달단계뿐 아니라 개인의 특성도 고려하여 적절한 놀이를 찾아야 한다. 예를 들어, 움직임을 싫어하는 참여자에게 몸을 많이 움직이는 놀이는 적절하지 않다. 또한 시대적 흐름과 매체의 변화에 따라 놀이의 개념도 변한다는 점을 염두에 두어야 한다. 가령, 요즘 아이들은 밖에서 노는 것보다는 실내에서 컴퓨터게임을 선호한다. 스마트폰을 활용한 게임도 엄청나다. 오징어 게임, 딱지치기, 구슬치기, 고무줄놀이, 윷놀이 등 주로 야외에서 친구들과 어울려 하던 과거의 놀이는 오늘날의 아이에게는 별로 관심이 없다. 놀이를 활용할 때 이 점을 고려해야 한다.

셋째, 치료사는 놀이에는 일정한 주제와 표현 양식이 있으며 그에 따르는 규칙이 있다는 점을 알아야 한다. 또한 놀이는 현실과 특별한 관계가 있으므로 연극치료에서 놀이의 내용과 형식, 현실과의 관계는 참여자의 경험을 탐색하고 이를 표현하기 위한 것이어야 한다.

넷째, 연극치료에서 놀이의 선택은 치료 프로그램에 따라야 한다. 존스는 현실을 탐색하고 학습하는 방식으로서 놀이, 일상의 시간과 공간 및 규칙과 경계의 특정한 관계를 맺고 있는 특별한 상태로서 놀이, 개인이 경험과 관련하여 상징적 관계가 있는 놀이, 난해하거나 외상의 경험을 다루는 수단으로서 놀이, 개인의 인지적 · 사회적 · 정서적 발달과 놀이의 관계, 발달적 연속체의 일부로서 드라마와 놀이를 언급한다. 흥미 유발과 친밀성 밀도의 증가 이외에도 드라마와 관련된 놀이에 주목할 때, 연극치료의 놀이는 참여자에게 현실 탐험의 도구이자 자신을 탐구하는 수단이 된다.

2) 연극치료 놀이의 예

랜디(Landy, 2002)는 연극치료에서 활용되는 놀이로 감각운동/신체놀이, 모방 활동, 사물놀이, 상징적 놀잇감 놀이, 놀잇감으로 작은 세상을 만드는 투사 작업, 거친 몸싸움 놀이, 인물을 연기하는 가장 놀이, 게임 등을 제시한다. 이들 내용은 앞서 말한 신체의 감각놀이, 모방, 투사, 상징, 연기 놀이는 물론 거친 몸싸움도 포함한다.

일상에서 일어나는 모든 놀이를 연극치료 작업에서 응용할 수 있지만, 간단한 감각운동/신체놀이의 예로 거울 놀이를 들 수 있다. 모방 놀이의 개념이 들어 있는 거울 놀이는 단순하지만, 재미있고 치료적 의미도 있는 놀이여서 치료 작업의 웜업에서 종종 사용된다. 거울 놀이는 두 사람 또는 참여자들을 두 줄로 서게 한 다음에 서로를 마주 보게 하여 한 사람의 동작을 다른 사람이 따라 하게 하는 방식이다. 한 사람이 오른손을 올리면 상대방은 왼손을 올린다. 앞 사람이 거울이 되어 그의 동작을 모방하면 저절로 웃음이 나고 몸과 마음도 즐거워진다. 눈 맞춤은 저절로 일어난다. 대개 동작을 시작할 때 처음에는 주저하면서 몸짓을 조그맣게 하지만, 시간이 흐르면서 조금씩 동작이 커지고 과감해진다. 동작의 빠르기를 평소보다 느리게 하거나 빠르게 하는 등 다양하게 표현하면 더 효과적이다. 거울 놀이에서 참여자의 표정에 중점을 두는 방법도 있다. 평소에 거울은 주로 얼굴을 비춘다. 손거울부터 창문에 비치는 모습, 자동차의 백미러 등으로 얼굴을 보는 데 익숙하다. 거울 놀이에서 참여자가 표정 짓기, 머리 만지기, 여드름 짜기 등에 집중하는 것은 평소에 익숙한 행동을 실천하는 것이다. 거울 놀이에 몰입하면 가끔 이상한 현상이 생겨난다. 거울인 상대방이 웃는 순간에 처음에는 어쩔 수 없이 웃어야 하지만 웃다 보면 기분이 좋아진다. 물론 반대의 경우도 있다. 하지만 거울 놀이에서는 우는 모습이라든가 슬픈 모습은 거의 없다. 참여자는 거울 놀이를 통해 동작의 모방을 넘어 정서 이입을 경험한다. 정서 이입은 곧 공감으로 이어진다. 이렇듯 거울 놀이는 표정과 움직임을 동반하므로 경직된 몸을 풀어 주는 웜업으로 적격이다.

제17장 연극치료와 이야기

국민의 비난을 견딜 수 없었던 한 독재자가 전국에 포고를 내려 이야기하기를 금지하였다고 가정해 보자. 이런 일은 가능하지도 않겠지만 그 국가는 곧 커다란 혼란에 빠지고 사람들은 절망하며 삶의 의욕마저 잃을 것이다. 이 끔찍한 간단한 가정에서 우리 삶에서 이야기가 얼마나 소중한지를 알 수 있다. 살아 있는 사람은 언제 어디에서고 이야기를 한다. 살아간다는 것은 이야기를 만들어 내고 이야기를 하고 듣는다는 뜻이다. 문제해결가족치료에 '자기 언어'라는 것이 있다. 자기 언어란 스스로 소리를 내어 무엇인가를 말하면 정신과 몸이 그렇게 된다는 것이다. 『물은 답을 알고 있다(水はこたえをっている)』(2008)의 저자 에모토 마사루(江本勝)는 물의 결정체를 연구하면서 물이 사람의 말에 따라 다양한 모양의 결정체를 지닌다는 것을 과학적으로 증명하였다. 생명이 없다고 생각한 물도 언어에 반응을 보인다는 것이다. 이렇듯 자기 생각과 직결된 자기 언어는 자신의 영혼과 몸과 불가분의 관계에 있다. 자기 언어는 그 사람의 결정체다. 따라서 자신이 근본적으로 변하고 싶을 때 줄거리가 있는 이야기를 소리 내어 표현하는 것은 유용한 방법이다. 평소에 자신이 하는 이야기가 긍정적이고 합리적이라면 그는 그러한 생각을 하는 사람이고, 반대의 경우라면 비관적인 사람일 것이 분명하다. '말이 씨가 된다'는 속담은 이에 대한 기막힌 표현이다. 자기가 하는 이야기는 자기 삶에 영향을 주며 변화를 일으키는 묘약이다. 언어로 직조된 이야기는 자기를 변화시킬 수 있는 엄청난 힘을 지니고 있다.

리쾨르는 자신의 경험을 텍스트로 만드는 것이 자기 이해를 위한 매우 좋은 방법이라고 언급한다. 그에 따르면 기호, 상징 그리고 텍스트에 의해 매개되지 않은 자기 이해는 없다. 자기 이해는 궁극적으로 이 매개항들에 적용된 해석과 일치한다. 바로 거기서 모든 인간 경험이 근원적으로 언어적인 조건에 놓여 있다는 사실이 확인된다(김한식, 2008a). 언어는 삶의 반향이자 자신의 반성이다. 언어로 직조된 이야기는 삶을 반추하며 삶의 은유가 된다. 따라서 자신을 파악하고 이해하기 위한 반성으로 이야기는 안성맞춤이다. 삶 속에서 인간은 끊임없이 대화한다. 이야기는 자기를 이해하도록 하고 세계를 확장하며 삶을 변화시키고 역경을 극복하도록 한다. 문학과 예술에도 이러한 이야기의 기재가 작동한다. 이야기가 주가 되는 서사문학이 있고, 회화에도 이야기가 가득 차 있으며, 음악은 멜로디가 있는 이야기들의 모음이다. 무용, 영화, 연극 등의 예술 분야에서도 이야기는 기본 틀을 이룬다. 이들 예술은 각기 고유한 매체를 통해 이야기를 어떻게 하면 재미있고 감동적으로 전할 수 있는가에 관심이 많다. 문학과 예술에서 이야기는 공통분모다. 우리가 문학과 예술에 열광하는 것은 새로운 이야기를 접하고 자신의 이야기에 덧씌울 수 있으며 타인의 욕망을 경험하면서 해소, 해방, 치료에 이를 수 있기 때문이다. 연극치료는 역시 다양한 의미를 담고 있는 이야기를 기반으로 한다. 3부에서 살펴볼 연극치료모델에는 이야기에 초점을 맞춘 이야기모델이 있다.

1. 이야기와 세상, 삶

남녀노소, 동서고금을 막론하고 사람들은 이야기에 열광한다. 다음은 어릴 때 즐겨 부르던 동요 〈겨울밤〉이다.

부엉 부엉새가 우는 밤
우리들은 할머니 곁에
옛날 이야기를
붕붕 가랑잎이 우는 밤
우리들은 화롯가에서
호호 밤을

부엉 춥다고 서 우는데
모두 옹기종기 앉아서
듣지요
붕붕 춥다고 서 우는데
모두 올망졸망 모여서
구워 먹지요

이 동요의 배경은 한겨울 추운 밤이다. 부엉이 소리가 들릴 정도면 산속에 있는 집이 분명하다. 특히 수리부엉이는 늦은 겨울에 번식하는 특성상 겨울에 자주 울음소리를 들을 수 있다. 가사에서 겨울 삭풍이 몰아치는 산속의 집에 식구들이 옹기종기 모여 있는 풍경을 그려볼 수 있다. 할머니가 있고 화롯가에 둘러앉은 우리는 여럿의 아이를 뜻하므로 대가족인 듯하다. 우리 아이들은 따뜻한 화롯가에 둘러앉아 밤을 구워 먹으며 할머니의 구수한 옛날이야기를 듣고 있다. 생각만 해도 저절로 미소가 지어지는 장면이다. 보통 옛날이야기는 할아버지나 아빠가 아닌 할머니 또는 엄마가 해 주는 것으로 되어 있다. 과거 바깥일은 남자가, 집안일은 여자가 하는 이분법으로 구분되던 시대에 흔한 설정이다. 한편으론 여자가 남자보다 정서적으로 민감하고 공감 능력도 뛰어나다는 점도 작용한다. 아이의 정서를 자극하는 이야기는 부모와 자식 간에 이루어지는 교감의 순간으로 교육 효과도 크다. 아이들은 이야기를 통해 비록 추위로 인해 공간적으로 외부와 단절되어 있지만, 상상의 나래를 마음껏 펼 수 있다. 아이는 달나라도 가고 호랑이도 만나며 외부 세계를 상상한다. 이러한 상상의 경험은 장차 성장하여 사회생활을 할 때 커다란 도움이 된다. 할머니가 들려주는 이야기는 단순한 내용 전달에 그치지 않는다. 특히 가족 내에서 상호 만남과 교감을 통해 전하는 이야기는 그 자체도 중요하지만, 분위기와 엄마와 아이의 표정, 태도, 몸짓 등을 통한 소통도 중요하다. 그것은 사랑을 주고받으며 관계를 확인하는 순간이기도 하다. 동요 〈겨울밤〉처럼 아이가 더 이상 바랄 게 없는 지상낙원의 느낌을 경험한다면 당연히 정서적, 지능적, 심리적으로 아이의 성장에 커다란 밑거름이 된다.

이처럼 과거의 아이들이 할머니의 구수한 이야기에 푹 빠졌다면 요즘의 아이들은 애니메이션, 카툰, 만화, 인터넷 게임 등의 이야기에 몰두한다. 예컨대, 온라인게임에서 이야기는 성공 여부를 좌우하는 핵심 사항이다. 이야기가 얼마나 흥미진진한가에 따라 그 게임의 인기도는 결정된다. 그래픽 수준이 아무리 높아도 이야기가 재미없으면 게임은 금방 시들해지고 만다. 텔레비전 드라마, 만화, 소설, 영화, 애니메이션, 연극, 게임 등에서 이야기의 중요성을 간파하고 이야기 발굴에 심혈을 기울인다. 그것이 곧 성공의 열쇠이기 때문이다. 그렇다면 사람들이 이야기에 열광하는 이유, 삶에서 이야기가 꼭 필요한 까닭은 무엇인가?

1) 이야기의 필요성

EBS의 다큐프라임으로 화제를 불러일으켰던 『이야기의 힘』(2011)에서 인간에게 이야기가 필요한 이유가 셋으로 제시된다. 첫째, 이야기는 기억을 잡아 둔다. 어떤 사건 흐름과 구조를 이야기로 엮게 되면 오랫동안 기억에 남는다. 이야기가 기억 저장에 영향을 미친다는 것은 이야기가 두뇌와 구조적으로 긴밀하다는 것을 보여 준다.

둘째, 이야기는 사람의 마음을 변화시킨다. 이야기는 변화의 힘이 강하게 작용하므로 누군가에게 전달되었을 때 변화를 일으키게 할 확률이 높다. 아네트 시몬스(Annette Simmons)는 사람의 마음을 움직이게 하는 것은 이야기라는 옷을 입은 진실이라고 말한다. 이 변화의 힘은 이야기를 치료와 연계한 이야기치료의 주요 요소다.

셋째, 이야기는 세상을 이해하는 데 필요하다. 동요 〈겨울밤〉처럼 아이는 이야기를 통해 세상을 학습한다. 아이는 이야기 속 주인공이 되어 주인공이 난관을 극복하는 것처럼 스스로 난관을 극복할 수 있다고 믿는다. 아이는 주인공의 생각과 행동을 모델로 삼아 어려운 상황을 해결하고자 노력한다. 또한 아이는 상상력을 바탕으로 이야기 속의 역할을 통해 세상을 이해함으로써 세상과 교류하고 그 속에서 살아가는 방식을 배운다. 이야기는 간접 경험을 제시함으로써 어려움을 극복하고 세상을 학습하도록 하는 훌륭한 도구가 된다.

엄마가 교훈적인 말투로 아이를 훈계하려고 들 때 잔소리가 되어 귀담아듣지 않거나 반감을 보이는 경우가 많지만, 이야기를 사용하여 상상력을 자극하면 아이는 이야기에 집중한다. 그것은 무엇보다도 이야기가 갖는 은유적 표현 능력 덕택이다. 은유는 직접 표현하기 힘든 것을 명확하게 전달하는 힘이 있으며, 간접적인 표현 방식으로 안전한 거리감을 담보한다. 이야기의 은유적 사용은 지시로 인한 감정의 손상을 최대한 자제하면서 분위기와 뜻을 분명하게 전달한다.

또한 이야기로부터 삶의 공동체의식을 고취할 수 있다. 이야기에서 아이는 자신의 삶과 관련된 메시지를 무의식적으로 받아들이게 된다. 나아가 이야기를 통해 자신들의 문제에 대한 두려움을 극복할 수 있으며, 희망이라는 메시지도 전달받는다(Doris, 2009). 이야기로부터 두려움의 극복과 희망의 메시지를 전달받는 것은 이야기 속에서 삶에 필요한 연대감을 발견하기 때문이다. 아이는 이야기를 들으며 두려움의 감정이 자기만의 감정이 아니라는 것을 깨닫는다. 아이는 두려움과 희망을 동시에 전하는 이야기로부터 세상을 학습하고 시각을 넓히며, 연대감 형성과 미래의 삶을 설계한다.

한편, 이야기는 삶에 의미를 부여한다. 21세기를 스토리텔링의 시대라고 진단한 비고츠키는 다양한 방식의 기호와 상징으로 매개된 스토리텔링이 포스트모던 시대의 문화 구성 원리라고 말한다. 그는 개인의 생각을 내적 언어로 간주하고, 삶을 행복하게 하는 이야기는 풍부하고 다양할수록 좋다고 강조한다. 이야기란 자기를 서술하는 행위로, 이야기는 삶의 목적을 정당화하기 위한 의미 부여 과정이기도 하다. 우리는 생각을 이야기하는 것이 아니라 이야기하려고 생각한다. 스토리텔링의 내용은 대부분 자신의 행위를 가능케 한 동기부여에 관한 이야기들이다. 자신에게 일어난 일을 이야기하는 행위는 삶의 의미를 찾는 행위다. 이렇듯 이야기는 삶에 의미를 부여하는 것이므로 이야기 없는 삶이란 공허하며, 의미를 부여하는 과정이 생략되어 버린 삶이다(김정운, 2011).

이러한 이야기는 신체 건강뿐 아니라 정신 건강에도 대단한 영향을 미친다. 이야기는 혼자 중얼거리는 것이 아니라 다른 사람과 더불어 실천하는 집단 행위다. 사회를 형성하는 타인과의 공동체의식을 인간의 본능적 욕구라고 할 때 이야기 공동 작업은 이 욕구를 충족시켜 준다.

또한 이야기에 나타난 타인의 세계관을 통해 자신을 객관적으로 바라보기도 한다. 융 학파의 관점에서 이야기는 현대인을 고대인과 연결해 주는 일종의 다리다. 고대인은 무생물의 소리를 통해 자신의 감춰진 생각을 표현할 수 있었으나, 그 능력을 상실한 현대인은 이야기를 통해 그들의 목소리를 듣게 되었다는 것이다. 이야기는 원시적 순수성을 상실한 현대인에게 무의식과 직면할 수 있는 길을 제시한다(박종수, 2005).

삶에서 이야기의 필연성을 종합하면, 첫째, 인간의 삶 자체는 하나의 이야기다. 각자의 삶은 이야기들로 짜인 역사다. 우리는 이야기로 우리의 삶을 산다. 즉, 개인의 삶은 각자의 이야기 극장이다. 둘째, 세상의 모든 이야기는 자기 이야기가 될 수 있다. 특히 원형적 이야기는 모두의 공통적인 이야기가 된다. 따라서 이야기를 한다는 것은 우리 삶의 원형을 알아가는 것이기도 하다. 셋째, 개인은 그의 이야기를 창조할 수 있는 유일한 저자다. 자기 이야기를 쓰는 저자가 바로 자신이기 때문에 자기가 쓴 이야기는 자기의 삶이 된다. 넷째, 자기가 쓰는 이야기를 통해 망각하였던 자신을 발견할 수 있으며 과거에서 벗어나 자기를 새롭게 할 수 있다. 인간은 손쉽게 익숙해지거나 습관화되는 경향이 있다. 그런데 자기 글쓰기를 새롭게 한다면 굳어진 사고방식에 함몰된 상태, 자신에게 중독된 상태에서 벗어날 수 있다. 이야기치료는 바로 이 점을 주목한다. 다섯째, 개인은 이야기를 통해 세계와 연결된다. 가정, 학교, 문화적 집단, 국가, 세계는 모두 이야기를 지니고 있고 개인에게 영향을 미치며 개인 역시 이야기를 창작하므로 개인과 세계는 이야기를 사이에 두고 상호작용하는 것이라고 할 수 있다.

2. 독서치료와 이야기치료

1) 독서치료

이야기를 치료에 접목한 대표적인 분야로 독서치료와 이야기치료가 있다. 독서치료는 한마디로 책을 읽음으로써 치료에 도움이 되도록 하는 것이다. 책을 읽는다는 것은 이야기를 통해 타인의 세계와 접촉한다는 의미다. 독서치료에서 참여자는 다양한 문학작품을 매개로 하여 집단 토론, 글쓰기, 그림 그리기 등의 여러 가지 방법의 구체적 활동과 상호작용을 통해서 자신의 적응과 성장 및 당면한 문제들을 해결하는 데 도움을 받는다(김현희 외, 2013).

2) 이야기치료

한편, 삶에서 이야기의 중요성을 간파하고 이야기를 심리치료에 적용한 것이 이야기치료다. 이야기치료는 인간은 누구나 자신에 대한 의미, 삶의 의미를 이해하기 위해 이야기를 만든다는 전제에서 출발한다. 개인은 각자 자기 이야기를 저작하지만, 그 이야기는 외따로 떨어진 이야기가 아니다. 섬이 외로이 바다에 떠 있는 것 같지만 섬과 섬들이 바다 밑으로 연결되어 있는 것처럼, 개인의 이야기는 그가 소속되어 있는 가족, 학교, 직장, 사회, 국가와 밀접한 연결고리를 지니고 있다. 즉, 개인의 존재 형성은 사회 혹은 문화라는 환경에 의해 영향을 받는 것으로, 개인의 삶에 영향을 끼치는 '지배적인 이야기(dominant stories)'들이 주변 환경과 관련된 어린 시절의 경험들로부터 만들어지는 것이다(Winslade & Monk, 2005). 이야기가 개인적일지라도 집단성을 벗어날 수 없는 이유, 개인의 이야기가 신화와 연결되는 근거가 여기에 있다.

이야기치료는 참여자가 습관적으로 살아온 이야기와 생소한 다른 이야기를 접합시킴으로써 자기를 새롭게 인식하도록 하는 것이 주목표다. 이야기치료에서 관계란 여러 이야기가 구성된 것으로 간주한다. 따라서 치료 작업은 현재 관계를 형성하고 있는 이야기를 듣고 함께 재구성하는 과정을 통해서 참여자가 좀 더 적합한 이야기를 표현하고 경험하도록 한다. 치료사는 참여자에게 질문하여 그가 가져온 문제의 이야기에서 갈등이나 불일치를 드러내고, 대안을 위한 여지를 만들고 그것을 풍부하게 서술하도록 한다. 새로운 인식을 기반으로 자신의 이야기를 새롭게 저작할 때 새로운 인생이 펼쳐질 수 있다는 것은 과거에서 벗어나 새로운 삶을 찾으려는 참여자에게 매력적이다. 참여자는 자신의 삶에서 다른 이야기를 깨닫게 되면서 어느 이야기를 고수해 삶을 의지할 것인지를 정한다. 우리는 재저작(reauthoring) 과정을 통해 새 삶을 꾸려 나간다(Johnson & Emunah, 2011). 비합리적 신념, 미해결된 문제가 있거나 삶을 왜곡하거나 대인관계가 원활하지 못하는 등 문제의

삶을 사는 사람에게 재저작의 이야기치료가 제시되는 것은 이러한 까닭이다.

분석심리학에서도 이야기는 중요한 요소다. 융은 이야기에는 집단적 정신작용이 들어 있다고 판단하고 이야기를 통해 자신을 발견할 수 있다고 생각한다. 이야기에는 인류 역사의 흔적이 남아 있고 인간 영혼의 발자취가 묻어 있다. 신화나 민담처럼 개인의 차원을 넘어 이미 집단화된 이야기는 그만큼 공감대가 넓으므로 이야기의 상징성은 시공을 초월한 인류의 정신 활동을 보여 준다. 분석심리학에서 이야기 해석은 이런 전제에서 출발한다. 융은 신화를 연구하면서 이야기 속에 원형이 담겨 있는 집단 무의식이 있음을 간파한다. 인간의 마음을 그리며, 마음속의 심상들이 다양한 색채로 드러난 것이 이야기라는 것이다.

(1) 이야기치료의 유형

이처럼 개인적이든 집단적이든, 이야기에는 누구나 공감하는 보편적 원형이 존재하므로 심리치료에 폭넓게 활용할 수 있다. 구체적으로 이야기치료 유형은, 첫째, 참여자의 경험 이야기에 초점을 두는 방법이 있다. 자신의 경험을 말하고 해석하면서 기존의 해석에 얽매이지 않고 자신에게 맞는 해석을 시도함으로써 이야기로부터 새로운 경험을 얻고자 하는 유형이다.

둘째, 다른 사람의 이야기를 통해 자신을 되돌아보는 방법이다. 예컨대, 소설은 타인의 내면세계를 엿볼 수 있는 이야기로 독자는 소설 속에 나타난 등장인물과 사건을 통해 자신을 성찰한다.

셋째, 신화, 민담, 전래동화에 나타난 원형적 이미지를 심리적 관점에서 분석하는 작업이다. 이는 융 학파에서 주로 활용하는 이야기치료 원리로서, 이를테면 민담을 들려주고 참여자가 특별히 기억에 남는 부분에 초점을 두어 진단함으로써 내면에 있는 집단 무의식의 심리적 역동을 이해할 수 있다(박종수, 2005). 연극치료에서 융 학파의 이야기치료에 관심을 두는 것은 '**적극적 상상**(active imagination)'이다. 연극치료 작업에서 이를 다음과 같이 활용할 수 있다.

3. 적극적 상상에 기반한 연극치료

1) 적극적 상상의 개념

참여자에게 연상(association)과 상상을 통해 삶의 경험을 이야기하도록 하는 적극적 상상은 연극치료에서 관심의 대상이다. 적극적 상상은 기억에서 사라진 이미지나 밝혀지지 않은 내용을 의식에 소환하는 일종의 의식화 과정이다. 적극적 상상으로 의식화된 내용은 의식된 상태에서 검증되고 질서를 찾아갈 것이다(박종수, 2005).

이야기치료에서 적극적 상상은 참여자에게 이야기에서 언급되지 않은 내용을 추적하도록 한다. 참여자는 이야기 속의 인물과 대화를 시도하거나, 여러 인물의 역할을 번갈아 수행하면서 무의식의 내용을 의식화하기 위해 노력한다. 적극적 상상을 통해 참여자는 원래의 이야기 내용과 다른 자신의 이야기를 만들어 내면서 점차 개성화 과정에 들어설 수 있다. 개성화란 개인이 지닌 잠재력을 발견함으로써 정신적 어려움을 극복하고 건강한 자아를 회복하는 것이다. 이러한 적극적 상상은 구체적인 이미지나 경험에 주목하여 그와 관련된 상을 떠올림으로써 심리적 문제에 접근한다. 융은 적극적 상상을 눈 뜬 상태에서 꿈꾸는 과정이라고 풀이한다. 수동적으로 경험하는 꿈과는 달리 적극적 상상에서 자아의 창조적인 참여를 통해 어떤 특별한 관점, 분위기, 그림이나 사건에 집중할 때 그와 관련된 환상들의 고리가 자연스럽게 발전되어 점차 하나의 드라마 성격을 갖춘다는 것이다. 상상력의 산물인 환상은 억제되고 감추어진 무의식적 욕망이 이미지로 드러난 것이다. 그런데 환상의 이미지를 몸으로 직접 극화할 수 있다면 비현실이 체화된 현실과 만나게 되어 무의식적 욕망이 더욱 구체적이고 의식화될 수 있다. 융 학파의 이야기치료와 연극치료의 만남은 이 점에서 의의가 있다.

적극적 상상은 어떤 이야기를 듣고 머리에서 떠오르는 환상을 적극적으로 개진하는 것으로 시작한다. 참여자는 명상에 잠긴 채 하나의 이야기를 듣고 그 이야기를 들으면서 무심코 생각난 이야기를 적는다. 참여자는 원래의 이야기와 자신이 쓴 이야기를 비교하여 다른 점이 무엇인지 파악한다. 이야기를 듣는 동안 특별히 기억에 남았던 이미지와 느낌에 대해서도 의견을 교환한다. 그림을 그리거나 음악 활동을 하거나 놀이를 하면서 이야기로부터 활성화된 무의식이 무엇인지 파악한다.

2) 적극적 상상 과정 5단계

폰 프란츠(Pon Frantz)는 적극적 상상 과정을 5단계로 요약한다. 첫째, 자아의 복잡한 생각을 비운다. 이는 무의식의 세계와 접촉을 방해하는 것을 제거하기 위한 것으로 흔히 명상이 사용된다. 둘째, 무의식의 환상 이미지가 의식으로 떠오르도록 한다. 이야기를 듣는 동안 참여자가 적극적으로 상상을 하게 되면 어떤 선명한 이미지가 떠오를 것이다. 셋째, 그 이미지에 표현 형태를 부여한다. 이름을 붙이거나 그림을 그리거나 언어로 이미지를 구체화한다. 넷째, 무의식의 이미지들과 윤리적인 대면이 필요하다. 무의식은 도덕적 혹은 윤리적 규범에 제한받지 않는 본능적 속성이 있기 때문이다. 다섯째, 적극적 상상을 통해 얻은 결과들을 삶에 적용한다.

이렇듯 적극적 상상을 통해 의식과 무의식의 대화가 이루어지면 개성화를 위한 첫걸음이 된다(박종수, 2005). 분석심리학의 이야기치료에서 적극적 상상은 떠오르는 이미지를 구체화하고 이를 윤리적으로 검열한 다음에 위험하지 않다고 판단될 때 실제 삶에 적용하는 것으로 이루어진다. 윤리적 대면 및 이미지의 구체화와 삶의 적용은 연극치료에서 관심을 가질 수 있는 부분이다. 이 지점에서 역할연기는 유용하다. 무의식과 의식을 인물화하여 역할연기를 하게 되면 윤리적으로 대면하게 하거나 일상에 적용할 수 있는지 직접 확인할 수 있다.

4. 연극치료와 이야기

예술 가운데 외형적으로 현실과 닮은꼴인 연극은 현실을 은유하면서 이야기와 실제 움직임이 혼합된 종합예술이다. 연극은 여러 예술 가운데 현실의 생생함이 가장 강력한 예술이다. 희곡은 그 이야기, 우리 자신에 관한 진실에 살과 피를 가진 진짜 사람의 옷을 입힌다(Andersen-Warren & Grainger, 2009). 연극사에서 기록으로 남아 있는 것은 이야기(희곡)다. 이들 연극적 이야기, 즉 고대 그리스 비극이나 셰익스피어 연극이 시대와 장소가 달라도 고전으로 인정받고 있는 것은 이들 연극 이야기가 하나의 원형으로 자리매김하고 있기 때문이다.

1) 연극에서 이야기

(1) 연기자의 관점

연극에서 이야기는 다각적인 측면에서 고려될 수 있다. 하나는 이야기를 무대에서 표현하는 연기자의 관점이다. 작품을 처음으로 접하는 연기자는 이야기를 소리 내어 읽는다. 소위 희곡낭독은 작품의 이야기 파악을 위한 기본적인 절차다. 처음에는 소설을 읽듯이 혼자 읽다가 역할이 정해진 후에는 전체가 모여 맡은 역할을 읽는다. 연기자들은 주어진 대사를 반복적으로 소리 내어 읽으면서 이야기에 적응해 나간다. 그런데 연기자의 대사 읽기는 앵무새처럼 단순하게 암기하는 소리가 아니다. 처음 희곡을 읽을 때는 줄거리 파악이 목적일 수 있지만, 점차 감정을 곁들이게 되고 추임새도 동반된다. 또 상대역의 에너지 흐름을 몸으로 느끼면서 대사는 어느덧 자신의 언어가 되어 간다. 연기자는 대사를 발화할 때 주어진 인물의 성격과 상황을 해석하고 파악한다. 이런 과정에서 연기자의 성격, 외적인 모습, 그의 역사와 문화와 사고방식이 덧붙여져 예상하지 않았던 새로운 인물이 창조된다. 연극 세계에 수만 명의 햄릿 왕자가 존재하는 것은 그런 까닭이다. 연기자들은 저마다의 해석과 고유의 사상과 숨결로서 자신만의 햄릿을 만든다. 말하자면 이야기 속의 인물을 만나는 연기자는 새로운 이야기를 써 내려가는 사람인 것이다. 극에서 만나는 인물은 연기자의 인생에서 새로운 이야기의 주인공이 된다. 희곡을 읽는 사람은 작가의 상상이 자기에게 실제로 일어나는 듯 역할을 연기하며, 그를 통해 허구적 경험의 특질이 관객에게 전달되어 연극 공연에서처럼 모두에게 상상의 날개를 달아 주게 된다. 장면을 즉흥 연기하거나 텍스트를 읽거나 희곡을 연기하는 것 모두가 기본적으로 드라마다.

(2) 관객의 관점

또 하나는 관객의 관점이다. 이야기치료의 참여자에 해당하는 연극의 관객은 삼차원의 공간에서 통감각적으로 이야기를 체험한다. 이야기치료에서 이야기하기가 소리 내어 읽는 것이라면, 통감각적으로 읽는 것은 드라마 방식의 이야기치료가 된다. 배우가 언어, 소리, 몸, 움직임으로 무대 공간에서 써 내려간 이야기는 관객과 상통하고 감각으로 교류한다. 무대에서 벌어지는 이야기는 곧장 관객의 이야기가 된다. 하나의 공간에서 동일한 박자로 호흡하고 감정적 시선을 교환함으로써 연기자의 이야기는 관객의 이야기로 체험적으로 전이된다. 무대에 몰입한 관객은 무수한 생각이 교차하며 스스로와 이야기를 주고받는다. 공연 내내 관객은 수많은 이야기를 썼다 지우고 또 다시 쓰는 자서전 작가가 된다. 공연의 시간은 관객에게 있어 상상력을 통해 극적 이야기 속 역할을 입어 보고 역할로 살아내 보는 시간이다. 이렇듯 연극 공연은 무수한 이야기들과 만나는 시간이며 자신을 돌아보고 미래를 향한 몸부림의 시간이므로 감동적인 한 편의 연극은 관객 자신에게 특별한 의미가 있는 이야기를 써 내려간 일기장과 같다. 무대와 객석 사이의 통감각적 이야기 체험은 적극적 상상의 발전된 형태라고 할 수 있다.

2) 연극치료에서 이야기

연극치료는 연극이라는 매체를 활용하여 상상력과 창조력을 일깨워 참여자의 심리적인 문제를 완화하거나 치료하고자 한다. 연극에서 이야기가 핵심 사항인 것처럼, 연극치료에서도 이야기는 매우 중요하다.

엔더슨-워렌과 그레인저는『연극치료 접근법의 실제(Practical Approaches to Dramatherapy: The Shield of Perseus)』(2009)에서 연극치료와 이야기와 관계를 다음과 같이 설명한다. 무엇보다도 연극치료는 이야기의 재배열을 통해 삶을 재배열할 수 있게 도와준다. 이 점은 앞서 이야기치료에서 언급된 것으로 연극치료는 현장감 있는 극적 공간에서 이야기의 재배열 또는 재저작을 통해 인지와 삶을 변화시키고자 한다. 또한 연극치료는 집단의 이야기를 창조한다. 전체 참여자의 이야기를 토대로 구성하는 이야기의 집단창작은 연극치료의 독특한 부분이다. 집단으로 창조된 이야기는 참여자들이 자신의 말과 행동을 돌아볼 수 있는 용기와 영감을 주며, 개인의 과거 경험에 대한 피드백도 제공한다. 집단 내의 참여자들은 저마다의 이야기가 있는데, 어떻게 하나의 이야기로 수렴되는가 하는 의문이 생길 수 있다. 집단 이야기는 마치 집단상담처럼 처음에 누군가 꺼낸 이야기를 불씨 삼아 토론을 거쳐 일련의 이야기를 완성해 가는 방식으로 전개된다. 집단에서 이야기의 범위가 확장되고 점차 명확해짐에 따라 집단에 소속되어 있는 개인의 이야기는 집단 이야기의 영향을 받게 된다. 집단 속의 개인과 개인이 형성하는 집단은 상호작용하므로 개인과 집단은 분리될 수 없다. 집단 속의 개인들은 상호관계가 중요해지고 집단적 삶은 나눔과 초점 맞추기를 통해 확장되며 풍성해진 이야기들을 아우른다. 개인의 이야기가 수렴된 집단의 이야기가 나눔과 초점 맞추기를 통해 확장, 심화되고 풍성해져서 집단이 공감할 수 있는 이야기가 된다. 이처럼 연극치료는 참여자가 짝에게 혹은 집단에게 이야기를 할 수 있는 무대를 제공한다. 연극치료에서는 무대가 곧 이야기다. 참여자들은 무대에서 공유된 역사를 창조함으로써 서로에게 이야기를 전한다.

3) 연극치료에서 이야기 진행 방식

연극치료에서 이야기 도입은 대개 두 방식으로 진행된다. 하나는 참여자의 상황에 적절하다고 판단되는 신화나 전설 등 원형적인 이야기를 선정하는 것으로 융 학파의 이야기치료와 유사하다. 다른 하나는 임의적이며 즉흥적인 방식으로 참여자들이 이야기를 꾸미는 것이다. 즉, 참여자들의 감정과 생각과 행동에 따라 이야기가 저절로 만들어지는 방식이다. 사전에 준비된 것 없이 참여자들로부터 이야기가 자발적으로 나오도록 한다. 그런데 이 두 방식은 결국은 하나의 지점을 향한다. 중요한 것은 어떤 경우이든 기본 형태를 공유하는 한, 이야기는 서로 닮는다는 사실이다. 이 두 이야기가 모두 변화를 다루고 변화의 과정을 구현하며 아울러 바탕에 깔린 사건의 질서가 동일하기 때문이다. 원형적인 이야기이든, 즉흥적인 이야기이든 참여자의 인식 및 개인적 혹은 사회적 상황과 연관하여 변화와 치료를 목표로 한다는 점에서 이야기의 기본 질서는 통한다.

현대인에게는 원형적 이야기가 결핍되어 있다. 화롯불에 둘러앉아 이야기꽃을 피우던 장이 사라진 탓이다. 이 결핍을 채우기 위해 인위적으로 하나의 무대를 만들어 과거의 이야기꽃을 재생할 필요가 있다. 무대 중심에는 따뜻한 화롯불이 있어야 하며, 이따금 그 화롯불 안에서는 맛있는 냄새가 나는 밤이나 고구마가 익어야 한다. 따뜻함 그리고 먹을거리가 동반된 공동체는 인간의 마음을 살찌운다. 그 시간은 결핍이 없는 충만의 순간이다. 연극치료의 무대는 얼마든지 화롯불을 만들 수 있다. 무대의 중심에 따뜻함과 풍요로움을 느낄 수 있는 상징적 오브제가 있어도 좋고, 오브제 대신 상상으로도 얼마든지 가능하다. 풍요와 자유가 있는 극적 공간에서 편안한 상태로 서로 이야기를 들어주고 자기 이야기를 할 수 있다면 그것은 곧 치료가 된다.

누군가는 현대인은 이야기의 부재가 아닌 홍수 속에 살고 있다고 말한다. 맞는 말이다. 이야기들이 TV, 인터넷, SNS 등에서 폭우처럼 쏟아진다. 매일 수십 편의 소설과 영화와 TV 드라마와 연극들이 생겨난다. 그렇지만 자신의 이야기, 자기 입으로 말하는 이야기는 부족하다. 개인은 이야기에서 소외되어 남의 이야기를 듣기만 하는 수동적 존재가 되었다. 이야기에서 수동적 존재는 얼굴 맞대기(대면)의 부재를 뜻한다. TV 등에서 시청자는 얼굴을 직접 맞대지 않는다. 일방통행의 이야기는 어둠 속에서 다는 악성댓글과 다를 바 없다. 떳떳하게 자기를 표현할 기회가 없다면 입술은 열리지 않을 것이며, 개인의 심리와 정서는 어두운 터널을 빠져나오지 못할 것이다. 화롯불을 둘러싼 이야기에는 뜨거움이 있으며 종종 이야기하는 사람과 듣는 사람의 시선이 마주친다. 친구와 차를 마시며 한담을 나눌 때 그 내용은 의미 없는 것들로 가득하지만, 시선의 마주침에서 충족감이 생겨난다. 두 손이 마주쳐야 박수 소리가 나는 것과 같다.

연극치료는 이 점을 주목하고 이야기 자체는 물론 이야기를 풀어내는 얼굴 맞대기의 극적 방식을 적극적으로 활용한다. 이야기 주체가 되지 못하고 수동적 상태에서 일방적으로 전달받는 것은 관음증 환자일 뿐이다. 상호 대면의 상태에서 자기 이야기의 개진이 필요한 것은 이러한 까닭이다. 이야기는 양방향으로 왔다 갔다 해야 한다. 이야기들은 섞일 수 있어야 한다. 화분에서 잘 자라던 나무가 시들해지면 물을 주고 분갈이도 하여 환경을 새롭게 조성한다. 새로운 환경을 조성하여 이야기할 수 있는 분위기가 만들어지면 누구나 가슴에 묻어 두었던 이야기를 다시 시작할 수 있다. 연극치료에서 치료의 무대란 바로 이러한 환경을 조성하는 것에서 시작한다.

제3부

연극치료모델

연극치료는 적절한 연극치료 이론을 도입하여 치료할 때 긍정적인 결과를 얻을 수 있다는 점에서 이론과 실제는 항상 함께한다. 따라서 제2부에서 살펴본 연극치료의 기본적인 이론을 바탕으로 어떤 연극치료모델을 적용하여 치료 작업이 이루어지는지 알아볼 필요가 있다.

그간 개발된 연극치료모델은 다양하다. 대표적으로 발달심리학에 의거하여 인간의 발달단계를 연극에 접목한 제닝스의 EPR모델, 제닝스, 미첼, 멜드럼 등의 치료적 공연모델, 연극의 핵심 사항인 역할을 기반으로 한 랜디의 역할모델, 라하드와 저시의 이야기모델, 존슨의 발달변형모델, 박미리의 감정모델 등이 있다. 앞으로 연극치료가 발전을 거듭하면서 더욱 많은 연극치료모델이 개발될 것이며, 한국의 연극치료가 성장함에 따라 한국인에게 적합한 치료모델도 생겨날 것이다. 여기에 소개하는 연극치료모델은 대부분 서양의 연극치료 선구자들이 개발한 것으로, 어떤 근거로 생겨났고 실제 사례를 통해 어떤 점에서 유용한지 알아보고자 한다. 기존의 연극치료모델을 충분히 숙지한 후 연극치료사로서 참여자에게 개입할 때 한층 자신감을 지닐 수 있을 것이다. 연극치료모델은 이 점에서 중요하다.

제18장 EPR모델

1. EPR모델의 탄생과 의미

성장에 따른 인간의 발달은 현대 심리학은 물론 오래전부터 관심 대상이었다. 제닝스는 이러한 발달단계를 연극적 발달과 연계하여 체현(embodiment), 투사(projection), 역할(role)의 단계를 제안하였는데, 이것이 EPR(Embodiment-Projection-Role: EPR)모델이다. 즉, 신생아에서 영유아기를 거치는 동안 아기에게서 마치 ~처럼(as if)의 현상이 언제 어떻게 출현하는지 관찰하여 발달 상황을 규명하는 것이다.

유교 경전『예기(禮記)』에 '남녀 7세 부동석'이라는 말이 있듯이 인간 발달에서 7세는 중요하다. 프로이트 역시 7세까지를 구강기, 항문기, 남근기로 나누고 개인의 정체성이 확립되는 시기로 보았다. EPR모델 또한 7세까지 3단계의 극적 발달단계로 나누었는데, 이 시기에 일상에서 소통하는 방식이 극적 형식을 띠고 있다고 보았기 때문이다. EPR모델은 생후부터 7세에 이르기까지 감각 놀이의 체현 단계, 놀이의 투사 단계를 거쳐 즉흥적인 역할 단계로 발전해 가는 극적 발달단계로 구성된다. 즉, 아기의 성장 발달에 따른 감각적 놀이가 갖는 의미의 중요성을 인식하고, 놀이 속에서 투사 행위를 발견하여 이야기와 인형을 통한 역할놀이를 극적 개념으로 정립한 것이다. 제닝스(Jennings, 2003)에 따르면, 인간은 극적인 형식으로 세계를 파악하고 극적인 방식으로 대화를 나눈다. 따라서 인간은 극적인 소통에 익숙해지기 위해 정교한 극적 기술을 익힐 필요가 있으며, 이를 정교화한 것이 EPR이라는 것이다. 체현, 투사, 역할의 극적 발달은 자기와 타자의 존재를 확립하고 분별하게 하며, 관계를 맺는 모두에게 영향을 미친다. 나아가 EPR은 개인에게 정체성을 확립하도록 하고, 사회 내의 정체성을 의미하므로 EPR의 발달단계는 성숙한 사회인이 되기 위해 반드시 거쳐야 할 단계로 간주된다. 치료 작업에서 EPR모델의 적용은 참여자의 과거를 탐색하여 생후 7년 동안 극적 발달 과정을 고찰하는 방식으로 이루어진다.

EPR의 첫 번째 단계인 체현은 태어나서 1세까지로 영아가 엄마와의 접촉을 통해 움직임, 몸짓, 몸의 감각을 익히는 시기다. 체현이 충분히 발달하면 다음의 투사 단계로 자연스럽게 넘어간다.

두 번째 단계인 투사는 1세부터 4, 5세까지의 시기로 자신의 몸 너머 외부 세계의 대상에 반응하는 단계다. 오감을 통해 문지르고 냄새 맡는 과정에서 영유아는 인형에게 말을 걸고 스스로 대답하는 투사 행위를 한다. 그림 그리기, 찰흙 놀이, 퍼즐 맞추기 등의 놀이를 하면서 자기를 외적 사물에 투사하는 것이다. 놀이가 더욱 복잡하게 확장되면서 영유아는 놀이의 대상인 인형에게 자신의 신체적 상태, 정서, 바람을 덮어씌우기 시작한다. 연극치료 작업에서 이 투사 단계는 조각상 만들기, 그림 그리기, 인형, 가면 등의 활동으로 이루어진다.

세 번째 단계인 역할은 4, 5세부터 7세까지다. 이 시기의 아이는 다양한 소품을 활용하여 움직임이 있는 역할을 창조해서 소꿉놀이를 한다. 아이는 소꿉놀이에서 스스로 창조한 역할과 동일시하고 이야기를 극화시킨다. 치료 작업에서 이 단계는 역할연기나 즉흥극의 형태로 나타난다. 역할단계는 체현과 투사가 바탕이 되므로 체현과 투사가 통합된 단계라고 할 수 있다. 아이는 역할을 통해 자신뿐 아니라 타인을 이해하면서 사회성을 강화한다.

이러한 아이의 극적 단계는 항상 신체를 기반으로 한다. 여기서 중요한 것은 어느 단계라도 충분한 발달을 이루지 못하면 다음 단계에서 결핍이 생긴다는 점이다. 따라서 EPR모델을 적용한 연극치료사는 참여자의 발달단계에서 미진한 부분을 찾아 이를 보충하는 방식으로 작업을 진행할 수 있다.

2. EPR에 영향을 끼친 학자들

제닝스가 밝힌 것처럼, EPR 초기의 작업은 몇몇 선구적인 학자의 영향을 받았다.

- 슬레이드: 슬레이드의 선도적인 실천과 글쓰기, 개별 놀이와 투사적 놀이가 있다. 교육연극을 개발한 슬레이드는 아이에게는 이미 내적으로 삶의 경험을 표현하려는 욕구가 있으며, 이 욕구가 드라마로 표현된다고 보았다. 따라서 투사 놀이는 성장하는 아이에게 꼭 필요한 것으로 간주하였다. 제닝스는 여기에서 아이의 놀이가 곧 투사 행위라는 아이디어를 얻는다.
- 셔본: 제닝스는 아이는 움직임에 대해 기본적인 욕구가 있다고 보고 아이의 움직임을

연구한 베로니카 셔본(Veronica Sherborn)을 참조한다. 셔본의 발달적 움직임은 자기 인식과 타인 인식으로 나뉘는데, 스스로 몸을 인식하는 자기 인식은 신체감각을 통해 자기를 인식함으로써 신체적 · 정서적인 수준에서 자존감과 자신감이 성장하도록 한다. 타인 인식은 움직임을 통한 타인과의 상호작용을 배움으로써 신뢰를 쌓고 긍정적인 관계를 구축하도록 한다. 제닝스는 특히 구르기, 기기, 앉기, 서기 등 아기의 감각적인 움직임에 주목한 셔본의 초기 발달단계에 중점을 둔다.

- 코트니: 제닝스는 리처드 코트니(Richard Courtney)의 인간 발달단계를 바탕으로 한 드라마의 발달단계에서 힌트를 얻는다. 코트니는 0세부터 12세까지의 아이를 세밀하게 관찰하여 아이의 극적 반응을 통해 발달단계를 완성한다. 그는 0세부터 10개월의 영아를 동일시 단계, 10개월부터 7세까지는 흉내 내는 단계로 구분한다. 흉내 내는 단계는 다시 원초적 행위(10개월 정도), 상징적 놀이(1~2세), 순차적 놀이(2~3세), 탐구적 놀이(3~4세), 확장적 놀이(4~5세), 유연한 놀이(5~7세)로 구분하고, 이후 7세부터 12세까지를 집단 드라마 단계로, 12세부터 18세까지를 역할 단계로 나눈다.

이러한 개념을 바탕으로 한 EPR모델은 신체적 움직임, 놀이행위, 극적 발달단계를 통합한 것이다.

3. EPR모델의 내용

1) 체현 단계

체현 단계인 0세부터 1세까지의 영아는 감각적인 신체 놀이를 실현한다. 영아는 자신의 몸뿐 아니라 세상을 탐색하고 학습한다. 영아는 주로 양육자와의 감각 접촉을 통해 몸의 움직임과 감각을 익힌다. 체현 단계는 생후 빠르게 발달하는 감각과 운동능력에 맞추어 그에 맞는 상호작용 또는 놀이를 하는 시기다. 가령, 영아는 대략 생후 2개월부터 시각 자극이 가능하다. 3개월에 무릎에 앉혀 흔들거리는 놀이를 통해 균형 감각을 키우기, 4개월에 딸랑이 놀이, 5개월에 자기 발을 손으로 잡고 놀기, 6개월에 움직이는 물체 잡기, 7개월에 숨긴 물체를 찾아내기, 8개월에 떴다 떴다 비행기 놀이, 9개월에 컵 속에 과자를 넣어 주고 빼 먹기, 10개월에 종이를 구기거나 찢기, 11개월에 고개로 긍정과 부정의 의사표시하기, 12개월에 낙서하기 등의 행동으로 감각을 자극한다. 감각을 자극하는 놀이로는 곤지곤지, 도리도리, 잼잼 등이 있다. 도리도리는 영아가 혼자 앉을 수 있는 6개월 정도에 할 수 있는 놀이로, 영아의 근육 강화에 도움이 된다. 손가락을 자극하고 손 근육을 강화하는 잼잼은 앉기 시작할 때부터 돌까지 가능한 놀이다. 눈과 손의 협응을 발달시키는 곤지곤지는 처음에는 영아가 양육자의 동작을 따라 하다가 혼자서 할 수 있게 된다. 모방을 통한 상호작용이 중요하므로 사회성 향상에도 도움을 준다. 이러한 감각 놀이는 감각기관을 자극하면서도 신체발달에 도움을 주고 두뇌 발달에도 영향을 미친다. 또한 양육자와 영아의 놀이는 상호작용 속에서 친밀감을 강화하고 정서의 함양에도 긍정적인 영향을 미친다. 체현 단계에서 몸의 경험은 향후 발달단계의 기초가 된다.

인간의 발달은 신체, 정신, 인지, 도덕, 정서 등 다양한 분야에서 상호 영향을 끼치며 종합적으로 일어난다. 따라서 이 시기에 다른 영역의 발달단계는 체현을 이해하는 데 도움이 된다. 예컨대, 피아제의 인지발달단계에서 체현에 해당하는 0~2세는 감각운동기에 해당한다. 피아제는 이 시기에 만지기, 맛보기와 같은 감각과 신체 움직임을 사용하는 영유아의 놀이를 연습 놀이라고 칭한다. 연습 놀이는 발달에 따라 6단계로 구분된다. 1개월까지는 빨기나 잡기 등의 반사행동이 주를 이루는데, 이는 놀이보다는 환경에 적응하기 위한 본능적인 행동에 가깝다. 1~4개월 정도에는 손가락을 빠는 등 자신의 몸과 감각을 탐구하고 행동을 반복하면서 숙달시킨다. 4~8개월이 되면 영아는 자기 몸에서 벗어나 외적 대상에 관심을 보이다가 인과법칙을 깨닫게 되면서 본격적으로 놀이를 시작한다. 8~12개월에는 물건 찾기 놀이가 가능해진다. 물건을 찾는 그 자체에서 즐거움을 느끼므로 반복적인 행동을 하게 된다.

한편, 전 생애에 걸친 에릭슨의 사회적 발달단계에서 1단계인 0~1세의 영아기는 신뢰감 대 불신감을 형성하는 시기다. 신뢰와 불신은 대인관계에 의해 형성되는 것으로 양육자와의 관계가 중요하다. 만일 양육자가 영아의 신체적 및 심리적인 욕구를 적절하게 충족시켜주면 신뢰감이 형성될 것이고, 반대로 주의를 기울이지 않거나 거부의 태도를 취하거나 보살핌에 일관성이 없다면 불신감이 형성된다. 이때 생겨난 신뢰감 또는 불신감은 이후의 삶에서 맺게 되는 사회관계의 밑거름이 된다. 에릭슨은 영아에게 어느 정도는 불신의 경험이 필요하다고 언급한다. 지나치게 신뢰만을 강조하면 이후의 대인관계에서 적절한 균형을 상실할 우려가 있으며, 신뢰와 불신의 균형추가 평행을 이룰 때 안정적인 관계 형성이 가능하다는 것이다. 신뢰와 불신을 체현과 연계시키면, 신체 자극과 감각 놀이가 적절하게 이루어지면 신뢰감이, 그렇지 못하면 불신감이 생겨나는 것으로 볼 수 있다.

2) 투사 단계

1세부터 3세까지의 투사 단계는 체현 단계를 거친 유아가 주변 대상과 실체의 세계를 탐구하는 단계다. 이 시기의 유아는 외부로 향하는 투사를 통해 자아를 발전시키고 자기중심에서 벗어나 다른 세상이 있다는 것을 발견함으로써 자신과 분리되는 경험을 한다. 투사 단계의 신체적 움직임의 발달적 특징을 보면, 계단을 기어오르고 혼자 서려고 노력하며 걷기 시작하고 공을 던지거나 옆으로나 뒤로 걷는 것도 가능하다. 24개월이 되면 달리기나 혼자서 계단 오르내리기를 하는 등 신체를 이용한 적극적인 탐색을 시도한다. 손가락 근육과 손가락 조작 기술도 발달하여 숟가락을 사용하여 혼자 밥을 먹을 수 있고 선을 따라 그릴 수도 있다. 유치도 거의 다 나오고 어느 정도 배변 훈련이 이루어져 대소변을 가리게 된다. 신체적 기능의 발달과 더불어 더욱 조직화되고 유형화된 놀이도 가능해진다. 신체 너머의 세계에 반응하는 이 단계는 초기 투사 단계와 발달적 투사 단계로 나눌 수 있다. 초기 투사 단계는 신체를 활용해 세상을 탐험하는 단계로 유아는 다양한 재료와 오브제를 활용해 감각 놀이를 한다. 발달적 투사 단계에 들어서면 관찰력이 증가하고 인형이나 장난감에 이야기를 곁들인 상징 놀이가 가능하다. 투사 단계의 대표적 놀이 활동으로는 그림 그리기, 반복적으로 물건 떨어트리기, 딸랑이 흔들기, 블록과 막대를 가지고 놀기, 점토 놀이, 모래 놀이, 손가락 인형, 핸드 프린트, 가면 작업, 콜라주 작업, 이야기 만들기 등이 있다. 유아는 이러한 놀이 활동을 통해 생각과 감정을 외적 사물에 투사한다.

투사 단계는 시기적으로 프로이트의 항문기와 겹친다. 이 시기에 아동의 리비도는 항문 부위에 모아지며 대소변을 통해 쾌락을 느끼게 된다. 배설은 내부의 것이 외부로 향한다는 점, 정화를 의미한다는 점에서 일종의 신체적 투사가 된다. 이때의 아동은 상충되는 것들 사이에서 스스로 선택하게 되고 이 과정에서 자신의 의지를 나타내는 자율성을 학습한다. 신체적으로 걸을 수 있게 된 아동은 행동 반경과 탐색 영역이 넓어지고 음식 섭취도 자율적으로 하려고 시도한다. 자율적이 된다는 것은 자기중심성이 강화되는 것으로 언어 사용에서도 자기에 대한 집착과 자기주장이 분명해진다. 이러한 신체적 · 인지적 환경에서 배설은 자기 신체의 통제 능력을 의미하며 배설로 인한 부모의 칭찬과 꾸지람은 사회적 기대나 압력을 분명하게 깨닫는 계기가 된다. 배설을 스스로 실행하게 되었을 때 생겨나는 자신감은 자율성의 결과이며 그 반대는 자신감이 결여된 의혹이 된다. 만일 배설의 실패로 부모나 사회적 기대치에 미치지 못한 행동을 한다면 수치감과 회의감이 생겨난다. 에릭슨에 따르면 아동은 갈등과 극복의 과정을 통해 자율성의 성장 동기인 의지가 강화된다. 의지는 판단력과 분별력을 통해 충동을 통제하는 것으로 경우에 따라 수치심을 주고 자괴감에 빠트릴 수도 있다. 발달 문제가 있는 아동을 치료할 때 우선적으로 배설의 자율성에 초점을 맞추는 것도 이러한 이유에서다. 대소변을 가림에서 자율성과 수치심을 느끼게 된다는 에릭슨의 이론은 프로이트의 항문기를 좀 더 발전시킨 것이다. 이 시기에 호기심이 많아지고 조직 활동도 왕성해지는 아동은 인형, 공, 블록 등의 장난감을 다른 방법으로 사용하려고 시도하면서 본격적인 모방이 시작된다.

투사 단계는 피아제가 제시한 2세부터 7세의 감각운동기와 전조작기에 해당한다. 감각운동기의 아동은 사고가 시작되면서 눈에 보이지 않는 사람이나 대상에 대해 정신적 이미지를 형성한다. 아동은 자신을 다른 사람과 분리하여 개인으로서 자신을 알아가게 되는데 이때 투사 기능은 중요한 역할을 한다. 주양육자나 주변 사람과의 분리는 자율성과 의지를 획득하고 자신을 인지하는 과정으로 이는 새로운 관계 형성을 의미하며 자아의 탐색 과정이 된다. 투사는 자신과의 분리로서 관계 형성의 기초가 된다(Jennings, 2003). 피아제의 인지발달단계에서 전조작기는 전개념기와 직관적 사고기의 두 단계로 구분되는데 내용상 전개념기는 제닝스의 투사 단계에 해당한다. 전조작기에서 가장 중요한 것은 언어의 비약적인 발전이다. 언어발달은 곧 인지발달이며 사물이나 사건을 내재화할 수 있는 능력이자 기억과 표상 능력이다. 또한 전조작기의 특징 중 하나는 상징 놀이다. 이 시기의 아동은 자기중심성, 상징 놀이, 물활론, 도덕적 타율성, 꿈을 외적 사건으로 생각하기, 보존 개념의 부족 등이 특징이다. 유아가 2세 이후 갖게 되는 상징 놀이는 내면적 표상 기능과 더불어 상상적 상황을 설정하고 그 안에서 노는 것으로 상상 놀이, 가상 놀이 또는 극적 놀이로서 마치~처럼의 요소를 지닌다. 상징 놀이는 처음에 자신의 신체와 주변에 집중하지만, 보이지 않는 대상을 표상하거나 사물이나 상황을 실제와 다르게 변형시키면서 점차 범위를 확대한다. 인형이나 엄마를 흉내 내는 상징 놀이는 투사 단계의 상징 놀이와 그 성격이 동일하다.

한편, 투사 단계는 에릭슨의 8단계 발달단계 가운데 2단계인 자율성 대 의혹의 시기에 해당한다. 자율성 대 의혹은 2~3세의 유아가 여러 상반되는 충동 사이에서 스스로 선택해야 하는 상황에서 표명되는 의지와 관계한다. 앞서도 언급했지만 자율성은 스스로 대소변을 통제하는 것이 대표적이다. 지나치게 까다로운 양육자의 개입으로 대소변 조절이 실패하면 의혹이 증폭된다. 언어적으로 자신을 나타내는 '나' '내 것' 등의 자율성의 언어와 '싫어' '안 해' 등의 자기주장의 언어를 즐겨 사용한다. 이는 자아 확립을 바탕으로 자기 분리가 순조롭게 이루어질 때 자율성이 강화된다는 것을 뜻한다. 따라서 연극치료 작업에서 참여자가 이 시기의 자율성 대 의혹을 정립하지 못하였다고 판단되면 상징 놀이 같은 투사 단계의 놀이를 통해 자신과 분리되는 실제적 경험을 하게 하여 의혹을 해소하고 자율성을 강화하는 방향으로 치료를 진행할 수 있다. 자율성과 자기 강화 또는 사회성과 의지, 본격적인 모방은 투사를 위한 매우 중요한 요소다. 투사는 자기의 확립과 존중이 생겨나면서 시작된다.

3) 역할 단계

세 번째 단계인 4~7세의 역할 단계에 이르면 아동은 이야기에 기반한 역할놀이로 확장한다. 역할 단계의 특징은 이야기를 바탕으로 즉흥적이며 극화된 역할놀이를 한다는 점이다. 좋아하는 오브제를 가지고 투사 놀이를 하던 아동은 점차 다른 사람의 목소리와 몸짓을 흉내내며 이야기를 만들어 역할놀이로 발전시킨다. 아동은 친구와 어울려 가면, 인형, 옷, 모자나 스카프, 돌이나 풀과 같은 자연물의 다양한 소품으로 일상에서 만나는 인물을 창조한다. 이야기와 역할의 창조는 곧 소꿉놀이가 된다. 소꿉놀이에 참여한 아동은 스스로 창조한 이야기 속 역할과 동일시하면서, 어떤 장면에서 어떤 역할을 해야 하는지, 그 역할이 상황에 적합한지 판단한다. 상상 놀이가 좀 더 발전한 역할놀이는 체현과 투사가 바탕이 되므로, 이 단계는 체현과 투사가 통합된 단계라고 할 수 있다. 아동은 친구와의 놀이에서 타인의 중요성을 인식하고, 나 아닌 다른 역할을 통해 자신뿐 아니라 타인을 이해하게 되고 사회성을 강화한다.

역할 단계의 아동 가운데는 신체적 · 정신적 · 정서적 발달이 제대로 이루어지지 않았거나, 손상을 입었거나, 역할의 모델이 결핍되어 있거나, TV나 인터넷 등 무분별한 모델의 증가로 역할에 혼란을 일으키는 경우가 있다. 역할의 혼란은 정체성의 혼란으로 이어지므로 연극치료 실제에서 다양한 역할을 경험하게 하여 역할을 통합할 기회를 제공하는 것이 중요하다. 역할 발달이 제대로 이루어지지 않은 참여자에게 소꿉놀이를 시행하여 자발적이고 창조적인 역할을 경험한다면 건강한 성장에 도움이 될 것이다.

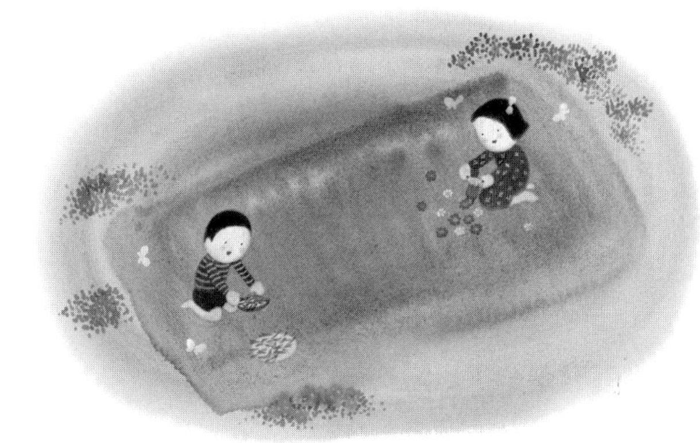

역할 단계는 피아제의 인지발달에서 전조작기(pre-operation period)인 2~7세에 해당하므로 투사 단계와 겹친다. 따라서 좀 더 구조화된 상징 놀이 또는 일종의 소꿉놀이인 사회극 놀이(sociodramatic play)를 하는 시기로 보면 된다. 사회극 놀이는 상징 놀이가 더욱 발전된 놀이 형태로, 한 명 이상의 친구와 함께하는 연극 놀이이다. 모라 스밀란스키(Mora Smilansky)는 사회극 놀이가 되기 위한 여섯 가지 조건을 다음과 같이 밝힌다.

- 하나의 주제로 놀이를 10분 이상을 지속하기
- 두 명 이상이 상호작용하기
- 언어로 소통하기
- 가상으로 행동과 상황 만들기(식사하기)
- 가상의 사물을 사용하기(평평한 돌이 접시가 됨)
- 역할로 연기하기(엄마와 아빠 역할)

가상의 역할을 맡는 사회극 놀이에서 아동은 또래와 소통하면서 욕구와 감정을 표현하거나 억제하는 방법, 또는 갈등이 생겼을 경우 이를 극복하는 기술도 획득한다. 타인과 소통하며 협동 작업을 필요로 하는 사회극은 사회성 발달에도 기여한다.

역할 단계는 에릭슨의 사회 성격 발달의 3단계인 주도성 대 죄책감(3~6세)의 시기다. 이 시기의 아동은 외적으로 영역을 확대하여 세상을 탐색하고 자신이 세상에 끼치는 방법도 발견한다. 또한 책임감이 발달하면서 타인과 갈등도 생겨날 수 있다는 것을 이해하게 된다. 사회적 활동 범위가 넓어지고 세상을 탐색할 때 주도성을 상실하면 불안해지고 죄책감이 생겨나 타인에게 쉽게 끌려가는 성격이 된다. 따라서 EPR모델에서 죄책감에 시달리는 참여자를 만나게 된다면, 역할 단계로 돌아가서 소꿉놀이 또는 사회극 놀이를 통해 마음껏 자율성을 개진하게 하는 것은 좋은 방법이다.

4. EPR모델의 실제

EPR모델은 신생아부터 7세 정도의 아이가 감각적 놀이와 드라마의 세계로 진입할 수 있는 극적 발달단계다. 발달의 의미가 그러하듯이, EPR의 단계적 과정은 아동의 성장에 있어 필수적이며 어느 한 단계라도 결핍되면 문제가 생긴다. 영유아는 단계에 따라 놀이의 양상이 달라지며 이는 양육자와의 애착, 자율성 및 정체성 향상과 직결된다. 신체 감각의 활성화는 상상력을 확대하고 투사 놀이와 역할놀이로부터 타인과의 교류를 강화하며 사회성을 확립하고 자유롭게 현실과 극적 세계의 왕래가 가능해진다.

연극치료사는 EPR모델을 이론적으로 이해하는 것에서 나아가 연극치료 작업에서 활용할 수 있어야 한다. 우리는 어린 시절을 속속들이 기억할 수는 없으나 그 시절로 돌아가는 것은 상상할 수 있다. 만일 ~라면처럼 내가 신생아라면 또는 영유아라고 가정한다면 얼마든지 EPR모델의 세계에 들어설 수 있다. 제닝스는 EPR의 실제에서 각 단계의 기억을 떠올릴 방안을 제시한다. 신생아 이후 3세 정도의 기억을 찾기는 쉽지 않겠지만 도움을 줄 만한 사람이 있는지 알아보고, 감각을 동원하여 맛, 냄새, 촉감, 모양, 소리 등을 빠짐없이 기록할 것을 권한다. 예를 들어, 특별히 아꼈던 장난감이나 물건을 떠올려 보고 그에게 하였던 말, 감각 등의 기억을 되살리는 방식이다. 음식, 물놀이, 몸동작, 놀이, 옷 등에 대해서도 기억을 더듬어 보고 기록한다. 이러한 방식은 역할 단계인 7세까지 이어진다. 재미있게 놀았던 기억, 반복해서 들었던 이야기, 친구 또는 형제들과의 놀이, 악몽이나 무서웠던 경험 등을 되살려 이를 실제로 드라마로 재현해 보는 것이다. 이런 식으로 연극치료 작업에서 체현 단계의 감각 놀이, 투사 단계의 놀이, 역할 단계의 역할놀이를 실현할 수 있다. 참여자는 단계적 극화에서 결핍된 단계를 스스로 발견할 수 있으며 이로부터 변화가 시작될 수 있다. 특히 자기 존중감이 미약하거나 대인관계에 문제가 있는 참여자라면 EPR모델은 상당히 유용하다.

구체적으로 EPR모델은 연극치료의 두 차원에서 효과적이다. 하나는 발달 과정에 있는 영유아를 대상으로 직접 치료하는 것이다. EPR을 적용한 치료 작업에서 영유아가 극적 발달단계를 원활하게 통과할 수 있도록 도울 수 있다. 제닝스(Jennings, 2003)에 따르면, 극적 발달단계에서 창의적 역할을 행하면서 자기와 타자를 능동적으로 연기할 수 있는 영유아는 자기 치료의 힘을 증가시켜 현실적 삶에서 부딪히는 난관을 잘 대처할 수 있다. 또 하나는 이미 7세가 지난 참여자로서 EPR의 단계에서 결핍이 생겨난 경우다. 성장하는 과정에서 EPR 단계를 정상적으로 밟지 않았다면 문제행동을 보일 가능성이 크다.

EPR모델의 관점에서, 연극치료란 발달단계에서 결핍된 요소가 있다고 보고, 연극치료를 통해 실제 몸으로 경험하고 느끼고 투사하고 극적 역할의 기회를 제공하여 변화의 장을 제공하는 것이다. 이러한 치료 작업은 참여자의 과거 발달단계의 극적 체험을 제공하는 방식으로 이루어질 것이다. 이를테면, 체현 단계에 문제가 있다고 본다면 그 시절로 돌아가 손가락이나 발가락 빨기와 같은 신체 탐구, 기어다니기, 네발로 움직이기 등 영유아의 동작들 또는 엄마와의 소통 방식을 표현하도록 할 수 있다. 아울러 참여자에게 영아의 기본적인 놀이 방식을 탐구하여 체현을 경험하도록 한다. 체현 단계에서 손가락 놀이는 물론 신체 부위의 감각을 활성화하는 핸드크림, 에센스 오일, 비눗방울, 물수건 등의 오브제를 활용할 수 있다. 촉각뿐 아니라 시각, 청각, 미각, 후각 등에 자극을 줄 수 있는 오브제라면 좋을 것이다. 또한 손과 발 등의 신체 부위가 서로 연관된 작은 움직임부터 몸 전체로 이루어진 커다란 움직임에 이르기까지 몸 자체의 움직임을 탐구하도록 한다. 평소와 다른 방식으로 인사하기, 타악기에 리듬 맞추기 등 이 시기의 발달단계를 포함하는 창조적 움직임을 구현할 수 있으며 몸의 움직임을 경험하기, 편향된 감각을 활성화하여 균형을 이루기, 악기 놀이, 소리 듣기 등으로 몸과 감각의 탐색을 위한 활동도 포함된다. 체현을 위한 감각 탐색의 또 다른 방법으로 일상과 새롭게 만나게 하는 방법이 있다. 성인이 되면서 잃어버린 어린 시절의 감각을 되찾기 위해 습관적인 감각에서 벗어나 이를 탐색하게 하는 것이다. 가령, 참여자에게 오감을 통해 익숙한 방법에서 벗어나 예기치 않은 방식으로 오랫동안 자연과 접촉하도록 한다. 평소에 무심코 지나치던 돌이나 나무를 오랫동안 바라보고 만지고 냄새를 맡아보게 하는 것이다. 자연물과의 감각적인 만남을 경험한 후 참여자는 이를 언어나 몸으로 표현할 수 있다. 연극치료에서 체현을 위해 1～12개월 영아의 행동 발달표를 참고하면 유용할 것이다.

살아간다는 것은 끊임없이 다양한 문제가 생겨나고 관계 속에서 다양한 감정을 겪는다는 의미다. 일상에서 예기치 않은 감정을 만났을 때 자신과의 대화를 통해 스스로와 대면하면서 이야기를 주고받는 드라마의 역할 속으로 빠져든다. 난관에 부딪혔을 때 EPR의 단계가 원활하게 이루어진 사람은 미해결 문제를 훌륭하게 극복할 수 있다. 체현, 투사, 역할의 통합적 경험은 사회생활에서 역할 경험을 충분히 경험한 것이 되므로 폐쇄된 역할에서 벗어날 수 있다. 또한 자기 존중감이 강화되어 설령 난관을 만나더라도 의연하게 대처할 수 있다. 참여자가 발달단계에서 역할 수행 및 역할의 확장이 자연스럽게 이루어지기 위해서는 부모로부터 자연스러운 분화, 자기 존중감 증진, 자기 정체성의 확립이 필요하다. 예를 들어, 부모와의 분화라는 명제는 부모나 자녀에게 커다란 사건이다. 사춘기 자녀는 부모에게 정신적으로 독립을 요구하면서 또래 집단에서의 역할을 추구하지만, 가족문화나 상황 속에서 이를 제대로 표현하지 못하고 잠재된 내적 형태로 남을 수 있다. 그럴 경우, 자칫 자녀는 불만이 팽배해지고 잘못된 길로 빠져들 수 있다. 이러한 청소년 참여자를 대상으로 한 극적 역할놀이는 자기 및 부모와의 관계를 객관적으로 바라보도록 하는 드라마 형태의 치료 기법이 될 것이다. 상상력이 왕성한 청소년은 쉽게 현실과 이상의 충돌을 일으킬 수 있으므로 드라마를 통해 이를 검증하고 역할을 실험할 수 있다면 자기 정체성 확립에 커다란 도움이 될 것이다. 이렇듯 EPR모델을 바탕으로 하는 연극치료는 세계 속에서 각자의 역할을 확장하도록 하고 타인에 대한 인식을 강화하는 특징이 있다. 연극치료에서 획득한 역할 확장은 있는 그대로의 자기 인식을 가능하게 하고 세계와의 관계를 왜곡 없이 바라보게 하므로 어려움에 부닥쳤을 때 흔들림 없는 건강한 마음을 지니도록 돕는다,

감각과 움직임으로 드라마를 창작한다는 점에서 EPR은 창조적 드라마와 연결되고, 이를 공

연으로 발달시킨다는 점에서 치료적 공연모델과도 밀접하다. 따라서 EPR모델을 더욱 깊이 있게 이해하기 위해서는 창조적 드라마와 치료적 공연모델에 대해서도 관심을 가져야 한다.

5. 신경-극적-놀이(NDP)

1) NDP의 정의

제닝스(Jennings, 2020)는 EPR에서 체현의 초기 단계를 더욱 정교화하여, 태아의 시기를 중시한 신경-극적-놀이(Neuro-Dramatic-Play: NDP)를 제안한다. 그는 NDP를 임신에서 생후 6개월에 걸쳐 일어나는 엄마와 태아 그리고 엄마와 신생아의 감각적이고 리드리컬하며 극적인 놀이라고 정의한다. 또한 NDP는 뇌 성장과 신체의 화학적 균형 그리고 신생아와 부모의 건강한 애착에 심대한 영향을 주며, 영유아의 정서적이고 사회적인 성숙에 영향을 끼친다고 언급한다. 이처럼 NDP는 태아기의 뇌 발달과 아동기의 애착에 초점을 맞춘 정서 및 행동 장애아동이나 청소년을 위한 개입으로 놀이를 곁들인 연극치료다. 아동 발달에 대한 다양한 접근법을 종합하고 아동의 건강한 발달을 위한 태생적이고 환경적인 조건을 고려하는 NDP는 모태 속 태아가 감각을 통해 세계를 이해하도록 관계적인 놀이와 창조에 초점을 맞춘다. 이러한 인식은 태교의 중요성과 맞물려 있다. 나아가 아이가 태어난 후 6개월 정도까지 신생아의 애착에 근거한 놀이도 세심하게 관찰하는데, 이 놀이는 마치~처럼의 극적 반응으로 이루어진다.

2) NDP의 세 요소

NDP에는 감각 놀이, 율동 놀이, 극적 놀이의 세 요소가 있다. 이는 임신 기간과 아이가 태어난 이후에 세 형태의 놀이와 이야기의 형태를 관찰하는 것이다.

- 감각 놀이: 감각 놀이는 폭신한 담요로 말기, 오일로 마사지하기, 핸드크림으로 손 마사지하기, 비눗방울 놀이, 손가락 페인팅 등의 놀이가 있다. 식재료로 음식을 만들어 먹는 것도 감각 놀이이며, 조용한 소리와 방의 색채도 감각 놀이에 해당한다. 태아의 경우 감각적으로 자궁 속에서 기온, 소리, 리듬, 접촉, 감정 변화들을 감지한다.

- 율동 놀이: 율동 놀이에는 가령, 태아는 엄마의 심장박동을 지각하고 그 리듬에 맞춘 움직임이 있다. 임산부는 이야기하거나 노래를 부르거나 악기를 연주하면서 태아의 감각을 자극하고 신뢰감을 전달하여 평온한 느낌을 줄 수 있다. 임산부의 규칙적이고 균형적인 움직임도 태아에게 영향을 미친다.
- 극적 놀이: 임산부와 태아 사이에서 극적 놀이 창조도 이루어진다. 임산부는 태아의 움직임을 몸으로 느끼며 태아와 놀이를 한다. 예를 들어, 태아가 발로 차는 순간 엄마, 아빠, 태아는 함께 놀이를 할 수 있다. 태아 시기의 놀이의 반향과 흉내는 생후 3개월 정도까지 지속한다. 세상과 직접 접촉하게 된 신생아는 자궁 속에서 들었던 노래를 인식하며, 산모의 품에서 심장박동을 듣고 엄마와 관계하고 있음을 감지한다.

이처럼 긍정적 애착과 안전한 육아를 제공하는 가족 안에서 신생아는 감각적 · 율동적 · 극적 놀이 단계를 거치게 된다. NDP는 애착 형성 및 초기 두뇌 형성을 중시하므로, 정서 및 행동 장애가 있는 아동 또는 손상된 두뇌, 발달지체, 애착 결핍을 보이는 아동을 중재할 수 있다.

제19장 치료적 공연모델

일반적으로 연극의 완성을 위해 연출가는 오케스트라의 지휘자처럼 공연의 연습에서부터 종결까지 연극 전반을 이끈다. 연극모델(theatre model)로도 불리는 치료적 공연모델(therapeutic performance model)의 특징은 연극치료사가 연출가의 역할을 한다는 것이다. 치료적 공연모델의 가장 커다란 특징은 연극의 특성과 구조를 바탕으로 하는 연극치료라는 점이다. 현재 이곳에서 진행되는 현존의 연극은 무언의 약속을 기반으로 극적인 상황을 일궈 내는 직접적인 행동으로 이루어진다. 관객은 상호 교감 속에서 자신의 눈앞에서 벌어지고 있는 배우들의 연기를 실제로 받아들이며 감정의 변화를 겪는다. 이러한 연극적 특성을 고스란히 활용하여 치료에 적용하는 방법이 치료적 공연모델이다. 치료 공간에서 치료사는 연출가가 되고 참여자는 배우가 되는 치료적 공연모델은 연극 창조의 방법을 활용한 연극치료모델이다.

치료적 공연모델은 수 제닝스, 스티브 미첼, 브렌다 멜드럼(Brenda Meldrum) 등이 언급하고 있는데 치료사 역할에 약간의 차이가 있다. 제닝스의 치료적 공연모델은 치료사를 창조적인 예술가로 간주하므로 창조적 공연모델로 부르기도 한다. 미첼은 치료적 공연모델에서 자유로운 분위기에서 이루어지는 피터 브룩의 연출 방식을 따른다. 연출가와 배우가 토론하는 과정에서 생각이 정리되고 무대가 구체화되는 것처럼, 치료사와 참여자는 자유로운 분위기에서 상호 의견을 주고받으며 무대를 만들어 간다. 멜드럼의 치료적 공연모델은 치료사의 감정이입을 강조한다. 이러한 세 방식의 치료적 공연의 창작 방식이 완전히 새로운 것은 아니다. 일반 연극에서 연출가가 자신의 창작 이념에 따라 연극을 만들어 가는 과정과 상당히 흡사하다. 이를테면, 제닝스의 창조적 예술가로서 연극치료사의 개념은 연출가 중심의 연극에 해당하며, 연출가와 배우의 상호 토론 방식은 집단창작에서 흔히 사용된다. 멜드럼의 감정이입은 스타니슬랍스키의 메소드 연기와 유사하다. 이들을 좀 더 자세히 살펴보자.

1. 제닝스의 치료적 공연모델

창조적 드라마(creative drama)이기도 한 제닝스의 치료적 공연모델의 기저에는 연극치료사는 심리치료사 이전에 창조적인 예술가여야 한다는 점이 강조된다. 제닝스(Jennings et al., 2010)의 치료적 공연모델은 참여자의 현실과 연극 간의 상징적 거리에 따라 3단계로 나뉜다. 1단계는 창조적-표현적(creative-expressive) 단계로 참여자는 자신이 맡은 역할로부터 안전한 거리를 두면서 상징적 거리를 극대화한다. 2단계는 학습(learning) 단계로 개인보다는 집단적 주제가 중심이 되어 상징적 거리를 축소한다. 3단계는 치료적(therapeutic) 단계로 참여자의 고착된 문제를 직접 다루므로 상징적 거리가 최소한으로 축소된다.

1) 창조적-표현적 단계

구체적으로 창조적-표현적 단계의 초점은 참여자의 창조성 개발과 미적 체험에 있다. 창조성과 표현을 강조한 창조적 연극치료는 집단 참여자에게 즐거움을 만끽하면서 일상생활에서 쌓인 스트레스를 풀고 삶의 활력을 되찾도록 한다. 창의적-표현적 차원의 참여자로는 사회에서 역할의 부적응으로 스트레스를 과도하게 느끼는 사람뿐 아니라 장기 병동의 만성 환자, 정신장애나 신체장애도 가능하다. 좀 가볍게는 크리스마스 가족 행사나 여름에 야외무대 등의 공연으로 이끌 수도 있다. 참여자는 일상이 아닌 무대 공간에서 안전함을 느끼고 자기 억제에서 벗어나 마음껏 창의적인 표현을 하게 될 것이다. 창조성과 표현에 초점을 맞춘 창조적 연극에서 활용되는 수단과 매체는 가면, 움직임, 이야기, 마임, 즉흥극 등이 있다. 참여자는 자극과 격려 및 고양된 자아를 경험하고 상상력과 잠재력 개발을 통해 자신감을 얻고 사회적 기술의 중요한 요소인 협동심과 대화 기술도 습득할 수 있다. 따라서 참여자는 가능한 한 많은 관객과 접촉하고 공유하면서 창조적인 체험을 하는 것이 좋다. 창조적-표현적 연극치료의 치료사는 촉진자로서 공연을 주도하기보다는 집단 역동을 불러일으키고 창조적 에너지의 흐름의 방향과 균형을 잡아 주는 균형 감각이 요구된다.

2) 학습 단계

두 번째의 학습 단계에서는 과제의 해결 능력과 기술을 익히고 학습에 초점을 맞춘다. 앞선 단계에 비해 상징적 거리가 축소되는 이 단계에서 집단 참여자는 역할연기 등을 통해 일상에서 생겨난 문제를 통찰하고 수정하는 등 문제 해결의 기술을 배운다. 학습에 초점을 맞추기 때문에 프로그램은 철저하게 집단의 특성에 맞추어 개발된다. 학습 단계에서 참여자는 간단한 의사소통, 비언어적 표현, 대화를 시작하는 방법, 문제 해결과 같은 일상에서 필요한 소통, 표현, 대화 등의 기술을 습득하며, 의사결정의 방식이나 협상 방식도 경험한다. 기술 또는 학습에 초점을 맞추므로, 참여자의 모델이 되는 치료사의 역할이 중요한 이 단계는 훈련 및 교육 프로그램의 성격이 강하다.

3) 치료 단계

세 번째의 치료 단계에서는 통찰과 자아 인식 그리고 변화에 초점을 둔다. 이 단계에서 염두에 두어야 할 사항은 참여자의 통찰과 인식, 그리고 변화가 필요한 시점을 분명히 하는 것이다. 참여자에게 과거, 현재, 미래의 장면 중 하나를 선택하여 재현하거나, 꿈 또는 환상을 재창조하도록 한다. 이러한 방식의 드라마를 통해 참여자는 스스로를 통찰하고 자신감도 획득하여 궁극적으로 정신적 · 심리적 · 신체적 문제도 해결할 수 있다. 드라마라는 안전한 거리에서 참여자는 자신의 감정과 타인과의 관계를 솔직하게 탐색하고, 드라마 형식으로 자신의 삶, 가족, 외부 세계를 재현함으로써 자아를 발견하고 변화에 이를 수 있다. 치료사는 참여자의 몸짓과 언어를 해석하여 그에게 도움을 줄 수 있지만, 참여자가 도움 없이도 스스로 인식을 할 수 있다면 굳이 해석할 필요는 없다. 자아에 대한 통찰과 변화를 위한 창조적 연극은 장기치료가 효과적이며, 이 단계는 가족치료나 부부치료에 유용하다.

창조적 드라마에서 참여자가 연극과 거리를 충분히 두지 못하면 지나친 감정 몰입이 일어날 수 있으며, 거리가 너무 멀면 관조 상태가 될 것이다. 따라서 창조적 공연모델에서 두 상태의 균형을 이루어 미적 거리를 경험하도록 하는 것이 중요하다. 즉, 균형 잡힌 미적 거리의 경험은 창조적 공연모델의 목표로서 연극치료 과정에서 참여자가 몰입과 관조의 균형을 경험하여 이를 실제에서 적용할 수 있도록 해야 한다. 제닝스(Jennings, 2007)는 창조적 공연모델을 심신장애, 사회 부적응자, 언어치료 대상자, 역할 부적응자, 장기 병동의 만성 환자, 정신 또는 신체장애인 등을 대상으로 실시하였고, 교도소, 정신병동, 아동보호소 같은 시설에서도 만족스러운 작업이었다고 언급한다. 또한 불우한 어린 시절로 인해 역할이 고착화된 참여자, 미숙하고 모순된 모델로 인해 부적절한 역할을 드러내는 참여자에게도 효과적이었음을 보고한다. 창조적 공연모델은 구체적으로 참여자에게 다음을 성취할 수 있도록 돕는다.

- 경험의 폭을 확장하고 예술적이고 심미적인 감각을 자극하기
- 예상할 수 있는 부정적 행동의 구조들을 밝히고 새로운 대안 찾기
- 적절한 역할이 자연스러운 역할이 될 수 있도록 수정 및 재구축하기
- 상황에 어울리는 역할 독려하기
- 다양한 시도로 다양하고 이색적인 장면 체험이 가능하도록 하기
- 내부의 반응과 외부의 행동 사이의 상호 연결 방식 찾기

2. 미첼의 치료적 공연모델

연극치료 갈래 가운데 미첼이 개발한 치료적 공연모델은 제닝스의 창조적 공연모델과 마찬가지로 심리치료 혹은 사이코드라마에서 빠져나와 연극학 영역에서 순수하게 자생한다는 점에서 의의가 있다. 공연 자체가 치료적이라는 선험적인 의미가 있는 치료적 공연모델은 순수 공연과는 달리 치료적 관점을 강조하면서 참여자의 속마음을 겉으로 표출시키도록 하는 데 중점을 둔다. 이를 위해 연극적인 테크닉을 적극적으로 활용한 것이 미첼의 치료적 공연모델이다. 앞서 말한 것처럼 치료적 공연모델의 연극적 테크닉은 브룩의 연출 방식을 활용한다. 브룩은 연출가의 역할을 촉진자로 간주한다. 그는 배우에게 지시하는 것을 자제하고 열려 있는 분위기에서 그들이 자유롭게 자기 생각을 제시할 것을 주문한다. 브룩이 생각하는 연출가의 작업이란 계속해서 배우들에게 질문하고 자극하여 그들이 스스로 생각할 수 있도록 돕는 데 있다. 이러한 방식은 참여자 중심의 로저스의 인간 중심 상담 기법과 유사한 것으로, 치료적 공연모델에서 치료사는 지도자보다는 안내자 또는 촉진자가 된다. 이러한 방식의 치료적 공연모델은 자기표현의 연극이라고도 불린다. 연극치료사의 역할은 참여자가 자신의 일상 문제를 연극적 현실로 전환하도록 돕고, 연극적 현실을 통해 적절한 이미지를 포착하도록 하며, 이를 정서적이고 인지적인 것으로 만든 다음 다시 일상의 현실로 돌아가도록 촉진하는 것이다.

1) 미첼의 치료적 공연모델의 철학

미첼의 치료적 공연모델(Jennings et al., 2010)이 지향하는 철학적 요소는 크게 두 가지로 압축할 수 있다. 하나는 내면의 삶을 창조적인 방식으로 표현하는 것이며, 다른 하나는 과거나

미래가 아닌 현재에 초점을 두는 것이다.

첫째에서 알 수 있는 것은 인간의 속마음이 밖으로 표현될 때 치유에 이를 수 있다는 것이다. 인간에게 표현은「헌법」에서 보장될 만큼 중요하다. 자신을 밖으로 표현한다는 것은 살아 있음을 느끼는 것이고, 자아 정체성을 확립하는 것이다. 표현할 수 없다는 것은 곧 자기 존재의 무의미를 뜻하므로 침묵의 강요는 화병을 일으키게 한다. 직장인들이 퇴근 후에 선술집에 들러 쏟아 내는 말들은 어떻게 보면 별 의미나 가치도 없는 것일 수 있다. 그러나 그들은 이러한 시간이 너무나 소중하다는 것을 안다. 자신에 대해 마음껏 토로하는 그 시간이야말로 스트레스를 날려 버리는 시간인 것이다. 물론 치료적 공연에서 표현은 이러한 일상적인 표현과는 개념이 다르다. 예술의 차원을 지닌 창조적 방식의 표현을 요구하는 것이다. 미적 보편성을 지닌 예술은 감정의 표현을 타인과 공유한다. 따라서 예술에 의한 창조적 표현은 일상적 수준의 표현보다 보편적인 감정을 깊게 자극하므로 그 울림이 훨씬 크다. 정신분석학에 따르면, 예술은 무의식의 표현이다. '감정의 상상적 표현'을 언급한 로빈 조지 콜링우드(Robin George Collingwood)는 의식적으로 감정을 분류한 뒤, 상상력을 통해 감정을 표현한 것이 예술이라고 말한다. 무의식의 표현이든, 상상적 표현이든 감정 표현과 밀접한 예술은 일상적인 표현과는 달리 간접적이지만 상징과 은유를 통해 더욱 깊은 메시지와 울림을 준다. 창조적 공연모델의 무대에서 참여자가 하나의 역할을 하면서 대사와 동작으로 자신을 표현할 때, 뜻밖의 감정, 억눌렸던 감정, 숨겨 왔던 감정을 드러낼 수 있다.

미첼이 강조하는 또 하나는 현재의 중요성이다. 현재에 대한 관심은 게슈탈트 심리치료에서 강조하는 지금-여기의 개념과 유사하다. 표현과 현재를 통합하면 참여자의 표현은 과거 또는 미래가 아닌 바로 이곳에서 진행 중인 문제 및 정서에 초점이 맞춰진다. 이는 치료적 공연이 현재 이곳에 현존하는 몸으로 표현하는 연극적 방식에 중점을 두는 이유를 설명해 준다.

2) 미첼의 치료적 공연모델 방식

치료적 공연모델 방식은 참여자들을 대상으로 공연을 위해 일종의 극단을 결성한다고 생각하면 쉽게 이해할 수 있다. 보통 극단을 만드는 목적은 공연을 위해서다. 치료적 공연모델에서 연극치료사와 참여자들이 극단을 결성한 다음에 해야 할 일은 희곡을 선정하는 것이다. 다만 치료적 공연모델에서 선택하는 희곡은 일반 극단에서 선택하는 것과는 다르다. 인쇄된 대본을 선택하는 것이 아니라 이야기를 선택한다. 참여자들은 일상과 관련된 주제, 즉 분노, 죄의식, 사랑, 질투, 섹스, 폭력 등의 감정적 주제를 자극할 수 있는 이야기를 선택한다. 이야기는 참여자들이 익히 알고 있는 이야기, 즉 동화, 신화, 전설, 설화, 기존의 희곡 등도 가능하고 참여자 개인의 이야기도 가능하다. 이야기가 결정되면 대본을 만들기 위해 이야기 속의 인물을 정하고 각각의 대사를 정한다. 이러한 절차는 즉흥적으로 이루어지며 마치 집단으로 이야기를 창작하는 집단창작 방식과 유사하다. 이야기와 역할이 완성되면 참여자들은 배우로서 장면을 만든다. 장면을 만들 때의 주의점은 지금 이 장면에서 말하려는 것이 무엇인지, 어떤 의미가 있는지, 실제로 무슨 일이 일어났는지 등을 곱씹어 봐야 한다는 것이다. 그렇게 함으로써 인물의 사고와 행동의 추이를 찾아낼 수 있고 그러한 절차 속에서 한 편의 치료적 공연이 완성된다.

처음 이야기를 만들기 위한 시작은 여러 방식이 있다. 주머니 속의 폰이나 우연히 준비된 물건으로 시작할 수 있고, 늦은 밤 집에서 차를 마시고 있는데 갑자기 노크 소리가 들렸다는 이야기로 시작할 수 있다. 참여자는 돌아가면서 문을 두드리고 즉흥적으로 어떤 상황을 제시한 후에 그중 한 이야기를 선택한다. 이런 방식으로 이야기의 물꼬를 트면서 치료사는 자신이 극작가이자 배우라고 생각하고 다음의 질문을 던진다. 장면은 어디서 일어나는가? 시간은 언제인가? 배경은 어떤 특성을 가진 장소인가? 그 장소에 누가 있는가? 앉아 있는가 아니면 서 있는가? 가까이 있는가 아니면 떨어져 있는가? 분위기와 태도는 어떤가? 그들 사이에 어떤 일이 벌어지는가? 또 어떤 행동이 일어나는가? 왜 일어나는가? 그 결과 인물들에게 어떤 영향을 미치는가 등을 묻는다. 이러한 질문은 일반 공연에서 연출가와 배우들이 모여 희곡을 분석할 때 흔히 하는 질문이다. 공간과 시간의 설정과 그것이 지닌 의미 파악이 필요하며, 과연 이 인물이 이 장면에서 등장해야 하는 이유는 무엇인가? 이 대사의 의미는 무엇인가? 이 인물의 대사가 있기 위해서 사전에 무슨 일이 있었는가? 이 대사는 차후에 어떻게 연결되는가? 등에 대한 질문과 대답은 희곡 분석의 핵심이자 훌륭한 무대를 만들기 위해 꼭 거쳐야 하는 토론이다. 이야기가 어느 정도 즉흥적으로 구성되면 두 가지 중 한 방식으로 마무리를 한다. 하나는 참여자 집단이 관객이 되고 치료사와 보조 진행자가 연기하는 것이다. 다른 하나는 치료사가 연출가가 되어 참여자들이 직접 장면을 극화하도록 지도하는 것이다. 이렇듯 치료적 공연모델은 이야기를 만들고 분석한 다음에 이를 재현하는 것으로 마무리한다. 이 절차에서 웜업, 토론, 그리고 이야기 구성 과정은 중요하다. 한편, 참여자는 투사를 통해 자신의 상황을 드라마의 차원으로 바꾸고 은유화함으로써 일정한 거리를 둠으로써 안전한 정서 속에서 자신의 이야기를 극화시킬 수 있게 된다. 연극이라는 은유를 통해 참여자는 관객이 되어 무대의 인물을 바라보듯 문제의 과거를 되돌아보고 이를 분석하고 정리하면서 해결 방안을 모색할 것이다.

미첼의 치료적 공연모델은 4단계로 구성된다. 1단계는 앙상블 만들기, 2단계는 개인 공연 대본 만들기, 3단계는 변형의 의식(儀式), 4단계는 의식 연극의 공동 작품 만들기다.

(1) 1단계: 앙상블 만들기

1단계 앙상블 만들기는 연극치료에 들어가기 위한 의식과 웜업 단계로, 연극과 관련된 기술을 습득하는 단계다. 여기에는 연극의 특성과 관련된 두 가지 방식이 있다. 하나는 문학적 측면으로 희곡 분석에 관한 것이며, 다른 하나는 배우의 신체적 감각과 관련된 것으로 목소리와 몸의 운용 방식을 배우는 것이다. 연극에서 문학의 차원과 공연의 차원인 두 분야는 실은 별개의 것이 아니다. 이들 분야는 공통으로 예술적 상상력과 창조력을 기반으로 하기 때문이다. 치료적 공연의 참여자는 호흡과 발성, 몸의 역동적인 동작을 통해 습관적인 일상의 감각에서 벗어나 예민한 감각을 지니도록 자극받는다. 또한 즉흥극과 같은 기법을 통해 현실의 몸과 희곡 속의 인물이 상호 대응할 수 있도록 한다. 이러한 극적 훈련 과정을 통해 참여자는 사회성이나 대인관계 기술을 발전시켜 나갈 것이다. 참여자가 극적인 기술의 습득과 제어 및 운용을 터득한다면 현실에서 억압되거나 제한된 자기를 표현할 수 있게 될 것이다. 연극은 현실의 모방이라는 점에서 또 다른 현실이라고 할 수 있지만, 상상력에 의해 창조된 세계라는 점에서 현실과 다른 세계이기도 하다. 참여자는 연극 무대가 제공하는 허구와 실체가 공존하는 이상야릇한 시공간에 들어서게 되면 낯선 각성 상태가 되어 평소에는 불가능하였던 문제들을 쉽게 노출하게 된다. 자기 이야기가 남의 이야기가 되는 극적 공간에서 참여자는 안전함을 느낀다. 이러한 변증법적 단계를 거치는 앙상블 만들기는 참여자에게 문제의 표현 기술을 학습시키고 이를 현실에 대입하여 문제를 극복하도록 한다. 허구와 진실의 변증법을 통해 모방적이고 비현실적 세계인 연극에서 현실을 학습하는 역설이 생겨난다. 집단으로 이루어지는 치료적 공연모델에서 개인의 정서적 안전망이 형성되면서 타인은 연극 속 역할처럼 자신을 비추는 거울로 작용한다. 웜업은 이러한 집단의식이 생겨날 수 있도록 초점을 맞춘다. 앙상블 만들기에서 치료사는 집단 역동이 어떠한 흐름 속에서 형성되며 어떤 방향으로 나가는지 세심하게 관찰하고, 참여자의 긴장을 해소할 수 있도록 즉흥적으로 적재적소에 극적 활동을 구성해야 한다.

(2) 2단계: 개인 공연 대본 만들기

2단계 개인 공연 대본 만들기에서 미첼은 '꿈의 연극' 기법을 사용한다. 참여자들은 눈을 감고 편안한 상태에서 치료사의 지시에 따라 하나의 꿈을 떠올린다. 그들은 상상의 극장을 떠올리고 자신의 삶을 주제로 하는 공연을 관람하는 관객이 된다. 치료사는 연출자가 되어 꿈을 안내한다. 다음으로 연기를 연습하는 연습실로 장면이 전환된다. 꿈속의 참여자는 음악에 맞춰 몸을 움직인다. 즉흥적으로 움직이는 자신의 모습을 관찰한 다음에 꿈에서 깨어난다. 참여자들은 각자의 꿈에 대해 느낌을 나누고 마무리한다. 상상을 통해 장면을 만들고 생생한 느낌을 전달받는 꿈의 연극은 자신이 엮어 가는 자신만의 고유한 이야기를 찾기 위해 표현예술심리치료에서 사용하는 기법과 유사하다.

꿈의 연극을 마치면 참여자 한 사람에게 초점이 모이고 나머지는 보조자가 된다. 초점이 된 참여자는 극작가가 되어 자신의 이야기를 써 내려간다. 연극, 텔레비전 드라마 또는 영화를 만든다고 상상하면서 인물을 제시하고 이야기를 엮어 나간다. 이야기가 완성되면 참여자는 연출가가 되어 다른 참여자들을 배우로 활용하여 자신이 쓴 이야기를 극화한다. 연극이 진행되는 가운데 참여자-연출가는 투사의 관점에서 무대를 지켜본다. 참여자가 연출가가 되는 순간은 치료사의 개입이 필요한 때이기도 하다. 참여자-연출가의 지시에 따라 다른 참여자-배우가 움직일 때 치료사는 비판적인 태도로 그들의 움직임을 탐색하고 극적 갈등이 분명하게 드러나도록 격려한다. 또한 무대에서 내적인 모습이 드러나게끔 다양한 실험을 하기도 한다. 극이 어느 정도 전개가 되면 참여자는 연출가의 옷을 벗고 배우가 되어 작품 안으로 들어간다. 그는 갈등의 핵심에 서 있는 주인공의 역할을 맡아 자신의 문제를 인지하고 새로운 가능성을 발견한다. 참여자가 배우가 되는 순간, 치료사는 연출가가 되어 참여자-연출가가 현재 맡은 역할에 대해 이전의 배우에게 어떻게 지시하였는지 반영한다. 이러한 방식으로 돌아가면서 모든 참여자에게 초점을 맞춘다. 처음에는 참여자가 망설이며 완성도가 떨어질 수 있으나 일단 익숙해지고 안전함을 느끼면 점차 내면 깊숙이 감춰 두었던 위험한 주제를 탐색할 수 있게 된다. 이외에도 참여자의 이야기를 공연 대본으로 만드는 방법은 다양하다. 머리에서 떠나지 않는 과거의 한 장면에서 시작하거나, 좋아하는 과일, 계절 혹은 물건이나 취미로부터 시작할 수 있다. 참여자가 가져온 한 장의 사진이나 특별한 에피소드가 얽혀 있는 노래로 시작할 수도 있다. 중요한 점은 이야기보따리를 풀었을 때 안전한 느낌 속에서 어떻게 연극적 방식으로 풀어 나가느냐 하는 점이다.

(3) 3단계: 변형의 의식

3단계 변형의 의식에서는 사고의 전환이 일어나도록 한다. 일반 상담 과정에서 가장 중요한 순간은 어느 정도 진척된 상태에서 치료사와 참여자 사이에 신뢰 관계가 형성되어 참여자가 자신의 문제와 직면할 때다. 참여자가 문제를 회피하지 않고 직면한다면 이는 변형의 순간이 될 수 있다. 다만 문제와 정면으로 맞서는 순간은 위험할 수 있으므로 어느 시기에 직면을 시켜야 할지 치료사는 이를 정확하게 판단해야 한다. 참여자가 직면을 통해 가면을 벗고 자신에 대한 인식이 분명해지면 사고의 전환이 가능해진다는 점에서 이는 변형의 의식에 해당한다. 변형 의식의 핵심은 참여자가 기존의 일상적인 삶의 조건을 해체하고 새로운 가능성이 표면화되는 공간으로 들어가는 데 있다. 미첼은 대조적인 두 방식으로 변형의 의식에 접근할 수 있다고 보았다. 하나는 참여자가 연출가 역할을 하면서 연극적 활동이나 기법으로 극 속의 인물을 탐색하는 방식이다. 다른 하나는 참여자의 억압된 감정을 밖으로 드러내는 구조를 고안하는 방식이다. 전자가 참여자가 거리를 둔 관찰자가 되어 무대의 인물을 통해 자신을 알아가는 것이라면, 후자는 직접 감정을 표출하는 것이다.

(4) 4단계: 의식 연극의 공동 작품 만들기

4단계 마지막 회기에 실행하는 의식 연극의 공동 작품 만들기는 참여자 집단이 함께 모여 제의적으로 연극을 공연하는 것이다. 앞 단계에서 사고의 전환이 이루어졌다면, 마지막 단계는 변형의 의식에서 새롭게 얻은 자신의 이미지를 실제 삶에서 표현하는 개별적인 여정으로, 집단이 공유하는 이미지나 경험을 표현한다. 공동 작업을 통해 의식 연극을 만드는 하나의 예로 미첼은 '바보의 춤'을 제시한다. 이 춤은 참여자 모두가 개별적으로 조각상 시리즈를 만드는 것이다. 각 조각상은 개인의 특정한 감정을 표현하거나 목표를 설정하는 초기 단계부터 대단원의 단계를 집단으로 표현한다. 조각상은 태극권의 자세처럼 하나의 그림이자 몸 안에 이야기를 담고 있는 시적 이미지가 된다. 이 조각상에서 저 조각상으로 옮겨 가는 일련의 조각상은 집단이 거쳐 온 치료적 여정을 묘사한다. 조각상 시리즈는 미첼이 제시한 또 다른 예처럼 북치는 원, 자발적인 춤, 접촉 즉흥이나 낭송 등 다양한 이미지로 표현할 수 있다.

3) 자기표현의 연극

참여자 중심의 미첼의 치료적 공연모델은 한마디로 자기표현의 연극이다. 창조적 연극은 언어를 사용하되 언어가 주가 되지 않으며 표정, 마임, 움직임 전체가 어울려 강한 메시지를 전달한다. 극적 무대에서 내면을 드러내는 표현 방식은 다음의 이점이 있다. 첫째, 감각을 새롭게 함으로써 세상을 새로운 감각으로 접할 수 있다. 둘째, 치료사나 다른 참여자가 맡은 상대 역할이 자신을 거울처럼 비춤으로써 역할을 통해 자신을 직시할 수 있다. 이 점에서 치료적 공연에서는 공연에 들어가기에 앞서 웜업을 통해 자신을 노출할 철저한 준비가 필요하다.

치료적 공연에서 웜업은 개인을 떠나 집단의 한 일원이 되는 준비 과정이다. 웜업은 사회적 가면을 벗고 얼굴을 드러내는 의식에 참여하는 것으로, 공연에 능동적으로 참여하는 자발적 상태가 되도록 한다. 치료적 공연에서 집단으로 할 수 있는 다양한 웜업은 이름, 신체, 호흡과 소리, 감정, 신뢰, 행동과 상호작용을 활용한 놀이를 병행하여 점차 극적인 성질을 지닌 깊이 있는 동작으로 발전하도록 한다. 웜업을 거쳐 본 작업에 이르면 놀이하는 와중에 협동, 경쟁, 집중, 추측과 기억, 개념, 공동체를 경험하여 역할연기와 즉흥극을 통해 극적 세계에 다가서도록 한다. 이 수준에 이르면 참여자는 무대라는 상상의 현실, 즉 가상 속에서 일상생활과 사회적 기술을 구성하거나 가족의 역할연기를 실현할 수 있게 된다.

시각적 역동을 위해 가족 조각상 만들기, 스펙토그램(spectogram), 픽토그램(pictogram), 가계도, 가면 등이 활용된다.

- 가족 조각상 만들기: 게슈탈트 심리치료나 사티어의 경험적 가족치료에서 흔히 사용하는 기법이다. 참여자의 가족을 한 공간에 모이도록 하여 참여자에게 가족을 조각하도록 한다. 치료사는 참여자가 조각한 가족 조각에서 가족 간의 거리, 위치, 방향, 표정, 자세 등을 고려하여 가족 관계를 파악한다. 가족 조각상 만들기는 참여자가 말로 설명할 필요가 없다는 점에서 자유롭게 가족 관계를 표현할 수 있으며, 경험해 본 적이 없는 새로운 방법으로 가족을 조각한다는 점에서 유쾌하고 안전한 조각가가 될 수 있다는 장점이 있다. 치료사는 참여자-조각가의 행동을 관찰하고 조각된 가족상을 보면서 가족 간의 관계와 그들이 직면한 문제에 대한 정보를 얻을 수 있다. 가족 조각상은 살아 있는 유기체들로 즉흥적으로 가계도를 만들어 가는 과정이다.
- 스펙토그램: 다양한 사물로 자신의 삶을 그려 내는 것이다. 사물은 사람, 장소, 느낌을 표현할 수 있는 장신구, 시계, 동전, 열쇠, 펜, 피규어 등 무엇이든 가능하다. 과거 대학가의 미팅에서 남자들이 각자 소지품을 하나씩 꺼내 놓으면 여자 측에서 마음에 드는 소지품을 골라 파트너를 정하였던 방식이 있었다. 그가 소유한 소지품의 색이나 형태는 그의 개성을 표현하는 것이고, 또 그러한 소지품을 골랐다는 것은 우연이 아닌 까닭에 사다리를 타거나 번호표로 파트너를 정하

가족 조각상

는 것에 비하면 상당히 유의미한 행위였다. 치료사 또한 참여자 개인에게 의미가 있는 소지품들을 활용할 수 있다. 치료사는 참여자에게 소지품에 다른 물품들을 첨삭하거나 이동시켜 자신이 원하는 삶으로 스펙트그램을 만들도록 한다(Jennings, 2007). 참여자가 인형으로 가족의 스펙토그램을 만든다면 가족 조각상 만들기와 유사한 것이 될 것이다. 참여자는 인형들로 특별한 가족 상황을 만들거나 자신의 삶에 있어서 중요하였다고 느끼는 순간을 표현한다. 스펙토그램이 완성되면 참여자들이 짝을 지어 이야기를 나누고, 그 과정에서 나온 적절한 주제로 극적 장면을 만들 수 있다. 스펙토그램은 사람을 실제로 세워 놓고 작업하는 조각상 만들기와는 달리 손쉽게 변형하는 등 다루기가 쉽다는 장점이 있다. 사람이 아닌 까닭에 부담감도 줄어든다.

- 픽토그램: 그림을 뜻하는 '픽토(picto)'와 전보를 뜻하는 '텔레그램(telegram)'의 합성어다. 사전에서 픽토그램은 사물이나 시설 행위나 개념 등을 상징적 그림문자로 나타냄으로써 대상의 의미를 시각적으로 쉽고 빠르게 인식할 수 있도록 만든 그림문자이자 상징문자라고 언급한다. 스펙토그램이 사물을 통해 표현하는 것이라면, 픽토그램은 그림으로 표현한 것이다. 집단상담에서 자기 탐색에 들어서기 위해 일정한 시간 동안 명상을 하고 그 과정에서 떠오르는 이미지를 그림으로 표현하는 경우가 있는데, 이 역시 일종의 픽토그램이라고 할 수 있다. 창조적 연극에서 픽토그램은 지도 만들기, 인생 행로, 집 만들기, 이상적인 집과 마을, 동물의 왕국, 콜라주 등이 있다.

3. 멜드럼의 치료적 공연모델

멜드럼의 치료적 공연모델에서도 치료사가 촉진자 역할을 한다는 점은 제닝스 및 미첼의 경우와 유사하다. 다만 여기서는 참여자에 대한 촉진자의 감정이입이 강조된다. 치료사는 참여자와 구분되는 다른 존재가 아니라 자신도 어떤 역할을 담당하는 존재로서 참여자에게 감정을 이입한다. 연극치료 회기는 연극 공연과 똑같은 방식으로 구조화된다. 보알의 토론연극처럼 치료사와 집단의 참여자들은 배우이자 관객이 된다. 배우는 배우로서만 기능하고 관객은 관객으로서만 기능하는 것이 아니라, 아무 때나 자연스럽게 상호 교환이 이루어진다. 이렇게 치료 작업에 참여한 치료사와 참여자 모두는 배우가 되었다가 관객이 되었다가 하는 순환작용을 하면서 자신이 거울이 되기도 하고 거울에 비추는 인물이 되기도 한다. 거울 또는 거울에 비추어진 피사체로서 양쪽을 왕래하면서 궁극적으로 자신에 대한 객관적인 이해가 가능해진다. 이러한 연극치료 방식에서 연극치료사는 무대의 배우로서 치료사라는 역할을 맡은 인물이 된다. 역할모델에 따르면 연극치료사 역시 여러 역할을 연기하는 사람이며, 치료사는 그 역할 가운데 하나일 뿐이다. 참여자는 제한된 역할에 고착되어 있을 수 있으므로 치료사의 과제는 참여자에게 여러 역할에 좀 더 적합한 행동을 찾아내고, 사용 가능한 역할의 범위를 확장할 수 있도록 돕는 데 있다. 멜드럼의 연극치료 프로그램은 역할연기, 연극 게임, 스토리텔링 등 드라마에 바탕을 둔 다양한 기법을 활용하여 치료사와 참여자의 활발한 신체적 참여를 이끈다는 특징이 있다(Jennings et al., 2010).

4. 치료적 공연모델의 실제

치료적 공연모델은 연습 과정이나 공연은 일반 연극 공연과 크게 다를 것이 없다. 다만 무대에서 공연하되 치료에 초점을 맞춘 공연으로 보면 된다. 다만 치료적 공연에서 중점을 두는 것은 자기의 표현과 이해이므로 연출가와 배우의 관계는 일반 공연과는 그 성격이 다르다. 치료적 공연에서는 일반적으로 문제의 참여자가 역할을 맡거나 연극치료사가 배우가 된다. 제닝스나 미첼이라면 참여자를 무대에 올릴 것이며, 멜드럼이라면 치료사도 함께 공연에 참여할 것이다. 치료 작업에서 치료적 공연을 할 때 상황에 따라 이들을 적절하게 혼합하면 효과적일 것이다. 치료적 공연에서 연습이란 곧 연극치료 작업이다. 치료 작업은 치료사가 선정한 극 텍스트 또는 참여자가 자신의 이야기를 극화시켜 무대에서 연기하는 과정으로 구성된다. 집단으로 창작한 이야기는 자전적이라는 점에서 가치가 있다. 자신의 이야기를 직접 역할을 맡아 공연하는 것은 자기 이야기이지만 자기 이야기가 아닌 흥미로운 관계 속에서 자신을 표현한다는 장점이 있다. 한편, 관객 앞에서 자기 모습을 드러내어 연기한다는 점, 자기 이야기라는 점은 부담감으로 작용할 수 있다. 하지만 이러한 심적 불안을 극복하였을 때 자신의 문제를 공유하고, 지지를 받았을 때 생겨나는 자신감과 긍정의 에너지는 무한한 치료의 효과를 준다. 치료적 공연의 연습은 고통스럽고 힘든 여정이다. 그러나 이 여정을 무사히 마치고 나면 치유, 정화, 거듭남과 같은 심리적 · 정서적 성취감을 체험할 수 있다.

치료적 공연에서 관객은 특별한 의미가 있다. 치료적 공연에서 관객은 공연자와 감정의 공유를 넘어선다. 상황에 따라 드라마의 이야기는 공연자와 관객이 공유한 이야기를 바탕으로 하며 공연자와 관객 사이의 자유로운 상호 교환도 가능하다. 관객은 연극의 바라보는 자에서 벗어나 체현하는 자가 된다. 궁극적으로 무대와 객석, 공연자와 관객의 구분이 사라진다. 치료적 공연의 관객은 극을 보는 사람이면서 동시에 극을 체험하는 사람으로 참여자이면서 주인공이 된다. 즉, 관객이면서 동시에 배우인 것이다. 관객-배우로서 다른 사람의 공연을 지켜보면서 그 이야기를 거울삼아 자기 자신을 비추어 본다. 또한 무대 위에 직접 올라가 배우가 되어 자신이 찾는 여정을 통해 새로운 의미를 만드는 행위자가 된다(〈거울미로〉 팸플릿).

그간 한국연극치료협회의 주최로 치료적 연극이라는 슬로건을 내걸고 공연된 치료적 공연이 있었다. 예를 들면, 외면되고 억압된 여성의 삶을 비추고 행복을 찾아가는 〈거울미로〉(2011), 자살 예방을 위한 치료적 공연 〈백색의 터널〉(2014), 역시 자살 위험군을 대상으로 자살 방지와 삶의 의미를 되새김질한 〈굿모닝 리본(Re-Born)〉(2015), 현대사회의 역할에 매몰된 현재의 우리 모습을 가면과 역할 바꾸기를 통해 다양하고 새롭게 경험함으로써 새로운 자기를 인식하는 데 중점을 둔 〈사이-간극〉(2017, 2018), 그리고 각각의 삶 속에서 생겨난 치유를 다룬 〈그 여자 그 남자 그리고〉(2022) 등이 있다. 이 책의 6부 '연극치료 사례'에서 데이트폭력을 주제로 한 치료적 공연의 예를 제시하였다.

〈그 여자 그 남자 그리고〉(2022)

제20장 역할모델

'연극치료와 역할'에서 언급한 것처럼, 역할은 연극치료에서 핵심적인 요소다. 역할의 특징 중 하나는 현실적 역할이든 극적 역할이든 가변적이라는 점이다. 역할의 가변성은 상황에 따른 역할전환 또는 역할 확장으로 이어진다. 나이를 먹을수록 대인관계가 많아지고 관계망이 복잡해지는 현상은 역할의 확장 내지는 역할 발달에 해당한다. 역할 확장은 성장함에 따라, 사회 속에서 타인과의 교류가 활발해짐에 따라 자연스럽게 이루어진다. 가족의 울타리로 역할이 국한되었던 아이가 또래 아이들과 어울리면서 역할이 다양화된다. 역할 확장은 발달단계와 밀접하다. 역할전환은 상황과 조건에 따라 매 순간 이루어진다. 역할전환이 제대로 이루어지지 않으면 사회생활에 커다란 어려움이 생겨난다. 심각한 스트레스나 신체적 · 정신적 어려움으로 힘들어 하는 참여자가 있을 때, 그의 역할 확장이나 역할전환의 유연성 정도 혹은 역할과 연루된 타인과의 관계망을 살핀다면 그의 문제가 의외로 쉽게 드러날 수 있다. 따라서 자연스러운 역할전환 또는 역할 확장이 어렵다면 전문가의 도움을 받을 필요가 있고, 역할을 중요하게 다루는 연극치료는 이 분야에서 큰 힘을 발휘한다. 연극치료는 역할 창조 혹은 역할 바꾸기 등을 통해 참여자의 역할전환과 역할 확장을 도와 일상생활에서 역할을 잘 수행하도록 돕는 것을 목표로 한다.

한편, 모방의 상상력이 동원된 역할연기로부터 무의식, 고유한 감정 표출 방식, 행동 패턴, 심리 상태도 파악할 수 있다. 역할연기는 역할을 거울처럼 반사하여 자기를 드러나게 하고 치유하는 성질이 있다. 즉, 참여자는 역할 창조로부터 타인과 동일시를 이루고 교류할 수 있는 능력이 생겨나며 자기를 알아차린다. 연극치료가 예술치료로서 주목받는 이유 중 하나는 주 매체인 연극이 은유와 상징적 표현이 가능하기 때문이다. 연극치료에서 역할이라는 페르소나를 쓴 참여자는 직접적인 노출에서 벗어날 수 있으므로 은유적 역할은 견고한 안전장치가 된다. 우회적 노출이 가능한 역할은 직접 노출의 부담감을 덜어 주는 장점이 있으므로 사회성이 부족하거나 정서적으로 심약하거나 정신적 병리가 있는 참여자에게 사회 및 타인과 소통할 수 있는 역량을 강화해 준다.

역할은 연극뿐 아니라 현실에도 있다. 그런데 현실의 역할과 극적 역할 가운데 아르토가 선언한 것처럼 극적 역할이 더욱 순수하고 진실한 것이라면 무대의 역할, 즉 역할연기를 통해 자기의 본 모습을 발견할 수 있지 않을까? 연극치료에서 역할이 의의가 있는 것은 이런 까닭이다. 과거의 쓰라린 상처나 무의식에 새겨진 트라우마나 현재의 아픔을 왜곡하지 않고 대면하도록 하기 때문이다. 역할을 통해 극적 인물을 경험하면서 새로운 가치관을 접할 수 있고, 숨겨 왔던 상처를 이해하고 사고의 폭을 넓힐 기회가 생겨나며, 가치관도 변화시킬 수 있다. 이러한 변화는 연극치료에서 역할 맡기와 역할연기로 얻을 수 있는 핵심 사항이다(Landy, 2010).

1. 역할과 관계

참여자의 문제는 다양할 수 있으나 많은 부분이 관계에서 비롯된다는 점에서 참여자의 문제를 관계의 관점에서 살펴볼 필요가 있다. 현재 우리 사회에서 학교나 직장에서 집단 따돌림 현상이 심화되고 있는 상황에서 관계는 연극치료에서 관심을 두어야 할 분야다. 관계 형성에 어려움을 겪거나 실패하였다고 느끼면 참여자는 상처를 입고 실망하고 고통스러워한다. 따라서 치료 작업에서 관계에 관한 줄기와 뿌리를 찾아내는 것은 참여자의 문제에 접근하는 중요한 방법이다. 예를 들어, 햄릿의 경우 그의 병적 근원을 비정상적인 가족 관계에서 찾을 수 있다. 아버지의 의심스러운 죽음과 숙부의 왕위 계승, 한 달 만에 숙부와 재혼한 어머니에 대한 분노와 적개심으로 햄릿은 문제의 인물이 되었다고 가정할 수 있다. 사람은 관계에 따라 긍정적일 수도 부정적일 수도 있다. 그러므로 역할모델은 참여자의 관계 유형을 파악하고 참여자의 자기 인식에 도움이 되는 역할 창조에 주목한다. 역할모델은 허구의 극적 역할을 통해 현실의 자신을 파악하도록 한다. 자신을 알기 위해 관계를 맺은 상대를 알아야 한다는 것은 삶의 신비다. 가족이나 친구를 보면 그 사람이 어떤 사람인지 알 수 있다. 그런데 만일 자기 내부에 타인이 있다면, 그리고 또 다른 자기를 만날 때 비로소 자신의 진실한 모습을 보게 된다면 당연히 자기를 알게 하는 자기 내부의 누군가와 만나는 시간이 필요하다. 이 만남은 극적 역할로 가능하다. 역할모델에서 역할로 만나는 자기 안의 타인이 또 다른 자기라는 점은 상당한 의의가 있다.

개인이 역할을 연기한다는 것은 어떤 의미일까? 단순히 다른 사람이 되어 보는 것이 아니라 전적으로 동일시가 이루어진 상태에서 역할연기를 한다면 자기와 타인(역할) 사이에 전적인 합일이 이루어지는 것인가? 자기와 역할(타인)의 합일은 가능한 것인가? 역할연기는 참여자와 역할과의 동일시를 지향한다. 목소리, 몸, 움직임으로 이루어진 역할연기를 통한 공감은 머릿속 공감과는 차원이 다르다. 즉, 연기를 통한 동일시는 자신과 타인을 진정으로 이해하도록 하고 사회성을 강화한다. 치료적 측면에서 사회성 강화는 중요하다. 궁극적으로 연극치료는 사회성 향상을 이루어 타인과 균형 있는 관계 설정을 할 수 있도록 돕는다. 흥미로운 것은 타인에 관한 깊은 이해는 자기의 정체성과 자존감을 회복시켜 준다는 사실이다. 극적인 역할을 훌륭하게 소화하면 성취감과 자신감이 충만해지고 타인과 소통할 수 있는 심리적 공간이 확대된다. 제닝스(Jennings, 2003) 또한 개인이 타인을 연기할 수 있다면 정체성이 더욱 뚜렷해지고 강화된다고 말한다. 이는 랜디(Landy, 2010)가 역할을 자신과 타인의 사고와 감정을 아우르는 그릇이라고 정의한 것과 상통한다. 역할연기가 자신과 타인의 사고와 감정을 아우르고 정체성의 강화로 이어진다는 사실은 역할모델의 가치를 보여준다.

2. 역할 창조를 위한 이야기 만들기

관계에서 생겨나는 역할은 극적 이야기를 통해 구현된다. 이야기는 개인 고유의 목소리와 플롯을 지니고 있다. 보통 엄청난 고통이나 공포에 사로잡힐 때 말을 잃는다. 극한 충격으로 실어증에 걸렸다는 것은 자기 이야기가 사라졌음을 뜻한다. 말하는 자와 듣는 자를 전제로 하는 이야기의 상실은 화자와 청자의 부재를 의미한다. 화자와 청자의 부재로 이어지는 이야기의 사라짐은 결국은 죽음으로 귀결된다. 반대로 사라졌던 이야기가 재발굴된다면 죽었던 그는 새 생명을 얻는 것이 된다. 이야기의 생명은 〈천일야화〉에서 은유로 잘 나타나 있다. 이렇듯 이야기의 부재는 죽음의 통로가 되며, 이야기의 플롯에 문제가 있다는 것은 심약한 정서 속에서 헝클어진 삶을 살고 있음을 의미한다. 따라서 과거의 문제를 청산하고 다시 탄생하기 위해서는 문제의 이야기를 재정비하고 얽히고설킨 이야기의 플롯을 재구조화하는 것이 필요하다. 연극치료 역할모델은 이 점에서 강력한 힘을 발휘한다. 이야기를 이끌어 가거나 재배열을 위해 주목해야 할 것이 역할이다. 참여자가 이야기 속 역할을 창조할 때, 일상에서 필연적인 관계를 형성할 수밖에 없는 사람들과의 관계가 속속 드러난다. 그리하여 이야기 속에 등장하는 모든 인물이 참여자 자신을 형성하게 한 요인이라는 사실을 깨닫는다. 이렇듯 이야기 속 역할은 자신의 속내를 드러내어 이와 대면하도록 한다.

이야기는 개인 이야기도 있지만, 집단 이야기도 있다. 신화나 전설은 대표적인 집단 이야기다. 원형적인 집단 이야기 이외에도 개인들이 모여 집단으로 이야기를 만들 수 있다. 개인들이 집단으로 만들어 낸 이야기는 개인 이야기와는 전혀 다른 방식의 자기 찾기 여행이다. 집단 이야기는 개인들의 역사를 토대로 구성된다. 참여자들의 개인적인 이야기가 서로 관계를 맺게 되면서 더 광범위하고 포괄적인 집단 이야기로 확장된다. 집단 이야기는 참여자에게 자신을 뒤돌아볼 용기와 영감을 주고, 개인의 과거 경험에 대한 피드백도 제공한다(Andersen-Warren & Grainger, 2009). 집단 이야기를 다시 개인 이야기로 재조립하기 위해서는 연극성이 필요하다. 이야기를 늘어놓는 것만으로는 치료에 한계가 있다. 이야기가 연극성과 만나면 이야기는 좀 더 깊고 넓은 차원으로 진입하여 까마득히 잊고 있었던 과거, 무의식, 원형적 사고를 드러낼 수 있게 된다. 연극에는 몸의 움직임이 있고, 갈등을 직접 증폭시키거나 감소시킬 수 있으며, 감정의 정화작용이 있고, 동화의 몰입과 이화의 거리두기 기능도 있다. 이러한 특징을 지닌 연극성을 바탕으로 이야기를 전개할 때, 리드미컬한 갈등을 겪는 극적인 이야기 속의 역할은 활력을 찾게 되고 그 활력이 몸으로 전이되어 치료적 기능이 강화된다. 역으로 말하면 연극성이 없는 이야기는 푸념이나 잔소리나 중얼거림일 가능성이 크다. 연극성이 없는 이야기는 잊어버린 과거의 세계에 닻을 내릴 언덕을 찾기가 힘들다. 연극치료에서 그 언덕은 구체적으로 역할연기일 것이다. 연극치료에서 흔히 즉흥적이고 자발적인 이야기를 창작하고 역할들을 준동시키는 것은 이런 까닭이다.

3. 랜디의 역할 유형

랜디(Landy, 2010)는 역할을 고유하고 일관된 구체적 특질을 담고 있는 인성의 기본 단위로 본다. 인간은 상황과 시기에 따른 유동적인 역할이 있으며 이를 기반으로 고유한 인성을 구축한다는 것이다. 랜디는 인간 성장과 발달에 따라 역할을 역할 수령자(role recipient), 역할 취득자(role taker), 역할 연기자(role player)로 구분한다. 역할 수령자는 인간이 태어나면서 유전적으로 물려받는 고유의 능력 및 장애 경향과 특성을 뜻한다. 역할 취득자는 누군가와의 교류를 통한 사회적 상호작용으로부터 자신을 타자로 간주하게 되는 단계다. 역할 연기자는 앞선 두 단계에서 획득한 것을 기초로 자신의 정체성을 수행하는 단계다.

한편, 랜디는 고전문학에 나타난 방대한 등장인물을 조사하여 유형, 특성, 기능, 양식, 체계에 따라 역할을 분류한다. 그는 역할 유형에 따라 인간의 행동과 사고를 범주화하여 인간을 극적 방식으로 이해한다. 예컨대, 영웅은 용감하고 사기꾼은 교활하며 연인은 낭만적이고 아이는 장난기가 넘치는 역할 특성으로 간주한다. 역할의 목적에 해당하는 역할 기능에서 희생자는 굴복하고 통제력을 포기하며, 혁명가는 기존 질서에 반항하고, 도덕주의자는 고매한 이상을 고수한다. 역할 양식은 역할을 연기하는 방식에서 현실과의 거리와 관련된 것이다. 가령, 역할이 추상적이어서 현실과 분리되어 있다면 참여자는 역할에 담긴 느낌과 생각을 안전한 거리에서 지켜볼 것이다. 개인 내부에서 조명된 역할의 총체성으로 이루어진 역할 체계는 개인이 지닌 본래의 성격을 바탕으로 사회 환경에 적응하면서 역할 수행, 자기 정체성 구축, 새로운 역할을 창조하는 과정에서 생겨난다. 이러한 역할의 특성을 토대로 랜디는 84개의 역할 유형을 제시한다. 이 유형은 여전히 수정 보완 중이다. 그는 건강한 사람은 대개 84개의 역할 유형을 소유하고 있으며 언제든지 그 역할을 수행할 준비가 되어 있으므로 역할 확장은 항상 가능하다고 보았다. 연극치료 작업에서 역할 구축 과정에 참여한 참여자는 새로운 역할을 통해 타성에서 벗어난 새로운 관점과 입장을 탐험할 수 있을 것이며, 역할 탐색과 구축을 통해 자존감을 회복하고, 새롭게 익힌 역할 기술과 목소리 또는 몸을 운용하여 자신감을 가지고 자기를 표현하게 될 것이다.

랜디는 융을 참고하여 일상생활에서 보편적인 역할 유형을 신체적, 인지적, 정의적, 사회적/문화적, 영적, 미적의 여섯 범주로 나눈다. 신체적 역할은 생존 역할, 나이와 발달단계, 성별과 성역할, 외모 역할, 건강 역할의 하위 역할이 있다. 인지적 역할은 문제를 생각하고 생각하는 방식과 관련되며, 정의적 역할은 도덕적 역할 및 감정 상태와 관련된다. 사회적/문화적 역할은 가족 역할, 정치적 · 법적 역할, 사회경제적 역할, 추방당한 자의 역할, 직업 역할, 권위와 권력 역할이 있다. 종교에 대한 믿음과 관련된 영적 역할은 독실한 신자, 불가지론자, 무신론자, 허무주의자로 분류된다. 마지막으로 창조 과정과 관련된 미적 역할에서 가장 중요한 사람은 창조적인 예술가 역할이다. 이러한 역할 유형을 기반으로 역할 간의 연관성을 정리하고, 인물을 통해 드러나는 존재의 복합성을 이해할 수 있는 연극적 원형 체계를 구축한다. 각 영역과 항목을 정리하면 〈표 20-1〉과 같다.

<표 20-1> 역할 유형의 범주

영역	항목	역할 유형
신체적	나이	어린이, 청소년, 어른, 노인(호색가)
	성적 취향	거세된 자, 동성애자, 복장도착자, 양성애자
	외모	미녀(유혹자/유혹녀), 야수(순결한 야수), 보통 사람
	건강	정신질환자/미친 사람, 신체장애인 혹은 기형(초월자로서의 기형), 건강염려증 환자, 의사(돌팔이 의사)
인지적		얼간이, 오쟁이 진 남편, 바보 광대(트릭스터, 실존적 어릿광대), 우유부단한 사람, 위장한 자, 분신, 비평가, 현명한 사람(지식인, 돌팔이 지식인/현학자)
정의적	도덕적	순결한 사람, 악당, 도덕주의자(위선자, 이상주의자), 부도덕한 자[방탕한 자, 간부(姦夫(婦)], 피해자(순교자, 이기적인 순교자), 기회주의자, 편협한 자, 복수자, 조력자, 속물, 구두쇠, 겁쟁이(허풍선이), 빌붙는 자, 생존자
	감정 상태	좀비(길 잃은 자), 불평분자(냉소주의자, 성마른 사람, 바가지 긁는 여자, 반항자), 연인(나르시시스트/이기주의자), 황홀경에 빠진 자
사회적/ 문화적	가족	어머니(잔혹한 어머니, 혁명적인 어머니), 아내(해방된 아내, 거세하는 아내), 장모, 과부/홀아비, 아버지(압제적인 아버지), 남편(잔혹한 남편, 유약한 남편), 아들(배교자/반항적인 아들, 서자/방탕한 아들), 딸(배교자/반항적인 딸, 서녀/복수심에 찬 딸, 피해자로서의 딸), 자매(배교자/반항적인 자매), 형제(배교자/반항적인 형제), 조부모(미친 늙은이)
	정치/정부	반동적인 사람, 보수적인 사람(전통주의자), 평화주의자, 혁명가(이기적인 혁명가), 국가 원수, 신하/조언자/의원(충신), 관료주의자
	법적	변호사(탐욕스러운 변호사), 판사(부도덕한 판사), 피고, 배심원, 증인, 검사/감찰관
	사회경제적 지위	하급 계급, 노동계급/노동자(사나운 노동자, 혁명적인 노동자), 중산층(졸부, 상인/영업사원, 고리대업자), 상류 계급(실업가/기업가, 사교계 명사, 부자의 하인), 추방당한 자, 코러스/민중의 소리
	권위와 권력	전사(군인, 비겁한 군인, 폭군), 경찰(어릿광대 순경), 살인자(자살자, 존속 살해자)
영적	인간	영웅(초인, 반영웅, 포스트모던 반영웅), 신비가, 독실한 신자(근본주의자), 불가지론자, 무신론자(허무주의자), 성직자(부도덕한 성직자, 타락한 영적 지도자)
	초자연적 존재	신/여신(재치 있는 신/여신, 아폴론적인 신/여신, 예수/성인), 요정, 악마(사탄, 죽음), 마법사
미적		예술가(배우), 몽상가

* 84개의 역할을 제시한 이 분류표는 랜디의 『페르소나와 퍼포먼스』(2010)에서 7장부터 11장까지 역할 유형을 분류한 것을 참고하였으며, 괄호 속의 역할은 하위 유형을 나타낸다.

랜디는 역할 유형이 시대를 통틀어 일관되게 지속하였다는 점, 독립적이기보다는 상호 연관되어 있다는 점을 지적한다. 역할 유형 분류 체계는 특정 인물이나 원형적 특질을 구현하는 역할 유형 또한 인물에 대해 체계적인 정보를 제공하므로 연극치료에서 유용하게 활용될 수 있다.

4. 랜디의 역할모델

다양한 집단을 대상으로 한 오랜 실험과 역할 유형 분류를 체계화한 랜디는 본격적으로 8단계로 구성된 역할모델을 개발한다. 치료 작업에서 적용할 8단계는 역할 불러내기, 역할 이름 짓기, 역할 연기하기(역할 훈습), 하위 역할에 있는 대안적 특징 탐험하기, 역할연기에 대해 성찰하기(역할에 내재한 역할 특정, 기능, 유형 찾아내기), 가상의 역할과 일상 현실 연관 짓기, 기능적인 역할 체계를 창조하도록 역할 통합하기, 사회적 모델링(참여자의 역할 행동이 그가 속한 사회적 환경에서 다른 사람들에게 어떤 영향을 주는지 찾아내기)의 순서로 진행된다. 역할을 불러내어 이름을 짓는 단계는 웜업이며, 역할연기와 역할 훈습은 본 작업에 해당한다. 이후의 작업은 성찰과 마무리에 해당한다. 치료 작업에서 실제로 응용할 수 있는 역할모델에 대해 구체적으로 살펴보자.

1) 1단계: 역할 불러내기

치료에서 역할모델은 참여자의 역할을 불러내는 것으로부터 시작한다. 역할 불러내기는 참여자가 지닌 역할 체계에 접근하여 그중 표현하고 싶거나 탐험할 필요가 있는 역할을 찾아내도록 돕는 과정이다. 참여자의 인성에 초점을 맞추어 역할을 불러내는 순간을 랜디는 '영감의 순간'이라고 말한다. 역할 불러내기는 일반적으로 참여자에게 어떤 역할을 할 것인지 선택하기를 제안하기보다는 무의식적으로 불러낼 수 있도록 진행된다. 참여자를 역할을 이끌어 내는 창조적 과정에 참여시키는 것이다. 랜디가 제시한 창조적 과정의 예로, 자유롭게 공간을 활보하는 방안이 있다. 자유롭게 움직이는 가운데 문득 떠오르는 역할이 있다면 이를 선택하도록 한다. 또는 참여자에게 자신의 몸 한 부분에 집중하도록 하는 방법도 있다. 가령, 배꼽에 초점을 맞추게 되면 느리고 무거운 움직임이 나타나게 되고, 그 동작을 확장하여 하나의 인물을 불러내는 식이다. 몸에 집중하는 방법으로 미술치료의 신체 본뜨기를 응용할 수 있다. 신체 윤곽선에서 불편한 부분 혹은 머리에 떠오르는 부분을 표현하고 이를 역할과 연계시키면 훌륭한 역할 불러내기가 된다. 이외에도 역할 불러내기는 다양한 방식이 가능하다. 명상, 인생 그래프, 그림 그리기, 노래하기, 자유로운 동작을 통해 은연중에 떠오르는 역할을 불러낼 수 있다. 랜디는 무의식적인 역할 불러내기는 역할이 역할연기자를 선택한 것이라고 말한다. 참여자가 선택한 역할이 사실은 역할이 참여자를 선택하였다는 발상의 전환은 흥미롭다. 역할 불러내기는 사이코드라마에서 주인공 선정과 주인공이 다룰 문제 불러내기와 유사한 측면이 있다.

2) 2단계: 역할 이름 짓기

역할 이름 짓기는 불러낸 역할에 이름을 붙여 역할을 구체화하는 방법이다. 참여자는 역할을 정한 후에 생각나는 대로 이름을 붙인다. 현실적인 이름, 추상적인 이름, 시적인 이름도 가능하고, 악당이나 겁쟁이처럼 역할 유형을 이름으로 사용할 수도 있다. 우리는 모두 이름이 있으며 실생활에서도 이름은 중요하다. 이름이 있으므로 곧 존재하는 것이 된다. 이처럼 존재를 가능하게 하는 이름을 창조하는 과정에서 참여자는 역할을 좀 더 깊이 있고 진지하게 생각할 것이다. 치료사는 역할과 이름과의 관계를 분석하여 작업에 활용할 수 있다. 이름 붙이기는 의식적이든 무의식적이든 참여자의 현재 문제를 함축하고 있다. 랜디는 이름 붙이기를 통해 참여자가 자기이면서 동시에 자기가 아닌 세계를 향해 의미 있는 첫걸음을 떼어 놓을 수 있다고 말한다.

3) 3단계: 역할 연기하기

역할 이름 짓기가 끝나면 역할 연기하기(역할 훈습)의 단계로 들어간다. 여기서 참여자는 이야기 속 역할을 즉흥적으로 연기하게 된다. 역할을 반복하고 몰입하는 역할 훈습 또는 역할 훈련은 참여자에게 역할에 대해 집중하고 예상 가능한 행동을 넘어서도록 하는 확장의 시간이다. 즉, 반복적으로 역할을 연습하여 몸에 익히면서 예상하지 않았던 역할연기로 나아가게 된다. 일반적으로 참여자는 하나의 역할에 집중하는 대신 역할을 옮겨 다니면서 필요에 따라 초점을 바꾼다. 이때 치료사는 참여자의 역할 변화의 의미를 찾아내야 한다. 본 작업에 해당하는 역할연기와 역할 훈습에서 참여자가 허구적인 역할로 현실처럼 몰입하여 연기한다면 성공이다.

4) 4단계: 하위 역할에 있는 대안적 특징 탐험하기

하위 역할에 있는 대안적 특징 탐험하기에서 랜디는 회기당 2시간씩 15회기의 작업을 예로 제시한다. 참여자에게 역할을 불러내어 이름을 짓도록 한 다음, 20시간에 걸쳐 역할을 훈습하도록 하였고, 이어 10시간에 걸쳐 역할을 변형하게 하여 두 번째 인물을 창조하도록 하였다. 참여자는 인형을 매체로 역할을 변형시켜 하위 역할을 나타냈으며, 가면으로 표현한 두 번째 인물은 원래의 역할과 차이를 보였다. 예컨대, 어머니 역할에서 처음 유형은 돌보는 어머니였지만 변형된 하위 유형은 잔인한 어머니로 나타났다. 랜디가 제시한 여성 참여자는 역할 불러내기에서 고대 그리스 비극작가 아이스킬로스(Aischulos)의 〈아가멤논(Agamemnon)〉의 인물인 이피게네이아(Iphigeneia)를 불러냈다. 트로이 원정길에 아버지 아가멤논에 의해 제물이 될 뻔한 이피게네이아는 전형적인 피해자 역할이다. 이 참여자는 피해자 역할을 연습한 다음, 피해자의 하위 역할인 순교자라는 이름의 인형을 만들었다. 참여자는 인형으로 순교자의 역할을 연습하는 과정에서 타인을 위해 자신을 희생하는 순교자가 지닌 유형의 의미를 통찰하기 시작하였다. 이후 참여자는 가면 작업을 통해 역할을 더욱 확장하였다. 참여자가 만들어 낸 어머니라는 이름을 붙인 가면 인물은 이기적이고 죄책감을 안겨 주는 조종자로 피해자보다 가해자에 가까웠다. 유형 분류에 따르면, 가면 인물은 이기적인 순교자 유형이었다. 이렇듯 참여자는 확장된 극화를 통해 순교자와 이기적인 순교자 두 하위 유형을 발견하였다. 이런 방식의 하위 역할 찾기는 참여자에게 인물을 더욱 깊게 이해하도록 하며, 모순과 양면성을 지닌 역할과 만나도록 한다. 하위 역할 탐색은 인형과 가면 외에도 사진, 빈 의자, 역할 바꾸기 등 다양한 방법으로 이루어질 수 있다. 하위 역할의 탐색은 본래 역할에 대한 대안을 찾아가는 과정으로, 참여자가 깨닫지 못하였던 문제의 역할을 자각하게 한다는 점에서 의의가 있다. 참여자는 역할의 하위 유형을 인식할 때 비로소 자기의 실제 역할을 똑바로 알 수 있게 된다.

5) 5단계: 역할연기에 대해 성찰하기

역할연기에 대해 성찰하기는 마무리 단계로, 한 걸음 물러나 의견을 나누는 시간이다. 연극치료사는 참여자가 자신의 감정을 정당화하고 드라마의 가치를 평가하도록 돕는다. 또한 역할 벗기를 통해 치료 공간에서 일상 공간으로 또는 상상 세계로부터 현실 세계로 자연스럽게 이동할 수 있도록 하며, 참여자에게 역할과 하위 역할을 질문하여 허구적 관점에서 역할의 의미를 찾아내도록 한다. 질문의 내용은 역할의 신체, 인지, 정의, 사회, 영적 · 미적인 특징에 관한 것이다. 아울러 참여자의 연기 양식도 살펴본다. 이러한 과정을 통해 참여자의 역할의 형식과 목적을 분명히 한 후 다음 단계로 넘어간다.

6) 6단계: 가상 역할과 일상 현실 연관짓기

가상 역할과 일상 현실 연관짓기 단계는 역할연기가 가상과 현실의 두 세계를 넘나드는 것에서 출발한다. 참여자에게 질문을 통해 허구의 역할과 현실의 자신이 어떤 관계인지를 생각하도록 한다. 가령, "당신은 이피게네이아와 어떤 점에서 닮았는가?" "당신은 이피게네이아와 어떤 점에서 다른가?" 같은 질문을 한다. 즉, 역할의 특징, 기능, 유형을 파악한 후에 참여자가 역할을 어떤 방식으로 연기하였는지 되돌아보게 하고, 연기한 역할과 개인적 경험을 연관 지을 수 있도록 돕는다. 허구 역할에서 의미를 찾기 위해서는 반드시 현실적인 개인과 역할의 페르소나가 지닌 극적 역설을 수용할 수 있어야 하고, 현실과 비현실의 양면 세계에서 살아가는 방식을 찾아내야 한다. 가상 역할은 현실 역할에 영향을 미친다. 현실 역할 또한 허구적 역할이 필요하다. 서로를 참조하는 두 역할은 한쪽 없이는 의미가 없다. 따라서 허구의 역할이 현실의 역할에서 어떻게 기능하는지 파악하기 위해서는 허구의 역할과 그에 상응하는 현실의 역할의 내용, 목적, 형식을 이해해야 한다. 참여자가 역할연기로부터 보여 준 둘의 차이점과 공통점의 비교를 통해 궁극적으로 현실 역할이 변할 수 있어야 한다.

7) 7단계: 역할 통합하기

다음 단계는 기능적인 역할 체계를 창조하도록 역할 통합하기다. 역할모델의 궁극적 목표는 참여자가 현실에서 실행 가능한 역할 체계를 구축하도록 돕는 데 있다. 참여자에게 그가 자신이 현실에서 행하고 있는 역할이 부정적이든 긍정적이든 그 중요성을 인식하고 역할의 양면성을 견딜 수 있도록 하는 것이다. 지금까지 작업이 잘 이루어졌다면 참여자는 다양한 역할이 어떻게 어울려 작동하는지 인식하게 될 것이다. 역할의 통합 단계에서는 참여자에게 자신의 얽혀 있는 역할들을 풀어내고 변형시켜 재조합하도록 한다. 앞서 제시한 피해자 역할의 여성 참여자는 통합 단계에서 피해자의 특징과 기능이 달라졌고 역할 유형도 변하였다. 참여자는 허구의 역할인 이피게네이아를 통해 수동적인 태도로 침묵하고 수용하던 유형에서 자기희생을 거부하고 자기감정을 솔직하게 표현할 수 있게 되었다. 이처럼 통합은 참여자의 변화를 통해 나타난다. 변화의 증거는 부당한 고통을 참아내는 대신 역할의 양면성을 찾아낼 수 있는 능력, 다른 사람들과 함께 존재하는 새로운 가능성을 발견하는 능력에서 확인할 수 있다.

8) 8단계: 사회적 모델링

사회적 모델링은 참여자가 작업에서의 역할에 대해 부당함을 느끼고 변화가 필요하다는 것을 인식하였음에도 현실에서 오랫동안 고정된 역할 패턴이 쉽게 변하지 않는다는 사실에서 비롯된다. 역할 체계가 변하였다고 해서 현실 역할이 변하는 것은 아니다. 따라서 변화된 역할을 실제에 적용하기 위해 참여자는 역기능의 역할을 사회적 모델링에 합당한 변형된 형태로 연기할 수 있어야 한다. 예를 들어, 알코올중독자가 도움을 주는 사람이나 독실한 신자와 같은 덜 의존적인 역할을 구현한다면 실제의 변화에 커다란 도움이 될 것이다.

5. 역할모델의 특징

랜디는 역할모델이 완벽한 치료모델이기보다는 하나의 안내 지침이라고 언급한다. 역할모델은 참여자의 역할, 역할 하위 유형, 특징, 기능, 양식을 규명하도록 도와 참여자가 스스로 역할 체계를 재편성하여 긍정적인 역할이 되도록 돕는다. 참여자를 역할을 변형시켜서 문제를 해결할 수 있는 존재로 간주하는 역할모델은 다양한 역할을 경험하게 하여 역할의 문제를 찾아내고 역할을 통합하거나 균형에 이르도록 한다. 랜디가 제시한 성공적인 역할모델은 참여자가 역할의 유형과 거리두기의 스펙트럼을 자유롭게 오가는 능력, 감정과 사고, 현실과 환상 사이에서 균형을 유지할 수 있는 능력, 자신의 의지에 따라 역할을 자유롭게 취하고 벗을 수 있는 능력이다. 건강한 참여자는 필요한 역할을 효율적으로 불러내고, 사회적 상황과 해당 역할에 어울리는 양식으로 연기한다. 또 자기 역할에 명확하고 의미 있는 기능을 부여하며, 그 역할을 유동적인 체계와 창조적으로 통합한다. 유동적 역할들은 서로 조합되어 긴장을 만들면서 치료의 가능성을 실현한다. 역할 체계가 비고정적이고 유동적일 때 참여자는 문제를 헤쳐 나가는 역할 조합을 이룰 수 있다.

연극치료 역할모델의 특징을 정리하면, 첫째, 역할에는 재미를 주는 놀이의 성질이 있다. 재미있게 논다는 개념으로 역할연기를 하면서 자연스럽게 치료가 이루어진다. 둘째, 역할을 창조하는 연극적 행위 속에는 은유와 상징이라는 거리두기의 안전망이 있다. 참여자는 무대에서 안전한 느낌으로 자신을 관찰할 수 있고, 연극치료사와 신뢰 관계도 형성한다. 셋째, 소리와 몸을 활용하는 역할은 소통 기능을 확장하고 내적 자기를 명료하게 한다. 참여자가 자신의 목소리와 표정과 움직임으로 역할연기를 할 때 내적 자기를 분명하게 인식하고 트라우마나 미해결된 문제도 알아차리게 될 것이다. 이 점에서 역할은 자기의 반영이자 또 다른 자기라고 할 것이다.

제21장 이야기모델

연극치료에서 이야기의 치료적 드라마모델(therapeutic drama model)을 활용한 주 연구자로 몰리 라하드(Mooli Lahad)와 알리다 저시(Alida Gersie)가 있다. 심리학자인 라하드는 우화기법(fairy story method)을 통해 참여자의 장점을 찾고자 하였으며, 저시는 죽음과 관련된 임상에서 이야기모델을 제시한다. 라하드는 참여자가 어떠한 종류의 언어를 사용하는지, 그의 언어적 반응에서 강조되고 있는 대응의 메커니즘이 어떠한 것인지를 발견하기 위해 이야기를 사용한다. 저시는 참여자가 고전, 신화, 민담 등 전해 내려오는 이야기와 개인 이야기의 주제와 구조를 통해 그들이 삶에 대한 감각을 되찾을 수 있도록 서사적 모델에 근거한 이야기하기와 이야기 만들기를 연구한다.

1. 라하드의 이야기모델

1) 6PSM

몰리 라하드

라하드는 연극치료 작업에서 참여자가 자신의 언어가 아닌 연극치료사의 언어로 말하는 것을 발견하였다. 그는 참여자가 자신의 언어로 말하게끔 하는 방안으로 여섯 조각 이야기 만들기(6 Part Story Making: 6PSM)를 개발한다. 라하드는 6PSM으로부터 참여자의 내면적 언어를 이해할 수 있으며 스트레스 대응 양식을 관찰할 수 있으므로 사전 평가도 가능하다고 보았다. 독서치료와 유사한 6PSM은 참여자에게 특정한 구조를 제시하고 그 안에서 이야기를 만들도록 제안한다. 그런데 라하드는 개인이 창작한 이야기는 개인적 진술이기보다는 그 안에 동화나 신화 같은 집단적 요소가 반영되어 있음을 알았다. 자신의 이야기이지만 세상과 만나기 위해 자신을 투사한 이야기라는 것이다. 라하드가 제안한 6PSM에서 이야기는 여섯 장면으로 구조화되며 참여자는 주어진 주제에 따라 다음의 여섯 조각(장면)을 그림으로 표현하게 된다([그림 21-1] 참조).

1 주인공	2 과제와 사명	3 조력자
꼭 사람일 필요는 없으며 무엇이든 주인공이 될 수 있음	주인공의 목표, 주어진 의무, 하고 싶은 것	주인공을 돕는 사람, 사물 등
4 대립자 및 장애물	**5 클라이맥스**	**6 결말**
주인공의 목표 달성을 방해하는 것	주인공이 방해꾼을 어떻게 물리쳤는가, 조력자의 도움을 받아 목표를 달성하였는가	클라이맥스에 이어 나타나는 결론. 그래서 무슨 일이 일어났는가, 이야기가 끝났는가, 계속되는가

그림 21-1 라하드의 여섯 조각 이야기 만들기(6PSM)

장면을 여섯으로 나눈 까닭은 다음에서 자세히 설명할 것이다. 여기서 눈여겨봐야 할 사항은 이야기를 그림으로 표현한다는 점이다. 이야기를 서술체로 언급하는 대신 그림으로 표현하는 것은 상상력을 더욱 요구하는 방식으로, 구체적 글쓰기에서 생길 수 있는 자기 검열의 위험에서 벗어날 수 있다. 다만 그림 그리기를 싫어하는 참여자가 있다면 여섯 장면을 글로 구성해도 무방하다. 치료사는 여섯 장면의 그림을 통해 참여자의 스트레스 대응 양식에 대해 통찰할 수 있다. 참여자는 여섯 장면을 그린 후 집단과 피드백하면서 자신을 들여다본다. 연극치료에서 피드백은 역할연기의 시간이기도 하다. 장면 하나하나를 무대에서 연기할 때 이야기, 그림, 움직임이 통합되어 자신에게 귀결된다. 역할연기는 전적으로 혼자서 할 수도 있고, 소품이나 참여자 활용도 얼마든지 가능하다. 피드백이 끝나면 참여자는 충분히 생각할 시간을 가진 다음에 그림을 수정 보완함으로써 이야기를 다시 쓴다. 치료사와 참여자는 이야기를 분석하여 참여자가 스트레스나 트라우마를 어떻게 대처하는지 상호 이해하고 이를 치료에 활용한다.

 제21장 이야기모델 264

2) BASIC Ph 기법

라하드는 축적된 연구를 바탕으로 참여자가 스트레스에 대응하는 전략을 신념(Belief)과 가치에 대한 의존, 정서(Affection)의 표현, 사회적(Social) 양식, 상상(Imagination)적 방식, 인지(Cognition)적 반응, 신체적(Physical)이고 행동적인 대처로 구분한다. 이를 신념, 정서, 사회, 상상, 인지, 신체 요소의 머리글자를 따서 BASIC Ph 기법이라고 한다.

참여자의 대처 유형은 다음과 같다.

- B: 스트레스를 유발하는 정보를 찾아 그에 근거하여 행동하는 인지적-행동적 접근을 하는 유형이 있다. 신념(Belief)의 B로 표현되는 참여자는 신념과 가치에 의존하여 스트레스를 대처하며, 신과 같은 초월적 존재의 도움으로 문제를 해결하는 유형이다.
- A: 스트레스에 대해 반응을 표출하거나 창조적 활동으로 바꿈으로써 자기를 표현하는 정서적이고 감정적인 접근법을 사용하는 유형이 있다. 정서(Affection)의 A로 표현되며, 정서를 통해 문제를 극복하고자 한다.
- S: 사회적 역할을 취함으로써 집단적 지지를 얻어 스트레스를 해소하려는 유형이 있다. 사회(Social)적 양식의 S로 표현되며, 다른 사람의 도움을 받아 스트레스를 해소하고자 한다.
- I: 넷째, 창조적인 상상력으로 충격적인 경험을 모호하게 만들어 스트레스를 해소하는 유형이 있다. 상상(Imagination)적 방식의 I로 표현되며, 상상력을 통해 문제를 해결하려 한다.
- C: 종교, 정치, 윤리와 같은 신념과 가치에 의존하여 스트레스를 해소하는 유형으로 인지(Cognition)적 반응의 C로 표현되며, 논리적으로 문제를 해결하려 한다.
- Ph: 신체적 표현, 즉 몸을 사용하는 움직임과 활동으로 스트레스에 대처하고 반응하는 유형으로 신체(Physical)적이고 행동적인 대처 전략을 사용한다.

연극치료사는 참여자의 스트레스 대처 자원과 갈등 영역을 파악하고 그에 맞는 위기 관리 프로그램을 계획할 수 있다(Jennings et al., 2010).

2. 저시의 이야기모델

알리다 저시

저시의 연극치료 이야기모델은 상실로 인해 심리적 어려움을 겪는 참여자를 대상으로 한다. 저시는 참여자가 사랑하는 가족의 죽음을 건강하게 받아들임으로써 일상에 복귀하도록 도움을 주었던 사례를 바탕으로 이야기모델을 개발한다. 인간에게 죽음은 피할 수 없는 운명으로, 누구에게나 해당하는 가장 원형적인 것이다. 따라서 원형적인 죽음을 다룸에 있어서 원형적인 이야기에 주목하는 것은 당연하다. 이야기의 원형성을 바탕으로 상실감에 빠진 개인의 무의식을 외현화시켜 치료의 장으로 이끌고자 한 저시는 신화나 동화를 즐겨 사용하였으나 상황에 따라 참여자에게 이야기를 직접 창작하도록 하였다.

라하드의 6PSM과 마찬가지로 저시의 이야기모델 역시 여섯 장면으로 구조화된 이야기를 만들고 말로 설명하거나 그림으로 표현한 다음, 최종적으로 무대에서 극화하는 방식이다. 여섯 요소는 배경, 인물, 거주지, 장애물, 조력자, 결말이다.

1. 배경	2. 인물	3. 거주지
4. 장애물	5. 조력자	6. 결말

그림 21-2 저시의 이야기모델의 여섯 요소

6PSM과 비교해 보면 인물(주인공), 조력자와 대립자(장애물), 그리고 결말은 동일하다. 저시에게 특이한 것은 거주지 장면이다. 참여자의 상실감을 염두에 둔 까닭에 인물과 그가 머무는 거주지 및 배경을 중심으로 인물이 처한 상황에 무게를 두었다. 6PSM에 비해 좀 더 유연한 저시의 이야기모델은 이야기의 진행 과정에서 부딪히는 참여자의 저항이나 막힘에 주목한다. 예를 들어, 이야기 가운데 조력자가 나타나지 않을 경우, 그 부분에 초점을 맞춰 작업을 진행하며, 인물이 지나치게 장애물에 압도되면 그곳에서 치료를 시작할 수 있다. 또한 연극치료사는 참여자를 이끄는 것이 아니라 이야기 진행 과정에서 참여자가 스스로 문제를 풀 수 있

도록 안내자 역할을 하는 것이 중요하다. 결국은 참여자가 자신을 위로할 능력을 스스로 찾아내야 하기 때문이다.

3. 이야기모델의 뿌리

라하드의 6PSM과 저시의 이야기모델은 공통적으로 여섯 장면으로 구성되어 있다. 이러한 이야기 구성은 블라디미르 프로프(Vladimir Propp)의 『민담 형태론(Морфологиясказки)』(1928)에서 그 뿌리를 찾을 수 있으며, 알지르다스 그레마스(Algirdas Greimas)의 행위소모델(modèle actantiel)에서 그 응용된 형태를 발견할 수 있다. 프로프는 러시아에 전해 오는 민담을 분석하여 등장인물과 사건의 구성에 일정한 형태(구조)가 있음을 간파하였다. 이에 영향을 받은 그레마스는 『구조 의미론(Sémantique structurale)』(1966)에서 극 행동의 논리를 밝히는 추상적인 힘이자 극 서술체의 통사론적 기능 단위인 행위소(actant) 개념을 도식으로 제시한다([그림 21-3] 참조). 기호학과 통사론을 접목한 그레마스는 여섯 개의 행위소를 보편적 모델로 규정을 작성하고 이 모델을 다음과 같은 이야기 문법으로 구성한다.

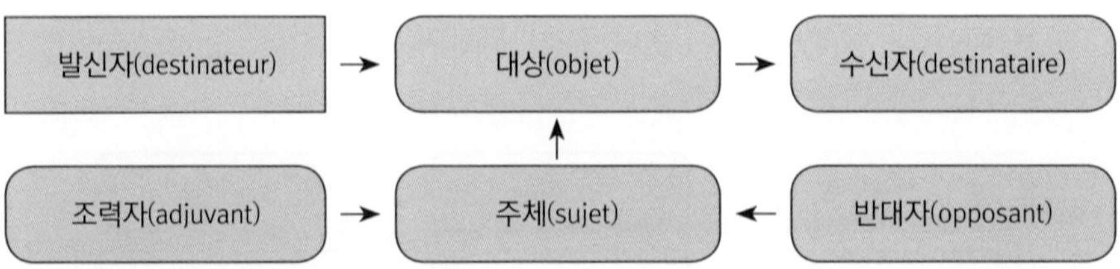

* 화살표는 힘(갈망)이 지향하는 방향이다.

그림 21-3 그레마스의 행위소 모델

지향하는 힘들의 관계성을 드러낸 행위소 모델이 라하드나 저시의 이야기모델과 완벽하게 부합하는 것은 아니다. 그렇지만 주인공, 조력자, 방해자와 같은 욕망을 지닌 존재의 관계와 구조 및 힘의 지향성은 거의 일치한다. 신화이든, 민담이든, 개인의 이야기이든 이야기의 시작, 전개, 결말의 구조는 일정한 틀을 지니고 있으며 지향하는 힘의 방향이 동일하다는 것은 그만큼 원형적인 이야기모델이 개인의 무의식을 자극하고 이를 밖으로 드러낼 힘이 있다는 것을 보여 준다. 또한 라하드나 저시의 연극치료 이야기모델은 기본적인 이야기 서술 구조를 충실히 따르고 있음도 알 수 있다.

연극치료 이야기모델은 융의 분석심리학, 독서치료와 이야기치료 같은 기존의 이론을 바탕으로 하며, 집단적인 공연으로 매듭짓는 특징이 있다. 연극치료 이야기모델은 이야기로 물꼬를 트고, 그림으로 표현하고, 소리를 내고, 몸을 움직이는 방향으로 나아간다. 이야기모델은 참여자의 상태나 성향에 따라 집단 무의식의 원형적 요소에 중점을 둔 이야기가 적합할 수도 있고 자발적인 창작한 이야기가 적합할 수도 있다. 나아가 개인 이야기와 집단 이야기, 원형적 이야기를 통합적으로 활용할 수도 있다. 이야기모델은 창조력과 상상력을 기반으로 써 내려간 이야기를 직접 체현하면서 위안을 얻고 변화를 모색하여 치료하는 방식인 것이다.

4. 이야기모델의 실제

라하드의 6PSM과 저시의 이야기모델은 연극치료 현장에서 진단과 치료로 자주 활용되는 대표적인 연극치료모델이다. 앞에서 제시한 정형화된 이야기모델을 적용할 수도 있지만, 연극치료사에 따라 이야기모델의 응용 방식은 활짝 열려 있다. 예를 들면, 치료 작업의 웜업으로 참여자가 명상 상태에서 하나의 이야기를 듣고 가장 인상 깊은 장면을 머릿속에 그려 보는 것으로 시작할 수 있다. 이어 머릿속의 장면을 언어로 표현하거나 그림으로 구체화한 후 치료사와 다른 참여자의 도움을 받아 극적인 장면을 만들 수 있다. 앞서 언급하였지만, 이미지를 현실 공간에서 구체화할 때 참여자는 인지와 감각으로 자신의 심리 상태를 직접 경험하고 이해하게 된다. 무대에서 자신의 역할에 성격을 부여하고 상대역과 이야기를 주고받는 과정에서 이미지는 더욱 구체화된다. 역할연기를 통한 장면 만들기는 상상력과 창조력이 요구되는 만큼 적극적 상상을 넘어 문제의 원인과 치료의 방법까지도 스스로 체득하는 힘을 제공한다. 이렇듯 심호흡과 명상을 통해 영혼을 맑게 한 후, 원형적 이야기의 나눔 과정 또는 이야기의 창작 과정에서 특별히 관심이 가는 부분을 언어나 그림으로 표현한 후, 직접 무대에서 역할연기를 하거나 혹은 관객 앞에서 공연하는 것은 통합적인 연극치료모델이 될 것이다.

또 다른 예는 이야기 속의 인물에 초점을 두는 것으로, 그레마스의 행위소모델에 따라 갈망하는 힘들의 방향에 주목하는 방식이다. 예컨대, 이솝 우화의 〈해와 바람〉에는 해, 바람, 나그네가 등장한다. 나그네를 사이에 두고 자신의 의지를 관철하려는 해와 바람은 욕망하는 힘의 방향을 분명하게 보여 준다는 점에서 좋은 예가 된다. 이 우화의 내용을 이야기한 다음에 참여자들은 세 인물의 특징은 무엇인지, 이들 중 어느 역할에 관심이 가는지, 그 이유가 무엇인지 등을 나누면서 극화해 나간다. 이는 모든 사람은 각기 고유한 시각과 신념이 있으며 그가 처한 문제나 상황이 개인의 고유한 시각 및 욕구와 무관하지 않다는 점, 사람마다 위기에 대처하는 방식이 다르다는 BASIC Ph 기법을 염두에 둔 것이다. 실제 연극 공연에서 많은 시간을 할애하는 부분이 인물 분석이다. 작가, 드라마투르기, 연출가와 더불어 연기자는 자신이 맡은 인물을 분석하고 성격을 파악한 후 이를 역할에 부여한다. 연기자가 인물의 성격을 어떻게 설정하느냐에 따라 연극 전체의 색채가 달라진다.

우리는 일반 성인을 대상으로 한 연극치료 이야기모델 워크숍에서 〈해와 바람〉 이야기를 활용한 적이 있다. 집단으로 실시한 〈해와 바람〉을 바탕으로 한 이야기모델에서 세 명씩 여섯 그룹으로 묶어 각각 이야기를 창작하였다. 첫 번째 그룹은 바람을 강압적, 자신만만, 과시적, 파괴적인 캐릭터로, 해를 자애로움, 온화함, 현명함, 영악함, 포용적인 캐릭터로, 나그네를 까칠함, 직설적, 이해타산적, 정직함의 캐릭터로 정하고 이야기를 만들었다. 두 번째 그룹은 바람을 일진의 나쁜 친구로, 해를 선도부의 따뜻한 친구로, 나그네를 전학 온 친구로 대입하여 이야기를 전개하였다. 세 번째 그룹은 해를 천사로, 바람을 악마로, 나그네를 행인으로 대체하고, 행인이 길을 걷다가 지갑을 발견하는 것으로 이야기를 시작하였다. 천사와 악마는 행인이 과연 지갑을 어떻게 할 것인지 내기를 한다. 악마는 행인에게 지갑을 가져가라고 꼬이고, 천사는 주인을 찾아 줄 것을 호소한다. 네 번째 그룹은 해를 아빠로, 바람을 엄마로, 나그네를 7세 정도의 딸로 설정하였다. 엄마와 아빠는 딸의 교육 문제로 언쟁을 벌이다가 화가 치밀자 딸에게 엄마와 아빠 중 한 사람을 택하라고 말한다. 아이는 상상 속에서 둘 중 하나를 선택하였을 때의 상황을 생각하고 각자 부족한 점이 있지만 그래도 함께 있을 때가 제일 행복하다는 것을 알아차린다. 다섯 번째 그룹도 가족 문제를 다루었다. 바람을 격려를 못해 주는 엄마로, 해를 격려를 잘해 주는 엄마로, 나그네를 아들로 설정하여 이야기를 만들었다. 마지막 그룹은 나그네를 길 잃은 아이로 설정하였고, 해와 바람을 대학생 1과 대학생 2로 대입하여 아이의 엄마를 찾아 주자는 대학생 1은 해로, 귀찮으니 그냥 가자는 대학생 2를 바람으로 표현하였다.

연극치료사와 각 그룹의 참여자들은 연기가 끝났을 때 자신이 왜 그 역할을 맡았는지, 다른 역할과의 관계에서 어떤 감정을 느꼈는지, 이야기의 결말이 왜 그렇게 되었는지, 다른 결말이라면 어떨지 등을 토론하였다. 나머지 참여자는 관객이 되어 연극을 보면서 느낀 점을 진지하게 피드백하였다. 이처럼 해, 바람, 나그네는 캐릭터와 힘의 지향성이 뚜렷하여 자신이 현재 처한 상황이나 어려운 문제가 생겨난 이유, 관계 속의 자신의 역할 등이 분명하게 투사되어 스스로 성찰하도록 한다. 아울러 〈해와 바람〉은 6PSM과 직접 연결할 수 있다. 해, 바람, 나그네 중 하나를 주인공으로 선택하여 과제와 사명, 조력자, 장애물, 클라이맥스, 결말로 이끄는 이야기를 창작하여 그림으로 표현해 보는 것이다. 독특한 세 캐릭터가 제기되기 때문에 주인공 설정을 어려워하는 참여자는 좀 더 쉽게 이야기를 시작할 수 있다는 장점이 있다. 이처럼 연극치료 이야기모델은 이야기를 만들고 인물을 설정하거나 분석하는 것에 머무르지 않고 직접 무대에서 역할로 존재하거나 역할 바꾸기를 통해 다른 역할과 만남을 주선하여 상징적이고 창의적인 역할연기의 기회를 제공한다. 몸의 감각을 통한 극적 만남은 인식의 변화, 습관에서의 탈피, 자아의 성찰에 더욱 직접적이고 능동적으로 다가서도록 할 것이다.

제22장 발달변형모델

연극치료에서 발달변형모델(Developmental Transformations: DvT)은 존슨의 주도로 1974년부터 점진적으로 연구되었다. 존슨은 정신병동을 방문하여 정신분열이나 치매와 같은 정신질환을 앓고 있는 환자들과 접하면서, 그들이 자아를 회복할 수 있도록 즉흥적인 연극놀이와 역할연기를 실시하면서 연극치료의 잠재력을 발견하였다. 연구의 성과에 힘입어 1992년에 DvT라는 명칭을 공식화하였다. 존슨이 언급하였듯이, DvT는 연극은 물론 기존의 종교, 철학, 심리학에서 영향을 받은 바가 크다. 이를테면, 그는 심리학에서 발달심리학, 정신분석학에서 자유연상과 대상관계 이론, 로저스의 인본주의에서 참여자 중심의 심리치료에 주목하였다. 철학에서는 현존재의 문제를 다루는 실존주의와 불변의 진리는 존재하지 않는다고 선언한 해체주의와 포스트모더니즘에 근거를 두고 있으며, 불교사상에서는 모든 현상은 끊임없이 생멸(生滅) 변화하고 있다는 제행무상(諸行無常)의 영향을 받았다. 또한 그는 몸과 움직임을 활용한 춤 치료에도 주목하고, 연극과 관련된 것으로는 가난한 연극(poor theatre)을 제창한 그로토프스키의 연극론과 비올라 스폴린(Viola Spolin)의 연극놀이에 근거하여 연극치료 DvT를 만들어 냈다.

데이비드 존슨

DvT에서 중요한 사항은 다음과 같다. 첫째, 각 치료회기는 연극치료사와 참여자 사이에서 연극적이고 즉흥적인 상호작용으로 구성된다. 연극과 즉흥이 만나면 즉흥극이 된다. 즉, DvT는 치료사와 참여자가 즉흥극을 만들어 가는 형식으로 구성된다. 둘째, 치료사는 연극놀이에 적극적으로 참여한다. 치료사는 촉진자나 안내자보다는 몰입 상태가 되어 참여자의 연극놀이 공간에 개입한다. 연극놀이는 참여자가 지니는 근원적인 불안의 심리적 구조를 완화하거나 없애도록 하는 데 활용된다. 연극놀이는 연극을 일종의 놀이로 작용시켜 참여자의 유쾌한 에너지를 확장하고 심리적 저항감을 완화하도록 한다. 셋째, 치료가 제대로 진행된다면 참여자는 스스로 정서적 건강을 이끌어 내는 자연스러운 과정에 믿음을 갖게 될 것이다. 참여자는 치료사와 즉흥적인 연극놀이를 하면서 자신에게 해당하는 발달 과정에 자연스럽게 도달할 수 있다.

따라서 기술적으로 보면 DvT는 체현과 만남, 그리고 연극놀이를 통해 장애를 치료하는 것이다. 이렇듯 발달(development), 변형(transformation), 만남(encounter), 연극놀이 공간(playspace)이 핵심 요소인 DvT를 자세히 살펴보자.

1. 발달

발달변형은 '발달'과 '변형' 두 단어의 합성어로서 DvT는 발달심리학과 밀접한 관계가 있다. 발달심리학에서 발달이란 인간이 모태에서 수정되는 순간부터 죽을 때까지의 과정으로, 특히 양적이며 질적인 성장이나 변화의 과정이다. 다시 말해, 발달심리학은 다양한 요인의 영향을 받으면서 일생에 걸쳐 일어나는 신체적 · 심리적 기능의 변화를 다룬다(윤가현 외, 2012). 인간은 시간의 흐름에 따른 일련의 성장, 변화, 발달을 보여야 하지만, 지체되거나 아예 정지 상태가 되기도 한다. 연극치료에서도 발달 개념은 중요하다. 제닝스가 연극치료의 관점에서 영유아기와 아동기에 세 단계의 발달을 언급한 것이 바로 EPR이다. 연극치료는 좀 더 차원을 달리하여 발달 개념을 전개시킨다. 즉, 연극치료는 전체 인생 여정의 일부로서 참여자의 창조적 삶을 탐험하며, 삶의 단계적 구성과 재구성 그리고 개인과 집단의 변화를 주제로 한다(Jennings et al., 2010). 말하자면, 언제나 발달 과정 중인 인생 전반을 탐구하는 연극치료는 발달의 한 단면에 초점을 두어 현재 삶을 탐구하기도 하고 드라마로 재구성된 전체의 삶을 통해 변화를 꾀하기도 한다. 이것이 가능한 것은 연극 세계는 모두가 동의하는 허구이지만 실제이기도 한, 허구와 실제가 동등하게 공존하는 극히 이례적인 곳이기 때문이다. 우리는 허구인 드라마로부터 생애 전반을 탐색하거나, 일정한 시점으로 돌아가서 행복의 동력을 얻거나, 바라는 미래의 삶을 사전에 경험할 수 있다. 인간발달이라는 선형적 시간의 흐름에서 벗어나 특정한 순간을 연극으로 재구축함으로써 어느 단계에서 미해결로 남아 있던 문제에 접근하고 그것으로부터 긍정적인 변화를 기대하는 것이다.

심리학에서 인간의 발달이 평생에 걸쳐 행해진다는 믿음이 그리 오래된 것은 아니다. 그런데 생애 전체를 포괄하는 내적 갈등의 요소로 구성된 에릭슨의 심리사회적 8단계는 연극치료에서 주목하는 발달 이론이다. 특히 에릭슨은 발달단계에서 갈등을 강조하였는데, 갈등은 드라마와 직접 연결된다.

> 연극의 생명인 극적 갈등 그리고 절망을 결과하는 비극적 결함과 매우 유사하다 (Jennings et al., 2010).

존슨(Johnson, 1982)의 DvT도 에릭슨처럼 생애 전반에 걸친 발달단계를 주목한다. 그에 따르면, 인간발달의 패러다임은 연극치료와의 만남에서 분명한 타당성을 지니고 있다. 드라마는 역사적이며 시간적인 맥락 속에 단단히 박혀 있는 인간 경험의 재현 및 재창조를 포함한다. 드라마는 인간 행동의 기록이 아니며 사진이나 백과사전도 아니다. 오히려 드라마는 인간 조건의 핵심을 이루는 되어 감(변화, becoming)의 순간을 기억한다. 플롯, 서스펜스, 극적 행동은 이러한 되어 감의 언저리가 없다면 불가능할 것이다. 이것이 발달의 가능성이다. 따라서 치료는 참여자의 발달단계가 어디에 머물러 있는지 진단하는 것에서 시작된다. DvT는 게임이나 테크닉을 나열하는 방식이 아니라 참여자의 행동이 나타내는 발달 수준에 따라 그 과정과 장면들을 구성한다. 이렇듯 DvT는 치료 과정에서 인간발달 과정을 참조하면서 영아기의 소리와 동작으로 웜업을 대신하고 점차 유아기, 아동기, 청년기로 나아가듯 소리와 움직임을 발달시켜 나간다.

2. 변형

변형이란 변화이자 발달 또는 성장을 의미한다. 변형에는 작업 중에 일어나는 연극치료사와 참여자의 역할 변화도 포함된다. DvT에서 치료사는 참여자와 직접 관계를 맺고 즉흥적으로 연기를 하면서 주제와 역할이 자연스럽게 흘러가도록 한다. 또한 치료의 결과인 참여자의 변화도 변형의 범주에 들어간다. 발달은 변형을 통해 이루어진다. 세상의 만물은 변한다. 그럼에도 변형의 틀을 결코 벗을 수 없는 인간은 고통과 두려움과 죽음을 극복하고자 불변의 존재를 염원하며 이를 줄기차게 추구해 왔다. 그러나 니체와 앙리 베르그송(Henri Bergson) 철학에서 현 세계, 현재의 중요성이 부각되면서 변화와 불변에 대한 인식이 점차 바뀌게 되었다. 되어 있음(being)에서 되어 감(becoming)의 개념이 주목받게 된 것이다. 변형의 철학은 불변의 진리를 추구한 플라톤 철학이나 중세의 스콜라 철학과 같은 서양 사상의 거대한 흐름에서 그 물줄기를 바꾸어 놓았다. 니체가 신의 죽음을 선포한 이후 철학은 새로운 전기를 맞이하였고 해체주의와 포스트모더니즘에 이르러 변화의 철학은 중심 사상으로 우뚝 서게 되었다. 장 폴 사르트르(Jean-Paul Sartre)는 인간은 스스로 자신의 실존을 만들어 가는 존재라고 말한다. 그는 '본질이 실존에 앞선다'는 본질주의자들의 논리를 뒤집어 '실존이 본질에 앞선다'는 명제를 만들어 낸다. 인간은 한시도 멈추지 않고 자기 실존을 구축해 가는 되어 감의 존재라는 것이다. DvT 역시 인간은 변화에 따른 불안정한 존재라는 사실을 대전제로 한다. DvT의 핵심 명제는 존재는 불안정하다는 것이다(Johnson & Emunah, 2011). 불안정한 존재, 되어 감의 존재는 연극놀이 공간에서 역할이 되었다가 동시에 벗어나면서, 또한 배우가 되었다가 관객이 되는 존재라는 의미다. 실존적인 실제 존재의 과정은 동시에 역할의 안과 밖, 배우이자 관객으로 되어 가는 상태를 인정하며 살아가는 것이다(Johnson, 1991).

인간 또는 자신을 둘러싼 모든 것, 세상 전체의 지속적인 움직임 속에 있으며 움직임은 변형을 촉발시키고 변형의 종극은 알 수 없는 미지의 것이 된다. 미지를 향해 주어진 궤도를 질주하는 삶의 모든 형식은 덧없고 불안정하다. 인간의 불안정성은 숙명으로, 여기에서 탈피한다는 것은 불가능하다. 그러므로 DvT는 변화, 불안정, 동요를 잠재우려는 시도가 아니라 이러한 불안정과 두려움을 감소시키려는 데 목적을 둔다. 존슨은 이를 다음과 같이 멋지게 표현한다.

> DvT는 우리가 단단한 땅에서 걸을 때뿐만 아니라 거친 바다의 흔들리는 보트 위에서도 편안함을 느끼도록 도와준다. 대부분의 대인관계는 단단한 땅보다는 거친 바다와 같기 때문에 아마도 DvT가 우리의 친밀감 형성에 관련이 있는 것 같다(Johnson & Emunah, 2011).

삶을 영위하는 모든 것은 결코 굳건한 땅에 발을 딛고 있는 것이 아니다. 종교적 관점에서 인간은 태어나면서부터 죄인이거나, 삶 자체가 고통이다. 그런데 자체적으로 갈등의 원인인 나는 세상에 나오는 순간부터 타인과 관계를 맺지 않을 수 없다. 거친 바다와 같은 대인관계를 어깨에 메고 영원한 고통에 직면해 있는 존재는 애초부터 거대한 파도의 흔들리는 작은 배에 의지하며 위태로운 삶을 살아간다. 삶의 불안감은 또한 차이에서 비롯된다. 두 공간의 밀도의 차이가 바람을 일으키듯, 나와 다른 사람이 다르다는 차이의 인식은 동요와 불안한 마음을 일으킨다. 세상은 결코 고정되지도 않거니와 고정시킬 수도 없다. 그러므로 인간의 노력이라는 것은 불일치, 다양성, 예측 불허와 밀접하게 연동되어 있다. 세계, 특히 인간의 삶이 동요한다는 증거를 찾기란 어렵지 않다. 그러므로 동요는 우리에게 발산(emanation)을, 발산은 발달을, 발달은 변형을 제공한다. 바로 이런 이유에서 우리의 실무를 DvT라고 하는 것이다. 그리고 이는 DvT의 첫 번째 원리인 변형의 토대다(Johnson & Emunah, 2011). 그러므로 DvT는 삶의 높은 파고를 잠재우기보다는 그 파고 속에서 평상심을 유지할 수 있도록 돕는 것에 목적을 둔다. 이를 위해 존슨은 연극에 주목하고, 아동의 소꿉놀이처럼 즉흥적이고 자유로운 놀이가 중심이 되는 치료 기법을 개발한다. 참여자가 자유로운 연극치료의 장을 거치게 되면 치료 이전과 치료 이후의 변화된 모습으로 새로운 발달단계로 넘어가게 된다는 것이다.

3. 자유연상과 즉흥극

DvT의 연극놀이 공간에서 연극치료사와 참여자(들)는 즉흥적인 연극놀이를 진행한다. 과연 이 모델에서 즉흥적 드라마는 어떤 의미가 있는 것일까? DvT의 즉흥극에 나타나는 두드러진 요소는 정신분석학의 자유연상(free association)과 대상관계 이론에서 그 의미를 찾을 수 있다. 프로이트는 신경증 환자를 치유하기 위해 마음에서 자유롭게 떠오르는 생각이나 감정을 조절하지 않고 있는 그대로 표출하도록 하였다. 이때 활용한 것이 최면과 자유연상이다. 이로부터 환자는 의식하지 못하였던 근본적인 갈등의 원인을 인식하고 직면함으로써 자신의 문제를 깨달을 수 있게 된다. 꿈의 해석 역시 환자가 무의식적으로 머리에 떠오르는 것을 말하게 한다는 점에서 자유연상과 유사하다. 자유연상이 제대로 이루어지기 위해서는 환자가 어떤 걱정이나 두려움 없이 심신이 가장 편한 상태가 되어야 한다. 환자는 긴 의자(couch)에 누워 명상의 상태로 머리에 떠오르는 것을 말한다. 어떤 것(단어, 사물)이 머리에 떠오르면 그것과 관련되어 또 다시 떠오르는 것들을 나열한다. 이처럼 환자는 일상에서 습관적으로 작동되던 초자아의 검열에서 벗어나 머릿속에서 우연히 연상되는 단어나 사물들을 조합을 통해 그 자신도 몰랐던 무의식적 갈등의 근본을 알아채는 기회가 생겨난다.

순수 상태에서 떠오르는 이미지들의 결합은 문학이나 예술에서도 관심의 대상이었다. 이를테면 초현실주의자들은 의식의 작동 없이 자유롭고 편한 상태에서 임의로 떠오르는 단어와 그것으로부터 꼬리를 무는 방식으로 글을 쓰는 자동기술법(écriture automatique)을 만들어 냈다. 자동기술법은 무의식적 사고 작용 내지는 상상력의 자아(논리, 규범, 미)의 검열 및 방어의 방해 없이 자유롭게 표현되도록 수동적으로 따라가는 기법으로, 정신분석의 자유 연상술을 차용한 것이다(이창재 외, 2010). 무의식의 상태에서 우연히 드러나는 단어들을 조합하는 방식으로 글을 쓰고 그림을 그리고자 한 초현실주의자들의 행위는 논리나 이성에서 탈피하여 오로지 원초적인 상태에서 자유로운 영혼으로 예술 행위를 하려는 의지다. 그럴 때 인간은 모든 영적 힘을 되찾게 되고 진정으로 자유로워진다. 이처럼 통제나 억제된 행위에서 벗어나면 꿈이나 광란의 상태에서 무의식은 저절로 생겨나며 그 무의식의 메시지를 자동기술로 옮길 수 있는 것이다(Duplessis, 1983).

무의식의 외현화와 관계가 있는 자유연상 및 자동기술을 연극무대에 적용한다면 무의식 상태에서 저술한 극적 글쓰기, 다시 말해 즉흥극이 될 것이다. 이 즉흥극은 애드리브나 상황에 따라 즉각적으로 변모하는 연기 방식보다는 사전에 어떠한 텍스트도 준비하지 않은 상태에서 순수한 자발성, 상상력, 창조력을 바탕으로 한 연극이다. 대사와 움직임이 실행되었지만 왜 하필이면 그런 대사와 움직임이었는지 본인도 그 동기와 이유를 명확히 알 수 없다. 이런 방식의 즉흥극은 우연히 드러난 무의식들로 구성된 무대가 될 것이다. '연극치료와 즉흥'의 장에서 본 것처럼, 즉흥극은 고대 그리스의 마임에서도 즐겨 쓰던 오랜 전통을 지닌 연극 양식이다. 현재에도 실험극이나 배우를 위한 훈련에서 즉흥적 기법이 흔히 사용된다. 배우가 즉흥연기를 통해 창조적인 역할을 실연할 때 무의식이 자극되어 외부로 드러나고, 내면에 침잠해 있던 본능적 정서가 분출된다. 생 드니(Saint-Denis, 1994)는 즉흥연기에서 배우-참여자는 집중과 관찰을 통해 배운 통제력을 잃지 않고 자신이 창조하고 있는 극중 인물에 안전하게 자신을 내던짐으로써 무의식을 불러일으키는 법을 배울 수 있다고 언급한다. 또한 즉흥극을 즐겨 한 연기자 제럴딘 펠드만(Geraldine Feldman)은 즉흥극을 통해 연기자 자신의 감성을 노출시키고 비합리적인 동작을 통해 무의식 세계를 해방시키려 하였다고 말한다(Croyden, 1984). 이처럼 즉흥극은 무의식의 탐구와 해방을 추구한다는 점에서 사이코드라마나 연극치료처럼 치료를 목적으로 하는 드라마 양식에서 매우 중요한 요소로 간주된다.

존슨에게 커다란 연극적인 영향력을 행사한 그로토프스키 역시 즉흥극을 중시하는 연극인이다. 즉흥연기를 통해 자기 폭로의 섬광을 보았다고 고백한 그로토프스키는 즉흥을 통해 자기 탐색의 의미를 찾고자 하였다. 그로토프스키에게 있어 연극의 즉흥성은 문화와 현실이라는 포장을 벗겨 내고 순수한 상태를 발견하기 위한 것이다. 그로토프스키(Grotowski, 1997)는 연극은 우리가 진실한 것을 경험할 수 있도록 그리고 모든 일상적인 도피와 구실을 내던져 버리고 완전한 무방비 상태에서 우리 자신의 베일을 벗기고 우리 자신을 투여하고 스스로를 발견하는 경우에만 의미가 있다고 언급한다. 현대 실험극에서도 즉흥성에 대한 관점은 유사하다. 연습 과정에서 공연에 이르기까지 즉흥이 배우에게 미치는 효과는 창조적인 충동에 개방시킴으로써 무의식 세계를 탐험하게 하여 자신의 내면을 토로해 자기 탐구를 최대한 도출할 수 있고, 이것은 배우 자신에게 치유 과정이 됨과 동시에 무대 위에 사실성의 생명을 불어넣어 연극의 본질에 다가갈 수 있다고 생각한다(강성혜, 2011). 이렇듯 자유연상, 자동기술, 즉흥극은 무의식 탐구라는 점에서 공통적이다. 결국 자유연상으로 촉발된 비논리적 단어들의 묶음을 몸과 움직임과 소리와 역할을 통해 무대화한 것이 DvT에서 추구하는 즉흥극이 될 것이다.

4. 만남

DvT에서 만남의 기본은 대인관계다. 구체적인 만남으로 연극치료사와 참여자 그리고 참여자들 사이의 만남이 있다. DvT는 먼저 타인과의 만남에서 생길 수 있는 일반적인 문제를 다루고, 이어 사회적 역할을 다루며, 마지막으로 타인의 시선에 노출된 실존적 불안을 다룬다(Johnson & Emunah, 2011). 이 만남의 의미는 심리학, 철학, 연극에서 각기 대상관계 이론, 실존주의, 그로토프스키의 연극론으로 설명될 수 있다.

인간은 사회적 동물이며, 누군가와의 관계 맺음 속에서 살아간다. 이를 강조한 심리학이 대상관계 이론이다. 정신분석학에서 파생한 대상관계 이론은 사람들이 자신이 처한 환경 내에 있는 실제 사람과의 상호작용을 통해 발달하고, 이러한 경험에 관한 표상을 표현하는 내적 세계를 발달시킨다고 본다(Bienenfeld, 2009). 즉, 인간은 태어나는 순간부터 혼자일 수 없으며 항상 누군가와의 관계 속의 존재라는 사실이 전제되어 있다. 따라서 누군가와의 관계 속에서 살아갈 수밖에 없는 인간이 과연 자신과 타인에 대한 내적 표상을 어떻게 형성하는지, 자신의 내적 표상을 바탕으로 자기와 타인을 어떻게 인식하는지, 대인관계에 어떤 영향을 주는지를 파악하는 것이 중요하다. 대상관계 이론에서 병리란 왜곡된 내면화된 대상으로부터 기인하는 것으로 판단하며, 성공적인 치료란 보다 현실적인 대상으로 대체하기 위해 병리 발생적인 대상과 단절하고 객관화시키는 것이다.

대상관계 이론에 공통적으로 적용되는 치료 원리는 다음과 같다.

첫째, 환자의 문제는 대인관계적 기원과 속성을 가지고 있으므로 치유는 타인에 대한 인식과 관계 면에서 수정이 이루어져야 한다.
둘째, 치료 과정에서 환자의 감정 상태를 확인하고 정교화하고 이해하는 것이 필요하다.
셋째, 특히 해석과 같은 개입은 정보를 전달할 뿐 아니라, 대인관계적 메시지를 전달하고 환자와 치료사의 상호작용에 영향을 미친다.
넷째, 환자는 치료 작업에 자신의 관계 패턴을 가지고 오며 그의 패턴은 전이 상황에서 나타난다. 전이는 치료사의 행동과 의사소통에 의해 실제적이고 구체적으로 영향을 받게 된다.
다섯째, 환자와 치료사 간의 상호작용은 단순히 치료사 해석의 힘보다 더 강력한 치료적 잠재력이 있다.
여섯째, 환자가 스스로 저항할 수 없었던 오래되고 역기능적인 인식 패턴과 관계 패턴의 반복에서 벗어날 때, 그리고 자신의 현재 환경에 적합한 양식을 자유롭게 선택할 때 치료가 이루어진다.

이 치료의 근본 원리는 병리적 현상의 근원이 어린 시절의 주양육자와의 잘못된 관계에서 비롯된다고 보고 이를 이해하고 바로잡으려는 것으로 이루어져 있다. 따라서 치료에서 핵심 사항은 치료사와 환자의 관계 설정과 상호작용이다. 환자가 치료사와의 상호작용을 통해 역기능적인 오래된 습관을 스스로 깨닫고 현재 상황과 적합한 행동 양식을 취한다면 치료가 된 것이다. 이렇게 볼 때, DvT에서 대상관계 이론의 가장 커다란 영향은 대인관계, 상호작용 및 만남을 중히 여기는 것이며, 치료사와 환자 또는 환자들 사이의 만남에서 촉발된 능동적이고 적극적인 참여와 교감이다. DvT에서 만남은 연극놀이 공간에서 이루어진 드라마 수준의 만남이라는 독특함이 있다. 연극놀이의 인물로서 맡은 역할과 만남에서 참여자는 문제의 왜곡된 신념을 재발견할 수 있는 것이다.

한편, 아동을 치료한 클라인은 대상관계 이론에 아동의 놀이치료를 도입하였다. 클라인에게 놀이는 아동의 관점에서 중요한 것을 이해하는 데 훌륭한 방법이다. 클라인은 놀이는 아동에게 진지하고 심각한 작업이며, 아동이 벌이는 일련의 놀이는 성인 분석에서 자유연상에 상당하는 것임을 알 수 있다고 말한다. 놀이에 열중하고 있는 아동은 명상의 순간이나 자유연상의 상태처럼 무의식을 표출시키므로 놀이기술의 원리는 아동에게 해제 반응(abreaction), 즉 감정 방출을 제공한다(이만우, 2005). 아동이 조그만 장난감에 몰두하여 놀이하는 과정에서 깊숙이 묻혀 있던 무의식이 드러난다는 것이다. 이 점은 존슨이 강조한 연극놀이와 유사한 맥락이다. DvT에서 만남이란 일상적 · 현실적 만남과는 차원이 다른 연극놀이 공간에서 이루어진 허구적 만남, 드라마적 만남, 몰입의 만남이며, 능동적이자 적극적으로 상호 교감을 전제로 하는 만남이다. 만남에서 놀이하듯 이야기를 만들어 내고 그것에 적합한 역할을 통해 말과 시선과 동작을 주고받으면서 비합리적 신념이나 억제된 감정을 표출할 수 있게 된다.

1) 만남과 실존주의

대상관계 이론에 따르면, 나에 대한 타인의 인식으로부터 나의 자아가 구축된다(Johnson & Emunah, 2011). 다른 사람이 나를 어떻게 바라볼까 하는 생각이 나의 사고 형성에 영향을 끼친다는 뜻이다. 그런데 타인의 시선과 나의 존재 문제를 철학적으로 다루는 것이 실존주의다. 실존주의의 관점에서 타인의 시선은 나의 자유를 침해한다는 불안함을 주고 나를 경직되게 하므로 타인과의 만남은 두려운 것일 수 있다. 타인과의 관계 속에서 실존의 문제를 이해하기 위해서 즉자(en soi)와 대자(pour soi)로 구분되는 실존적 존재를 이해할 필요가 있다. 즉자란 자기가 있는 그대로의 것일 뿐 그 이상 아무것도 아니다. 즉자는 존재 이유도 의미도 없다. 그것이 있는 것이라면 그것은 아무것도 아닌 것을 위해서 있는 것이다. 즉자는 존재의 아무런 필연성도 없고 즉자를 설명해 줄 창조 능력의 개입도 없는 오로지 사실상의 존재만을 지니고 있을 뿐이다. 즉자의 실존은 부조리하다. 즉자란 잉여물인 것이다. 즉자는 실체만 있는 것으로 죽은 존재나 다름없고 아무런 의지가 없는 사물 같은 것이다. 반면, 대자는 세계를 있도록 하는 의식을 가지고 사물을 바라보는 존재다. 나에게 나타나는 이 세계는 원래 그대로의 실재의 실존과 동시에 나 자신의 실존, 즉 나의 투기(projet)들을 나에게 드러내 보인다. 즉, 대자가 의식을 가지고 세계를 바라볼 때 비로소 세계는 나에게 다가온다. 따라서 우리가 자신을 발견하게 되는 것은 홀로 존재하는 어떤 은신처에서가 아니다. 그것은 길이나 도시나 군중 속에서 사물 중의 사물, 사람 중의 사람 속에서다. 결국 나의 실존은 세계를 향해 나의 의식을 투기할 때, 또는 나를 의식하며 바라보는 누군가와 함께 있을 때 가능하다. 내가 그러하듯, 타인도 대자의 존재로서 그들의 관점에서 나를 비롯한 세상을 바라본다. 나의 대자 세계는 누군가가 개입하게 되면 흐트러진다. 타인은 나를 파악하려 할 것이고 심지어 나를 즉자로 귀착시키려고 할 것이다. 이럴 때 나는 타인에 대한 덤이 되며, 타인은 나에 대해 덤이 된다(Foulquié, 1984).

타인과의 관계 맺음과 존재의 불안정에 대한 두려움을 줄이고자 한다면, 즉 피차 대자적 존재로서 상호 교감을 하고자 한다면 그 불안감이 솟아나는 그 자리를 굽어다 봐야 한다. 타인과의 만남이 개인의 삶에서 필수 불가결한 것이라면, 그 만남으로 인해 불안이 생겨난다면 이 모순적 상황을 극복할 수 있는 구체적 방안을 찾아야 한다. DvT가 만남에 초점을 두는 것은 바로 이런 까닭이다. 왜곡된 신념, 비합리적 사고, 상처받은 자는 타인과의 만남에서 두려움이 생겨나고 즉자적 존재로 화하므로 만남은 무의미해지며 덤이 되고 위축될 수밖에 없다. DvT는 위축에서 벗어나 자유롭고 친밀한 만남이 되기 위해, 즉자적 존재에서 대자적 존재로 변모시키기 위해 일정한 놀이공간을 구성하고 만남을 연극놀이로 재현시켜 변화의 가능성을 모색한다. 말하자면 연극놀이를 통해 즉자를 대자로 변모시키고자 한다.

DvT는 삶이란 원래 불안정한 것이므로 이 불안정으로부터 생겨나는 두려움을 줄일 수 있다고 본다. 변화와 덧없음에 대한 두려움, 몸 존재에 대한 두려움, 타인들의 접근에 대한 두려움은 우리가 직면하는 의미 있는 실존적 과제로서 DvT는 바로 이 점을 해결하고자 한다 (Johnson & Emunah, 2011).

2) 만남과 '가난한 연극': 드러냄의 미학

존슨이 가난한 연극으로부터 받은 영향은 대단하다. 가난한 연극을 DvT의 만남의 개념에 그대로 적용해도 무리가 없을 정도다. 그로토프스키(Grotowski, 1987)는 영상매체가 지배적인 현시대에서 연극이 선택할 수 있는 길이 무엇일까 질문하면서 연극의 정체성에 대해 숙고한다. 그는 영화나 텔레비전을 흉내 내는 연극의 종합성을 부유한 연극으로 간주하고 이것들은 결코 영상예술을 넘어설 수 없다고 단정한다. 그렇다면 연극이 취할 수 있는 길은 무엇일까? 그는 이런 물음 속에서 연극의 군더더기를 모두 제거하고 순수하고 원시적인 연극성의 탐구로부터 그 해답을 찾는다. 음향, 소품, 분장, 조명, 무대장치 등을 빼고 나면 최후에 남는 것은 배우와 관객이다. 그는 군더더기라고 밝혀진 모든 것을 점차로 제거해 보니 연극이 분장이 없어도, 조명, 음향 등이 없어도 존재할 수 있다는 사실을 알게 되었다고 말한다. 그러나 지각에 호소하고 직접적으로 살아 있는 영혼이 교감하는 배우와 관객 없이는 연극은 존재할 수 없다.

이렇게 생겨난 가난한 연극은, 첫째, 연출적 의미로 최소한의 무대 언어 이외에 모든 무대 언어를 제거한다. 화려한 조명과 음향 등을 털고 나면 오로지 배우와 관객만 남는다. 둘째, 인간의 본성과 직결되는 충동 또는 본능만을 남겨 놓고 외적인 모든 의식을 제거한다. 다시 말해, 인간의 사고와 행동을 제어하는 자아와 초자아를 전적으로 배제하고 온전하게 무의식이 드러나는 장소가 되도록 한다. 충동과 본능을 남기고 모든 외적인 것을 제거한 연극을 그로토프스키는 가난한 연극이라 규정하였다(김용수, 2000). 군더더기의 연극 언어가 제거되고 배우와 관객이 몸으로 만날 수 있다면 그것은 직접적이며 살아 있는 영혼이 상호 교감하는 만남일 것이다.

예르지 그로토프스키

그가 긴 연극 여정을 통해 줄기차게 추구한 것은 궁극적으로 배우와 관객의 만남이다. 연기 훈련은 이런 만남을 가능케 하기 위한 것이고, 공연장 역시 이 만남을 성사시키기 위한 구조를 모색하였다. 이를테면, 드라마 공간을 연극실험실로 간주하고 관객이 연극에 직접 참여할 수 있도록 객석에서도 연기가 가능한 무대를 구성하였다. 그가 결정적으로 탈연극(post-theatre) 혹은 초연극(paratheatre)을 선언한 것도, 사실은 관객이란 어휘 자체가 이미 연극적이며 그러한 연극 형식으로는 순수한 만남이 불가능하다고 판단하였기 때문이다. 관객이란 말은 연극적인 것이며, 따라서 죽은 것이다. 그것은 연극에서 인간과 인간과의 만남을 배제하며, 인간과 인간의 관계를 배제한다(Grotowski, 1976).

순수한 만남을 위해 그는 공연 형식을 포기하고 리허설 자체에 집중한다. 리허설 형식의 공간이라면 참여자들 사이의 진정한 교감이 가능하다고 본 것이다. 초연극에서 관객은 연극치료에서처럼 참여자가 되어 배우(치료사)와 직접 소통한다. 초연극에서 가장 이상적인 관객은 진실한 정신적 욕구에서 진정으로 자기를 분석하기를 원하며 본능과 의식을 포함하여 총체적으로 반응하는 관객이다. 관객은 창조자가 되어 능동적이고 창조적인 경험을 해야 하므로 초연극은 참여자의 능동적인 참여를 고무하는 참여연극의 성격을 띤다. 참여자는 스스로 무장을 해제시키고 자기의 본성을 발견함으로써 치유의 길로 접어들게 될 것이다. 탈연극은 연극의 관습을 벗어 버리고, 진실하고 속내를 드러내는 만남을 원하기 때문에 관객 앞의 배우라는 도식은 사라지고 오로지 만남을 통한 진실한 관계만을 부각시킨다. 이러한 참 만남이야말로 DvT에서 요구하는 만남이다. 참여자들 사이에서 구분은 사라지고 직접적인 접촉이 모색된다는 점에서 초연극은 예술보다는 현실에 가깝다. 직접적 접촉은 예술이 아닌 실제의 삶에서나 가능하기 때문이다. 초연극의 참여자 혹은 DvT의 참여자는 원초적인 경험을 인위적으로 재창조하는 것이 아니라 직접 경험한다. 그 매개체는 조건반사의 제거로서 문화라는 가면을 제거하는 것과 유사하다. 따라서 '어떻게 하면 연기를 할 것인가'의 태도가 아니라 '어떻게 하면 연기를 하지 않을까'의 자세를 취해야 하며 그 결과는 진정한 자기 되기다(김용수, 2000).

가난한 연극으로 성사된 이 진정한 만남은 드러냄(revelation)을 위한 전제 조건이다. 만남 그리고 드러냄을 위한 연극은 창조적 과정이 되어야 하며 이 과정에서 참여자는 자신의 문제를 드러내고 직면할 때 비로소 성장과 치료가 가능하다. 연기하지 않기 위해 노력하는 초연극의 구체적인 프로그램은 일반 연극과는 사뭇 다르다. 집단생활과 어둠 속 달리기, 나무 주위 맴돌기, 사냥 등 인간의 원초적인 행동들로 구성되어 있다. 이러한 행동은 연극과 무관한 것처럼 보이지만 그로토프스키는 이 행동을 통해서 참가자가 자신에 대해 무장해제(disarmament)를 하고, 자아의 드러냄에 있어 두려움을 제거하며, 현실과 직면하여 상호 교감할 수 있도록 유도한다. 인간 본성을 통찰하려는 그로토프스키의 연극은 '드러냄'으로 귀결된다. 드러냄이란 은밀한 것, 미처 몰랐던 것, 숨기고 싶은 것, 상처로 남아 있는 것과 과감하게 직면하기 위한 것이다. 드러냄은 감추어진 것을 노출시켜 자기의 진짜 모습을 발견하는 것이다. 이를 위한 배우의 연기는 숨어 있는 내면을 드러내고 발견하는 것에 치중하며 이것으로 관객과 소통한다.

드러냄은 프로이트 이후 거의 모든 심리치료에서 중요하게 생각하는 치료의 기본 단계다. 정신분석학에서 언급하는 꿈의 분석, 유머나 말실수, 자유연상 등은 의식의 외적인 흔적을 통해 무의식으로 접근하려는 시도로서 무의식을 드러내고자 하는 목적을 지닌다. 연극치료를 비롯한 예술치료 역시 참여자의 무의식 속에 매몰되어 있는 비합리적 신념을 드러내는 것에서 본격적인 치료를 시작한다. 그러나 그로토프스키에서 드러냄은 긴 소파에 편한 자세로 누워 최면을 걸거나 연상 작용을 하는 것이 아니다. 가난한 연극에서 드러냄은 무엇보다도 몸에 대한 중시로부터 시작된다. 그는 내면의 충동은 느끼는 것으로만 충분하지 않고 신체적인 반응으로 드러나야 한다고 말한다. 또한 드러냄은 제거를 통해 이루어진다. 프로이트에게 있어 무의식을 가로막는 것이 의식이라면 그로토프스키에게 본성을 억제하는 것은 지적인 사고방식, 외형적인 기교, 문화의 가면이다. 그러므로 드러냄의 방법은 내면적인 본성을 은닉하려는 외형적인 기교의 제거에 있다. 외형적인 기교는 오직 기술만을 드러낼 뿐이다. 그가 보기에 화려한 세트, 조명, 분장, 의상, 기교적인 연기이므로 기교의 축적이 아닌 기교의 제거를 주장한다(김용수, 2000). 한마디로 무엇을 하려는 것이 아니라 무엇을 하려는 것을 자제하는 것이다. 덧붙이기가 아니라 제거하는 것이다. 제거는 일종의 소거법인 부정법(via negativa)이 된다. 부정법을 통해 배우는 창조적 과제를 방해하는 저항과 장애를 발견한다(Saint-Denis, 1994). 이 제거에는 자발적 충동을 억제하는 장애물도 포함된다. 습관이 배어 있는 몸과 마음은 이러한 제거에 본능적으로 저항한다. 따라서 그로토프스키는 배우의 몸을 완전히 녹초가 되게 만들어 몸과 심리의 저항을 제거한 다음에 근원과 자발적 충동이 드러나도록 한다. 일상의 행동이나 문화는 순수한 충동을 숨기는 가면이다. 따라서 가난한 연극의 배우는 이러한 가면에서 벗어나기 위해 맡은 인물을 연기하는 것이 아니라 역할을 자신의 존재를 밝히는 한줄기 빛으로 사용한다. 가난한 연극에서 역할은 자기 드러냄의 기회다. 페르소나를 걷고 투명한 거울에 비추어 원초적인 순수한 상태의 자신과 마주 서는 순간이다. 문화, 이성, 관습에 익숙해져 있는 몸과 마음에서 벗어나 가장 본능적인 모습이 되는 것이다. 자기 노출이 완전하게 이루어진 상태에서 행한 연기는 곧 총체 연기, 신성한 연기가 된다. 만남 그리고 드러냄 이후의 단계는 변화다. 가난한 연극의 미학인 만남, 제거, 순수한 자신을 드러내기, 변화의 단계적 추구는 DvT의 연극놀이 과정과 흡사하다. 드러냄은 배우나 관객에게 의미 있는 변화를 초래하는 수단이다. 이런 의미에서 드러냄의 연극은 일종의 치료적인 기능을 한다(김용수, 2000).

한편, 가난한 연극이 몸을 중시하듯, DvT에서 체현은 몸으로 직접 경험하는 것을 뜻한다. DvT에서 몸은 생각과 감정의 근원으로 간주된다. 참여자는 몸동작에 주안점을 두는 무용동작치료처럼 이성적·논리적 판단보다는 직접 몸을 움직여 감정에 접근한다. 그로부터 지적 사유는 축소되고 움직임으로 자극되는 독특한 이미지와 기억이 생성된다. 몸으로 구성된 순수하고 구체적인 움직임, 소리, 행동은 그로토프스키의 연극론과 유사하다. 앞서 보았듯이 군더더기를 제거한 가난한 연극은 몸의 연극일 수밖에 없으며, 배우의 신체 훈련은 몸에서 나는 소리, 몸의 감각을 활성화하기 위한 것이다. 육체는 신이 깃드는 곳이다. 맨발과 벌거벗은 몸, 여기에서 형재애가 싹튼다(Grotowski, 1976). 가난한 연극은 치장되지 않은 근원으로 회귀하는 것을 주된 목적으로 삼는다. 그로토프스키는 어떤 새로운 것을 발견하기보다는 잊힌 어떤 것을 발견하고 싶다고 말한다. 근원을 밝히는 경로는 몸이 되며, 따라서 근원의 연극은 원초적인 몸을 지닌 배우가 중심이 된다. 우리 내부에서 근원이 나타나는 경로는 우리의 몸(Johnson et al., 2013)이기 때문이다. 가난한 연극처럼 DvT도 근원, 자아, 타인(other)이 서로 만나도록 주선한다. 무(無)나 공(空)을 추구하지 않으며 타인을 회피하도록 하지 않는다. 변화를 꾀하지만, 인간에게 그 근원이 있다고 본다.

DvT가 가난한 연극에서 차용한 것은 몸과 몸의 만남이다. 어떠한 소품도 필요하지 않으며 오로지 몸과 몸이 존재하여 즉흥적인 연극을 만들어 간다. 그것은 심층놀이(deep play)로 불리며, 더는 그들의 인격이나 역할에 기반하여 놀이하지 않고 감각 중심 존재로서 그들의 단순한 현존과 관련하여 논다. 심층놀이는 가장 심오한, 함께 존재하는 상태다(김숙현, 2013). DvT는 사회적 지위, 역할을 벗어 버리고 오로지 몸으로 만나는 것, 몸이 지닌 감각으로 만날 것을 권한다.

5. DvT의 연극치료사

로저스의 인본주의적 참여자 중심 치료는 심리치료의 새로운 전기를 마련한 것으로 평가받고 있다. 치료사와 참여자가 동등한 위치에 서게 된 것인데, DvT에서 연극치료사의 '연극놀이 대상(playobject)'의 개념도 이와 유사하다. 치료사는 지시자가 아니라 전적인 극적 행위의 참여자로 연극놀이 대상이 된다. DvT에서 치료사는 참여자와 직접적인 관계를 맺으며 자유롭고 즉흥적인 상황 속으로 몰입한다. 치료사는 치료 회기를 구성하여 이끌어 가는 역할이면서 동시에 참여자와 동등한 위치에 선다. 치료사는 참여자의 안내자이자 연극놀이 대상이 되는 것이다. 대상으로서의 치료사란 존슨의 용어로 '치료적 페르소나'로 표현되는데, 역할을 이어 가면서 치료 행위에 참여한다는 뜻이다. 주어진 연극놀이 공간 속의 존재자들은 누구든지 연극놀이의 참여자로 역할을 맡고 역할연기를 실천한다. 이러한 치료사와 참여자의 상호작용은 그로토프스키가 '객관적 연극'에서 요구한 관객과 배우의 개념과 닮았다. 그는 관객을 일반 관객이 아닌 진정한 참여자로 환원시키기 위해 훈련시키고, 합당한 기술을 습득하도록 하였으며, 배우에게는 공연자로서 훈련을 통해 '신체와 본질(body and essence)'에서 '본질적 신체(body of essence)'가 되도록 요구하였다. 이러한 과정에서 그로토프스키 자신은 참여자를 지도하고 교육하는 안내자의 역할을 수행하였다(안재범, 2003). 로저스의 인본주의 역시 참여자가 스스로 긍정적인 자아를 발견하는 데 주안점을 둔다. 치료사와 참여자가 수평적 관계에서 상호작용을 할 때 어느덧 참여자는 스스로를 되새김질하고 자기를 숙고하게 된다. 자아실현의 존재인 인간은 자발성을 실현할 때 변화와 치료를 할 수 있으며 그 진정성을 획득할 수 있다.

DvT의 치료 작업에서 이따금 자유로운 의식의 흐름의 결과로 참여자가 불편해하는 주제가 발생할 수 있다. 이때 연극치료사는 이러한 흐름을 주목하고 감지하면서 일시적으로 이미지를 바꾸어 불편한 감정을 즐길 수 있는 상황으로 만들어야 한다. 이를 위해 자주 사용되는 기법이 '반복'이다. 연극놀이에서 반복은 해체의 과정을 제공함으로써 불편한 감정이 별 게 아닌 것으로 인식하도록 한다.

연극치료사와 참여자의 만남은 우연이며 운명적이겠지만, 분명한 것은 DvT는 이들의 만남으로부터 생겨난 반응을 기반으로 즉흥적인 연극을 만든다는 점이다. 즉흥성과 자발성으로 가득 찬 연극놀이의 세계에서 참여자가 인식하고 있는 타인으로서의 연극치료사는 사르트르가 말한 "타인은 지옥이다"에서 벗어나 타인은 나의 존재의 이유이며 나의 삶을 보장해 주는 존재가 된다. 세계 안에 자기와 타자의 몸이 상호 현존하는 상호주관적(intersubjective) 만남의 체현이 DvT 치료의 중심 원리(김숙현, 2013)인 것이다. DvT 치료사는 진정한 대상이 되어, 참여자가 타자와의 공존으로부터 구토를 느끼거나 지옥을 경험하는 것이 아니라 그의 존재감이 오히려 가장 자유로운 상태가 되도록 한다.

6. 연극놀이 공간

DvT의 모든 치료 행위는 인위적으로 설정된 연극놀이 공간(playspace)에서 행해진다. 이 공간 속으로 들어오게 된 참여자는 마치 명상이나 자유연상을 하듯 의식이 자유롭게 흘러가도록 놔두면서 이 의식의 흐름을 구체화된 방식, 상호작용의 방식, 연극적 방식으로 표현한다(Johnson & Emunah, 2011). 연극놀이 공간은 변형, 체현, 만남이 이루어지는 곳이며, 몸의 움직임, 역할을 통한 대인관계, 발달 과정을 놀이적, 연극적으로 표현하는 장소다. DvT가 행해지는 극적 공간은 주로 원형으로 설정되고, 이 원형의 공간에서 연극치료사와 참여자가 상호 동의 하에 해프닝이나 드라마의 과정을 구성한다.

원형의 공간은 일명 '증인의 원(witnessing circle)'으로 불리는데, 주로 둥근 카펫을 깔아 무대를 만든다. 원은 우주의 형상이자 세상의 중심이며, 원 밖의 세계와 전적으로 분리되지 않고 분리와 통합의 리듬의 균형을 지닐 수 있다는 점에서 매력적이다. 하회탈춤이나 마당극 등 우리의 전통극에서 원형 공간을 선호하는 것도 원의 공간이 갖는 이러한 의미와 가치 때문이다. 원 밖은 현실의 세계이고, 원 안은 재현의 세계이므로 연극치료사는 이따금 증인의 원에서 벗어나 참여자가 연기하는 것을 바라보거나 다시 참여하기도 한다. 참여자가 점차 증인의 원에서 능동적 자세로 드라마의 세계 속에 몰입하게 되면 그가 경험한 어렵고 불안정한 요소들이 겉으로 드러나게 될 것이다. 그것이 가능한 것은 현실과 상상의 재현이 동시에 일어나는 원 안에서 참여자는 평소에 느낄 수 없었던 안전함을 느끼기 때문이다. 불안과 고통에 신음하던 참여자는 연극의 세계에 들어와 안전감 속에서 주어진 역할에 재미를 느끼고 역할에 몰두할 수 있게 된다. 연극놀이 공간은 허구의 연극무대처럼 치료사와 참여자 사이에서 무슨 놀이이든 가능하다는 상호 합의가 전제되어 있다. 이 공간은 가난한 연극과 마찬가지로 특별한 소품이나 세트가 필요하지는 않고 텅 빈 공간으로 구성된다. 이곳에서 자발적인 상호작용으로 참여자는 치료사의 텍스트가 되고, 참여자의 행동은 치료의 기본적인 재료로 활용된다.

연극놀이 공간에서 연극치료사가 주의해야 할 사항은 다음과 같다. 첫째, 위험한 일이 일어나도록 해서는 안 된다. 참여자들 사이에서 감정이 격해지거나 분노가 폭발되면 스톱을 외치

면서 단지 놀이일 뿐이라는 사실을 인식시킨다. 연극놀이에서 참여자에게 불편하거나 두려움이 생겨난다면 활동적인 현장감이 줄어들고 놀이공간은 축소된다. 둘째, 연극놀이 공간은 상호 계약으로 성립된다. 이곳에서 사람들은 놀이하고 있다는 것을 인식해야 하고, 상호간에 그런 척하고 있음도 이해해야 한다. 셋째, 연극놀이 공간에서는 현실과 환상이 동시에 드러나는, 본질적으로 모순된 의사소통이 일어난다. 일반적으로 연극 무대는 연극놀이를 위한 허구의 세계를 구성하지만, 관객은 무대가 진실이라는 믿음을 가진다. 그러나 연극놀이 공간에서는 모든 사람이 놀이를 하고 있으며 그것이 허위라는 것을 기꺼이 드러낸다. 참여자들은 연극놀이 공간에서 연기 혹은 놀이를 하면서 환상과 현실의 경계를 이해하게 될 것이다.

DvT는 만남과 체현을 중시하고 변형이 되어야 함을 강조하는 치료모델이다. 여기에서 자기는 융의 개념처럼 고정적이고 불변적인 것이 아니라 가변적이다. 끊임없이 생성하고 변화하는 자기인 것이다. 만남의 순간에 생성되는 자기는 그 순간의 가장 진실한 자기이며, 또 다음 순간에는 다른 모습으로 변형이 일어나게 될 것이다. DvT 참여자는 몸을 참여시킴으로써 알려지지 않은 것이 분출되길 기다리는 수용적인 특질을 갖는다(김숙현, 2013). 그래서 타인과의 만남이 중요하다. 타인과의 만남 속에서 체현된 그 순간의 자기는 허위가 아닌 진실한 자기이지만, 다른 만남에서는 다른 자기에게 자리를 양보한다. 이처럼 환경 혹은 상황에 적절하게 새롭게 생겨나는 자기는 그가 건강한 사람이라는 것을 뜻한다. 만남과 체현과 변형의 경험이 바로 그 순간 가장 유효한 자기를 나타낼 수 있다는 점에서 DvT는 게슈탈트 심리치료와 비슷한 점이 있다. 게슈탈트 심리치료 역시 '현재 이곳'에서의 게슈탈트가 적절하게 표현되도록 하는 치료법이다. 발달이 지체되거나 정지되지 않고 자연스럽게 흘러갈 때 건강한 것이며, 반대로 기존의 형식이 고착화되어 새로운 형식으로 넘어가는 것에 방해를 받는다면 건강하지 못한 것이다.

제23장 통합모델

연극치료 통합모델(intergrated model)을 개발한 안느 체스너(Anne Chesner)와 에무나의 공통점은 사이코드라마 전문가라는 점이다. 이들의 통합모델은 연극치료와 사이코드라마의 접목이 두드러진다. 에무나는 참여자가 주인공이 되어 직접 자신의 이야기를 극으로 표현하는 사이코드라마는 효과적일 수 있지만 그만큼 직접성에 대한 위험도 크다는 것을 간파한다. 따라서 사이코드라마 방식을 간접적이고 상징적인 방법으로 풀어내는 연극치료와 접목하여 극세계와 현실 세계의 변증법을 통해 참여자의 상처와 치료를 연착륙시키고자 한다. 체스너 역시 연극치료의 장점 중 하나가 내밀한 심리적 상처를 간접적으로 다룰 수 있다는 점에 동의한다.

1. 체스너의 통합모델

체스너의 통합모델의 특징은 사이코드라마와의 결합, 그리고 다양한 놀이, 예술, 연극의 통합이다. 체스너는 사이코드라마에서 강조하는 것처럼, 참여자에게 자발성과 창조성을 통해 극적 세계에 몰입하도록 한다. 이는 참여자가 자신의 내면세계를 충분히 표현하게 하려는 조처다. 또한 연극치료 작업에는 시각예술, 음악, 춤과 움직임의 작업, 접촉 활동, 게임, 이야기, 역할연기, 공연을 포괄적으로 통합한다. 연극치료에서 이러한 요소들의 통합적 활용이 특별한 것은 아니다. 가령 웜업에서 게임, 접촉 활동, 춤과 움직임 등을 활용하고, 역할연기나 공연은 일반 연극치료에서 자주 사용되는 기법이다. 다만 이러한 극적 요소의 활용에 있어 체스너의 통합모델은 행동이라면 무엇이든지 연극치료에서 사용될 수 있다고 강조하면서 좀 더 다양하고 폭넓게 활용할 것을 주문한다. 체스너의 통합모델은 연극치료에 도움이 되는 요소는 무엇이든 활용한다는 통합의 의미가 들어 있다. 참여자의 행동과 반응을 통한 탐험 그리고 의사소통을 강조하는 통합모델에서 연극치료사는 공간과 사물을 이용한 상호작용, 치료사 혹은 치료 집단과의 상호작용, 동료 집단과의 상호작용 같은 다양한 차원의 상호작용에 주의를 기울인다. 또한 매 회기를 시작하고 끝낼 때 통과의례로서 익숙한 활동과 의식의 느낌으로 작업을 여닫기를 권한다. 참여자가 회기의 구조에 익숙해지면 신뢰감이 생겨나고 위험한 것들도 어렵지 않게 드러낼 것이다. 주인공이 된 참여자의 행동에 주석을 제공하는 연극치료사는 사이코드라마의 디렉터의 역할과 상당 부분 유사하다.

안느 체스너

1) 비행기 탑승하기

체스너는 학습장애 성인을 대상으로 한 연극치료 통합모델의 실제를 비행기 여행으로 표현한다. 비행기를 타기 위해서는 공항에 도착하여 탑승 절차를 밟는 것으로 시작한다. 통합모델에서 탑승 절차는 참여자가 실제 행동으로 참여하는 것이다. 이는 치료사와 참여자가 만나 인사를 나누고 웜업을 하는 시간으로, 탑승 절차는 단순한 활동과 게임을 통해 연극치료 작업 안으로 들어가는 준비 과정이다. 여기서 극적 행동은 구체적이어야 하며 소품 사용이 권장된다. 작업의 구체화는 추상적인 아이디어가 아닌 구체적인 사물로 작업하는 것을 의미하는 것으로, 참여자의 감각이 더욱 예민해지고 활성화될 것이다. 체스너가 통합모델의 예로 든 학습장애 성인 집단의 경우, 언어를 통한 소통은 충분하지 않았으나 소품을 통해 감각을 활성화하고 몸을 이끌었을 때 훨씬 많은 흥미와 집중력을 보였다.

2) 이륙하기

탑승 절차가 완료되면 다음은 이륙하기 단계다. 탑승 절차가 참여자들이 인사하고 단순한 활동과 게임을 통해 치료 작업에 들어서기 위한 웜업이라면, 이륙하기는 참여자가 하늘이라는 극적 세계로 진입하여 상상의 세계를 탐험하는 단계다. 비행기가 지상에서 이륙하여 하늘을 나는 만큼 현실과 다른 장소와 시간으로 확장되어 참여자는 새로운 종류의 위험도 감수할 수 있게 된다. 만일 참여자가 동의하기만 하면 무엇이든 드라마의 세계로 진입할 수 있다. 이륙하기는 현실 세계와 유리되는 시간으로, 두 발로 단단하게 버티던 땅에서 하늘로 상승하는 극적 세계로의 진입을 의미한다. 상상적인 역할연기의 가능성을 탐색하는 이륙하기에서 체스너가 제시한 예는 강 건너기와 높은 산 등반하기다. 참여자가 이러한 위험한 모험에 적극적으로 참여한다면 역할연기의 가능성이 활짝 열릴 것이다.

3) 고공비행

이륙이 끝나면 본격적으로 높은 하늘을 비행하는 단계로 진입한다. 고공비행은 연극치료 작업에서 본 활동이 된다. 고공비행에서 치료사와 참여자는 최대한의 창조성과 자발성을 발휘하고 위험에 대한 도전을 향해 나아간다. 다양한 소품이나 그림 등을 사용하여 극적 분위기를 북돋고, 이야기 만들기와 즉흥극의 시간도 주어진다. 전적으로 참여자의 자발성에 의거하는 이 단계는 다음과 같이 전개된다. 먼저 일정한 공간에 다양한 소품을 준비한다. 한 참여자가 즉흥적으로 이야기를 만들면서 활용할 소품을 지정하고 장소와 상황을 설정한다. 나머지 참여자들은 그의 지시에 따른다. 다른 참여자들은 이야기 속 역할을 하면서 집단 내의 반응과 상호작용을 한다. 한 참여자가 공간을 활용하면서 자신의 이야기를 창조하면 나머지 참여자들이 역할을 맡거나 관객으로 참여하는 구조는 사이코드라마와 유사하다. 이야기는 참여자들 사이에서 토론을 통해 설정하거나 참여자 개인이 원하는 주제를 바탕으로 창작하기도 한다. 즉, 개인이 원하는 이야기를 극화할 수 있고, 집단의 이야기를 통합할 수도 있다. 이야기의 주제가 설정되면 즉흥의 무대가 만들어진다. 이 역시 사이코드라마 방식이다. 즉흥극은 행동의 출발점 또는 자발적 행동을 위한 공간을 제공한다. 연극치료에서 즉흥극은 참여자의 무의식 또는 쉽게 드러나지 않던 감정이나 주제가 자체적 검열 없이 표현하도록 한다는 점에서 치료의 의의가 있다. 참여자들은 즉흥극에 참여하여 상처 입은 과거나 풀리지 않은 문제를 다룰 것이다. 이렇듯 통합모델에서 즉흥극은 집단 과정으로 이루어지며, 장면 구성, 인물 정하기, 줄거리 만들기로부터 이야기를 창조하는 방식으로 이어진다. 상호작용에서 생겨난 집단 역동을 통해, 지금 이곳의 집단에서 발생하는 즉흥의 상황에서 자발성이 힘껏 고조된 참여자는 새로운 역할을 연습할 기회를 얻게 될 것이다. 다만 사이코드라마에서 참여자의 변화를 향한 욕구에 직접 초점을 맞추는 것과는 달리, 통합모델은 집단 내에서 발생한 창조의 과정에서 관심사를 공유하는 간접 방식으로 변화가 일어나도록 한다.

4) 착륙하기

고공비행의 단계가 지나면 착륙 단계다. 착륙하기는 역할 벗기를 통해 극 세계에서 일상의 세계로 돌아오는 과정이다. 하늘을 날던 환상의 비행으로부터 땅에 착륙하는 단계에서 참여자는 긍정적인 경험은 챙기고 남겨 놓고 싶은 것이 있다면 남겨 놓는다. 착륙 단계에서 참여자들은 토론과 자기 성찰을 통해 극적 세계와 본래의 자기 사이에 거리를 두게 된다. 마지막 작업은 헤어짐이다. 인사, 노래 부르기, 함성 지르기 등의 의식적 방식을 통해 전체 집단의 작업이 종결되었음을 분명히 한다.

상상의 연극치료 작업에서 비행을 통한 은유적 치료 방식은 흥미롭다. 하늘을 난다는 자체는 현재 자신의 복잡한 문제에서 벗어나 멀리서 응시하며 객관적으로 바라보고 해결의 실마리를 찾아낼 수 있다는 의미가 있다. 실제로 비행기가 이륙하면 차창을 통해 그동안 자신이 온갖 갈등을 겪던 현실의 장소가 성냥갑처럼 작고 보잘것없다는 것을 느낀다. 저렇게 조그마한 세상에서 그토록 아웅다웅하면서 살아왔단 말인가! 이 같은 자조적인 성찰이 생겨나고 세상을 더욱 거시적으로 바라보게 된다. 아울러 하늘을 나는 초월적 여행은 참여자의 내면세계에 대한 여행이기도 하다. 연극치료 환상 여행의 동참자들은 그 기억을 현실 세계로 가져와 공유한 모험을 통해 성찰에 이를 때 변화와 치료가 일어나게 될 것이다.

2. 에무나의 5단계 통합모델

르네 에무나

에무나는 『실제를 위한 연기(Acting for Real)』(1994)에서 치료 과정의 시작은 해방감이며, 참여자가 일상생활의 억압과 상습적인 패턴으로부터 자유로움을 경험할 수 있어야 한다고 말한다. 참여자에게 해방감을 느끼게 하고 이를 일상에 적용하여 평소의 잘못된 습관이나 억압으로부터 자유로워지도록 한다는 것이다. 이는 다른 연극치료모델처럼 연극의 특징인 허구의 현실을 깊이 있게 활용한 결과다. 극적 세계인 허구의 영역은 안전한 거리를 두게 하여 평소에 불가능하였던 솔직하고 전적인 자기표현을 가능하게 한다. 에무나는 이를 위해 개발한 연극치료 방식을 5단계 통합모델이라고 명명한다. 5단계 통합모델은 연극치료 과정을 촉진하는 방법이자 참여자의 단서를 이해하고 이들 단서를 규명하는 방법이다(Johnson & Emunah, 2011). 다양한 극적 기법을 통해 치료 과정을 촉진하고, 참여자가 지닌 문제를 파악하여 해결하려는 것은 연극치료 전반의 특징이다. 다만 5단계 통합모델은 기본적으로 사이코드라마를 염두에 두면서, 감정 표현과 상호 소통을 위한 놀이, 친밀감, 자기 표출의 방식을 강조하는 특징이 있다.

비행기 여행으로 치료 단계를 은유적으로 제시한 체스너와 달리, 에무나는 이들을 5단계로 더욱 명확히 구분하고 각 단계에서 또는 단계의 과정에서 참여자가 발달을 이룰 수 있도록 구조화한다. 5단계는 양방향 극 놀이의 1단계, 연극 장면을 전개하는 2단계, 개인 상황을 다루는 역할놀이의 3단계, 사이코드라마 방식으로 핵심 주제를 탐구하는 최절정 연기의 4단계, 종결을 위한 극 의식의 마지막 단계로 구성된다. 각 단계는 고유의 의미가 있으며, 단계의 이동은 치료 과정의 발달을 의미한다. 가볍고 유쾌한 초반 단계에서 후반 단계로 갈수록 참여자 개인에게 초점이 모아진다. 각 단계는 다음 단계를 향하는 직선적 구조보다는 나선형 형태를 취한다. 즉, 후반 단계로 진입하더라도 초반 단계는 유효하며, 후반 단계에서도 여전히 초반 단계를 재경험하면서 계속 누적되도록 한다. 또한 각 단계는 이전 단계의 요소를 기반으로 전개된다.

1) 5단계 통합모델의 기본 개념

5단계 통합모델의 기본 개념을 정리하면 다음과 같다.

첫째, 단계별 과정이 진행되면서 참여자의 치료 여정이 편안해지고 강화되도록 한다.

둘째, 치료는 해방감으로부터 시작한다. 참여자에게 일상의 억압이나 상투적인 습관에서 벗어나 자유로움을 경험하도록 한다.

셋째, 역할연기와 같은 극적 허구는 안전한 거리에서 자신을 표출하도록 한다. 역할에서 벗어나 현실로 되돌아왔을 때 참여자는 변화된 모습을 보일 것이다.

넷째, 참여자들 사이의 신뢰 및 상호 관계의 구축이 중요하다. 그래야 사이코드라마 단계에서 참여자 주인공에게 수용과 지지를 보내고 책임감을 지닌 보조 역할로 참여할 수 있다.

다섯째, 역할연기에 익숙해지면 사이코드라마 단계에서 더욱 사실적인 연기를 할 수 있다. 연기가 사실적일수록 참여자는 더욱 커다란 영향을 받게 되며, 연극 과정에 익숙해지면서 자의식이나 인지적 거리의 혼란을 줄일 수 있다.

여섯째, 연극 과정은 강하고 다양한 감정을 안전하게 표현하도록 한다.

일곱째, 참여자에게 창의성, 표현력, 자발성, 명랑함, 상상력을 발휘할 수 있도록 한다면 자아 존중감과 자아 이미지가 고양될 것이다.

여덟째, 5단계 통합모델은 감정과 상호 관계에 기반을 둔다. 감정은 친숙하고 새롭고 깊이 박힌 감정을 표현하거나 억제하거나 지배하고 추월하거나 변형시키는 능력에 관한 것이다. 상호 관계는 치료사와 참여자들 사이의 의미 있는 관계를 맺는 가운데 놀이와 자아 표출을 경험하는 능력이다.

마지막으로, 치료 중재는 언제나 상호 연관이 있고 분열을 일으키지 않는 흐름, 점진적인 진행, 심미적 결속이 이루어진 가운데 진행된다.

종합하면 5단계 통합모델은 매 단계가 긴밀하게 연계되어 있다. 단계별로 진행된 점진적인 연극치료 기법이 사이코드라마 단계에 이르면 참여자는 안전한 거리를 확보한 상태에서 창의력과 상상력을 발휘하여 정서를 마음껏 표출하게 된다. 이로부터 평소의 억제된 정서나 습관에서 벗어나 진정한 변화를 일으킬 수 있다.

2) 5단계 통합모델의 연극치료 과정

(1) 1단계: 극 놀이

치료 과정을 보면 1단계의 극 놀이는 기초를 쌓는 단계로, 창의적인 극 연출, 즉흥 기법, 상호작용하는 기술, 극 게임 등으로 즐거운 분위기를 조성한다. 자기 확신과 자아 존중감을 증진하고 참여자의 힘과 건강한 부분을 끌어내어 신뢰감을 쌓는다. 연극놀이는 일종의 웜업으로, 함께 놀이하는 가운데 참여자는 자발적이 되고 신뢰적 관계와 상호작용이 촉진된다. 연극놀이는 단순하고 시선을 끄는 것으로 진행되기도 하고, 이기고 지는 내용이 아닌 참여자의 상황과 조건에 따라 적절하게 구성된다. 1단계에서 필요한 것은 긍정적인 신뢰 관계의 형성이다. 참여자는 놀이를 하면서 어린 시절에 놀이에서 느꼈던 허용, 자유, 기쁨을 경험할 것이며, 이러한 허용의 느낌은 2단계의 연극 장면 작업에서 해방감으로 확장될 것이다.

(2) 2단계: 장면 작업

2단계의 장면 작업은 참여자들이 그들의 실제 삶과 무관한 역할로 연극 활동을 전개하는 단계다. 연극 활동은 즉흥으로 이루어진다. 참여자의 삶을 직접 반영하는 사이코드라마와는 달리 역할을 통해 거리를 두게 하여 자아 노출을 줄임으로써 신뢰감과 자발성이 생겨나도록 한다. 치료사는 참여자가 극 안에서 자기표현과 역할 확장을 하도록 돕는다. 2단계에서 중요한 것은 연극이 참여자에게 안전장치로 작동하여 참여자가 자유와 해방감을 느낄 수 있어야 한다는 것이다. 이 단계의 후반부에 이르면 참여자는 자신에 대해 숙고할 수 있어야 한다.

(3) 3단계: 역할놀이

3단계의 역할놀이는 본격적으로 현실의 자신을 탐색하는 과정이다. 즉, 상상의 극화에서 사실적 극화로 이동하는 것으로 삶의 리허설에 해당한다. 무대는 실생활을 탐구하고 안전하게 실험할 수 있는 실험실이 된다. 사이코드라마 또는 소시오드라마의 기법이 첨가된 3단계에서 참여자의 대인관계 문제를 다룬다. 참여자는 주인공 역할뿐만 아니라 상대역도 수행하면서 문제의 대인관계를 이해하게 된다. 역할연기를 통해 참여자는 일상에서 갈등을 겪는 인물에게 감정을 표현하고 그와 대면할 것이다. 이중 자아, 역할 바꾸기 같은 사이코드라마 기법이 활용된다. 참여자가 삶의 변화에 대해 희망을 느끼기 시작하면 마무리를 하고 다음 단계로 넘어간다. 역할놀이를 통해 문제의 현실과 다른 방식으로 행동하기 시작하였다면 이후의 현실에서 새로운 방식의 행동을 기대할 수 있을 것이다.

(4) 4단계: 최절정 연기

4단계인 최절정 연기는 더욱 깊은 자기 성찰을 다루는 단계로, 참여자의 핵심적인 삶의 문제를 다룬다. 치료사는 사이코드라마 방식을 이용하는데, 집단일 경우 전체의 신뢰가 형성돼야 한다는 조건이 있다. 4단계가 본궤도에 오르면 참여자는 절정의 연기를 하면서 참여자-주인공의 내면을 연극적으로 탐색한다. 참여자가 최절정 연기에 다다르기 위해서는 이전의 단계를 거치는 과정에서 집단 내의 신뢰감이 형성되고 연기에 익숙해진 상태가 되어야 한다. 참여자 집단은 노출, 폭로, 공유하기가 강조되어 통찰력이 생겨나고 숨어 있던 감정이 표면화되면서 강력한 카타르시스를 경험할 것이다. 감정이입이 고조된 참여자 집단과 치료사는 주인공의 내면세계를 진심으로 공유하게 된다. 주인공은 사적인 영역을 드러내지만 크게 부담감을 느끼지 않을 것이며, 자신에게조차 숨겼던 것을 노출하면서 수용과 용서를 경험한다. 이렇듯 집단으로 형성된 강력한 역동은 악령을 쫓는 원시 문화의 추방 의식을 연상시킨다. 이러한 극적 의식을 거쳐 자연스럽게 마지막 단계인 극 의식의 단계에 이른다.

(5) 5단계: 종결

5단계의 종결은 극 의식으로 이루어진다. 여기서의 핵심은 지금까지의 치료를 통해 이루어진 변화를 그대로 현실로 가져오도록 하는 것이다. 현실에서 경험할 수 있는 다양한 의식처럼, 지금까지 이루어진 극적 과정을 기념하는 방식으로 진행된다. 극 의식은 참여자의 치료 과정을 검토하고 경과를 평가하며, 상호 피드백을 주고받고, 성취의 보상을 체험하며 감정 표현을 완결하도록 돕는다. 집단 참여자들 사이의 일체감은 더욱 강화되고, 그들 사이의 특별한 상호 관계가 인정되며 존중된다. 5단계는 앞선 각 단계에서 나타난 중요한 시점, 영향력 있는 장면, 고통스러운 시기, 위험한 갈등 또는 난제, 중요한 통찰력을 검토함으로써 전체 상황의 인식 수준을 높인다. 이 단계에 이르면 참여자는 각 단계의 과정을 제대로 통과하였는지 확인하고 싶을 것이다. 또한 일상에서 특별한 날을 기념하는 것처럼 각 단계에서 얻은 것들에 대해 감사하는 마음도 생겨날 것이다. 이처럼 의식적인 종결은 참여자에게 과거를 통합하도록 하여 새로운 감각으로 미래를 창출하도록 한다. 에무나는 5단계 통합모델을 〈표 23-1〉과 같이 정리한다.

<표 23-1> 에무나의 5단계 통합모델

	1단계	2단계	3단계	4단계	5단계
주요 개념	연극놀이	장면 작업	역할놀이	최종 연기	극 의식
극적 과정	창조적 극 즉흥극 연극놀이	허구적 장면	역할 바꾸기 삶의 장면 재현	탐구적 재연 최고 장면	종결을 위한 극 의식
초점	인본주의적/ 건강모델	실험/해방	탐구, 리허설 현재 주제 미래 보기	핵심 주제	전체 수용
목표	신뢰 관계 상호작용 자발 및 창조성	자아-표현 역할-확장 정서-확장	자아/역할-지각 역할 유연성 관점	카타르시스 통찰력 공감 및 친밀감	통합 검토 및 변천 인정 및 축하
변화	자발성, 자유	해방, 확장	행동 변화, 희망	통찰력	통합

출처: Johnson & Emunah (2011).

에무나는 5단계 통합모델은 DvT로부터 직접 영향을 받았다고 언급한다(Johnson & Emunah, 2011). 점차 심원한 영역으로 향하는 작업의 발달 및 과정 지향적 전개에 있어 유사점이 있다는 것이다. 발달 또는 과정 지향은 5단계 통합모델을 이해하는 데 중요한 열쇠다. 5단계 통합모델에서 각 단계는 점차 깊은 영역의 발달로 이루어지며, 하나의 결말을 향해 나아가기보다는 과정을 지향한다. 즉, 5단계 통합모델에서 각 단계는 과정이며 마지막 단계조차도 종결이 아닌 과정으로 간주한다. 따라서 5단계에서 전 단계는 다음 단계를 위한 전제이기보다는 자체로 치료의 의미와 가치가 있다고 본다. 다만 연극놀이가 중심이 되고 치료사가 놀이의 장난감이 되는 DvT와는 달리, 5단계 통합모델에서 놀이는 일종의 웜업이자 허구의 극 세계로 진입하는 도구로서 참여자는 놀이를 통해 자신의 현실을 반영한다. 치료사 역시 전적인 놀이의 대상이기보다는 감독 또는 안내자의 역할을 한다는 점에서 DvT와 차별적이다.

한편, 에무나는 2단계의 장면 작업은 랜디의 역할모델과 유사점이 있음을 언급한다. 참여자가 역할이 되어 자아를 표현하고 해방감을 느끼는 작업은 역할모델의 개념에 해당한다. 다만 역할모델은 역할을 불러낸 다음에 참여자에게 역할과 일상의 역할을 관련 맺도록 요구하지만, 통합모델에서는 참여자가 불러낸 역할과 일상의 역할을 관련 맺도록 직접 요구하지 않으며 허구의 영역에 오래 남아 참여자가 자발적으로 현실과 관련을 맺을 때까지 충분한 시간을 두고 기다린다. 이렇듯 에무나의 5단계 통합모델은 다양한 연극치료모델과 사이코드라마의 장점을 결합한 통합적인 연극치료모델이다.

제24장 감정모델

박미리는 『감정모델 연극치료』(2013)를 출간하면서 연극치료 감정모델을 처음 제안하였다. 감정모델은 말 그대로 감정에 초점을 둔 연극치료모델이다. 감정모델은 인간이 갈등을 일으키고 갈등을 해소할 수 있는 제일 원인이 감정이라는 점에 주목한다. 그동안 감정은 인간의 생존을 위해 필연적이었다는 점에서 진화의 산물로 여겨져 왔다. 산속에서 곰을 만났을 때 생기는 두려움과 공포는 신체를 각성시켜 자신도 모르게 달리도록 하는 기제로 작용한다. 이렇듯 생존과 직결된 감정이지만 주관적이고 측정이나 예측이 어렵다는 이유로 객관성을 추구하는 학문의 영역에서 오랫동안 배제되었다. 플라톤 사상에 영향을 받은 서양에서 이분법적 논리에 따라 이성에 비해 감정은 오랫동안 하위 영역으로 평가받아 왔다. 또한 사람들은 갈등과 문제를 일으키는 근간에는 감정이 작용한다고 보았다. 그러나 의식에 대한 무의식, 정신에 대한 신체, 남성에 대한 여성 등의 의미를 찾으려는 현대철학에서 감정의 가치를 추구하는 움직임과 더불어 감정이 인간에게 어떤 작용을 하는가에 대한 감정 연구가 활발하게 전개되고 있다.

심리학자 폴 에크먼(Paul Ekman)은 감정에는 문화적 근원이 있다고 보았다. 그는 다양한 문화권의 감정을 연구한 결과 감정은 진화론에 따른다고 결론짓는다. 인간의 기본적인 감정은 타고난 것이자 진화의 결과이므로, 찰스 다윈(Charles Darwin)이 말한 것처럼 감정을 보편적 개념으로 정의할 수 있다는 것이다. '감정의 바퀴'를 개발한 로버트 플러치크(Robert Plutchik)의 감정론은 더욱 진화론적 관점에 접근한 이론이다. 플러치크는 뚜렷한 구분이 가능한 8개의 기본 감정을 제시하고 이 감정 덕택에 인간이 생존할 수 있게 되었다고 말한다. 하지만 『감정은 어떻게 만들어지는가(How Emotions Are Made)?』(2017)를 펴낸 리사 펠드먼 배럿(Lisa Feldman Barrett)의 연구는 감정에 대한 고전적 견해를 정면으로 반박한다. 배럿은 감정은 보편적인 것이 아니라 문화에 따라 차이가 있다는 새로운 견해를 제시한다. 그의 '구성된 감정 이론'에 따르면, 감정은 촉발되는 것이 아니라 개인이 만들어 내는 것이다. 그에 따르면, 감정은 화폐와 같은 합의의 산물이 아니다. 또한 인간은 감정의 회로에 의해 휘둘리는 존재가 아니라 스스로 감정을 구성하는 설계자다. 인간이 감정의 설계자라면, 감정 체험은 개인의 변화에 큰 힘을 발휘할 것이다. 감정을 바꾸면 뇌의 배선도 달라지고 경험이 달라져 삶 자체에 변화를 가져오기 때문이다. 이러한 감정 개념은 연극치료에서 감정을 중시해야 할 근거를 제공한다.

1. 연극치료에서 감정

연극치료에서 감정이 흥미로운 까닭은 감정이 신체와 직결되기 때문이다. 연극치료는 신체의 반응과 움직임을 통해 보다 쉽게 감정과 만날 수 있다는 장점이 있다. 감정과 신체가 긴밀하다는 연구는 상당하다. 가령, 슬픔은 호흡, 심박수, 신경계 반응 등 신체에 영향을 주어 피로감과 불면증을 유발한다. 기쁨은 엔도르핀을 솟구치게 하며 심장을 건강하게 하고 면역력을 강화한다. 이렇듯 감정과 신체가 긴밀한 상호적 관계라면, 감정이 먼저인가 신체의 반응이 먼저인가 질문할 수 있다. 즉, 슬퍼서 우는 것인가 우니까 슬픈 것인가? 보통은 감정이 먼저라고 생각할 수 있다. 그런데 윌리엄 제임스(William James)와 칼 랑게(Carl Lange)는 감정이란 자극과 그 자극에 대한 개인의 해석이 부딪혔을 때 신체에 일어나는 물리적 변화라고 말한다. 이들은 눈물을 흘리는 생리적 반응이 슬픈 감정 이전에 유발한다고 본다. 아닌 게 아니라 무대에서 연기자가 슬픈 장면을 연기하다 보면 저절로 눈물이 나고 심박수가 빨라지는 현상을 경험한다. 이와 유사하게 스텐리 샥터(Stanley Schachter)와 제롬 싱어(Jerome Singer)도 감정은 신체에 나타난 말초적인 생리 반응을 해석할 때 생기는 현상이라고 말한다. 다만 제임스-랑게 이론과 달리, 감정은 인지 측정의 결과로 나타날 수도 있다고 본다. 이는 사고와 인지가 신체적 반응을 유발할 수 있다는 의미다. 어떤 생각이 머리에 떠오르면 신체는 신경전달물질을 분비하는데, 이것은 특정한 감정과 그에 부합하는 반응을 활성화한다는 것이다. 감정에 관한 이런 연구는 연극치료 감정모델의 당위성을 설명해 준다. 예를 들어, 참여자가 다루고 싶은 감정이 담겨 있는 이야기 속 인물을 실제로 연기하면서 사고와 신체의 움직임으로 적절한 감정을 체험하고, 이로부터 문제의 감정을 찾아내 다룰 수 있기 때문이다.

연극적 방식으로 자기감정을 이해할 때 자신의 문제를 인지하고 이를 변화시킬 수 있다고 보는 연극치료 감정모델은 감정을 참여자에 대한 진단과 치료에 개입되는 기준점으로 삼는다. 감정심리학에서 언급하는 것처럼, 인간이 관계를 맺거나 어떤 사건에 처하였을 때 생겨나는 감정을 제대로 처리하지 못하면 문제가 생겨난다. 감정을 중심으로 연극치료를 진행하는 것은 참여자가 자신이 지닌 문제의 감정의 실체를 파악하고 본인이 원하는 감정으로 나아갈 수 있도록 감정의 흐름을 단계적으로 경험하게 하는 방식으로 이루어진다. 감정모델의 또 하나의 근거는 연극적으로 감정을 경험한다면 사고와 신체를 자극하여 왜곡됨 없이 솔직한 표현이 가능하다는 점이다. 가령, 참여자가 극적 이야기 속 역할을 설정하고 표정과 움직임으로 역할연기를 하면서 생겨난 감정을 따라가다 보면 어느 순간 자신의 내적인 감정이 무엇인지 명확하게 인식하게 된다. 이처럼 감정모델은 감정에 대한 일반적 탐색, 감정과 마음의 관계, 연극적 방법으로 감정 탐색하기, 알아차린 감정을 연극치료의 방식으로 풀어내기 등을 포함한다.

정리하면 감정을 중심으로 작업하는 감정모델은 우선 감정을 분류한다. 어떤 감정을 작업의 출발점으로 삼을 것인지 염두에 두고 여러 감정을 하나씩 탐구하는 과정을 거친다. 이때 감정을 경험하는 순서와 이를 위한 구체적인 작업 방식이 중요하다. 박미리(2013)는 실제 작업에서 슬픔의 감정에서 시작하여 슬픔으로 종결하는 것이 효과적이었다고 언급한다.

2. 감정모델 작동 방식

감정모델 치료 작업은 대립적인 두 감정을 순차적으로 경험하는 방식과 유사한 감정을 점차 깊이 있게 경험하는 방식을 적절하게 혼용하는 것이 바람직하다. 참여자에게 대립적인 감정과 유사한 감정을 경험하게 하여 통합의 감정을 이끌어 낼 수 있다면 감정의 균형 상태에 이르게 될 것이다. 감정모델에서 참여자에게 경험하게 하는 감정의 흐름 순서는 [그림 24-1]과 같다. 다만 이 감정의 순서나 항목은 절대적인 것이 아닌, 참여자에 따라 얼마든지 변할 수 있다.

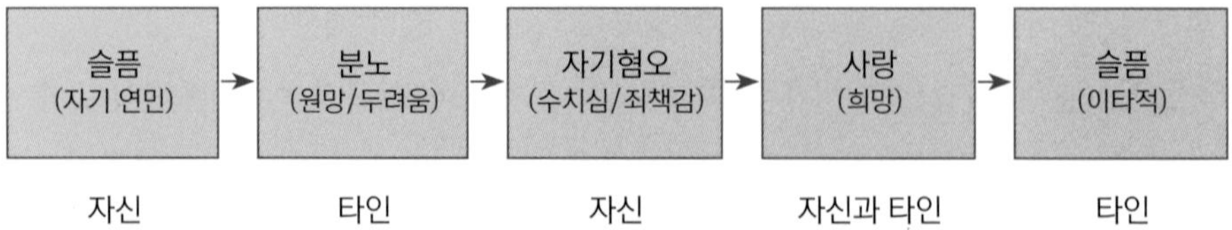

그림 24-1 감정의 흐름 순서

출처: 박미리(2013).

이처럼 슬픔, 분노, 자기혐오, 사랑, 그리고 다시 슬픔의 감정을 순차적으로 경험하도록 하는 근본적인 이유는 자신의 감정과 왜곡 없이 만나도록 하기 위해서다. 자기감정을 분명하게 이해한다면 자기 본래의 모습과도 만나게 될 것이다. 감정모델 치료 작업에서 고려해야 할 사항은 다음과 같다.

- 슬픔과 분노는 더불어 경험하는 것이 바람직하다.
- 한 가지 감정만 경험해야 한다고 해도 사이사이에 사랑이나 행복 같은 긍정적인 감정의 경험이 수반된다.
- 장기 작업이라면 앞의 감정의 흐름을 그대로 경험하는 것이 효과적이다.
- 이기적 슬픔에서 이타적 슬픔으로 끝맺는 것이 좋다.
- 하나의 감정만 경험해야 한다면 슬픔을 경험하도록 한다.
- 진정한 변화는 자기혐오의 감정 체험에서 이루어진다.
- 하나의 감정을 제대로 알기 위해서는 여러 번 반복하거나 혹은 유사한 감정의 확장으로 경험하는 것이 필요하다.

감정모델에서 일단 슬픔에 초점을 맞춘다는 점이 흥미롭다. 바루흐 스피노자(Baruch Spinoza)에 따르면, 슬픔은 기쁨 그리고 욕망과 더불어 가장 기본적인 정서다. 스피노자는 『에티카(Etica)』(2007) 3부에서 감정의 기원과 본성을 다루면서 감정을 신체의 활동 능력을 증대하거나 감소시키며, 촉진시키거나 억제시키는 신체의 변용인 동시에 그러한 변용의 관념이라고 정의한다. 기쁨은 더 작은 완전성에서 더 커다란 완전성으로의 인간의 이행(3부 부록 '정서들에 대한 정의' 중 2항)이며, 슬픔은 더 커다란 완전성에서 더 작은 완전성으로의 인간의 이행(3부 부록 '정서들에 대한 정의' 중 3항)이다. 그에 따르면, 기쁨은 행위 역량의 증대를 나타내며 슬픔은 행위 역량의 감소를 나타낸다. 스피노자는 기쁨의 감정이 정신과 신체에 동시에 관계할 때 이를 쾌감 또는 희열이라고 부르고, 슬픔의 감정은 고통 또는 우울이라고 부른다.

쾌감, 희열, 고통, 우울 가운데 가장 좋은 것은 희열이고, 가장 나쁜 것은 우울이다. 우울은 신체 전체를 슬프게 하며, 신체 전체의 역량을 감소시키기 때문이다.

이렇듯 인간 신체 전체의 활동 능력을 감소시키는 슬픔은 감정모델에서 초점을 맞추는 감정이기도 하거니와, 연극치료 작업에서 가장 많이 만나는 감정일 것이다. 연극치료사가 참여자에게 고통과 우울을 포함한 슬픈 감정을 신체로 알아차리게 하여 이를 극복하게 한다면 신체 역량을 증가시키는 것이고 삶의 활력으로 이어지게 한다는 점에서 치료 작업은 성공적이다. 감정모델에서 진정한 변화를 이끄는 감정이 자기혐오 또한 슬픔의 종류라는 점에서 이를 체험하고 직면하고 극복하였을 때 신체 역량을 강화할 수 있을 것이며, 자기애에 이를 수 있다. 자신도 모른 채 부정적인 감정을 가슴속에 품고 있다면 건강한 상태가 아니라고 보는 감정모델은 치료 작업에서 참여자가 건강한 자기애를 갖도록 하는 것을 목표로 삼는다. 이를 위해 일단 슬픔을 자신을 향하게 한 다음, 분노의 감정을 표출하도록 하는 방식을 취한다(박미리, 2013). 즉, 자신에게로 향하는 감정인 슬픔을 충분히 체험한 후 다음 단계로 자신의 슬픔을 타인에게 전가하는 감정인 분노를 체험하도록 하는 것이다. 분노에는 자신을 향한 분노를 포함하며, 자기혐오는 분노가 극대화된 것이다.

1) 감정 체험의 단계

(1) 1단계: 슬픔(자기연민)

감정 체험의 단계를 구체적으로 살펴보면, 첫 번째 단계에서 연극적 방식을 활용하여 참여자에게 자기 연민, 즉 자기를 향한 슬픔을 경험하게 한다. 행위 역량을 감소시키는 슬픔의 정서는 경직된 신체를 이완시킬 것이다. 참여자가 슬픔으로 이완되어 가는 신체 변화를 자각하게 되면 그만큼 변화의 가능성도 커진다. 슬픔이 자신에게로 향하는 자기 연민은 자기 존중 욕구와 자기애를 확인할 수 있으며 자기와 대면하는 힘을 갖도록 한다.

(2) 2단계: 분노

두 번째 단계에서는 분노(원망/두려움)를 경험하도록 한다. 자기 연민이 지나쳐 밖으로 표출되는 감정은 대부분 분노다. 참여자가 경험하고 정확하게 인식해야 하는 분노는 자기의 감정을 타인에게 전가하는 역할을 한다. 감정모델은 참여자에게 분노의 대상을 외부에서 찾아내도록 하고, 관계와 문제행동의 패턴을 점검하여 궁극적으로 감정의 정화에 이르도록 한다. 슬픔과 더불어 동전의 앞뒤면 같은 분노(원망/두려움)는 참여자의 자존감과 관계가 있는 감정으로, 연극적 방식으로 분노의 원인을 탐색하고 욕구를 이해받고 수용하도록 한다면 자존감 회복에 도움을 줄 것이다.

(3) 자기혐오

세 번째 단계에서는 자기혐오, 즉 수치심과 죄책감을 탐색한다. 자기혐오는 자신에게 향한 분노다. 슬픔에 속하는 자기혐오는 우울증의 핵심 감정으로, 이를 자각할 때 진정한 변화에 이를 수 있다. 치료 과정에서 참여자가 자기혐오의 감정을 제대로 경험한다면 문제의 원인이 바로 자신이라는 사실을 확실하게 받아들일 수 있다.

(4) 사랑

네 번째 단계에서는 사랑(희망)의 감정을 경험한다. 사랑은 자기혐오의 감정을 분명하게 경험하였을 때 비로소 만날 수 있는 감정이다. 참여자는 사랑의 감정에서 관계와 보살핌의 감정을 느끼고 꿈과 희망을 발견할 것이며, 자신이 누군가를 사랑할 수 있고 누군가로부터 사랑받을 수 있는 존재라는 것을 알아차리게 된다. 여기에 도달하면 행복의 감정이 생겨나고 자신의 꿈과 희망을 느끼게 된다.

(5) 슬픔(이타적)

마지막 단계에서는 다시 슬픔의 감정으로 되돌아온다. 슬픔으로 시작하여 슬픔으로 끝맺는 감정모델은 원형처럼 다시 처음으로 되돌아가는 순환적 구조다. 시작의 슬픔은 자기로 향하지만 끝맺음의 슬픔은 타인을 향한 이타적 슬픔이라는 점에서 다르다. 지금까지 경험한 감정을 토대로 다시 경험하는 슬픔은 자기 연민과는 정반대인 타인을 향한 이타적 슬픔이다. 이타적 슬픔은 기쁨과 마찬가지로 신체의 활동 능력을 강화시킬 것이다. 다른 사람의 아픔에 공감하는 이타적인 슬픔을 느낄 수 있다면 진정으로 치료된 것이라 할 수 있다. 참여자가 이타적 슬픔을 경험할 때 비로소 자기의 본 감정 혹은 본모습을 인식할 수 있다는 점에서 이는 곧 자기 인식과 직결된다.

감정모델에서 다루는 도구로서 감정은 평소의 생활에서 일어나는 일반 감정과는 달리, 연극적 방법을 통해 특정 감정을 설정하고 그 감정에 해당하는 행동을 취하여 감정을 실제로 경험하고 자각하게 한다는 특징이 있다. 참여자는 연극적 방식의 거리두기가 익숙해지면 어렵지 않게 문제의 감정을 표출할 수 있게 된다. 억압된 감정을 솔직하게 표현할 수 있게 되었다는 것은 그 자체로 치료의 문턱에 들어선 것이다. 한편, 감정모델은 감정의 정화를 염두에 둔다는 점에서 아리스토텔레스의 카타르시스 개념을 염두에 둘 필요가 있다. 다만 비극의 관객이 무대의 몰입에서 생겨나는 감정의 정화와는 달리, 감정모델은 참여자가 관객의 위치에서 벗어나 극적 공간에서 직접 역할로 행동함으로써 감정의 정화를 이룬다는 차별점이 있다.

3. 감정모델의 실제

박미리(2013)는 이야기를 통한 감정모델의 예를 제시한다. 우선 참여자가 슬픔을 느낄 수 있는 이야기를 선택한다. 가령, 〈성냥팔이 소녀〉 〈미운 아기오리〉 〈헨젤과 그레텔〉 〈오누이 장수 설화〉 〈신데렐라〉 〈거위 치는 소녀〉 등의 주인공에게는 슬픔의 감정이 있다. 이 중에서도 안데르센의 동화 〈성냥팔이 소녀〉는 슬픔을 경험하기에 안성맞춤이다. 참여자가 〈성냥팔이 소녀〉에 대한 이야기를 함께 나누고 역할을 맡아 주인공이 느끼는 슬픔의 감정을 경험한다면 현재 자신의 내적 슬픔을 분명하게 알아차릴 수 있을 것이다.

〈성냥팔이 소녀〉의 주된 내용은 추운 겨울에 성냥을 파는 소녀가 성냥을 팔지 못하고 추위에 떨다가 얼어 죽는다는 것이다. 그런데 박미리의 해석에 따르면, 소녀가 죽기 직전에 성냥을 켜는 행동은 그 순간에 할 수 있는 최선의 행동이다. 또한 성냥을 켤 때마다 나타나는 행복한 환상 속에서 죽음을 맞이하였기 때문에 소녀의 죽음은 행복한 죽음일 수 있다. 아침에 발견된 소녀의 얼굴에는 미소를 띠고 있었다. 바로 이 지점에서 참여자는 자기 연민과 관련된 슬픔을 경험할 수 있다. 소녀는 죽기 전에 성냥을 켠다. 성냥불은 언 몸을 녹일 수는 없으나 그것은 무엇인가를 간절히 소망하는 행위다. 소녀는 첫 번째 성냥불에서 따뜻한 난로, 두 번째 성냥불에서 먹음직스러운 저녁 식사, 세 번째 성냥불에서 크리스마스트리의 환상을 본다. 소녀는 이 장면을 황홀이 바라보지만, 성냥불이 꺼지자 환상도 사라진다. 하늘에서 별똥별이 떨어진 다음에 다시 성냥을 켜자 그리운 할머니가 나타난다. 이러한 줄거리에 착안하여 연극치료사는 참여자에게 주인공 소녀처럼 성냥을 켤 기회를 3번 제시한다. 첫 번째 성냥에서 원하는 것을 마음대로 볼 것, 두 번째 성냥에서 미안한 사람과 만날 것, 세 번째 성냥에서 죽음을 안내할 사람과 만날 것을 제안한다. 참여자는 첫 성냥불에서 자신의 욕구를 드러내어 환상 속에서 이를 달성하고, 다음 성냥불에서 분리를 경험하며, 마지막 성냥불에서 죽음으로 이끄는 존재와 만나면서 삶과의 분리를 경험한다. 이런 방식으로 이야기 속 역할을 통해 경험하는 슬픈 감정은 거리를 둔 상태에서 참여자에게 자신의 감정을 객관적으로 파악하도록 한다. 구체적인 작업 내용은 다음과 같다.

1. 눈을 감고 누워 감정을 떠올리고, 각 감정을 느끼는 신체 부위를 찾기
2. 앞선 감정에 대한 원형 이미지 떠올리기 예) 흙, 해, 바람, 물, 나무
3. 집을 상상하고 각 감정의 방에 문 열고 들어가기
4. 이데아의 세계로 마음을 움직여 보기
5. 인간 세상을 내려다보고 내려가고 싶을 때 내려가기
6. 8세의 성냥팔이 소녀는 누구와 어디서 사는지 구체적으로 생각하기
7. 4인 1조로 짝을 지어 성냥팔이 소녀가 되어 성냥을 팔기. 즉흥으로 역할 개입하기
8. 각자 어떤 역할을 하였으며, 어떤 느낌이 들었는지 함께 나누기
9. 성냥을 팔았던 장소에서 집으로 돌아가는 길에 어떤 장소에 멈춰서 그곳을 구경한 다음, 이후 180도 돌아 성냥을 켜기
10. 성냥팔이 소녀가 죽은 이후, 다음 날 아침 들려오는 세 가지 말

10단계로 이루어진 작업 내용에서 5단계까지는 적극적 상상처럼 신체와 연결하여 감정을 생생하게 느끼도록 하는 한편, 천상에서 인간 세상을 굽어다 보는 것처럼 거리를 둔 상태에서 자신을 관조하도록 한다. 또한 원형 이미지 혹은 익숙한 집 안의 공간과 연결하여 슬픔을 구체화한다. 참여자는 이러한 방식에서 안전한 거리를 두고 슬픔과 만나게 될 것이다. 6단계에서 참여자는 성냥팔이 소녀의 상황과 슬픔의 감정을 자신에게 투사하고 역할연기를 실행한다. 소녀가 된 참여자는 길거리에서 성냥을 파는 즉흥적인 역할을 통해 자기의 슬픔이 무엇인지 자각한다. 8단계 이후는 종결에 해당한다. 역할연기가 끝난 뒤 서로 감정을 나누고 피드백을 주고받는다. 9단계의 집으로 돌아가는 길, 장소, 성냥 켜기는 어떤 의미가 있을까? 소녀에게 집은 일반적으로 집이 주는 안락함 또는 안전함과는 거리가 멀다. 폭력적인 아버지로 인해 쉴 집이 없다는 것은 소녀의 슬픈 상황이다. 각 참여자가 선택할 장소는 참여자의 문제 상황과 긴밀한 장소가 될 것이다. 그 장소를 충분히 느낀 다음에 몸을 반대로 돌려 성냥을 켜는

행위는 그곳과 분리됨 혹은 벗어남의 의미가 있다. 그 장소에서 등을 돌린 후 세 번에 걸쳐 성냥을 켜고 순서대로 원하는 것, 미안한 사람, 죽음을 안내하는 사람과의 만남은 참여자의 순수 감정을 불러내기 위한 것이다. 이 작업에서 성냥 켜기는 중요한 행동이다. 따라서 이를 응용하여 실제로 성냥을 가져다 불을 붙일 수도 있고, 꼭 3개가 아닌 참여자가 원하는 만큼의 성냥을 켤 수도 있다. 마지막 단계에서 소녀가 죽은 다음에 행인이 하는 말 등은 역할에 참여한 성냥팔이 소녀와 행인 역할의 참여자들 사이에 형성된 전반적인 슬픔의 감정을 나누는 행위다. 중요한 것은 이 장면이 끝나고 소녀역의 참여자가 그 말을 들었을 때 어떤 느낌이 들었는지, 행인은 왜 그 말을 하였는지 서로 이야기를 나누면서 성찰의 시간을 갖는 것이다. 이상과 같이 슬픔의 감정에 초점을 맞춘 이야기 속 역할연기를 통해 참여자 각자는 애매하였던 슬픔의 실체를 분명하게 인식할 것이며, 집단의 지지적 교감 속에서 위로를 받게 될 것이다.

다음 단계의 감정인 분노, 자기혐오, 사랑과 슬픔도 이 같은 방식으로 진행된다. 박미리는 분노와 두려움에는 샤를 페로의 〈푸른 수염〉, 자기혐오에는 오스카 와일드의 〈도리안 그레이의 초상〉, 치료 작업에서 가장 중요한 순간인 사랑의 감정에는 그리스 신화 〈에코와 나르키소스〉, 이타적 슬픔에는 오스카 와일드의 〈행복한 왕자〉의 예를 제시한다. 마지막 작업인 〈행복한 왕자〉에서는 참여자에게 자신이 행복한지 불행한지를 점검하고, 행복한 왕자가 되어 살아보도록 한다. 또한 행복한 왕자가 된 자신이 죽은 이후 동상의 위치와 모습을 그려 보고, 동상이 되어 도와주고 싶은 사람들을 바라보며 이타적 슬픔을 경험하도록 한다.

이렇듯 감정모델은 단계적인 감정을 표현하고 체험할 수 있는 이야기를 가져와 함께 나누고 역할연기를 통해 감정을 알아차리는 방식으로 진행된다. 감정모델은 하나의 고유한 치료모델이기보다는 앞서 제시한 다양한 연극치료모델에 적용할 수 있다는 특징이 있다. 이야기모델이든, 역할모델이든, DvT모델이든 참여자의 감정에 우선권을 두고 감정모델을 참고하여 작업할 수 있다.

제4부

연극치료 진단평가

제4부 연극치료 진단평가에서는 전반적인 진단평가의 종류, 필요성과 그 가치를 설명한다. 나아가 연극치료 진단평가의 현재 상황과 문제점도 언급한다. 구체적으로 심리학에서 사용되는 진단평가의 개념과 특징을 설명하고, 이에 기반하여 연극치료 진단평가인 EPR 진단평가, 역할연기 진단평가, 역할연기 인터뷰 진단평가, 역할 이론 진단평가, 이야기모델 진단평가, 6열쇠모델 진단평가를 다룬다. 연극치료 진단평가는 신뢰도와 타당도에서 부족한 면이 있지만, 지속적인 연구를 통해 점차 발전하고 있다.

제25장 진단평가의 개념과 특징

심리치료이든, 예술치료이든 치료 효과를 객관적으로 증명할 수 있어야 한다. 몸이 아파 병원에 입원한 환자가 수술을 받고 완치되어 퇴원하였다면 누가 보더라도 병원에서의 치료가 효과적이었다고 할 수 있다. 그런데 눈에 띄는 명백하고 객관적인 치료 효과도 있지만, 사람의 마음을 대상으로 할 때는 그 치료의 효과를 입증하기가 쉽지 않다. 가령, 학교생활에 어려움이 있는 청소년을 대상으로 연극치료를 한 결과 참여자의 부모가 "우리 아이가 정말 명랑해지고 친구들과 잘 어울리게 되었어요. 연극치료 받기를 잘하였어요"라고 한다면 그것이 연극치료의 효과를 증명한 것이라고 할 수 있을까? 겉으로 보기에 좋아졌다는 것은 객관적인 증명의 가치를 갖지 못한다. 연극치료를 받지 않았더라도 시간이 흐르면서 얼마든지 자연스럽게 친구들과 잘 어울리게 되었을 수도 있다. 따라서 연극치료가 치료에 정말 효과적인지 또 어떤 부분에 효과적인지 등을 과학적이고 객관적으로 증명할 수 있어야 한다. 연극치료에서 진단과 평가가 중요한 것은 이런 까닭이다. 연극치료 진단평가는 대개 연극치료모델을 바탕으로 한다는 점에서 연극치료모델을 충분히 이해하였을 때 더 잘 활용할 수 있다.

인간은 성향에 따라 언제든지 편향, 과신, 오류를 범할 수 있는 존재다. 따라서 진단평가에서 직관이나 상식적 판단이 개입되지 않도록 해야 한다. 현재 각 예술치료 분야에서 나름의 진단과 평가를 개발하고 있지만, 심리치료에서 진단평가의 역사가 오래되고 그 효용성이 입증된 만큼 이를 참조하는 경향이 크다.

1. 심리치료 진단평가

심리학에서 변화무쌍한 인간의 마음을 객관적으로 측정하기 위해 진단평가(assessment)가 개발되었다. 진단평가는 다양한 방법으로 개인의 정보를 연결하고 통합하여 심리적 특성을 종합적으로 평가하는 과정이다. 진단평가를 실시하는 이유는 무엇보다도 참여자가 처한 상황 전반을 이해하고 어떤 기법으로 치료할지 결정하기 위한 것이다. 진단평가를 통해 참여자의 문제를 명료화하고 세분화하여 강점과 약점을 파악할 수 있다면 참여자의 문제 극복에 큰 도움이 될 것이다. 또한 진단평가의 결과로부터 치료 계획을 세우고 치료의 결과도 평가할 수 있다. 이렇듯 진단평가는 참여자에 대한 이해, 문제의 명료화, 치료 계획 수립, 치료 결과 평가의 기능을 지닌다. 이러한 진단평가의 개념은 연극치료에도 그대로 적용된다. 20세기 초에 지능검사가 개발된 이래로 오늘날 다양한 형태의 표준화된 심리검사가 개발되었다. 심리 진단평가 과정은 심리검사, 면담, 그리고 관찰로 이루어진다.

1) 심리 진단평가 과정

(1) 심리검사

심리검사는 지능, 적성, 성격, 흥미, 가치관 등 개인의 심리적 특성을 양적 또는 질적으로 측정 및 평가를 수행하는 객관적이고 표준화된 도구다. 심리검사는 지능검사, 성격검사, 투사검사, 행동 평정 척도, 신경심리검사, 진로적성검사, 성격유형검사 등 그 종류가 다양하므로 참여자의 특성에 맞는 검사를 해야 한다. 심리검사는 표준화된 검사도구로, 표준화된 방식으로 실시하고 채점한 후 규준에 근거하여 결과를 해석할 때 객관적인 정보를 제공하고 개인 간 비교를 가능하게 하며, 개인이 자각하지 못한 내면의 심리적 특징이나 상태를 나타낸다(박영숙 외, 2013).

심리검사는 크게 객관적 검사(objective test)와 투사적 검사(projective test)로 나뉜다.

① 객관적 검사

객관적 질문지 검사라고도 하는 객관적 검사는 주로 기질, 인성, 기분, 적성과 같은 구성개념을 측정하는 문항들로 이루어진 질문지에 평정함으로써 측정하는 심리검사다. 투사적 검사에 비해 구조화되어 있고 채점 과정이 표준화되어 있으며 해석의 규준이 제시되어 있어서 훨씬 객관적이다. 또한 검사의 실시와 채점이 비교적 쉽고 온라인 검사도 가능하므로 쉽게 접

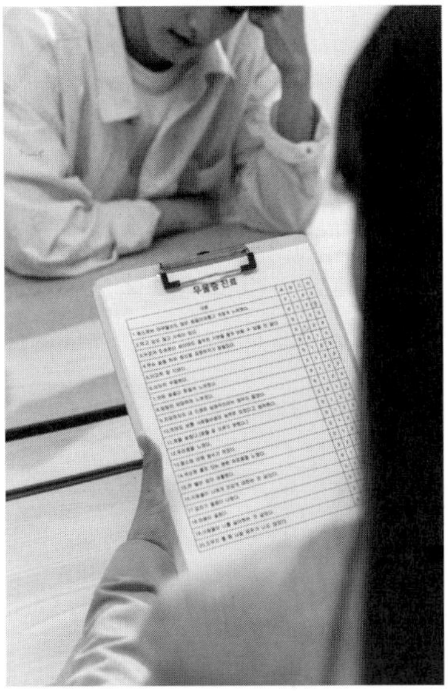

근할 수 있는 장점도 있다. 객관적 검사는 개인의 독특성을 끌어내기보다는 개인이 공통으로 지닌 특성이나 차원을 기준으로 개인들의 상대적인 위치를 비교하고 평가한다.

객관적 검사 가운데 지능지수(IQ)를 검사하는 웩슬러 지능검사(Wechsler Intelligence Scale)는 성인용(WAIS), 아동용(WISC), 유아용(WPPSI)이 있다. 또한 하워드 가드너(Howard Gardner)가 개발한 다중지능검사(MIAA), 창의성을 검사하는 엘리스 폴 토란스(Ellis Paul Torrance)의 TTCT(Torrance Tests of Creative Thinking)도 있다. 성격검사로는 신경과민성, 외향성, 개방성, 우호성, 성실성의 성격 5요인을 측정하는 NEO 성격검사가 있다. 기질 및 성격검사(TCI)는 타고난 반응 성향을 측정하는 기질 척도와 개인의 성숙도 및 적응 수준을 측정하는 3개의 성격 척도로 구성되어 있다. 다면적 인성검사(MMPI)는 성격 특성뿐 아니라 정신병리적 증상을 평가하는 성격검사다. 요즘 유행하는 성격유형검사(MBTI)는 외향(E)–내향(I), 감각(S)–직관(N), 사고(T)–감정(F), 판단(J)–안식(P)의 유형을 조합하여 개인의 성격유형을 판단한다. 긍정심리학에서 강조하는 성격 감정을 측정하는 성격강점검사(CST)도 있다. 한편, 흥미검사로는 Strong 진로탐색검사, Holland 진로적성탐색검사, 직업흥미검사, 학습흥미검사 등이 있다.

② 투사적 검사

투사적 검사는 비구조적으로, 가능한 한 개인의 독창성을 최대한 이끌어내고자 한다. 자극이 주어지면 개인은 자신의 심리적 특성을 통해 이에 투사한다. 같은 상황도 개인에 따라 다르게 해석할 수 있는 것은 현재의 심리 상태가 투사되기 때문이다. 따라서 모호하고 애매한 자극으로 피검자가 자유롭게 표현하도록 하므로 다양하고 독특한 반응이 도출될 수 있다. 투사적 검사에는 정답이 없으며, 자유롭게 반응할 수 있으므로 이를 토대로 피검자를 분명하게 이해할 수 있다. 투사적 검사는 자극이 모호할수록 검사에 유용하다. 피검자가 측정하려는 목적을 파악하기가 어려울수록 내면의 심리 상태가 더 잘 노출되기 때문이다. 투사적 검사는 객관적 검사에 비해 왜곡 반응이나 자기 검열에서 벗어날 수 있다는 장점이 있다. 하지만 투사적 검사는 신뢰도와 타당도뿐 아니라 객관적 해석이 어렵다는 단점이 있다.

잘 알려진 투사적 검사로는 로르샤흐검사(Rorschach Test), 주제통각검사(TAT), HTP검사

(House-Tree-People), 문장완성검사(SCT) 등이 있다. 로르샤흐검사는 주로 5세 이상 아동의 성격과 정서적 · 사회적 상태 파악을 위한 투사적 검사다. 로르샤흐검사는 잉크 얼룩이 대칭으로 이루어진 10장의 카드를 제시하고 그에 대한 반응으로 성격이나 정서의 안정도를 진단한다. 피검자의 내적 상태에 대한 많은 정보를 제공하고 심리적 특성을 종합적으로 파악할 수 있는 장점이 있지만, 해석 과정이 어려우므로 충분한 기간의 학습과 수련 과정을 거친 검사자가 사용하는 것이 바람직하다.

헨리 머리(Henry Murray)와 크리스티아나 모건(Christiana Morgan)이 개발한 TAT는 제시된 카드의 그림을 보고 자유연상을 통해 이야기를 구성하도록 하여 내면의 심리를 파악하는 검사다. 로르샤흐가 본능적 욕구를 도출하는 데 유용하다면, 인물과 환경이 등장하는 TAT는 다양한 대인관계를 밝히는 데 좀 더 유용하다. 개인의 과거 경험, 욕구, 갈등 등이 투사되면서 성격적 특징 및 대인관계 양상, 발달적 배경 등에 대한 정보를 제공한다.

HTP검사는 집, 나무, 사람을 차례로 그리게 한 후 그림의 구조와 크기 등을 고려해 심리 상태를 파악하는 검사다. 가령, 검사자는 "집을 그리세요" "나무를 그리세요" "사람을 그리세요. 지금 그린 사람과 반대되는 성을 그리세요"라고 지시한다. 피검자가 그리는 그림에는 내면의 욕구, 감정, 경험, 생각이 투사되어 나타난다고 가정하는 검사로, 쉽고 간편하여 널리 사용되는 투사적 검사다.

SCT는 30~50개로 구성된 미완성 문장을 피검자가 완성하도록 하는 검사다. 피검자는 제시된 미완성 문장을 자유롭게 완성하면 된다. 정답은 없으며 머리에 떠오르는 대로 자유롭게 작성한다. 제시하는 자극이 이미지가 아닌 언어이므로 투사적 검사로 분류할 수 있는가에 대한 논란이 있지만, 검사의 본질적 원리는 정신분석학의 자유연상에 있다. SCT는 가족, 성, 대인관계, 자기 개념의 네 영역으로 나뉜다. 가족 영역(예: 어머니와 나는 ____, 우리 가족은 ____.)에는 어머니, 아버지, 가족에 대한 태도, 성 영역[예: 내 생각에 여자들은(남자들은) ____, 이성과 함께 있을 때 ____.]에는 이성 관계에 대한 태도, 대인관계 영역(예: 윗사람이 오는 것을 보면 ____, 내가 없을 때 친구들은 ____.)에는 친구와 주변 사람들, 어른이나 권위자에 대한 태도, 자기 개념(예: 언젠가 나는 ____, 내가 믿고 있는 나의 능력은 ____.)에는 자신의 능력, 과거, 미래, 불안, 죄책감, 목표 등에 대한 태도가 포함되어 있다.

투사적 검사는 객관적 검사에 비해 신뢰도와 타당도 검증이 어려우므로 보통은 부가적인 검사로 활용하는 경우가 많다. 그런데 검사지를 대하는 피검자의 조건이나 의지에 따라 검사의 신뢰도가 좌우되는 객관적 검사와는 달리, 투사적 검사는 피검자의 내적 마음을 잘 파악할 수 있다는 장점이 있다. 연극치료 진단평가를 비롯한 모든 예술치료에서 활용되는 검사는 투사적 검사에 해당한다.

객관적 검사이든 투사적 검사이든 명심해야 할 점은 심리검사가 참여자를 절대적으로 평가하는 기준이 될 수 없다는 것이다. 다만 참여자의 문제를 파악할 수 있는 유용한 단서를 제공한다. 제임스 부처(Butcher, 1990)에 따르면 심리학적 평가는 참여자의 문제를 밝히고, 문제에 대해 의사소통을 하고, 참여자의 성격과 외적 자원에 적합한 치료 계획을 발전시키는 데 중요하다. 참여자와의 면담이나 관찰에서 그의 행동, 태도, 언어만으로는 핵심적인 문제를 놓칠 우려가 있다. 따라서 심리검사를 통해 참여자의 문제가 무엇인지 명확하게 파악함으로써 이를 기반으로 치료 방식을 결정할 수 있다. 또한 치료의 전후를 진단평가하여 치료의 중재 효과를 객관적으로 밝힐 수 있다. 이렇듯 심리학적 평가는 치료를 방해하는 요인과 잠재적 성장 영역 및 참여자 자신이 인식하고 있지 못한 문제들을 밝히는 데 유용하고 치료적 변화를 판단하는 준거를 제공한다(김영환 외, 2006).

(2) 면담(인터뷰)

면담은 참여자의 문제를 직접 탐색할 수 있는 진단평가 방법이다. 노련한 심리치료사는 심리검사로는 알 수 없는 참여자의 심리적인 문제를 면담을 통해 알아낸다. 직접 대면하는 면담을 통해 참여자의 심리적 특징과 문제를 확인하고 분류할 수 있는 것이다. 면담은 어떤 도구나 과제의 개입 없이 참여자와 얼굴을 맞대고 상호작용을 한다는 것이 장점이다. 또한 직접 대면은 참여자의 협조를 좀 더 수월하게 이끌 수 있다는 점에서 일반적으로 심리검사 이전 평가의 첫 부분에서 실시한다. 일상에서 의사소통은 언어와 비언어로 이루어진다. 대략 의사소통에서 언어는 30~35%의 정보를, 비언어는 65~70%의 정보를 전달하는 것으로 알려져 있다. 따라서 치료사는 면담 과정에서 참여자의 언어뿐 아니라 비언어적 소통 방식을 면밀하게 살펴야 한다. 참여자의 말투, 옷차림, 눈 맞춤이나 손짓, 표정 같은 행동을 관찰하고 분석하면 참여자의 일상에서의 관계, 스트레스 상황에서의 문제 해결 과정을 예측하고 평가하는 데 도움을 받을 수 있다. 속내를 잘 이야기하지 않는 참여자라도 비언어를 통해 그의 마음 상태를 파악할 수 있다. 면담은 비언어적 행동을 관찰할 수 있다는 점에서 참여자에 대한 보다 정확한 정보를 얻을 수 있는 장점이 있다. 면담은 구조화된 면담, 비구조화된 면담, 반구조화된 면담이 있다. 구조화된 면담은 정해진 질문 문항에 따라 진행한다. 비구조화된 면담은 질문 문항이 정해져 있지 않아서 참여자의 반응에 따라 자유롭게 면담이 진행된다. 반구조화된 면담은 질문 사항은 정해져 있으나 치료사가 융통성 있게 상황에 따라 적절하게 진행하는 방식이다.

(3) 관찰

관찰은 면담 과정에서 참여자 행동의 특정 영역을 측정하는 구체적인 전략과 기법을 말한다. 관찰은 직접 평가 과정으로, 참여자의 실제 속성에 가장 근접한 직접적인 자료를 제공한다. 관찰은 치료사가 관심 있는 행동을 선정하여 추론해 나가는 이야기식 기록, 일정한 시간에서 일어나는 행동을 기록하는 시간 간격별 기록, 일어난 행동 및 행동의 세부 사항을 기록하는 사건 기록, 행동을 척도로 측정하는 평정 기록이 있다. 관찰은 치료사의 주관이 개입될 우려가 있으므로 신뢰도와 타당도를 높일 수 있도록 해야 한다. 신뢰도를 높이는 방법으로 여러 명의 치료사가 관찰하여 신뢰도나 일치도를 평가하거나, 검사-재검사를 통해 신뢰도를 높이거나, 관찰 도구를 둘로 나누어서 내적 일치도를 검사하는 방법이 있다. 관찰에서 그 결과가 얼마나 대표성과 보편성을 띠느냐에 따라 타당도를 높일 수 있다. 타당도를 높이기 위한 특별한 방법은 없다. 다만 치료사는 언제든지 편견에 빠질 수 있다는 겸허한 마음을 가져야 하고, 참여자와 상호작용을 최소화하기 위해 최대한 자신을 낮추고 관찰해야 한다.

연극치료 진단평가(Johnson et al., 2013)에서는 관찰이 자주 사용된다. 관찰은 참여자가 드라마를 사용하는 방식, 치료에서 제기된 문제를 표현하는 방식, 잠재적인 변화와 관계에 집중한다. 연극치료에서 관찰을 통한 진단은 크게 수동적 관찰과 능동적 관찰로 나뉜다. 수동적 관찰은 심리치료의 관찰처럼 연극치료사가 어떠한 중재 없이 객관적으로 관찰하는 것이다. 능동적 관찰은 연극치료의 특징으로 치료사가 적극적으로 개입하는 경우다. 연극치료사는 있는 듯 없는 듯하면서 관찰하는 것이 아니라 또 다른 참여자가 되어 극적 개입을 하면서 관찰한다. 치료사는 극적 개입에서 만나는 참여자의 감정, 사유, 행동에 주목한다. 참여자의 창조적 행위에 적극적으로 참여하는 연극치료사는 참여자의 창조성과 자발성, 역할 레퍼토리의 표현과 발전을 허용하는 놀이적 환경을 조성하고 참여자에 대한 인식을 기하급수적으로 확장하는 새로운 차원을 창조할 수 있다. 연극치료에서 능동적 관찰이 요구되는 까닭은 개입이 없는 수동적인 관찰은 참여자의 창조적 치료 과정을 자극할 수 없으며, 극적 행위에 내재한 진단평가 정보의 중요한 자원을 놓칠 우려가 있기 때문이다. 연극치료사의 극적 참여로 에너지가 상승하면 참여자의 창조성과 자발성이 저절로 드러날 것이다.

면담이나 관찰을 통한 진단평가에서 주의해야 할 사항은 치료사의 역전이 문제다. 한편, 진단, 사전 평가, 평가와 관련하여 문화적이고 사회경제적인 요인의 중요성이 강조된다. 치료사는 평가 과정에서 있을 수 있는 문화적 편견이나 차이에 유의해야 한다는 것이다. 예를 들어, 치료사가 라틴 문화에 익숙하지 않다면 그 문화권에서 건강한 징후로 여기는 가치를 반대로 미성숙이나 역기능의 증상으로 간주하는 실수를 범할 수 있다. 치료사가 다른 문화적 가치를 잘 이해한다면 잘못된 진단을 예방할 수 있다(Jones, 2005).

2) 심리검사의 제작과 요건

심리검사를 제작하는 과정에서 간과해서는 안 될 것은 표준화(standardization)와 규준(norms)이다. 연극치료 진단평가의 개발에서도 이 점을 명심해야 한다. 심리검사를 할 때 해당자 전체를 검사할 수 없으므로 일부를 표본으로 하여 검사하는 수밖에 없다. 복잡하고 다양한 인간의 행동 특성을 제한된 검사 문항으로 규정하는 것 또한 불가능하므로 행동 일부를 표집하여 전체 행동을 미루어 판단한다. 이는 심리검사의 한계이기도 하거니와 이를 보완하기 위해 마련된 것이 표준화와 규준이다. 표준화는 검사의 실시와 채점이 동일한 절차에 따라 이루어져야 하는 것을 뜻한다. 즉, 피검자 모두에게 똑같은 지시, 질문, 시간을 부여해야 한다. 예컨대, 수능을 치를 때 지역이 다르더라도 시험을 치르는 방식, 내용, 시간이 똑같아야 한다. 그래야 수능생의 전국 석차를 인정받을 수 있다. 표준화에는 절차의 표준화와 채점 및 해석의 표준화가 있다. 절차의 표준화는 검사의 제작, 실시, 채점, 활용에 있어 반드시 요구되는 절차에 따라야 하는 것을 뜻한다. 심리검사 개발자는 표준화를 위해 꼭 지켜야 할 절차를 분명하게 지시해야 하며 검사자와 피검자는 이를 엄정하게 지켜야 한다. 채점이 표준화되어야 전체 속의 개인이 위치한 수준을 제대로 해석할 수 있다. 특히 표준화는 참여자들의 유사성을 진단평가할 때 더욱 효율적이다. 다만 대부분의 치료는 독자적인 특성을 지닌 참여자와 작업을 하는 만큼 표준화된 측정이라도 그 한계가 있음을 인식해야 한다. 또한 진단평가가 아무리 표준화되었다고 하더라도 참여자의 정신적 조건을 완전히 파악하는 것은 불가능하다. 치료사가 참여자를 대상이 아닌 인간으로 만나야 하는 것은 이러한 까닭이다.

한편, 심리검사에서 얻은 원점수를 의미 있게 해석하기 위해서는 일정한 규준이 필요하다. 규준이란 개인의 점수를 다른 사람들의 점수와 비교할 때 그 비교가 되는 점수를 뜻하는 것으로, 개인의 점수가 전체에서 어디쯤 위치하는지 알려 준다. 규준이 필요한 이유는 심리검사의 해석이 상대적이기 때문이다. 가령, 우울증 정도를 평가할 때 '평균 이상이다'라는 식으로 전체 점수를 기반으로 원점수를 해석한다. 평균값을 기준으로 한 해석은 상대적이므로 검사 점수가 규준을 바탕으로 할 때 의미와 가치를 갖게 된다.

3) 신뢰도와 타당도

반복하지만 인간의 마음을 명확하게 평가하기란 쉽지 않다. 심리검사 상황에서 피검자의 무의식적 동기, 욕구, 압력, 방어 등이 작용하기 때문에 그의 정신적 세계를 있는 그대로 정확히 그려 내는 것은 어렵다. 따라서 피검자는 선행연구를 참고하고 임상 경험을 바탕으로 전문적인 견해를 제시하기 위해 노력해야 한다(이우경, 2019). 심리검사에서 신뢰도와 타당도를 확립하지 않으면 공신력 있는 심리검사로 인정받지 못한다. 연극치료 진단평가에서 신뢰도와 타당도를 확보하기 위해 부단히 노력하는 것도 이런 까닭이다.

심리검사에서 반복해서 측정해도 같은 결과가 나오는 정도를 신뢰도라고 한다. 하지만 심리검사에서 피검자가 매번 정확하게 응답할 가능성은 크지 않다. 신뢰도는 동형검사 신뢰도, 내적 일관성 신뢰도, 검사-재검사 신뢰도로 구분된다. 동형검사 신뢰도는 문항 내용은 다르지만, 측정 내용, 문항 수, 문항 형식 등이 같은 두 개의 동형검사를 같은 대상에게 연속적으로 실시하여 받은 점수 간의 상관관계에 의한 신뢰도다. 내적 일관성 신뢰도는 한 검사 내 모든 문항 간의 상관계수를 근간으로 한다. 내적 일관성 신뢰도의 대표적인 계수로 크론바흐 알파(Cronbach's Alpha)가 사용된다. 내용 표집에 의한 오차 정도를 나타내기 때문에 심리검사를 제작할 때 필수적이다. 검사-재검사의 신뢰도는 안정성, 일관성, 예측 가능성, 정확성의 정도에 관련된 것이다. 저울 위에 동일한 물건을 올려놓았지만, 매번 다른 무게가 측정된다면 신뢰성 있는 저울이 되지 못한다. 그러므로 검사지가 높은 신뢰도를 가질 수 있도록 표준화되어야 하고, 검사 절차, 검사 환경, 관계 형성에도 주의를 기울여야 한다.

타당도는 해당 검사 도구가 측정하고자 하는 특성을 얼마나 충실하게 측정하느냐를 의미한다. 즉, 타당도는 검사 도구가 평가 목적에 얼마나 적합한지를 보는 것이다. 키를 측정하기 위해서는 줄자가 타당하고, 몸무게를 측정하기 위해서는 저울이 타당하다. 심리검사에서 간접적인 방법으로 추론하는 지능, 불안, 성격검사는 타당도를 확립하기가 까다로운 것으로 알려져 있다. 연극치료 검사 도구가 높은 타당도를 지니기 위해서는 그 검사 도구가 해당 참여자의 상태를 얼마나 정확하게 측정하는가에 달려 있다. 이처럼 검사 도구의 측정의 정확성을 확보하는 데 중요한 타당도와 신뢰도는 상호 밀접한 관계가 있다. 신뢰도가 낮은 검사 도구는 타당도가 낮을 수 있지만, 신뢰도가 높다고 반드시 타당도가 높은 것은 아니다.

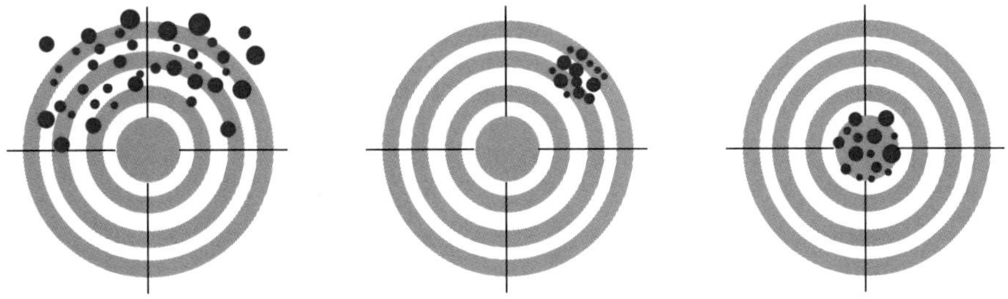

1) 낮은 신뢰도 & 낮은 타당도　　2) 높은 신뢰도 & 낮은 타당도　　3) 높은 신뢰도 & 높은 타당도

1) 신뢰도와 타당도가 낮다는 것은 화살이 과녁 여기저기를 맞히는 격이다.
2) 신뢰도는 높지만 타당도가 낮다는 것은 화살이 과녁에 집중적으로 맞지만 중앙이 아닌 엉뚱한 곳에 맞히는 격이다.
3) 신뢰도와 타당도가 높다는 것은 화살을 쏠 때마다 과녁의 중앙을 맞추는 격이다.

출처: 위키피디아(http://en.wikipedia.org/wiki/File:Reliability_and_validity.svg)

신뢰도와 타당도에 영향을 미치는 요인으로 조사 도구, 조사 환경, 조사 참여자, 수검자의 해석이 있다. 조사 도구로는 질문 문항의 모호성, 측정 문항 수, 조사 참여자가 잘 모르거나 관심 없는 경우, 측정의 길이, 인쇄 및 편집 등이 영향을 미친다. 조사 환경으로는 조사 당시의 상황, 검사 도구 완성에 필요한 지시가 포함되며, 조사 참여자는 성별, 나이, 사회경제적 지위, 조사 참여자의 이질성, 검사에 대한 흥미와 동기가 영향을 미친다.

4) 조사 방법의 유형

진단평가를 위한 조사 방법에는 자료 수집에 따른 분류, 시간 차원에 따른 분류, 연구 목적에 따른 분류가 있다.

(1) 연구 방법에 따른 분류

자료 수집 또는 연구 방법에 따른 분류로 양적(quantitative) 진단평가와 질적(qualitative) 진단평가가 있다.

① 양적 진단평가

양적 진단평가는 실증적인 연구 방법으로, 자료를 수집하고 계량화하여 통계적으로 분석한다. 양적 연구는 경험적이고 통계적이며 가설을 검증하고 법칙을 발견하여 객관적인 연구가 가능하다. 수치화된 자료를 바탕으로 변수 간의 상관관계를 분석하여 일반화된 법칙을 발견하는 것이다. 그런데 인간의 정신 또는 마음을 수치화한다는 것은 상당히 어렵다. 주관적인 자기-보고 형식으로 계량화하는 방법은 피검자의 조건이나 상황에 따라 달라질 수 있으며, 설문지의 개발도 쉽지 않다. 다만 주관적인 자기-보고 형식이 절대적인 객관성을 담보하지 못하더라도 참여자의 상태를 이해하고 치료의 계획을 세우는 데 커다란 도움을 받을 수 있다.

② 질적 진단평가

질적 진단평가는 해석적인 연구 방법이다. 개인은 매 순간 타인과 상호작용하는 존재이므로 계량화가 어렵다고 보고 치료사가 직관으로 사회문화 현상을 해석하고 이해하고자 한다. 질적 진단평가는 주로 면담이나 관찰로 이루어지기 때문에 관찰 일지, 대화록 등을 활용한다. 질적 진단평가는 치료사의 주관성이 개입할 여지가 크므로 객관적인 법칙을 발견하기가 어려울 수 있다. 이를 보완하기 위해 여러 명의 치료사가 참여자를 면담하거나 관찰하여 공통적인 요소를 추출한다. 양적 연구는 의학이나 사회과학에서 많이 사용되고 있으나, 양적 측면에 대한 의존이 지나칠 경우, 독특한 인간의 행위를 도식화할 위험이 있다고 보고 질적 연구와 병행하는 흐름으로 나아가고 있다. 질적 연구가 철저하게 객관적인 면담과 관찰을 기반으로 한다면 이 역시 경험적이며 실증적인 연구가 될 수 있고, 치료사와 참여자 간의 상호작용이 이루어지는 현장에서 직접 이루어진다는 점에서 유연하고 열린 진단이 될 수 있다. 좋은 평가란 수나 양이 아니라 좋은 관찰이며, 우리 자신이 내린 가정이나 당연시되는 편견을 취하지 않는 관찰이다. 좋은 진단평가란 우리의 눈을 현상 자체에 여는 것이며, 이런 방식으로 참여자가 스스로를 드러내도록 하는 것이다(Johnson et al., 2013).

③ 양적 및 질적 진단평가 비교

연극치료를 포함한 예술치료의 경우 무조건 양적 연구의 객관성을 중시하는 태도는 바람직하지 않다. 예술치료의 진단평가는 투사적이므로 연구와 뛰어난 관찰력과 실제 경험이 풍부한 연극치료사의 객관적인 해석이 오히려 수치화의 결과보다 더욱 정확할 수 있다. 연극치료 진단평가는 대개 질적 연구로 이루어진다. 양적 집단평가와 질적 진단평가를 비교하면 다음과 같다.

첫째, 양적 연구에서는 치료사의 독립된 객관적인 현상이 존재한다고 보지만, 질적 연구는 불가능하다고 본다. 질적 연구는 치료사의 주관이 개입되지 않은 완벽한 객관적인 관찰을 믿지 않으며, 현상을 관찰하는 행위 자체가 관찰 대상인 현상에도 영향을 준다고 본다. 따라서 질적 연구는 치료사와 참여자의 주관적인 인지나 느낌, 해석 등을 모두 나타낸다.

둘째, 양적 연구가 산출 결과(outcome)를 중시한다면, 질적 평가는 과정(process)을 중시한다. 예컨대, 장애 아동의 가족에 대해 양적 진단평가는 어떤 원인으로 어떤 문제가 발생하였는지에 주로 관심을 가진다. 반면, 질적 진단평가는 아동과 부모의 의사소통 양식, 상호작용 및 상호 변화, 외부의 영향에 대한 반응, 가족 체계의 적응 과정 등에 관심이 크다.

셋째, 질적 연구는 양적 연구보다 직관적이며 유연하다. 질적 연구는 조사에 필요한 절차나 단계를 사전에 결정하지 않고 상황에 따라 적절한 방법을 채택해 나간다. 또한 치료사의 경험이나 직감에 의존하여 조사 단계나 절차를 결정하고, 이를 통해 새로운 설명 개념들을 추출한다.

넷째, 양적 연구와 마찬가지로 질적 연구도 과학적인 방법론을 사용한다. 논리와 경험을 결합하여 현상을 설명한다는 점에서 두 연구 방법은 일치한다. 하지만 논리와 경험을 결합하는 방법에서는 두 접근 간에 차이가 있다. 양적 연구는 이론에서 출발하여 경험적으로 검증해 가는 연역적 방법을 선호하지만, 질적 연구는 수집한 경험을 근거로 잠정적인 이론에 도달하는 귀납적 방법을 선호한다.

다섯째, 질적 평가는 대체로 복잡하고 풍부한 내용을 도출한다. 연구 대상이 되는 사람, 사례의 현실 상황 또는 맥락을 중시하므로 다양하게 연결된 상황을 질적으로 묘사하기 위해 이야기(narrative)식의 서술 형태를 자료로 산출하는 것이 보통이다. 이러한 접근으로 도출된 결과는 특정 문제나 현상에 대해 질적으로 풍부한 묘사를 담을 수 있다. 따라서 질적 연구는 연역 방식의 양적 연구보다 결정주의나 환원주의적 성향이 적게 나타난다.

다만 질적 연구로 도출된 이론은 일반화에 한계가 있다. 이것이 질적 연구 방법의 한계라고 볼 수 없지만, 양적 연구보다 질적 연구에서 도출되는 이론은 결정적이라기보다는 잠정적이라는 특징이 있다. 질적 조사연구는 양적 조사연구보다 구조적으로 느슨한 방법론을 적용한다. 즉, 조사에 따른 방법과 절차 등이 사전에 선택되지 않고 연구의 진행 상황에 따라 적절한 것으로 계속 바꾸어 나갈 수 있다. 또한 양적 조사에서 중요시하는 측정과 샘플링, 통계 분석들의 측량 절차에 크게 관심을 두지 않는다. 질적 조사는 방법 자체에 대한 이해를 크게 중시하지 않으며, 그보다는 연구 대상이 되는 현상에 대한 깊이 있는 이해와 통찰력을 우선으로 요구한다(김영종, 2023).

(2) 시간 차원에 따른 분류

시간 차원에 의한 분류로 횡단연구와 종단연구가 있다.

① 횡단연구

횡단연구는 일정 시점에서 조사를 진행하는 정태적인 특성이 있다. 주로 표본조사를 실시하고 반복 측정하지 않는다. 조사 대상의 특성에 따라 집단을 여러 소집단으로 나누기 때문에 표본의 크기가 커야 한다. 한마디로 횡단연구는 일정 시점에서 특정 표본이 가지고 있는 특성을 파악하거나 자료를 수집하는 연구다. 한 시점에 관한 연구이므로 종단연구보다 자료 수집에 대한 노력과 시간이 적게 든다는 장점이 있다. 횡단연구는 인구, 주택조사 같은 현황 조사나 연구 대상이 널리 분포된 광범위한 조사에서 많이 활용된다. 일정 시점에 특정 표본의 특성을 파악하는 횡단연구는 단 한 번의 표본조사로 진행되며, 조사 대상에 따라 집단을 분류해야 하므로 표본의 크기가 클수록 좋다.

② 종단연구

종단연구는 같은 표본을 간격을 두고 두 번 이상 관찰 및 조사함으로써 표본의 변화를 파악하는 연구다. 점진적이고 지속적인 변화를 추정하는 데 적합한 종단연구는 일정한 시간적 간격을 두고 측정하는 동태적인 특성이 있다. 장기간에 걸쳐 반복해서 측정해야 하며 같은 표본을 장기간 추적해야 하므로 시간과 비용이 많이 들지만, 조사 대상자의 장기간에 걸친 변화의 분석이 가능하다. 일정 기간 변화하는 특정 표본의 특성을 파악하는 종단연구는 여러 번 반복적으로 현장조사로 진행되며, 동일한 대상을 장기간 조사해야 하므로 표본의 크기가 작아도 별 문제가 없다.

(3) 연구 목적에 따른 분류

연구 목적에 따른 분류로 탐색적 조사, 기술적 조사, 설명적 조사가 있다.

① 탐색적 조사

예비조사인 탐색적 조사는 조사 설계를 확정하기 전, 또는 연구 문제에 대한 사전 지식이 부족할 경우에 실시하는 조사다. 탐색적 조사는 예비조사이므로 이로부터 연구 문제를 파악하고 연구의 우선순위를 수립할 수 있다. 또한 융통성을 가지고 운영할 수 있으며 수정도 가능하다. 탐색적 조사의 종류에는 문헌 조사, 경험자 조사(전문가 의견 조사), 특례(분석) 조사 등이 있다.

② 기술적 조사

기술적 조사는 현상을 정확하게 파악하여 기술하고 미래 상황을 계략적으로 예측하는 조사다. 기술적 조사의 핵심 사항은 변수 간의 상관관계를 기술하는 조사라는 점이다. 예비조사의 성격을 지닌 탐색적 조사와는 달리, 기술적 조사는 연구 문제와 가설 설정 후 진행한다. 기술적 조사는 계획적이고 체계적으로 진행되어야 하며, 어떤 현상에 대해 단순히 기술하는 조사이므로 실태조사의 형태를 띤다. 기술적 조사에는 횡단적 조사와 종단적 조사가 있다.

③ 설명적 조사

설명적 조사는 사실의 인과관계를 규명(진단적 조사)하거나 미래를 예측(예측적 조사)하는 조사다. 즉, '왜(why)'에 대한 대답을 제공하고 설명하는 조사다. 기술적 조사가 변수 간 상관관계를 기술하는 조사인 점과는 달리, 설명적 조사는 인과관계를 규명한다. 즉, 설명적 조사는 문제의 원인을 파악하고 인과관계의 규명을 위해 실험설계와 같은 방법을 활용하는 조사다.

2. 연극치료 진단평가

현재 관심의 대상인 예술치료가 더욱 발전하기 위해서는 치료의 효과를 객관적으로 증명할 수 있어야 한다. 제약사가 신약을 개발하였을 때 지속적인 임상을 거쳐 안정성과 명백한 효과가 과학적으로 입증되어야 비로소 안전하게 환자에게 투여할 수 있는 자격을 얻는다. 예술치료 역시 치료의 효과를 뚜렷하게 증명해야 하지만, 상상력과 창조력으로 발현된 예술을 매체로 한 예술치료에서 인간의 심리에 얼마만큼 영향을 끼치고 변화의 동인으로 작용하였는가를 측정하기란 대단히 어려운 일이다. 따라서 예술을 통한 창조적 표현 과정을 객관적으로 측정하는 것이 가능한가 하는 문제는 예술치료에서 항상 염두에 두어야 하는 사항이다. 예술치료는 이런 난점에 맞서 예술적 창조성과 과학적 타당성을 구분하고 '은유 측정의 다양함'이라는 주제로 이를 풀어내고자 한다. 현실을 은유하는 예술은 인간에게 본원적이며, 내적인 것을 외적으로 표현하는 대표적인 투사 매체다. 따라서 예술치료 진단평가는 대체로 참여자의 내적 경험에 대한 정보를 밝히는 데 유용한 것으로 간주한다. 예술치료의 진단평가가 수량화된 평가도구는 아니지만, 투사적 평가 기법으로서 참여자의 표현력, 상상력, 창조력에 기반한 평가가 가능하다고 보는 것이다.

1) 연극치료 진단평가의 특징

예술 매체를 진단평가의 도구로 처음 사용한 것은 정신의학과 심리학 분야였다는 점은 흥미롭다. 진단평가 연구는 세기말에 정신의학 분야와 심리학에서 시작되었다. 진단평가에서 처음으로 예술 매체를 도구로 사용한 것은 정신의학자와 심리학자들이었다(Johnson et al., 2013). 이 점은 예술치료의 진단평가가 심리적 진단평가와 상호 보완할 수 있는 훌륭한 수단임을 말해 준다. 참여자가 처음 만나는 치료사에게 자신의 문제를 진솔하게 이야기하기란 쉽지 않다. 치료실을 어렵게 방문하였지만 정작 자신의 문제를 직접 말하지 못하고 빙글빙글 돌리거나 심지어 거짓말을 하기도 한다. 그런데 은유적인 예술 매체를 사용하면 자기도 모르게 자신의 문제를 가감 없이 표현하게 된다. 말로 표현하기는 어렵지만 그림, 이야기, 역할로 표현한다면 자기 이야기가 아니면서 자기 이야기를 하는 것이 된다. 즉, 거리두기의 안전함 속에서 방어적 태도를 버리고 솔직히 표현하게 되는 것이다. 예술치료의 진단평가는 이 점에서 유용하다.

연극치료 또한 여러 난점에도 불구하고 진단평가에 관심이 크다. 존슨, 펜직, 그리고 스노우 등이 공동 집필한 『연극치료의 진단평가』(2013)는 연극치료에서 진단평가의 어려움과 중요성을 잘 보여 주는 책이다. 여기서도 이 책을 주로 참고할 것이다. 펜직은 연극치료 진단평가의 어려움을 다음의 질문으로 대변한다. 연극치료의 잠재적인 모델이 이처럼 다양한데 과연 어떻게 연극치료 과정을 진단할 수 있을까? 연극치료사가 과정을 진단하고 평가하도록 이끌어 주는 변수는 무엇일까? 다양한 개입을 동일한 도구로 진단할 수 있을까? 한편, 연극치료사에 따라 표준화된 도구로 측정이 불가능하고 규격화된 치료로 다뤄질 수 없는 것이 연극치료 진단평가의 특징이라고 보고, 참여자에 따라 유연하게 접근하는 구성주의 관점을 제시한다. 구성주의는 인간이 자신의 경험으로부터 지식과 의미를 구성해 낸다는 이론으로, 교육학에서 교사는 학생이 사실이나 생각을 발견할 수 있도록 돕는 안내자 역할을 하도록 한다. 연극치료에서 구성주의는 연극치료사가 단순한 관찰자가 아닌 참여자와의 공감과 상호작용 속에서 참여자의 감정, 사고, 행동의 변화를 주목하는 방식이다.

2) 연극치료 진단평가의 목적

연극치료에서 진단평가를 실시하는 목적은 심리치료의 진단평가와 같다. 참여자의 심리적 문제를 세분화 및 명료화하고, 강점과 약점을 파악하여 치료사는 물론 참여자도 자신을 분명하게 이해하기 위한 것이다. 다만 연극치료 진단평가는 참여자에 대한 이해, 문제의 명료화, 치료 계획 수립, 치료 결과 평가의 기능 가운데 치료 계획 수립에 좀 더 중점을 둔다. 즉, 연극치료에서 진단평가는 참여자의 현재 상태를 파악하고 어떤 치료 절차와 모델을 적용하는 것이 효과적인가 판단하는 근거로 활용한다. 가령, 진단평가의 결과는 개인치료 혹은 집단치료를 할 것인지, 어떤 모델이나 어떤 역할 또는 이야기를 활용할 것인지 결정하는 데 도움을 준다. 이렇듯 진단평가는 치료 과정의 일부로서 임상과 곧바로 연결된다. 연극치료에서 진단평가의 과정이 연극치료의 과정과 거의 동일한 맥락에서 이루어지는 것은 이런 까닭이다. 이는 연극치료 진단평가가 질적 평가로서 행동 관찰이 주를 이룬다는 점에서도 알 수 있다. 심리치료와는 달리 연극치료의 특징 중 하나는 연극치료사가 참여자와 동참한다는 것이다. 치료사는 참여자와의 수평적인 위치에서 일정한 역할을 담당하고 상호작용을 하면서 한편으로 관찰하고 기록하는 작업을 수행한다. 치료사가 주관적 오류에 빠지지만 않는다면 이런 방식의 진단평가는 심리검사로는 알 수 없는 참여자의 중요한 정보를 얻을 수 있다.

재차 언급하자면 연극치료의 특징 중 하나는 연극치료사와 참여자의 직접적 소통과 상호작용이다. DvT는 연극치료사가 참여자에게 '망가진 장난감'이 되도록 권한다. 함께 작업하는 과정에서 역할연기를 하다 보면 치료사와 참여자의 경계가 모호해지기도 한다. 이렇듯 참여자를 평가하는 치료사가 작업에 직접 개입하므로 심리치료의 진단평가 방법과는 사뭇 다르다. 한마디로 치료사가 현장에서 참여자와 직접 만나 상호 소통을 하면서 진단하는 것이 연극치료 진단평가의 특징이다. 또한 연극치료는 치료사의 객관적이고 과학적 자세를 요구하는 동시에 자신에 대해서도 진단평가를 요구한다. 참여자를 관찰하는 자신을 스스로 관찰하도록 하는 것이 연극치료 진단평가의 두 번째 특징이다. 따라서 치료사는 참여자와의 상호작용에서 생겨나는 전이와 역전이를 지속적으로 인식해야 한다. 세 번째 특징으로는 참여자를 진단하기 위해 연극치료가 행해지는 공간에 대한 평가가 수반된다는 점이다. 목소리와 신체의 움직임으로 역할연기를 하는 공간의 조건, 상황, 형태에 따라 치료의 효과가 달라진다. 따라서 연극치료는 통합적 진단평가 모델에서 치료사, 공간, 참여자의 종합적인 진단평가를 제시한다. 즉, 연극치료에서는 주로 놀이, 창조성, 자발성, 체현, 투사가 활용되는 만큼 진단평가는 연극치료의 특성을 기반으로 설정되어야 하며, 치료사의 성향, 치료 환경, 참여자의 증상이 진단평가에 영향을 미칠 수 있음을 알아야 한다. 존스(Jones, 2005) 또한 연극치료 진단평가의 기본 목적을 참여자에 관하여, 그리고 가능한 한 그들이 만나는 어려움을 찾아내는 것이고, 참여자가 치료 과정으로 가져온 문제로 작업하기 위해 어떻게 연극치료 공간을 사용해야 하는지를 발견하는 것이라고 말한다.

연극치료 진단평가는 임상에서 계속 축적은 되고 있지만, 신뢰도와 타당도 그리고 표준화에 있어서 여전히 보완할 숙제를 안고 있다. 좀 더 다양하고 많은 임상이 계속되어 부족한 부분을 채워 나가야 한다. 연극치료의 진단평가에 대한 저항감이나 두려움이 있음에도 연극치료사가 자체적으로 진단평가 표준화와 규준을 만들어 낸다면 독립적인 분야로서 온전히 발전하게 될 것이다.

3) 진단평가 방법론

연극치료 진단평가는 직접적인 방법(in vivo), 간접적인 방법(in vitro), 자기-보고 질문지 작성 방법이 있다.

직접적인 방법은 참여자가 멀리뛰기를 얼마나 할 수 있는지를 알아보기 위해 실제로 멀리뛰기를 하도록 하는 것이다. 얼마나 멀리 뛸 수 있는지 적어 내라는 질문지보다는 직접 멀리뛰기를 확인한다면 객관적인 평가가 이루어질 것이다. 연극치료에서 참여자가 어느 정도 극적 현실에 빠져들 수 있는지 알아보기 위해 실제로 공연을 하도록 하고 공연 중인 참여자를 관찰한다. 객관적인 결정을 위한 관찰은 상당히 유용한 평가 방법이다. 관찰은 진단에 그치지 않고 연극치료사에게 치료적 감각이라는 혜안을 갖도록 하며 참여자가 자신을 표현하는 계기를 마련해 주는 장점도 있다. 관찰이 객관성을 갖기 위해서는 관찰자가 많을수록 좋으며 동영상 녹화가 필수적이다.

간접적인 방법은 참여자에게 실제 상황이 아닌 유사한 상황에서 행동하도록 요구하는 것이다. 참여자의 인터뷰 능력을 측정하기 위해 가상의 인터뷰 환경을 만들어 놓고 가상으로 인터뷰하는 방식이다. 연극치료에서 역할연기는 간접적인 방법을 확장한 것이다.

자기-보고는 행위를 요구하는 대신에 행위에 대해 참여자가 의견을 제시하는 방식이다. 예컨대, 참여자는 역할 레퍼토리를 평가하면서 동일시되었다고 느낀 역할들을 표시한다. 자기-보고는 리포트, 점검표, 리커트 척도, 카드 등이 포함된다. 자기-보고의 엄격한 형식은 면담이다. 면담에서 연극치료사는 참여자에게 질문하고 그와 관련된 관찰들을 점수화한다. 자기-보고는 수량화라는 점에서 장점이지만 주관적이라는 단점이 있다.

연극치료사의 성향과 작업 환경, 그리고 참여자의 특성은 진단평가 전략에 영향을 준다. 참여자는 누구나 개인적인 역사와 특수한 욕구 및 습관을 지닌 독특하고 역동적인 존재다. 그러므로 치료사는 참여자를 단순히 진단 대상으로 환원하는 대신에 환경과의 상호 행위에서 지속적으로 변화하는 유일하고 독특한 역동적 존재로 인정하는 자세를 가져야 한다.

4) 거시적 수준과 미시적 수준

로베트 스테이크(Robert Stake)는 진단평가를 거시분석과 미시분석으로 구분하고, 모든 검사에서 핵심은 수검자라고 언급한다. 진단평가에서 수검자의 태도와 시각의 중요성을 강조한 것이다.

거시적 조사는 보통 표준화된 질문지를 기반으로 하며, 대규모 집단에 속한 사람들이 특정한 상황에서 어떤 행동을 하는지 이해하는 데 도움을 준다. 그런데 연극치료사의 경우 참여자와 함께 작업하므로, 보편적인 역할을 이해하는 것으로는 만족할 수 없고 참여자 개인의 독특한 측면을 평가할 필요가 있다. 그래서 필요한 것이 미시적 조사다.

미시적 수준의 진단평가는 개인이 특정한 상황에서 어떻게 행동하는지 이해하고 참여자가 그 순간에 경험하는 현상에 의미를 부여한다. 스테이크는 미시적 수준에 공감적 탐구 개념을 도입한다. 이는 연극치료사와 참여자 사이에서 공감을 형성하여 참여자의 감정과 사고, 치료사의 감정과 생각에 대해 민감하게 반응하는 것을 의미한다. 이는 어떤 가치가 만인에게 보편 중립적이기보다는 개인의 경험에 따라 달라지는 것으로 보는 구성주의적 시각에 해당하는 것으로, 어떤 연구 결과가 참여자와 맥락의 상호 행위 속에서 이루어진다고 본다. 일반 상담에서도 상호작용에 있어 전이와 역전이 문제를 깊이 있게 논의한다. 현재 수검자이든 피검자이든 인간으로서 독특한 특성이 있고 이런 요인이 심리검사에 영향을 미친다는 것은 누구나 인정하고 있다. 따라서 상호작용이 더욱 강조된 연극치료에서 진단평가는 미시적 차원의 접근이 바람직하다고 할 수 있다. 이러한 입장의 진단평가는 측정이 아닌 경험이 중요하므로 연극치료사의 적극적인 개입이 요구된다. 치료사는 참여자와의 만남 중에 일어나는 이곳, 이 순간의 작용과 반작용에 민감해야 하며 항상 열린 마음을 지녀야 한다.

3. 연극치료 초기 진단평가

연극치료와 관련된 진단평가에서 모레노의 초기 작업은 의의가 있다. 모레노는 군전략사무국(OSS)에서 즉흥연기 진단 도구를 개발한 바 있다. 이곳에서 진행된 역할연기 검사와 자발성 검사는 연극치료 분야에서 즉흥 진단평가의 발전과 역할연기 진단평가에 중대한 영향력을 행사하였다.

1970년대에 폴 맥레이놀즈(Paul McReynolds)는 좀 더 정교한 즉흥극 형식의 진단평가를 만들었다. '즉흥의-나(Impro-I)'는 일정한 순서로 제시되는 12개의 표준화된 역할연기로 구성된다. 참여자에게 상황을 설명해 준 다음, 동일한 상황에 기반한 간단한 대본을 스태프와 함께 읽는다. 다음으로 참여자는 스태프와 함께 주어진 상황을 즉흥적으로 연기한다. 주어진 상황이란 참여자의 자기주장, 감사, 분노, 슬픔, 거부 같은 반응을 불러일으키는 것을 의미한다. 특히 대인관계에 초점을 둔 맥레이놀즈의 역할연기 진단은 엄격한 구조화가 그 특징이다. 한 명 이상의 치료사가 12개의 '상황 양상 척도'를 평가하며 단계마다 7점을 준다. 맥레이놀즈는 개인에서 한 걸음 더 나아가 즉흥의-커플(Impro-C)로, 즉흥극 형식의 진단 도구를 만들었다. 그러나 이들 검사는 신뢰도와 타당도, 표준화, 진단 기획의 강도, 관찰자 평가의 효율성, 연기 능력 평가의 혼돈, 즉흥적 반응의 확신성 등에서 문제가 노출되었다.

연극치료에서 본격적으로 진단 도구를 발전시킨 치료사는 엘리노어 어윈(Eleanor Irwin)이다. 어윈은 인형을 활용하여 아이와 가족을 진단하는 '인형 진단 인터뷰'를 창안하였다. 이는 진단과 처방을 위한 것으로 아이의 투사 놀이에 나타나는 연극적 특징과 관련이 있다. 방법은 다음과 같다. 아이는 여러 인형 가운데 몇 개를 고른다. 그리고 무대로 가서 치료사의 안내에 따라 인형 인물을 소개한다. 다음으로 치료사의 도움을 받아 인형들로 이야기를 만든다. 이야기가 완성되면 치료사는 인형들과 인터뷰하는데 '마치 꿈을 꾸는 것처럼' 연상하도록 한다. 마지막으로 아이와 인터뷰를 하면서 실제 경험과의 연관성을 묻는다. 치료사는 아이가 만들어 낸 인물, 장면의 특성, 이야기 진행 과정 등을 분석하여 아이의 집착, 방어, 불안, 자기조절, 그리고 자아 강도에 대한 정보를 얻는다. 이런 방식은 앞으로 보게 될 라하드의 여섯 조각 이야기 만들기나 랜디의 이야기 말하기(Tell a Story: TAS)의 진단평가처럼 스토리 메이킹 기법과 유사하다.

지금부터 『연극치료의 진단평가』(2013)에서 제시된 진단평가 가운데 EPR 진단평가, 역할연기 진단평가, 역할연기 인터뷰 진단평가, 역할 이론 진단평가, 이야기모델 진단평가, 6열쇠모델 진단평가를 구체적으로 살펴보자.

제26장 EPR 진단평가

제닝스는 자신이 연극치료모델로 개발한 EPR은 진단평가에도 유용하다고 말한다. 그런데 EPR은 연극의 고유성을 살리는 것이므로 EPR을 제대로 이해하기 위해서는 연극에 대한 사전 지식이 필요하다. 이를테면, 무대, 관객, 배우, 희곡에 대한 특징, 그리고 종합예술인 연극에서 현존성 및 집단성의 특징을 충분히 인지해야 한다. EPR은 함께 어울려 현재진행형으로 이루어지는 까닭에 참여자의 즉흥성 역시 중요하다. 따라서 EPR 진단평가는 참여자가 어떤 수준으로 즉흥극을 재현하는지, 다시 말해, 연극성에 기반한 극적 행위를 얼마나 실현하는지 등을 평가한다. 주지하다시피 EPR모델은 발달심리학, 정신분석학, 인류학 등을 응용하여 인간의 연극적 발달에 주목한 연극치료모델이다. 앞서 연극치료모델의 장에서 설명한 것처럼, 이 모델은 태어나서 약 7세에 이르기까지 감각 놀이인 체현 단계, 놀이인 투사 단계를 거쳐 즉흥적인 역할 단계로 발전해 가는 극적 발달단계에 근거한다. 따라서 EPR 진단평가는 참여자가 발달단계에 따라 EPR을 제대로 실현하는지에 초점이 모아진다. 태아에서부터 영유아기를 거치는 동안에 마치~처럼 현상이 연극적으로 어느 정도의 수준인가를 관찰하여 발달 상황을 규명함으로써 진단한다.

1. 진단평가에 대한 EPR의 적용

EPR 진단평가는 다음을 관찰하여 참여자의 극적 발달을 기록하고 평가한다. 첫째, 체현 단계에서 이에 해당하는 초기 경험을 신체화하여 신체의 움직임과 감각을 통해 표현하도록 한다. 신체-자아를 지닐 때 비로소 신체 이미지를 지닐 수 있으므로 신체적 경험은 신체-자아의 발달에 필수적이다. 평가자는 진단평가를 위해 체현에 해당하는 참여자의 움직임과 감각 발달을 관찰하고 기록한다. 어린 시절에 적절한 체현 단계를 거치지 못한 참여자라면 뒤틀린 신체의 이미지와 잠정적인 섭식장애가 나타날 수 있다.

둘째, 투사 단계에서 아이는 신체 너머의 세계에 반응하기 시작한다. 투사 단계가 발달하면 아이는 다른 대상과 실체를 연결시킬 수 있게 된다. 진단평가는 참여자가 이러한 것들이 제대로 실현되는지 주목한다. 투사 단계를 적절히 거치지 못한 참여자는 손동작과 눈 동작, 읽기와 쓰기에 어려움을 겪거나 예술적인 부분에서 창의력을 발휘하지 못한다.

셋째, 역할 입기를 시작하는 역할 단계에 이르러 아이는 타인의 역할을 입음으로써 자신과 타인에 대해 배우게 된다. 진단평가는 참여자가 어느 수준의 역할을 입는지 관찰하고 평가한다. 정상적인 역할 단계를 거치지 못한 참여자는 타인이나 동물의 역할 입기를 할 때 어려움을 겪는다. 이들은 일상에서 파괴적이거나 고립될 수 있다.

넷째, 참여자는 EPR 단계를 거쳐 움직임, 의상, 소도구, 다양한 캐릭터로 연극 장면을 창조하고 놀이하면서 체현, 투사, 역할을 통합한다. 통합의 정도에 따라 참여자의 발달 수준을 평가할 수 있다. 요약하면 EPR 진단평가는 각 단계를 제대로 거치지 않은 참여자는 역할놀이를 제대로 할 수 없다는 점에 주목한다. 역할놀이에 어려움이 있다는 것은 극적 놀이에 제대로 참여할 수 없으며, 다른 사람을 이해하는 데 어려움이 있다는 뜻이다.

이러한 EPR 진단평가는 평가자가 관찰하여 기록하는 질적 평가 방식이다. EPR 진단평가지는 처음에는 정교하지 않았지만, 2006년에 체현 단계를 확장하여 임신, 생후 6개월, 애착 형성에 있어 놀이의 중요성과 같은 세부적인 사항을 덧붙여 신경-극적-놀이(NDP)를 개발함으로써 보다 정교화된다. EPR 진단평가는 참여자가 어떤 움직임을 보이는지, 누구와 어울리는지, 어떤 장소에서 어떤 방식으로 놀이를 하는지 전반적으로 관찰하여 기록한다. 이에 더하여 NDP는 감각적 놀이, 율동적인 놀이, 극적인 놀이로 세분하여 기록한다.

2. EPR 진단평가의 실제: Project WOW의 예

제닝스는 Project WOW에 참여한 아이들에게 체현, 투사, 역할을 실시하고 이를 기록하였다. 체현 단계에서 이름, 인사, 소통, 리듬 맞추기 등을 실시하였으며, 핸드크림, 에센스 오일, 비눗방울, 물수건 등을 활용하여 창조적 움직임을 하도록 하였다.

투사 단계에서 물감, 자화상 그리기, 점토 모형 제작, 콜라주. 크레용, 펠트 펜들, 손가락 형붓, 페인트 붓, 점토, 공작용 점토, 종이 접시, 두꺼운 카드, 설탕 종이, 실제 가위, 풀, 비즈와 단추 등의 소재로 작업하였다.

역할 단계에서 마스크, 인형, 옷과 스카프, 정장용 모자, CD 플레이어 등의 소품을 사용하여 역할연기를 실시하였지만, 참여자 중 누구도 역할 입기가 불가능하였다.

참여자 모두는 체현 단계와 투사 단계에 잘 참여하였다. 하지만 역할 단계 그리고 NDP 단계인 감각적 · 율동적 · 연극적인 놀이의 정교한 세부 사항은 제대로 참여하지 못하였다. NDP의 관찰 결과를 보면, 참여자는 감각 놀이에서 푹신한 담요, 오일 마사지, 조용한 소리, 비눗방울, 감각적인 색채에 반응하였다, 율동 놀이에서 큰 드럼을 이용한 율동적 행위를 좋아하였으나 타악기 작업은 제대로 수행하지 못하였다. 연극놀이에서 참여자들이 보인 유일한 반응은 점심을 준비하기 위해 요리사의 앞치마를 하고 모자를 쓰고 음식을 제공하기 위해 팔에 수건을 두를 때였다. 이 예에서 알 수 있듯이, EPR 진단평가는 각 단계에 대한 참여자의 참여 정도, 그리고 상상력과 창조력을 얼마나 발휘하는지 관찰하고 기록하는 것으로 이루어진다.

3. 연극과 이야기를 조합한 평가

EPR과 NDP를 기반으로 참여자의 조합 패턴을 확인하기 위해 더욱 정교하게 만든 것이 연극과 이야기를 조합한 평가(Play and Story Attachment Assessment: PASAA)다. 감각, 율동, 연극의 세 영역에서 부족한 것이 무엇인지를 규명함으로써 참여자의 현재 문제를 파악한다. PASAA 평가는 세 부분으로 나뉜다. ① 참여자, 부모, 친구, 친척이 기억하는 사건과 정보를 다룬다. ② 감각, 음악, 놀이 재료에 대한 반응으로 감각적 · 율동적 · 연극적 놀이를 다룬다. ③ 스토리텔링에 대한 반응, 즉 이야기 나누기와 이야기 구성을 다룬다. 이야기 구성은 참여자와 공통된 이야기를 만들기 위해 간단한 단어나 구문을 연상하면서 시작한다. 또는 다양한 그림엽서를 제시하거나 물건들을 모아 놓고 이야기를 만들 수도 있다. 가령, 〈의좋은 형제〉에 관해 참여자들이 이야기를 나누고 느낌을 쓴 다음, 짝을 지어 형제가 되어 본다. 형제간의 갈등 요인을 탐색하고, 갈등 해소의 방식을 탐색한 다음에 이를 극화하여 공연한다. 이 모든 과정은 다음에 제시된 평가지에 기록하고 평가한다. 참고로 [그림 26-1]~[그림 26-6]은 제닝스(Jennings, 2011)가 개발한 PASAA 평가지다.

상대적 비율로 측정된 PASAA의 주제들

진단평가 시 a~h에 표현된 단어에 √ 표시를 할 것
목록에 없는 단어는 추가할 것

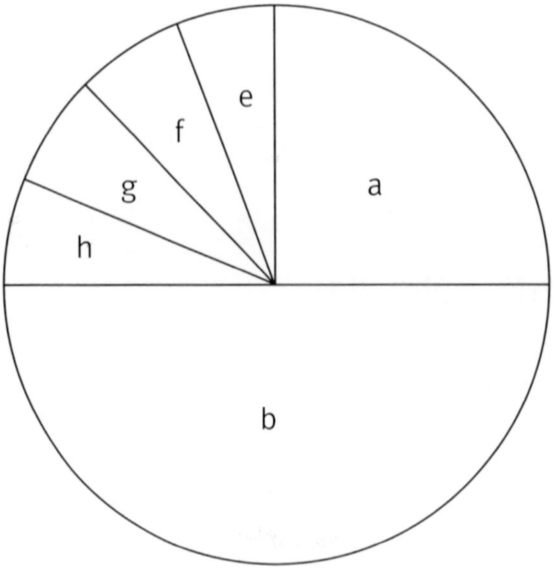

a. 버려짐, 거부, 무기력
b. 폭력, 괴롭힘, 분노 (또 다른 극단적 감정들)
c. 음식, 알코올, 마약, 절도
d. 학대, 잔혹, 성적 행위
e. 사랑, 애정, 친절
f. 희망, 용기, 공감
g. 긍정적 애착, 신뢰, 관계
h. 창의력, 상상력, 유머

날짜: 참여자 이름(가명)/번호: 평가자 이름:

그림 26-1 PASAA 평가지 1(예시)

사용한 재료를 통한 PASAA

다음의 재료 가운데 사용하지 않은 재료는 삭제할 것
목록에 없는 재료는 추가할 것

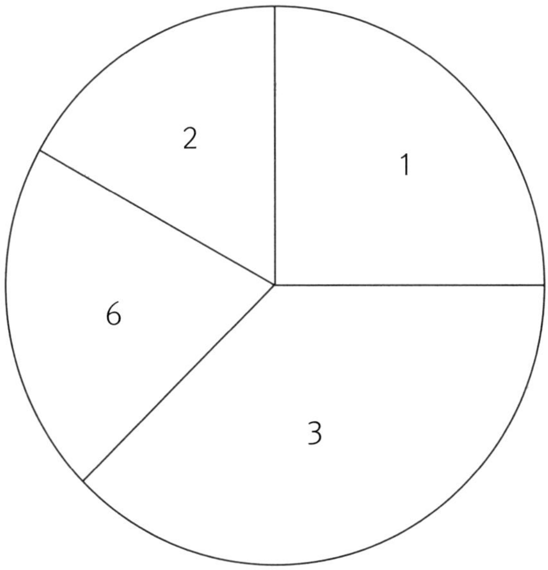

* (1) 감각놀이, ~~면도용 거품~~, 비눗방울, 핸드크림, 에센스 오일

* (2) 양육: 스낵, 음료, 과일, 젖병, 부드러운 담요

* (3) 지저분한 놀이: 핑거페인트, 점토, 모래와 물

* (4) ~~감촉: 벨벳, 캔버스, 코르덴, 냄비수세미, 뻣뻣한 솔~~

* (5) 운율적 놀이: 종, 드럼, 파이프, 땡땡이, 공용 드럼

** (6) 모래놀이: 모래상자, 작은 장난감들, 조가비, 돌, 크리스탈

** (7) 미술놀이: 구슬들, 물감, 색 펜, 종이, 콜라주(잡지들)

*** (8) 극적놀이(i): 크고 작은 인형들, 동물과 인간

*** (9) 극적놀이(ii): 챙모자, 털모자, 망토, 날개, 마술 지팡이, 전화기, 지갑, 가방

* 체현, ** 투사, *** 역할

날짜: 참여자 이름(가명)/번호: 평가자 이름:

그림 26-2 PASAA 평가지 2(예시)

PASAA 평가 ① 참여자, 친척, 친구들의 정보	
각 참여자마다 하나의 양식을 작성할 것	
	PASAA를 위한 정보
1. 어려운 점/원하였던 임신	
2. 산후우울증/약물	
3. 모유 수유/수면 패턴	
4. 인지된 어려움(울음?)	
5. 파트너/부모/친척/친구의 지지	
6. 경제적 어려움	
7. 직장으로의 조기 복귀	
8. 다른 경력	
9. 발달 이정표(신체/사회)	
10. 유희성과 스토리텔링	
11. 어머니의 정서적·신체적 웰빙	
12. 어머니의 회복력/모방력	
기타 문제	
날짜:	토론 횟수:
연극치료사 이름 :	
참여자 이름:	다른 참여자와의 관계:

그림 26-3 PASAA 평가지 3

PASAA 평가 ② 감각적 · 율동적 · 연극적 놀이

항목	놀이 재료의 선택	놀이의 양식과 수준	혼자 놀이 또는 함께 놀이
감각적 놀이			
율동적 놀이			
연극적 놀이			
기타			
날짜:	참여자 이름(가명)/번호:	평가자 이름 :	

그림 26-4 PASAA 평가지 4

PASAA 평가 ③−1 이야기 나누기에 대한 반응

1=흥미 없음/무관심, 2=이따금 주의 기울이기, 3=의미 있는 시간 주목하기/목소리 해석,
4=이야기에 대한 관여, 5=이야기에 대한 관여와 목소리 해석

사용된 이야기(들)/ 표현된 주제들	주의 수준/관여 수준 (0점부터 5점까지 표시)	춤, 미술, 드라마, 모래놀이 등을 통해 탐구된 주제들
기타 의견		

날짜:　　　　　참여자 이름(가명)/번호:　　　　　평가자 이름 :

그림 26-5 PASAA 평가지 5

PASAA 평가 ③-2 이야기 구성에 대한 평가

이야기 탐구 방법				
줄거리 요약				
대사를 읽어 줄 사람이 필요한가				
그것은 공유된 이야기인가				
지배적인 주제들(서술하기)				
지배적인 감정들	상 실☐	분 노☐	애 정☐	우 정☐
	두려움☐	폭 력☐	희 망☐	정 의☐
	포 기☐	잔 인☐	변 화☐	결 심☐
	부 정☐	절 망☐	진 실☐	용 서☐
	거 절☐	비 난☐	낙 천☐	인 내☐
인물들의 특성	용 기☐	통 솔☐	절 망☐	공 감☐
	잔 인☐	폭 력☐	냉 담☐	슬 픔☐
	애 정☐	동 정☐	공 평☐	불공평☐

악에 대한 선의 승리가 있는가: 이야기의 결말을 설명하세요.

*이야기 탄력성을 설명하거나 '드라마와 이야기 탄력성 진단평가(DASRA)'(Jennings, 2011)를 참고하세요.

날짜: 참여자 이름(가명)/번호: 평가자 이름 :

그림 26-6 PASAA 평가지 6

제27장 역할연기 진단평가

역할연기 진단평가(Diagnostic Role Playing Test: DRPT)는 연극치료모델 중 하나인 DvT를 개발한 존슨이 창안하였다. 존슨의 DRPT는 피아제의 조절과 동화 개념과 밀접하다. 피아제에 따르면, 아이는 조절과 동화를 통해 인지를 발달시킨다. 조절은 아이가 환경과 조화를 이루기 위해 자신의 스키마(scheme)를 변경하는 것이며, 동화는 반대로 환경을 자신의 스키마에 맞추는 것이다. 주로 모방을 통해 표현되는 조절은 교사처럼 사회적 역할 수행에 도움을 준다. DRPT는 DRPT−1과 DRPT−2 두 개의 버전이 있는데, DRPT−1은 조절의 개념이 적용되고, DRPT−2는 동화의 개념이 적용된다. DRPT−1은 참여자에게 5개의 사회적 역할을 제시하고 이를 연기하도록 하여 관찰하고 평가한다. DRPT−2는 어떠한 역할도 제시하지 않고 참여자가 원하는 방식으로 세 역할을 포함한 장면을 만들도록 한 다음에 이를 평가한다. 이렇듯 DRPT의 두 버전은 참여자가 주어진 역할과 스스로 만든 역할을 어떻게 연기하는지 평가하는 방식이다.

1. DRPT−1

DRPT−1에서 사회적 다섯 역할은 조부모, 부랑아, 정치가, 교사, 연인이고, 각 역할의 특질로는 양육, 통제, 섹슈얼리티, 경쟁으로 분류한다. 칼 만(Karl Mann)과 랜디의 역할 분류 체계를 활용하여 참여자에게 다섯 역할을 연기하도록 하면서 역할의 특질과 기능, 역할 레퍼토리와 역할 체계에 대한 정보를 얻는다. 가령, 조부모는 가족의 역할이다. 현명하고 철학적이며 참을성이 있고 이해심이 있는 조부모 역할은 아이에게 전통적인 가치를 전수하고 경험을 바탕으로 멀리 볼 수 있는 시선을 제공한다. 평가자는 참여자가 조부모의 역할을 어떻게 연기하는지 관찰하면서 그가 조부모의 특질을 어떻게 이해하는지 파악한다. 조부모는 방해하는 경쟁자의 역할로 나타나거나 부모와 혼돈된 역할로 나타날 수 있다.

부랑아 역할은 감정적인 영역에서 상실한 자, 사회적 영역에서 버림받은 자다. 이 역할의 특질은 또래에게 거부당하고 사회에서는 비주류로 분류된다. 이 역할의 기능은 모든 것이 좋지 않다는 경고이자 기존 질서에 대한 도전이다. 부랑아 역할은 양육, 통제, 섹슈얼리티, 경쟁의 어느 특질도 나타내지 못한다. 그렇지만 참여자가 부랑아를 연기하면서 다른 무엇인가를 도입한다면 그 특질과 개인적인 관계가 있음을 보여 주는 것이다.

정치가 역할의 특질은 통제, 섹슈얼리티, 경쟁을 포함한다. 참여자가 정치가 역할을 연기하는 방식을 보면 이 역할의 특질 가운데 어떤 것에 관심이 있는지 명료하게 발견할 수 있다.

교사 역할의 특질은 양육, 통제, 경쟁을 포함하며 진정한 통찰력과 지식을 의미한다. 참여자가 이 요소를 표현하는 정도를 평가할 수 있다.

연인 역할의 특질은 로맨틱하고 다정하며 상대방에게 신체와 정신을 헌신하는 것이다. 연인의 기능은 사랑하는 대상을 향하여 로맨틱하고 열정적인 감정을 표현한다. 연인은 섹슈얼리티의 특질을 지니고 있지만, 참여자에 따라 통제 또는 양육자가 되기도 한다. 연인의 역할은 정서적인 영역과 감정 상태 분류 유형에 위치한다. 이를 〈표 27-1〉과 같이 정리할 수 있다.

<표 27-1> DRPT-1의 역할 분류

	양육	통제	섹슈얼리티	경쟁
조부모	√	-	-	-
부랑아	-	-	-	-
정치가	-	√	√	√
교사	√	√	-	√
연인	-	-	√	-
총계	2	2	2	2

출처: Johnson et al. (2013).

〈표 27-1〉에서 조부모는 양육, 정치가는 통제와 섹슈얼리티, 경쟁, 교사는 양육, 통제, 경쟁, 연인은 섹슈얼리티의 특질이 있다. 아울러 평가자는 조절 원리에 따라 참여자가 소품을 어떤 식으로 활용하는지 관찰하고 평가한다.

2. DRPT-2

DRPT-1과는 달리 DRPT-2에서는 지시를 최소화한다. 대본도 없으며 시작의 신호조차 주지 않는다. 참여자는 모든 것을 알아서 즉흥적으로 한다. DRPT-2는 동화 원리에 따라 소품을 배제하고 모든 것을 참여자가 알아서 한다. 역할은 셋으로 제한하되 정해진 역할은 없다.

3. DRPT-1과 DRPT-2의 공통점과 차이점

DRPT에서 평가 환경과 평가자 행동에 대한 평가 절차의 공통 사항은 다음과 같다. 일단 환경은 참여자의 집중을 방해하지 않는 빈방이 좋다. 최상의 환경은 평가자와 참여자 둘만 있는 공간이다. 평가자는 참여자에게 지시한 후 멀리 떨어져 어떠한 간섭도 하지 않고 도움도 주지 않는다. 행여 참여자가 도움을 요청하더라도 알아서 하라고 한다. 평가자는 참여자를 바라보더라도 눈 마주침을 피한다. 〈표 27-2〉는 DRPT-1과 DRPT-2를 비교한 것이다.

<표 27-2> DRPT-1과 DRPT-2의 비교

	DRPT-1	DRPT-2
환경	책상과 의자 책상: 종이, 전화, 책, 컵, 지팡이 의자: 모자, 스카프, 남자 코트, 여자 드레스	완전히 비어 있다.
지시 사항	"당신에게 5개의 역할을 차례로 연기하도록 요구할 것입니다. 각 예에서 이들이 무엇을 하는지 보여 주세요. 할 수 있는 만큼 노력해 주시고 맘대로 하세요. 역할에서 남자 혹은 여자를 선택해도 좋습니다. 원하는 소품을 사용하세요. 미리 계획하지 마시고 천천히 한 다음에 끝나면 말해 주세요. 조부모부터 시작하겠습니다." 이어 참여자는 부랑아, 정치가, 교사, 연인 역할을 차례로 한다. 선행연구에서 5개의 역할은 참여자를 충분히 평가할 수 있는 것으로 나타났다.	"당신이 원하는 세 인물로 하나의 장면을 만드세요. 그들은 당신이 되고 싶은 어떤 사람 혹은 어떤 것이 될 수 있습니다. 끝나면 말해 주세요."

질문	"그 장면에 대해 질문하겠습니다. 그 장면에서 무슨 일이 일어났는지 가능한 한 세세하게 묘사해 주세요. 각 역할의 성격을 설명해 주세요. 그들은 누구였나요?"(참여자가 대답한 후에 좀 더 말해 달라고 덧붙일 수 있다.) "그 장면에서 당신의 삶과 연관된 문제, 관심 혹은 사건을 어떻게 표현하였습니까? 역할이 당신의 삶과 관련된 사람들을 어떻게 상기시켜 주었나요? 이 장면에 당신이 있다면 어느 역할이 당신인가요? 당신은 어떤 역할을 할 것인가요?"	"각각 세 인물에 대해 말해 주세요. 그들은 누구인가요?"(참여자가 대답하면 "더 말해 주세요"하고 덧붙일 수 있다.) 임상적 맥락에서 장면과 인물의 의미와 관련된 추가적인 질문을 한다. 이러한 지시 사항은 각 장면에서 되풀이한다.

출처: Johnson et al. (2013).

DRPT－1의 대인관계의 평가에 있어 다섯 역할을 쉽게 이해하기 위해서는 대척점에 있는 역할을 연기하도록 할 수 있다. 조부모는 손자녀, 정치가는 유권자, 교사는 학생, 연인은 연인, 부랑아는 구경꾼의 반대 역할이 있다. 참여자의 대인관계 능력은 부여된 역할뿐 아니라 그 역할을 둘러싸고 행동하는 타인을 묘사하는 정도에 따라서도 드러난다. 반대 역할의 표현 정도를 관찰하여 참여자를 평가할 수 있으며, 소품의 사용 정도는 참여자를 둘러싼 환경에 대한 태도를 보여 준다. 어떤 참여자는 소품 사용이 부적절하거나 사용의 필요성을 느끼지 못하기도 한다. 소품을 무시하는 행위는 세계와의 관계가 부족하다는 것을 보여 주며, 부적절한 사용은 현실에 대한 빈약한 관찰을 의미한다. 반면, 창조적인 소품 활용은 활동적이고 건강한 상상력이 있음을 뜻한다. 평가자의 해석에 따라 소품 사용은 부적절할 수도 창조적일 수도 있으므로 평가자의 주의 깊은 해석이 요구된다. 소품을 지나치게 구체적으로 사용하는 것은 사회적 규준에 대한 속박감과 상상력의 부족을 뜻한다. 참여자가 재현한 장면에서 플롯이나 이야기의 내용 또한 중요하다. 다섯 역할 전체에서 되풀이되는 주제가 있다면 그것은 참여자의 문제를 반영하는 것이다.

한편, DRPT－1은 치료 계획에 도움이 되는 정보를 제공한다. 참여자가 극적 공간에서 상상의 세계에 몰입하는 정도에 따라 연극치료에 대한 참여자의 관심과 참여 능력에 대한 지표를 얻을 수 있다. 평가자는 참여자가 쉽게 받아들이는 역할의 특질과 기능, 재현하기 어려워하는 역할에 주목하고, 참여자가 표현하는 자신의 역할뿐 아니라 대인관계의 복잡성과 다른 역할과의 상호 행위 능력도 고려해야 한다. 소품의 사용 정도와 되풀이되는 주제도 주의 깊게 관찰해야 한다.

제27장 역할연기 진단평가 338

DRPT-1에서 축적된 평가 경험을 바탕으로 한 DRPT-2는 자유롭고 즉흥적이다. 그만큼 참여자의 자발성과 창조성이 요구되고, 평가자의 경험과 해석이 필요하다. DRPT-2에서 평가자가 참여자에게 "원하는 대로 장면을 상상하세요?"라고 말하면서 시작한다. 참여자가 무엇인가를 제시하면 평가자는 계속해서 질문한다. "무엇이 당신 삶의 이야기인가? 당신은 삶을 어떻게 이해하는가? 당신은 누구인가? 무엇에 관심이 있는가?" 이러한 질문과 더불어 참여자가 조직화된 극적 장면을 보여 주는 정도에 따라 조직화에 대한 수준을 측정할 수 있다.

DRPT-2는 세 역할 사이의 상호 행위 평가를 중시한다. 가령, 참여자는 세 역할 가운데 하나의 역할을 선택한 다음에 나머지 말 없는 두 역할에 반응하거나 혹은 위치를 바꾸어 각 역할을 할 수도 있다. 이때 평가자는 각 역할의 세부 사항을 주목해야 한다. 참여자가 한 역할에만 머문다면 그 이유를 파악해야 하며, 참여자가 상호 행위를 피한다면 그 의미를 주의 깊게 관찰해야 한다. 참여자가 상호 행위를 잘 제시하고 세부 사항을 제공한다면 수준 높은 상상력과 복합적인 사고를 보여 주는 것이다. 이렇듯 참여자가 벌이는 세 역할의 상호 행위를 관찰하는 방식으로 참여자의 소통 수준을 평가할 수 있다. 역할 선택은 순전히 참여자의 몫이므로 그 역할에는 참여자의 역할 레퍼토리와 자기 이미지의 중요한 요소가 반영된다. 세 역할은 랜디가 제시한 바 있는 역할, 반대 역할, 안내자의 세 항목과 연결된다. 역할은 말하거나 행동하는 인물이며, 반대 역할은 역할에 대해 반대 행위를 하거나 문제를 제시하는 인물이고, 안내자는 장면을 통합하는 중재적 인물이다.

DRPT-2에서 개발한 상상력 척도에 몰입이 있다. 실제 세계에서 극적 세계로의 전환하기와 상상의 영역에 몰입하는 정도는 참여자의 상상력의 주요 지표가 된다. 참여자의 몰입이 지나쳐서 치료사조차 무슨 일이 일어나고 있는지 파악할 수 없다면 참여자의 상상력이 풍부하다고 할 수 있으나, 한편으로 타인과의 내적 사유와 감정을 소통하는 능력이 제한적이고 손상된 것으로 볼 수 있다. 해석 여하에 따라 반대 평가도 가능하므로 세심한 평가가 필요하다. 반대로 판에 박힌 묘사는 참여자의 내적 삶이 부족하거나 정상적 범주에서 분리될 것을 두려워하여 위축된 것으로 볼 수 있다. 자발성 역시 상상력 척도에 포함된다. 참여자가 세 역할을 설정하고 세 개의 장면을 즉흥적으로 연기하는 DRPT-2에서 평가자가 제시하는 에너지, 기쁨, 재미, 묘사의 지속성과 흐름의 정도에 따라 자발성을 평가할 수 있다. 소품이 전혀 제공되지 않기 때문에 DRPT-2의 참여자는 목소리와 신체로만 극적 묘사를 할 것이므로 평가자는 참여자의 몸짓, 움직임, 말의 악센트에 주목하고, 주변의 소리를 어떻게 만드는지, 날씨나 배경을 어떤 몸짓으로 표현하는지 등을 관찰할 수 있다. 발달적 관점에서 보면 신체의 표현 방식이 다양할수록 참여자의 체현과 형상화가 유연하다는 것을 보여 준다. 참여자가 주로 말로 표현한다면 사회적 질서에 압도되고, 자신을 지나치게 억제하는 것으로 볼 수 있다. 정서의 관점에서 참여자가 즉흥적으로 만들어 내는 장면에서 정서가 잘 드러난다면 정서 통합에 대한 두려움이 없음을 보여 주는 것이며, 참여자가 만든 놀이 공간이 정서적 긴장을 유지한다면 그 역시 정서적으로 건강하다는 표시다. 아울러 참여자가 만든 장면의 주제와 플롯으로부터 참여자의 관심과 갈등 내용을 파악할 수 있다. 질문을 통해 드러난 참여자의 생각은, 참여자가 만든 장면과 현실을 어떻게 연결하는지에 대한 정보를 제공한다.

4. DRPT의 주요 척도

역할연기로 진단하는 DRPT는 통계적으로 타당한 3개의 주요 척도, 즉 대상관계의 발달 척도, 인지적 유연성 척도, 상상 능력 척도를 개발하였다.

대상관계의 발달 척도는 타인과의 관계에서 자기표현의 발달단계를 평가하는 것으로, 차별화, 통합, 명확도, 내용이 들어 있다. 차별화는 참여자가 역할을 얼마나 정확하게 재현하는지, 어떤 형식으로 재현하는지 등을 평가한다. 통합은 장면들의 일관성 정도 및 역할과 행동의 적합성 정도, 행동의 동기가 얼마나 의도적인지, 상호 행위가 얼마나 능동적인가를 평가하는 항목이다. 명확도는 참여자의 장면 설정과 역할 재현의 능력에 대한 평가다. 내용은 참여자가 재현한 장면에서 악의, 섹슈얼리티, 공격의 정도를 평가한다. 이들 항목을 총괄하여 대상관계에 대한 참여자의 성숙도를 진단한다.

인지적 유연성 척도는 참여자의 사고가 얼마나 유동적이고 구조화되었는지를 진단한다. 참여자 가운데는 유동적이고 비구조적 사고를 지녔거나 지나치게 엄격한 사고방식을 지녔을 수 있으므로 역할을 통해 사고가 유연하지 못하고 한쪽으로 치우치는 정도를 진단할 수 있다. 지나치게 유동적인 사고를 지닌 참여자는 역할에서 벗어나기, 역할로 만든 극적 장면을 현실처럼 행동하기, 기이하고 부적절하고 혼란스러운 움직임 같은 항목에 해당한다. 반대로 과도하게 엄격한 사고를 지닌 참여자는 행동을 이야기하기, 경계를 재현하기, 타자 역할이 아닌 사물과 상호 행위하기, 요소들을 반복하기 같은 항목에 해당한다. 한쪽이 높거나 낮아 불균형을 이루는 것은 병리의 가능성을 뜻한다. 양 척도에서 낮은 점수는 건강하다는 것을 의미하며, 둘 다 높은 점수는 참여자의 삶이 건강하지 못하다는 것을 뜻한다.

상상 능력 척도는 역할연기 속에 나타나는 극적·상상적·상징적 형식으로, 감정과 생각을 재현하는 정도에 따라 참여자의 상상 능력을 평가한다. 세부적으로 참여자가 어떻게 놀이 공간에 들어가는가를 평가하는 상상적 경계의 묘사, 역할을 입은 채 다양한 영역에서 표현 매체를 사용하는 정도를 측정하는 상상으로의 몰입, 부재하는 사물과 사람 또는 상호 행위를 재현하는 능력, 기존의 유형화된 캐릭터를 피하는 능력인 탁월성이 있다. 나아가 유머와 아이러니, 놀람, 날카로움, 장악력, 도덕, 그리고 진보한 창조성과 자발성 사용을 측정하는 창조성이 있다. DRPT는 역할을 어떻게 생각하는지 질문하지 않고 대신에 역할연기를 하도록 요구하므로 생각할 시간이나 자기 제어 없이 무의식을 그대로 드러내도록 한다. DRPT는 펜직이 개발한 6열쇠모델에서 극적 행위를 분석하기 위한 틀로 사용되었다.

대체로 DRPT는 진단평가 장면을 비디오로 촬영하여 이를 보고 평가하고 분석한다. 그간 DRPT 평가자들은 신뢰도와 타당도를 확보하기 위해 오랫동안 훈련을 받았고, 많은 진단평가 경험을 축적한 결과, 이후 도출된 통계적 결과에서 전체적으로 높은 신뢰도와 타당도를 얻었다고 보고하였다. 존슨이 DRPT 평가의 예로 든 참여자는 정신질환자, 정신분열증 환자, 재향군인 PTSD 환자 등이다.

제28장 역할연기 인터뷰 진단평가

스노우가 개발한 역할연기 인터뷰(Drama Therapy Role-Play Interview: DTRPI)는 치료적 공연과 직접 연계되어 있다. 즉, 치료적 공연의 잠재력을 향상하기 위해 개발된 진단평가가 DTRPI다. 치료적 공연은 일반 연극처럼 관객이 참여하는 정식 공연으로 참여자-배우에게 무대에서 맡은 역할을 연기하도록 하여 치료하는 것을 목표로 한다. 치료적 공연이 충분한 치료적 성과를 거두기 위해 가장 중요한 것은 최적의 캐스팅이다. 사실 캐스팅의 중요성은 연극 전반에 해당한다. 그런데 특별히 치료에 초점을 두고 신체적 · 심리적 · 인지적 · 신경적 장애가 있는 참여자를 캐스팅하여 무대에 올릴 때는 더욱 세심한 주의를 요한다. 적절한 캐스팅만으로도 참여자는 변화할 수 있기 때문이다. 이 점을 염두에 두고 개발된 DTRPI는 치료적 공연에서 최상의 캐스팅을 위한 평가 도구라고 할 수 있다. DTRPI를 통해 참여자의 특성을 분명하게 파악하고 그가 지닌 복합적인 욕구와 관련된 정확한 정보를 얻을 수 있기 때문이다. DTRPI는 자체로 일종의 캐스팅이기도 하다.

1. DTRPI의 역할 캐스팅

DTRPI에 기반한 캐스팅의 초점은 참여자의 문제를 올바르게 파악하고 문제 해결에 도움이 되는 최적의 역할을 찾아내는 것이다. 하지만 참여자의 치료에 도움이 되는 역할 찾기란 쉽지 않다. 각자의 삶은 우리가 써 내려가는 자서전이며 사회적 역할들의 축적으로 이루어진다. 우리의 이야기를 바탕으로 한 이야기 혹은 새로운 이야기를 토대로 역할연기를 한다면 현실에서 올바른 역할이란 무엇인지 보다 쉽게 깨달을 수 있다. 결국 DTRPI에 기반한 치료적 공연은 궁극적으로 현실에서 올바른 역할을 찾아내기 위한 것이다. 역할은 주체의 모든 것을 포함하므로 역할연기를 관찰하면 참여자에 대한 다양한 정보를 얻을 수 있다. 또한 역할을 통해 그가 속한 문화, 그를 억압하고 문제를 일으키는 문화가 무엇인지도 파악할 수 있다. 참여자의 사고와 행동의 배경이 되는 문화를 포착한다면 문화로부터 파생한 참여자의 문제점을 이해할 수 있고 이를 치료적 공연에서 다룰 수 있다. 따라서 치료적 공연에서 무의식의 길로 안내하는 적절한 역할을 찾아 연기하도록 하는 것, 이것이 핵심이다. 연극치료에서 역할로 작업할 때, 개인의 인성뿐 아니라 대인관계와의 상호 소통에서 생겨나는 문제를 정확히 파악하는 것이 가능하다고 본다. 역할로 작업하는 연극치료는 역할과 밀접한 개인의 인격 체계를 작업에 끌어들여 건강한 균형 상태에 놓이도록 한다. 따라서 치료적 공연에서 캐스팅 과정은 참여자에게 잘 어울리는 역할을 찾도록 하며, 그 역할을 통해 참여자-배우가 자신을 성찰하고 미해결 문제도 해결하도록 돕는다. 참여자에게 적절한 역할을 발견하기 위해서는 그에 알맞은 캐스팅이 요구되는데, 이때 DTRPI는 유용하다. 적절한 캐스팅이 이루어진 치료적 공연에서 참여자-배우는 일상에서 변화된 모습으로 긍정적인 인격을 지닐 수 있고 삶의 질도 높아질 것이다. 따라서 캐스팅이 얼마나 중요한지 다시 한 번 확인할 수 있다.

스테판 스노우

치료적 공연의 캐스팅은 일반 연극보다 훨씬 복잡하다. 치료를 목적으로 하므로 참여자에 대한 정신적 · 심리적 · 신체적인 면면을 세세히 살펴야 한다. 치료적 공연은 캐스팅을 위해 오디션 대신에 오랫동안 관찰이 가능한 워크숍을 진행한다. 캐스팅을 위한 워크숍은 실험연극의 워크숍과 비슷하다. 치료적 공연에서 캐스팅은 그 방식이 딱히 정해진 것은 없으나, 즉흥성과 창조성이 강조되어 가령 놀이하는 과정에서 우연히 역할을 발견하기도 한다. 이러한 캐스팅 방식은 자체로 참여자의 치료적 경험을 제공한다는 점에서 DTRPI의 진단평가와 만난다.

2. DTRPI와 세상연극

스노우에 따르면, DTRPI는 세상은 연극이라는 세상연극의 이념을 바탕으로 한다. 한 개인이 일상을 살아간다는 것은 그가 소속된 집단에서 자연스럽게 어떠한 역할을 맡는 것이며, 삶이란 곧 그 역할의 기능이라는 의미다. 한마디로 개인의 일상은 역할들의 활동으로 구성된다고 보는 것이다. 세상연극처럼 DTRPI를 위해 제시된 무대 또한 하나의 세상이며, 무대에서의 퍼포먼스가 일상생활에서의 구현과 다를 바 없는 것으로 간주한다. 우리의 삶이 세상이라는 거대한 무대에서 연기하는 것이라면, 세상은 무대에서 연기하기 위해 선택된 역할들로 이루어진 극적 퍼포먼스이고 자기가 만들어 낸 이야기라면, 진정한 치료 과정이란 성장과 치료를 위해 극적 구조 안에서 그러한 역할을 연기할 기회를 제공하는 캐스팅일 것이다. 이것이 DTRPI의 근본 원리다. 그것은 마음속에 내재되어 체현될 필요가 있는 잠재적 역할들과 치유적 기회를 제공하는 극적 퍼포먼스의 가능성, 이 둘의 접점에 기초한다. 참여자는 말하고 싶지만 표현할 수 없었던 내적 역할들을 이 기회에 무대에서 실연할 수 있다. 그런데 치료적 공연에 참여한 참여자-배우는 대개 일상 속의 역할 수행에 어려움을 겪는 사람이다. 따라서 치료적 공연은 이들에게 역할 수행의 연습 기회를 제공하여 일상의 역할 기능을 훈련하고 촉진한다는 의미가 있다. 따라서 DTRPI에서 역할연기를 한다는 것은 단순히 역할을 익숙하게 하는 훈련이 아니다. 허구의 힘을 보여 주는 역할은 현실을 은유하며 현실을 더욱 밝은 눈으로 바라보도록 하고 자신을 성찰하게 하는 자기 탐색의 장을 제공한다.

현실에서 자신이 맡은 역할에 자신이 없거나 역할을 적절하게 수행하지 못하는 참여자를 캐스팅하여 특정한 역할을 부여하고 무대에서 연기하도록 함으로써 현실의 역할을 되새김하고 문제를 파악하여 해결하도록 하는 것이 DTRPI의 골자다. 치료적 공연에서 치료사는 연출가가 되고 참여자는 배우가 된다. 그런데 무대의 역할이 현실에 영향을 미치는 적절한 역할을 찾아야 한다면 당연히 참여자가 지닌 문제의 심리적 배경이 무엇인지 파악하고 이를 캐스팅에 반영해야 한다. 말하자면 치료적 공연은 일상과 연극의 접점, 실재와 허구 사이의 접점 파악을 중시하고, 두 영역을 무리 없이 왕래하는 역할연기를 통해 참여자에게 자신의 삶에서 바꾸고 싶은 이야기나 내적으로 억압된 것을 표출한 기회를 제공함으로써 새로운 역할을 창조하고 살아가도록 돕는다.

3. DTRPI 진단평가의 개요

1996년에 몬트리올에 창설된 인류발전예술센터(CAHD)는 캐나다에서 창조적 예술치료 방식에 운용되는 유일한 기관으로, 콩코디아 대학원 과정의 창조적 예술치료학과와 협력하여 운영하고 있다. 그간 CAHD는 장애를 지닌 성인을 위해 창조적 예술치료 프로그램을 제공하거나, 대학원생의 훈련과 교육, 창조적 예술치료 효과를 연구하였으며, 오픈 하우스, 예술전시, 뮤지컬 연극 제작 프로그램을 통해 비장애인에 대한 장애 교육 등을 실시하였다. CAHD 참여자는 대개 지적장애 혹은 발달장애의 진단을 받은 장애인이다. CAHD 프로그램 실시 후 2년이 지난 1998년에 내린 결론은 지적장애 혹은 발달장애 진단을 받은 참여자에게 가장 효과적인 치료가 창조적 연극이었다는 것이다. 이는 CAHD가 치료적 공연에 초점을 맞춘 결정적인 계기다. 이렇게 치료적 공연이 이루어지면서 장애인 참여자를 캐스팅하기 위해 DTRPI가 개발되었다.

DTRPI는 앞서 제시한 존슨의 DRPT-1을 참조하여 만든 것이다. 명칭에서도 DRPT에 I라는 인터뷰가 덧붙여졌을 뿐이다. DTRPI 또한 역할로 진단평가를 한다는 점에서 DRPT와 유사하다. DTRPI는 참여자-배우가 자기를 소개하고 평가자는 보이지 않는 곳에서 관찰하는 과정이 포함한다. 또한 즉흥, 역할연기, 스토리텔링을 사용하고 가면, 인형, 모래 등 투사체를 활용하기도 한다. 이러한 방식의 진단평가를 바탕으로 이루어진 캐스팅은 참여자에게 가장 적절한 역할과 만나게 하고 그 역할을 통해 변화와 치료 경험을 제공한다.

평가 과정을 살펴보면 DTRPI는 참여자에게 의사, 부모, 직장 상사의 세 역할을 부여한다. 이들은 사회적으로 힘 있는 역할이며, 그 대척점의 역할은 환자, 자녀, 직장 부하다. 이 역할들을 제시한 이유는 참여자가 힘 있는 자리에 있게 되었을 때 어떻게 반응하는지 보기 위한 것이다. 평가자는 참여자와 함께 즉흥적인 역할연기에 참여한다. DRPT-1처럼 무대에는 테이블과 소품들이 놓여 있으며 참여자는 마음대로 사용할 수 있다. 화가 나는 상황이 제시되면 참여자는 화난 장면을 즉흥적으로 연기하고 평가자는 그를 관찰하고 평가한다. 평가는 7단계의 리커트 척도를 사용하여 점수를 매기는 것으로 이루어진다.

평가자는 참여자의 역할연기를 관찰하면서 주의 집중, 자기주장, 자발성, 소통 기술, 명령 수행 능력의 다섯 항목을 점수화하여 평가한다. 주의 집중은 참여자가 역할에 집중하는 정도를 뜻한다. 자기주장은 참여자가 역할의 욕구를 명확하게 표현하고 자기 입장을 옹호하며 자신의 권리를 위해 싸우는 정도를 말한다. 자발성은 참여자가 맡은 역할을 즐기면서 자유롭게 표현하는 정도 또는 생각과 행동의 참신성의 정도를 뜻한다. 소통 기술은 역할 속에서 관계를 맺는 참여자의 능력, 즉 주의 깊게 듣기, 다른 인물에 공감하기, 명확하게 이해시키기, 다른 인물의 필요와 욕구를 존중하고 반응하기 등을 뜻한다. 명령 수행능력은 평가자가 참여자로부터 제안받은 것을 즉각적이며 정확하게 행동으로 실행하는 정도를 의미한다.

스노우가 제시한 예를 보자.

> 참여자는 무대에서 청소부 역할을 한다. 전화벨이 울리고 참여자-청소부는 전화를 받는다. 전화를 건 상대방은 직장 상사 역할을 맡은 치료사-평가자다. 통화 내용은 근무 시간에 늦었기 때문에 그만큼 임금을 삭감하겠다는 것으로 참여자-청소부를 곤경에 빠트린다.

이러한 즉흥적 장면을 통해 참여자의 화난 감정을 즉흥극에 투사하도록 한다. 치료사는 참여자의 즉흥적인 반응, 언어와 행동 등 앞에서 말한 다섯 항목을 관찰하여 점수를 매긴다. DTRPI의 초창기에는 치료사의 통화 내용도 즉흥적이었으나 최종적으로 치료사-평가자의 대본이 완성되었고, 참여자만 즉흥극으로 역할연기를 하게 되었다. 즉, 앞의 예에서 상사 역할을 하는 평가자의 대본은 정해져 있고, 참여자의 청소부 역할은 즉흥적으로 연기하는 방식이다. 이 예에서 평가자는 청소부-참여자가 상사에게 얼마나 자기를 주장하는지 평가하였으며, 이 평가는 캐스팅에 활용되었다.

DTRPI의 기본은 역할연기와 즉흥성이다. 역할연기와 즉흥성은 내용(content), 과정(process), 맥락(context)의 세 관점에서 이루어진다. 즉, 의식적 · 무의식적 소재, 인지 구성, 상호 행동의 투사를 포함하는 내용, 불안을 동원하고 반응 방식을 이끌어 내는 가능성을 제공하는 과정과 맥락을 평가의 기준으로 삼는다.

4. DTRPI의 특징과 의의

스노우는 오랫동안 축적된 결과를 바탕으로 DTRPI가 치료적 공연뿐 아니라 진단평가 도구로서 커다란 가치가 있음을 언급한다. 그가 제시한 DTRPI의 특징과 의의는 다음과 같다.

첫째, DTRPI는 참여자에 관한 정보를 수집하는 방법으로, 역할연기와 즉흥극의 극적 매체를 활용한다.

둘째, DTRPI에서 측정된 변수는 주의 집중, 자기주장, 자발성, 소통 기술, 그리고 명령 수행 능력으로, 이 진단 영역은 치료적 공연을 준비하는 데 유용한 정보를 제공한다.

셋째, DTRPI는 치료사와 참여자가 합심하여 참여자가 가장 적절한 역할을 선택하여 최상의 캐스팅이 되도록 한다.

넷째, DTRPI는 치료적 공연의 진단평가가 캐스팅 과정에서 역동적인 부분으로 사용될 수 있는 접근법이다.

요약하면 DTRPI는 평가자에게 무대에서 즉흥적으로 역할연기를 하도록 한 다음, 이를 관찰하여 점수를 매겨 평가하는 진단평가다. DTRPI는 진단평가이자 동시에 캐스팅 자료이므로 앞서 제시한 다섯 요소를 꼼꼼히 관찰하여 치료적 공연의 캐스팅에 활용한다. 연극치료사가 치료적 공연을 기획할 때, 가장 염두에 두어야 하는 것은 참여자가 어떤 역할을 연기할 때 치료에 도움이 되는가 하는 것이다. 바로 이 순간 DTRPI 평가 도구는 그 기준이 된다.

제29장 역할 이론 진단평가

랜디의 역할 이론에 근거한 역할 이론 진단평가(assessment through role theory)는 앞서 존슨의 DRPT와 비슷한 점이 많아 혼동할 수 있다. 다만 DRPT가 참여자가 역할연기의 수준이 어느 정도인지 평가하는 데 비해, 역할 이론 진단평가는 역할로 생각하는 능력에 초점을 맞춘다. 즉, 참여자가 이야기 속 역할을 연기하는 과정에서 그의 역할 체계를 살피고 다른 사람과의 관계에서 나오는 다양한 역할을 평가한다.

역할 이론이 진단평가에 효과적일 수 있는 것은 역할이 성격의 개별적인 특성을 보여 주며 개인에게 그가 속한 사회에 안착하도록 하기 때문이다. 또한 인간이란 본래 역할 취득자이자 역할연기자라는 점도 작용한다. 사회적 동물인 인간은 다른 사람과 관계를 맺고 사회를 형성하며 그 사회에서 일정한 역할을 취득하고 연기하는 존재다. 따라서 개인이 수행하고 있는 역할의 종류나 정도에 따라 그의 특성을 파악할 수 있다. 역할은 그의 고유한 특성이다. 우리 자신 또는 주위를 돌아보라. 사회의 일원으로 살아가는 모두는 각각의 방식으로 역할을 맡아 수행하고 있지 않은가? 이를 근거로 랜디는 역할들의 역동적인 체계로 성격을 이해할 수 있고 각 역할은 인격의 단면을 보여 준다고 언급한다.

역할 이론 진단평가(Landy, 2010)는 다음을 기준으로 참여자를 평가한다. 역할을 불러내고 명명하는 능력, 불러내어 명명한 역할의 개수, 역할에 특징을 부여하는 능력, 대안적인 특징이나 하위 역할을 묘사하는 능력, 역할의 기능을 인식하는 능력, 역할연기에 나타난 미적 거리와 역할연기 스타일, 가상의 역할을 현실과 연관시킬 수 있는 능력이 그것이다. 역할 이론 진단 도구로 참여자의 역할 레퍼토리와 기능 정도를 평가하는 역할 프로파일 카드 분류, 자기 인식을 진단하기 위한 역할 점검표, 참여자의 정보를 모으기 위해 스토리텔링의 형식으로 역할을 분석하는 이야기 말하기(Tell A Story: TAS)가 있다.

1. 역할 프로파일 카드 분류

역할 프로파일은 57개의 카드로 구성된다. 각 장의 카드에는 한 개의 역할이 적혀 있다. 참여자는 평가자의 설명을 들은 다음에 카드를 네 영역으로 역할을 분류하면 된다. 네 영역은 '나는 누구인가' '무엇이 되고 싶은가' '누가 방해하는가' '누가 돕는가'다. 이 영역은 현재의 자기 모습, 되고자 하는(욕망하는) 자기, 방해자, 조력자다. 〈표 29-1〉은 랜디(Landy, 2010)가 제시한 역할 점검표(role checklist)다. 편의상 역할 프로파일 카드 대신 역할 점검표를 제시하였다.

<표 29-1> 역할 점검표

	나는 누구인가	무엇이 되고 싶은가	누가 방해하는가	누가 돕는가
아이				
청소년				
어른				
노인				
미인				
야수				
보통 사람				
특별한 사람				
아픈 사람				
건강한 사람				
치유자				
무시되는 사람				
현명한 사람				
광대				
비평가				
순수한 자				
비열한 자				
희생자				
신자				
의심하는 자				
돕는 사람				
겁에 질린 사람				
생존자				

좀비				
뱀파이어				
낙천가				
화난 사람				
조용한 사람				
혁명가				
연인				
이기주의자				
어머니				
아버지				
아내				
남편				
딸				
아들				
예술가				
꿈꾸는 자				
자매				
형제				
고아				
버림받은 자				
친구				
완벽주의자				
증인				
가난한 자				
부자				
전사				
노예				
자유로운 자				
살인자				
자살자				
영웅				
예언자				
죄인				
성자				

참여자는 57개로 구성된 카드 목록을 살핀 후에 원하는 만큼 선택한다. 가령, 나는 누구인가에 어른, 건강한 사람, 돕는 사람, 낙천가, 아버지 등의 카드를 선택할 수 있으며, 나머지 분류에서는 그에 해당하는 역할 카드를 선택할 수 있다. 선택이 끝나면 치료사는 참여자에게 역할 카드를 선택한 소감을 묻는다. 카드를 분류할 때 어떤 역할은 쉽게 분류하지만, 분류가 쉽지 않은 역할도 있다. 평가자는 참여자가 카드 선택을 할 때 표정, 동작, 몸짓을 자세히 관찰한다. 역할 이론 진단평가에서는 평가자의 질문이 중요하다. 질문 양식이 분명하게 정해져 있지는 않지만, 카드 분류를 하면서 어떤 느낌이 들었는지, 분류하고 난 결과에 대해 어떻게 생각하는지 등으로 이루어져 있다. 예를 들면 다음의 질문이 있다.

- 분류해 보니 어떤가?
- 예상하였던 대로 되었는가, 예상을 빗나갔는가? 놀라운 점이 있다면 무엇인가?
- 어떤 역할이 가장 중요하다고 생각되는가, 가장 덜 중요한 역할은 무엇인가?
- 각 영역에서 특히 중요한 역할이 있는가? 그 이유는 무엇인가?
- 중요하다고 본 역할들 사이에 연결고리가 있는가?

질문과 대답을 마친 다음에 참여자에게 카드를 다시 섞도록 하고 기분을 묻는다. 참여자가 분류한 카드의 영역을 자료화할 필요가 있다면 동의를 구한 후 사진을 찍어 보관한다. 이처럼 역할 프로파일 카드 분류를 통한 진단평가는 카드를 고르는 것과 질문과 토론으로 이루어진다. 참여자가 카드를 분류할 때 옳거나 틀린 방법은 없다. 다만 랜디는 참여자의 카드 선택에서 균형이 중요하다고 보았다. 균형이란 네 영역에서 동등한 역할 배분을 의미한다. 네 영역의 역할이 비슷한 개수로 선택되었다면 참여자는 균형 상태에 있는 것이다. 평가자는 질문하면서 참여자의 생각과 반응, 그리고 자신의 생각과 관찰한 것을 기록한다. 다음은 평가자가 주목해서 기록해야 할 예시다.

- 참여자의 반응을 기록한다. 좀 더 명확하기를 요청하는지, 바로 시작하는지, 불안이나 거부를 드러내지는 않는지 등을 기록한다.
- 카드를 분류하는 행동을 기록한다. 빨리 혹은 천천히 분류하는가? 분류하면서 평가자를 신경 쓰는가? 시간과 공간을 어떻게 사용하는가?
- 어떤 역할을 어떤 영역에 배치하는가? 각 영역에 역할이 몇 개인가? 각 영역은 균형적인가?
- 강렬한 역할, 즉 문제를 일으키거나 혼란스러운 혹은 어떤 정서적 반응을 환기하는 역할들이 있는가?

- 그것은 무엇인가? 참여자는 그 역할들을 어디에 위치시키는가? 참여자는 그 역할에 어떻게 반응하는가?
- 어떤 역할이 중요하고, 중요하지 않은가? 그 이유는 무엇인가?
- 한 영역에 있는 역할 사이의 연결고리는 무엇인가? 예컨대, '나는 누구인가'의 영역에 어머니와 아버지처럼 모순되는 역할을 동시에 선택하였는가?
- 서로 다른 영역에서 역할 사이의 연결고리는 무엇인가? 예컨대, '나는 누구인가'에서 아이와 '누가 방해하는가'에서 어른처럼 말이다.
- 참여자의 패턴을 알아차릴 수 있는가? 즉, 가족 내에서 연기하는 역할 사이에 연결고리를 볼 수 있는가? 혹은 그 역할들은 서로 무관하고 부분적인가?
- 참여자는 역할과 영역에서 자신의 정체성을 인식하는가? 아니면 자의적이고 무의미한 결과로 보는가?
- 참여자는 역할 사이의 모순, 즉 영웅과 보통 사람과 같은 대립을 알아차리고 둘 혹은 그 이상의 모순되는 역할들이 그 정체성의 일부임을 받아들이는가? 아니면 참여자는 모순을 무시하고 자신을 단일한 방향으로, 가령 영적으로 탐색하는 공상가 영웅-예술가로 보는가?
- 참여자는 카드의 영역 분류를 어떻게 해체하고 다시 섞는가? 과정을 기꺼이 종결하려고 하는가 아니면 늦추려고 하는가? 어떤 감정이 드러나는가? 참여자는 균형 잡힌 상태인가, 불균형의 상태인가? 검사 결과 어떻게 할 것인지 표현하는가?

이러한 질문을 통한 다음의 분석이 가능하다.

- 네 영역에 역할의 수가 동등하다면 참여자는 균형 있게 존재하는 것이다.
- 네 영역에 역할의 수가 매우 다르다면 참여자는 불균형하게 존재하는 것이다.
- 특정 영역의 역할이 적다면 자기 인식, 인생 목표에 대한 인식, 혹은 인생에서 도움이 되는 인물의 가능성에 대한 인식이 부족함을 나타낼 수도 있다. 이러한 잠정적인 결핍 부분은 종류보다 정도의 문제다.
- 평가자가 보기에 참여자에게 갈등을 일으키거나 혼란을 주는 역할로 판단되지만, 참여자가 이를 부인한다면 그 역할은 참여자에게 위협적인 것일 수 있다. 이 역할에 대해 연극치료로 작업할 필요가 있다. 과중한 역할 역시 치료를 권할 수 있다.
- 참여자가 어떤 역할이 중요한지 아닌지 그 이유가 무엇인지 말한다면 균형이 잘 잡힌 것으로 볼 수 있다. 그렇지 않다면 참여자의 실제 삶에서 역할의 우선순위를 매기고 집중하도록 도움을 주어야 한다.
- 한 영역에 모순적인 역할이 많다면 참여자가 양면 가치를 편안해하거나 반대로 혼란스러워하는 상황일 수 있다.
- 참여자가 다른 영역의 역할 사이에 의미 있는 연결고리를 만든다면 균형 상태에 있는 것이다.
- 역할 사이의 패턴을 파악할 수 없다면 무질서한 사고 패턴이나 우울 성향을 의미할 수 있다.

- 참여자가 역할 프로파일을 자의적인 것 또는 무의미한 것으로 본다면 이는 정체성 위기에 대한 인식과 치료가 필요한 상태일 수 있다. 아니면 참여자와 평가자 사이의 유대감이 허약한 것으로 볼 수 있다.
- 참여자가 역할들 사이에 존재하는 모순을 파악하지 못한다면 불균형적이거나 방어적인 상태에 있는 것이다.
- 참여자가 역할들에서 나타나는 양극성과 양극성의 통합 방법을 이해한다면 균형 상태에 있는 것이다.
- 참여자가 역할들이 펼쳐 내는 자신의 인생 이야기를 현재 순간에 말하는 것으로 지각한다면 균형 상태에 있는 것이다.
- 참여자가 검사 후 기분이 좋아지고 검사 경험을 실제에 적용할 수 있다면 균형 상태에 있는 것이다. 반면, 검사를 반영하지 못하고 아무런 생각이 없거나 우울하다면 불균형 상태에 있으므로 치료가 필요하다.

2. 역할 점검표

역할 점검표는 카드를 따로 만들지 않고 앞서 제시한 것처럼 종이에 역할 점검표가 인쇄되어 있다. 참여자는 각 역할에 체크하면 된다. 역할 카드를 따로 만들 필요가 없어 준비에는 유리하지만, 단순히 표시만 하므로 참여자의 고민이나 움직임을 관찰할 기회가 적다. 역할 점검표 역시 역할 프로파일 카드 분류처럼 참여자에게 나는 누구인가, 무엇이 되고 싶은가, 누가 방해하는가, 누가 돕는가의 각 영역에 표시하도록 한다. 종이와 연필을 사용하여 표시하므로 움직일 공간이 따로 필요하지 않고 한꺼번에 많은 참여자에게 실행할 수 있다. 역할 점검표는 목록, 토론, 분석의 순으로 이어진다. 역할 목록을 제시한 다음에 참여자에게 너무 깊이 생각하지 말고 바로 표시하도록 한다. 표시가 끝난 뒤 토론으로 들어간다. 토론의 내용은 앞선 역할 프로파일 카드 분류와 유사하다. 다음의 질문으로 토론을 유도한다.

- 선택한 것을 보니 어떤 생각이 드나요?
- 놀라운 점이 있나요?
- 어떤 역할이 가장 중요하다고 생각하는지 또는 가장 덜 중요하다고 생각하는지 설명해 보세요.
- 가장 중요하다고 생각하는 특별한 역할이 있나요? 왜 그 역할이 중요한가요?
- 선택한 역할 간에 연결고리가 있나요?

만일 참여자가 어떤 역할에 대해 문제가 있어 보인다면 그 역할로 치료 작업을 시작할 수 있다. 가령, 그 역할에 이름을 붙이고 참여자에게 그 역할이 되어 짧은 독백을 해 보라고 권할 수 있다. 분석 역시 역할 프로파일과 같은 방식으로 진행된다.

3. 이야기 말하기

역할 프로파일에서 발전된 이야기 말하기(TAS)는 역할에서 이야기로 자연스럽게 넘어가는 과정이다. 초기에 랜디와 동료들은 역할 프로파일에 관해 오랫동안 실험을 하였지만, 만족할 만한 결과를 도출하지 못하였다. 그들은 고민 끝에 이야기하기 부분을 따로 떼서 독립적인 진단평가를 만들기로 하였는데, 그것이 TAS다. 역할 프로파일 카드, 역할 점검표와 달리 TAS는 참여자에게 창조적인 행동을 직접 끌어낸다는 특징이 있다. TAS는 참여자에게 이야기를 창작하도록 하고, 그들이 창작한 이야기에 대해 생각해 보도록 한다. 평가자는 이 과정에서 참여자의 개인적 · 사회적 세계에 대한 소중한 정보를 얻는다. 참여자는 자유롭게 자신이 원하는 어떤 유형의 이야기 구조도 창작할 수 있다. 평가자는 다음과 같이 안내한다.

- 참여자에게 이야기 창작을 요청한다.
- 참여자에게 이야기 속 역할과 동일시하기를 요청한다.
- 각각의 역할(세 가지 이하)에 대해 평가자는 참여자에게 역할 분류 체계에 나온 것과 관련된 특성을 규정할 것을 요청한다.
- 참여자에게 각 기능을 명시하라고 요청한다.
- 참여자에게 각 역할의 유형을 구체화하라고 요청한다.
- 이야기의 제목과 주제는 무엇인지 질문한다.
- 인물들은 자신의 갈등을 해결할 방법을 찾아서 함께 행복하게 살 수 있는지, 어떻게 가능한지 질문한다.
- 이야기 속 인물들과 참여자의 실제 삶 사이에 어떤 연관성이 있는지, 참여자의 어떤 부분이 이야기 속 인물과 유사한지, 그 인물들이 어떻게 함께 살 수 있는지, 누군가 혹은 어떤 것이 그 인물들이 함께 화합하도록 도울 수 있는지 질문한다.
- 평가자는 이야기를 통해 참여자를 이해한 점, 참여자의 비언어적 반응을 기록한다.
- 평가자는 참여자에 대한 느낌과 인상, 평가자 자신의 역전이를 주목하여 기록한다.

TAS는 이야기 속에서 역할을 찾아가는 것으로 구성되어 있으므로 체현보다는 이야기를 강조한다. 전반적으로 역할 이론 진단평가는 아직은 분명하게 신뢰도나 타당도가 검증된 진단평가가 아니다. 다만 역할 이론 진단평가는 참여자의 문제를 조사하고, 연극치료 과정에서 과연 어떤 매체를 사용하는 것이 최선인가를 파악하기 위한 자료로 활용한다. 참여자는 처음 만나는 연극치료사에게 자신의 문제를 진솔하게 털어놓기가 어렵다. 그러나 그림이나 이야기, 역할로 표현한다면 방어 없는 표현이 가능하다. 역할 이론을 통한 진단평가는 이 점에서 유용하다.

제30장 이야기모델 진단평가

연극치료모델 가운데 이야기를 활용한 여섯 조각 이야기 만들기(6PSM)는 임상에서 활발하게 응용되고 있는 모델이다. 연극은 이야기(희곡)에서 출발하며, 이야기를 무대에서 몸짓과 움직임으로 재현한다는 특징이 있다. 6PSM은 인간은 근본적으로 이야기하는 존재이므로 개인의 이야기는 의식과 무의식을 반영한다는 가정에서 출발한다. 이러한 이야기의 의미를 진단평가로 발전시킨 것이 6PSM을 사용한 7단계 진단평가다. 6PSM은 앞선 치료모델에서 제시한 것처럼, 사람들이 이야기로 소통할 때, 믿음, 정서, 사회, 상상, 인지, 그리고 신체의 BASIC Ph 양식을 따른다고 가정한다. 따라서 평가자-치료사는 참여자에게 동화나 신화 같은 원형이 가미된 이야기를 하게 하여 BASIC Ph를 기반으로 참여자가 자신을 현실에 투사하는 방법을 관찰하고 질문한다. 평가자는 설명이나 추리가 필요 없는 감정이 절제된 중성적인 질문을 해야 하며, 이 과정 전체는 참여자의 평가 자료로 활용된다. 대응 양식, 주제, 지금-여기의 질문, 갈등, 발달단계, 탐색, 상징 해석으로 구성된 7단계는 다음과 같다.

1. 6PSM을 사용한 7단계 진단평가

1) 1단계: 대응 양식

참여자를 이해하는 1단계인 대응 양식은 말 그대로 이야기 안에서 참여자가 어떻게 대응하는지를 평가한다. 대응 양식은 참여자의 의식적 지각과 매우 밀접한 것으로, 참여자가 쉽게 수용하거나 거부할 수 있다는 점에서 착안한 것이다. 참여자의 이야기를 분석할 때 치료사는 단어와 문장의 내용을 믿음, 정서, 사회, 상상, 인지, 신체를 통한 각각의 대응 양식에 따라 범주화함으로써 BASIC Ph 모델을 적용한다. 참여자가 사용한 언어의 빈도와 강도를 바탕으로 가장 강한 대응 양식에 기반한 분명한 언어, 좀 약하지만 여전히 현재의 대응 양식에 기반한 인접한 언어, 그리고 전적으로 부재하는 대응 양식에 기반한 잊어버린 언어의 세 수준으로 분류한다. 대응 양식은 다음의 질문을 통해 점수화한다.

- 참여자의 강점은 무엇인가?
- 그가 사용하는 가장 분명한 언어는 무엇인가?
- 그 언어는 어떻게 세상에 드러나는가? 인접 언어들, 변화와 성장을 위한 잠재성은 무엇인가?
- 갈등 안에 어느 정도의 대응 양식이 있는가?
- 어느 것이 잊어버린 언어이며, 치료의 시작 단계에 이것은 어떤 영향을 미치는가?

2) 2단계: 주제 파악

2단계는 대응 양식보다 좀 더 의식적인 것으로 이야기의 주제 파악이다. 평가자는 참여자의 이야기를 전체적으로 읽고 중심 주제, 또는 참여자의 믿음의 상태나 참여자에게서 떠나지 않는 중요한 문제를 참여자 스스로 탐색할 수 있을지 판단한다. 이는 참여자의 인생 이야기 혹은 현재 문제의 일부로 그들이 제시한 이슈에서 나타나는 것으로, 참여자에게 질문함으로써 파악할 수 있다. 주제를 확인하는 또 다른 방법으로 이야기 제목, 이야기 속 주인공이 투쟁하는 주요 문제, 이야기로 표현된 자기와 타자에 대한 믿음이 있다. 질문을 통해 주제를 파악할 수도 있다. 참여자가 미래에 대한 희망이나 기대와 관련하여 어떤 메시지를 전달하고 싶은지 질문할 수 있다.

- 구체적으로 참여자 자신과 세계에 대한 중요한 신념이 그에게 어떤 영향을 미치는가?
- 그것이 참여자가 타인과의 관계 형성에 어떤 영향을 미치는가?
- 참여자는 낙관적인가 비관적인가?
- 주제가 참여자의 나이와 어울리는가?

3) 3단계: 지금-여기의 질문

3단계는 지각(의식적인 것)과 잠재의식 사이에 위치하는 것으로 지금-여기의 질문이다. 사람들이 이야기하는 이유가 소통을 위한 것이라면, 이야기에 나타난 문제들은 지금-여기의 치료적 만남 또는 참여자가 알고 싶어 하는 문제와 직접 연관된다고 할 수 있다. 참여자의 이야기에는 이미 문제들이 내포되어 있다. 일반적으로 사람들은 직접 말하기 어려운 것, 불분명한 상황을 명쾌하게 하기 위해 이야기를 만들어 낸다. 따라서 치료사는 다양한 말투로 표현되는 이야기의 표층과 심층을 해석해야 한다. 아울러 이야기에 나타난 사건 자체보다도 근원적인 의미, 즉 숨은 뜻을 알아야 한다. 평가자는 참여자의 이야기 속에 숨어 있는 다양한 문제를 해석하여 그가 안고 있는 지금-여기의 문제를 파악한다. 지금-여기에 관하여 평가자는 다음의 질문을 할 수 있다.

- 과거에 이러한 질문을 들어 본 적이 있는가?
- 그것은 배려심 있는 당신을 자극하는가?
- 너무 힘들어서 그것들을 다룰 수 없는가?
- 그 문제를 해결할 용의가 있는가?
- 치료 회기에서 더 자세히 서술할 수 있는가?
- 믿음이 가거나 혹은 가지 않는 문제가 있는가?

4) 4단계: 갈등

4단계인 갈등 단계에서는 본격적으로 참여자의 무의식을 밝히는 단계다. 무의식에 접근하므로 해석의 오류가 증가할 수 있으므로 이를 줄이기 위해 심리언어학적인 방법으로 이야기의 심층에 접근한다. 여기서 평가자의 언어학적 지식이 요구된다. 무의식적 갈등은 신체 증상뿐 아니라 다양한 생리적 · 정신적 증상으로 나타난다. 이들 증상을 내적인 불안에 대응하여 나타난 행동으로 본다. 언어학에서 행동은 동사와 부사로 표현되므로 참여자가 창작한 이야기에서 불안이나 갈등의 행동은 동사 및 부사의 표현으로 간주한다. 평가자는 이야기 속에 나타난 동사와 부사를 통해 행동을 찾아낼 수 있다는 의미다. 각 단어는 맥락에서 찾아낸 반대 의미의 동사와 부사를 대조하는 방식으로 갈등의 행동을 더욱 명확하게 한다. 예컨대, 이야기 속에 '빨리'와 '승리한'의 단어가 있다면 그것은 각각 '느리게'와 '실패한'의 대립적인 단어를 고려할 수 있다. 후자의 단어는 이야기에는 없지만, 반대어의 의미를 지닌 것으로 간주한다. 평가자는 반대어 목록을 세부화한 다음에 다양한 반대어 사이에서 유사성을 찾는다. 가령, 수용 대 거부, 생존 대 소멸은 신뢰 또는 소속감과 관련된 것으로 참여자의 어린 시절의 공포를 암시하고, 실패 대 성공은 자기 불신을 암시한다고 할 수 있다. 무의식을 탐구하는 갈등 단계에서 제시하는 질문의 예는 다음과 같다.

- 이야기 속 갈등이 참여자의 나이에 걸맞은 갈등인가?
- 이야기 속 갈등이 다른 회기에서 드러난 적이 있는가?
- 갈등의 어느 부분은 참여자가 지닌 고통의 근원인가?
- 이러한 갈등은 다른 사람들이 그 참여자에 대해 언급한 내용인가?
- 평가자는 갈등을 재현하는 행위를 알아낼 수 있는가?
- 어떤 갈등을 두려워하는가?

5) 5단계: 발단단계

5단계는 발달단계다. 심리학에서 인간의 성장에 따른 발달단계는 다양한 측면에서 제시된다. 발달은 인간 누구나 해당하는 것이므로 평가자는 이야기 속에 나타난 발달단계를 충분히 고려해야 한다. 만일 이야기 주제가 오이디푸스콤플렉스와 관련된 것이라고 판단되면 참여자가 어린 시절에 경험하였을 검열과 통제와 비판보다는 그 반대어인 독립과 자기 통제를 어떤 방식으로 지지할지 고민해야 한다. 나아가 치료 과정에서 평가자가 마주할 수 있는 난관과 극적 행위를 연습하고 준비하는 것도 필요하다. 5단계에서 평가자는 다음의 질문을 한다.

- 나는 나이에 따른 발달에 대해 잘 알고 있는가?
- 심리적 단계에서 기대되는 발달 과제는 무엇인가?
- 이 단계에서 충분히 좋은 부모나 평가자는 참여자와 무엇을 해야 하는가?
- 이 단계에서 예측되는 행위는 무엇이며, 어떻게 하면 이미 알려진 그 연령대의 위험에서 벗어나도록 도울 수 있는가?

6) 6단계: 탐색

6단계는 융 학파의 분석적 접근에 기반한 개성화를 위한 영웅(주인공)의 탐색이다. 융의 개성화란 태어난 본래의 모습으로 완전한 인간이 되어 가는 일생의 과정이다. 개성화는 전인격적인 자기를 깨어나게 하는 것이며, 개인의 무의식에 내재된 기본적인 요소들이 모두 의식으로 통합될 때까지 지속하는 과정이다. 따라서 개성화를 향해 나아가는 이야기 속 주인공은 모두에게 자기 성찰을 권하는 하나의 역할로 설명될 수 있다. 6PSM에서 주인공은 이야기하는 사람(참여자)의 상징적 재현이므로 이야기 속의 인물, 사건, 방해물은 참여자의 문제를 들춰내는 것으로 볼 수 있다. 엔코리 구알라(Encoire Guala)는 이야기에서 융이 언급한 무의식의 부분인 아니마와 아니무스를 분석하여 참여자를 파악할 수 있다고 주장한다. 그에 따르면, 남성의 무의식에서 여성의 내적 인격체의 표현인 아니마는 그 방식이 순환적이며, 여성의 무의식에서 남성의 내적 인격체의 표현인 아니무스는 그 방식이 선형적 또는 연대기적이다. 순환적이라는 것은 주인공이 이야기의 결말에서 처음으로 되돌아가는 것을 뜻한다. 순환적인 아니마 이야기에서 주인공은 길을 떠나지도 못하고 성장하는 모습도 없이 끝날 수 있지만, 회복과 재생에서 자연스러운 순환의 힘이 중요한 요소로 작용할 수 있다.

한편, 아니무스의 선형적인 이야기는 결말에서 주인공의 상태가 시작과는 달리 변화된 상태를 의미한다. 이렇듯 평가자가 참여자의 이야기에서 아니마 또는 아니무스의 요소를 찾아낸다면 참여자의 탐험에 동참하여 그의 문제를 정확하게 파악할 수 있다. 주인공에 대한 탐색은 일종의 역할 탐색이므로 랜디가 개발한 역할 분류 체계를 사용하여 분석할 수도 있다. 6단계에서 평가자는 다음의 질문을 할 수 있다.

- 치료 중에 일어나고 있는 것과 관련하여 주인공(영웅)의 탐험을 어떻게 이해하는가?
- 외적인 행위와 내적인 탐험 사이의 간극을 어떻게 이해할 수 있는가?
- 이러한 관점은 극적 공간에서 공연을 분명하게 하는가?
- 랜디의 모델을 사용하여 작업에서 나타난 역할과 그 의미를 알 수 있는가?

7) 7단계: 상징 해석

마지막 7단계에서는 이야기 속 상징을 해석한다. 이야기는 역할들과 그 역할들의 상징으로 엮는다. 이야기 속 상징은 참여자의 내적인 문제가 외부로 재현된 것으로, 이를 인류학적 관점 등으로 해석할 수 있다. 상징 해석은 임의로 해서는 안 되며 기존의 해석을 참조하는 것이 좋다. 또한 상징의 의미는 앞선 6단계와 연계할 때 모순이 없어야 한다. 상징 분석과 관련된 질문은 다음과 같다.

• 상징들의 의미는 앞선 6단계와 관련하여 일목요연한가?
• 상징은 지금까지 얻은 지식에 무엇을 덧붙이는가?

이외에도 라하드는 6PSM에서 전체를 고려한 다음의 질문을 제시한다.

• 어느 항목이 일치하고 상호적이며 그림을 더 명료하게 하는가?
• 참여자에 대한 어떤 항목이 평가자의 이전 관찰과 지식을 확고하게 해 주는가?
• 어떤 것이 평가자를 놀라게 하거나, 특이한 것으로 혹은 불가능한 것으로 보이게 하는가?

2. 6PSM 진단평가 방법

6PSM 평가를 위한 준비와 지시 사항은 다음과 같다. 종이와 펜을 준비한다. 보통 그림을 그리고 설명하고 평가를 하는 데 걸리는 시간은 1시간 이내로 설정한다. 평가는 신뢰 관계가 형성된 두세 번째 회기에 실시하는 것이 좋다. 평가에 앞서 자세한 설명은 하지 않는다. 평가 시 사전에 참여자의 동의를 받아 녹음이나 녹화를 해 두면 도움이 된다. 지시 사항은 간단히 한다. 가장 중요한 지시 사항 중 하나는 이야기가 허구적이거나 환상적인 배경을 갖도록 하는 것이고, 참여자 자신과는 전혀 다른 주인공의 배경을 만드는 것이다. 실제로 6PSM을 해 보면 참여자는 대부분 자신을 주인공에 투사하려고 한다. 또 다른 지시는 참여자가 창조하는 이야기가 자신의 삶에서 우러나온 사건이나 기존의 옛날이야기가 아니라 새로운 이야기여야 한다는 것이다. 이들 지시 사항은 참여자가 자신과 무관한 새로운 이야기를 창작할 때 평가가 더욱 효과적이라는 것을 뜻한다. 또한 라하드는 6PSM이 제시한 여섯 부분의 순서는 고정된 것이 아니라 다소 변화될 수 있음을 언급한다. 이렇게 준비가 되면 참여자에게 각 조각을 설명하고 여섯 조각의 그림이 완성할 때까지 기다린다. 기다리는 동안에 대화를 자제하고 질문에는 최소한으로 반응한다.

여섯 조각 그림이 완성되면 바로 참여자에게 이야기하도록 한다. 이야기하는 동안 평가자는 질문하지 않고, 참여자가 알아서 자세히 설명할 것을 요구한다. 참여자가 이야기를 시작할 때 "옛날에"로 시작하라고 지시한다. 이 표현은 스토리텔링의 형식을 더욱 강화하는 효과가 있다. 또한 일인칭이 아닌 삼인칭으로 표현할 것을 요구한다. 나 대신에 그, 그녀, 그것, 등장인물의 이름을 사용하면 미적 거리를 유지할 수 있다. 참여자가 언제든지 질문할 수 있도록 열어놓되 질문이 이야기에서 벗어나지 않도록 한다.

6PSM의 이점 중 하나는 종이에 그린 그림은 보관할 수 있다는 점이다. 그림을 복사하여 치료사와 참여자가 소지할 수 있어 회기마다 참조할 수 있다. 또한 참여자가 그림을 설명할 때 이를 녹음하여 참여자의 말을 온전하게 기록하면 좋다. 회기가 끝나면 참여자에게 그림을 가져가서 곰곰이 생각하도록 하거나 연관된 꿈이나 생각을 적어 오게 할 수 있다. 이런 방식은 다음 회기를 시작할 때 유용하다.

3. 6PSM 7단계 진단평가의 실제

6PSM을 사용한 7단계 진단평가는 구체적으로 어떻게 적용되는가? 라하드는 BASIC Ph를 활용하여 참여자가 그린 그림을 설명한 여섯 조각의 이야기의 예를 제시한다.

옛날에(C) 꽃이 있었는데(C), 그것은(C) 작았다(Ph).
그것이 자랐을 때(Ph) 그것의 임무는 다른 꽃에(S) 도달하는 것이었다(Ph).
그를 키워 준(Ph) 조력자가 있었는데(S, Ph) 그는 활과 화살을 가지고 있었다(C, I).
장애물은 한 남자였는데(S-), 그는 총과(C) 불을 가지고서(C, Ph) 그 꽃을(C) 포위하고 있었다(Ph).
꽃을 돌보던 남자는(S) 총을 가진(C) 그 남자를(S-) 쐈다(Ph). 그는 호스도 가지고 있었다(C).
그래서 꽃은(C) 다른 꽃에(S) 도달하였다(Ph).
결국 선량한 남자는(B/A) 2개의 꽃을(S) 그의 정원에(C) 가져왔다(Ph).
나는 그의 발자국도 그렸다.

다시 언급하자면 BASIC Ph는 각각 B(Belief, 믿음), A(Affect, 정서), S(Social, 사회), I(Imagination, 상상), C(Cognition, 인지), 그리고 Ph(Physical, 신체)에 해당한다. 가령, '옛날에 꽃이 있었는데, 그 꽃은 작았다'라는 문장에서 '옛날에 꽃이 있었는데, 그것은'은 이야기의 설명으로 인지(C)에 해당하는 것으로 보았고, '작다'는 크다와 대비되는 것으로 신체(Ph)에 해당하는 것으로 간주하였다. 다른 꽃, 돌보는 남자는 사회(S)에 해당하며, 장애물인 남자 역시 사회에 해당하지만, 갈등의 대상이므로 S-로 구분하였다. 이처럼 6PSM 진단평가는 평가자는 참여자의 이야기 문장을 분석하여 각자 BASIC Ph로 분류한 다음, 그 빈도수를 계산하는 식으로 이루어진다. 평가자의 판단이 정확하지 못하면 신뢰도와 타당도에 문제가 생길 수 있으므로 평가자는 언어학적 지식과 오랜 기간의 훈련과 경험이 필요하다. 앞의 예에서 제시된 결과는 〈표 30-1〉과 같다.

<표 30-1> 예시의 결과

B+	B-	A	A+	S	S-	I	I-	C	C-	Ph	Ph-
1		1		5	2	1		11		10	

빈도를 보면 인지(C)가 11회, 신체(Ph)가 10회로 가장 높다. 사회(S)는 갈등 2회를 포함하여 총 7회다. 이러한 횟수를 바탕으로 평가자는 앞서 제시한 7단계에 적용하여 이야기를 해석한다.

라하드에 따르면, 첫 단계의 대응 양식에서 C/Ph의 빈도수가 많은 것은 참여자의 대응 전략이 실질적이고 이상적인 것에 의존하는 것을 의미한다. 이 이야기에서 B, A, I는 각 1회만 드러나 있어 이러한 참여자는 의미 찾기와 무의식의 문제와 대면에 초점을 두는 예술치료가 도움이 될 수 있다. 주제에 관해서는 인생은 위협과 위험으로 가득하지만 누군가의 도움을 받는다면 견딜 수 있다는 것, 그리고 외부의 조력자가 필요하고 그의 도움이 있다면 그 결과는 긍정적이라는 것을 알 수 있다. 지금-여기에 관해서는 다음의 질문을 할 수 있다. 당신은 나를 도울 것인가? 당신은 친구인가? 당신은 나를 도울 도구가 있는가? 친구와 함께 있는 것은 괜찮은가? 여기는 얼마나 위험한가? 한편, 갈등의 경우 참여자는 부모에 대한 강한 의존이 나타난다. 탐험의 경우 이야기는 A의 시작에서 B의 끝으로 나아가므로 선형적이며 아니무스 탐험이다. 상징의 경우 꽃은 기쁨과 활력, 단순성, 순수성, 희망과 긍정적 성장을 상징하고, 활과 화살은 재빠름, 직관력, 정신적 경고, 분명한 생각, 남근을 상징한다. 총은 남근, 공격성, 공포, 자기 보호 욕구를 상징하며, 불은 연금술적 의미에서 행위의 변형과 원형적 특성을 상징한다. 호스는 남근을, 정원은 잃어버린 순수나 젊음을, 발자국은 앞으로 움직임, 균형이 잡혀 있음, 현실에 기반을 둠을 상징한다.

이처럼 이야기를 7단계에 적용한 평가에 따라 참여자의 문제를 객관적으로 파악할 수 있다. 대응 양식에서 참여자가 타인과 갈등을 일으킬 때 실질적이고 이상적인 것에 의존한다는 점에서 현실 판단과 능동적인 능력이 있음을 보여 준다. 주제에서는 참여자가 보호받기 위해 누군가를 필요로 하지만 잘 해결될 것이라는 믿음이 있다. 갈등에 있어 내적 문제의 중심에는 수용과 버려짐에 대한 두려움이 자리하고 있다. 탐험에서 참여자는 아니무스의 남성 지향적이며 상징 또한 그러하다. 참여자가 특히 두려워하는 것은 변형과 순수함의 상실이다. 평가자는 이것이 참여자의 변형 단계라는 것 그리고 신뢰의 문제라는 것을 포착할 수 있다. 이야기 속 역할들은 매우 뚜렷하다. 꽃의 역할은 다소 수동적인데, 대립항을 만들면 치료에 도움이 될 것이다. 이야기에서 거의 드러나지 않은 믿음, 정서, 상상력이 드러나도록 한다면 역시 치료에 도움이 될 수 있다.

6PSM을 활용한 7단계 진단평가는 나름의 논리와 객관성을 지니고 있다. 다만, 여섯 조각으로 이루어진 그림의 내용을 BASIC Ph로 세분화하고 이를 다시 7단계로 분석하는 절차가 다소 복잡하다. 분석 과정 또한 주관성이 개입할 여지가 많다는 점에서 신뢰도와 타당도의 문제가 제기된다. 숙련된 평가자가 아니면 매우 어려운 진단평가임이 분명하다.

제31장 6열쇠모델 진단평가

1. 6열쇠모델

6열쇠모델(The Six-Key Model) 진단평가는 펜직에 의해 개발되었다. 개인 또는 집단의 연극치료 과정을 진단하고 평가하는 6열쇠모델은 평가자의 주관적 관찰에 의거하는 질적 평가로서 평가자는 임상에서 일어난 참여자 전반을 관찰하고 느낌을 기록한다. 6열쇠모델 진단평가는 연극치료 작업에서 중요한 요소인 극적 현실(dramatic reality)을 통해 진단한다. 무대의 세계인 극적 현실은 상상을 통해 이루어진다. 역할연기로 하나의 이야기를 풀어 간다는 것은 극적 현실에 진입한 것을 의미한다. 실제 세계를 기반으로 상상 세계의 능동적인 투사가 작동하는 극적 현실은 투사적 구조물이므로 참여자의 내적 세계, 상호 인간적 관계, 자아 기능 등 많은 정보를 제공한다. 이를 염두에 두면서 6열쇠모델은 일상 현실과 극적 현실 사이의 이행단계(a), 극적 현실 내부(b), 극적 현실 외부(c), 그리고 이들 단계에서 드러나지 않은 것을 드러내는 단계(d)로 구성한다. 펜직은 이를 [그림 31-1]로 제시한다.

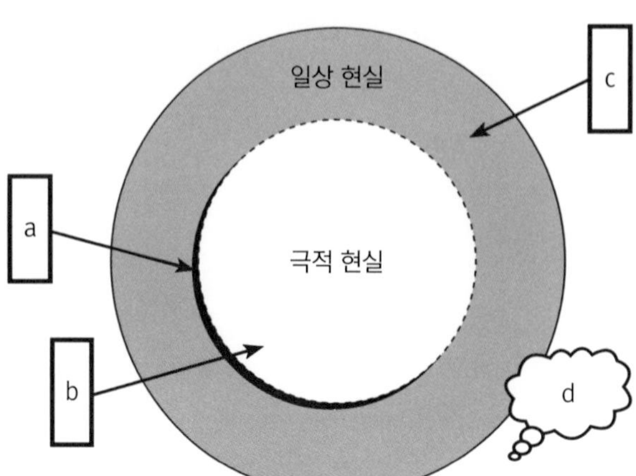

그림 31-1 6열쇠모델

출처: Johnson et al. (2013).

[그림 31-1]에서 극적 현실(b)의 원은 일상 현실(c)의 원 안에 포섭되어 있다. a는 일상 현실과 극적 현실의 경계에 위치하여 두 현실 사이를 왕래한다. 극적 현실인 b는 연극치료 작업에서 상상을 통해 이루어지는 연극적 세계다. 일상 현실인 c는 극적 현실을 포함한다는 점에서 연극치료 작업에서 극적 현실에 대비되는 외부 현실이다. 일상 현실과 극적 현실 밖에서 모호하게 표현된 d는 앞선 a, b, c 단계에서 드러나지 않은 현실이다. 심리치료가 주로 c, d 단계에서 이루어진다면, 연극치료는 a, b 단계에서 이루어진다. 극적 현실(b)을 진단하는 6열쇠모델은 6개의 열쇠로 이루어져 있다. 열쇠가 6개라는 점에서 열쇠모델 앞에 6을 붙였다.

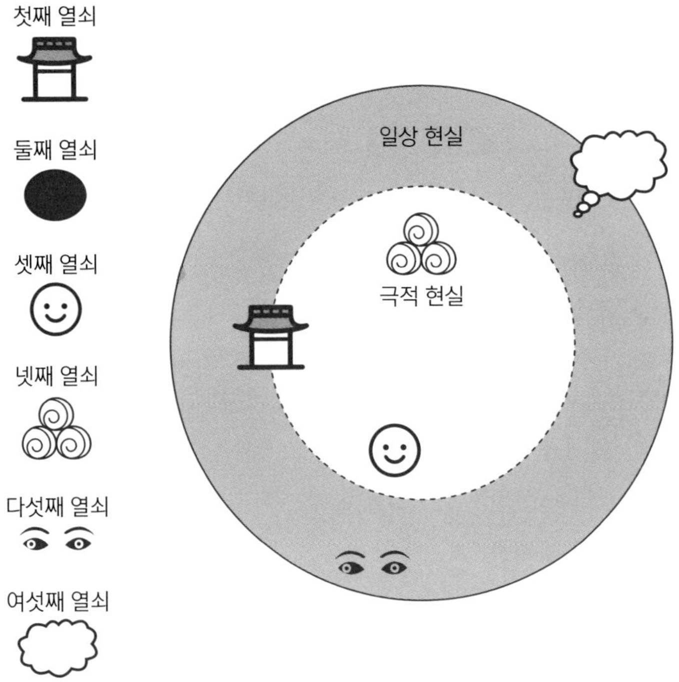

그림 31-2 6열쇠모델

출처: Johnson et al. (2013).

여기서 열쇠는 풀어야 할 숙제 또는 다른 공간으로 들어갈 때 건너야 함을 뜻하는 은유다. 일상 현실과 극적 현실 사이에 걸쳐 있는 첫째 열쇠는 일상 현실과 극적 현실 간의 통로다([그림 31-2] 참조). 극적 현실 전체를 지칭하는 둘째 열쇠는 극적 현실의 특성과 유형을 나타낸다. 셋째 열쇠는 극적 현실 속 인물과 역할을 나타내며, 역시 극적 현실 속에 있는 넷째 열쇠는 극적인 주제, 플롯, 갈등, 내용 등을 담고 있다. 지켜보는 눈 이미지로 표현된 일상 현실 속 다섯째 열쇠는 극적 현실에 대한 외부 관객의 반응이다. 여섯째 열쇠는 메타 현실, 말하자

 제31장 6열쇠모델 진단평가 366

면 숨겨진 서브 텍스트다. 처음 다섯 개의 열쇠는 극적 현실, 극적 현실과 일상 현실과의 연계, 이와 관련된 사항을 포함하며, 여섯째 열쇠는 무의식적인 숨겨진 차원이다. 처음 두 열쇠는 형식과 관련이 있으며, 세 번째와 네 번째 열쇠는 내용과 관련이 있다. 다섯째 열쇠는 관객이라는 외부의 극적 현실을 고려하며, 여섯째 열쇠는 메타 현실로서 숨겨진 이슈를 탐구한다. 이는 다음의 [그림 31-3]으로 표현할 수 있다.

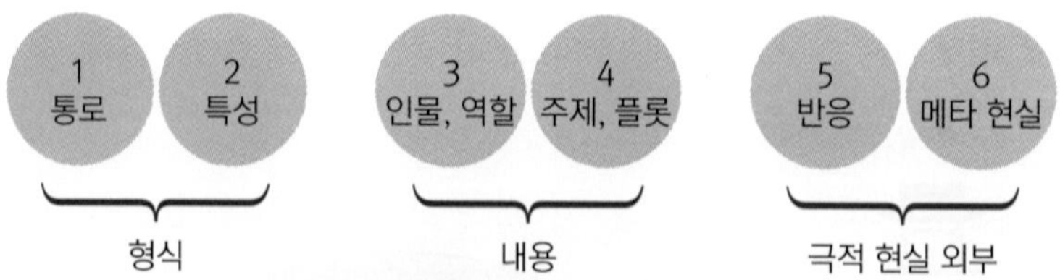

그림 31-3 6열쇠모델의 의미

출처: Johnson et al. (2013).

1) 첫째 열쇠

극적 현실에 들어가고 나오는 첫째 열쇠는 통로다. 극적 현실로 들어가고 나오는 것은 일종의 전환이다. 극적인 현실을 필요로 하는 연극치료에서 평가자는 참여자가 문제없이 일상에서 극적 현실로, 그리고 다시 일상으로 되돌아오도록 해야 한다. 첫째 열쇠에서 이러한 전환에 관해 개인이나 집단이 어떠한 태도를 보이는가가 평가의 핵심이다. 가령, 다음과 같은 질문으로 평가할 수 있다.

- 전환이 어려운가 아니면 매끄러운가?
- 준비가 필요한가 아니면 바로 뛰어드는가?
- 경계에 머무는가 아니면 일상 현실과 극적 현실 사이를 계속 옮겨 다니는가?
- 혼자서 일상 현실로 되돌아가는가 아니면 도움이 필요한가?

치료사는 첫째 열쇠에서 이러한 전환이 쉽게 이루어지도록 EPR이나 6PSM을 활용할 수 있으며, 출입을 상징하는 예술 매체를 활용할 수도 있다.

2) 둘째 열쇠

둘째 열쇠인 극적 현실의 특성은 좋은 것일 수도 나쁜 것일 수도 있지만, 효과적인 연극치료를 위해서는 당연히 좋은 극적 현실이 요구된다. 좋은 극적 현실은 유연성, 안정성, 적절한 개입, 미적 거리, 소통, 공동 참여, 깊이, 내적 일관성 등이 있는 현실이다. 참여자가 이러한 극적 현실의 특성을 바탕으로 역할연기를 한다면 치료에 효과적일 것이므로 평가자는 극적 현실의 특성을 좋은 방향으로 유지하고 강화할 방법을 찾아야 한다. 또한 극적 현실이란 패턴, 리듬, 강력함, 질감 등을 지닌 심리미학적(psychoaesthetic) 공간이라는 점도 인지해야 한다. 극적 현실은 강렬하고, 조용하고, 뛰어넘고, 부자연스럽고, 흥미진진하고, 느리고, 혼란스러운 곳이다. 따라서 평가자는 둘째 열쇠에서 미적 거리뿐 아니라 연기 스타일, 참여, 자발성, 집중, 몰입 등 형식적인 면도 고려해야 한다.

3) 셋째 열쇠

셋째 열쇠의 내용은 인물과 역할이다. 원형적 층으로 극적 현실을 성립하도록 하는 역할이 체화된 것이 인물이다. 예컨대, 링컨은 인물이고 대통령은 역할이다. 인물과 역할의 구분은 진단평가와 관련이 있다. 참여자는 다양한 인물을 표현할 수 있지만, 실제로 모두는 하나의 역할에 속한다. 살인자라는 역할은 맥베스, 전쟁 중인 군인, 연쇄 살인범 등 여러 인물을 통해 탐구할 수 있다.

한편, 인물에도 다양한 역할이 있다. 인물 맥베스는 전사, 장군, 왕, 남편 등의 역할이 있다. 이렇듯 참여자는 인물을 통해 역할을 만나고 역할을 통해 인물을 만난다. 이러한 인물과 역할의 메커니즘이 지닌 유연성은 우리를 역할 체계로 안내하고 셋째 열쇠에서 치료적 중재에 도움을 준다. 셋째 열쇠에서는 랜디가 개발한 역할 체계의 역동, 역할 레퍼토리, 역할 분석, 역할 발달에 관한 연구, 그리고 역할과 인물 간의 상호작용 연구가 필요하다. 여기서 평가를 위해 다음의 질문을 할 수 있다.

- 인물과 역할 목록을 만든 다음, 극적 현실에 누가 살고 있는가?
- 인물/역할은 어떻게 연결되고 통합되는가?
- 인물은 여러 역할을 대변하는가 또는 인물은 모두 동일한 원형적 역할과 연관되는가?

제31장 6열쇠모델 진단평가 368

- 역할과 인물 간의 상호작용은 참여자의 역할 체계에 관해 무엇인가를 말하는가?
- 참여자는 어떤 기능적 역할을 연기하는가 아니면 못하는가?
- 인물/역할은 극적 현실에서 선명한가 아니면 극적 현실로 가져오기가 어려운가?

4) 넷째 열쇠

넷째 열쇠의 내용은 플롯, 주제, 갈등이다. 셋째 열쇠가 누가 극적 현실에 참여하는가와 관련이 있다면, 여기서는 그곳에서 무슨 일이 벌어졌는가를 살핀다. 극적인 현실의 내용과 관련이 있는 이 열쇠는 연극치료에서 특별한 범주에 속한다. 여기서 해석의 방식은 참여자가 치료적 맥락으로 가져오는 이슈를 주요 정보의 출처로 보기 때문에 심리치료와 연계된다. 극적 현실을 개인 내면의 삶이 투영된 이미지로 간주하므로 그 이면에서 반복되는 모티프는 치료에서 다루어야 할 주요 문제로 본다. 이야기에서 사건의 패턴, 계획, 설계, 계략 등을 의미하는 플롯은 패턴이나 감정, 신화적이거나 은유적인 메시지, 그 복잡성의 정도를 평가할 수 있다. 주제는 개인 또는 집단이 다루는 내면 과정의 은유다. 일반적인 범위에서 지속되는 주제는 주로 인물과 플롯을 통해 탐구된다. 주제로는 인물 간의 관계, 정체성, 공격성 등이 있다. 갈등은 주제를 더욱 선명하게 드러낸다. 예를 들어, 주제로서 관계는 의존성 대 자율성, 이상 대 현실 같은 갈등을 포함한다. 의존성 대 자율성의 갈등은 통제나 정체성과 같은 다른 주제로 확산되기도 한다.

넷째 열쇠에서 평가를 위한 질문은 다음과 같다.

- 극적 현실에서 무슨 일이 있었는가?
- 플롯은 어떤가? 어떻게 전개되는가?
- 주제 혹은 문제는 무엇인가? 주 갈등은 무엇인가?
- 주요 상징과 은유는 무엇인가?
- 플롯이나 갈등 가운데 반복되는 패턴이 있는가?
- 플롯은 전진하는가 아니면 고착되어 있는가?
- 플롯이 전진하기 위해 이야기에서 무슨 일이 더 벌어져야 하는가?
- 주 이야기 하부에 대안적인 이야기가 있는가? 있다면 무엇인가?

5) 다섯째 열쇠

다섯째 열쇠는 극적 현실에 대한 반응이다. 극적 현실을 빠져나온 개인 또는 집단은 관객이 되어 지금 행해지고 있는 극적 현실의 목격자로서 자신의 경험을 정당화하면서 치료에 동참한다. 관객으로서 이들 참여자는 극적 현실에 부여한 가치를 통해 판단 패턴을 발견할 수 있다. 이 열쇠는 참여자의 주관적 경험을 진행하고 통합하는 능력을 파악하도록 하며, 자존감과 자기 인식의 정보를 제공하고, 치료적 전제로부터 이익을 취할 수 있는 참여자의 능력을 반영한다. 관객으로 극적 현실에 참여할 때 통찰력이 생겨나 변화를 일으킬 수도 있다. 또한 이 열쇠는 참여자에게 변화가 요구되거나, 환상과 현실 간의 전환과 통합에 어려움을 겪거나, 반응이 부정적이거나, 극적인 현실에서 갈등이 제대로 해결되지 않거나, 어둠 속에 남겨졌을 때 안전장치 역할을 한다. 다섯째 열쇠에서 평가를 위해 다음의 질문을 할 수 있다.

- 참여자는 극적 현실에서 일어난 것을 어떻게 보는가?
- 참여자의 전반적인 태도는 무엇인가?
- 참여자는 극적 현실을 의미 있는 경험으로 보는가?
- 극적 현실에 가치를 두는가 무시하는가?
- 참여자의 반응은 그의 판단 패턴에 대해 무엇을 암시하는가?
- 극적 현실에서 수행된 작업은 실생활에 영향을 미치는가?

6) 여섯째 열쇠

여섯째 열쇠는 서브 텍스트 또는 메타 현실이다. 서브 텍스트란 하위(under) 또는 아래(below)의 텍스트, 언급된 것 또는 언급되지 않은 것을 뜻하며, 경계에 있는 것, 숨겨진 것, 모호한 것 혹은 회피된 것을 의미한다. 공연에서 배우가 직접 언급하지는 않지만, 휴지(休止)와 침묵으로 암시하는 것과 유사하다. 스타니슬랍스키에 따르면, 역할이 존재하도록 하는 서브 텍스트는 연극 내의 다양한 내적 패턴의 거미줄로 작용한다. 연극치료에도 당연히 서브 텍스트가 존재한다. 하지만 일상 현실이나 극적 현실에서 이에 대해 적절한 표현을 찾기란 쉽지 않다. 연극치료에서 서브 텍스트는 기분이나 느낌, 역할이나 인물, 플롯, 주제 등이 될 수 있다. 메타 현실은 치료 과정에 숨어 있어 공개적으로 나타나지 않으며, 일상 현실과 극적 현실 사이에서 방황한다. 나아가 메타 현실에서는 전이 및 역전이, 무언의 역동성 또는 감정 등이 발견된다. 전이 현상은 '극적 상상력의 행위'라고 할 수 있는데, 참여자들은 '마치 ~ 처럼' 행동하고 소통한다. 전이 내용이 일상 현실 또는 극적 현실에서 제대로 표현되지 못할 때 서브텍스트로 처리되어 치료 과정을 에워싸는 구름의 이미지를 형성한다. 펜직은 여섯째 열쇠가 꼭 필요한 것은 아니라고 말한다. 여기서는 평가를 위해 다음의 질문을 할 수 있다.

- 치료적 과정을 에워싸고 있는 직관, 예감, 설명할 수 없는 감정이나 생각들이 있는가? 있다면 무엇인가?
- 그것들은 어디에서 오는가? 거기에는 전이 내용이 포함되어 있는가?
- 평가자가 살펴볼 문제들이 있는가?

2. 6열쇠모델 진단평가의 실제

펜직은 개인 참여자를 대상으로 연극치료를 진행하면서 6열쇠모델을 기반으로 평가하는 방식을 제시한다. 4회기로 이루어진 이 작업에서 평가자는 주관적인 관찰에 따라 매 회기를 6열쇠모델의 틀로 참여자를 평가한다. 6열쇠모델 평가지는 참여자와의 작업과 주요 문제를 일목요연하게 정리하고 있다. 다음의 평가지는 참여자 사이먼과의 연극치료 작업 첫 번째 회기를 마친 후에 평가한 것이다([그림 31-4] 참조).

첫째 열쇠 통로에서 사이먼은 극적 현실로 들어가는 것을 어려워하였으며, 들어갔다가도 재빨리 일상 세계로 되돌아 나왔다. 둘째 열쇠 특성에서는 참여자가 워낙 짧은 시간 동안만 극적 현실에 머물렀기 때문에 평가가 쉽지 않았다. 평가자는 사이먼에게 글쓰기를 하도록 하였는데, 그의 글은 모호하며 규정하기도 어렵고 내용에 대한 단서도 없다. 셋째 열쇠에서 문제의 인물과 역할은 아버지, 여자 친구, 죽은 남동생이지만, 정작 이야기에서는 아무도 드러나지 않고 오로지 자신과 다른 인물들이 나타날 뿐이다. 넷째 열쇠의 플롯과 주제에서 참여자의 이야기 속 플롯은 애매하고 파편화되어 있다. 단편적인 이야기들은 불명확하고 분절적이다. 다만 플롯의 부재도 그것이 일관적이라면 하나의 특징으로 볼 수 있다. 다섯째 열쇠인 반응에서 참여자는 연극치료 참여 자체에 두려움이 있으며, 자신이 쓴 글에 대해서는 무관심하지만 자기가 한 말에 대해서는 많은 의미를 부여하는 등 양가감정을 보여 준다. 여섯째 열쇠의 메타 현실에 대해서는 1회기에서 참여자가 자신을 거의 드러내지 않았기 때문에 평가할 것이 없다. 치료사는 이러한 평가 결과에 따라 치료 목표 중 하나로 참여자가 자연스럽게 극

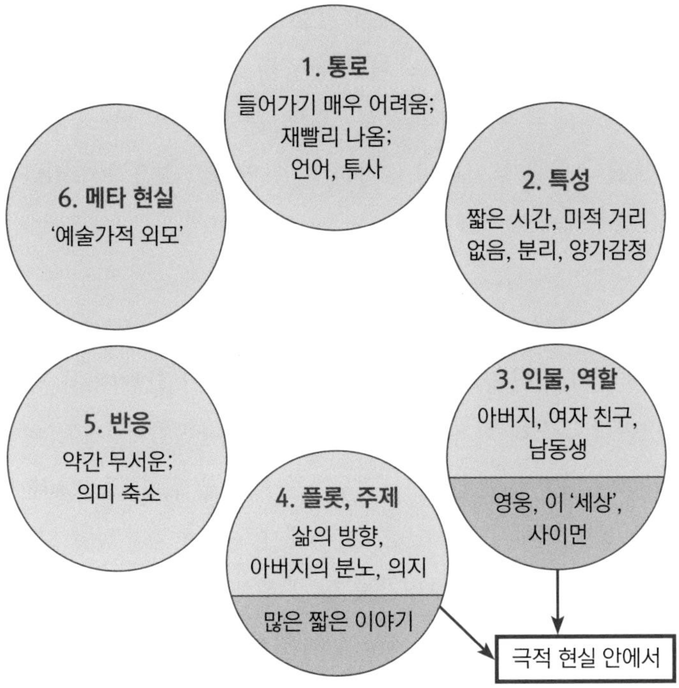

그림 31-4 사이먼의 첫 회기

출처: Johnson et al. (2013).

적 현실로 들어가서 그 안에서 안전하게 머무는 것으로 설정하였다.

여기서는 이후의 세 회기의 평가지를 제시하지는 않을 것이다. 다만 네 번째 회기의 평가지의 메타 현실에서 참여자가 계속 치료를 받으려 한다고 명시하고 있어서 전반적으로 치료에 진전이 있음을 보여 준다. 펜직은 네 회기의 평가를 종합하여 6열쇠모델의 관점에서 참여자의 문제는 첫째, 둘째, 다섯째 열쇠에 있다고 결론짓는다. 첫째 열쇠에서 참여자가 극적 현실에 들어가기 어려워하는 것, 둘째 열쇠에서 극적 현실로 들어갔다고 하더라도 곧장 빠져나오는 현상이 그의 건강하지 못한 어린 시절과 관련되어 있다고 진단한다. 이를 근거로 평가자는 참여자의 첫째와 둘째 열쇠의 수정을 주요 치료 목표로 세우고, 극적 현실을 창조하고 유연하게 유지할 수 있도록 연극치료의 매체, 스타일, 양식, 구성 방식에 대해 숙고한다. 그 결과 회기가 거듭할수록 참여자는 극적 현실을 수정할 수 있었다고 보고한다. 마지막 회기에 이르러 참여자는 여전히 극적 현실의 연기를 어려워하였지만, 전반적으로 만족감이 상승하였다. 이는 회기 내내 드러냈던 양가감정 속에서도 계속해서 치료받기를 바라는 메타 현실의 여섯째 열쇠의 실행 가능성을 설명해 준다.

정리하면 6열쇠모델은 종합적인 진단평가다. 참여자가 일상 현실에서 극적 현실로 들어가는 과정을 관찰하고 기록하며, 극적 현실에서 역할연기를 할 때 연기 스타일, 참여의 적극성 정도, 자발성, 집중, 몰입 등을 평가하고, 어떤 인물을 구현하는지, 그 인물의 역할을 어떻게 연기하는지 등도 관찰한다. 극적 현실의 플롯, 주제, 갈등을 살피고, 극적 현실에서 빠져나와 관객이 되었을 때 어떤 태도를 보이는지 평가하며, 이외에도 겉으로 드러나지 않는 참여자의 전이나 역전이 등도 종합적으로 평가한다.

『연극치료의 진단평가』에서는 이외에도 사이코드라마를 응용한 '심리학적 가계도, 스펙토그램 그리고 역할-전환의 진단평가' '네덜란드 연극 관찰 기법' '자기와 공간 그리고 타자를 진단평가하기' '청소년의 목소리 회복을 위한 연극치료 진단평가' '성장을 위한 리허설을 이용한 커플치료의 대인관계 기능 진단평가' '산후우울증 여성을 위한 표준화와 개별화의 혼합 진단 접근법' 등 이론과 실제를 제시하고 있다. 지금까지 우리는 기본적인 진단평가만을 설명하였으며, 더욱 깊이 있는 연극치료 진단평가를 알기 위해서는 『연극치료의 진단평가』를 꼼꼼히 정독하기를 권한다. 다시 한번 강조하자면 연극치료 진단평가를 정확히 실시하여 치료 작업에서 실제적인 도움을 받기 위해서는 진단평가에 대한 해박한 지식과 숙련된 경험이 필요하다. 또한 언제든지 평가자의 주관성이 개입할 여지가 있다는 사실을 명심하고 이를 경계해야 한다.

제5부

연극치료 계획

연극치료는 심리나 정서의 측면에서 문제가 있는 참여자를 진단평가하여 문제를 해결하거나 예방적 차원에서 치료하기도 한다. 즉, 이상 또는 장애가 있는 참여자를 대상으로 심리적 문제를 극복하거나 비정상이나 이상에서 벗어나도록 하는 데 목표를 둔다. 연극치료 참여자는 다양하다. 연극치료모델 또한 다양하다. 따라서 참여자의 상황과 주어진 치료 조건에 따라 치료 모델과 치료 목표 등을 정해야 한다. 제4부 연극치료 진단평가로 참여자를 파악하였다면 어떤 연극치료모델을 적용하여 작업할지 치료 계획을 세워야 한다.

이에 사회복지나 심리치료 등의 영역에서 개발한 사례 개념화와 치료 계획을 참고하여 연극치료 영역에 도입한다면 많은 도움을 받을 수 있다. 여기서 제시하는 사례 개념화를 바탕으로 치료 계획을 세운다면 더욱 효과적일 것이다.

제32장 사례 개념화

1. 사례 개념화의 개념과 원리

1) 사례 개념화의 개념

사회복지, 상담, 심리치료에서 자주 활용되는 사례 개념화는 연극치료 분야에서 관심을 가질 필요가 있다. 사례 개념화란 치료사가 참여자에 대한 단편적인 정보를 모아 그의 문제를 한눈에 볼 수 있도록 일목요연하게 정리한 것이다. 즉, 사례를 구체적으로 개념화하는 작업으로서 참여자를 총체적으로 이해하고, 치료의 방향과 목표 등 치료 계획에 대한 근거를 제공한다. 사례 개념화의 목적은 참여자의 문제나 증상을 정확하게 파악하여 문제 해결을 돕기 위한 것이다. 치료사는 사례 개념화를 통해 참여자의 문제를 더욱 분명하게 이해하고 참여자 행동도 예측할 수 있으며 치료 전략을 결정할 수 있다.

사례 개념화는 효과적인 치료 성과에 도달하도록 하는 중요한 요인이므로 치료사의 사례 개념화 능력 향상은 치료사 교육에 있어 중요하다. 사례 개념화는 치료의 이론적 접근방식에 따라 달라진다. 정신역동, 대상관계, 게슈탈트, 행동주의, 인간 중심, 인지행동 이론(CBT), 실존주의, 마음챙김, 분석심리학 등 다양한 이론을 바탕으로 사례 개념화가 이루어진다. 예컨대, 정신역동은 참여자의 문제를 그의 과거와 연결하여 사례를 이해하고, 인지행동 이론은 참여자의 증상을 그의 역기능적 사고와 신념을 바탕으로 사례를 이해하며, 행동주의는 참여자의 문제행동과 그를 둘러싼 환경을 통해 사례를 이해하고자 한다. 결국 사례 개념화는 문제를 보는 시각, 역동들의 상호작용, 주된 주제를 총괄적으로 통합하여 개념화하는 것이다.

사례 개념화는 일정하게 정해진 모델이 존재하지 않고 다양한 형태가 가능하므로 초보 연극치료사는 사례 개념화에 대해 어려움을 느낄 수 있다. 사례 개념화의 능력 향상을 위해 치료사는 무엇보다도 자신의 고유한 이론적 체계를 지니고 있어야 한다. 자신이 세운 가설을 근거로 그 사례에 적합한 치료 목표를 세우고 목표 달성을 위한 세부 계획을 세울 수 있어야 한다. 또한 치료사는 임상 사례에서 자신의 이론을 적용하고 그 유용성과 한계를 비판적으로 검토할 수 있는 능력과 참여자로부터 사례 개념화에 필요한 유용한 정보를 수집하기 위한 예민한 알아차림의 능력도 요구된다. 따라서 사례 개념화 능력은 치료사의 수준을 평가하는 중요한 준거가 될 것이다.

2) 사례 개념화의 원리

일반적으로 사례 개념화는 다음의 원리에 따른다.

첫째, 참여자와 처음 면담을 진행하는 연극치료사는 참여자가 연극치료를 받으러 온 이유에 대해 질문한다. 상담이나 다른 예술치료가 아닌 연극치료를 받고자 하는 이유가 무엇인지, 어떻게 해서 이곳에 오게 되었는지, 누구의 소개를 받은 것인지 본인이 인터넷을 검색한 것인지를 포함해서 연극치료를 받으러 온 전반적인 이유를 살핀다. 나아가 참여자의 당면 문제(current problem)가 무엇인지, 가령 주 호소가 우울증인지 화병인지 대인관계 문제인지 문제의 성격에 대해 가설을 세우는 것이 사례 개념화의 첫 번째 작업이다.

둘째, 참여자의 문제의 핵심에 접근하였다면 그 문제가 발생한 경로와 원인을 찾아야 한다. 당면 문제가 참여자에게 항상 심각하였던 것은 아닐 것이지만 어떤 외부의 자극으로 인해 문제가 촉발되었을 것이다. 사례 개념화는 그 외적 자극이 무엇인지 질문하고 파악하는 것으로 이루어진다.

셋째, 참여자의 내적 취약성을 밝혀야 한다. 외적 자극이 유독 그 참여자에게 심각한 문제를 일으킨 원인을 인지, 정서, 행동의 측면에서 찾아내야 한다. 이는 외부 자극에 영향을 받아 문제를 일으킨 참여자의 내적 상태를 밝히는 작업이다.

넷째, 문제를 해결하는 데 도움이 될 수 있는 참여자가 지닌 강점과 내적 자원을 밝혀야 한다. 또한 문제를 해결하기 위해 참여자에게 필요한 것이 무엇인지도 밝혀야 한다.

이렇듯 참여자의 배경정보와 개인적 요인의 다양한 측면을 종합하고 평가한 후에 연극치료사는 치료 계획을 세운다. 평가에 따라 치료 목표를 세우고 어떤 치료 모델을 적용할지 결정한다. 가령, 치료 목표는 참여자가 문제를 해결하도록 직접 돕는 것에 초점을 맞출 것인지, 아니면 참여자가 내적 갈등을 해결하고 성장할 수 있도록 할 것인지 결정할 수 있다. 이러한 목표 설정은 참여자와 함께 상의하는 것이 바람직하다.

사례 개념화는 일회성으로 끝나지 않는다. 참여자와의 계속되는 치료적 만남에서 얻게 되는 새로운 정보와 판단의 변화에 따라 언제든지 새롭게 보완한다. 사례 개념화는 치료사의 가설을 입증하기 위한 것이 아니라 참여자의 문제를 정확히 이해하고 문제 해결을 돕는 데 있다. 따라서 정교하고 정확한 사례 개념화는 참여자의 문제를 전체적인 맥락과 역사 속에서 이해하도록 하므로 효과적인 치료 목표와 계획을 세우도록 하여 치료의 성과를 촉진한다(이윤주, 2016).

3) 사례 개념화의 양식

〈표 32-1〉은 사례 개념화 양식의 한 예다.

<표 32-1> 사례 개념화 양식

범주		요소	내용
배경 정보	문제 정의 (문제 및 증상)	내방 계기	
		주 호소(핵심 문제/정서)	
		기타 증상	
	발달사 및 치료력	인적 사항(가족, 직업, 학력 등)	
		문제의 기원	
		발달사(가족 포함)	
		치료 및 상담력	
개인적 요인	내적 요인 (심리적 요인)	자아 개념	
		통찰력의 내용과 수준	
		인지적 스타일 및 특징	
		정서적 스타일 및 특징	
		신체 생리 행동적 특징	
		원하는 것	
	외적 요인 (사회환경적 요인)	문제를 지속시키는 상황적 요인	
		대인관계 양상 및 문제	
	자원 및 취약성	치료 효과에 긍정적인 상황과 강점	
		참여자의 대처 전략	
		치료 진전에 부정적인 상황과 약점	
종합 이해		관찰 및 평가 결과에 대한 분석	

목표 및 계획	목표 달성에 대한 예상 장애 요소	
	과정 목표	
	최종 목표	
	치료 전략(회기별 프로그램)	

제33장 치료 계획

연극치료사는 참여자를 처음 만났을 때 면담을 통해 그가 어떤 문제를 안고 있는지 파악하고 이를 기반으로 사례 개념화를 작성한다. 사례 개념화를 근거로 참여자의 문제를 파악하였다면 이를 토대로 치료 목표를 세운다. 치료사는 의뢰의 주체, 참여자의 상태나 조건, 개인 또는 집단, 나아가 작업 환경 등에 따라 전반적인 치료 목표를 세운다. 치료 목표는 치료 전체를 아우르는 전체목표와 회기마다 정하는 단기목표가 있다. 전체목표와 단기목표가 정해졌으면 이에 적절한 치료 계획을 세운다. 치료 계획은 곧 연극치료 프로그램이 될 것이다. 주로 첫 회기와 마지막 회기에 실시하는 진단평가는 연극치료가 얼마나 효과적이었는지 객관적으로 제시할 수 있는 근거가 된다. 이와 더불어 매 작업에서 참여자를 관찰하는 질적 평가를 하여 세세히 기록한다면 그 변화 양상의 추이를 한눈에 볼 수 있다. 매번 치료 작업이 끝나고 작성하는 치료 작업일지를 활용할 수 있다.

1. 치료 계획 세우기

1) 치료 계획의 요소

치료 과제(treatment tasks)와 참여자 목표(client goals)로 구분되는 치료 계획은 다음의 요소를 포함한다(Gehart, 2023).

- 도입: 도입에서 개인치료인지 집단치료인지에 따라 계획된 양식, 치료 빈도, 예상 치료 기간 등을 간단히 소개한다.
- 치료 과제: 치료 과제란 치료사가 초기 단계, 본 작업 단계, 종반 단계에서 수행하는 표

준화된 작업을 의미한다. 치료 과제에는 윤리 문제뿐 아니라 치료 이론 등이 반영되므로 그에 적합한 치료 계획에 속해야 한다. 신중하게 결정하되 간결한 내용이 좋다.

- 다양성: 참여자는 고유한 성별, 나이, 지역, 종교, 특질, 문화, 성 정체성, 인생관 등을 지니고 있다. 연극치료사는 이러한 참여자의 다양한 특성과 그에 따른 문제점을 잘 파악하여 치료 계획을 구체적으로 세워야 한다. 치료사는 자신이 선호하는 연극치료 이론과 모델을 일방적으로 적용할 것이 아니라 참여자의 특성에 맞게 이를 변용하게 적용할 필요가 있다.
- 참여자 목표: 치료 계획의 중요한 요소인 참여자 목표는 치료에서 참여자가 달성하고자 하는 구체적인 목표를 의미한다. 참여자 목표는 연극치료사와 참여자가 함께 설정하며, 참여자 개인의 특성과 필요에 맞추어 참여자의 변화를 지향한다. 참여자 목표는 뒤에서 자세히 언급할 것이다.
- 중재: 연극치료사는 참여자에게 요구되는 목표를 성취하기 위해 특정한 연극치료모델이나 심리치료 이론을 바탕으로 하는 중재 방법이 요구된다. 경우에 따라 중재는 치료 계획에서 제외하기도 한다.
- 참여자 관점: 연극치료사는 치료 계획에서 다음 사항에 주의를 기울여야 한다. 치료 계획에 대해 참여자는 어떤 의견을 밝히는가? 동의하는가, 우려하는가? 일반적으로 서류나 진술을 통해 참여자가 치료 계획에 동의한다는 사실을 보여 주는 치료 계획을 작성하는 것이 권고된다.

2) 치료 계획 양식

〈표 33-1〉은 다이앤 게하르트(Diane Gehart)가 제시한 치료 계획 양식이다.

<표 33-1> 치료 계획 양식

<table>
<tr><th colspan="7">치료 계획</th></tr>
<tr><td colspan="4">날짜:</td><td colspan="3">사례/참여자:</td></tr>
<tr><td colspan="4">치료사:</td><td colspan="3">이론:</td></tr>
<tr><td>대상</td><td>☐ 성인 개인</td><td>☐ 아동 개인</td><td>☐ 부부</td><td>☐ 가족</td><td>☐ 집단</td><td>☐ 기타</td></tr>
<tr><td>회기</td><td colspan="2">☐ 주 1회</td><td colspan="2">☐ 격주</td><td colspan="2">☐ 기타</td></tr>
<tr><th colspan="7">초기 단계</th></tr>
<tr><td colspan="7">초기 단계 치료 과제
신뢰 관계 형성하기
다양성을 고려하기
개인적이고 체계적이며 다양한 문화적 역동 평가하기</td></tr>
<tr><td colspan="7">초기 단계 참여자 목표
위기 관리하기
고통스러운 증상 감소시키기</td></tr>
<tr><td colspan="4">☐ 증가</td><td colspan="3">☐ 감소</td></tr>
<tr><th colspan="7">본 작업 단계</th></tr>
<tr><td colspan="7">작업 단계 치료 과제
작업 동맹의 수준을 점검하기
다양성 고려하기</td></tr>
<tr><td colspan="7">작업 단계의 참여자 목표
개인적 · 관계적 역동을 목표로 설정하기
(예: 친밀감의 회피 감소시키기, 감정의 알아차림 증가시키기, 주체성 증가시키기)</td></tr>
<tr><td colspan="4">☐ 증가</td><td colspan="3">☐ 감소</td></tr>
<tr><th colspan="7">종반 단계</th></tr>
<tr><td colspan="7">종반 단계 치료 과제
추후 관리 계획을 세우고 성과 유지하기
치료 종결 후 참여자를 돕기 위해 참여자가 속한 공동체의 자원을 어떻게 활용할지 설명하기</td></tr>
<tr><td colspan="7">종반 단계 참여자 목표
건강 및 정상 여부에 대한 이론적 정의에 의해 규정된 목표에 도달하기</td></tr>
<tr><td colspan="4">☐ 증가</td><td colspan="3">☐ 감소</td></tr>
<tr><th colspan="7">참여자 관점</th></tr>
<tr><td colspan="4">치료 계획을 참여자와 함께 검토했는가?</td><td>☐ 그렇다</td><td colspan="2">☐ 아니다. 아닌 이유는?</td></tr>
<tr><td colspan="7">참여자가 동의한 부분과 걱정하는 부분에 관해 설명하기</td></tr>
<tr><td colspan="7">치료사 서명
슈퍼바이저 서명</td></tr>
</table>

출처: Gehart (2023).

3) 치료 과제 작성

치료 계획은 특정한 참여자를 대상으로 치료에 대해 간단하고 포괄적인 개요를 제공한다. 치료 계획의 주요소인 치료 과제 작성과 참여자 목표를 구체적으로 살펴보자.

(1) 초기 단계 치료 과제

대체로 치료사는 치료 초기 단계에 가장 많은 과제를 수행한다. 치료의 기반을 다지게 될 이 단계에서 주요 사항은 참여자와 신뢰 관계 형성하기와 개인, 가족, 사회적 역동 평가하기다.

(2) 본 작업 단계 치료 과제

이 단계에서 주요 과제는 계속해서 치료를 진행하는 것이다. 본 작업 단계에 이르렀을 때 연극치료사는 참여자와의 관계 수준이 어떤지 자세히 살펴야 한다. 치료 성과의 미흡, 불가피한 직면, 시의적절하지 않은 치료사의 자기 개방, 잘못된 해석 등에 의해 상호 신뢰 관계가 악화할 수 있다. 따라서 치료사는 참여자와의 관계를 지속적으로 점검하여 치료 계획 수행을 위한 작업 기반이 탄탄한지 아닌지를 확인해야 한다. 이는 행동과 언어에 대한 꾸준한 관찰을 통해 확인할 수 있다.

(3) 종반 단계 치료 과제

이 단계에서 연극치료사는 참여자와 함께 추후의 치료 계획을 세운다. 이 계획에는 참여자는 변화를 위해 지금까지 어떤 노력을 기울였는지, 연극치료를 통해 이룬 치료 효과를 어떻게 유지할 것인지, 치료 이후에 만나게 될 도전 과제에 어떻게 대체할 것인지 등을 확인하는 작업이 필요하다. 치료 작업이 잘 마무리된다면 참여자는 삶에서 부딪히게 될 불가피한 문제에 더 잘 대처할 수 있다는 자신감을 갖게 될 것이다.

(4) 다양성과 치료 과제

연극치료사는 각 치료 과제에서 문화, 민족, 인종, 성정체성, 종교, 언어, 나이, 성별 등과 같은 다양성 문제를 어떻게 다룰지 성찰하고, 참여자의 다양한 특성에 맞추어 관계 방식을 조절해야 한다. 또한 참여자의 기능 평가에서도 다양성의 변수를 고려해야 한다. 가령, 참여자가 아동 또는 노인일 경우 이들에 대한 기본 태도와 문제의식이 달라져야 한다. 인간발달단계에 따른 기본 요소를 잘 인지하고 있으면 치료 과제 설정에 큰 도움이 될 것이다. 치료사에게 친숙하지 않은 종교, 장애 또는 만성질환과 같은 문제가 있는 참여자일 경우 그의 상황을 적극적으로 숙지함으로써 참여자를 보다 효과적으로 치료할 수 있어야 한다.

4) 참여자 목표

참여자 목표를 세울 때 다음을 참고하면 도움을 받을 수 있다. 첫째, 명확하고 구체적이어야 한다. 예컨대, '스트레스 감소'보다는 '일주일에 네 번 10분간의 명상을 통한 스트레스 감소'가 더욱 구체적이다. 둘째, 목표 달성 여부를 평가할 수 있어야 한다. '우울증 감소' 대신 '우울감 척도 점수를 10점 이상 낮추기'처럼 측정 가능한 목표여야 한다. 셋째, 참여자 목표는 달성 가능한 것이어야 한다. 참여자의 현 상황과 능력에 따른 현실적인 목표를 세워야 한다. 넷째, 참여자 목표는 참여자의 삶에 중요한 의미가 있어야 하며, 실제 삶에서 생겨난 문제 해결에 도움이 되어야 한다. 다섯째, 목표 달성을 위한 기간을 설정해야 한다. 가령, 2개월 이내에 자기표현 능력 향상과 같이 명확한 기간을 설정한다.

(1) 목표 세우기 과정

목표 세우기 과정은 문제 파악으로 시작한다. 일단 참여자가 겪고 있는 문제나 개선하려는 것이 무엇인지 파악한다. 문제가 파악되었으면 목표의 우선순위를 정한다. 참여자와 협의를 통해 가장 중요한 목표부터 설정한다. 다음은 목표의 구체화이다. 치료 목표는 언제나 명확하고 구체적이어야 한다. 마지막으로 구체적인 목표를 세웠으면 어떻게 진행할지 치료 계획을 수립해야 한다. 즉, 목표 달성을 위한 구체적인 치료 계획을 세워야 한다. 연극치료를 포함한 예술치료나 심리치료에서 참여자 목표는 핵심 사항으로, 치료의 구체적인 방향성을 제공하고 문제 해결을 위한 참여자의 동기 부여와 치료의 진전에 필수적이다.

(2) 초기 단계 참여자 목표

초기 단계에서 참여자의 목표는 예를 들어, 자살이나 자해의 생각에서 벗어나기, 심각한 우울 또는 공황장애 같은 위기 증상 안정화시키기, 섭식 및 수면 패턴 안정시키기, 아동 · 피부양 성인 · 노인 학대 문제 다루기, 약물 및 알코올 남용 문제 다루기 등이 있다. 초기 단계에서 치료사는 참여자의 문제가 무엇인지 파악하고, 어떤 이론이나 치료모델을 활용하여 위기 문제를 안정시킬지 고려하면서 구체적인 임상 목표를 정한다.

(3) 본 작업 단계 참여자 목표

작업 단계에서 참여자 목표는 참여자의 증상과 문제를 일으키거나 지속시키는 역동을 다룬다. 참여자 목표를 제대로 설정하기 위해서는 사례 개념화를 참고하여 이론적 언어로 목표를 구조화하는 것이 필요하다. 예컨대, 참여자가 우울증의 진단을 받았다면 우울증 감소와 같은 간단한 목표를 세울 수 있지만, 이는 매우 상식적인 것으로 전문화된 소견이 필요하다. 즉, 참여자의 임상적 목표는 우울의 감소를 이끄는 이론적인 개념, 이를테면, 정신역동, 인본주의, 인지행동, 이야기치료 등으로 다룰 수 있다. 정신역동은 주지화를 줄이고 직접적인 감정 경험 능력을 증진시켜서 우울감 줄이기로 표현할 수 있으며, 인본주의는 지금 여기에서 진실한 정서 경험 능력을 증진시킴으로써 우울감을 줄이고 주체성을 증가시키는 것으로 목표를 세울 수 있다. 인지행동은 사회적 수용과 관련된 부정적 자기 대화를 줄임으로써 긍정적 기분 증가로, 이야기치료는 자기 가치에 대한 가족 및 사회적 평가의 영향력을 줄임으로써 자율성을 증진시키고 우울감 줄이기라는 목표를 세울 수 있다.

(4) 종반 단계 참여자 목표

여기서는 참여자의 문제를 폭넓고 보편적으로 다루는 것과 참여자를 건강하게 변화시키는 것을 목표로 삼는다. 예를 들어, 초기에 부부 불화에서 생겨난 문제를 단편적으로 다루었다면 종반에서는 양육 문제를 함께 다룬다. 또한 참여자가 초기에 우울과 불안을 호소하였다면 종반에서는 관계문제 혹은 가족과의 미해결문제도 함께 다룬다. 또한 어떤 부부가 불화나 성 문제 같은 문제를 다루었다면 종반에서는 정체성이나 관계적 합의를 재정의하는 등 문제를 폭넓게 탐색한다. 이처럼 문제의 폭을 확장하여 다룬다면, 참여자는 더욱 건강하게 변할 수 있을 것이다.

(5) 측정 가능한 목표로 기술하기

참여자 목표는 항상 측정 가능해야 하며 이를 위해 문제의 증가 또는 감소로 목표로 세울 수 있다. 목표 달성을 충족시키기 위해 다음의 예시를 활용할 수 있다.

측정 ________________을 ( )주 또는 ( )개월 동안 유지할 수 있다.
예시 • 긍정적인 기분을 (2)주 또는 ( )개월 동안 유지할 수 있다. • 긍정적인 상호관계를 (2)주 또는 ( )개월 동안 유지할 수 있다. • 술에 취하지 않은 상태를 (6)주 또는 ( )개월 동안 유지할 수 있다. • 평균 C 학점을 (4)주 또는 ( )개월 동안 유지할 수 있다.

(6) 유용한 중재 방법 작성하기

치료 계획의 마지막 요소에는 각 치료 과제 또는 참여자 목표를 달성하도록 돕는 중재가 포함된다. 연극치료사가 치료를 개념화하고 치료 과제와 참여자 목표를 확인했다면 참여자에게 유용한 중재 방법을 찾는 것이 어렵지 않을 것이다. 치료사가 선택한 이론과 치료모델을 바탕으로 한 중재 방법은 구체적이어야 한다. 중재 방법의 작성 지침은 다음과 같다.

- 선택한 이론에서 도출한 특정 중재 방법 사용하기: 중재는 치료 과제와 참여자 목표를 개념화하기 위해 사용된 이론에서 도출되어야 한다. 만일 다른 이론을 도입하여 중재할 경우 그 이유를 명확하게 밝혀야 한다.
- 참여자에게 구체적으로 중재 방법 설명하기: 참여자에게 최대한 구체적이고 분명한 중재 방법과 목표를 전달한다.
- 가능한 한 용어를 정확하게 사용하기: 연극치료사는 정확한 질문과 표현을 사용하여 중재해야 한다.

앞서 언급한 것처럼, 치료 계획은 언제든지 처음의 계획과 다르게 흘러갈 수 있다. 그렇다면 치료 계획을 세우는 것은 의미가 없는 것인가? 절대 그렇지 않다. 치료 계획을 세움으로써 치료 작업이 예상대로 흘러가지 않더라도 그 방향성을 예측할 수 있으며, 예상치 못한 돌발 상황이 생겨나도 더욱 잘 대응할 수 있다. 연극치료 계획은 치료사에게 다음과 같은 도움을 준다.

- 치료 계획은 어떤 역동이 어떻게 변화되어야 하는지 치료사가 충분히 생각하도록 한다.
- 치료 계획은 치료사에게 참여자의 상황에 대한 명확한 이해를 제공하므로 새롭게 발생하는 위기 문제나 스트레스 요인을 빠르고 능숙하게 다루도록 한다.
- 치료 계획은 치료사에게 새로운 문제에 적절하게 대응하도록 돕고 자신감과 사고의 명료성을 증진시켜 준다.
- 치료사는 치료 계획을 통해 자신의 이론과 참여자의 임상적 증상에 대한 관련성을 분명하게 연계할 수 있으며, 자신의 이론에 기반한 치료 계획을 세울 수 있다.

2. 인지행동치료 계획

인지행동치료 전문가인 팔레그와 용스마(Paleg & Jongsma, 2017)는 치료 계획을 다음의 여섯 단계로 구체화한다. 이는 연극치료 계획에 응용할 수 있다.

- 1단계 문제 선정: 문제 선정은 참여자의 문제가 무엇인지 파악하는 것이다. 참여자와의 면담에서 다양한 문제가 드러날 것인데, 치료사는 이들 가운데 치료에 초점을 둘 가장 중요한 문제가 무엇인지 찾아내야 한다. 참여자의 이야기를 경청하는 것은 주요 문제를 선정하는 데 도움이 된다.
- 2단계 문제 정의: 치료 작업에서 다룰 문제가 결정되었다면 참여자 고유의 문제행동이 무엇인지 파악하는 단계다. 참여자의 문제를 입증할 수 있는 구체적인 행동에 대한 정의가 필요하다. 이는 참여자의 언술이나 심리검사를 통한 진단을 통해서도 가능하고, DSM-5-TR 또는 세계보건기구(WHO)에서 사용하는 국제질병분류(ICD)의 진단을 기준으로 삼을 수 있다.
- 3단계 목표 수립: 치료 목표는 바람직하고 긍정적인 결과를 도출할 수 있는 치료 절차를 포함해야 하며, 매 회기의 단기목표뿐 아니라 전체적이고 장기적인 목표여야 한다.
- 4단계 목표 구성: 전체목표에 따른 회기별 단기목표를 구체적으로 기술한다. 목표 구성은 모호하거나 주관적이어서는 안 되고 구체적이어야 한다. 치료사가 작성한 단기목표는 해당 참여자에게 가장 적합한 목표라는 것을 전문적으로 판단할 수 있어야 한다.
- 5단계 개입 창출: 개입은 앞서 설정한 치료 목표에 도달할 수 있도록 설계된 치료사의 중재를 뜻한다. 이 개입은 참여자에게 필요한 것과 치료사의 가능한 전체 치료 목록에 근

거해서 작성해야 한다. 어떠한 치료모델을 활용할 것인지도 결정한다. 예를 들어, 치료사가 치료 작업에 이야기모델을 적용하고자 한다면 어떠한 이야기를 가져올 것인지 등을 결정하는 단계다.

- 6단계 진단 결정: 치료사는 참여자를 진단할 때 어떠한 진단평가 도구를 사용할 것인지 결정해야 한다. 이 결정은 참여자의 문제에 대해 충분한 평가를 기반으로 한다.

치료 계획은 〈표 33-2〉와 같이 간략하게 정리할 수 있다.

<표 33-2> 인지행동치료 계획

단계	유형	요소	내용
1단계	문제 선정	참여자의 기본 정보	
		문제 파악	
		주요 문제 설정	
2단계	문제 정의	문제 입증	
		진단 기준 적용	
3단계	목표 수립	단기목표	
		장기목표	
4단계	목표 구성	회기별 단기목표 구성	
		장기목표 구성	
5단계	개입 창출	치료 중재 기법	
		치료모델 결정	
6단계	진단 결정	참여자 평가	
		진단 도구 결정	

출처: Gehart (2023).

제34장 연극치료의 구조

연극치료의 장면

연극치료 작업은 구체적으로 어떠한 구조를 가지는가? 즉, 다양한 문제와 욕구를 가진 참여자를 대상으로 연극치료를 할 때 과연 몇 회기가 적당하며 회기당 얼마만큼 시간을 할애해야 할까? 이에 대해 정확하게 정해진 매뉴얼은 없다. 사실 정해질 수도 없는 성질이다. 연극치료사의 치료 방식이나 참여자의 성격에 따라 회기나 회기당 시간은 각각 다르게 설정된다. 연극치료는 구조화된 작업으로 출발하되 순간순간의 자극에 따라 변화할 수 있어야 한다. 각 참여자의 특별한 욕구에 따라 작업을 진행해야 하기 때문이다. 참여자 중에는 움직이면서 연기하기를 원하는 사람들이 있는가 하면, 가만히 앉아 있거나 아무것도 하고 싶어 하지 않는 사람들도 있다(Jones, 2005). 따라서 사전에 정확한 프로그램을 구성하여 치료를 진행한다고 하더라도 중간에 예상치 못한 변화가 생겼을 때는 언제든지 프로그램을 수정하는 유연성이 필요하다.

배가 아파 병원에 가면 간단하게 진찰을 한 다음에 약을 처방해 주고, 약을 먹고도 계속 아프면 다시 오라고 한다. 그러나 연극치료는 일단 한 번 치료를 받아보고 그래도 효과가 없으면 다시 오라고 하지 않는다. 모든 심리치료나 예술치료는 일정한 회기를 정해서 진행하는 것이 원칙이다. 초창기에 정신분석학의 치료는 치료 기간이 1, 2년 이상이었지만, 현대처럼 빠르게 움직이는 시대에 특별한 사례를 제외하고는 장시간의 치료는 가능한 한 자제하는 편이다. 최근에는 심리치료에서도 일주일에 한 번이나 두 번 정도로 회기를 정하고, 가능하다면 최소 몇 회기 이상을 참여하도록 권한다. 이처럼 여러 회기로 설정하는 것은 무슨 까닭일까? 몸에 이상이 생겼을 때 첨단 기계를 통해 어떤 부분에 어떤 문제가 생겼는지 어느 정도 정확하게 파악할 수 있다. 그러나 마음을 치료하는 심리치료나 예술치료는 참여자의 상태를 단번에 확인하기가 어렵다. 아무리 첨단 의료 기계라도 참여자 자신도 알 수 없는 무의식 또는 속마음을 잡아낼 수 없으므로 치료사는 정교하게 구조화된 프로그램을 통해 참여자의 내면 상태를 파악하는 수밖에 없다. 일회적 만남으로는 치료할 수 없는 것이 연극치료를 비롯한 상담, 심리치료 및 예술치료다.

모든 치료가 그러하듯, 연극치료 역시 초반, 중반, 종반의 세 단계로 나뉜다. 사람의 일생과 비교한다면 태어나서 부모의 보호를 받는 청소년기까지를 초반이라고 할 수 있고, 중반은 왕성하게 활동하는 시기이며, 은퇴하고 죽음을 준비하는 노년기가 종반에 해당할 것이다. 초반, 중반, 종반의 3단계는 대부분의 예술치료에서 적용하는 구조다.

1. 초반 단계

연극치료의 초반 단계는 다른 사람과 관계 맺기, 상호 자기 노출, 여러 사람과 함께 낯설고 약간은 놀라울 수도 있는 방식으로 행동하고 생각하고 느끼면서 앞으로 떠나게 될 상상의 모험을 준비하는 것으로 이루어진다(Andersen-Warren & Grainger, 2009). 만남과 신뢰감 형성이 주목표인 초기 단계를 연극 공연과 비교하면 배우 캐스팅 및 희곡 작품의 결정과 함께 희곡 읽기 등 공연의 준비 단계에 해당한다.

1) 초반 단계의 예

한 예로 한 편의 연극이 완성되는 과정 중 초반 단계는 대략 다음과 같은 방식으로 구성된다. 공연을 기획한 기획자가 연출가와 합의가 이루어지면 연출가는 곧바로 희곡 선정 작업에 들어간다. 희곡이 정해지고 나면 배우들을 섭외한다. 배우는 주로 연출가가 선택하는데, 그 이유는 희곡에 나타난 역할과 그 성격을 파악하고 있는 연출가가 이에 적절한 배우를 선택할 수 있기 때문이다. 물론 이런 공연 시스템은 일반적일 뿐 얼마든지 다른 방식도 있다. 배우 섭외가 완료되면 연출, 배우, 스태프가 모여 희곡 읽기를 시작한다. 이 집단 낭독은 연극에서 매우 중요한 순간이다. 모든 참여자가 원작을 이해할 수 있는 시간이며, 이때 결정되는 연출가의 해석에 따라 공연의 색채가 구체화된다. 배우와 스태프는 주어진 대사를 소리 내어 읽으면서 머릿속에서 상상의 공간을 만들어 낸다. 희곡에서 대사는 이야기의 뼈대를 이룬다. 기존의 이야기에 살을 붙여 그들의 고유한 이야기가 무대에서 얼마나 극적으로 구현되느냐가 좋은 연극의 관건이 된다. 배우들이 전속으로 속해 있는 단체에서는 역할을 정하지 않은 상태에서 모두 함께 모여 대사를 읽기도 한다. 배우들의 다양한 역할 낭독을 주시하면서 연출가는 가장 어울리는 역할을 선정할 수 있다. 고유한 음성으로 역할의 성격화가 이루어지는 이 집단 낭독은 공간화될 무대장치, 배우의 몸짓과 움직임, 상대역과의 관계를 설정하는 중요한 순간이다. 연출가의 성향에 따라 낭독 시간을 많이 할애하여 연출의 방향, 이야기의 구조, 연기 방법, 무대의 틀을 구체적으로 결정하기도 한다. 주로 의자에 앉아 진행되는 이 부분은 연극 공연의 첫 단계에 해당한다. 첫 단계의 내용에는 중요한 두 만남이 있다. 하나는 예술가들 사이의 만남이고, 다른 하나는 사람과 희곡의 만남이다. 모든 참여자는 앞으로 몇 개월 동안 한배를 탄 일원으로서 신뢰를 바탕으로 한 관계를 형성해야 한다. 앞으로 이들은 주어진 희곡을 운명처럼 받아들이고 그 이야기의 완성을 위해 모든 집중력을 발휘할 것이다.

이를 연극치료에 적용해 보면 연출가의 섭외와 캐스팅은 연극치료사와 참여자가 될 것이고, 희곡은 참여자의 문제 혹은 그의 자전적 이야기에 해당할 것이다. 당연히 연출가와 연극치료사는 여러 점에서 차이가 있다. 특히 연출가는 어느 정도 독자적이며 지배적이지만, 연극치료에서 연극치료사와 참여자의 관계는 상호적이다. 보통 연극치료사의 바람직한 역할은 키잡이처럼 배가 정확하게 방향을 잡아 원하는 목적지에 무사히 도착할 수 있도록 하는 정도에서 머문다. 그 배가 앞으로 나가는 주 에너지가 참여자의 자발성으로 이루어진다면 치료 작업은 훨씬 강한 역동이 생겨날 것이다. 연극치료사는 참여자의 문제를 정확하게 파악하여 어떤 이야기가 적합한지 결정하고 이를 실제에 적용할 수 있어야 한다. 그것은 참여자 자신의 이야기가 될 수도 있고, 원형적인 이야기일 수도 있다. 중요한 것은 치료적 이야기(희곡)의 선택에 있어 치료사(연출가)와 참여자(배우)의 합의가 있어야 한다는 사실이다. 또한 연극치료사는 치료사 자신과 참여자 두 사람이 단독으로 치료 작업을 할 것인지, 보조자를 어느 정도 활용할 것인지도 염두에 두어야 한다.

2) 웜엄의 중요성

연극치료의 초반 단계는 심리치료나 예술치료처럼 웜업이 매우 중요하다. 첫 단추를 잘 끼워야 만사가 형통하듯이, 첫 만남에서 이루어지는 웜업은 치료 전반에 중대한 영향을 미친다. 스포츠 선수들도 본 게임에 앞서 충분히 몸을 풀고 덥히는 웜업 과정이 필요하다. 웜업이 충분하지 않으면 부상의 위험이 있다. 보통 웜업은 연극치료사와 참여자가 서로를 알아가고 관계를 형성해 가는 단계다. 맨 처음 간단한 인사와 자신을 소개하고, 참여자가 이곳을 방문한 이유 등을 말할 것이다. 웜업은 주로 말을 주고받는 형식, 그리고 간단한 몸동작으로 진행된다. 매 회기의 초반 부분도 이 형식에서 크게 벗어나지 않는다. 본격적인 치료 작업에 들어가기에 앞서 지난 한 주일 동안 별다른 일은 없었는지, 새로운 변화가 있었다면 무엇인지 등의 안부를 묻고 오늘 할 작업을 간단히 소개한다.

이러한 웜업은 '적응'이라는 말로 대신할 수 있다. 적응은 사회적 용어다. 대인관계나 사회성이 높은 사람은 새로운 환경에 쉽게 적응하지만, 그렇지 못한 사람은 적응이 어렵다. 인간의 발달 과정 또한 사회적 적응 과정이다. 끊임없이 변하는 환경에서 얼마나 잘 적응을 하느냐가 발달의 관건이 된다. 인간의 발달 과정은 가족의 품을 떠나 어린이집과 유치원이라는 환경, 그리고 초중고와 대학을 거쳐 사회의 환경에 적용하면서 계속해서 새로운 사람을 만나고 적응하는 과정이다. 적응한다는 것은 변화를 뜻하며, 살아 있다는 의미이기도 하다. 살아 있는 생물은 환경이 변하면 그에 적응한다. 식물을 옮겨 심었을 때 제대로 적응하지 못하면 죽어 버리는 것처럼, 적응은 생존과 직결되어 있다. 적응하지 못하면 도태되는 것이다. 이러한 적응 개념이 일종의 웜업이라면 웜업은 치료 자체 못지않게 중요하다는 것을 알 수 있다.

참여자 스스로 중대한 심리 문제가 있음을 인식하고 연극치료를 받기 위해 연극치료센터를 처음 방문하였다고 가정해 보자. 누구든지 센터의 문을 열기까지 상당한 망설임이 있을 수 있고 막연한 긴장과 불안감도 있다. 센터의 문을 두드리는 참여자가 긴장과 불안에서 벗어나 치료 환경에 잘 적응하도록 이끄는 것도 웜업에 속한다. 이처럼 적응과 연계된 웜업의 개념을 고려한다면 연극치료사가 처음 만난 참여자를 어떠한 마음 자세로 대해야 할지 알 수 있다.

3) 공간의 중요성

적응과 관련된 웜업은 공간의 배치와도 밀접한 관계가 있다. 가령, 의사가 흰 가운을 입고 권위적인 자세로 환자를 맞이하는 병원의 공간 구조는 첫 만남에서 환자를 위축시킨다. 연극치료 공간을 상상해 보자. 만일 공간을 나누어 치료사는 창 쪽의 커다란 책상 앞에 앉고, 참여자를 반대편에 앉도록 배치한다면 어떨까? 이런 구조는 연극치료 공간으로 상상할 수 없지만, 구획된 공간을 가정한다면 참여자는 더욱 주눅이 들고 불안감이 가중될 것이다. 연극치료 공간은 원탁과 같이 동등하고 평등한 자리, 안전한 색채감 등 위압적이 아닌 편안한 공간의 창출이 무엇보다도 중요하다. 또한 염두에 두어야 할 사항은 긴장된 참여자의 마음을 따뜻하게 풀어 주는 연극치료사의 자세다. 치료사의 자세는 언어, 시선, 표정, 몸짓 등에서 참여자에게 그대로 전달된다. 치료사의 자세는 법정(法頂)이 언급한 '친절'이라는 단어로 풀어 볼 수 있다. 법정(2010)은 이렇게 말한다.

> 이 세상에서 가장 위대한 종교는 '친절'이라는 것을 마음에 거듭 새겨 두시기 바랍니다. 작은 친절과 따뜻한 몇 마디 말이 이 지구를 행복하게 한다는 사실 역시 기억하시기 바랍니다.

이 친절의 자세는 참여자에 대한 동정심이나 도움을 주겠다는 것보다는 만남에 의의를 두고 동등한 입장에서 상호 소통하겠다는 자세라고 생각한다. 연극치료사가 참여자를 처음 만났을 때 깊은 곳에서 우러나오는 친절을 실천한다면 작업에서 핵심 사항인 신뢰 관계가 잘 형성될 수 있을 것이다.

4) 웜업의 실제

연극치료에서 웜업은 어떻게 이루어지는가? 연극치료에서 웜업은 적극적인 양상을 띤다. 연극치료의 특징적인 웜업은 대화와 더불어 움직임이 개입된다는 점이다. 맨 처음 간단한 대화를 제외하고, 치료사와 참여자가 주고받는 대화는 자신을 설명하기 위한 것이 아니라 임의적인 대사를 읊거나 흉내 내는 소리로서 일종의 말 연기라고 할 수 있다. 연극치료의 본격적인 웜업은 허구의 세계를 극적으로 창조하면서 그 세계를 언어와 몸으로 경험하도록 한다. 이 웜업 방식은 배우들이 연습에 들어가기에 앞서 행하는 몸풀기와 비슷하다. 배우의 웜업은 근육을 이완시키는 것에서부터 복식호흡과 명상으로 집중력을 높이고 성대와 근육을 부드럽게 하는 식으로 진행된다. 어느 정도 몸과 마음이 일상에서 벗어나 무대에 적응할 준비가 되면 배우는 무대 공간을 활보하면서 공간을 익히고 몸과 공간이 소통하도록 한다. 또 대사를 소리 내어 읊으면서 주어진 공간을 자유롭게 활보한다. 그런 다음에 점차 상대 역할을 의식하고 상대방과 에너지를 교환하면서 자기 역할을 찾아간다. 물론 배우들의 웜업이 정형화되어 있는 것은 아니므로 또 다른 방식의 웜업도 얼마든지 가능하다. 이러한 외적인 몸의 움직임에서 감정 상태로 진입하는 단계적 과정, 타인과 소통에 이르는 배우의 웜업 방식은 연극치료의 웜업에 그대로 적용할 수 있다.

존스(Jones, 2005)에 의하면, 웜업은 이제 막 연극치료의 특별한 공간이 창조되기 시작하였음을 알려 준다. 연극치료의 공간을 일상의 현실의 공간과 구별하기 위해 매 회기를 특정한 유형—카펫 깔기, 이름 게임—의 활동으로 시작한다거나 역할을 바탕으로 한 게임, 놀잇감 꺼내 놓기, 환경 만들기 등 극적 작업으로의 진입을 표시하는 활동을 배치하기도 한다. 프랑스의 유명한 '태양극단(Théâtre du Soleil)'의 연출가 아리안 므누슈킨(Ariane Mnouchkine)은 관객이 연극을 제대로 관람하기 위해서는 마음의 준비가 필요하다고 생각한다. 그녀는 관객이 밖에서 바로 극장 안으로 들어오는 대신에 관객이 꼭 거쳐야 하는 극장 로비에 특별한 공간을 만들었다. 배우들은 의상을 갈아입고 분장하면서 관객에게 자신을 그대로 노출시켰다. 관객은 배우들과 어울리면서 밖의 세계에서 연극의 세계로 진입하는 준비를 할 수 있었다. 이처럼 연극의 세계로 진입하도록 하는 준비 작업이 연극치료에서의 웜업 개념이다.

2. 중반 단계

중반 또는 본 활동인 2단계는 좀 더 의식적인 극적 단계다. 여기서는 이야기를 연극적으로 접근하고, 낡은 상황을 새로운 방식으로 탐험하며, 실험적인 틀 내에서 역할을 맡거나 버리기도 한다. 그 행동이 명백하게 극적이지 않더라도 참여자는 세상과 그 속에서 겪는 경험을 다양한 방식으로 살펴보게 된다. 그 다양한 방식 중 일부는 평상시에는 전혀 신경 쓰지 않고 당연시하였던 것을 경이롭게 바라보는 것이다. 드라마는 상상력을 이용해 익숙한 것을 익숙하지 않은 방식으로 재현함으로써 경험의 생생함을 되살려 내며, 참여자가 어떤 대상과 진정으로 마주치고 느끼고 있다는 감각을 살려 낸다. 연극치료 작업의 몸통을 이루는 중반 단계는 초반 단계에서 선택한 이야기를 연극적 방식으로 풀어내는 단계다. 연극치료사와 참여자는 이야기를 어떻게 풀어낼 것인지, 극적 공간에서 이야기 속 역할을 어떻게 구현할 것인지를 고민한다. 한마디로 연극의 실연 단계인 것이다. 중반 단계에서 참여자는 안전한 느낌 속에서 무의식, 그림자, 욕망을 가감 없이 표출할 수 있어야 한다. 언어와 신체의 움직임 등을 통해 자신도 모르는 사이에 쌓인 감정을 겉으로 표현한다면 참여자는 왜곡된 감각을 알아차리고, 감정의 정화를 경험하고, 세상과의 관계를 새롭게 바라볼 수 있게 될 것이다.

1) 본 공연 단계

중반 단계를 연극 제작과 비교하면 배우들이 무대로 올라 실제로 공연하는 최종 연습 단계와 본 공연에 해당한다고 할 수 있다. 연습을 위해 무대에 오른 배우는 대사에 움직임을 덧붙이고 동선을 그어 나간다. 계속되는 대사와 움직임의 반복은 배우에게 힘든 시간이지만, 읽으면서 상상하였던 것을 실제 몸으로 구현하면서 입체화한다는 점에서 매력적이다. 배우가 손에서 대본을 놓게 되면 움직임이 훨씬 자유로워진다. 음향과 조명이 합세하고 의상과 소품도 하나둘 준비가 되면서 점차 완성도를 높여 간다. 연극은 이차원의 희곡에서 삼차원의 공간으로 차원 변화를 일으키는 예술이다. 엄청난 에너지와 고통을 수반하는 차원 변화는 바로 이때 이루어지므로 이 단계는 고통과 정화의 환희가 중첩되는 시간이다.

연극의 과정에서 관객을 상대로 실제로 공연이 개시되어야 비로소 연극이 성립한다. 이 순간은 연극의 꽃이다. 실제 공연의 의미를 살펴보면, 첫째, 배우가 뚜렷하게 강조된다는 점이다. 막이 오르면 연출가는 손을 털고 뒷전으로 사라진다. 이제부터는 배우들이 모든 것을 책임진다. 공연 중인 배우는 완벽하게 고립되어 있으며, 무대에 있는 순간은 모든 것을 알아서 결정해야 한다. 배우의 부각은 연극치료에서 참여자의 부각과 밀접하다. 연극치료의 최종 목표는 참여자를 향한다. 연극치료사는 안내자 혹은 촉진자일 뿐 결정적인 순간에 자신을 직시해야 하는 사람은 참여자다.

2) 만남의 단계

공연의 두 번째 의미는 배우와 관객의 만남이다. 이때의 만남은 연출이 의도하든 하지 않든 예상하지 못한 방향으로 흘러갈 수 있으며, 배우와 관객은 각자 의미 있는 메시지를 주고받는다. 공연을 통해 배우와 관객은 감흥을 받거나, 감정의 소용돌이를 느끼거나, 교훈을 얻거나, 삶의 활력을 찾기도 한다. 이 만남이야말로 치료적 효과가 전적으로 발휘하는 순간으로 정화가 최고조에 이르러 배우와 관객 사이의 심리적 · 정서적 경계가 사라지듯이 치료사와 참여자의 구분도 사라진다. 본 활동인 중반 단계가 효과적으로 진행된다면 참여자는 역할연기로부터 충만한 기운으로 활력을 얻게 되고 활화산과 같은 감정의 준동을 경험하여 궁극적으로 다시 태어난 느낌을 받게 될 것이다.

3. 종반 단계

셰익스피어의 희극 중 〈끝이 좋으면 다 좋아(All's Well That Ends Well)〉가 있듯이, 세 번째 단계인 종반 단계의 마무리가 좋으면 전체 치료 과정이 다 좋은 것이 된다. 종결은 가을에 곡식을 거둬들이는 수확인 셈이다. 아무리 거센 태풍이 불고 벌레가 기승을 부렸어도 이를 이겨내고 튼실한 곡식을 수확할 수 있다면 그해 농사는 성공한 것이 된다. 연극과 비교하면 모든 공연이 끝난 뒤 커튼콜의 시간이라고 할 수 있다. 감동한 관객은 열렬히 손뼉을 칠 것이고, 채 열기가 식지 않은 배우들 역시 자신의 열정과 객석에서 울려 퍼지는 박수 소리를 들으며 최고조의 무아 상태를 경험할 것이다.

마무리의 종반 단계는 연극치료사와 참여자가 치료 과정에서 느낀 점을 공유하는 순간이다. 이때 함께하는 느낌 나누기는 중요하다. 이는, 첫째, 집중적인 시선을 받으며 자신에 대해 말하게 되었다는 것은 그만큼 자신감이 향상되고 스스로 성숙하였음을 의미한다. 둘째, 다른 사람의 이야기를 경청할 때 미처 깨닫지 못했던 자신의 감정과 느낌을 되새김질할 수 있다. 셋째, 종반 단계에서 느낌을 생각으로 끝내지 않고 언어나 동작으로 표현하면 더욱 또렷하게 자신을 정리할 수 있다. 다른 사람들과 자기 생각을 종합하여 숙고할 때 이전과는 달라진 자신을 알아차리게 된다. 마무리 발표를 할 때 한 참여자의 이야기가 끝나면 따뜻한 손뼉을 치는 것이 바람직하다. 두 손을 움직이는 몸짓과 손바닥의 열기, 그리고 청각 효과는 참여자에게 전적으로 동감한다는 느낌을 준다. 아울러 함께 나누었던 시간이 소중한 시간이었고 상호 간에 신뢰 관계가 형성되었다는 것을 일깨워 준다. 이처럼 종반 단계는 적절한 움직임, 느낌과 생각 나누기를 통해 예민해져 있는 몸을 이완시키는 시간이기도 하다.

종반 단계에서 염두에 두어야 하는 것은 분명하고 확실한 역할 벗기다. 중반 단계에서 극적 세계에서 마음껏 놀았다면 이제는 그것에서 벗어나 일상으로 복귀해야 한다. 종반 단계는 필히 일상의 정체성을 확인하고 수용하는 역할 벗기 과정을 거쳐야 한다. 중반 단계에서 몸의 체현을 통한 역할연기가 워낙 강한 정서적 체험을 유발하기 때문에 참여자에 따라 현실로 되돌아오는 것이 어려울 수 있다. 일반적으로 연극 세계에 깊숙이 빠져 있던 참여자를 다시 현실로 불러내는 방식으로 연극 기법 또는 연극성이 깃든 제의 기법이 효과적이다. 예를 들어, 역할 벗기로 치료 전반에 대한 느낌 나누기를 할 때 촛불, 모자, 커튼 같은 간단한 소품 사용은 훌륭한 효과를 낼 수 있다.

이와 유사하게 앤더슨-워렌은 연극치료의 세 단계를 항해로 비유한다. 1단계는 출발로, 연극치료사와 참여자가 궁극의 목적지를 함께 결정하고 무리 지어 여정을 준비하는 단계다. 2단계는 항해다. 선원들은 안전함을 모험과 맞바꾸면서 모든 것이 '여기'와 '저기', '지금'과 '그때' 사이의 유동적인 상태에 놓인다. 3단계는 도착이다. 여기서는 새로움과 발견, 즉 항해의 상징적 전이에서 비롯된 경험이 방식을 기념한다. 항해하는 동안 일어난 개인적인 변화의 경험을 체현하는 것이다(Andersen-Warren & Grainger, 2009). 출발과 모험, 그리고 다시 출발지로 귀환하는 순환적 구조는 현실에서 극적 세계에 참여하였다가 다시 현실로 되돌아오는 3단계의 연극치료 작업의 구조다.

4. 회기의 구조

3단계로 구조화할 수 있는 연극치료는 회기마다 성격이 다르고 내용도 다르다. 예컨대, 첫 회기의 내용과 본 활동의 내용 또는 마지막 회기의 내용은 엄연히 다르다. 그러나 내용이 조금씩 다름에도 불구하고 각 회기는 유사한 구조를 지니고 있다. 역시 3단계로 구분할 수 있는 회기의 구조는 단체 사진 찍기와 비슷하다. 단체 사진을 찍는다고 가정해 보자. 사람들이 카메라의 프레임 안에 모여 선다. 사람들은 서로 위치를 잡고 주위 사람과 관계를 설정한다. 그리고 카메라를 향해 가장 자연스러운 표정과 자세를 취한다. 카메라맨은 조리개를 조절하면서 전체적인 균형을 살핀다. 조화로운 균형을 잡은 다음에는 개인의 세밀한 부분을 점검한다. 모든 정리가 끝나면 셔터를 누를 준비가 되었다. 카메라맨은 하나, 둘, 셋 숫자를 센다. 긴장이 고조되는 순간에 사람들은 호흡을 멈추고 렌즈를 뚫어지게 바라본다. 한순간 카메라는 찰칵 소리를 내며 조리개를 열었다 닫는다. "자, 됐습니다!" 하고 카메라맨이 말하면 굳어 있던 표정이 펴지고 정연하게 서 있던 사람들이 흩어진다. 연극치료의 한 회기에서 사람들이 자세를 취하고, 서로를 의식하며 자리를 잡는 것은 상호 관계를 형성하는 웜업과 같은 시작 단계다. 카메라맨의 지시에 따라 균형을 잡는 순간부터 찰칵 소리를 내는 정지된 순간까지 본격적인 움직임으로 참여자의 감정이 상승하는 본 활동에 해당한다. 질서 있게 서 있던 사람들이 긴장을 풀고 흩어지는 것은 종반 단계가 된다.

일반적으로 연극치료는 회기당 60분에서 90분 정도가 적당한 것으로 언급된다. 제닝스는 이상적인 회기 시간으로 90분을 언급한다. 그는 이 90분 가운데 1/4을 웜업으로 책정하고, 본격적으로 치료에 임하는 전개 단계를 1/2(45분 정도), 그리고 마무리를 1/4로 안배하는 것이 적정하다고 말한다. 제닝스(Jennings, 2007)가 이상적으로 생각한 치료의 1회기 시간과 내용은 〈표 34-1〉과 같다.

<표 34-1> 연극치료의 기본 구조

<table>
<tr><th rowspan="7">작업에 앞서 연극치료사는 집중의 시간을 갖는다.</th><th>1/4</th><th>1/2</th><th>1/4</th><th rowspan="7">참여자는 집단과 분리되어 한 개인으로 돌아온다.</th></tr>
<tr><td>웜업/시작</td><td>창조</td><td>통합</td></tr>
<tr><td>자극</td><td>탐험</td><td>피드백</td></tr>
<tr><td>준비</td><td>실연</td><td>숙고</td></tr>
<tr><td>초점</td><td>재연</td><td>개인화</td></tr>
<tr><td></td><td>변형</td><td></td></tr>
<tr><td>시작</td><td>발전</td><td>마무리</td></tr>
</table>

존스(Jones, 2005) 역시 시작, 전개, 마무리의 단계를 설정하고 이를 5단계로 나눈다. 그가 설정한 연극치료의 기본 구조는 웜업, 초점 맞추기, 본 활동, 마무리와 역할 벗기, 그리고 완결이다. 여기서 웜업과 초점 맞추기는 시작 부분에 해당하고, 본 활동은 전개이며, 마무리와 역할 벗기, 그리고 완결은 마무리에 해당한다. 존스는 시작 부분에 전체 시간의 1/3을 할애하였고, 본 활동을 1/3, 마무리를 1/3로 공평하게 나눈다. 그의 관점도 제닝스와 크게 다르지 않다. 시작에는 웜업뿐만 아니라 초점 맞추기가 들어 있고, 마무리 역시 역할 벗기가 포함되어 있다는 점에서 시간을 좀 더 할애한 것으로 보면 된다. 존스의 견해에 따르면 웜업은 개인이나 집단이 연극치료 작업에 준비되도록 돕는 활동으로, 집단의 감정, 극적 과정 또는 언어 사용과 관련된 다양한 형식을 취한다. 연극치료에서 웜업은 당연히 본 활동과 연속성을 지니고 있어야 한다.

연극치료는 몇 회기가 적당할까? 요즘 시설이나 센터에서는 대략 8~10회기 정도를 제안하지만, 때에 따라 한 회기만 하기도 하고 20회기를 넘기기도 하며 1년 이상도 진행하기도 한다. 만일 회기가 정해지지 않은 상태에서 처음 참여자와 대면하였을 때 연극치료사에게 주어진 최초의 과업은 아마도 참여자의 현 상태를 파악하고 몇 회기의 작업이 적당한지 정확하게 파악하는 것이다. 일단 회기를 정하면 회기를 구조화하는 프로그램 구성이 뒤따른다.

연극치료는 구조화된 매 회기가 모여 구조화된 전체 회기가 된다. 이런 점들은 다른 예술치료와 크게 다르지 않다. 마치 작은 원들이 모여 큰 원을 만드는 것과 같다. 일반적으로 치료사는 치료 작업을 시작하기 전에 사례 개념화나 치료 계획 등을 통해 참여자에 대한 정보를 입수하고 정리하여 프로그램을 짜는 것이 이상적이다. 하지만 작업을 하다 보면 대부분 예상과 다른 상황을 만나기 일쑤다. 특히 연극치료는 현장에서 즉석에서 이루어진다. 연극치료사나 참여자의 컨디션, 날씨나 계절, 주변 상황은 언제든지 치료 작업에 영향을 줄 수 있다. 이는 치료사가 즉흥성을 염두에 두어야 하는 이유이기도 하다. 치료사는 프로그램에 따른 구조적 단계를 고려하면서도 상황 변화에 따라 적절하고 즉흥적인 치료가 필요하다는 점을 항상 인식해야 한다.

제35장 연극치료 프로그램의 실제

1. 우울증 참여자에 대한 연극치료 프로그램 예시

지금까지 살펴본 사례 개념화, 6단계를 활용한 치료 계획 등 치료의 구조를 바탕으로 치료 작업에서 목표를 세우고 개입하여 다음의 프로그램을 짤 수 있다. 예컨대, 매사가 우울하고 몸도 나른하며 의욕이 없어 일상이 무기력하다는 참여자가 있다고 하자. 참여자는 병원에서 이미 우울증 진단을 받아 약을 먹고 있다. 참여자는 친구의 권유로 알게 된 연극치료를 통해 우울증이 호전되기를 바란다. 연극치료사는 첫 면담에서 참여자로부터 일상의 삶에서 벌어지는 다양한 증상을 듣고 정리하였다. DSM-5-TR에서 제시된 주요 우울장애(major depressive disorder) 진단 기준을 참조하여 참여자에게 대입할 수 있다. 참고로 DSM-5-TR의 우울장애 진단 기준은 다음과 같다.

A. 우울증의 필수 증상은 적어도 2주 동안 다음 중 하나가 있어야 한다(주관적이거나 타인에 의해 관찰됨).

1. 거의 종일 내내 우울한 기분이 든다.
2. 거의 매일 모든 것 또는 거의 모든 것, 하루 대부분의 활동에서 흥미나 즐거움이 현저하게 저하되어 있다.

B. 다음 증상에서 4가지 이상이 있어야 한다.

1. 현저한 체중 감소나 증가, 식욕의 감퇴나 증가(1개월 동안 체중이 5% 이상 변화)
2. 거의 매일 불면이나 과수면
3. 거의 매일 정신운동성 초조나 지체(좌불안석이나 처진 느낌)
4. 거의 매일 쉽게 피로를 느끼거나 에너지 상실
5. 거의 매일 삶에 대한 무가치감, 부적절한 죄책감
6. 거의 매일 사고력, 기억력, 집중력 감소 또는 우유부단함
7. 죽음에 관한 반복적인 생각 또는 자살에 대한 사고나 자살 기도 및 계획을 세움

이 기준을 참고하여 참여자의 일상을 체크한다. 예를 들어, 참여자는 일상생활에서 다음을 호소하는 것으로 가정할 수 있다(Paleg & Jongsma, 2017).

- 우울감이나 기분 저하를 거의 매일 경험한다.
- 삶의 전반적인 부분과 일에서 생산성이 떨어진다.
- 기존에 즐거웠던 활동이 별로 즐겁지가 않다.
- 사회적 관계에서 철수하는 행동을 한다.
- 부정적이고 역기능적인 사고를 호소한다.
- 낮은 자존감을 호소한다.
- 절망감과 무력감을 느끼고 자살 생각도 수반될 수 있다.
- 자살에 대한 확고한 의지는 없다.
- 활동 저하를 경험하고 항상 피곤하다고 호소한다. 집 밖을 나가기 꺼려하고 종일 누워 있다.
- 수면 패턴에 변화가 있다.
- 식욕과 식습관에 변화가 있다.
- 집중하기가 어렵다.
- 우울증에 대한 기저의 의학적인 원인이 제시되지 않는다.
- 확실한 정신증은 보이지 않는다.

참여자의 일상을 검토한 결과 분명한 우울 증세를 확인할 수 있다. 치료사는 이를 기반으로 연극치료의 회기를 설정하고 회기 목표와 전체목표를 세운다. 예를 들어, 10회기를 하기로 합의를 하였다면 그 전체목표를 다음과 같이 설정할 수 있다.

- 눈에 띄는 우울 증상을 제거하고 재발 방지를 위해 노력한다.
- 우울증을 유발하는 부정적이고 역기능적인 사고를 우울증에 대항하는 긍정적이고 건강한 사고로 대체한다.
- 자존감을 높인다.
- 생산성을 늘린다.
- 사회적인 관계에 노력과 시간을 재투자한다.

정리하면 우울증 환자를 대상으로 한 연극치료 전체목표는 자존감 향상을 통해 긍정적인 자기 개념을 형성하고, 사회적 관계를 향상하고 생산적으로 되도록 하여 우울감을 완화하는 것이다. 팔레그와 용스마(Paleg & Jongsma, 2017)가 세운 치료계획의 전체목표는 인지행동치료를 기반으로 하는데, 연극치료 작업에서도 이와 유사한 전체목표를 세울 수 있다.

전체목표가 설정되었으면 이에 적합한 연극치료모델을 찾아야 한다. 일반적으로 연극치료모델은 꼭 하나의 모델만이 아닌 여러 모델을 골고루 활용한다. 가령, 초반 단계에서 감각 자극을 위한 웜업에서는 EPR모델을 활용할 수 있고, 참여자의 우울 증세가 어린 시절의 가족 환경과 밀접하다고 판단되면 가족치료모델을 적용한 이야기모델에서 〈헨젤과 그레텔〉을 도입할 수 있다. 아울러 이야기 속 인물 역할을 맡아 연기할 때는 자연스럽게 역할모델과 만난다. 감정 표현이 어려운 참여자는 감정모델을 적극적으로 활용하는 것도 하나의 방안이다.

한편, 치료적 개입이 이루어지는 회기 목표는 그 회기의 연극치료 구조 및 치료 프로그램과 밀접하다. 예를 들어, 10회기의 회기별 목표는 회기마다 설정하거나, 초반(1~2회기), 중반(3~8회기), 종반(9~10회기)으로 나누어 편성할 수 있다. 초반, 중반, 종반의 회기별 구분 역시 딱히 정해진 것은 아니고, 연극치료사나 참여자 집단의 성향이나 상황에 따라 얼마든지 유동적이다. 〈표 35-1〉은 사례 개념화 및 팔레그와 용스마(Paleg & Jongsma, 2017)가 제시한 인지행동치료 계획을 참고하여 앞서 제시한 우울증 참여자를 대상으로 한 연극치료 프로그램의 예다.

<표 35-1> 연극치료 프로그램의 예시

	목표	활동
초반 (1~2 회기)	알아가기 신뢰 관계 형성	• 자기소개하기(치료사와 참여자): 별칭, 이름표 만들기, 신체 조각, 그림, 노래, 움직임 또는 오브제로 소개하기 등 • 참여한 이유, 목적 등 설명하기 • 치료사가 연극치료를 설명하고 이 방법의 효과를 뒷받침하는 연구 자료 제공하기 • 신체 감각 자극하기: 놀이 활동, 신체 활동(스트레칭, 마사지 등을 통한 신체 탐색 및 오감 자극, 현재의 감정 조각하기, EPR을 적용한 감각적 극화 활동) • 진단평가하기
	우울 증상 확인	• 각자의 우울 증상을 함께 나누고, 집단 공통의 우울 증상을 목록으로 만들기 • 자살 생각에 대해 서로 이야기하기(응급 시 지원을 받을 수 있는 연락처 제공, 가볍게 이야기하되 역효과가 우려된다고 판단되면 생략할 수 있음) • 각자의 감정 상태 점검하기(감정 변화를 알아차릴 수 있도록 감정 변화를 유발한 구체적인 사건, 환경, 시간을 기록하기) • 신체 감각 알아차리기: 명상, 몸의 움직임에 집중하기(즉흥적인 소꿉놀이 및 역할놀이하기)

중반 (3~8 회기)	우울 증상 표현	• 자신을 설명할 때 우울이라는 정체성 이외에 다른 모습을 말하기(또 다른 모습의 자신 발견하기) • 생각(예: 일어난 상황에 대한 해석과 자기 말)과 감정(예: 신체나 감정 상태를 반영하는 생리적 반응)의 차이에 대한 이해를 말로 표현하기 • 억제된 생각 또는 감정을 드러내기 • 기분 변화를 살피고 이를 유발한 요인을 기록하기 • 신체 감각 깨우기: 명상, 일상을 극으로 표현하기(가족, 친구, 직장에서의 일 등과 관계 파악하기) • 과거와 직면하기(과거 여행-불행하였던 과거, 행복하였던 과거): 〈헨젤과 그레텔〉 극화하기
	우울 증상 원인 파악	• 우울한 감정을 일으키고 지속시키는 생각이 무엇인지 확인하기 • 우울증을 일으키는 생각을 범주화하기 • 생각을 이야기(창작 또는 기존 이야기)와 연계하기, 이야기를 극화하기 • 역할연기에서 신체에 나타난 우울 증상 파악하기
	우울 증상 직면	• 평소의 우울한 감정을 생각하기: 우울의 가면 만들기, 가면을 쓰고 우울의 인생길 걷기, 우울의 조각상으로 표현하기, 우울한 역할하기(〈헨젤과 그레텔〉) • 우울과 불안을 키우는 부정적인 생각과 만나기: 무엇이 나를 불안하고 우울하게 하는지 질문하기 • 질문과 즉흥적인 역할연기를 통해 우울 증상 직면하기: 질문에 답하기 • 죽음을 생각하고 신체로 경험하기(죽음을 다룰 때는 신중해야 함)
	우울 증상 극복	• 생각에 변화를 주어 기분이 나아지도록 하기 • 생산적인 역할 경험하기: 활동량을 조금씩 늘릴 때마다 자신에게 상 주기 • 신체의 변화를 적어 보기 • 되고 싶은 나, 조력자(조력물), 방해자(방해물)의 역할로 이야기 만들기(6PSM): 바라는 역할과 이야기를 만들어 즉흥극으로 표현하기 • 상상의 공간에서 우울증을 극복한 자신의 모습을 상상하기 • 상상한 역할로 극화하기: 나눔의 행복 극화하기(〈행복한 왕자〉)
종반 (9~10 회기)	마무리 변화의 평가	• 우울증과 고립감의 부정적인 결과, 지지적인 사회 연결망의 이점을 이야기하기(나눔 후 느낌을 가면, 신체 조각상 등으로 표현하기) • 우울했던 과거의 자신에게 편지쓰기, 읽기, 빈 의자 기법으로 표현하기 • 즐거운 사회 활동의 가능성 찾기(목록 만들기, 2인 1조로 즐거운 사회 활동 극화, 한 주 동안 적어도 한 가지 사회 활동의 경험을 발표하기, 성공 경험은 강화하고 실패 경험은 방향을 재정립하기) • 시간 관리와 계획 세우기를 증진하기 위해 명확하고 현실적인 목표 세우기(구두 발표, 신체 표현, 극화 등) • 진단평가하기

이처럼 전체적인 연극치료 프로그램에 있어 회기당 90분이라고 가정한다면 알아가기, 신뢰 형성을 목표로 하는 1회기의 프로그램의 예는 〈표 35-2〉와 같다.

<표 35-2> 1회기의 프로그램 예

시간	1회기 목표	치료 활동
20분 (웜업)	알아가기/ 친밀감과 신뢰 관계 형성하기	• 소개하기(치료사 소개 및 참여자 소개): 몸의 움직임으로 자신 소개하기 • 참여 동기 설명하기 • 샐러드 게임으로 공간을 인식하고 자리 바꾸기 • 몸의 움직임에 집중하기: 부드럽고 가벼운 움직임(걷기, 심호흡 등)
50분 (본 작업)	연극치료와 친해지기	• 신체 활동하기: 요가, 스트레칭, 마사지 등을 통한 신체 탐색 및 오감 자극하기 • EPR을 적용한 감각적 극화 활동하기 • 즉흥적인 소꿉놀이 및 역할놀이 하기
20분 (마무리)	마무리 및 진단평가	• 신체 조각상으로 현재의 감정 표현하기 • 진단평가하기

여기서 제시한 웜업 20분, 본 작업 50분, 마무리 20분은 임의적이다. 참여자의 상황에 따라 역할 입기를 어려워하는 참여자 집단이라면 웜업 시간을 더 많이 할애할 수 있고, 역할 벗기를 어려워하는 참여자들이라면 마무리를 더 많이 제시할 수 있다. 우울 증상 직면을 위한 중반 단계를 위한 프로그램의 예는 〈표 35-3〉과 같다.

<표 35-3> 중반 단계 프로그램 예

시간	목표	치료 활동
10분 (웜업)	• 역할 입기를 위한 웜업 • 우울 증상 직면을 위한 웜업	• 인사하기 • 한 주 동안 변화된 모습 나누기 • 명상 • 몸의 움직임에 집중하기 • 즉흥적인 소꿉놀이 및 역할놀이 하기

60분 (본 작업)	• 우울 증상 직면하기와 극복하기	• 우울의 생각과 감정을 표현하고 신체로 경험하기 • 자신의 우울이 어디에서 오는지, 그 실체가 무엇인지 직면하기(우울의 가면 만들기, 가면을 쓰고 우울의 인생길 걷기, 우울의 조각상으로 표현하기, 우울한 역할하기(〈헨젤과 그레텔〉) • 우울과 불안을 키우는 부정적인 생각에서 벗어나기: 역할연기와 즉흥극 하기 • 죽음과 대면하기: 신체로 경험하기
20분 (마무리)	• 역할 벗기 • 극적 역할을 현실에 적용하기	• 집단 나눔의 시간(소통): 위로, 지지, 공감하기 • 현재의 감정 나누기: 조각상으로 현재의 감정 표현하기 • 현재의 감정을 현실에 적용할 방안 나누기

제36장 연극치료 작업일지

치료 작업이 끝나면 연극치료사는 반드시 작업일지를 써야 한다. 연극치료 작업일지에는 작업일시, 장소, 장단기 목표, 개인 및 집단 평가, 집단일 경우에는 참여자들의 관계 역동을 적는다. 그 회기에 적용한 프로그램이 적절하였는지 내용을 점검하고, 다음 회기에 예정된 프로그램에 대해서도 숙고한다. 아울러 참여의 집중도, 반응, 감정 표현, 상호작용 등 참여자의 반응을 기록하고, 작업 중에 특별한 상호작용이나 통찰의 순간이 있었다면 이를 적는다. 치료사의 관점에서 참여자가 어떤 변화를 보였다면 이를 기록하고, 치료 작업에 대한 성과를 평가하며, 다음 작업에서 참고할 사항도 적는다. 작업일지는 치료의 전반적인 흐름을 파악하고 치료 과정에서 나타나는 패턴이나 변화를 한눈에 볼 수 있으므로 매우 유용하다. 연극치료 작업일지는 구체적이고 간결하게 작성해야 하며, 객관적인 관찰과 주관적인 평가를 구분하여 기록해야 한다. 때에 따라 참여자의 언어를 직접 인용하면 현장감을 높일 수 있다.

연극치료사로서 스스로 성찰하고 풀리지 않는 문제가 있다면 슈퍼비전을 받을 필요가 있다. 〈표 36-1〉은 연극치료 작업일지의 예다.

<표 36-1> 연극치료 작업일지의 예

일 시		장 소	
회 기		주치료사	
		(부치료사)	
참여자			
참여 인원			
전체목표	우울감 완화 및 자존감 향상		
회기 목표	신뢰 관계 형성 및 연극치료 이해하기		

<table>
<tr><th colspan="4">프로그램 내용</th><th>준비물</th></tr>
<tr><td colspan="4">1. 웜업
• 인사, 자기소개
• 연극치료 소개
• 놀이, 움직임 등
2. 본 작업
• 회기 목표에 따른 프로그램 진행
3. 마무리
• 역할 벗기, 소감 말하기</td><td>가면,
마스킹테이프 등</td></tr>
<tr><th colspan="5">세부 내용</th></tr>
<tr><td colspan="5">작업 진행 과정을 객관적인 관찰에 근거하여 기술할 것
• 참여자의 행동, 심리와 정서 등</td></tr>
<tr><th colspan="5">참여자 평가</th></tr>
<tr><th>집단 평가</th><td colspan="4">• 참여자 사이의 관계 역동
• 전체 느낌 및 분위기 등</td></tr>
<tr><th rowspan="6">개인 평가
(참여자의
변화 기록)</th><th>이름</th><th>반응 및 분석</th><th colspan="2">사진 자료</th></tr>
<tr><td></td><td></td><td colspan="2"></td></tr>
<tr><td></td><td></td><td colspan="2"></td></tr>
<tr><td></td><td></td><td colspan="2"></td></tr>
<tr><td></td><td></td><td colspan="2"></td></tr>
<tr><td></td><td></td><td colspan="2"></td></tr>
<tr><th>관계 역동</th><td colspan="4">집단 내의 상호작용 및 관계에 대해 상세히 설명할 것</td></tr>
<tr><th>프로그램 목표
및 내용 점검</th><td colspan="4">• 오늘의 프로그램은 만족스러운가? (참여자의 역동 정도)
• 치료 목표에 도달하였는가?</td></tr>
<tr><th>차후 계획 및
제안 사항</th><td colspan="4">오늘 작업의 성과에 기반한 다음 회기의 목표 설정과 방향 점검할 것</td></tr>
<tr><th colspan="5">성찰 및 슈퍼비전</th></tr>
<tr><td colspan="5">• 치료사 개인의 성찰
• 받고 싶은 자문 및 슈퍼비전</td></tr>
</table>

제6부

연극치료 사례

제6부 연극치료 사례에서는 저자가 실제로 작업했던 연극치료의 사례를 다룬다. 제37장에서는 연극치료 프로그램을 통해 데이트폭력에 대한 인식을 개선할 목적으로 공연된 치료적 공연의 결과를 다루었다. 제38장에서는 치료적 공연이 장애통합어린이집이라는 특수한 상황에 놓인 교사의 직무 스트레스 해소에 얼마나 효과적일 수 있는지를 다루었다. 제39장에서는 홀로 사는 장애인을 대상으로 감각 자극에 초점을 둔 연극치료 작업의 결과를 다루었다. 제40장에서는 연극치료의 집단성을 언어치료와 조합하여 실시했을 때의 효과와 자폐스펙트럼 장애 아동을 대상으로 연극치료 기반 언어치료의 통합적인 집단치료 결과를 다루었다. 제41장에서는 사회성에 결핍이 있는 아동을 대상으로 연극치료를 활용한 언어치료 프로그램을 구성하고 이의 결과를 다루었다. 이처럼 연극치료를 인접 치료 분야에 적용한다면 상호 시너지 효과를 낼 수 있다는 점에서 흥미로운 사례라고 할 수 있다.

제37장 데이트폭력 인식 개선을 위한 치료적 공연

우리가 실시한 데이트폭력(dating violence)에 대한 인식 개선을 위한 치료적 공연은 현재 우리 사회에서 데이트폭력이 나날이 심각해지고 있음에도 이를 제대로 인식하지 못하고 있다는 진단으로부터 비롯되었다. '한국 여성의 전화'에서 발표한 2018년 여성 피해 유형별 상담 건수는 가정폭력 644건(30%), 성폭력 685건(32%), 데이트폭력 255건(12%), 스토킹 214건(10%), 기타 362건(17%)으로 집계되었으며, 데이트폭력 상담 사례 중 성폭력이 동반된 경우는 41.2%(105건), 스토킹을 함께 경험한 사례는 22.4%(57건)로 나타나 여성 두 명 중 한 명이 데이트 관계에서 폭력 피해 경험이 있는 것으로 보고되었다. 그럼에도 우리 사회에는 데이트폭력을 개인의 사생활로 취급하여 문제의 심각성을 외면하고 이를 경미하게 바라보는 문화가 저변에 깔려 있다. 문제의 본질에서 벗어난 이러한 안일한 태도는 데이트폭력을 더욱 양산하고 피해자의 고통을 가중시킬 것이다. 데이트폭력의 피해자들 또한 데이트폭력의 위험성과 폐해를 제대로 인지하지 못하고 있고, 막상 그러한 사태에 처하게 되었을 때 대처 방안도 잘 알지 못한다. 이러한 사항의 중대성을 깨닫고 우리는 경상북도 관계 기관의 협조 하에 데이트폭력에 노출될 가능성이 큰 대학생을 대상으로 치료적 공연을 실시하였다.

구체적으로 데이트폭력의 인식 개선을 위한 치료적 공연은 다음의 목적을 지닌다. 하나는 대학생들에게 데이트폭력의 실상과 위험성을 알려 데이트폭력에 대한 인식을 개선하고자 한다. 또 다른 하나는 배우 또는 관객 가운데 데이트폭력의 피해자가 있으면 대처 방안을 알려 주고 심리적 위로와 치료의 기회를 제공하고자 한다.

일정한 주제에 대한 인식 개선을 목표로 한다는 점에서 이 공연은 일종의 교육연극이라고도 할 수 있다. 학생들의 참여와 토론

및 창의성 발달을 중시하고, 즉흥적이고 비정형적인 양식의 교육연극은 공연의 결과보다는 과정을 중시하는 과정의 연극이다. 즉, 연극이 진행되는 과정에서 교육적인 효과를 얻고자 하였다. 그런데 이번 데이트폭력에 대한 공연은 교육적 관점에서도 의의가 있으나 한편으로 공연의 과정을 중시한다는 점, 극 텍스트, 무대, 연출, 배우, 관객 등이 구비되어 일반 연극과 다를 바 없다는 점, 또한 교육을 넘어 참여자에 대한 위로와 치료를 목적으로 삼는다는 점에서 교육연극과 차별성이 있다.

치료적 공연의 결과를 확인하기 위해 학생 관객을 대상으로 두 종류의 설문 조사를 실시하였다. 하나는 데이트폭력에 대한 인식 개선과 관련된 6문항의 설문 조사로 1문항은 공연 전에, 5문항은 공연 전후에 걸쳐 실시하였다. 다른 하나는 공연 주제의 이해 및 만족도에 대한 5문항의 설문 조사로, 공연에 대한 전반적인 의견 및 공연 주제에 대한 인식 개선에 관한 내용이며, 공연에서 좋았던 점과 개선할 점에 대한 서술형을 덧붙였다. SPSS 18.0을 사용하여 통계 처리를 하였고, 전후의 비교를 위해 대응표본 t-검정을 실시하였다.

이번 치료적 공연에서 제기한 문제는 다음과 같다.

1. 치료적 공연 후 학생들은 데이트폭력에 대한 인식이 변화하였는가?
2. 치료적 공연에 대한 학생들의 이해와 만족도는 어떠한가?

1. 데이트폭력이란

우리 사회에서 데이트폭력에 대한 심각성을 인식하기 시작한 것은 최근의 일이어서 아직 데이트폭력에 대한 법률적 정의가 명확하게 규정되어 있지 않으며 학계에서도 견해가 조금씩 다른 상황이다. 데이트폭력에 대한 정의를 살펴보면 다음과 같다. 데이트폭력은 교제하는 연인 사이에서 둘 중 한 명 이상에 의해 발생하는 신체적 · 정서적 · 성적 · 경제적 폭력의 위협 또는 실행을 의미하며, 연인 관계에 있는 당사자 중 한쪽이 폭력을 이용해 다른 한쪽에 대한 권력적 통제 우위를 유지하는 것도 포함된다(박재풍 외, 2016). 이 정의는 연인 사이의 폭력 또는 권력 행사에 초점을 맞추고 있다. 또한 2016년에 발의된 '데이트폭력범죄의 처벌 등에 관한 특례법안(의안번호 18581)'에 제시된 데이트폭력은 데이트 관계에 있는 성인 또는 미성년자가 서로 간의 합의 없이 한 사람이 일방적으로 상대방에게 해를 끼칠 의도를 가지고 하는 신체적, 정신적 또는 재산상의 피해를 수반하는 행위로 규정하고 있다(권혁남, 2017). 여기서는 상호 간의 합의를 주요 이슈로 제시하고 있다. 이들 정의에 따르면, 연인 사이에 일어날 수 있는 폭력을 의미하는 데이트폭력은 여성에 대한 모든 종류의 물리적 · 성적 · 언어적 폭력을 포괄하는 젠더폭력 또는 젠더기반 폭력(gender based violence)과는 약간의 차별성이 있다. 그러나 데이트폭력의 피해자가 주로 여성이라는 점에서 데이트폭력을 젠더기반 폭력의 범주에 포함시킬 수 있다. 한국데이트폭력연구소는 아예 데이트폭력을 여성에 대한 폭력으로 간주한다.

2. 치료적 공연모델

연극치료모델은 연극치료사의 성향에 따라 연극의 양식만큼이나 다양하며 꾸준히 새로운 모델이 개발되고 있다. 데이트폭력 예방을 위해 사용한 연극치료모델은 치료적 공연모델이다. 치료적 공연모델은 앞에서 본 것처럼, 치료사는 연출가가 되고 환자는 배우가 되어 역할 선정과 연습 과정에서 참여자를 성장시키고 치료하는 것을 목적으로 한다. 참여자는 선택된 역할을 연습하고 연기하는 과정을 통해 치료에 이른다. 치료적 공연에서 역할 캐스팅에 있어 고유한 방법을 적용한 스노우와 미란다 다미코(Miranda D'Amico)(Johnson et al., 2013)는 치료적 역할 캐스팅을 통해 치료적 공연을 통한 진단평가를 제시한 바 있다. 그런데 현재 치료적 공연은 배우의 역할로서 뿐 아니라 관객에게로 그 영역을 확장하는 추세다. 배우와 관객을 동일 선상에 놓고 공연을 통해 치료의 시간을 갖는다. 즉, 치료사, 배우-참여자, 관객-참여자가 일정한 주제의 공연을 한 후 토론과 나누기를 통해 배우와 관객 치료의 성과를 일구어 내고자 한다.

이러한 방식의 치료적 공연은 이미 한국연극치료협회에서 여러 차례 공연하였다. 가령, 〈사이-간극(間劇)〉의 경우 현대인이 가정 또는 사회의 규정 속에 매몰되어 정체성에 혼란을 겪는다는 진단 하에 배우와 관객 모두 마스크를 쓰고 역할 바꾸기를 실시하는 방식으로 이루어졌다. 참여자 모두는 무대적 경험을 통해 새로운 자신을 발견하고 자신에 대한 인식의 스펙트럼을 넓힐 것이다. 이 치료적 공연은 연극치료사들이 공동으로 대본을 창작하고 연출과 배우가 되어 관객을 치료의 장으로 이끌었다는 특징이 있다. 또한 공연장 입구에 다양한 치료적 장치를 설정하여 입장하는 관객에게 치료적 공연의 참여를 준비시키는 등 관객의 능동적 참여를 위한 장치를 마련하였고, 관객과 토론하고 의견을 나누면서 마무리하였다. 이번 공연 역시 이러한 치료적 공연과 유사한 방식을 취하고 있다.

데이트폭력 예방을 위한 치료적 공연은 경상북도의 지원을 받은 2018년 양성 평등 기금 사업(데이트폭력 예방사업)으로, 경북지방경찰청, 경상북도 여성긴급전화 1366과의 협업으로 이루어졌다. 데이트폭력을 주제로 경북의 구미, 김천, 경산, 포항, 안동에 있는 5개 대학교의 재학생들을 대상으로 총 5회 공연을 실시하였다. 이를 위해 경찰서의 협조를 받아 경상북도의 대학에 공문을 보내 '데이트폭력 인식 개선을 위한 치료적 공연'을 의뢰하였고, 참여 의사를 밝힌 대학은 학사일정에 따라 학생들의 참여 여부를 결정하였으므로 관객 수에 있어 다소 차이가 있다. 대학생 참여자 가운데 설문에 응답한 학생은 남학생 145명, 여학생 298명으로 총 443명이다. 이들 가운데 문제가 되는 설문지 2장을 빼고 441명을 분석 대상으로 삼았다. 전체 참여자 가운데 설문에 응답한 참여자의 정보는 〈표 37-1〉과 같다.

<표 37-1> 연구 참여자 정보

항목	A대학	B대학	C대학	D대학	E대학	총계
남	39	41	20	35	10	145
여	69	105	9	85	30	298
총계	108	146	29	120	40	443

치료적 공연을 위해 저자가 재직한 대학의 연극치료 동아리 집단을 중심으로 2018년 3월에 캐스팅과 1차 대본을 완성하였으며, 주 1회기의 연습을 하였다. 연습 과정에서 지속적인 토론을 통해 데이트폭력에 대한 개념, 연극치료모델 등을 연구하였고, 배우-학생들이 연습 과정에서 자연스럽게 발화하는 어휘로 대본을 수정하였다. 여름방학 기간에는 단체 카톡방을 활용하여 공연 전반에 대한 논의를 지속하였다. 2학기 개강부터는 주 5회기의 연습을 하였으며, 이와 더불어 음향과 조명, 무대장치 및 순회공연에 따른 제반 사항을 점검하였다. 2018년 9월 19일부터 10월 10일까지 데이트폭력을 주제로 총 5회 치료적 공연을 하였다. 5개 대학의 공연에 앞서 입장하는 학생들에게 설문 조사를 하였고, 공연이 끝난 후 다시 설문 조사를 하였다. 치료적 공연의 진행 일정은 〈표 37-2〉과 같다.

<표 37-2> 치료적 공연 일정

대학	A대학	B대학	C대학	D대학	E대학
날짜	2018.09.18	2018.09.21	2018.09.28	2018.10.05	2018.10.10

3. 대본 창작

데이트폭력 예방을 위한 치료적 공연에서 기본적인 사항은 대본 창작이다. 이야기의 기본은 저자가 창작하였으며, 독회 과정에서 대학생의 언어로 수정하였다. 대본의 제목은 〈이게 사랑이니?〉로 정하였으며, 6개의 에피소드로 구성하였다. 이야기 흐름 속에서 데이트폭력과 관련된 동영상 4개를 삽입하였고, 상황에 따라 사회자가 등장하여 관객과 소통을 꾀하였다. 대본 창작에서 중점을 둔 사항은 다음과 같다.

첫째, 데이트폭력의 주제를 선명하게 하여 관객이 쉽게 이해하도록 한다. 이를 위해 장면들 사이에 상황에 맞는 동영상을 삽입하여 관객의 집중도를 높이고 데이트폭력에 대한 쟁점을 전문가에게 문의하는 시간을 마련한다.

둘째, 관객 학생들의 적극적인 참여를 유도한다. 이를 위해 에피소드별로 구성된 장면 사이에 이따금 연극을 중지시키고 관객과 소통하는 시간을 가진다.

셋째, 서사극 형식을 도입하여 자기 점검의 효과를 극대화한다. 이를 위해 사회자는 데이트폭력에 관련된 이슈를 관객에게 제시하고 거수로 의사를 표명하도록 한다.

넷째, 창조적 공연모델을 활용한다. 공연 중 관객은 입장할 때 나누어 준 3장의 색종이에 평소에 할 수 없었던 말을 적은 다음 비행기로 접어 허공에 날리는 퍼포먼스를 진행한다. 마무리에서는 '나의 몸' '데이트폭력' '상처' '나쁜 기억' '고발' '미투 운동'이라고 적힌 6개의 팻말을 만들어 여섯 그룹으로 나누어 토론 참여를 유도한다. 이 부분의 대사는 다음과 같다.

> 사회자: 여기 여섯 개의 팻말이 있습니다. 다 같이 읽어 보겠습니다.
>
> (전체가 큰 소리로 읽는다.)
>
> 사회자: 지금 읽은 여섯 문구 가운데 마음이 가는 문구가 있다면 손을 들어 주세요. 첫 번째 '나의 몸' 손들어 주세요. '데이트폭력' '상처' '나쁜 기억' '고발', 마지막으로 '미투 운동' 손들어 주세요. 좋습니다. 그럼 한 분도 빠짐없이 나오셔서 손을 든 팻말로 가 주시기 바랍니다(왜 그 팻말에 손을 들었는지, 오늘 공연에서 느낀 점이 무엇인지 등을 질문한다).

이런 방식을 통해 공연이 끝난 후, 배우와 관객이 무대에 함께 모여 공연 주제, 팻말의 글귀 등에 대해 의견을 나누었다. 저자는 그룹을 돌며 참여자들이 적극적으로 의견 표명에 동참할 수 있는 분위기를 북돋아 주는 등 함께 토론에 참여하였다.

4. 무대 장치

무대는 가변적으로 구축되었다([그림 37-1] 참조). 배경을 위해 총 50개의 정육면체의 나무 상자가 제작되었고, 여섯 면의 색을 달리하여 극적 상황에 적합한 색을 제시하였다. 한 면은 구멍을 뚫어 색다른 느낌의 클라이맥스에서 활용하였다. 암전 상태에서 스크린에 동영상이 투영될 때 나무 상자의 배열을 바꾸어 내용에 적합한 형태의 무대를 만들었다. 배우는 무대 뒤로 퇴장하는 대신 무대 양쪽에 여섯 명씩 나란히 앉았으며, 자기 차례가 되면 무대의 중앙으로 나가 연기를 하고 연기가 끝나면 다시 자리에 앉았다.

이 사진은 공연의 클라이맥스로, 데이트폭력에 이은 가족의 비극을 그린 장면이다. 붉은 조명과 구멍 뚫린 나무 상자들의 비틀어진 조합으로 긴장감을 고조시키고 있다.

그림 37-1 치료적 공연 무대

5. 치료적 공연 내용

치료적 공연은 대본 만들기, 연습을 통한 공연 완성, 그리고 공연에서 관객과의 만남의 3단계로 요약할 수 있다. 치료적 공연의 구체적인 내용은 〈표 37-3〉과 같다.

<표 37-3> 치료적 공연 내용

	활동 목표	활동 내용
장면1	• 준비 단계: 치료적 공연 안으로 들어오기	• 공연장 입구에 데이트폭력과 관련된 다양한 포스터와 동영상 전시하기 • 6개의 팻말이 있음 • 포스트잇에 데이트폭력 하면 생각나는 단어 5개를 적어 상자에 넣기 • 설문지를 받아 즉석에서 작성하기 • 입장 전에 색종이 3장과 볼펜을 나누어 주며 '데이트폭력' 또는 '미투운동'에 대한 가벼운 질문과 토론을 유도하기
장면2	• 동영상 〈데이트폭력 대책 미흡한가?〉	• 암전된 상태에서 무대는 열려 있으며, 상자들로 무대배경을 이루기 • 배우들은 무대 양옆에 앉아 있고 무대 중앙은 비워 두기 • 어둠 속에서 동영상이 끝나면 조명이 들어오고 사회자 등장하기
장면3	• 무대와 객석의 상호 소통하기 • 감정 표현과 상호 공유하기	• 사회자가 등장하여 인사 나누기, 박수 등으로 소통과 협업의 분위기 조성하기 • 공연은 우리의 이야기로, 관객은 수동적 태도가 아닌 적극적 참여로 함께 연극을 만들어 가는 사람이라는 점을 강조하기
장면4	• 데이트폭력에 대한 정의 알아보기	• 6명의 배우들이 자리에서 일어나 데이트폭력에 대한 정의 및 피해자 신고 등에 관한 이야기를 하면서 관객과 소통하기
장면5	• 습관적으로 손찌검을 하는 여자 친구의 경우	• 연인 사이인 남자와 여자 등장하기 • 여자는 말하면서 습관적으로 남자를 때리고, 이로 인해 갈등을 일으키기 • 두 인물이 정지된 상태에서 사회자가 등장하여 이런 경우 데이트폭력에 해당하는지 여부를 관객과 논의하기
장면6	• 연인 사이의 사생활에 대한 문제	• 연인 사이의 집착과 사랑의 경계, 사생활 존중 등의 문제를 데이트폭력의 관점에서 제시하기 • 여자 친구의 간섭을 견딜 수 없어 하는 남자는 헤어지자는 말을 남기고 떠나기 • 사회자가 등장하여 연인 사이에 비밀이 없어야 하는가, 어느 정도 있어야 하는가를 관객에게 의견을 묻기 • 관객은 거수하여 의견을 표현하고 전문가의 견해를 듣기
장면7	• 연인 사이의 복장 간섭의 문제	• 짧은 치마를 입은 여자 친구를 못마땅해하는 남자 친구와의 갈등하기
장면8	• 연인 사이의 스킨십에 대한 문제	• 스킨십을 좋아하는 여자 친구와 이를 말리는 남자 친구 사이의 갈등하기 • 역할 바꾸기를 통해 상대방의 감정을 이해하기

장면9	• 데이트폭력 동영상	• 사회자가 등장하여 동영상에 대한 논의하기 • 가해자와 피해자의 입장에 대한 토론하기 • 데이트폭력에 대한 위험성 논의하기
장면10	• 색종이에 생각 적어 보기	• 각각의 색종이에 데이트폭력, 미투 운동을 적고 나머지 한 장에는 이와 관련된 생각을 자유롭게 적어 보기
장면11	• 데이트폭력의 절정	• 집착이 심한 남자 친구가 헤어지자는 여자 친구의 말에 격분하여 발생한 비극 보여 주기 • 이들 장면 사이에 '리벤지 포르노'에 관한 동영상 보여 주기
장면12	• 피해자의 상처 회복을 위한 제언	• 사회자가 등장하여 전문가에게 데이트폭력으로 인해 깊은 상처를 입은 피해자의 회복 방안에 대해 문의하고, 사전에 부탁을 받은 전문가가 이에 대해 대답하기
장면13	• 데이트폭력에 대한 단상	• 두 여자가 등장하여 데이트폭력에 대한 일상적 토론하기
장면14	• 상처 치유하기	• 사회자가 등장하여 데이트폭력의 희생자가 있다면 용기를 내라고 말하고 색종이로 비행기를 접어 모두 힘차게 날릴 것을 주문하기
장면15	• 마무리와 나누기 • 6개의 팻말	• '나의 몸' '데이트폭력' '상처' '나쁜 기억' '고발' '미투 운동'이 쓰여진 팻말 준비하기 • 사회자는 관객에게 팻말을 모두 읽게 한 후에 마음이 가는 문구에 손을 들라고 유도한 후에 무대에 참여하기를 요구하기 • 관객은 손을 든 팻말에 참여하여 왜 그 문구에 참여하였는지, 오늘 공연에서 느낀 점이 무엇인지 등을 토론 및 논의하기

데이트폭력을 주제로 한 치료적 공연에서는 무엇보다도 관객에게 공연을 함께 만들어 가는 주체라는 점을 상기시켰다. 관객-대학생은 전문 배우가 아닌 자신들과 다를 바 없는 배우-대학생을 보면서 동질감을 느끼고 주제에 대해 좀 더 선명한 현실감을 갖게 될 것이다. 공연의 마무리 장면에서 학생 대부분은 무대에 참여하여 데이트폭력과 공연에 대한 적극적인 의견을 제시하는 등 열띤 토론을 벌였으므로 이번 치료적 공연이 외적인 측면에서도 어느 정도 성과를 거둔 것으로 평가할 수 있다.

6. 설문 조사

설문 조사 중 하나는 데이트폭력에 대한 인식 변화를 파악하기 위한 것이었고, 다른 하나는 치료적 공연에 대한 주제 이해와 만족도 조사였다. 공연 전 "평소 데이트폭력에 대해 들어 본 적이 있습니까?"라는 질문을 통해 데이트폭력에 대한 인식 정도를 파악하였다. 또한 공연 전후에 데이트폭력의 인식 변화에 대한 설문을 실시하였는데, 문항은 총 5문항으로 〈표 37-4〉와 같다.

<표 37-4> 공연 전후의 데이트폭력 인식 변화에 대한 설문지

문항	설문 내용
문항1	연인관계나 부부관계에서 스킨십은 상대방의 동의를 구할 필요가 있다고 생각합니까?
문항2	대부분의 성폭력 피해자(강간, 강제추행 등)는 평소 행실이나 평판이 좋지 않은 사람이 대부분이라고 생각합니까?
문항3	나는 내 연인의 폭력적인 면을 변화시킬 수 있다고 생각합니까?
문항4	내 연인이 아무리 폭력적이어도 내가 참고 견디면 결국에는 좋아질 것이라고 생각합니까?
문항5	귀댁에 가정폭력(부부폭력, 자녀폭력 등)이 발생하였을 경우, 경찰에 신고할 의향이 있습니까?"

또한 연극 관람 후에 주제 이해 및 공연 만족에 대한 5문항의 설문지와 공연에서 좋았던 점과 개선해야 할 점을 자유롭게 서술하도록 하는 서술형의 설문 조사가 이루어졌다. 설문지 문항은 〈표 37-5〉와 같다.

<표 37-5> 공연 관람 후의 주제 이해 및 공연 만족도에 대한 설문지

문항	설문 내용
문항1	연극 내용을 이해하기 쉬웠다.
문항2	연극이 데이트폭력 예방을 위한 교육에 효과적인 방법이라고 생각한다.
문항3	연극 내용이 데이트폭력이라는 주제와 맞게 구성되었다.
문항4	극 내용이 데이트폭력 예방에 대한 인식 변화에 도움이 되었다.
문항5	연극을 주위 사람에게 알리고 싶다.
서술형	좋았던 점
서술형	개선해야 할 점

이 중 문항 1과 문항 5는 순수하게 공연 자체에 관한 내용이며, 문항 2~4는 데이트폭력에 대한 학생들의 인식 변화를 참조할 수 있는 내용이다.

7. 자료 분석

치료적 공연에 참여한 관객이 공연 전후 데이트폭력에 대한 인식 변화가 있었는지 파악하기 위해 설문 조사를 하고 이를 분석하였다. 통계 처리를 위해서는 SPSS 18.0을 사용하였고, 사전 사후 비교를 위해서는 대응표본 t-검정을 실시하였다.

공연 전 '평소 데이트폭력에 대해 들어 본 적이 있습니까?'라는 질문에 대해 관객은 '매우 그렇다'와 '약간 그렇다'가 전체 441명 가운데 270명(61.2%), '별로 그렇지 않다'와 '전혀 그렇지 않다'가 171(38.8%)명으로 나타났다. 데이트폭력에 대해 거의 들어 본 적이 없는 학생이 40%에 육박한다는 사실은 이에 대한 인식 개선을 위한 교육이 필요하다는 사실을 보여 준다. 또한 공연 전후에 데이트폭력에 대한 인식 조사를 하였고, 공연 후에 공연에 대한 만족도 및 데이트폭력 주제에 대한 이해도를 파악하기 위해 선택형 및 서술형의 의견을 수집하였다. 공연 전후에 인식 개선의 결과를 분석하기 위하여 설문 조사 결과를 코딩한 후 Cronbach's α를 통해 신뢰도 검사를 실시하였다. Cronbach's α 값은 0.725로 나타났다.

8. 데이트폭력에 대한 인식 변화

치료적 공연 후에 관객-학생은 데이트폭력에 대한 인식의 변화가 일어났는가? 5점 척도에서 평균과 표준편차는 〈표 37-6〉에서 제시하는 바와 같다.

<표 37-6> 데이트폭력에 대한 인식 변화(사전 사후 평균)

	사전		사후	
	평균	표준편차	평균	표준편차
문항1	3.51	.675	3.68	.590
문항2	1.83	.881	1.85	.993

문항3	2.16	.978	2.28	1.136
문항4	1.31	.626	1.49	.907
문항5	3.47	.660	3.62	.590

문항별 평균은 전반적으로 공연 이후에 증가한 것으로 나타났다. 이러한 사전 사후의 변화가 통계적으로도 유의미한 변화인지 확인하고자 대응표본 t-검정을 실시하였다. 그 결과는 〈표 37-7〉에서 제시하는 바와 같다.

<표 37-7> 대응표본 t-검정

	대응	t	자유도	유의확률(양쪽)
문항1	사전1-사후1	-5.490	430	.000
문항2	사전2-사후2	-.664	430	.507
문항3	사전3-사후3	-2.562	431	.011
문항4	사전4-사후4	-4.138	430	.000
문항5	사전5-사후5	-5.432	431	.000

대응표본 t-검정 결과에 따르면, 사전-사후의 변화 폭이 문항 2를 제외한 모든 문항에서 유의한 것으로 나타났다. 사전-사후 차이가 유의하지 않았던 유일한 항목인 문항 2에서 관객은 관람 전후에 인식 변화가 거의 없었다. 즉, 치료적 공연 관람이 이의 인식 변화에 거의 영향을 끼치지 않았던 것으로 보인다. 이는 우리 사회에는 평소에 행실이나 평판이 좋지 않은 사람이 성폭력 피해자가 될 수 있다는 생각이 강하다는 것을 알 수 있으며 이에 대한 교육과 대책이 필요한 것으로 나타났다. 문항 1의 경우, 관객들은 공연 후에 '매우 그렇다'가 263명(59.9%)에서 319명(73.5%)으로 늘었으며, '별로 그렇지 않다'와 '전혀 그렇지 않다'는 공연 후에 36명(8.2%)에서 18명(4.2%)으로 줄었다. 문항 3의 경우, 공연 관람 후 '매우 그렇다'가 44명(10.0%)에서 86명(19.9%)로 증가하였으며, '전혀 그렇지 않다'도 136명(30.9%)에서 148명(34.3%)으로 증가하였다. 치료적 공연을 통해 데이트폭력에 대해 복잡해진 생각을 읽을 수 있다. 문항 4의 경우, 관람 후 '매우 그렇다'와 '약간 그렇다'의 긍정이 66명(13.0%)에서 28명(6.3%)으로 줄었으며, '별로 그렇지 않다'와 '전혀 그렇지 않다'의 부정이 374명(87.0%)에서 411명(93.7%)으로 늘었다. 연인 사이에 폭력을 참고 견디면 언젠가는 좋아질 것이라는 생각이 잘못된 것이라는 인식의 전환이 어느 정도 일어난 것으로 볼 수 있다. 마지막 문항은 가정

폭력에 대해 적극적으로 대처할 의향이 있는가에 대한 질문으로서, 관객은 공연 관람 후 '매우 그렇다'의 적극적인 생각이 244명(55.5%)에서 290명(67.1%)으로 늘어나 가정폭력에 대한 인식 개선이 이루어진 것으로 볼 수 있다.

9. 데이트폭력 이해와 만족도 평가 결과

1) 선택형 평가

치료적 공연을 관람한 후 공연에 대한 만족의 정도와 데이트폭력에 대한 예방 효과가 있다고 판단하는지에 대한 관객 자가 평가를 실시하였다. 평가 항목은 〈표 37-8〉에서 제시하는 바와 같다.

<표 37-8> 선택형 평가 내용

질문 문항	문항별 빈도(인원수, 비율)			
	매우 그렇다	약간 그렇다	별로 그렇지 않다	전혀 그렇지 않다
연극 내용을 이해하기 쉬웠다.	310 (72.4%)	106 (24.8%)	6 (1.4%)	6 (1.4%)
연극이 데이트폭력 예방을 위한 교육에 효과적인 방법이라고 생각한다.	254 (59.4%)	142 (33.3%)	26 (6.1%)	5 (1.2%)
연극 내용이 데이트폭력이라는 주제에 맞게 구성되었다.	288 (67.8%)	124 (29.2%)	11 (2.6%)	2 (0.5%)
연극 내용이 데이트폭력 예방에 대한 인식 변화에 도움이 되었다.	278 (65.4%)	127 (29.8%)	17 (4.0%)	3 (0.7%)
연극을 주위 사람에게 알리고 싶다.	276 (64.9%)	127 (29.4%)	19 (4.5%)	3 (0.7%)

관객은 '데이트폭력 예방에 연극이 효과적인 방법인가'에 대해 396명(92.7%)이 긍정적으로 답변하였다. '연극 내용이 데이트폭력이라는 주제와 잘 맞았다'는 응답은 412명(97.0%)이었고, '연극 내용이 데이트폭력 예방에 대한 인식 변화에 도움이 되었다'고 405명(95.0%)이 응답

하였다. '이 공연을 주위 사람에게 알리고 싶다'에서도 403명(94.3%)이 긍정적으로 답변하였다. 특히 네 번째 문항에 대한 긍정적 답변에서 이 창조적 공연이 데이트폭력 예방을 위한 인식 변화에 도움이 된 것으로 보인다.

2) 서술형 평가

공연 만족도 조사에서 참여자 관객이 좋았던 점과 개선할 점에 대해 자유롭게 서술할 수 있도록 하였다. 서술 내용은 대체로 긍정적인 평가를 하였으며, 몇 가지 개선할 점도 눈에 띈다. 관객의 의견을 종합하면 〈표 37-9〉와 같다.

<표 37-9> 서술형 평가 내용

구분	내용
좋았던 점	1. 기존 연극과 다른 구성 및 진행으로 보기가 수월하였다. 2. 현실에서 일어날 가능성이 충분히 있어서 더 잘 와닿았다. 3. 말로만 예방 방법을 설명하기보다는 연극을 통해 눈으로 보며 예방교육을 받아 데이트폭력의 경각심을 불러일으켰다. 4. 지루하지 않고 정보 전달이 잘 되어 이해하기 쉬워 학생들이 보기에 좋았다. 5. 연극 예시들이 주변에 일어나는 것을 너무 잘 표현해 주어서 정말 좋았다. 6. 연극으로 사회의 무거운 문제를 더 잘 자각하도록 해 준 것 같다. 더 와닿았다. 7. 연극을 통해 일어날 수 있는 상황이 어떤 것인지 알게 되었고, 어떨 때 일어나고 예방할 수 있는지도 알게 되었다.
개선할 점	1. 연기자들의 연기력, 발음이 개선되고 그리고 이런 폭력이 왜 폭력인지, 어떤 처벌을 받는다는 내용이 추가되면 좋겠다. 2. 영상을 더 넣으면 좋을 듯하다. 3. 남자가 저지르는 데이트폭력이 압도적으로 많은데 여자가 저지르는 폭력에 대해 많이 나와서 별로였다. 4. 가해자가 처벌당하는 것을 보고 싶다. 분하다. 5. 어떤 상황이 일어나고 어떻게 개선되어야 할지 보여 주면 좋겠다. 6. 극 중의 자극적인 부분이 트라우마가 있는 사람을 건드릴 수도 있다고 생각한다.

좋았던 점에 대해서는 연극이 지닌 생생한 체험 효과가 컸던 것을 알 수 있다. 구성 및 진행에 있어 치료적 공연의 진행 방식에 호감을 드러냈으며, 현실성과 즉시성 등의 연극적 특징 덕택에 관객이 지루하지 않고 몰입할 수 있었던 것으로 보인다. 또한 실제로 일어날 가능성이

높은 상황을 있는 그대로 재현함으로써 현실감이 생생하게 드러난 것도 효과적이었던 것 같다. 개선할 점에서 데이트폭력이 일어났을 때의 처벌 내용과 수위 등에 관심을 보였으며, 어떤 상황에서 데이트폭력이 일어나고 이러한 비정상적인 관계를 개선할 방법 등에 관심을 보였다. 이는 공연 내용에 없는 것을 정확하게 지적한 것으로, 향후 보완해야 할 부분이다. 문제만 제시하고 이의 중대성을 인식하게 되었다면 당연히 그에 대한 해결책도 함께 논의할 수 있어야 한다. 특히 개선할 점의 '극 중의 자극적인 부분이 트라우마가 있는 사람을 건드릴 수도 있다'는 지적은 전문적인 소견으로 보인다. 이번 치료적 공연의 클라이맥스는 데이트폭력이 가족의 비극으로 이어지는 것으로 되어 있다. 지나치게 생생하고 위협적인 극적 장면 묘사는 트라우마 환자에게는 문제가 될 소지가 있다. 이 역시 세세한 검토를 통해 보완해야 할 점이다.

3) 치료적 공연의 특징

이번 치료적 공연은 몇 가지 특징이 있다.

첫째, 대학교 동아리의 아마추어 연기자-학생의 공연이었다는 점이다. 음향, 조명 및 동영상과 무대장치를 활용하였으나 특별한 무대의상이나 분장 없이 대학생의 일상적인 모습을 있는 그대로 노출하였다. 이로부터 관객은 일반 배우에게서 뿜어 나오는 아우라에서 벗어나 동질감을 느끼고 무대가 더욱 현실적으로 와닿는 느낌을 받을 수 있었다.

둘째, 치료적 관점에서 연극치료의 창조적 공연모델을 활용하려고 하였다는 점이다. 이를 위해 사실주의 연극이 추구하는 환각주의의 벽을 해체하고 무대와 객석을 자유롭게 왕래할 수 있도록 하였다. 관객은 능동적인 참여자가 되어 손을 들어 자유롭게 의사를 표시할 수 있었다. 또한 색종이에 자신의 의견을 적거나 말로 표현할 수 없는 내용을 적어 봄으로써 위로와 치료의 시간이 될 수 있도록 하였다. 색종이를 비행기로 접어 다 함께 날리는 퍼포먼스로 이어짐으로써 무거운 주제이지만 유쾌한 놀이가 곁들여져 즐거운 시간이 되도록 하였다.

셋째, 저자 및 배우와 관객이 함께 모여 데이트폭력에 대한 주제를 논의하면서 마무리가 되었다는 점이다. 관객을 무대에 유도하기 위해 팻말에 글자를 적어 생각할 시간을 가졌으며, 배우와 관객들로 형성된 여섯 집단은 데이트폭력과 공연 내용을 토론하였다. 이 마무리 장면에 대해 배우-학생들은 관객-학생들과의 토론 진행에 상당한 부담을 느꼈으므로 저자는 사전에 배우들과 질문 내용을 탐색하고, 진행 기술과 방향에 대해 여러 차례 논의하였다. 실제의 공연에서는 관객-학생들의 적극적인 참여가 이루어져 애초에 고민하였던 것보다는 토론이 잘되었다고 생각한다. 그렇지만 저자가 여섯 그룹을 차례로 돌며 토론 진행을 도왔음에도 배우-학생들의 토론 경험 부족, 많은 참여 인원으로 집중도가 저하된 점은 문제점으로 남는다.

관객-학생들에 대한 설문 조사에서 특히 공연 후의 설문 조사의 경우, 공연이 막 끝났을 때의 관객은 상당히 감정이입이 된 상태라고 할 수 있다. 설문 조사의 긍정적인 결과는 이런 점을 감안해야 할 것이다. 한편, 관객의 서술적 평가가 대단히 긍정적이었다는 점을 재차 언급하고자 한다. 앞서 언급한 것 이외에도 '재밌었다'와 '유익하였다'의 표현이 많았고, '현실적 연기' '실감나는 연기' '실제적인 도움' 등의 표현도 많았다. 몇몇 개선할 점에도 불구하고 대체로 치료적 공연에 대해 상당한 만족감을 표현하였다.

결론적으로 데이트폭력 인식 개선을 위한 치료적 공연은 관객-학생들의 인식 변화를 끌어냈으며, 공연의 주제를 잘 이해하였고, 공연 자체에 대해서도 만족감을 표현하였다. 또한 가정폭력이 더는 가정 내의 문제가 아니라 사회적인 문제이며 범죄임을 인식하는 효과도 나타났다. 다만 이번 치료적 공연의 효과 검증이 관객에게 초점을 맞추었다는 점은 아쉬움으로 남는다. 향후 배우로 참여한 학생들의 인식 변화 및 치료적 효과를 연구할 수 있다면 연극치료 모델로서 치료적 공연의 효용성을 확인할 수 있을 것이다. 또한 상당한 인력, 경비, 시간이 소요되는 만큼 일회성 프로젝트로 끝난 것도 아쉬운 점이다. 이번 연구를 계기로 문제점을 보완하여 치료적 공연을 데이트폭력, 나아가 젠더폭력의 영역으로 확대한다면 더욱 커다란 성과가 있을 것이다.

제38장 장애통합어린이집 교사를 위한 치료적 공연

이 장의 치료적 공연은 장애통합어린이집의 교사를 대상으로 하였다. 이들과 함께 그들의 직무 환경을 바탕으로 이야기를 창작하고 연습을 거쳐 관객을 앞에 두고 실제 공연을 하는 것으로 프로그램을 구성하였다. 공동체 구성원들이 한데 어울려 창작 활동을 한다는 것 자체가 어울림과 소통의 분위기 조성에 커다란 도움이 될 것이다. 더구나 직무상 매일 접하는 업무와 관련된 이야기를 내용 삼아 자신들의 목소리와 몸의 움직임으로 연습에 임하고 완성된 공연을 한다면 참여자에게 자신의 내면을 표현하는 기회를 제공함으로써 상호 지지하는 분위기를 조성하여 정서 안정이나 심리적 치유의 효과뿐 아니라 스트레스를 해소하고 직무만족도 향상에도 기여할 것이다. 이처럼 일정한 직장의 집단을 대상으로 한 집단창작 연극치료 프로그램의 효과가 입증된다면 향후 직장뿐 아니라 가족, 학교, 군대, 교도소, 노인요양소, 정신병동 등에 이르기까지 그 지평을 넓힐 수 있을 것이다.

현재 동일한 직업군을 대상으로 집단창작을 활용한 연극치료 선행연구는 흔치 않다. 공연의 제작 과정을 치료와 접목한 멜드럼의 '공연모델'은 하나의 모델이 될 수 있다. 멜드럼에 따르면, 공연모델의 핵심은 연극치료 회기가 연극공연 제작과정처럼 구조화될 수 있다(Jennings et al., 2010). 그렇지만 우리가 선보인 집단창작 연극치료 프로그램은 마지막 회기에 관객과 함께 정식 공연으로 이어진다는 점에서는 공연모델과 차별적이다. 한편, 이번 공연은 미국 아마추어 연극단체인 'Youth theatre'와 비교할 수 있다. 'Youth theatre'는 전문연극인이나 교사의 도움으로 청소년들이 자신들의 관심거리나 문제점 등에서 주제를 선택하고 이로부터 공연에까지 이르는 순수 아마추어 연극단체다. 전미 연극교육협회(AATE)에 따르면, 'Youth theatre'는 전문적인 스태프의 인도 아래 청소년들이 자신들의 연극을 창조해 내는 것이며, 그 핵심 목표는 청소년들의 교육과 성장, 그리고 예술의 창조에 있다(김영미, 2007). 자신의 연극을 창조한다는 점에서는 공통적이지만, 이번 치료적 공연은 교육보다는 자기표현이나 스트레스 완화를 통한 치료 효과에 더 큰 비중을 두고 있다는 점에서 차별적이다.

장애아와 일반아가 공존하는 장애통합어린이집의 교사로 복무한다는 것은 독특한 업무 환경으로, 직무만족도 못지않게 그들만의 특수한 직무스트레스가 있다. 그런데 업무를 공유하는 구성원들이 함께 모여 자신들의 이야기를 펼쳐내고 문제의 정서를 확인하고 공유하며, 이를 극적 이야기로 풀어낸다면 감정 읽어 주기처럼 정서적 어려움을 완화시킬 것이다. 이렇듯 교사들의 집단창작은 직무스트레스 해소에 긍정적인 영향을 미칠 것이며, 연극 연습에서 이루어지는 몸의 움직임은 자체로 스트레스를 완화하는 효과도 있다. 자신의 업무와 직결된 이야기를 집단창작으로 이끌어 극화한다는 것은 업무를 새롭게 인식할 수 있으므로 직무만족도에도 효과적이다. 이들의 집단창작을 바탕으로 한 치료적 공연은 다음의 문제를 제기할 수 있다.

1. 집단창작 연극치료의 경험이 직무스트레스 해소에 효과가 있는가?
2. 집단창작 연극치료의 경험이 직무만족도 향상에 효과가 있는가?

1. 집단창작 치료적 공연의 구조

경북 소재 장애통합어린이집 교사 10명을 대상으로 5월 22일부터 7월 24일까지 10회기에 걸쳐 집단창작 연극치료 프로그램을 실시하고, 교사의 직무스트레스 해소와 직무만족도에 도움이 되었는지 파악하였다. 연구를 위해 웜업과 텍스트 창작, 그리고 관계 형성에 주안점을 둔 1회기를 마치고 참여 교사를 대상으로 직무스트레스 척도를 실시하였다. 또한 8회기를 마치고 동일한 설문 조사를 실시하여 통계적 결과 변화의 유무를 통해 이 프로그램이 직무스트레스 해소에 어떤 효과를 미쳤는지 파악하였다. 두 번째 설문 조사가 10회기 공연 후가 아닌 8회기에 이루어진 것은 관객 앞에서의 공연이 강력한 인상을 주어 설문 조사에 영향을 끼칠 우려가 있기 때문이다. 집단창작의 치료적 공연은 과정 중심이며, 마지막에 행해지는 공연은 그러한 과정을 확인하는 장이다. 또한 우리의 프로그램이 직무만족도에 미친 효과를 알아보기 위해 9회기 리허설이 끝난 후 같은 어린이집 교사 다른 10명을 임의적으로 선정하여 통제집단을 구성하고 실험집단과 통제집단에게 각각 직무만족도 척도를 실시하였다.

집단창작 치료적 공연에 참여한 장애통합어린이집 교사 10명의 인구사회학적 정보는 〈표 38-1〉과 같다.

<표 38-1> 교사들의 인구사회학적 통계(N=10)

변인	구분	빈도	변인	구분	빈도
성별	남자	1	근무 경력	3년 미만	6
	여자	9		3년 이상	4
연령	20대	6	담당 원아	3~5명	5
	40대	4		6~7명	5
결혼 여부	미혼	5	연봉	2,000만 원 미만	7
	기혼	5		2,000만 원 이상	3
학력	전문학사	4	관극 횟수	3번 미만	5
	학사 및 석사(과정)	6		3번 이상	5

교사들이 치료적 공연에 참여하게 된 동기는 연극에 관한 관심이 4명, 새로운 세계에 대한 도전이 4명, 주위의 권유가 2명이었다. 이들 중 9명이 연기자로 참여하였고, 1명은 음향을 담당하였다. 참여자들은 각각 물리치료사, 언어치료사, 특수교사, 사회복지사, 보육교사, 심리치료사, 놀이지도사 자격증을 소지하고 있었고, 대상자의 근무 기한은 6개월부터 10년까지 폭넓게 형성되어 있었다.

우리는 참여자의 인구사회학적 기본정보를 수집한 후 직무스트레스 척도 설문 조사와 직무만족도 척도 설문 조사를 하였다. 직무스트레스 척도 검사를 위해 황해경(2005)의 설문지에 네 가지 문항을 추가하여 구성한 김지영(2010)의 설문지를 사용하였다. 황해경(2005)의 설문지는 책임 압박감, 시간 압박감, 업무량 과다, 역할 갈등, 역할의 모호성, 보상 인식, 심리적·생리적·행동적 증세에 관한 질문으로 구성된 이반체비치와 매티슨(Ivancevich & Matteson, 1979)의 설문지를 김일경(1999)이 번안하여 구성한 것이다. 이 직무스트레스 검사척도지는 총 38문항으로 구성된 세 개의 하위 유형으로 이루어져 있다. 첫 번째 하위 유형은 압박감과 업무량 과다, 역할 갈등 등을 포함한 직무스트레스 요인이 22문항이다. 두 번째 하위 유형은 심리적·생리적·행동적 스트레스 증세 요인이 10문항이고, 마지막 세 번째 하위 유형은 직무성과와 직무만족에 관한 직무스트레스 결과 요인이 6문항이다. 각 문항은 '전혀 그렇지 않다'의 1점에서 '매우 그렇다'의 5점 리커트식 척도로 구성되었다. 직무스트레스 요인과 직무스트레스 증세 요인은 점수가 높을수록 직무스트레스와 스트레스 증세 요인이 높음을 의미하며, 직무스트레스 결과 요인은 점수가 낮을수록 직무스트레스 결과가 높음을 의미한다. 또한 직무스트레스 측정 도구의 신뢰도를 살펴보기 위하여 Cronbach's α를 산출하였다. 내용과 결과는 〈표 38-2〉와 같다.

<표 38-2> 직무스트레스 척도 설문 항목

구분	요인 분석		Cronbach's α	
	스트레스 인자	설문지 항목		전체
직무스트레스 요인	책임 압박감	1, 7, 13	0.86	0.91
	시간 압박감	2, 8, 14		
	업무량 과다	3, 9, 15		
	역할 갈등	4, 10, 16		
	역할의 모호성	5, 11, 17		
	보상 인식	6, 12, 18, 19, 20, 21, 22		
직무스트레스 증세 요인	생리적 증세: 피로, 수면, 소화 상태	23, 24, 25, 26	0.88	
	심리적 증세: 불안, 우울, 만족도	27, 28, 29		
	행동적 증세: 흡연/음주, 회피/공격행동	30, 31, 32		
직무스트레스 결과 요인	직무성과	33, 34, 35	0.85	
	직무만족	36, 37, 38		
합계		38		

출처: 김지영(2010).

한편, 직무만족도 척도는 1982년에 대한교육연합회가 개발한 교사 직무만족도 척도(Korean Teacher Opininonnaire: KTO)를 사용하였다. 우리는 KTO를 근거로 하여 수정 및 보완한 선수주(2010)의 설문지를 근거로 연구를 하였다. 직무만족도는 인간관계, 인정 지위, 자율성, 전문성 신장, 보상 체계, 근무 환경, 담당 직무, 행정 체계의 8개의 하위 영역으로 나누고, 각각 5문항 총 40문항으로 구성하였다. 각 문항은 리커트식 5점 척도로서 '전혀 그렇지 않다'의 1점에서 '매우 그렇다'의 5점까지다. 다만 부정 문항인 7, 23, 27, 30, 31, 35, 36은 역코딩을 하였다. 따라서 직무만족도 점수가 높을수록 교사의 직무만족도 수준이 높다는 것을 의미한다. 이 치료적 공연에서 사용한 직무만족도 검사 도구의 구성 및 신뢰도는 〈표 38-3〉과 같다.

<표 38-3> 직무만족도 검사 도구

구분	하위 요인		문항 수	Cronbach's α	
					전체
직무 만족도	내적 업무	인간관계	1~5	0.83	0.89
		인정 지위	6~10		
		자율성	11~15		
		전문성 신장	16~20		
	외적 업무	보상 체계	21~25	0.79	
		근무 환경	26~30		
		담당 직무	31~35		
		행정 체계	36~40		

출처: 김지영(2010).

2. 집단창작 치료적 공연의 프로그램

프로그램은 교사의 근무처인 장애통합어린이집에서 업무가 끝나는 6시부터 시작되었으며, 회기당 3시간 동안 진행되었다. 이외에도 교사들은 별도로 점심시간을 할애하여 30분에서 1시간 정도의 연습을 하였다. 9회기에는 리허설을 하였고, 10회기(7월 24일)에는 관객 앞에서 정식 공연을 하였다. 각 회기는 웜업, 본 활동, 마무리로 구성되었다. 웜업에서는 호흡, 발성, 감각 훈련, 몸 알아차리기를 실시하였으며, 역할놀이를 통해 친밀감을 형성하도록 하였다. 본 활동에서는 텍스트 집단창작과 연기 연습이 이루어졌고, 마무리에서는 프로그램에 대한 서로의 느낌을 교환하였다. 10회기 가운데 1~2회기에는 웜업과 텍스트 창작, 캐스팅과 리딩이 이루어졌다. 이 시기를 관계 형성과 텍스트 창작이 주를 이룬 초기 단계라고 한다면, 역할 이해와 적용에 중점을 두고 공연 연습에 몰두한 3~8회기는 중기 단계가 되며, 리허설과 공연을 실시한 9~10회기는 종결 단계가 된다. 전체 프로그램의 내용은 다음과 같다.

1) 초기 단계(1~2회기)

<표 38-4> 초기 단계(1~2회기)

회기	웜업	본 활동	마무리
1	자기소개하기, 참여 동기(얻고 싶은 것)에 대해 발표하기	텍스트 만들기, 직무와 관련된 주제 선정하기	설문 조사하기, 느낌 및 소감 나누기
2	복식호흡하기, 하품하며 소리 내기, 눈 감고 걷기, 공간 지각하기, 거울놀이 하기	텍스트 만들기, 등장인물 구체화하기, 인물 성격 파악하기, 캐스팅하기, 텍스트 낭독하기	느낌 및 소감 나누기

교사들과의 첫 만남에서 직무스트레스 및 직무만족도 설문 조사를 한 후, 참여 교사들에게 직무와 관련된 극 텍스트를 창작할 것을 권하였다. 교사들은 장애아와 다문화아동이 겪는 심리적 · 신체적 어려움, 사회적 편견 등에 대해 실제로 경험한 이야기를 제시하였고, 이를 즉석에서 기록하였다. 그들은 매일 직무에서 겪는 일인 까닭에 자연스럽게 장애아 및 다문화아동에 대한 많은 문제점을 제시하였다. 이를테면, 장애아를 위한다는 국가정책이 오히려 상처를 주는 사례, 별생각 없이 가정 조사를 하는 교사로 인해 상처받는 다문화아동, 말 한마디에 받을 수 있는 상처 등 다양한 이야기가 쏟아졌다. 아동들의 스트레스는 고스란히 교사에게 전달되었다. 이야기 창작을 위해 의견이 자유롭게 교환되었지만, 일정한 틀이 필요하다고 판단하여 저자는 다음의 기본적인 줄거리를 제시하였다. 첫째, 장애아와 다문화아동이 교실에서 따돌림을 당한다. 둘째, 아이들은 점차 서로를 이해하지만, 교사와 학부모는 여전히 편견에 사로잡혀 있다. 셋째, 아이들의 소통을 통해 어른도 새로운 시각으로 장애아와 다문화아동을 바라보게 된다. 넷째, 아이와 어른들이 화합을 이루는 행복한 결말로 끝을 맺는다. 제목은 어울림의 삶을 추구한다는 의미에서 〈다함께 차차차!!!〉로 정하였다.

저자는 2회기가 시작되기 전에 참여자가 제시한 이야기를 바탕으로 발단, 전개, 위기, 절정, 결말(대단원)의 드라마 형식에 맞춰 극 텍스트를 창작하였다. 창작된 텍스트는 매 회기마다 계속해서 내용을 수정 및 보완하였으며, 연습 과정에서 의견을 교환하면서 발음이나 의미상 문제가 있는 대사를 바꾸고 에피소드 자체를 첨삭하기도 하였다. 2회기에는 캐스팅이 이루어졌다. 캐스팅은 자연스럽게 이루어졌다. 캐스팅은 저자의 개입 없이 나이, 성별, 성격을 종합하여 9명의 인물 가운데 2명의 인물을 제외하고 모두가 동의하는 가운데 정해졌다. 하지만

2명 역시 이후 토론 과정에서 이의 없이 결정되었다. 이처럼 참여자들이 알아서 의견을 내고 토론을 하면서 캐스팅을 한다는 것은 그 자체로 치료적 공연에 대한 긍정적 효과를 기대하게 한다. 작품의 등장인물은 엄마1, 엄마2, 엄마3, 장애아 엄마, 장애아, 다문화아동, 반장, 교장, 교사, 예쁜 여자 10명으로, 한 사람이 교장과 반장의 역을 맡았다.

우리는 공연 양식에 있어 브레히트의 서사극을 참고하였다. 서사극은 관객이 무대에 몰입하는 대신 이성적 태도로 무대와 거리를 두어 극을 비판적 태도로 바라보도록 한다. 따라서 서사극 양식의 치료적 공연은 참여자-교사가 거리두기를 통해 자신을 객관적으로 바라보고 재인식의 기회와 치료를 목적으로 하는 집단창작 치료적 공연 프로그램에 바람직하다.

집단으로 창작한 서사극 양식의 텍스트는 다음의 특징이 있다. 첫째, 다양한 에피소드로 이루어진 장들은 각각 독립적이되 상호 관계를 갖는다. 각 장을 독립적으로 구성한 까닭은 역할을 맡은 교사 전체가 모일 시간이 부족하였으므로 그 장면에 필요한 교사만 모여 연습이 가능하다는 점도 고려되었다. 둘째, 어른 관객에게는 장애아와 다문화아동에 대한 편견을 불식시키고, 아동 관객에게는 공감을 불러일으키기 위해 관객의 적극적인 참여를 유도할 수 있는 방안을 마련하였다. 이를 위해 노래와 해설을 충분히 곁들였고, 아동 관객을 무대로 직접 초청하는 장면을 삽입하였다. 셋째, 야외 공연이므로 암전의 효과가 크지 않을 것으로 예상하고, 장면 전환을 눈속임 없이 전체가 드러나는 상태에서 이루어지도록 하였다. 연극의 눈속임은 관객에게 의심의 눈초리를 자발적으로 중지하도록 하는 동화작용이 일어나도록 하는 반면, 장면 전환이 여과 없이 드러나는 수법은 거리두기를 유도한다.

집단적 텍스트 과정은 교사 본인들도 놀랄 만큼 적극적인 참여가 이루어졌다. 처음에 텍스트를 창작해야 한다는 말에 자신 없어 하던 태도는 사라지고 적극적이고 자발적인 참여가 이루어졌으며, 창조적인 에너지가 발산되었다. 전체 12장으로 구성된 창작 텍스트의 개요는 〈표 38-5〉와 같다.

<표 38-5> 창작 텍스트 <다함께 차차차!!!> 개요

장	줄거리	등장인물	장소	준비물
1	엄마들이 찜질방에서 수다를 떤다. 학교에 장애아가 전학을 온다는 소식에 모두 기겁한다.	엄마1, 2, 3	찜질방	찜질방 옷, 양머리, 오이, 베개, 장애아 편견 동영상
2	장애아가 엄마 손에 이끌려 교실에 들어온다. 장애아는 다문화아동과 짝이 된다. 교사는 가정 조사를 시작한다.	장애아, 장애아 엄마, 교사, 아이들	교실	교단, 교과서, 학교 종소리

3	쉬는 시간이다. 장애아는 먹고 있던 사탕을 다문화아동에게 건넨다. 두 아이는 친구가 된다.	장애아, 다문화아동	교실	사탕, 인형, 가면
4	장애아와 엄마가 길을 가다가 진열장에 관심을 보인다. 호루라기가 달린 가방을 맨 젊은 여자가 진열장에 다가오자 장애아가 달려든다.	장애아 엄마, 장애아, 젊은 여자	거리	물건 진열장, 호루라기
5	모든 아이가 친구가 되어 함께 놀이를 한다.	장애아, 다문화 아동, 반장, 아이	교실	놀이 개발
6	엄마들이 교장실에 몰려가 항의를 한다. 교장은 교사에게 떠넘긴다. 교장은 그 반이 합창대회에 나갈 것을 권한다.	엄마들, 교장, 교사	교장실	교장실 팻말, 폰 소리
7	밖에서 호루라기 소리가 들리자 장애아가 뛰쳐나간다. 모든 아이가 장애아를 찾는다(객석의 아이들과 소통하기).	교사, 아이들	교실	호루라기
8	합창 연습이 엉망이다. 갑자기 장애아가 노래를 시작하는데 잘한다. 모두가 놀라고 교사는 양심의 가책을 받는다.	교사, 아이들	교실	MR
9	아이의 생일 파티. 장애아와 다문화아동도 초대를 받았다. 지갑이 없어지자 엄마가 두 아이를 의심한다. 혼자 남아 지갑을 찾은 엄마가 미안해한다.	엄마1, 아이들	실내	케이크, 폭죽
10	아이들이 함께 놀고 있다. 반장이 넘어지자 장애아가 돌봐 준다. 이때 등장한 엄마들이 장애아를 나무란다. 오해가 풀리고 엄마들이 장애아에 대한 편견이 있었음을 인정한다. 화해의 장면이 이어진다.	엄마들, 장애아 엄마, 아이들	운동장	
11	찜질방에서 엄마들이 수다를 떤다. 장애아 엄마도 함께 있다.	엄마들, 장애아 엄마	찜질방	찜질방 옷, 양머리, 오이, 베개
12	합창대회에서 합창을 한다. 엄마와 아이들이 하나가 된다. 합창을 하면서 막이 내린다.	모두	실내	MR, 동영상

2) 중기 단계(3~8회기)

전체 프로그램에서 염두에 둔 것은 웜업과 토론 시간을 가능한 한 많이 할애하는 것이었다. 특히 동선을 결정하는 중기 단계에서 초점을 둔 것은 사고의 창의성, 감각에 대한 새로운 활용을 통해 습관화된 사고의 틀에서 벗어나도록 하는 것, 상대 역할과의 소통 방식, 대사와 몸동작으로 표현한 역할의 내면세계를 이해하는 것이다. 마무리 시간에는 대사, 태도, 표정, 움직임 같은 연기 경험의 느낌을 나누었다. 교사-배우들은 점차 대사를 자기 것으로 만들면서 가정과 직장에서 이를 활용하기 시작하였다. 연극의 허구 세계가 실생활과 연결되는 것은 연극치료 프로그램 과정에서 중요한 포인트다.

<표 38-6> 중기 단계(3~8회기)

회기	웜업	본 활동	마무리
3	복식호흡하기, 하품하며 소리 내기, 눈 감고 걷기	텍스트 낭독하기, 인물의 성격 토론하기, 주제 토론하기	느낌 및 소감 나누기
4	공간 지각하기, 노래와 몸으로 감정 표현하기, 게임하기	역할 바꾸어 텍스트 낭독하기, 대사 해석하기, 연습하기	느낌 및 소감 나누기
5	공간 지각하기, 등 맞대고 맞히기, 소리 흉내 내기	역할 바꾸어 연기하기, 대사 해석하기, 공간 활용하기	느낌 및 소감 나누기
6	거울놀이, 몸짓으로 인사하고 자기소개하기	극중 상대방과 소통하기, 역할 바꾸어 연기하기, 대사 의미 파악하기	느낌 및 소감 나누기
7	장애아와 다문화아동이 되어 보기, 돌보는 장애아에 대해 이야기하기	머리, 의상, 소품을 갖추고 연기하기, 감정 몰입과 거리두기, 장면과 장면 연결하기	느낌 및 소감 나누기
8	자유로운 소리와 몸 만들기, 노래와 춤으로 게임하기	음향 및 조명 준비와 결정, 처음부터 끝까지 장면 연결시키기, 커튼콜 연습하기	느낌 및 소감 나누기, 설문 조사

프로그램 중기 단계에서 주목할 것으로 역할 바꾸기가 있다. 한 배우가 맡은 역할을 다른 배우가 대신하여 역할을 해 보는 것이다. 역할 바꾸기는 저자가 자주 활용하는 연극치료 기법이다. 일정한 시간 동안 연습을 하게 되면 배우들이 자신의 역할에 함몰되기 쉽다. 이때 역할 바꾸기를 통해 자신의 연기와는 전혀 다른 배우의 연기를 보게 되면 자신과 또 다른 방식

의 연기가 있다는 것을 깨닫는다. 이러한 깨달음은 익숙한 연기에 머무는 대신, 즉 기존의 자기 역할에서 빠져나와 다시 인물을 구축하기 위해 심사숙고를 하게 된다. 역할 바꾸기는 변화를 주기 위한 것이며, 변화 속에서 자신을 탐색하는 과정이다. 비록 각 개인 교사에게 전적으로 책임이 주어진 역할이지만, 언제든지 새로운 변신이 가능하다는 것은 역할의 역할 바꾸기 가져다주는 커다란 장점이다.

역할은 일종의 투사다. 존스(Jones, 2005)에 따르면, 연극치료에서 투사는 내적 과정을 외현화하는 과정이다. 이 외현화는 참여자가 자신의 경험을 극적 내용이나 실제 공연에 투사할 때 더욱 활성화된다. 즉, 자신의 이야기를 직접 극화하거나 유사한 문제를 제기하는 설화, 민담, 전설 등 기존의 이야기를 각색하여 행동과 움직임이라는 연극적 요소를 가미할 때 참여자는 더욱 능동적으로 투사하게 된다. 이번 집단창작에서 교사들이 자발적으로 역할을 정할 수 있었던 것도 이야기의 창작 과정에서 자신의 이야기를 여과 없이 투사할 수 있었기 때문이다. 교사들 사이에는 직급과 경력에 따른 현실적인 위계질서가 엄연히 존재하지만, 극중 역할은 사회적 질서 및 서열과는 전혀 상관없이 이루어졌다. 극 속에서 엄마와 아동, 교장과 교사, 반장과 아이들 간의 수직적 역할은 실제 직장에서의 상하 관계와 무관하게 설정되었다. 그렇지만 이에 대해 불만을 토로하는 교사는 없었고, 오히려 새로운 상황에 흥미를 느끼고 즐거워하였다.

3) 종반 단계(9~10회기)

<표 38-7> 종반 단계(9~10회기)

회기	웜업	본 활동	마무리
9	소리 내기와 몸풀기, 큰소리로 대사 읊기	리허설, 어린이집 관계자들이 관객이 됨	느낌 및 소감 나누기 설문 조사(직무만족도)
10	소리 내기, 몸풀기	공연	느낌 및 소감 나누기

어린이집에서 이루어진 리허설은 공간이 비좁은 관계로 동작과 움직임이 미흡하였다. 교사들은 긴장도가 높아 연습만큼의 조화를 보여 주지는 못하였지만, 묘한 긴장감을 느끼며 주어진 상황을 즐겼다. 공연은 지역 연극 축제 주최 측과 협의를 하여 날짜를 맞추었다. 공연은 야외 공연장에서 저녁 8시 30분에 시작되었다. 가족 단위의 관객 앞에서 멋진 공연이 이루어졌고, 커튼콜은 배우와 관객 모두에게 감동을 주는 치료의 시간이었다.

3. 치료적 공연 분석

집단창작 연극치료 프로그램이 직무스트레스 해소에 도움이 되었는지 알아보기 위해 전후 실시된 직무스트레스 설문지를 대응표본 t 검증을 통해 분석하였으며, 실험집단과 통제집단에 실시한 직무만족도는 독립표본 t 검증을 통해 분석하였다. 또한 프로그램 전후의 직무스트레스 척도를 실시하였으며, 참여 교사와 비참여 교사를 대상으로 직무만족도에 대한 척도도 실시하였다. 그 결과는 다음과 같다.

1) 직무스트레스에 미치는 효과

집단창작 연극치료 프로그램이 장애통합어린이집 교사의 직무스트레스 해소에 효과를 미쳤는지에 대한 조사 결과는 〈표 38-8〉에서 세 가지 하위 영역으로 분류·제시되었다.

<표 38-8> 프로그램 전후의 직무스트레스 평균 비교

연구 변수	실험 전후	평균	표준편차	t	유의확률
직무스트레스 요인	전	3.329	0.349	3.903	.004
	후	2.666	0.393		
직무스트레스 증세 요인	전	3.760	0.381	3.698	.005
	후	2.730	0.665		
직무스트레스 결과 요인	전	2.584	0.199	1.656	.132
	후	2.234	0.614		

먼저, 장애통합어린이집 교사들이 느끼는 책임 압박감, 시간 압박감, 업무량 과다, 역할 갈등 등과 같은 직무스트레스 요인 평균은 프로그램을 전후로 3.329에서 2.666으로 감소하였다. 이러한 프로그램 전후의 차이는 t 검정을 실시하였을 때 3.903으로, 유의확률 0.004에 해당하였다. 따라서 이 프로그램 참여 교사들은 연극치료를 통하여 직무스트레스 요인이 유의수준으로 감소하였다고 할 수 있다.

직무스트레스 증세 요인의 경우, 프로그램 전후의 평균은 3.760에서 2.730으로 감소하였다. 이러한 차이는 유의확률 0.005에 해당하여 유의미한 것으로 나타났다. 즉, 장애통합어린이집 교사들의 피로, 수면과 같은 생리적 증세와 불안, 우울, 만족도 등의 심리적 증세, 회피,

공격행동 같은 행동적 증세가 집단창작 연극치료를 통하여 어느 정도 감소하였고, 이는 통계적으로 유의미한 수준에 이르는 것으로 나타났다.

연극치료 프로그램이 직무성과나 직무만족과 같은 직무스트레스 결과 요인에도 효과를 미쳤는지에 대한 설문 조사 결과, 프로그램 전후의 차이가 미미하고, 유의확률에서도 의미가 없는 것으로 나타났다.

2) 직무만족도에 미치는 효과

집단창작 연극치료 프로그램이 직무만족도에 미치는 효과를 알아보기 위해 프로그램 참여 교사에 대한 대조군으로 동일한 장애어린이집 교사 10명을 임의 선정하여 통제집단을 구성하고, 9회기 치료 후에 실험집단과 통제집단에게 직무만족도 설문을 실시하였다. 〈표 38-9〉는 직무만족도에 대한 설문 조사 결과다.

<표 38-9> 집단창작 연극치료 프로그램이 직무만족도에 미치는 효과

실험집단		통제집단	
평균	표준편차	평균	표준편차
3.345	0.256	3.433	0.274

이 직무만족도 평가는 인간관계, 인정 지위, 자율성, 전문성 신장과 같은 내적 직무만족도와 보상 체계, 근무 환경 등의 외적 직무만족도로 구성되어 있다. 이러한 내적·외적 직무만족도에 집단창작 연극치료 프로그램이 효과를 미쳤는지에 대한 설문 조사 결과, 프로그램 참여 교사의 직무만족도 평균은 3.345이며, 비참여 교사 집단의 평균은 3.433으로 나타났다. 비참여 교사로 구성된 통제집단의 평균이 오히려 0.088 높게 나타났다. 그러나 t 검정 결과, t값이 0.726으로, 유의확률은 0.478에 해당하여 통계적으로 유의미한 수준이 아니었다. 따라서 집단창작 연극치료 프로그램이 직무만족도에는 효과를 미치지 않는 것으로 나타났다. 이러한 직무만족도 평가 결과는 앞서(〈표 38-8〉 참조) 직무스트레스 요인 중 직무 만족에 대한 직무스트레스 결과 요인에서 프로그램 전후에 의미 있는 차이를 보이지 않았던 결과와 맥을 같이하는 것으로 분석된다.

4. 연구 결과 및 제한점

우리는 장애통합어린이집에 종사하는 교사들을 대상으로 집단창작 연극치료 프로그램을 실시하고 이 프로그램이 교사들의 직무스트레스와 직무만족도에 미치는 효과를 알아보았다. 여기서는 연구 결과를 연구 문제별로 논의하고 이 연구가 지니는 제한점 및 향후 연구에 대해 제안하고자 한다.

첫째, 집단창작 연극치료 프로그램이 직무스트레스에 미치는 효과를 알아보기 위해서 프로그램 전후에 직무스트레스 척도 설문 조사를 실시한 결과, 직무스트레스 척도의 하위 요인 중 책임, 업무량, 역할, 보상과 관련된 직무스트레스 요인에서 참여 교사들의 직무스트레스 감소가 가장 두드러졌다. 또한 하위 요인인 생리적 · 심리적 · 행동적 증세와 관련된 직무스트레스 증세 요인에서도 참여 교사들의 변화가 유의미한 수준으로 나타났다. 이와 같은 결과는 교사들이 직장에서 받는 막중한 책임감이나 과도한 업무 압박감, 역할에 대한 심리적 불안 등을 해소하는 데 집단창작 연극치료 프로그램이 긍정적 효과를 보였고, 생리적 · 심리적 · 행동적 증세 완화에도 도움이 되었음을 뜻한다. 이는 공동의 업무를 담당하는 교사들이 함께 공동의 문제를 확인하고 이를 토대로 창작하는 과정에서 상호 간에 마음을 읽는 효과가 있을 것이라는 것, 그리고 몸의 움직임과 동작이 직무스트레스 증세의 완화에 효과가 있을 것이라는 연구 가설에 대한 긍정적 결과임을 알 수 있다.

둘째, 집단창작 연극치료 프로그램이 직무만족도에 미치는 효과를 알아보기 위해 두 가지 설문 조사를 실시하였다. 먼저 프로그램 전후에 참여 교사들에게 직무스트레스 결과 요인 설문 조사를 실시하였고, 프로그램 후에는 동일한 장애어린이집에 근무하는 프로그램 비참여 교사를 통제집단으로 구성하여 실험집단과 통제집단에게 직무만족도 설문 조사를 실시하였다. 프로그램 전후에 실시한 직무만족 및 직무성과와 관련된 직무스트레스 결과 요인에서는 프로그램 전후의 차이가 통계적으로 유의미하지 않았다. 프로그램을 실시한 후 비참여 교사 집단과 참여 교사 집단을 비교한 내적 · 외적 직무만족도 설문 조사에서 이 프로그램이 직무만족도에 유의미한 효과를 미치지 않았다는 결과가 도출되었다.

집단창작 연극치료 프로그램이 지니는 놀이적 · 집단적 성격, 상호 소통적 특징으로 인하여 교사들의 직무스트레스나 직무스트레스 증세의 감소에는 긍정적인 효과를 주었지만 좀 더 전문성이 요구되는 직무성과나 직무만족에는 의미 있는 효과를 주지 못하였음을 알 수 있다. 직장인에게 있어서 집단창작 연극치료 프로그램이 직무만족도에 도움이 되지 않았다는 것은 비록 창작된 이야기가 직무상 만나는 장애아나 다문화아동의 이야기였지만 피상적인 이야기였을 가능성이 크다. 앞으로 창작의 과정에서 참여자와 직접 관련된 이야기, 참여자의 내면에 숨겨져 있는 이야기, 직무상 생긴 상처를 보듬을 수 있는 심도 있는 이야기를 개발하여 직무 만족도 향상에 도움을 주는 집단창작 연극치료 프로그램이 될 수 있어야 할 것이다.

제39장 독거 재가 장애인 대상 감각 자극 연극치료

G시에 위치한 장애인종합복지관은 독거 재가 장애인들을 대상으로 다양한 프로그램을 실시하여 심신의 어려움을 극복하도록 도움을 주고 있다. 우리는 이들을 대상으로 연극치료를 하기로 하였고, 참여자들을 만나기 전에 그들에 대한 정보를 세밀하게 검토하였다. 이들은 지체장애였고, 간질과 시각장애도 있었다. 이들에 대한 정보를 토대로 홀로 사는 장애인이라는 점을 염두에 두고 감각에 자극을 줄 수 있는 연극치료 방식으로 접근하는 것이 좋겠다는 결론을 내렸다. 전체 장애인을 만나 대략의 프로그램을 설명하였고, 10명이 참여를 신청하였다. 이들의 정보는 〈표 39-1〉에 제시되어 있는 바와 같다.

<표 39-1> 참여자 정보

대상자	나이	성별	장애 유형	장애 등급
1	52	남	간질	4급
2	83	남	지체	2급
3	62	남	지체	4급
4	65	남	지체	1급
5	47	남	지적	3급
6	64	남	지체	3급
7	66	남	시각	1급
8	42	여	지적	1급
9	47	여	지체	2급
10	65	여	지체	5급

참여자의 평균연령은 59.3세이고, 남녀 비율은 7대 3이다. 장애 유형은 지체 장애 6명, 지적

장애 2명이고, 그 외에 시각장애와 간질이다. 장애의 경중은 1급에서 5급까지 다양하나, 지체장애 1급을 제외하고 움직임에는 큰 무리가 없다. 참여자 10명 중에 8명은 독거 장애인이며, 나머지 2명 중의 1명은 노모가 있고 1명은 배우자가 있다. 그러나 각각 노환과 중병으로 상호작용이 거의 없는 준독거 형태로서 독거 재가 장애인 범주에 포함시켰다. 또한 참여자 10명 중에서 2명은 병원에서 우울증 판정을 받고 약물을 복용하는 상태이며, 8명은 우울증 진단이나 정신과 치료를 받지 않았다. 그러나 우울증 사전 평가에서 참여자 전체가 심각한 우울증이 있다는 것을 보여 주었다.

1. 독거 재가 장애인의 특징과 연극치료

장애인으로 산다는 어려움은 장애 자체로부터 발생하는 일차적 문제에 국한되지 않는다. 장애로 인해 이차적으로 발생하는 사회적 · 경제적 · 심리적 어려움이 더욱 큰 경우가 많다. 특히 홀로 삶을 영위해야 하는 독거 재가 장애인이 겪는 고립된 환경과 사회적 관계의 결여는 고독, 소외, 불안, 무기력 등 다양한 정서적 · 심리적 · 정신적 문제로 이어진다. 가족도 없이 고립된 환경에서 발생하는 심리적 · 정신적 문제는 이들의 자기조절능력이나 문제 해결 능력에도 영향을 미쳐 전반적으로 삶의 질을 떨어트린다. 독거 재가 장애인들이 사회의 일원으로서 건강한 삶을 영위하기 위해서는 일차적 문제뿐 아니라 이차적 문제에 대한 지원이 필요하다. 이에 독거 재가 장애인을 심리적으로 지원함으로써 우울증 감소 및 심리적 안녕감 향상에 도움을 주기 위해 감각 자극에 초점을 맞춘 연극치료 프로그램을 시행하였다. 감각 자극 연극치료라는 것은 참여자의 감각 활성화를 위해 연극치료 방식을 활용한다는 의미다.

이 작업이 감각 자극에 중점을 둔 연극치료 기법을 적용한 까닭은 참여자들이 타인과의 접촉이 심각하게 결핍된 독거 재가 장애인이라는 점에 있다. 인간의 삶에서 몸의 접촉과 감각의 중요성 및 그 역할에 대해서는 현대철학이나 심리학 분야에서 자주 언급되고 있다. 감각의 원천인 몸을 중시한 메를로-퐁티는 몸의 현상학에서 몸과 감각하기(le sentir)를 통한 세계와의 소통 방식을 언급한다(조광제, 2004). 몸동작, 그림, 글쓰기 같은 것이 이미지와 상징을 끌어내는 방법이라고 언급하고, 만다라 그림이 춤이 될 수 있다고 제안한 융 역시 그림이나 글씨를 쓰기 위해서는 몸을 움직여야 하므로 몸을 통한 상징적 재연이 보통의 적극적 상상력보다 훨씬 더 효과적이라고 믿었다(Halprin, 2006).

이러한 논거에 따르면, 심리적으로 취약한 독거 재가 장애인을 대상으로 몸의 감각에 초점을 맞춘 연극치료는 의의가 있다. 사실 연극을 비롯한 예술의 표현 활동은 자체로 정화와 치유의 기능이 있다. 예술의 표현에 초점을 두는 통합예술표현치료는 심상의 외면화 과정에서 참여자에게 마음에 억류되어 있던 심리나 정서적 요소를 표현하도록 하며, 예술치료는 언어로 표현이 어려운 내적 감정을 자연스럽게 드러내도록 돕는다. 종합예술인 연극을 주 매체로 활용하는 연극치료에서도 예술적 표현은 핵심적 요소다. 참여자의 내적 세계를 극적인 예술 행위를 통해 승화시키고, 이성의 통제를 피해 억압된 몸에 자유를 부여하는 과정은 심리적 보상을 가져다주어 소위 치료라는 마음의 변화를 유도한다(강경선, 2011). 예술적 표현에 기반한 창조적 행위를 하는 가운데 참여자는 감각이 자극되고 몸의 자유를 느끼며 심리적 위안을 얻음으로써 만성적인 우울감이나 스트레스가 완화되고 삶의 의지를 북돋아 삶에 활력을 불어넣기를 기대할 수 있는 것이다. 창조적 예술 행위에 동참함으로써 참여자는 자신의 무의식을 탐색하고 억눌려 있던 내면세계를 표출함으로써 카타르시스를 경험하고 마음의 위로와 안정을 찾게 될 것이다. 이런 관점에서 창조적 예술 표현에 바탕을 둔 감각 자극 연극치료 방식은 독거 재가 장애인의 우울증 감소와 심리적 안녕감에 도움이 될 것으로 보았다. 우리는 참여자들이 감정을 공유할 수 있도록 신체 지각을 위한 몸의 활발한 움직임에 중점을 두고 충분한 이야기 시간을 할애하면서 감각 자극 연극치료 프로그램을 개발하였다.

웜업에서는 손잡기, 어깨동무, 손뼉치기 등을 실시하였고, 본 활동에서는 신문지, 점토, 밀가루와 같은 감각 자극, 특히 촉각에 유용한 물질을 적극적으로 활용하였다. 이는 감각 중에서도 촉각이 인간에게 미치는 영향을 활용한 것이다. 촉각은 인간발달에 특히 중요하다. 루스 해리슨(Ruth Harrison), 캠벨 리퍼(Campbell Leaper), 윤(Yoon)은 발달심리학에서 부모의 촉각적 자극이 영아의 발달에 영향을 미친다고 주장(김수정, 곽금주, 2010)하였고, 티파니 필드(Tiffany Field)와 제임스 그리노우(James Greenough)는 실험적 연구를 통하여 촉각이 영아의 사회적 · 인지적 · 신체적 발달에 영향을 준다고 보고하였으며, 데이비드 허텐스타인(David Hertenstein)과 조셉 캄포스(Joshep Campos)는 촉각이 영아의 의사 소통 기능 발달뿐 아니라 사물에 대한 반응에도 영향을 준다고 언급하였다(배희숙, 2016). 부모가 아이를 안아 주는 것은 애정 표현일 뿐 아니라 촉각의 자극이라는 점에서 대단히 중요하다. 이 작업은 촉각을 자극하는 것에서 한 걸음 더 나아가 형상화된 오브제에 이야기와 역할을 입혀 몸으로 표현하고 연극으로 구성하도록 하였다. 이 작업은 다음의 요소를 주의 깊게 관찰하였다.

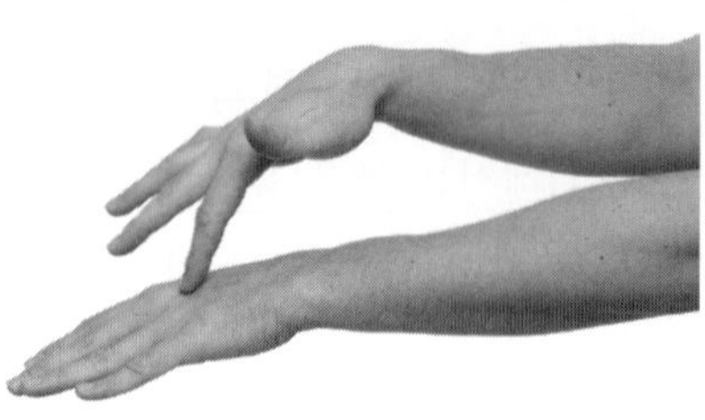

1. 감각 기반 연극치료 후 독거 재가 장애인의 우울감이 감소하였는가?
2. 감각 기반 연극치료 후 참여자의 심리적 안녕감에 변화가 나타났는가? 나타났다면 심리적 안녕감의 하위 항목 중 어떠한 유형에서 변화를 보였는가?

2. 감각 기반 연극치료의 원리

감각 기반 연극치료의 원리는 연극의 창작 과정을 통해 감각을 자극함으로써 자기성찰과 치료에 이르도록 하는 방식이다. 여기에는 몇 가지 원리가 작용한다. 하나는 인간은 본래 예술 창작의 본능이 있으며, 아울러 창작 능력이 있다고 가정한다. 또 하나는 예술의 창작 과정에는 감각이 작용한다는 것이다. 미술이나 음악, 무용이나 연극 같은 예술 창조의 순간은 감각을 최대한 자극하는 것으로, 몸에 커다란 자극제인 예술 창조는 자체로 치료 행위가 된다. 그런데 연극은 이러한 예술 창작을 통감각적으로 자극하는 종합예술이므로 연극을 매체로 하는 연극치료를 감각에 기반하여 실행한다면 상당히 효과적일 것이다.

따라서 우리는 참여자의 상태를 염두에 두면서 특히 촉각에 중점을 둔 연극치료 프로그램을 개발하였다. 참여자의 조건과 상황에 따라, 가령 노래를 부른다든가 놀이를 하면서 자연스럽게 손뼉을 치거나 손을 마주 잡거나 손바닥을 마주치거나 가벼운 신체접촉을 하는 촉각 자극은 물론이고 찰흙, 밀가루 등을 활용한 만들기로부터 생겨나는 촉각의 활성화도 염두에 두었다. 이러한 감각 자극은 찰흙으로 만든 모형을 인격화하여 간단한 역할연기를 하는 가운데 자연스럽게 이루어지도록 하였다.

감각을 자극하는 창조적 예술이 치료의 원리가 될 수 있는 것은 인간의 근원적인 예술 창조 능력과 예술 창조 과정이 곧 치료라는 점에 근거한다. 예술 창조의 경험은 자기 인식의 기회이므로 그러한 경험 자체가 치료의 과정이 될 수 있다. 예술은 자기에 대한 미지의 측면을 발견하고 경험하며 수용하게 하는 강력한 수단이다. 이 작업에서도 예술적 표현 행위가 곧 창조적 과정이며, 이러한 과정이 자아 성찰과 심리적 치료로 이어진다고 보고 그리기, 만들기, 노래하기, 움직이기, 이야기 창작하기, 역할연기하기 등을 통해 참여자의 표현을 촉진하고 스스로 사회적 관계 속의 존재임을 확인하도록 하였다. 즐겁고 자유스러운 분위기에서 표현 활동이 이루어질 때 참여자의 창조성이 충분히 발휘될 수 있으며, 이로부터 우울증 감소 및 심리적 안녕감의 증진을 기대할 수 있다. 자신감이 떨어져 있는 참여자에게 자유로운 창조적 분위기 조성은 매우 중요하다. 창조적 분위기는 예컨대 참여자를 무조건적인 가치를 지닌 존재로 수용하기, 외적 평가가 없는 분위기 제공하기, 공감적으로 이해하기로부터 조성된다. 이러한 분위기 속에서 행해지는 예술적 행위는 참여자의 창조성을 극대화할 수 있는 유용한 수단이다(Rogers, 2007).

3. 감각 자극의 긍정적 심리 효과

감각 자극이 뇌에 영향을 미쳐서 심리에 긍정적으로 작용한다는 연구가 활발하다. 인간의 기본적인 감각기관인 오감을 자극하여 생활하는 일상은 그렇지 않은 생활을 하는 사람보다 뇌에 긍정적인 영향을 준다는 것이다(이미은, 2012). 뇌에 적절한 자극을 주면 도파민이 분비되고 호르몬이 전두엽 전체에 작용하여 낙관적인 생각과 긍정적 대인관계, 스스로 살아가려는 의지, 자신에 대한 긍정적 태도, 우울과 같은 외적 환경에 대한 극복, 목적 있는 삶에 대한 의욕 등으로 개인적 성장을 이룰 수 있다. 이미 장애인을 대상으로 한 감각 기반의 통합적 치료에서도 그 효과가 보고되었다. 또다른 연구(최지선, 2008; 이지혜, 2009)에 따르면, 감각통합치료를 통해 발달 지연 아동의 작업 수행 능력에 긍정적 효과가 있음이 보고되고 있다. 또한 오감 자극 원예치료 프로그램을 통해 발달 지연 아동이나 거동할 수 없는 상태의 중증 장애인들이 자신의 장애를 인정하고 수용하면서 긍정적 발달을 이룰 수 있음이 확인되었다(이미은, 2012). 오감 자극에 중점을 둔 원예치료가 정신분열증을 앓고 있는 사람에게 가정 혹은 사회 내에서 이상행동을 보이는 자신에 대해 자발적 통제감을 높이고 환경적 조건에 잘 대처하도록 하였다는 연구 결과도 있다(이해란, 2006). 또한 우울 증상이 있는 참여자에게 감각 기반 예술심리치료를 행함으로써 참여자의 정신적 균형을 잡아 주고 자아와의 통합이 이루어져 온전한 인격을 형성하도록 하고 스스로 내면을 성찰하는 데 도움이 되었다고 밝히고 있다. 이렇듯 감각 자극에 기반을 둔 예술치료는 예술적 창조 작업을 통해 문제나 장애를 진단하고, 예술 활동 과정에서 증상을 제거하거나 경감되도록 유도하며, 심리적 안정을 이루는 데 커다란 도움이 된다(장인희, 2015). 이러한 선행연구를 통해 볼 때 감각 자극에 중점을 둔 연극치료 프로그램 또한 고독과 소외, 우울감으로 인해 삶의 동기 부여가 약한 독거 재가 장애인의 심리적 지원에 도움이 될 것이다.

이 감각 자극 연극치료 프로그램은 사전 설명회 및 사전 검사에 이어 총 12회기에 걸쳐 진행되었고, 마지막 치료 회기 이후에 사후 검사를 하였다. 프로그램 사전과 사후에 우울증 척도와 심리적 안녕감 척도를 실시하여 참여자들이 프로그램을 전후하여 우울감 및 심리적 안녕감에 어떠한 변화가 있었는지 분석하였다.

프로그램은 1급 연극치료사와 1급 언어치료사가 공동으로 디자인하였다. 연극치료사가 주치료사로서 전체 회기를 이끌었으며, 주치료사 외에 언어치료사, 그리고 3명의 자원봉사자가 진행을 도왔다. 또한 복지관 소속의 사회복지사는 장소 점검, 준비물, 참여 인원 점검 등 프로그램 전반의 준비 사항을 담당하였다. 집단치료에 참여한 보조치료사와 자원봉사자는 참여자인 지체장애인, 시각장애인, 지적장애인이 불편함 없이 프로그램에 참여할 수 있도록 지원하였다. 프로그램 진행 과정에서 지체장애인이나 시각장애인이 직접 참여하기 어려운 경우, 보조치료사와 자원봉사자가 개별적으로 활동을 보조하였다. 예를 들어, 움직임 같은 신체 활동에서 지체장애인이 참여하기 어려운 경우 보조치료사가 도움을 주었다. 어려웠던 활동 중에는 시각장애인이 참여할 수 없었던 '거울 보고 눈 맞추기'가 있다. 이 경우, 보조치료사가 시각장애인에게 말로 활동 상황을 설명하면서 느낄 수 있도록 하였고, 주치료사는 간접 활동 후 느낌이 어떠하였는지 질문하여 참여자가 활동에 대한 느낌을 표현하는 시간을 가졌다. 회기가 끝난 후 주치료사는 보조치료사와 해당 회기의 성과와 문제점을 토론하고 다음 회기에 반영하였다.

각 회기는 웜업, 본 활동, 마무리 활동의 구조로 진행되었다. 활동이 자유롭지 못하거나 활동에 대한 설명을 이해하는 데 어려움이 있는 참여자의 특성을 고려하여 30분 정도의 웜업 시간을 할애하였다. 웜업은 주로 촉각적 활동에 중점을 두었다. 또한 참여자들이 자신의 신변 이야기를 적극적으로 표현하고 다른 참여자들이 이에 반응하도록 하여 대화 결핍을 해소할 수 있도록 하였다. 70분간 진행된 본 활동에서는 그리기, 움직이기, 놀이 등 다양한 활동을 통해 감각의 활성화를 염두에 두면서 비활성화된 또는 잃었던 감각을 되찾는 방안을 모색하였다. 나아가 개인의 이야기가 투사된 간단한 촉각적인 역할연기도 실시하였다. 20분의 마무리 활동에서는 자신에 대한 탐색, 감각 활동, 이야기 나누기 등의 본 활동에 대한 소감을 말하고 감정을 공유하며 상호 지지하는 시간을 가졌다. 보조치료사와 자원봉사자들도 참여자와 함께 이야기를 나누거나 활동에 적극적으로 개입하면서 참여자의 몰입도, 표현이나 감정 혹은 몸짓의 반응을 관찰하였다. 이 작업은 치료 프로그램을 완전하게 짠 형태로 고정하기보다는 참여자들의 반응에 따라 언제든지 즉흥적인 변형이 가능하다.

4. 검사 도구

1) 한국판 우울증 척도

참여자의 우울증 정도를 검사하기 위해 한국판 역학 연구센터 우울 척도(Korean version of Center for Epidemiologic Studies Depression Scale: K-CES-D)를 사용하였다. 일차 선별용 도구로 널리 사용되고 있는 K-CES-D는 우울증후군의 역학적 연구 목적으로 미국 정신보건연구원이 개발하였고(Radloff, 1997), 문수재 등(1991), 조맹제와 김계희(1993)가 한국판으로 표준화하였다. 총 20문항의 4점 척도로 이루어져 있다. 일주일간 경험한 우울과 관련된 구체적 증상들을 4점 척도로 평가하며, 점수가 높을수록 주관적으로 경험하는 우울감의 정도가 심한 것을 의미한다.

2) 한국판 심리적 안녕감 척도

참여자의 심리적 안녕감을 측정하기 위해 리프(Ryff, 1989)가 개발한 54개 문항의 심리적 안녕감 척도(Psychological Well-Being Scale: PWBS)를 6개 차원의 46문항으로 수정한 김명소 등(2001)이 한국어판을 사용하였다. 6개 차원은 자아 수용(self acceptance), 긍정적 대인관계(positive relations with other), 자율성(autonomy), 환경에 대한 통제력(environmental mastery), 삶의 목적(purpose in life), 개인적 성장(personal growth)이다.

5. 감각 자극 연극치료 프로그램

1) 프로그램 내용

프로그램은 회기에 따라 초반(1~2회기), 중반(3~10회기), 종반(11~12회기)으로 나누었다. 초반은 관계 형성과 감정 표현 및 감정 공유 활동이 주를 이루었다. 중반은 만지기, 움직이기, 음식 만들기, 그리기, 놀이, 모형 만들기 등 감각 자극에 초점을 두고, 이를 이야기하고 몸으로 체현하는 것으로 구성하였다. 종반은 형상에 역할 입기와 역할 벗기 등 감각적 역할놀이가 주를 이루었다. 프로그램 설계 시 제일 염두에 둔 것은 참여자의 심리적 · 신체적 상태였다.

무엇보다도 참여자에게 필요한 것은 그들이 사회에서 버려진 소외된 존재가 아니라 의미와 가치가 있는 존재라는 자각이었다. 따라서 감각 자극 연극치료의 표현 행위를 통해 함께 나누는 삶을 깨닫도록 감각 자극이나 집단적 이야기 나눔을 염두에 두었다. 즉, 자신이 만든 오브제에 스스로 이야기를 덧붙이고 이를 드라마로 구성하여 몸으로 직접 역할을 연기하는 방식을 구현하였다. 이야기 만들기, 역할연기는 이들 참여자의 인식 능력에 비추어 볼 때 어려운 작업이다. 따라서 이를 가능한 한 쉽고 간단하게 구성하였으며, 보조치료사가 적극적인 도움을 주었다. 연극치료는 몸의 감각, 특히 촉각의 가치를 재발굴하여 잠자는 감각을 깨우고 몸과 그 움직임에 주목하여 닫힌 몸이 열린 상태에서 움직이는 몸으로 변형되기를 기대하는 예술치료 형태다. 회기별 프로그램의 내용은 〈표 39-2〉와 같다.

<표 39-2> 감각 자극 연극치료 프로그램의 내용

회기	활동 목표	활동 내용
1	• 촉각적 접촉을 통한 관계 형성(친밀감, 동질감 높이기)	• 둥글게 원을 그려 손을 잡고 인사(요즘 어떻게 지내요?) 및 자기소개하기. 어깨 안마하기 • 주치료사, 보조치료사 소개 • 샐러드 게임 • 몸으로 표현하기 • 소감 말하기
2	• 촉각적 접촉을 통한 관계 형성(친밀감, 동질감 높이기) • 감정 표현하기 자극	• 인사하기. 안부 묻고 건강 상태 이야기하기 • 손잡기, 어깨 안마 등 촉각적 관계 형성 • 이름과 연관된 꽃을 그려 명찰 만들기(명찰 소개하고 느낌 표현하기) • 꽃이 질 때의 느낌을 자유롭게 그리기(그림으로 감정 표현하기) • 마무리(소감이나 느낌을 자유롭게 표현하기)
3	• 삶의 긍정성 회복하기(어린 시절의 즐거운 놀이를 통해 행복하였던 과거를 회상함으로써 자아에 대한 긍정적 인식) • 감정 표현과 상호 공유	• 인사하기. 안부 묻고 건강 상태 이야기하기 • 손잡기, 어깨 안마 등 촉각적 관계 형성 • 종이접기(어린 시절 회상하기, 손뼉 치며 동요 부르기) • 접은 종이로 딱지치기하기(과거를 회상하고 느낌 나누기) • 마무리(소감이나 느낌을 자유롭게 표현하기)

4	• 촉각을 통해 타인의 존재와 중요성 느끼기(자신의 신체를 감각하기) • 사회성 및 협동심 향상	• 인사하기와 안부 묻기(계절에 따른 신상의 변화와 현재의 관심사 이야기하기) • 손뼉치기. 팔을 움직여서 자신의 신체 느껴 보기 • 어깨동무, 기차놀이(기관사 이외에 나머지는 눈을 감고 따라감. 놀이에서 각자의 역할이 주어짐: 기관사, 손님 등) 역할놀이 하기 • 마무리(소감이나 느낌을 자유롭게 표현하기)
5	• 타인을 통해 자신을 탐색하기 • 신체와 자연이 하나 되기 • 타인을 신뢰하기	• 인사하기. 안부 묻고 건강 상태 이야기하기 두 다리로 땅을 딛고 나무가 되기. 신체 느껴 보기 • 2인 1조로 길 안내(한 사람이 눈을 감을 다른 사람 인도하기) • 윷놀이(놀이를 통한 몸의 움직임, 단합, 협동심 및 관계 형성 도모) • 윷놀이와 관련된 어린 시절 회상하기(부모님, 고향) • 마무리(소감이나 느낌을 자유롭게 표현하기)
6	• 타자에 의해 그려지는 이미지의 거부와 수용(상대방을 통해 자신을 바라보기)	• 인사하기와 안부 묻기(건강 상태 이야기 나누기) • 2인 1조로 거울 놀이(눈 맞추기, 상호 교감하기) • 짝과 함께 노래 부르기 • 칭찬 및 마무리
7	• 놀이에서 역할 창조(함께, 따로) • 놀이를 통한 촉각의 활성화, 협동감 고취	• 인사하기와 안부 묻기(건강 상태 이야기 나누기) • 길을 설정하고 걷기(고생길, 사막길, 산책길, 행복길 등) • 소풍 놀이(즉흥적 분장, 소풍 행렬 표현) • 소풍에 얽힌 이야기를 나누고 역할연기 하기 • 칭찬 및 마무리
8	• 자신에 대한 긍정적 인식 향상(음식에 얽힌 추억을 통해 행복하였던 과거 회상하기) • 집단 속의 나 인식 향상	• 인사하기와 안부 묻기(건강 상태 이야기 나누기) • 촉각적 오브제(밀가루 반죽)를 통한 역할과 모형 만들기(밀가루 반죽으로 허수아비, 강아지, 야구방망이, 인형 등 창의적인 모형을 만듦) • 음식에 대한 추억을 나누고 밀가루 모형에 역할을 부여하여 이야기 만들기. 조각상으로 표현하기 • 칭찬 및 마무리
9	• 궁극적 삶과 그 지향점에 대한 재확인 • 정서 안정, 적절한 의사표현, 수용적 태도, 자기 개방 • 스트레스 해소 및 긍정적 변화	• 인사하기와 안부 묻기(추석에 관한 이야기) • 신문지 놀이[신문지 길게 찢기 게임, 격파하기(싫은 이유와 대상을 외치며 신문지를 힘차게 격파하기)], 모래찜질과 마사지(신문지를 각자의 방식으로 조각 내고, 조각난 신문지로 눈싸움 및 모래찜질하기) • 안마 후 덕담 나누기 • 신문지로 무덤을 만들어 추석 이야기 나누기 • 칭찬 및 마무리

10	• 타인과의 관계에서 드러나는 자신의 정체성 확인하기(집단 속에서 나의 역할 인식) • 허구와 실재에 대해 인식하기	• 인사하기와 안부 묻기(건강 상태 이야기 나누기) • 가면 만들기(가면을 만든 이유 설명하기) • 가면을 쓴 채 역할연기 하기 • 칭찬 및 마무리
11	• 스스로를 건강한 사회의 일원으로 인식하기 • 정서적 안정감 획득 • 온전한 모습 상상하기	• 안부 확인 및 인사 • 겨울 준비 이야기하기(따뜻한 옷, 쌀, 라면, 연탄 등) • 감각적 역할놀이(점토로 형상 만들기, 이야기 꾸미기, 역할놀이) • 이야기로 창조된 역할을 목소리와 움직임으로 실연하기 • 상호 칭찬 및 마무리
12	• 스스로를 건강한 사회의 일원으로 인식하기 • 온전한 모습 상상하기 • 자기 성찰과 자신감 회복	• 안부 확인 및 인사 • 점토 형상에 관한 이야기를 나누고 어울릴 수 있는 형상을 한데 묶어 이야기 다시 만들기[예: 김치전, 송편, 조리도구 / 개와 배(보트)/소파와 토끼] • 점토 형상에 역할을 부여하고 실연하기 • 상호 칭찬 및 마무리 • 전체 프로그램에 대한 자유로운 피드백

2) 프로그램 특징

독거 재가 장애인이라는 참여자를 고려한 프로그램의 특징은 다음과 같다.

첫째, 참여자들은 시각장애, 신체장애, 지체장애, 발달장애, 언어장애 등 다양한 장애를 지니고 있으므로 감각적 측면, 특히 촉각에 중점을 두고 프로그램을 구성하였다. 촉각의 경험은 시각, 미각, 후각, 청각의 전체 감각으로 확대될 것이다. 예를 들어, 밀가루 반죽으로 일정한 형상을 만들 때, 밀가루는 손뿐만 아니라 코와 혀를 동시에 자극한다.

둘째, 참여자들의 신체적 활동 제한성을 고려하여 가능한 한 활동 사항을 단순하게 구성하였다. 신체적 · 지적 장애가 있는 참여자에게 프로그램 활동이 복잡하면 도움이 되지 않는다.

셋째, 웜업에서 참여자 간 이야기 나누기의 시간을 충분히 가질 수 있도록 하였다. 이는 평소 타인과 만남의 기회나 이야기 나눌 기회가 부족한 참여자들에게 서로의 안부를 묻고 관심사를 표명하면서 세상에 홀로의 존재가 아니라는 것을 느낄 기회를 제공하기 위함이다.

넷째, 서로의 장애가 상보적 역할을 할 수 있도록 고려하면서 함께 어울리는 놀이를 기반으로 감각놀이, 역할놀이 등으로 구성하였다. 이 과정에서 자연스럽게 집단 작업을 강조함으로써 참여자 간 연대감을 느끼도록 하였다. 시각장애인은 장소 이동이 어려우며, 언어장애인은 말 표현이 어렵고, 지적장애인은 프로그램의 전반적인 이해가 부족하므로 이들의 난점을 보완할 수 있도록 통합적인 연극치료 방식을 염두에 두었다.

다섯째, 프로그램은 엄격한 사전 구조가 있음에도 프로그램 진행 과정에서 경직되게 운용하기보다는 자연스러운 분위기에서 참여자의 즉흥성이 활발하게 표현될 수 있도록 하였다. 즉흥적 표현에서 개인의 무의식, 나아가 현재의 감정이나 문제의식이 구체적으로 드러나기를 기대하였다.

마지막으로, 소풍을 회상하고 간단한 역할연기 하기, 밀가루 반죽으로 모형을 만든 뒤 역할을 부여하고 이름과 이야기 만들기, 추석에 기억 남는 이야기를 몸으로 표현하기, 가면 만들기 후 가면을 쓰고 역할연기 하기, 점토로 만든 형상으로 재현하기 등 회기마다 그들이 살아온 과거의 이야기에 적절한 역할연기를 곁들여 자신을 표현하도록 하였다. 이는 단편적이나마 연극치료에서 활용하는 투사, 이야기 창작, 역할연기 등을 통해 자기를 성찰하고 자신감을 회복하여 건강한 사회의 일원임을 인식하게 하려는 목적이 있다.

6. 프로그램에 따른 참여자 분석 결과

참여자의 우울증 척도, 심리적 안녕감 척도를 분석한 결과는 다음과 같다. 우울증 척도의 경우 20개의 항목 중 역채점 항목이 3개이며, 심리적 안녕감 척도는 총 46개의 항목 중 역채점 항목이 22개이다. 심리적 안녕감 척도의 46개 항목은 다시 6개 하위 영역으로 분류되어 있다. 이러한 검사 도구의 특성을 반영하여 자료를 코딩한 후에 SPSS 18.0을 사용하여 분석하였다. 프로그램 참여자의 우울증 및 심리적 안녕감이 사전과 사후에 어떠한 변화를 보였는지 확인하기 위해서는 대응표본 t-검정을 사용하였다.

1) 우울증 척도 결과

독거 재가 장애인들은 감각 기반 연극치료 프로그램에 참여한 후 우울증 척도에 변화를 보였는가? 검사에 대한 신뢰도를 확인하기 위해 Cronbach's α로 내적 일관성을 알아보았다. 검사 결과, Cronbach's α 값은 0.857로 나타났다. 〈표 39-3〉은 사전 사후 우울증 척도 검사의 항목별 평균 및 표준편차를 제시한 것이다.

<표 39-3> 우울증 척도 평균 및 표준편차(사전 사후 비교)

	사전		사후	
	평균	표준편차	평균	표준편차
우울증 척도	3.06	1.189	1.66	1.389

프로그램 전 참여자들의 우울증 척도 평균은 3.06이었으나, 프로그램 후에는 1.66으로 낮아졌다. 이러한 사전과 사후의 변화 폭이 통계적으로 유의미한지 알아보기 위하여 대응표본 t-검정을 실시하였다. 그 결과는 〈표 39-4〉와 같다.

<표 39-4> 우울증 척도에 대한 사전 사후 비교

	N	평균	표준편차	평균의 표준오차	t
사전-사후	10	28.1	13.237	4.186	6.713***

*** $p < 0.001$

우울증 척도에 대한 사전 사후 비교 결과, 참여자들의 우울증 척도 점수가 유의한 차이를 보였다. 사전 검사에서 참여자 10명은 모두 심각한 우울증에 해당하였다. 프로그램 후 실시한 검사에서는 〈표 39-4〉에서 확인할 수 있는 바와 같이 6명은 가벼운 우울증과 우울증 경계선으로 완화되었다. 나머지 4명은 우울증 정도가 감소되기는 하였으나 여전히 보통 정도의 우울증과 심각한 우울증을 보이는 것으로 나타났다.

2) 심리적 안녕감 척도 결과

프로그램 사전 사후에 심리적 안녕감 척도를 실시하였다. 또한 Cronbach's α로 참여자들의 검사에 대한 반응이 신뢰도가 있는지 알아보았다. 검사 결과, 46개 항목에 대한 내적일치도가 0.955에 해당하여 높은 신뢰도를 보였다. 프로그램 사전 사후에 참여자들의 심리적 안녕감 척도 결과는 〈표 39-5〉에서 제시하는 바와 같다.

<표 39-5> 심리적 안녕감 척도 평균 및 표준편차(사전 사후 비교)

	사전		사후	
	평균	표준편차	평균	표준편차
심리적 안녕감	2.04	1.020	3.23	1.191

프로그램 실시 전에는 2.04로 낮았던 심리적 안녕감은 프로그램 실시 후에 3.23으로 높아졌다. 이러한 차이가 통계적으로 유의한지 알아보기 위해 대응표본 t-검정을 실시하였다. 검사 결과는 〈표 39-6〉에서 제시하는 바와 같다.

<표 39-6> 심리적 안녕감 척도에 대한 사전 사후 비교

	N	평균	표준편차	평균의 표준오차	t
사전-사후	10	54.900	28.329	8.958	-6.128***

*** $p < 0.001$

심리적 안녕감에 대한 사전 사후의 결과 차이는 $p < 0.001$ 수준에서 유의한 것으로 나타났다. 이처럼 참여자의 심리적 안녕감은 프로그램 이후에 유의하게 높아졌다. 따라서 심리적 안녕감의 하위 항목 유형, 즉 환경 통제, 개인 성장, 자아 수용, 대인관계, 자율성, 삶의 목적의 어느 영역에서 그 변화 폭이 유의한 수준에 이르는지 알아보았다. 〈표 39-7〉은 유형별 평균의 차이에 대한 대응표본 t-검정 결과를 제시하였다.

<표 39-7> 심리적 안녕감 하위 유형별 사전 사후 변화

사전-사후	N	평균	표준편차	평균의 표준오차	t
환경 통제	10	-10.800	6.877	2.175	-4.966***
개인 성장	10	-10.400	5.358	1.694	-6.138***
자아 수용	10	-9.800	7.927	2.507	-3.909**
대인관계	10	-8.600	4.377	1.384	-6.214***
자율성	10	-6.300	3.773	1.193	-5.281***
삶의목적	10	-7.800	5.594	1.769	-4.410**

** $p < 0.01$, *** $p < 0.001$

〈표 39-7〉에서 확인할 수 있듯이, 여섯 개 하위 유형에서 모두 사전과 사후의 차이가 유의한 것으로 나타났다. 가장 큰 차이를 보인 것은 대인관계이고, 다음으로 개인 성장, 자율성, 환경 통제, 삶의 목적, 자아 수용 순으로 나타났다.

7. 연구 결과 및 제한점

이 작업은 독거 재가 장애인을 대상으로 감각 자극에 기반한 연극치료 프로그램이 참여자의 우울증 해소와 심리적 안녕감 증진에 어떠한 효과가 있는지 알아보기 위한 것이다. 치료 전후 참여자들의 우울증 증세와 심리적 안녕감 정도의 변화를 알아보기 위해 우울증 척도와 심리적 안녕감 척도를 실시하고 그 결과를 분석하였다. 프로그램 참여자들은 전반적으로 우울감이 유의 수준으로 낮아졌고, 심리적 안녕감도 높아졌다.

우울증의 경우, 프로그램 참여 전에는 대상자 전원이 심각한 우울 증세를 보이는 것으로 나타났으나, 프로그램 이후에는 10명 중 6명이 우울증 척도에서 우울증의 범주를 벗어났다. 4명은 여전히 우울증에 해당하였지만, 그 척도의 점수 자체는 유의하게 낮아졌다. 우울증 척도 사전 사후 검사에서 가장 큰 차이를 보인 항목은 "갑자기 울음이 나왔다" "두려움을 느꼈다" "사람들이 나에게 차갑게 대하는 것 같았다" "평소에 비해 말수가 적었다" 등이었다. 이들 항목은 "상당히 우울하였다" "마음이 슬펐다"와 같은 추상적인 질문에 비해 구체적인 행동이나 감정 상태에 관한 것이다. 참여자들이 구체적인 항목에서 두드러지게 완화된 반응을 보인 결과는 실제로 체감하는 우울감의 감소를 반영한 것이라고 하겠다. 이러한 결과는 우울증이 있는 중년의 여성들을 대상으로 그림, 무용, 상상에 의한 형상화 등의 기법을 활용한 예술심리치료 후 참여자의 자기 인식과 현실 반영이 높아졌다는 선행연구 결과와 일치한다(장인희, 2015).

치료 후 참여자들의 심리적 안녕감 정도 역시 유의하게 향상된 것으로 나타났다. 특히 심리적 안녕감의 여섯 개 하위 유형 간의 비교에서 가장 큰 변화를 보인 유형은 대인관계와 개인 성장 영역이었다. 항목별로 "남들과 친밀한 관계를 유지하는 것이 어렵다" "나의 고민을 털어놓을 만한 가까운 친구가 별로 없어서 가끔 외로움을 느낀다" "정말 필요할 때 내 말에 귀를 기울여 줄 사람은 많지 않다" 등의 대인관계 척도와 "나 자신과 인생살이에 자극을 줄 만한 새로운 경험을 하는 것이 중요하다고 생각한다" "세월을 되돌아보면 나 자신이 크게 발전하지 못하였다고 생각한다" "내 인생을 크게 개선하거나 바꾸겠다는 생각은 오래전에 버렸다" 등의 개인 성장 척도에서 두드러진 변화를 보인 것은 감각을 자극하는 표현예술 방식의 프로그램을 통하여 참여자들이 자기 삶에 대한 실패감이나 부정적 감정을 감소시키고, 다른 사람과의 관계에 대해서도 긍정적으로 작용하였음을 보여 준다. 이는 참여자가 다른 사람들과의 물리적 · 정서적 접촉이 결핍된 독거 재가 장애인이라는 점에 착안하여 실시한 감각 자극 연극치료 프로그램이 참여자의 심리적 지원에 효과적이라는 점을 증명하는 것이다.

정리하면 이 프로그램은 독거 재가 장애인의 우울증 개선에 효과적이고, 스스로에 대한 부정적 감정을 감소시킬 뿐 아니라 대인관계에도 긍정적 영향을 미칠 수 있다는 것을 보여 주었다. 놀이를 하는 것처럼 유쾌하고 즐거운 분위기 속에서 누군가에게 자신의 이야기를 하거나 남의 이야기를 들어주고, 눈을 맞추고, 손을 잡고, 어깨를 주무르는 간단한 동작을 통해 신체를 지각하고, 만들기와 이야기 창조로부터 역할을 수행하고, 드라마를 만들어 가는 감각 자극 연극치료 과정은 참여자에게 열린 마음을 갖도록 하였다. 또한 팔 동작이나 다리 동작 같은 움직임을 통해 자신의 존재감을 확인하고, 신문지, 점토, 밀가루 등의 물질로부터 촉각을 활성화하며, 역할놀이로부터 잊고 있었던 행복하였던 유년 시절을 떠올리면서 참여자들은 자신의 존재에 대한 긍정적 인식을 강화하였다. 이렇게 본다면 감각 자극 연극치료가 독거 재가 장애인의 심리적 안녕감 향상에 영향을 미쳤다고 할 수 있다.

이 프로그램은 장년층의 독거 재가 장애인을 대상으로 한 것이지만, 이미 노인, 청년, 아동, 영아 등 다양한 참여자를 대상으로 한 선행연구에서도 그 효과가 보고되었다. 예컨대, 노인을 대상으로 한 통합적 예술치료(윤지선, 2014)의 결과에서 참여자의 일상생활 수행 능력 및 인지기능에서 유의한 향상이 나타났고, 대학생을 대상으로 한 오감 자극 생활프로그램 연구(이미은, 2012)에서는 오감 자극이 참여자의 불안감 감소, 스트레스 해소, 자신에 대한 긍정적 인식 상승, 심리적 안녕감 향상에 기여한 것으로 평가하였다. 또한 발달 지연 아동을 대상으로 한 감각 통합치료(최지선, 2008)에서는 참여자의 작업 수행 능력이 향상되었고, 영아를 대상으로 한 연구(김수정, 곽금주, 2010)에서는 어머니의 신체접촉이 영아의 정적 정서 강화와 유지, 심신의 안정감, 애착 형성에 도움이 되었다고 보고하였다. 이러한 연구 결과에 근거할 때, 감각 자극 연극치료 방식이 다양한 장애 유형이나 다양한 연령층의 참여자에게도 긍정적인 영향을 미칠 수 있다고 미루어 짐작할 수 있다.

이 작업이 참여자의 심리적 지원에 긍정적인 역할을 확인하였으나 몇 가지 아쉬움이 남는다. 첫째, 참여자들과 유사한 우울 증세와 심리적 어려움을 호소하는 통제집단을 선정하여 비교 연구를 하고자 하였으나 통제집단 구성에 어려움이 있었다. 이는 이 프로그램의 효과가 일시적일 수 있다는 것을 의미한다. 따라서 향후 연구에서는 독거 재가 장애인에 대한 통제집단을 구성하여 비교함으로써 결과에 대한 신뢰도를 높일 필요가 있다. 둘째, 참여자의 장애 유형과 정도가 다양하여 치료 과정에서 프로그램 적용에 어려움이 있었다. 움직임 활동에서 심한 지체장애인이나 시각장애인은 보조치료사나 자원봉사자의 도움이 필수적이었으므로 프로그램 참여 정도가 동일하지 못한 부분이 있었다. 따라서 통제집단의 구성과 함께 참여자의 장애 특성을 고려한 집단 구성이 이루어질 필요가 있다. 셋째, 참여자의 인지기능 수준에 맞추다 보니 감각을 자극하고 이야기로 연결하여 장면 만들기로 나아가는 부분이 단편적이었다는 점도 아쉬운 부분이다. 조각난 회기 작업을 좀 더 유연하게 연동한 섬세한 프로그램의 구성이 필요하다. 향후 감각 자극 연극치료 방식의 연구에서 한 걸음 더 나아가 참여자의 상황과 조건을 고려하여 진일보된 감각 활성화와 역할연기 및 연극놀이에 구체적으로 적용한다면 참여자의 삶의 질 향상에 기여할 수 있는 통합적 연극치료 프로그램으로 발전시킬 수 있을 것이다.

제40장 연극치료 기반 자폐스펙트럼 집단 언어치료

통합 예술치료는 다양한 예술의 공통분모를 활용하여 예술의 치료성을 극대화한 치료 형태다. 또한 예술치료는 예술 간의 통합을 넘어 타 분야의 치료와 교합을 꾀하기도 한다. 가령, 연극치료는 언어치료와 조합을 이루어 훌륭한 치료적 성과를 낼 수 있다. 특히 연극치료가 갖는 집단성을 활용할 때 집단 언어치료에 매우 효과적일 수 있다. 이 작업은 연극치료와 언어치료의 통합 작업의 효과성을 입증하기 위한 본격적인 연구다.

1. 연구 개요

이 작업은 자폐스펙트럼장애(Autism Spectrum Disorder: ASD) 아동을 대상으로 이들의 화용 능력 향상을 위하여 연극치료를 활용한 집단 언어치료 과정과 결과를 다룬 것이다. 미국정신의학협회(APA, 2013)의 『정신질환의 진단 및 통계편람』(DSM-5)에 따르면, 자폐증(autism), 아스퍼거증후군(asperger syndrom), 달리 분류되지 않는 전반적 발달장애(pervasive developmental disorder-not otherwise specified), 소아기붕괴성장애(childhood disintegrative disorder), 레트장애(rett disorder)를 자폐스펙트럼으로 분류한다. 유전적 특성, 환경 요인, 지능의 손상, 수반되는 행동 및 정서장애에 따라 앞과 같이 다섯 개의 하위 범주를 포함하고 있지만 ASD는 아동기 초기부터 제한적이고 반복적인 행동, 특정 부분에 관한 관심 행동을 보이며, 의사소통의 어려움을 보이는 일련의 신경발달적 증후군을 포괄한다.

의사소통이란 화자와 청자의 메시지 교환 행위인데, 상호적 메시지 교환을 잘하려면 단어와 문장의 의미를 비롯하여 단어와 문장에 내포된 비유적 의미, 화자의 의도를 해독할 수 있는 능력 등이 필요하다. 그런데 ASD 아동은 의미론적 차원에서 일반 아동에 비해 훨씬 제한된 범주의 단어를 반복적으로 사용하며 내포된 의미를 이해하는 데 어려움이 있다(Watson et al., 1986). 형태론적 차원에서 비구어 ASD 아동은 운동적 행동(원하는 장소로 팔을 끌고 가기), 몸짓(지적하기, 모방하기), 그림카드나 수화 등의 체계를 사용하고, 구어 ASD 아동은 피상적 형태의 언어를 사용하는 경향이 있다(Swisher & Demetras, 1985). 또한 통사론적 측면에서 한 번 사용한 구문 패턴을 모든 경우에 대입시켜 반복적으로 사용하여 아동이 "물 마시고 싶어요"와 같은 표현을 습득하면 "목 말라요"와 같이 다른 표현을 사용하지 않고 그 패턴을 유지하여 "우유 마시고 싶어요" "주스 마시고 싶어요"와 같이 동일한 패턴을 사용한다. 이로 인하여 ASD 아동들은 "빵 마시고 싶어요"와 같이 공기어 오류와 서술어의 활용 오류가 빈번하게 나타나기도 한다.

한편, ASD 아동에게 공통적이고 일관성 있게 나타나는 의사소통 특성은 무엇보다 의사소통 기능 및 대화 기능의 문제를 포함하는 화용적 결함이다. ASD 아동은 사회 상호작용, 주고받기, 상대방의 마음 읽기, 상징놀이 같은 화용 기술의 결함이 있기 때문에(Reed, 2012) 이미 어휘와 통사 능력이 있어도 상대방의 마음과 의도를 파악하지 못하고 습득한 언어 능력을 상황에 맞게 활용하지 못하여 의사소통에 실패하는 경우가 많다. 하위 영역이 어떠한 양상을 보이든 이들의 의사소통 문제는 연상, 상상적 놀이, 표상화 능력, 상징화의 어려움과 밀접하게 연결되어 있다.

이와 같은 의사소통 결함의 특성을 보이는 ASD 아동의 집단 언어치료에 연극치료 기법을 적용하고자 하는 까닭은 연극이 갖고 있는 강력한 기능 중 하나가 상징화이고(McAlister, 2011), ASD 아동은 세부 장애가 어떠하든 공통적으로 사회적 상호작용, 의사소통 능력 발달에 결함을 보이며(Wetherby & Prizant, 2000), 비록 언어발달이 단편적으로 이루어졌다 해도 연상 능력이 미흡하여 상상적 놀이에 많은 어려움을 보이기 때문이다.

우리는 ASD 아동의 의사소통 능력 향상을 위한 화용 기술의 발달을 위하여 연극치료를 활용한 집단 언어치료 프로그램을 개발하였다. 집단 구성원의 언어 수준에 맞춘 대사를 구성하여 10주 동안 10회기의 프로그램을 진행하였으며, 그 결과를 동영상 촬영과 관찰을 통하여 맥앨리스터의 주관적 준거를 기반으로 분석하였다. 이는 ASD 아동을 대상으로 연극치료에 기반한 집단 언어치료는 화용 발달을 위한 치료 프로그램이 될 수 있을 것이다.

대인관계와 상호작용에 어려움을 보이는 ASD 아동이 역할과 놀이 측면을 강조한 연극치료적 집단 언어치료 활동을 통하여 화용 능력이 향상된다면 치료 프로그램이 이에 긍정적 영향을 준 것으로 간주할 수 있다. 이번 작업의 연구 문제는 다음과 같다.

1. 새로운 공간과 새로운 사람, 갑작스러운 상황 변화 등에 어려움을 보이는 아동들이 프로그램을 거부하지 않고 참여하는가.
2. 아동들이 주어진 순서대로 대사를 암기하여 말하거나 읽으며 연극 활동을 수행하는가.
3. 자신이 맡은 역할을 받아들이고 해당 의상을 입고 역할연기를 하는가.

이 작업은 크게 두 축의 프로그램으로 구성되었다. 하나는 초반, 중반, 종반으로 나누어 치료를 진행하는 것이며, 다른 하나는 회기별 구성에서 초반부, 중반부, 종반부로 나누는 것이다. 10주 10회기에 걸쳐 이루어진 프로그램은 초반 2회기는 발성과 몸짓, 시각과 촉각 감각 활성을 중점적으로 다루었다. 중반에는 역할연기 같은 연극놀이 활동에 중점을 두고, 후반에는 음향과 조명을 도입하여 종합성을 강조하고 리허설과 공연으로 마무리하는 방식을 취하였다. 또한 회기마다 초반부에 즐거운 감각 놀이로 시작하여 역할놀이 및 종합적 활동으로 진행하였다. 이 방식을 통해 아동들은 연극적 상황 속에서 대사를 주고받음으로써 주어진 환경에 적절한 언어 사용을 실제로 체현하며, 무대라는 상징적 공간에서 역할을 연기하고 다른 역할과 소통하면서 화용 능력의 자연스러운 향상을 이루어 낼 수 있을 것이다. 이 작업은 보호자의 동의를 받아 전체 진행 과정을 동영상으로 촬영하였으며, 사전 사후의 비교 관찰 기록을 통하여 결과를 이끌어 냈다.

2. 참여자 정보

이 작업의 대상은 ASD 아동이다. ASD 아동은 무발화로 머물기도 하지만 인지기능이 심하게 손상되지 않은 경우 꾸준한 치료를 통해 일정 수준의 어휘 능력과 문장 구성 능력을 습득할 수 있다. 특히 아스퍼거증후군의 경우, 자폐 아동과 달리 심각한 언어발달의 지연은 없는 것으로 보고되고 있다. 그러나 언어발달에 지연이 심각하든, 덜 심각하든, ASD 아동이 아무리 많은 단어를 알고 문장을 문법적으로 구성할 수 있다고 해도 대화 상대자의 의도를 파악하거나 주제를 유지하여 문장을 이끌어 가거나 상황에 맞게 상호작용을 하면서 언어를 주고받는 기능에는 많은 어려움을 보인다. 이로 인하여 묻는 말에 적절히 대답하지 못하고, 엉뚱한 말을 하거나 한두 문장을 주고받다가 주제를 유지하지 못하여 대화가 단절되곤 한다. 이 작업의 대상은 이 같은 화용 기술의 어려움을 보이는 자폐성장애 4명이다. 이들에 대한 정보는 〈표 40-1〉과 같다.

<표 40-1> 참여 아동의 인구 분포

아동	진단명	성별	생활연령	언어 연령	치료 기간
A	자폐장애	남	7세 2개월	5세 8개월	4년
B	자폐장애	여	5세 9개월	3세 7개월	3년
C	달리 분류되지 않은 전반적 발달장애	남	5세 7개월	3세 4개월	3년
D	달리 분류되지 않은 전반적 발달장애	남	6세	3세 1개월	1년

참여 아동 중 2명은 전문의에 의해 자폐장애로 진단받았고, 나머지 2명은 전반적 발달장애로 진단받았다. 4명의 아동 중 1명은 여아이고, 다른 3명은 남아다. 이들의 생활연령은 프로그램 시작 시점에 1명이 만 7세 2개월이었고, 나머지 3명은 만 5세 7개월에서 6세 사이에 해당하였다. 이들의 언어 연령은 '취학전 아동의 수용언어 및 표현언어척도(PRES)'(김영태 외, 2007)를 실시하였을 때 모두 3세 이상이었다. 이들 중 가장 생활연령이 높은 아동은 언어 평가 도구의 제한 연령인 6세를 초과하였으나 언어발달이 생활연령에 비해 지연되어 있고, 다른 아동과의 비교를 위하여 동일한 검사를 하였을 때 만 5세 8개월에 해당하였다. 이들 4명의 참여 아동은 장기간의 치료를 통하여 만 3세 이상의 언어 능력을 획득하였음에도 모두 상호작용, 대화 주고받기, 감정 이해하기, 화자의 의도 파악하기에 어려움을 보였으며, 여전히 반향어도 나타났다. 왓슨(Watson et al., 1989)에 따르면, 언어 연령 3.5세를 기준으로 3.5세 이하의 아동과 구분하여 그 이상의 연령에 해당하는 아동에 대해서는 대화 기능을 중심으로 한 프로그램을 개발하여 실시하는 것이 바람직하다고 말했다. 따라서 이 연구에서 어휘와 발화 길이가 3세 이상에 해당하는 아동에 대해 대화 기능 향상을 위한 화용 능력의 발달을 치료 목표로 설정한 것은 타당하다고 할 수 있다.

A 아동은 언어치료를 4년 이상 받아 왔으며, 어휘 능력과 전반적 언어 능력이 5세 8개월에 해당하며, 다양한 어휘로 문장을 구사할 수 있으나 상대방이 알고 있는 것과 알지 못하는 것을 구분하여 대화를 개시하지 못하고, 대화 상대자의 말을 듣고 대화를 이어나가지 않고 자신이 좋아하는 주제만을 계속 말하며, 공룡과 같은 한 가지 오브제에 지속적인 관심을 유지하는 경향이 있다. B 아동은 평소 언어치료를 통하여 3세 7개월의 언어 연령을 획득하였고, 문장 구사 능력이 평균발화길이(MLU-m) 4세 이상에 해당하지만, 또래 친구와 대화를 주고받는 데 어려움이 있어서 관계를 잘 맺지 못한다. 화자의 의도를 파악하지 못하며, 종종 반향어로 받아 대답하는 모습을 보인다. 특히 질문을 이해하지 못하였을 때 반향어가 더욱 빈번하

다. 소리와 어둠에 민감하여 유치원에서 활동 참여를 거부해 온 것으로 보고되었다. C 아동은 3년 동안 언어치료를 받았으며, 기초적인 어휘를 습득하였고, 간단한 문장으로 의사소통을 할 수 있다. 그러나 동일 언어 연령이면 습득할 수 있는 추상적 낱말의 이해에 어려움이 있고 문장 길이 증가 추세가 급격히 완만해진 아동으로, 반향어로 대답하는 빈도가 높다. D 아동은 4명 중 언어치료를 받은 기간이 가장 짧으나, 어휘와 문장 구성 및 이해 능력이 급격히 늘어 이 프로그램에 참여하게 되었다. 이 아동은 긴 시간 착석 유지가 어렵고, 지연 반향어가 심한 편이다.

3. 프로그램 구성

1) 대본 만들기

대본의 선정과 각색에서 염두에 둔 주안점은 다음과 같다. 첫째, 원형적인 이야기를 지닌 것으로 누구나 보편적으로 인식하고 있는 이야기를 선택하였다. 둘째, 주제적 측면에서 관계성과 상호작용이라는 연구 목적에 적절한 이야기를 구축하였다. 셋째, 언어치료의 관점에서 아동의 수준에 적절한 어휘로 각색하였다. 이러한 측면을 종합적으로 고려하여 안데르센의 동화 〈미운아기오리〉를 선택한 후, 역할의 숫자와 어휘 수준에 맞춰 아동극으로 각색하였다. 특히 아동의 연극놀이에 초점을 맞춰 다양한 동물을 등장시켰고, 의성어와 의태어를 적극적으로 활용하였다. 전체 7장으로 각색한 〈미운아기오리〉의 대본은 〈표 40-2〉와 같다.

<표 40-2> <미운아기오리> 대본

장	내용	등장인물	주제	장소
1	(엄마오리가 알을 품고 있어요. 커다란 알에서 아기오리가 나왔어요.) 미운아기오리: 꽥꽥꽥, 꽥액 꽥! 엄마오리: 꽥꽥! 어머나, 정말 못 생겼어.	해설, 엄마오리, 미운아기오리	탄생	오리 둥지
2	형제 오리 1: 꽥꽥꽥! 이건 내 동생이 아냐. 헤엄도 못 칠걸. 꽥꽥꽥! 형제 오리 2: 꽥꽥꽥! 아유, 창피해. 저게 우리 동생이라니. 꽥꽥꽥! 친구들이 놀리겠다. 형제 오리: 동생을 괴롭히면 못쓴다. 꽥꽥! 형제 오리 3: 바보야, 꽥꽥꽥! 너 때문에 엄마도 힘들잖아! 꽥꽥꽥!	엄마오리, 미운아기오리, 형제오리 1, 2, 3	놀림	오리 둥지

3	미운아기오리: 그래, 엄마가 힘들 거야. 집을 떠나야겠어. 꽥꽥꽥!	미운아기오리	집 떠나기	오리 둥지
4	미운아기오리: 날이 어두워졌어. 꽥꽥꽥! 춥고 배고파. (문을 두드리며) 먹을 것 좀 주세요. 꽥꽥꽥! 고양이: 야옹! 야옹! 저게 뭐지? 닭: 꼬꼬댁 꼬꼬, 보면 몰라! 오리야. 말: 히잉! 히잉! 오리 생김새가 이상해. 털 색도 이상해. 발도 이상해. 고양이: 야옹! 야옹! 어딜 들어오려고. 닭: 꼬꼬댁 꼬꼬꼬꼬! 맞아, 들어오지 마! 말: 히잉~ 히잉~ 못생긴 오리라니. 마음에 안 들어. 히잉~ 히잉~ 고양이: 야옹 야옹! 혼내 줄 거야, 야옹 야옹! 닭: 꼬꼬댁 꼬꼬! 잡아서 한 대 때려 주자. 말: 히잉~ 히잉~ 아기오리를 잡아. 때려 줄 거야. 닭: 꼬꼬꼬꼬……. 맞아라! 야잇! 미운아기오리: 꽥꽥꽥! 아야, 내 머리.	미운아기오리, 고양이, 닭, 말	따돌림	농장
5	미운아기오리: 훌쩍 훌쩍! 엄마! 힘들어. 그래도 꼭 견뎌낼 거야. 잘할 수 있어. 꽥꽥꽥!	미운아기오리	각오	들판
6	미운아기오리: 아, 봄이 왔구나! 어디 날개를 펴 볼까? (몸이 둥실) 어어! 어머, 내가 날고 있네! 꽥꽥꽥! 백조1: 얘, 이리 와. 우리랑 놀자. (목소리) 미운아기오리: 우아~ 백조들이다! 멋지다! 백조2: 그래, 어서 와! 참 예쁘구나. 우리 친구하자~ 미운아기오리: (목소리) 예쁘다고? 날 놀리나? (……) 어어! 물에 비친 내 모습이 백조와 똑같네!	미운아기오리, 백조 1, 2	자신의 모습 발견	호숫가
7	(백조들은 하늘 높이 날아올랐어요. 미운아기오리는 신이 났어요. 닭, 고양이, 말도 물가에서 박수를 쳤답니다. 모두모두 참으로 행복하였어요.) • 모두 합창하며 마무리 • 막이 내린다	전체	백조가 된 미운아기오리	호숫가

2) 무대

이 작업의 목표는 아동의 의사소통을 위한 상호작용의 향상이다. 이를 위해 무대가 주는 긴장감, 시각의 초점화, 일상과 유리된 새로운 환경의 장점을 십분 살리는 것이 필요하다. 따라서 주어진 공간에서 최대한 무대적 효과를 살리는 것을 목표로 하였다. 무대 공간은 병원의 치료실로 결정되었다. 무대와 객석은 분리되지 않았지만, 무대 쪽에 연못, 오리, 나무 등의 그림을 배경 벽면에 설치하여 객석과 차별화하였다.

무대에서 특이 사항은 정중앙에서 이동이 가능한 노란 나무상자를 설정하였다는 점이다. 집중적으로 조명을 받는 나무상자는 대사를 하는 아동만이 그 위에 오를 수 있다. 모든 아동은 강조된 노란 나무상자에 흥미를 보였다. 이곳은 일종의 무대라는 특수한 의미를 부여하였기 때문에 무대에 나서기를 머뭇거리던 아동에게도 유혹적인 장소가 되었다.

3) 음향

ASD 아동은 소리에 민감한 편이다. 따라서 아동들의 수준을 감안하고 대사의 흐름에 적절한 음향 효과를 삽입하였다. 예를 들어, 시작 부분에서 디즈니만화 시그널 음악과 알 깨지는 소리를 삽입하여 극적 효과를 높였고, 아기오리가 방황하는 장면에는 비틀즈의 〈Imagine〉을, 쫓고 쫓기는 장면에서는 〈왕벌의 비행〉을 사용하였다. 다만 아동들이 시끄러운 음악을 감당하지 못하는 만큼 소리의 볼륨에 신중을 기하였다. 비록 언어적 소통에서 서투른 아동들이었으나 음향에는 민감한 반응을 보였기 때문에 음향은 감정이입에 효과적이었다.

4) 조명

치료실은 따로 조명이 설치되어 있지 않으며, 창문을 완전히 가려서 암전을 기대할 수 없는 곳이다. 또한 참여 아동 중에는 암전에 대해 공포를 보이는 아동도 있다. 따라서 2개의 스탠드 조명등을 설치하여 좌우에서 무대를 비추도록 하였고, 암전 상태에서도 희미한 조명이 남아 있었다.

5) 의상

참여 아동은 평소에 의상에 민감하여 유치원에서 학예회 의상을 입지 못하는 아동들이다. 이를 감안하여 연습 과정에서는 의상을 착용시키는 대신에 역할에 해당하는 동물 그림을 가슴에 붙이고 머리에 쓰도록 하였다. 다만 최종 리허설에서 준비된 의상은 착용하도록 시도하였다. 리허설과 공연에서 아동들은 그동안의 치료 과정을 통해 어느 정도 역할에 익숙해진 탓인지 별다른 저항 없이 의상을 착용하였다. 마지막 회기에 실제 공연이 끝난 후 의상을 벗지 않으려고 한 아동도 있었다. 이러한 행동은 연극치료적 집단치료 방식이 효과적이었음을 입증하는 것이다.

6) 관객의 참여(엄마, 보조치료사)

가족 중 장애아가 있는 경우 가족 전체에 심리적 · 정서적 · 신체적 고통을 안겨 준다. 특히 장애아동의 엄마는 뚜렷한 근거 없이 책임감에 휩싸이거나 죄의식에 사로잡힌다. 장애아동을 돌보는 주양육자는 아동의 장애로 인해 야기되는 긴장과 스트레스 속에서 가족 구성원의 역할과 생활양식 변화, 경제적 어려움 등 비장애아동 부모에 비해 우울, 불안, 좌절 등의 정서적 문제 및 이로 인한 사회적 고립을 경험한다(황인희, 2013). 그러므로 장애아동에 대한 다각적 치료는 당연한 것이지만, 그들의 가족 특히 엄마에 대한 심리치료는 꼭 필요하다. 이를 감안하여 이 작업에서 아동의 주양육자(3명의 아동은 엄마이며, 한 아동만 할머니)를 적극적으로 참여시켜서 공연에서 일정한 역할을 하도록 하였다. 아동의 주양육자에게 극적 역할을 담당하면서 동시에 관객으로서 반응을 보이도록 하였다. 이처럼 연극치료 기반 집단 언어치료는 해당 장애아동뿐 아니라 가족의 적극적인 참여를 유도한다는 점에서 가족과의 동반적 치료 모델이 될 수 있다. 한편, 참여자가 장애아동인 만큼 각자 보조치료사에 의해 도움을 받았다.

4. 회기별 프로그램

10회기 동안 진행된 이 프로그램은 일주일에 1회기로 구성되었고, 회기마다 100분 간 치료를 하였다. 초반, 중반 및 종반 단계의 세부 사항은 〈표 40-3〉 〈표 40-4〉 〈표 40-5〉와 같다.

1) 초반 단계

<표 40-3> 초반 단계(1~2회기)

회기	웜업	본 활동	마무리
1	• 자기소개하기 • 몸 활동(기어가기, 동물 소리로 울기) • 큰 북을 울려라 둥둥둥(순서에 맞추어 악기 치기)	• 치료사의 동화 구연	• 아동들은 동물 소리를 내며 놀고 보호자와 의견을 나눔
2	• 자기소개하기 • 큰 북을 울려라 둥둥둥 • 동물 흉내 내기 • 동물 소리 내기	• 엄마들의 동화 구연 • 캐스팅	• 아동들은 동물 소리를 내며 놀고 보호자와 의견을 나눔

초반 단계에서 아동 상호 간에 그리고 치료사와의 신뢰적인 관계 형성, 감각 자극하기 및 연극놀이에 익숙해질 필요가 있다. 따라서 첫 회기에서 아동들은 자기소개하기와 노래에 맞춰 타악기를 치도록 유도하였다. 타악기는 청각에 울림을 주고 손놀림 및 몸 전체의 움직임을 유도한다. 또한 발달단계에서 영유아기에 해당하는 몸의 움직임과 소리 내기를 실시하였다. 웜업이 끝난 후에 치료사들의 동화 구연이 있었고, 아동들은 내용에 나오는 동물들의 소리를 흉내 냈다. 동화 구연의 목적은 아동들에게 줄거리와 등장인물에 익숙해지도록 하는 것이다.

2회기에는 치료사 대신에 주양육자가 동화 구연을 하였으며, 아동들에게 역할을 부여하였다. 주 양육자가 동화 구연을 할 때 아동들은 좀 더 관심을 보였다. 웜업으로 동물 소리 내기와 흉내 내기를 하였다. 캐스팅은 연극치료적 집단 언어치료에서 특히 중요한 순간이다. 아동들은 언어와 상호작용에서 발달 수준이 다르고, 대사 능력에 뚜렷한 차이가 있으므로 캐스팅에서 첫 번째 중요 사항은 대사를 감당할 수 있는 능력이다. 언어 연령이 가장 높은 A 아동이 대사가 가장 많은 미운아기오리를 맡게 되었고, 엄마오리는 가장 적극적인 엄마를 선정하였다. 처음에 미운아기오리 역을 맡은 아동은 역할과 상관없이 공룡을 하겠다고 우겼으며, C 아동은 닭 소리 대신에 오리 소리를 내겠다고 고집을 피웠다. 고양이와 말의 역할을 맡은 B, D 아동은 특별한 거부감 없이 수용하였다.

2) 중반 단계

<표 40-4> 중반 단계(3~8회기)

회기	웜업	본 활동	마무리
3	• 친구 이름 맞히기 • 자기가 맡은 동물 소리 내기	• 장면별로 리딩하기	• 보호자와 느낌 및 소감 나누기
4	• 친구 이름 맞히기 • 동물 소리와 몸으로 표현하기	• 장면별로 리딩하기	• 보호자와 느낌 및 소감 나누기
5	• 역할연기(보호자 참여)	• 장면별로 리딩 및 연기하기	• 보호자와 느낌 및 소감 나누기
6	• 역할연기(보호자 참여)	• 장면별로 연기하기 • 음향 효과와 조명 삽입	• 보호자와 느낌 및 소감 나누기
7	• 자신이 맡은 동물 그림 그리기 • 오려서 몸에 붙이기	• 전체 장면 연기하기 • 음향 효과와 조명 삽입	• 보호자와 느낌 및 소감 나누기 • 의상 준비
8	• 점토로 동물 만들기	• 전체 장면 연기하기 • 음향 효과와 조명 삽입 • 의상 착용	• 보호자와 느낌 및 소감 나누기

초반 단계에서 상호 간에 어느 정도 신뢰가 형성되었고 줄거리를 이해하게 되었으며 역할도 정해졌으므로 3회기부터는 본격적인 연습을 실시하였다. 매 회기마다 10분 정도의 시간을 할애하여 대본과 연계된 즐거운 연극놀이를 하였으며, 아동 스스로 대본에 자신의 역할에 표시할 수 있도록 유도하였다. 또한 엄마와 해당 보조치료사의 도움을 받아 순서에 따라 읽기를 하도록 하였다. 처음에는 순서를 지키는 것이 어려웠으나 노란 나무상자라는 특수한 공간을 설정하고 반복함으로써 점차 차례를 지킬 수 있게 되었다. 음향과 조명을 삽입하여 순서를 지키는 연습도 하였다. 아동이 자신의 역할을 인지하게 됨에 따라 간간이 역할 바꾸기를 시도하였다. 자신의 역할을 다른 아동이 하는 것을 보면서 아동들은 매우 미묘한 표정을 지었는데, 자신의 역할에 애착이 생겼음을 알 수 있다. 7회기에는 엄마들에게 의상을 준비하도록 하였다. 8회기에는 점토 만들기를 하면서 촉각 훈련, 만들기 훈련, 동물 특성 이해하기에 초점을 두었다. 완성된 동물로 즉흥적인 놀이를 하였다.

3) 종반 단계

<표 40-5> 종반 단계(9~10회기)

회기	웜업	본 활동	마무리
9	• 무대 꾸미기 놀이	• 리허설 • 커튼콜 연습	• 컵케이크 만들기
10	• 동물 소리 내기 • 동물 흉내 내기	• 공연	• 파티 (각자 준비한 음식 나누기)

9회기에는 웜업 후 리허설을 준비하였다. 아동, 엄마, 치료사가 참여하여 무대 배경을 만들고 색 테이프로 무대를 표시하였다. 아동들은 무대 만들기에 적극적으로 참여를 하였으며 가끔 의견도 제시하였다. 음향과 조명이 준비되고 의상을 착용한 상태에서 리허설이 이루어졌다. 리허설이 끝난 후 커튼콜 연습을 하였고 아동들은 아낌없는 박수에 만족한 표정을 지었다.

10회기에는 동물 소리와 몸짓으로 웜업을 한 후 정식 공연을 하였다. 극에 참여하지 않는 엄마를 비롯한 몇몇 관계자가 관객이 되었다. 아동은 자기 차례가 되면 노란 나무상자에 올라가 대사를 읊는 것이 주를 이루었지만, 쫓고 쫓기는 농장 장면에서는 큰 소리를 내며 즐거워하였다. 공연을 통해 애초에 기대하였던 의상 입기, 대사 차례 지키기, 상호작용이 이루어졌다. 커튼콜에서 모두는 하나가 되어 감동적인 손뼉을 쳤으며, 아동들은 스스로 대견스러워하였고 엄마들은 감격의 눈물을 흘렸다.

5. 연구 목적 및 평가

연극치료를 언어치료에 접목한 이 작업의 궁극적인 목적은 아동의 화용 능력의 향상이다. 구체적으로는 또래와의 상호작용 향상 및 의사소통에서 말 순서 지키기(turn-taking) 능력 향상이다. 이 작업을 통하여 아동들의 화용 기술이 얼마나 향상되었는지 객관적으로 평가하기란 쉽지 않다. 현재 언어적 측면에서 화용 기술의 변화를 정량적으로 평가할 수 있는 공식 평가 도구는 없다. 더욱이 10주에 걸친 단기 치료 프로그램에서 전후의 차이를 정량적으로 평가하기에는 어려움이 있다. 따라서 맥앨리스터(McAlister, 2011)의 주관적 준거를 사용하여 전후의 차이를 측정하였다. 즉, 관찰을 통해 치료 목표에 부합하는 참여도의 증가, 상호작용의 증가를 평가의 준거로 삼았다.

이 작업이 지향하는 하위 목표는 아동들이 이미 습득한 언어의 형식적 · 의미적 능력을 상황에 맞게 적절히 사용하는 상호작용과 대화에서 순서 지키기 능력 향상, 그리고 환경 변화에 대한 지나친 민감성을 완화하는 것이다. 동영상 촬영과 관찰을 통해 평가된 변화 결과를 연구 문제별로 살펴보면 〈표 40-6〉과 같다.

<표 40-6> 화용적 향상

준거	행동	전	후
치료 목표에 부합하는 참여도의 증가	활동 거부 정도	울면서 집단에서 벗어나려 하거나 드러눕는 등 불안감을 보임.	2회기 이후 3회기부터 부정 행동이 감소하였고 회기를 거듭할수록 흥미를 보임.
	음악과 조명 반응	6회기에 불을 껐을 때 활동에서 벗어나고 거부하는 행동을 보임.	8회기에는 스스로 불을 끄거나 음악을 틀려고 일어남.
	의상 착용	부모에 의하면, 유치원 활동에서 의상 착용 시 거부로 활동 자체를 할 수 없었음. 미리 걱정함. 7회기부터 캐릭터를 표현하는 모자나 장식 부착하기를 실시하였으나 조금 붙이고 있다가 떼어 버림.	리허설과 최종 공연에서 아동들은 의상과 모자를 착용한 채 공연 참여가 가능하였고 공연이 끝난 이후에도 바로 벗으려 하지는 않았음. 일부 아동은 치료사의 지시에도 착용 상태를 유지하려 하였음.
상호작용의 빈도	웜업 활동 차례 지키기	"큰북을 울려라 둥둥둥"에서 아동들은 자신의 차례에 맞추어 악기를 울릴 수 없었음.	장벽 놀이 등 묻고 대답하는 활동에서 단서가 필요할 때도 있었지만 차례 지키기가 나타났음.
	대본 읽기 차례 지키기	아동은 연극놀이에서 자신의 차례에 맞추어 대사를 알려 주어도 활동 참여가 어려웠음.	노란상자를 활용해야만 하였지만, 역할 이름을 부르는 단서를 주면 나와서 자신의 대사를 할 수 있었음.
	회기 내 상호작용	각기 자신의 괴로움으로 울부짖고, 비눗방울 활동 외에는 다른 아동의 활동에 전혀 관심이 없었음.	상호작용이 활발해짐.

첫 번째 연구 문제는 새로운 사람과 공간, 갑작스러운 상황 변화 등에 어려움을 보이는 아동들이 프로그램을 거부하지 않고 참여할 수 있는가다. 치료 초반에 울거나 밖으로 뛰쳐나가

거나 바닥에 누워버리는 등의 부정 행동을 보였던 D 아동은 2회기 이후 급격히 줄었고, 3회기 이후에는 나타나지 않았다. D 아동의 부정 행동에 영향을 받아 함께 동요하였던 A, B, C 아동들 역시 2회기 이후에 안정화되었다. 회기가 진행됨에 따라 아동들은 상호작용 빈도가 증가하고, 3회기 이후에는 동물 소리를 내며 유쾌하게 놀이를 하게 되었다. 중요한 것은 마지막 회기에 아동들은 관객 앞에서 연습 활동 때와 거의 유사한 행동 및 정서적 상태를 보이며 공연을 마무리할 수 있었다는 것이다. 물론 연극 과정이 동일한 공간에서 10주 동안 진행되었기에 환경과 보호자, 치료사에 익숙해진 까닭이라고 할 수도 있겠으나, 리허설과 실제 공연에는 그동안 치료에 합류하지 않았던 다른 치료사들이 참석하였고 환경의 변화가 있었음에도 성공리에 공연을 마쳤다는 점은 의미가 있다. 아동들은 거부감 없이 공연을 실연하였으며 상기된 표정으로 커튼콜에 임하며 즐거워하였다.

두 번째 연구 문제는 아동들이 순서대로 대사를 암기하여 말하거나 읽을 수 있는지, 주어진 역할을 받아들이고, 해당 의상을 입고 역할연기를 하는지에 관한 것이다. 사실 아동들이 아무런 도움 없이 차례를 지켜 가며 공연을 한 것은 아니다. 4명 중 2명은 치료사의 신호 없이 자기 차례를 인지하였고, 나머지 2명은 치료사의 신호를 보고 자기 차례를 인지하였다. 초기에 아동을 앞으로 나오게 하여 주어진 대사를 읊도록 하는 것 자체가 불가능하였던 점을 상기하면 10회기만에 아동이 스스로, 혹은 치료사의 신호에 따라 노란 나무상자에 올라가 대사를 할 수 있게 된 것은 커다란 진전이다.

세 번째 연구 문제는 프로그램 과정에서 아동 상호 간에 역동이 일어났는가 하는 것이다. 순서를 지킨다는 것은 앞뒤의 역할을 고려한다는 의미다. 따라서 순서 지키기가 이루어졌다는 것은 세계가 혼자가 아닌 관계망 속에서 이루어진 세계라는 것을 인식하게 되었다는 것을 뜻한다. 회기가 진행될수록 아동들은 상호 관여를 하게 되었고, 순서가 되었음에도 대사를 하지 않으면 서로 툭 치거나 큰소리로 알려 주었다. 농장 장면에서 동물 놀이가 즉흥적으로 이루어졌고, 아동들은 맡은 동물을 연기하면서 누가 적대적이고 우호적인지 명확하게 파악하게 되었다. 연극의 특징인 현실과 허구를 넘나드는 역할을 연기하면서 나와 또 다른 나를 만날 수 있다는 것은 궁극적으로 자기 이해와 타인의 마음 읽기 훈련이 된다. 따라서 오리가 되고, 백조가 되는 상징적 모방은 ASD 아동에게는 무척이나 어려운 상징 놀이가 가능해졌다는 것을 의미한다.

6. 연극치료 전략

앞에서 언급한 것처럼 ASD 아동은 공통으로 화용적 문제를 안고 있다. 이 문제를 완화하거나 해결할 수 있는 효과적인 훈련 방식 중 하나는 자연스러운 놀이 환경에서 상호 소통을 학습하는 것이다. 그런데 대본과 역할연기로 이루어지는 연극은 발달단계에서 꼭 거치는 소꿉놀이처럼 사회적 역할에 대한 훈련이자 상호 소통을 위한 훌륭한 학습의 장이다. 연극에 기반한 연극치료 전략을 사용한 연구 결과를 크게 세 가지 관점에서 살펴볼 수 있다.

1) 연극에 참여하기

초반에 아동들이 노래하거나 율동을 하면서 연극적 상황에 어느 정도 적응을 하였다고 하더라도, 집중적인 시선을 받으며 목소리와 움직임으로 역할을 표현한다는 것은 쉬운 일은 아니다. 감정 조절이 어려운 ASD 아동은 종종 주어진 공간에 머물러 있기를 거부하거나 바닥에 눕기, 울부짖기 등의 부적응 행동을 한다. 한 아동이 울기 시작하면 동시에 우는 상황도 발생한다. 이러한 난감한 상황을 예방하기 위해 각 치료사가 아동을 전담하여 아동의 요구와 반응에 적절하게 반응할 수 있도록 하였다. 또한 참여를 거부하는 아동은 참여를 강요하지 않았다. 거부 아동은 딴청을 부리거나 누워 있다가 연극놀이가 재미있게 진행되는 것을 보며 슬그머니 합류하였다. 초반에 아동들은 상당히 비협조적이었다. 그러나 공간에 익숙해지고 다른 아동들과 친숙해지면서 부정 행동은 줄어들고 어느덧 적극적인 참여자가 되었다.

2) 응답하기 훈련

ASD 아동은 대화를 시작하여 유지하고 종결하는 데 어려움이 있다. 즉, 욕구 충족을 위해 필요한 것을 요구하는 초기 의사소통 기능을 습득하였더라도 언어능력을 활용하여 타인에게 다가가 대화를 개시하거나, 설령 대화가 개시되었더라도 이를 유지하는 것이 매우 어렵다. 대화 유지를 위해서는 공동의 주제를 이끌어 가야 하지만 ASD 아동은 관심 있는 주제에만 몰두하기 때문에 상대방을 고려하지 않고 일방적인 말만 하다가 대화가 종료되곤 한다. 언어적·비언어적 단서의 활용이 부족하여 화용 능력이 떨어지고, 공손한 표현, 간접적 표현, 은유적 표현도 거의 불가능하다. ASD 아동이 시작한 발화의 20% 이상이 상대방의 말을 중단시킨 부적절한 것이며, 이는 일반 아동의 2배에 이른다. 또한 일반 아동의 경우에는 87%가 문맥 속에서 주제가 유지된 데 비하여, ASD 아동은 53%만 주제와 관련이 있다(김영태, 116).

이러한 문제점을 안고 있는 ASD 아동의 대화 기능 중 말 주고받기 기능을 향상시키기 위해서는 무엇보다도 차례를 지킬 줄 아는 것이 중요하다. 역할을 언어와 몸짓으로 표현하는 연극에서 상대방에 대해 적절하게 응답하기는 말 주고받기의 학습의 장이 된다. 그러나 차례를 지키는 것이 어려운 아동에게 어떻게 자신의 차례임을 알게 할 수 있을까? 이러한 문제를 해결하기 위해 제시된 것이 노란 나무상자였다. 아동들은 처음부터 노란 나무상자에 커다란 관심을 보였다. 더구나 노란 나무상자가 조명으로 강조되고, 차례가 되었을 때에만 앉을 수 있다는 규칙을 제시하자 그곳에 앉고 싶어 하는 기색이 역력하였다. 궁극적으로 노란 나무상자를 활용한 응답 훈련은 잘 이루어졌고 후기에는 단서가 필요할 때도 있었지만 말할 차례를 지킬 수 있게 되었다.

3) 혐오 환경에 대한 둔감화

주양육자에 따르면, ASD 아동들은 유치원이나 학교에서 익숙한 평상복 외에 낯선 모자나 동물 의상과 같은 것을 착용하는 것에 거부반응을 보였고, 불을 끄거나 시끄러운 소리에도 예민한 반응을 보였다. 실제 프로그램에서도 ASD 아동들은 이와 유사한 반응을 보였다. 프로그램 초기에 낯선 환경에 심한 거부감을 보이는 ASD 아동들을 보면서 주양육자들은 연극치료 집단 언어치료 프로그램에 회의적 태도를 보였다. 그러나 ASD 아동들은 연극의 놀이 요소에 녹아들고 역할을 이해하게 되면서 점차 의상, 조명, 음향에 적응하기 시작하였다. 여기서 주안점을 둔 것은 강제성을 띠지 않기, 점진적인 습관을 통한 감각의 둔감화다. 예컨대, 의상 착용에 있어 단번에 동물 의상을 입히기보다는 처음에 상징적으로 동물을 표현하고 점차 확대하는 방식을 적용하였다. 초반에는 역할에 맞는 띠를 머리에 두르거나 가슴에 역할의 그림을 붙이거나 이것마저 거부하는 아동은 팔목에 천을 묶어 주었다. 후반에 들어서는 모든 아동이 자기 역할의 모자와 옷을 착용할 수 있게 되었다. 조명의 경우에도 초반에는 어두워지는 것을 몹시 두려워하였다. 치료실의 소등에 심한 거부감을 보였고, 2개의 조명만 켰을 때에도 견딜 수 없어 하였다. 하지만 노란 나무상자에 초점을 맞추고 역할에 익숙해지면서 어둠을 극복할 수 있게 되었다. 후반에 들어서자 ASD 아동들은 스스로 불을 끄라고 요구하였다. 음향도 마찬가지였다. 이 프로그램에서는 음악뿐 아니라 알 깨지는 소리 등 효과음을 많이 사용하였다. 회기 초반에 ASD 아동들은 귀를 막거나 울음을 터뜨렸으나 연극에 몰입하면서 점차 음향에 적응하였다. 후반에 ASD 아동들은 효과음이 필요한 상황을 인지하고 음향 효과를 더 요구하거나 본인이 직접 효과음을 틀려는 적극적인 모습을 보였다.

ASD 아동에게 있어서 낯선 것에 대한 두려움, 혐오 환경에 익숙해지는 것은 그 자체로 대단히 중요한 진전이다. ASD 아동들이 혐오 환경에 익숙해지는 모습에서 주양육자들 역시 이 프로그램에 대해 신뢰감을 보였다.

7. 연구 결과 및 제한점

지금까지 살펴본 우리의 작업은 ASD 아동 4명을 대상으로 10회기에 걸쳐 연극치료 방식의 집단 언어치료를 실시한 결과다. 우리는 연극치료 기반의 프로그램을 구성하였으며, 작업한 과정을 관찰 기술하고 그 결과에 대해 논의하였다. 이 작업의 궁극적 목적은 ASD 아동의 화용 능력 향상에 있으며, 상호작용 기능 향상과 대화 순서를 지켜 응답하기, 언어 환경에 대한 민감도 감소를 세부 목표로 삼았다. 이를 위해 프로그램 초반에는 주로 감각 운동적 활동을 하였고, 중반에는 극적 활동, 역할놀이에 중점을 두었으며, 후반에는 리허설과 실제 공연을 하였다. 이를 위한 전략으로 노란 나무상자, 음향 및 조명에 대한 둔감화 기법을 사용하였다. 이 과정에서 2회기부터 아동의 부정 행동이 급격히 사라졌고 연극 활동에 참여하게 되었다. 3회기 이후에 ASD 아동들은 차례를 지켜 역할을 표현하였으며, 연극 환경에 더욱 익숙해진 6회기에 이르러서는 소리와 빛에 대한 거부감도 완전히 사라졌다. ASD 아동들은 직접 음향과 조명을 요구하기에 이르렀다.

이 작업은 단기치료로 진행되었기 때문에 발달 과정 전반을 다 아우를 수는 없다. 전조작기에 몸의 감각을 통해 세계를 지각하는 것처럼, 몸의 움직임과 역할놀이에 집중하여 감각운동기 활동과 상징 놀이에 머문 측면이 있다. 따라서 아동에게서 투사와 전이 현상은 나타나지 않았으며 상징화 능력도 크게 부각되지 않았다. 그러나 극의 역할을 소화해 내고 자신의 차례를 지켜 대사를 하게 된 것은 어느 정도 상징화가 이루어진 것이라고 생각한다. 향후 개인 언어치료를 병행하고 회기를 더욱 늘리고 의사소통 유형 기준에 따라 집단을 적절히 조합하여 다양한 언어치료 대상 아동에게 이런 종류의 프로그램을 적용한다면 더욱 진일보된 결과를 도출할 수 있을 것이다.

현재 연극치료를 활용한 집단 언어치료는 시작 단계로서 이 작업은 연극치료와 언어치료를 접목한 치료모델을 개발하기 위한 기초로서 가치가 있다고 본다. 이러한 통합적 연구는 학문 분야 간에 방법과 기술을 벤치마킹하는 것에서 더 나아가 실제적인 치료 효과를 얻을 수 있는 의미 있는 학문 통섭의 사례가 될 것이다.

제41장 사회성 결핍 언어발달 장애 아동 대상 연극치료

연극치료는 상담심리, 예술치료, 언어치료 등 다른 인접 분야와 연계하여 그에 적합한 연극치료모델을 적용한다면 상호 훌륭한 시너지 효과를 낼 수 있다. 우리는 연극치료에 기반하여 집단적인 언어치료의 사례를 통해 이러한 작업이 어느 정도 효과적인가를 알아보기 위해 연극치료 기반 집단 언어치료가 참여 아동의 언어발달과 사회성에 미치는 효과를 연구하였다. 이를 위해 사회성에 심각한 결핍을 보이는 자폐 아동과 ADHD 아동, 중간 역할을 담당할 수 있으나 역시 사회성 면에서 결핍을 보이는 지적장애 아동 3명으로 소집단을 구성하고 연극치료를 활용한 언어치료 프로그램을 실시하였다. 먼저 세 아동의 사회성 및 언어 특성을 고려하여 아동극 〈부비와 삐꾸〉를 창작하고 희곡 읽기와 역할연기를 하였다. 회기마다 웜업 연극치료 기반 언어치료 프로그램을 실시하였다. 평가를 위해서는 치료 전후에 '사회성숙도검사(SMS)' '우리말조음음운검사(U-TAP)' '수용·표현어휘력검사(REVT)' '구문의미이해력검사(KOSECT)'를 실시하였다.

이 연구는 주 1회 70분, 20회기로 구성된 연극치료 기반 집단 언어치료의 작업 결과다. 이 작업으로부터 참여자는 희곡 읽기, 몸의 움직임과 역할연기를 통한 가상 세계의 체험, 마음읽기가 포함된 연극치료 기반 집단 언어치료가 사회성 및 언어 발달에 미치는 영향을 알 수 있었으며, 향후 연극치료와 집단 언어치료의 활용에 하나의 방법으로 제시할 수 있을 것이다.

1. 연구 방법

언어는 인간이 지닌 가장 강력한 의사소통의 도구인 만큼 언어발달이 지체되면 의사소통과 상호작용에 문제가 생기게 된다. 역으로 상호작용 면에서 문제를 보이는 아동은 언어발달에서도 지체를 보이는 경우가 많다. 그렇다면 의사소통과 상호작용과 관련하여 집단에서 극적 방식으로 상호 교감을 중시하는 연극치료는 상당히 효과적일 수 있다. 가령, 무대에서 다른 참여자의 시선이 집중된 가운데 상대역과 대사를 주고받는 역할연기는 자체로 소통의 학습이며 상호작용이다.

원활한 의사소통을 위해서는 언어적 능력에 더하여 상호작용이 필요하다. 사회적 상호작용 및 의사소통 능력이 부족하고, 상대방의 기분이나 상황을 예측하는 힘 또는 은유와 상징의 파악 능력이 떨어지는 아동에게 연극적 방식의 상호 교류 기회를 통해 자연스럽게 언어적·사회적 능력을 발달 기회를 제공한다면 언어치료의 효과와 능률이 배가될 것이다. 사실 누차 언급한 것이지만 연극을 한다는 것은 그 자체로 소통이며 치료다. 하지만 희곡을 읽고 무대를 만드는 것만으로는 부족하다. 자신이 맡은 역할을 통해 타인을 경험하고, 타인과의 소통을 통해 자신의 모습을 직시하는 것이 필요하다. 역할을 통해 나타나는 모든 것은 그것을 느끼고 경험하는 참여자의 주관에 전적으로 의존하기 때문에 참여자는 미처 모르고 있던 자신의 모습을 자연스럽게 인식하게 된다(장병헌, 2009).

우리는 연극의 치유적 특성에 주목하고, 연극적 요소를 집단 언어치료에 활용하기 위하여 집단 구성원의 개별적 특성과 언어적 문제 유형을 고려하여 아동극 〈부비와 삐꾸〉를 창작하였다. 창작 아동극은 아동의 언어 연령과 어휘 능력, 나아가 조음적 문제를 고려하여 500여 개의 단어로 구성하였다. 참여자 아동들은 다른 구성원 앞에서 각자 맡은 역할의 대사를 읽거나 몸으로 표현하면서 자연스럽게 조음치료와 언어치료를 수행하였다. 이 방식이 원활하게 이루어지기 위해서는 상대방을 의식하고 읽는 순서를 지켜야 하며 자기 역할의 성격을 파악해야 한다. 이 과정에서 아동들은 상호 역동성을 창출하면서 발성, 조음, 어휘, 문장 이해 및 표현, 나아가 상대방의 마음 읽기를 학습하게 된다. 집단이 연극 세계에 빠져들게 되면 아동은 자신과 전혀 생소한 인물이 되거나 상대 인물과 의미 있는 말을 주고받으며 어느덧 가상세계를 경험한다. 이야기와 몸짓, 역할연기 방식에서 아동은 자기도 모르게 치료 과정에 흥미를 느끼고 자연스럽게 상대방의 마음을 이해하게 되며 의사소통 능력이 향상된다. 아동이 역할에 투사하게 되면서 극중 이야기가 처음에는 누군가의 이야기였지만 결국은 자신의 이야기가 되어 거리를 둔 상태에서 자신과 깊이 있는 만남을 경험하게 된다.

20회기에 걸친 집단 언어치료 이후에 참여 아동들의 사회성 및 언어적 향상이 이루어졌는지를 평가하기 위해서 치료 전후에 '우리말조음음운검사' '수용·표현어휘력검사' '문장이해력검사' 그리고 '사회성숙도검사'를 실시하였다. 이들 평가 도구는 연극치료 기반 집단 언어치료를 통해 아동들의 언어발달과 사회성 향상 정도를 객관적으로 보여 줄 것이다. 지금까지는 구연동화나 놀이치료를 활용한 집단 언어치료 연구나 발달 장애아동을 대상으로 한 연극치

제41장 사회성 결핍 언어발달 장애 아동 대상 연극치료 472

료 연구가 있었다. 그러나 언어발달과 사회성 발달을 위해 연극이라는 틀 안에서 언어치료 프로그램을 구성하고, 연극치료 전문가가 참여하여 아동을 무대에 직접 세우고, 극단 소속의 연기자들이 동일한 대본을 아동들 앞에서 연기하며 연기 지도를 실시한 연극적 집단 언어치료 연구는 없다고 해도 과언이 아니다. 우리의 시도는 언어적 요소뿐 아니라 몸의 움직임을 통한 가상 세계 경험이나 역할연기를 포함한 연극적 집단 언어치료에서 언어발달 및 사회성 증진 효과를 살펴보고 연극치료와 언어치료의 접목 가능성을 찾으려는 것이다.

2. 참여자 정보

이에 우리는 언어발달이 늦어져서 언어치료를 받는 아동 가운데 상호작용의 어려움을 보이는 3명의 아동을 선별하여 소집단을 구성하였다. 소집단 구성원은 언어 연령이 유사하고, 보호자에 의해 동의를 받은 아동으로서 전문의에 의해 각각 자폐, ADHD, 정신지체로 진단받았다. 〈표 41-1〉은 참여 아동의 배경 정보다.

<표 41-1> 참여 아동의 정보

	대상자 A(남)	대상자 B(여)	대상자 C(남)
생활연령(시작 시점)	16세 3개월	9세 11개월	7세 4개월
진단명	자폐	지적장애	ADHD
진단 시기	10세	8세	5세
장애 등록	자폐성 2급	지적 3급	자폐성 3급
지능(K-WISC-III)	55	56	75
의사소통 유형(FEY)	무응답형	소극형	자기주장형
언어장애 유형(시작 시점)	조음(자음정확도 67%)	조음(자음정확도 65%)	조음(자음정확도 81%)
	표현어휘력 5세	표현어휘력 6세	표현어휘력 6세
	구문의미이해력 4세	구문의미이해력 5세	구문의미이해력 4세

A는 자폐장애 남아로, K-WISC-III 검사 결과 IQ 55로 평가되었으며, 집단 언어치료 시작 당시에 언어 연령은 4~5세 정도였고, U-TAP 자음정확도가 67%였다. 자음정확도를 낮추는 주요 음소는 마찰음과 파찰음 계열, 그리고 /ㄹ/ 어중 초성이었다. B는 IQ 56의 지적장

애 여아로, 치료 시작 당시의 언어 연령은 5~6세, 자음정확도는 65%였다. B의 주요 조음 문제는 종성 자음에서 나타났으며, /ㄹ/ 어중 초성 조음에서도 어려움을 나타냈다. C는 IQ 75의 ADHD 남아로, A와 B에 비해 지능이 높은 편이나 집중력 결핍을 보이고 충동을 제어하지 못하며 치료 시작 당시의 언어 연령은 4~6세로 영역별 편차가 심한 편이었다. 자음정확도는 81%로 양호하였으나 조음 시 혀의 움직임이 전방으로 쏠려 웅얼거리듯이 발음하였다. 이 때문에 한 음절씩 떼어 말하지 않는 한 알아듣기 어려웠으며, 어휘력에 비해 구문의미이해력이 낮은 편이었다. 세 아동의 생활연령은 16세 3개월, 9세 11개월, 7세 4개월로 차이가 큰 편이지만 생활연령에 비해 비정상적으로 왜소한 A 아동은 B 아동과 신장(身長)과 IQ가 유사하고, C는 두 아동보다 IQ는 높지만 언어 연령은 A와 유사하여 놀이 환경에서 세 사람의 생활연령 차가 치료 프로그램에서 단점으로 작용하지 않았고 오히려 극적 역할을 다양하게 하는 장점이 되었다.

참여 아동은 장애 유형도 다르고, 의사소통 유형도 다르나 언어 연령이 유사하고 상대방의 복잡한 정서를 이해하고 예측하거나 소꿉놀이처럼 현실을 모방하는 놀이에서 통용되는 가장(假裝)에 심각한 결함을 지닌다는 공통점이 있다. 이러한 아동의 공통점과 차이점을 고려하여 공동 치료 목표와 개별 치료 목표를 설정하였다. 참여 아동의 전반적인 언어능력과 사회성 향상을 위하여 상호작용의 기초가 되는 '차례 지키기' '규칙 따르기' '상대방 마음 이해하기' '화용적 능력 향상'을 공동의 치료 목표로 설정하였으며, 개별 치료 목표는 〈표 41-2〉와 같다.

<표 41-2> 개별 치료 목표

		대상자 A	대상자 B	대상자 C
언어능력 향상	조음	• 마찰음, 파찰음, /ㄹ/ 어중 초성의 조음정확도 향상	• 종성 자음 및 /ㄹ/ 어중 초성의 조음정확도 향상	• /ㄹ/ 어중 초성의 조음정확도 및 문장 수준에서의 명료도 높이기
	어휘	• 어휘 이해 및 표현력 향상	• 어휘 이해 및 표현력 향상	• 어휘 이해 및 표현력 향상
	구문	• 구문의미이해력 향상	• 구문의미이해력 향상	• 구문의미이해력 향상
사회성 향상	상호작용	• 눈 맞추고 말하기 • 게임에 참여하기 • 차례 지키기 • 기본적인 질문에 적절하게 대답하기	• 자신감 향상 • 놀이나 게임에서 규칙을 이해하고 따르기 • 상대방의 마음을 이해하고 자신의 행동을 조절하기	• 눈 맞추고 말하기 • 집단 놀이에서 규칙을 이해하고 따르기 • 상대방과 의논하여 자기주장을 조절하기

3. <부비와 삐꾸> 아동극 창작

〈부비와 삐꾸〉를 창작할 때 네 가지 사항을 고려하였다. 첫째, 비장애 아동에 비해 참여 아동의 집중 시간이 짧기 때문에 이야기 구조를 가능한 한 단순하고 명료하게 하며 장면의 길이가 짧고 장면 전환을 빠르게 하였다.

둘째, 참여 아동의 어휘력과 조음 문제를 대본에 반영하였다. 〈표 41-3〉은 조음치료가 필요한 음소가 어떻게 어휘에 반영되었는지 대본의 예를 제시하면 다음과 같다.

<표 41-3> 치료 목표 음소와 어휘적 표현

음소	단어(U-tap)	희곡 내 해당 음소
마찰음	책상, 사탕, 눈썹, 세 마리	사과, 세 개, 소나무, 새 인형, 불쌍하다, 천둥소리, 났어요, 숨 막혀, 우산, 시작해요, 신난다
파찰음	자동차, 참새, 짹짹	작은 언덕, 갖다 주다, 착한 아이, 울창하게 자라요, 그치
/ㄹ/ 어중 초성	세 마리, 호랑이, 코끼리	구름, 버림받았어, 후루룩, 그렇게, 그럼, 심부름, 오르다, 이름, 노란, 커다란
/ㄱ/ 종성	책상, 짹짹	먹다, 꼭, 걱정마라, 착하구나, 언덕
/ㅂ/ 종성	눈썹	갑자기, 무섭지, 이얍
/ㄷ/ 종성	못	맛있겠는데

셋째, 〈표 41-4〉에서 제시하는 바와 같이 어휘 및 형태/통사적 구성을 비롯하여 시선의 교환과 상호작용 훈련을 고려하여 아동극을 창작하였다.

<표 41-4> 치료 부분별 세부 목표의 예

단위	치료 목표
어휘적 단계	수용 및 표현 어휘력 향상
형태/통사적 단계	조사와 어미 사용, 문장 만들기, 이해하기 의문사(왜, 언제, 누가, 무엇을, 어떻게)
상호작용	주고받기, 차례 지키기, 질문에 답하기(의문사에 대한 적절한 대답), 바라보고 대사하기, 시선 처리

넷째, 권선징악과 시련을 극복하는 메시지를 담았다. 이러한 주제는 아동에게 장애를 극복

할 수 있는 의지를 북돋아 준다는 점에서 의의가 있다. 〈부비와 삐꾸〉의 줄거리를 보면 주인공인 여자아이 부비에게 과일 상자를 이모에게 전달하라는 임무 부여로부터 시작된다. 부비는 우연히 길가에 버려진 새 인형 삐꾸를 발견하고 안아 줌으로써 친구가 된다. 부비와 삐꾸는 숲속에서 임무를 방해하는 뭉치를 만나지만 서로 힘을 합쳐 방해물을 물리치고 무사히 임무를 완수한다. 〈부비와 삐꾸〉에는 어리고 선한 두 인물과 힘이 세고 방해꾼인 인물의 대립 구조가 존재한다. 또한 세 등장인물 사이의 갈등이 클라이맥스로 치닫다가 대단원에 이르러서는 선한 자의 승리로 끝을 맺는다. 인물의 대립 구조는 〈표 41-5〉와 같다.

<표 41-5> 세 인물의 대립 구조

부비와 삐꾸	뭉치
약자	강자
작은 자	큰 자
현명한 자	어리석은 자
겸손한 자	으스대는 자
도움을 주고받는 자	방해하는 자

사전작업 없이 곧바로 연극의 세계로 진입하는 것은 비장애 아동에게도 쉽지 않은 일이다. 웜업이 적절히 이루어진다면 자연스럽게 신뢰 관계 형성이 이루어져 극적 이야기 안으로 녹아들 수 있다. 이야기, 놀이 혹은 연극과 연관된 웜업은 참여 아동들에게 집단에 대한 거부감을 줄이고 연극에 흥미를 갖고 좀 더 적극적으로 참여할 수 있도록 한다. 나아가 웜업은 참여 아동에게 감각 활용 또는 감정 표현 능력을 기를 수 있게 하는 또 다른 프로그램 역할을 한다. 예를 들어, 다양한 소품이나 인물의 형태를 실제로 구성하면서 이야기 구조를 습득할 수 있고, 담화 중재 기법으로 연극적인 모방 및 은유와 상징을 표현하는 학습도 가능하다.

우리는 웜업 프로그램으로 눈(시선)싸움하기, 노래에 맞추어 율동하기, 찰흙으로 만들기, 그림 그리기, 흉내 내기, 게임 등으로 이루어졌다. 웜업의 각 프로그램은 참여 아동의 개별 목표에 맞게 이루어졌다. 예컨대, 눈싸움은 눈 맞추기에 어려움이 있는 A와 C에게 자연스럽게 눈을 맞출 수 있도록 하며, 소리에 맞춘 몸동작이나 율동은 A에게 상호작용 및 모방 효과를, B에게 자신감 및 이해 능력 향상을, C에게 규칙에 맞추어 행동하기, 욕구 조절하기의 효과를 기대하였다. 그림 그리기는 그림을 그린 후 자기 그림을 설명할 때 언어적으로 발성 및 조음 일반화 과정이 고려되고, 나아가 어휘 향상 및 문장 구성, 상황 이해와 상황에 맞는 언어 사용

훈련이 된다. 상호작용 면에서는 마음 읽기와 주고받기 훈련에 도움이 된다.

4. 프로그램 구성

우선 언어치료 프로그램을 살펴보자. 참여 아동은 장애 유형과 조음 오류의 유형이 다르다. 그러나 언어 연령이 유사하고 상호작용 면에서 어려움을 보이며 조음 명료도를 높여야 하는 공통점이 있어, 구체적인 언어치료 계획에 맞추어 연극치료 방법론을 적용한 프로그램을 설계하였다. 첫째, 각 아동이 보이는 조음 문제점이 달라서 각자의 대사에 이를 반영하였다. 아동별 대사 지도 과정에서 조음점을 짚어 주거나 조음 방법을 모델링을 통해 익히게 하였다. 둘째, 어휘력 향상과 문장 이해 및 표현력을 기르기 위해 대본을 읽고 대본에 나타나는 명사나 동사를 정의하는 게임을 비롯하여 이야기를 읽고 그 내용과 흐름에 따른 대화를 주고받으며 내러티브 문법을 익히는 프로그램을 구성하였다. 셋째, 대사를 주고받음에 있어 차례 지키기와 전체적인 맥락 파악하기 및 대사에 감정을 이입하기를 포함시켰다. 이 방식은 사회 상호작용 학습과 직결된다. 역할의 감정을 이해하고 감정을 맥락에 맞게 이입하기 위해서는 상황뿐 아니라 자기 역할과 상대방의 역할을 분명하게 파악해야 하는데, 이는 마음 읽기를 위한 훌륭한 훈련 방법이다.

일반적으로 내러티브 요소라 하면 스토리와 플롯 측면에서 다룰 수도 있고 사건의 층위를 고려해서 사건을 다룰 수도 있다. 그러나 참여 아동의 경우 추정 능력이나 은유 및 상상 능력이 결여되어 있으므로 스토리 요소를 중심으로 프로그램을 구성하였다. 말하자면 사건의 흐름에 따른 사람의 움직임, 순서, 빈도 등의 구조를 고려한 질문과 대답 형식에 주안점을 둔 것이다. 내러티브 요소를 훈련시키기 위해 3~4쪽 분량의 스토리가 비교적 선명하다고 판단된 〈빨간 모자와 늑대〉 〈뭉크와 농부〉 〈개구리 왕자〉 〈잭과 콩나무〉와 〈성냥팔이 소녀〉를 택하였다. 이들 동화를 각각 이야기 전개에 따라 4개의 장면으로 그림을 그려 교구로 준비하였다.

먼저 치료사가 구연 방식으로 동화를 읽어 주고 참여 아동이 다시 동화를 구연하도록 하였다. 동화 구연은 인물의 특징을 이해하고 감정을 제대로 표현할 수 있을 때 생생한 맛을 낼 수 있다. 동화 구연을 하면서 참여 아동이 자신의 음성을 듣고 동화 내용을 파악하고 플롯에 흥미를 가질 수 있도록 하였다. 또한 동화를 읽은 후 동화 속 주인공이 누구인지, 인물이 겪는 모험이 무엇인지, 인물의 감정은 어떤 것인지 질문에 답하기 방식으로 의견을 주고받았다. 예를 들어, 〈빨간 모자와 늑대〉를 읽은 후 그림 자료를 제시하면서 "빨간 모자 아가씨는 지금 어디에 가지요?" "왜 할머니 댁에 가나요?" "어머니는 할머니께 무엇을 갖다 드리라고 하였나요?" "빨간 모자 아가씨는 숲에서 누굴 만났나요?" "할머니와 빨간 모자 아가씨는 어떻게 되었나요?" "누가 구해 주었나요?" 등을 질문하였고 아동들은 경쟁적으로 대답하였다. 이 과정 이전에는 동화의 줄거리를 설명하라고 요구하면 난감해하며 망설이는 모습을 보였지만 과정 후에는 줄거리 설명의 구성이 향상되었다. 4장의 그림을 제시하고 순서대로 나열한 후 설명하게 하면 향상 정도가 더욱 두드러졌다. 참여 아동은 다섯 편의 동화 중 〈성냥팔이 소녀〉를 제일 어려워하였는데, 이를 통해 내러티브 훈련을 위한 이야기 난이도 기준의 하나를 파악할 수 있었다. 이야기의 장면별 내용 변화가 선명한 경우 아동들은 더 잘 이해하는 것으로 판단된다.

<표 41-6> 내러티브 프로그램 진행 예시

<table>
<tr><th>목표</th><th>활동</th><th>관찰</th></tr>
<tr><td rowspan="4">1) 상호작용
2) 내러티브 구조 익히기
• 스토리 흐름 알기
• 내용 표현하기
3) 조음정확도 및 명료도 향상</td><td rowspan="4">〈뭉크와 농부〉
• 동화 듣기
• 등장인물 파악
• 내용 순서대로 파악하기
• 질문에 답하기</td><td>치료사가 동화 〈뭉크와 농부〉를 구연하고 아동들은 듣도록 하였다. 아동들은 조용히 듣기도 하고 재미있는 장면에서는 소리도 지르며 반응하였다. A는 반응을 보이지 않는 편이나 다른 아동들이 적극적인 반응을 하면 영향을 받아 흥분하는 모습을 보였다.</td></tr>
<tr><td>구연동화 후 등장인물, 뭉크가 무엇으로 변하였는지(무엇), 변신의 이유(원인/결과) 등에 대해 묻고 대답하기를 게임처럼 강화물을 제시하면서 진행하였다. B와 C가 적극적으로 대답하기 때문에 A는 대답할 기회를 갖지 못하였다. 차례로 돌아가면서 대답하도록 규칙을 정하자 A도 참여할 수 있었다.</td></tr>
<tr><td>네 장면의 그림을 제시하고 내용에 맞게 순서대로 그림을 나열하도록 하자 세 아동 모두 순서 맞추기에 성공할 수 있었다.</td></tr>
<tr><td>한 커트씩 장면을 설명하게 하자 A는 단문으로만 설명하였다. B와 C는 연결어미를 사용한 복문을 사용하기는 하지만 제한적이다. 또박또박 정확히 말할 때마다 사회적 · 물리적 강화를 하였다.</td></tr>
</table>

집단치료 3회기에 접어들면서 아동극을 나누어 주고 치료사를 포함하여 4명이 인물과 관계없이 순서대로 낭독하였다. 4회기에 참여 아동에게 역할을 제시하고 각자 맡은 역할에 감

정을 이입하여 표현하도록 하였다. 6회기부터 본격적인 대본 읽기를 시작하면서 역할에 대한 느낌이 무엇인지 질문하였다. '뭉치'를 맡은 A는 '뭉치'가 마음에 안 드는지 '삐꾸' 대사를 읽으려 하였으며 '부비' 역을 맡은 B와 '삐꾸'를 맡은 C는 만족스러운 반응을 보였다. 회기가 진행될수록 아동들은 서로를 독려하고 제어하는 역동적인 모습을 보였다.

대사 반복이 진행되면서 G시 소재의 전문극단을 방문하여 자신의 대사가 배우에 의해 어떻게 읽히고 표현되는지 실제로 경험할 수 있도록 하였다. 나아가 아동에게 무대에서 직접 자신의 역할을 연기해 보고 다른 아동의 역할을 바꾸어 읽도록 하였다. 아동들은 조명이 설치된 공연 무대에서 배우들이 감정을 넣어 자신의 대사를 읊자 신기한 표정을 지었고, 처음에는 낯설어하였지만 세 아동 중 두 아동은 금방 적응하는 모습을 보였다. 역할 바꾸기에서도 적극적인 참여를 하였다. 이런 경험과 더불어 여전히 미흡한 점은 있지만, 아동들은 대본 없이 몸짓과 감정이 섞인 대사로 표현하는 것이 가능한 정도에서 집단 언어치료를 마무리하였다.

만일 프로그램이 더욱 진행되어 아동들이 실제로 무대에서 관객을 앞에 두고 연기하는 단계에까지 나간다면 훌륭한 치료적 공연이 되어 아동들의 언어발달에 더 커다란 도움이 될 것이다. 조명과 음향, 의상과 소품 같은 무대 언어가 준비된 공연을 통해 아동들은 전이, 투사, 동일시를 경험하고 관객의 열렬한 박수를 경험한다면 의사소통과 사회성 향상에 훨씬 도움이 될 것이다.

<표 41-7> 연극적 지도 예시

목표	활동	진행 및 관찰
1) 찰흙으로 표현하기 2) 발표하기 3) 발표 듣기 4) 칭찬하기 5) 역할 투사	• 찰흙 놀이 • 역할 투사	• 찰흙으로 만들고 싶은 것을 만들라고 하자 A는 찰흙을 둥글게 뭉쳐 놓았고 B는 꽃을 만들었고 C는 자동차를 만들었다.
		• 각자 자신의 작품에 대해 이야기하고 다른 아동의 작품을 평가하도록 하였다. A는 다른 아동이 발표를 하면 "잘하였어요"라고 형식적으로 말하였고 B는 못하였다고 하다가 다른 아동이 칭찬하는 것을 본 후 "잘하였어요"라고 답을 바꾸었다. C는 자신이 박수받는 것에만 흥미를 보였다.
		• 두 번째 시도에서 A는 동생을 사람 형상으로 잘 만들었고 B와 C는 첫 번째 시도와 동일한 것을 만들었다가 A가 칭찬받는 것을 보고 모두 사람을 만들었다. 이때 치료사는 각자가 맡은 역할을 찰흙으로 만들 것을 지시하였고 아동들은 진지한 자세로 각각 뭉치, 부비, 삐꾸를 만들었다.

		• A, B, C 아동 모두 자신이 만든 자신의 역할이 마음에 든다고 대답하였으며 왜 좋은지 묻자 A는 "(뭉치는) 뭐든 될 수 있어요"라고 대답하였다. B는 "예뻐서…… 착해서 좋아요"라고 하였으며 C는 "노란 인형이 마음에 들어요"라고 하였다. • 상대방 칭찬하기에서는 훨씬 안정적인 자세와 태도로 임하였으며 상대방의 설명이 끝나면 손뼉을 쳤다. 이러한 상호작용은 연극 세계로 진입하기 위해 꼭 필요한 것이며 발표는 언어 표현 능력 향상에도 기여할 것이다.
1) 연극 관람 2) 다른 사람 연기 보기 3) 생각 표현하기 4) 무대에서 연기해 보기 5) 조음명료도 일반화	• 전문극단 방문 • 〈부비와 삐꾸〉 아동극을 전문 배우가 연기함 • 역할별 감상 말하기 • 무대에서 연기해 보기	• 전문극단을 방문하여 소극장에서 배우들이 동일 희곡을 즉흥적으로 연기하는 것을 관람하였다. 자신이 맡은 배역을 어른 배우가 연기하자 매우 흥미롭게 관람하며 유심히 살피는 모습을 보였다. 관람 후 배우와 아동은 역할별로 짝을 이루어 무대에서 같이 연기하였다. A와 B는 배우와 함께 대본을 보며 연기할 수 있었으나, C는 거부하며 다른 사람 앞에서 연극을 하는 것을 부담스러워하였다. 그러나 A와 B가 배우들과 무대에서 연극을 해 보이자 혼자서 웅얼거리며 간접 참여하는 모습이 관찰되었다. A는 자신의 차례를 잘 지켜 연기할 수 있었고 B는 긴장하면서도 역할을 해낼 수 있었다.

5. 평가 방법

치료 효과를 객관적으로 파악하기 위하여 집단치료 시작 시점과 종결 시점에 '사회성숙도검사' '수용 · 표현어휘력검사' '우리말조음음운검사' '구문의미이해력검사'와 같은 표준화된 검사 도구를 활용하여 평가하였다.

1) 조음검사

'우리말조음음운검사'(김영태, 2014)는 그림 낱말 검사와 그림 문장 검사로 나뉜다. 이 검사의 장점 중 하나는 조음명료도를 측정할 수 있어서 동일 연령군의 자료와 비교가 가능하다는 점이다. 이 연구에서 낱말 검사와 문장 검사를 실시하였을 때 참여 아동이 낱말 자체를 또박또박 읽었기 때문에 문장 단위의 평가는 제대로 이루어지지 않았다. 따라서 문장 검사는 신뢰도에 의심이 갔으므로 낱말 수준에서의 평가 결과만 이용하였다.

2) 수용 · 표현어휘력검사

'수용 · 표현어휘력검사'는 만 2세 6개월부터 만 16세 이상 성인의 수용 및 표현 어휘력을 평가할 수 있도록 고안되었다(김영태 외, 2009). 이 검사는 대상자의 어휘 능력에 대한 전반적인 정보를 제공하고, 어휘 발달 수준을 백분위 점수로 제공하여 동일한 생활 연령대의 대상자에게 상대적인 어휘 발달 수준을 제시하며, 품사별 · 의미 범주별 수행 분석을 통하여 치료 진행 시 목표 어휘의 선정과 치료 효과를 점검하는 데 활용할 수 있다.

3) 구문의미이해력검사

'구문의미이해력검사'(배소영 외, 2004)는 만 4세부터 초등학교 3학년 정도의 구문이해력 범주에 있는 아동을 대상으로 하는 검사 도구다. 특히 문장 이해력에 어려움을 보이는 아동의 답변을 분석하면 아동 언어의 의미적 · 통사적 강점과 약점을 파악할 수 있다는 특징이 있다.

4) 사회성숙도검사

'사회성숙도검사'(김승국, 김옥기, 2002)는 자조, 이동, 작업, 의사소통, 자기관리, 사회화 등의 하위 검사 117개 문항으로 구성되어 있다. 자조의 경우에는 자조 일반과 식사, 용의 등의 39개 문항으로 구성되어 있으며, 이동의 경우에는 '가까운 집에 혼자 놀러 간다'와 같은 10개 문항, 작업 22개 문항 중에는 '집에서 잔심부름을 한다'와 같은 문항이 포함되어 있다. 의사소통 하위 검사는 15개 문항을 포함하는데, '깔깔대며 웃는다' '늘 보는 물건의 이름을 대면서 달라고 하거나 가리킨다' '자기의 경험을 간단히 설명하거나 이야기를 함에 있어서 어느 정도 조리 있게 한다' '12개 이상의 쉬운 낱말을 정확하게 쓴다' 등의 항목을 포함한다. 자기관리 하위 검사에는 '소액의 돈을 가지고 사 오라는 물건을 사 온다' '한 시간 이상 혼자서 집을 본다' 등의 14개 문항으로 이루어져 있고, 사회화의 경우에는 '다른 사람의 주의를 끌려고 한다' '다른 어린이들과 같이 어울려 논다' '자기 차례나 규칙을 알고 목표를 인식할 수 있는 앉아서 하는 게임을 한다' '기술을 익히고 규칙과 득점 방법을 이해해야 할 수 있는 복잡한 게임이나 스포츠를 한다' 등의 17개 문항으로 구성되어 있다.

6. 평가별 향상 정도

사회성 결핍 언어발달 장애 아동에 대한 연극적 집단 언어치료 전후에 언어능력 및 사회성숙도 검사를 실시하여 비교함으로써 치료 효과를 평가하였다. 평가 결과 집단 구성원 사이의 상호작용과 태도에서도 진전을 보였고, 언어와 사회성에서 분명한 진전을 보였다. 구체적으로 검사별 평가 결과는 다음과 같다.

1) 조음정확도 향상

<표 41-8> 단어 수준 조음정확도

	A		B		C	
	전	후	전	후	전	후
단어(U-TAP) 수준	67%	86%	65%	84%	81%	84%

〈표 41-8〉은 단어 수준에서의 자음정확도가 치료 전과 치료 후에 어떠한 변화를 이루었는지를 보여 준다. 집단치료를 시작 시점에서 실시한 우리말조음음운검사 결과, A의 경우에는 자음정확도를 낮추는 주요 원인이 마찰음과 파찰음의 전방화, 유음의 폐쇄음화였고, B는 주로 종성 자음과 /ㄹ/ 초성 및 어중 초성이었다. C의 경우에는 /ㄹ/ 어중 초성을 아예 생략해 버렸으며, 심하지는 않지만 /ㅂ/과 /ㄱ/ 종성이 왜곡되는 경향을 보였다. 각 아동의 조음 문제를 고려하여 집단 언어치료 과정에서 희곡 읽기나 다른 아동 앞에서 발표할 때 조음 방법과 위치를 잡아 주고, 잘하였을 경우에 사회적 · 물리적 강화를 하였다.

그 결과 〈표 41-8〉이 제시하는 것처럼 A는 67%에서 86%로, B는 65%에서 84%로 조음정확도가 향상되었다. A는 마찰음과 파찰음, /ㄹ/ 어중 초성의 정조음이 가능해졌다. /ㅅ/과 /ㅆ/의 경우에는 영어 /s/로 왜곡되기도 하고, 파찰음의 경우에는 여전히 전방화되어 왜곡되지만 모두 치조음으로 전방화되던 것에서 약간의 왜곡 정도로 발전하였다. B는 집단 언어치료 후 /ㄹ/ 어중 초성의 정조음이 가능해졌고, 종성 자음을 모두 정조음할 수 있게 되었다. 그러나 A와 B 모두 자발화에서 종종 다시 오조음 현상을 보이는 등 일반화 과정이 필요한 상태다. C의 경우에는 /ㄹ/ 초성 및 어중 초성의 생략과 /ㅂ/, /ㄱ/ 종성의 왜곡으로 자음정확도가 81%로 비교적 높게 평가되었으나 문장 수준에서의 전반적 조음명료도는 낮은 편이었다. 혀의 위치가 구강 전면으로 쏠리면서 웅얼거리며 발음하는 잘못된 습관으로 인하여 침 흘림이

빈번하였다. 치료 후 /ㄹ/ 어중 초성은 생략에서 왜곡으로 변화하였고 /ㅂ/ 종성과 /ㄱ/ 종성의 정조음이 가능해졌으며 조음명료도가 높아졌으나 그 정도가 미미하였다.

2) 어휘 능력 및 구문의미이해력 향상

<표 41-9> 언어능력 검사

	A	B	C
	사전/사후	사전/사후	사전/사후
수용 어휘	4세 6개월~4세 11개월/ 5세 6개월~5세 11개월	5세 6개월~5세 11개월/ 6세~6세 5개월	6세 6개월~6세 11개월/ 7세~7세 5개월
표현 어휘	4세~4세 5개월/ 5세 6개월~5세 11개월	5세~5세 5개월/ 5세 6개월~5세 11개월	6세~6세 5개월/ 6세~6세 5개월
구문의미 이해력	15/25 (원점수)	24/30 (원점수)	17/24 (원점수)

언어능력 향상 정도는 〈표 41-9〉를 통해 알 수 있다. A는 치료 시작 시점에서 수용어휘, 표현어휘, 구문의미이해력 모두 4세 정도로 평가되었다. 질문에 대답하기는 "네/아니요" 유형만 가능한 상태였다. 집단 언어치료 후 A는 어휘나 구문의미이해 측면에서 모두 5세 수준으로 향상되었다. B는 5세 후반의 어휘력과 5세 중반의 구문의미이해력을 보였으나 집단치료 후 5세 후반에서 6세 전반 정도의 어휘력이 향상되었고, 구문의미이해력도 5세 후반으로 향상되었다. C는 두 아동에 비해 어휘력이 우세한 편이지만 문장 표현 수준은 떨어졌고, 시제 사용에서도 빈번하게 오류적인 표현을 사용하였다. 그러나 회기가 거듭될수록 눈 맞추기가 향상되었고, 20회기 실시 후에는 구문의미이해력에서 1년 정도 향상된 결과를 보였다.

3) 사회성숙도 향상

먼저 〈표 41-10〉을 살펴보면 A와 B의 경우 치료 전후의 사회 지수 차이가 크게 나타났지만, C의 경우 차이는 비교적 미미하다. 이러한 수치 자체는 치료 과정에서 참여 아동에게 나타난 세밀한 변화를 알기 어려워 사회성숙도검사의 하부 검사 항목과 아동의 행동 관찰 기록을 분석함으로써 자조 능력이나 이동 등의 하부 항목에서의 변화가 아니라 의사소통 측면에서의 향상에 따른 것임을 알 수 있다.

<표 41-10> 사회성숙도검사 결과

	A		B		C	
	사회 연령	사회 지수	사회 연령	사회 지수	사회 연령	사회 지수
전	4세 7개월	28.2	6세 5개월	62.9	6세 6개월	67.5
후	5세 1개월	30.6	7세 8개월	74.4	7세	69.4

4) 공동 치료 목표에 따른 향상

세 아동이 맨 처음 모였을 때, A는 지나치게 흥분한 모습으로 자리에 앉는 것조차 어려웠고 C는 자신이 하고 싶은 것을 관철하기 위해 계속해서 소리를 질렀다. B는 C가 내는 소리에 스트레스를 받는 모습이었으나 다른 두 아동에 비해 비교적 적응을 잘하는 편이었다. 상호 관계가 형성되고 집단이 안정 상태로 접어들었던 3회기부터 세 아동 모두 앉은 상태에서 진행이 가능해졌다. 처음 아동극을 주고 역할 구분 없이 윤독을 시도하였을 때 자신의 차례를 기다려 대본을 읽는 것은 참여 아동들에게 어려운 과제였다. 소임에 맞게 차례를 지키며 대사 읽기가 모두에게 가능해진 것은 11회기부터였다. 대사 주고받기에 익숙해지자 세 아동은 상호 간에 더욱 역동적이 되었다. 예를 들어, A가 차례를 놓치면 "A야, 네 차례잖아"라며 지적하거나 B와 C 두 아동이 함께 비난하는 등의 행동을 보였다. 점차 아동극 읽기가 가능해졌고 연극적 상황과 극적인 약속도 가능해졌다. 이러한 긍정적 변화를 애초의 치료 목표에 맞추어 분류하자면 다음과 같다.

(1) 규칙 따르기 및 차례 지키기

집단치료 초기 아동들은 웜업 프로그램에서 규칙을 잘 따르지 못하였고 차례를 지켜 대본 읽기에도 적절한 반응을 하지 못하였다. 이를테면, 호루라기 소리 횟수에 맞춰 손뼉치기 게임에서 C는 계속해서 호루라기 소리 횟수보다 더 많이 손뼉을 쳤다. 그 이유를 묻자 "이기려고요"라고 대답하였다. 즉, C는 '많거나 큼=승리'라는 개인적 규칙을 따르고 공동의 규칙인 '정확한 수=승리'라는 규칙은 따르지 않았다. 그러나 매 회기 다양한 게임을 통해 공동의 규칙 따르기에 점차 익숙해졌다.

희곡 읽기에서 이러한 훈련은 한층 강화되었다. 〈부비와 삐꾸〉를 출력하여 나눠 주고 인물과 관계없이 치료사를 포함하여 4명이 앉은 순서대로 읽어 나갔고 이에 익숙해졌을 때 역할별 대사 읽기를 하였다. 웜업으로 차례 지키기를 학습하였음에도 참여 아동이 활자화된 희곡을 차례를 지켜 읽는 것은 쉽지 않았다. 특히 자신의 역할에 맞춰 대사를 읽는 것에 어려움이 있었다. 인쇄물을 쉽게 구별할 수 있도록 등장인물의 이름을 맨 앞에 넣고, 등장인물 간의 대사 사이에 여백을 주고 아동별로 해당 역할에 다른 색을 입히는 형식을 갖추었음에도 처음에 아동은 차례 지키기에 상당한 어려움이 있었다. 대본 읽기가 끝나면 역할의 성격과 그 느낌을 이야기하였다. 한 아동이 이야기하는 동안 조용히 경청하고 이야기가 끝나면 손뼉을 치는 규칙을 정하였다. B와 C의 경우 항상 남보다 먼저 하려는 경향이 있었으며, C의 경우 다른 아동의 말을 듣는 것이 쉽지 않았다.

치료가 진행되면서 참여 아동은 점차 희곡 읽기에서 자기 차례가 언제인지 인식하게 되었고 역할도 이해하게 되었다. 처음에는 치료사가 개입하고 중재하였으나 회기가 거듭되면서 자신들끼리 개입하는 상호 역동이 일어났다. B와 C의 경우 감정을 넣어 대사를 연기할 수 있게 되었다. A의 경우 음성 강도가 세질 뿐 표정 변화가 거의 일어나지 않았다.

(2) 상대방의 감정 이해하기

〈부비와 삐꾸〉에 등장하는 세 인물은 앞서 기술한 바와 같이 뭉치, 부비, 삐꾸다. 여아인 B는 부비 역을 맡았고, 가장 나이가 많고 몸이 큰 A가 뭉치 역을 맡았으며, 가장 몸집이 작은 C가 삐꾸 역을 맡았다. 참여 아동에게 인물의 성격을 설명하자 B와 C는 마음에 들어 하였으나 A는 좋아하지 않았다. 악역임을 감지하였던 까닭이다. 그러나 작업이 진행되면서 A에게 뭉치가 좋은지 묻자 긍정적인 반응을 보였고, 왜 좋은지 질문하자 "힘이 세요"라고 대답하여 자신의 역할에 애착이 생겨났음을 보여 주었다. 〈표 41-11〉은 참여 아동의 역할에 대한 반응이다.

<표 41-11> 역할과 역할에 대한 아동의 반응

	A	B	C
인물	뭉치	부비	삐꾸
성격	힘 센 괴물	착한 여자아이	신비한 인형
반응	삐꾸 역할을 하고 싶다. 힘이 세서 좋다.	착하고 예뻐서 좋다.	노란 인형이 마음에 든다.

처음에는 단어를 나열하듯 대사를 읽었던 아동들이 6회기부터 자신의 역할에 애착이 나타나기 시작하였고, 불충분하게나마 점차 감정을 표현하려고 노력하였다. 대사에 감정을 넣게 되었다는 것은 역할이 처해 있는 상황과 그 감정을 이해하였다는 것을 뜻한다. 다만 아동은 역할이 지닌 다양하고 리드미컬한 감정과 특징을 이해하는 대신에 역할의 한두 가지 특징에 집착하는 경향을 보였다.

(3) 화용적 능력 향상

적절한 의사소통을 위해서는 상대방과 상황에 대한 이해, 관용어나 운율에 대한 이해가 필요하다. 화용적 능력이 향상된다는 것은 앞에서 언급한 언어발달과 상호작용이 함께 어우러진 종합적 결과라고 할 수 있다. 사회 상호작용에서 어려움을 보이는 아동에게 나타나는 화용적 결여는 그 양상이 다양하다. A의 경우 질문이 무엇이든지 무조건 "네"라고 대답하거나 대답 없이 멍한 표정을 짓는 것으로 대신하는 모습을 보였다. '무엇' '어디' '왜' 등의 열린 질문에 적절하게 반응하지 못하는 것은 어휘력이 결여되어 있거나 문장을 이해하지 못하기 때문일 수도 있지만, 상대방이 무엇을 원하는지 미처 파악하지 못하는 마음 읽기나 반응하기 문제일 수도 있다. 〈표 41-12〉를 보면 집단치료 후 질문에 대답하기가 향상되었음을 알 수 있다. 특히 바람직한 현상은 잘 모를 때 모른다고 대답한다는 것이다. 이를테면 "점심때 반찬으로 뭐 먹었어요?"라고 묻자 A는 머뭇거렸으나 다시 묻자 "나물 먹었어요"라고 대답하였다. 치료사가 "무슨 나물 먹었어요?"라고 묻자 대답하지 못하였으나 치료사가 "시금치?"라고 묻자 "아니요"라고 대답하였다. 다시 "콩나물?" "아니요" "가지나물?" "아니요" "그럼 무슨 나물 먹었어요?"라고 묻자 "모르겠습니다."라고 대답하였다. 이러한 대답은 질문에 대해 기계적으로 문장을 외워서 대답하는 것이 아니라 상황에 맞는 대답을 할 수 있음을 의미한다.

<표 41-12> 아동 A의 질문에 대답하기

질문	치료 전	치료 후 대답
"어제 뭐하고 놀았어요?"	"네."	"노래 듣고 놀았어요."
"무슨 노래 들었어요?"	"네."	"전자사전 음악 들었습니다."
"오늘 날씨 어때요?"	"네." 혹은 외면하기	(잠시 시간을 두며 생각한 뒤) "더워요."
"오늘 점심 때 뭐 먹었어요?"	"네." 혹은 외면하기	"밥, 국, 계란, 나물."
"무슨 나물 먹었어요?"	"네." 혹은 외면하기	"……."
"시금치?"	"네." 혹은 외면하기	적절한 "아니요."

"콩나물?"	"네." 혹은 외면하기	적절한 "아니요."
"가지나물?"	"네." 혹은 외면하기	적절한 "아니요."
"그럼 무슨 나물 먹었어요?"	"네." 혹은 외면하기	"모르겠습니다."
"무슨 국 먹었어요?"	"네." 혹은 외면하기	"소고깃국이요."

B의 경우 사회성 자체에 문제가 있는 것은 아니었지만, 관용적 표현에 대한 이해도가 낮고 추정 능력이 부족하다. 예를 들어, B의 생활연령대에서는 상대방의 마음을 이해하여 상대방이 싫어할 만한 질문이나 솔직한 말은 피하는 것이 보통이지만 B는 생각하는 그대로를 서슴없이 표현하였다. 다른 아동이 그린 그림을 보고 "잘 그렸어요?"라고 치료사가 질문하였을 때 B는 "못 그렸어요"라고 반응하였다. 그러나 옆의 아동이 다른 아동을 칭찬하는 모습을 치료사가 강화하자 B는 주저함 없이 자신의 의견을 수정하였다. B는 회기가 거듭되면서 다른 아동이 이야기하거나 작품을 제시할 때 적절히 칭찬하는 모습을 보였으며, 틀에 박힌 문장을 반복적으로 사용하는 모습도 줄어들었다. 즉, 다른 아동의 대답을 들으며 자신의 입장을 조절하여 표현하는 능력이 향상되었다.

C의 경우 처음에는 상대방의 눈을 바라보지도 않았고 질문에도 주의를 기울이지 않아 엉뚱한 대답을 하곤 하였다. 특히 직시소를 사용한 질문을 할 경우 질문자를 보지 않기 때문에 적합한 대답을 할 수 없었다. 따라서 눈(시선)싸움 같은 게임을 하면서 눈을 맞추도록 유도하였고 눈을 바라보는 횟수가 늘어났다.

7. 연구 결과 및 제한점

우리는 상호작용 및 의사소통에 어려움을 보이는 아동에게 희곡에 나타나는 역할의 다양성을 파악하도록 하는 것이 아동의 사회성 향상에 도움이 될 것이며, 나아가 의사소통에도 효과적일 것이라는 가정 하에 연극치료 방식을 도입한 집단 언어치료를 실시하여 언어발달 및 사회성에 미치는 영향을 파악하고자 하였다.

연극치료 기반 집단 언어치료 전후에 언어능력 및 사회성숙도검사를 실시하여 비교하는 방식으로 치료 효과를 평가하였는데, 그 결과 조음정확도, 어휘력, 구문의미이해력 및 사회성숙도가 향상되었다. 또한 치료 과정에서 행동을 관찰한 결과, 아동들은 단순한 놀이가 아닌 이야기를 곁들인 연극에서 자신이 맡은 역할에 흥미를 보이면서 차례를 지켜 적절하게 대사를 수행하기, 대사의 의미 이해하기, 감정을 이입시키기, 규칙을 지키며 희곡 읽기가 가능해졌다. 상대방을 무시하거나, 자기 위주로 지나치게 요구하거나, 감정 조절에 어려움이 있었지만, 회기를 거듭할수록 질서가 잡혀 갔고, 이는 희곡 읽기에서 기다림과 자기 차례를 인지하기, 역할 이해하기, 대사의 감정이입으로 나타났다. 타인 앞에서 말하기나 질문에 대답하기가 거의 되지 않았던 A는 제한적이지만 집단적 게임에 참여할 수 있었다. B는 다른 아동의 발표를 들으며 자신보다 못하다고 판단이 서면 서슴없이 비난하면서도 위축이 되는 편이었으나 점차 자신감이 생기자 상황을 의식하게 되었고, 다른 아동의 발표를 주의 깊게 듣고 칭찬하려는 모습을 보였다. C는 집단치료에서 내적 규칙과 외적 규칙 사이의 불일치를 깨닫게 되었다. 타인보다 먼저 그리고 많이 해야 한다는 C의 성향은 집단치료가 아니었으면 발견이 어려웠을 것이다.

하지만 이러한 집단 언어치료는 연극치료의 직접적인 효과에 대한 평가가 수반되어야 하며 대본 읽기, 표현, 동작과 같은 연극적 변수와 난이도 등급을 정하여 측정할 필요가 있다. 즉, 어떤 연극치료 요소가 어떤 언어적 · 사회적 발달의 영향으로 이어졌는지에 대한 연구가 필요하다. 이번 작업에서는 연극치료적 집단 언어치료가 참여 아동의 언어발달과 사회성 발달에 기여하는지, 정도는 어떠한지, 치료 과정에서 나타난 세밀한 행동 관찰로부터 추출한 특성은 어떠하였는지에 대한 평가 및 관찰 분석이 주를 이루었다. 집단 언어치료가 연극치료를 기반으로 할 때, 언어발달의 향상뿐 아니라 상호 소통과 사회성에 분명한 성과가 있었다. 참여 아동이 점차 자신의 역할에 애착을 가지게 되었고, 부비와 삐꾸를 맡은 아동 사이에 자연스러운 유대감이 형성되었으며, 뭉치를 맡은 아이와 대적하려는 모습을 보인 것은 이들이 인물에 자신을 투사한 면이 있음을 보여 준다.

한편, 우리의 연구는 기존의 의사소통 유형별 소그룹 구성 이론과 불일치한 결과를 보였다. 마크 페이(Marc E. Fey)의 의사소통 유형에 따라 3명의 아동을 분류한다면 A는 '무응답형'이며 내적 에너지가 많은 아동이고, B는 '수동형'이며 고집이 세고, C는 전형적인 '자기주장형'이다(Fey, 1986). 이 연구(윤혜련, 2007)의 소그룹 구성 방법에 따르면 무응답형은 집단치료가 효과적이지 않으며 수동형이나 자기주장형과의 구성은 바람직하지 않다고 보고 있으나, 이 연구 과정에서 가장 발달 폭이 큰 아동이 무응답형 A였다. 이는 무응답형 A와 자기주장형 C 사이에 상대적으로 사회성이 우수한 수동형 B를 포함시켜 A와 C 두 아동의 활동에 중간적 역할을 담당한 결과라고 할 수 있다.

맺음말

옛날 어느 마을에 현명한 노인이 살고 있었다. 그는 지혜가 많아서 마을 사람들의 고민이나 문제를 해결해 주었다. 한 아이가 현명한 노인을 골탕먹어야겠다고 생각하였다. 아이는 새 한 마리를 잡아 두 손에 꼭 쥐었다. 그리고 현명한 노인에게 이렇게 말하였다.

> "현명한 노인이시여, 제 손에는 새 한 마리가 있습니다. 이 새는 살았을까요, 죽었을까요?"

아이는 노인이 살았다고 하면 두 손에 힘을 주어 새를 죽일 셈이었고, 죽었다고 하면 두 손을 활짝 열어 날려 보낼 생각이었다. 어쨌거나 현명한 노인은 틀리게 되어 있었다. 아이의 속셈을 간파한 현명한 노인은 이렇게 말하였다.

> "그 새의 운명은 너의 손에 달려 있다."

나는 그 새가 우리의 운명을 은유한다고 생각한다. 그러면 우리의 운명은 우리 자신의 손에 달려 있는 것이 된다. '성격이 운명을 만든다'는 말도 있다. 결국 자신의 삶이 행복한가 불행한가는 자신에게 달려 있다는 것이다.

연극치료사뿐 아니라 사회복지사, 상담사, 예술치료사에게 제일 먼저 요구되는 덕목은 대상자 혹은 참여자를 파악하기 이전에 자신에 대해 아는 것이라고 생각한다. 소크라테스의 말이든 델파이 신전에 새겨진 문구든, '너 자신을 알라'는 오늘날에도 여전히 유효하다. 이 말은 인간이 존재하는 한 끝까지 유효할 것이다. 결국 치료를 위한 공부는 자신을 알아가기 위한 노력이다. 자신을 아는 것이 가장 어려운 길이지만 그래도 그 길을 꾸준히 걷노라면 어느덧 자신이 개척한 운명과 만날 수 있지 않을까? 치료란 누군가를 대상으로 한다. 참여자와의 만남이 치료의 첫걸음이다. 이 만남 역시 자신에 대해 깨닫도록 하는 기회를 제공한다. 타인이라는 거울을 통해 자신을 바라볼 수 있기 때문이다. 이 점에서 참여자와 접촉해야 하는 치료작업은 행운이다.

요즘 드는 생각은 각 종교에서 전하는 메시지 가운데 공통적인 것이 있다는 것이다. 어떤 종교이든 '감사하라'와 '사랑하라'를 가르친다. 모든 일에 감사할 줄 알고 사랑할 줄 아는 사람의 운명은 어디로 향할지 충분히 짐작이 간다. 능력의 한계를 절감하였음에도 세상에 하나의 결과물을 내놓게 된 것에 대해 참으로 감사한 마음이 든다. 그리고 더욱더 사랑하는 마음을 가져야겠다고 다짐해 본다.

참고문헌

강경선(2011). 승화로서 예술의 치료적 기능에 대한 고찰. 예술심리치료연구, 6(3), 21-37.

강성혜(2011). 즉흥기법을 활용한 연극치료 작업 과정 및 효과 분석. 연극예술치료연구, 1, 82-120.

강손근(2011). 근대 예술 개념의 성립에 관한 연구. 철학논총, 65, 3-30.

강영아(1997). 연극치료의 이론과 실제에 관한 연구. 경성대학교 석사학위논문.

강운정(2009). 연극치료의 이야기모델 이론과 적용사례: Alida Gersie와 Mooli Lahad를 중심으로. 원광대학교 석사학위논문.

강정식(2006). 동해안 별신굿의 공연공간에 대한 연구: 거리굿을 중심으로. 중앙대학교 석사학위논문.

강진령, 이종연, 유형근, 손현동(2009). 상담사 윤리. 학지사.

강철희, 최소연(2005). 사회복지수퍼비전의 방향 및 변인고찰: 연구와 실천방향을 위한 논의. 사회복지행정학, 13, 29-66.

강혜련, 정지현(2012). 진도 씻김굿의 공연학적 재해석. 한국엔터테인먼트산업학회논문지, 6(3), 1-8.

국가인권위원회(2005). 국가인권위원회법 해설집. 국가인권위원회법 해설집 발간위원회.

권용(2017). 이머시브 공연(immersive performance)의 확장된 의미로서의 공간연구: 연극 〈메모리얼: 조용한 식탁〉을 중심으로. 한국엔터테인먼트산업학회논문지, 11(5), 17-26.

권준태(2015). 중독에 관한 철학적 고찰-철학상담의 새로운 영역. 현대유럽철학연구, 39, 75-99.

권혁남(2017). 데이트폭력 문제: 젠더 역학과 파워 관계에 관한 연구. 인문사회 21, 8(4), 1141-1158.

김겸섭(2010). 사회적 비판과 인식의 드라마로서의 컴퓨터게임. 독일어문학, 51, 1-15.

김광웅(2004). 놀이치료학. 학지사.

김기덕(2002). 사회복지윤리학. 나눔의 집.

김덕희(2008). 마리보의『사랑의 승리』에 나타난 몸의 연극성과 정치성. 프랑스학회, 44, 5-26.

김명소, 김혜원, 차경호(2001). 심리적 안녕감의 구성개념분석: 한국 성인 남녀를 대상으로. 한국심리학회지: 사회 및 성격, 15(2), 19-39.

김미혜(2016). 브레히트 연극의 치료적 속성-'학습극'에 주목하여. 한국연극예술치료학회 제10회 학술대회지.

김방옥(2003). 21세기를 여는 연극. 연극과인간.

김봉철(2007). 디오뉘소스 신화와 디오뉘시아 제식의 연관성-고전기 아테네의 안테스테리아를 중심으로-. 서양사론, 92, 5-39.

김부찬(2005). 선(禪)수행에 나타난 불교의 신체관. 한국체육철학회지, 13(2), 75-87.

김석(2007). 에크리-라캉으로 이끄는 마법의 문자들. 살림.

김석(2010). 프로이트 & 라캉. 김영사.

김석만(2001). 연기의 세계. 연극과인간.

김선희(2011). 니체와 쇼펜하우어에 있어서 예술의 치료적 양면성: 성중독과 관련하여. 니체연구, 19, 39-68.

김설화(2003). 통합예술치료의 매체활용과 기법에 관한 연구. 원광대학교 석사학위논문.

김성룡(2005). 이야기하기의 치료적 효과. 한국고전문학교육학회, 10, 5-26.

김성삼, 박정혜(2011). 인터넷 중독예방 및 치료를 위한 온치료와 심상 시치료. 예술심리치료연구, 7(4), 149-174.

김성희, 이연희, 황주희, 오미애, 이민경, 이난희, 강동욱, 권선진, 오혜경, 윤상용, 이선우(2014). 2014 장애인 실태조사. 한국보건사회연구원.

김수동, 이우경(2004). 사이코드라마의 이론과 적용. 학지사.

김수정, 곽금주(2010). 영아기 어머니의 신체접촉에 대한 고찰: 국내 · 외 연구를 중심으로. 한국심리학회지, 29(2), 289-313.

김숙현(2013). 연극치료와 변형-데이비드 리드 존슨의 발달변형이론을 중심으로-. 한국연극학, 1(50), 5-38.

김숙현(2014a). 공연중심 연극치료의 양상과 치료적 특성. 미디어와 공연예술연구, 9(2), 185-208.

김숙현(2014b). 원형적 역할의 활용과 치료적 의미-스테판 스노우의 치료적 연극을 중심으로-, 한국연극예술치료학회, 4, 5-27.

김승국, 김옥기(2002). 사회성숙도 검사(SMS). 중앙적성출판사.

김영미(2007). 연극 창작 활동이 여고생의 자아개념과 자기표현에 미치는 효과. 이화여자대학교 석사학위논문.

김영종(2023). 사회복지조사론. 학지사.

김영태(2014). 아동언어장애의 진단 및 치료. 학지사.

김영태, 성태제, 이윤경(2007). 취학전 아동의 수용언어 및 표현언어척도(PRES). 서울장애인종합복지관.

김영태, 홍경훈, 김경희(2009). 수용-표현 어휘력 검사(Receptive and Expressive Vocabulary Test: REVT)의 개발연구: 문항개발 및 신뢰도 분석을 중심으로. 서울장애인종합복지관.

김영환, 문수백, 홍상황(2006). 심리검사의 이론과 실제. 학지사.

김용석(2009). 서사철학. 휴머니스트.

김용수(2000). 그로토프스키 연극의 목적과 수단: 신성한 바보의 계시. 한국연극학, 14, 295-338.

김용옥(1996). 아름다움과 추함. 통나무.

김용태(2000). 가족치료 이론. 학지사.

김욱동(1999). 은유와 환유. 민음사.

김유숙(2007). 가족치료-이론과 실제. 학지사.

김은애(2001). 레싱의 아리스토텔레스 수용-동정심과 공포심, 카타르시스 개념을 중심으로-. 독일문학, 79, 5-26.

김일경(1999). 지방공무원의 직무스트레스에 관한 실증적 연구. 건국대학교 석사학위논문.

김재석(1999). 하회탈과 하회탈춤의 미학. 사계절.

김재철(2013). E. 핑크의 놀이존재론(I)-실존범주로서의 놀이. 현대유럽철학연구, 32, 189-216.

김재철(2013). E. 핑크의 놀이존재론(II)-실존범주로서의 놀이. 현대유럽철학연구, 33, 33-64.

김정규(2010). 게슈탈트 심리치료. 학지사.

김정명(2015). '인격적 몸성'과 중독의 치유. 인문과학연구논총, 36(1), 289-321.

김정운(2011). 노는 만큼 성공한다. 21세기북스.

김정현(2000). 니체의 몸철학. 문학과 현실사.

김주연(2017). 포스트드라마 연극과 예브레이노프-연극성과 수행적 퍼포먼스를 중심으로. 노어노문학, 29(1), 165-188.

김지수(2016.08.28.). "[김지수의 인터스텔라] 소설가 김탁환의 아름답고 참혹했던 고래뱃속 이야기". 조선일보. https://www.chosun.com/site/data/html_dir/2016/08/05/2016080502221.html

김지영(2010). 직장인 직무스트레스의 대처 방안을 위한 예술치료 프로그램 개발 연구. 한양대학교 석사학위논문.

김진숙(2000). 대상관계 가족치료이론의 한국적 적용에 관한 연구. 한국가족치료학회지, 8(2), 137-163.

김진숙(2010). 샤머니즘과 예술치료. 학지사.

김진영(2014). 거울신경을 통해 살펴본 연극의 치유적 속성(1)-'모방'을 중심으로-. 우리 춤과 과학기술, 26, 147-160.

김찬형(2005). 외상 후 스트레스 장애. 대한내과학회지, 69(3), 237-240.

김태경(2009). 플라톤의 『국가』에 나타난 미메시스(mimesis) 개념. 범한철학, 52(1), 61-88.

김태웅(2010). 이(爾): 김태웅 희곡집1. 평민사.

김한식(2008a). 말, 뜻, 삶-폴 리쾨르의 해석학과 언어. 불어불문학연구, 75, 145-191.

김한식(2008b). 텍스트, 욕망, 즐거움-소설의 지평구조와 카타르시스. 불어불문학연구, 74, 93-136.

김현숙(2005). 집단 미술치료가 자폐성장애 아동의 사회성 향상에 미치는 효과. 원광대학교 석사학위논문.

김현아, 공윤정, 김봉환, 김옥진, 김요완, 노성숙, 박성현, 방기연, 임정선, 정성진, 정혜정, 황임란(2018). 상담철학과 윤리. 학지사.

김현정(1998). 상징놀이를 통한 언어지도가 자폐성 아동의 표현언어에 미치는 효과. 우석대학교 석사학위논문.

김현정(2007). 억압받는 사람들의 연극공간 해(解)의 작업에 활용된 A. 보알(Augusto Boal)의 연극 메소드. 한양대학교 박사학위논문.

김현희, 서정숙, 김세희, 김재숙, 강은주(2013). 독서치료. 학지사.

김형기(2004). '연극성'개념의 변형과 확장. 한국연극학, 23, 269-295.

김형기(2008). 다매체 시대 연극의 탈영토화: 연출가연극-춤연극-매체연극. 한국연극학, 34, 39-99.

김형기(2010). 일상의 퍼포먼스화 혹은 뉴 다큐멘터리 연극: 리미니 프로토콜의 연출작업을 중심으로. 헤세연구, 24, 339-361.

김형기, 이영임, 안소현, 이호경, 고호상(2005). 가면과 욕망. 연극과인간.

김형기, 최영주, 이진아, 김기란, 심재민, 최성희, 파트리스 파비스(2011). 포스트드라마 연극의 미학. 푸른사상.

김혜숙(2003). 가족치료 이론과 기법. 학지사.

김홍열(2003). 원예치료학 이론과 실제. 한국원예치료연구센터.

김화순(2013). 교육연극이 자폐성장애 초등학생의 자발적 발화에 미치는 영향 연구. 부산대학교 석사학위논문.

김효(2006). 카타르시스와 신명 비교 연구. 프랑스학연구, 38, 49-65.

김효(2009). 기관없는 신체의 노마디즘. 연극평론, 52, 103-109.

나경수(1988). 진도씻김굿의 연구-제의적 구조. 호남문화연구, 18, 69-97.

남상식(2000). E. 고든 크레이그 연구: 공간구성으로서의 무대연출에 대하여. 한국연극학, 15(1), 111-147.

남영옥(2001). 대상관계 이론의 관점에서 본 청소년의 경계선 성격특성과 비행과의 관계. 한국가족복지학, 7, 59-88.

노안영, 송현종(2006). 상담의 원리와 기술. 학지사.

노영덕(2006). 하나와 여럿의 상호전환 작용으로서 아리스토텔레스의 예술이론. 미학 · 예술학 연구, 23, 217-246.

노유리(2016). 도파민의 구조와 기능. 부산대학교 석사학위논문.

대한소아신경학회(2007). 소아신경학. 군자출판사.

류미정(2016). 아리스토텔레스의 『시학』으로 본 연극치료 연구. 용인대학교 석사학위논문.

마광수(1997). 카타르시스란 무엇인가. 철학과 현실사.

모미나(2004). 재생연극의 연극적 특성과 치유 원리. 연극학보, 32, 372-440.

문수재, 이민준, 윤관수, 신승철, 이호영, 김만권, 이영선, 유계준, 김진학(1991). 한국에서의 the Center for Epidemiologic Studies Depression Scale (CES-D)의 사용: 표준화 및 요인구조에 대한 횡문화적 검토. 신경정신의학, 30, 752-767.

민병욱, 심상교 편(2000). 교육연극의 이론과 실제. 연극과인간.

민용아(1996). 전조작기 자폐아의 인지발달 특성: 행동모방, 상징놀이, 언어기능을 중심으로. 대구대학교 석사학위논문.

민족굿회 편저(1987). 민족과 굿. 학민사.

박리디아(2011). 박리디아의 스타니슬랍스키 시스템 즉흥연기 훈련노트. 리빙북스.

박미경(2005). 집단놀이 활동 프로그램이 자폐성 아동의 자폐행동과 사회성 기초기능에 미치는 효과. 창원대학교 석사학위논문.

박미리(2009). 발달장애와 연극치료. 학지사.

박미리(2010). 연극치료의 감정중심 접근 방법. 한국연극치료협회 2차 학술대회.

박미리(2011). 『시학』과 연극치료. 연극예술치료연구, 1, 1-27.

박미리(2013). 감정 모델 연극치료. 학지사.

박상규(1996). 역할연기를 통해 본 정신분열병환자의 사회적 행동의 적절성과 사회적 조망능력의 장애. 한국심리학회지, 15(1), 91-101.

박서연(2015). 영화 연기. 커뮤니케이션북스.

박선영(2002). 카타르시스론적 접근으로서의 무용. 한양대학교 석사학위논문.

박승억(2017). 후설 & 하이데거. 김영사.

박영숙, 박기환, 오현숙, 하은혜, 최윤경, 이순복, 김은주(2013). 최신 심리평가. 하나의학사.

박영욱(2009). 데리다 & 들뢰즈, 의미와 무의미의 경계에서. 김영사.

박재풍, 강용길, 박원규, 이춘삼(2016). '데이트폭력'의 예방 및 대응관련 쟁점사항에 관한 연구. 치안정책연구, 30(1), 175-216.

박종석, 강웅구(2015). 조현병의 역사적 고찰. 신경정신의학, 54(4), 365-398.

박종수(2005). 분석심리학에 기초한 이야기 심리치료. 학지사.

박준상(2011). 몸의 음악: 예술에서의 모방과 반-모방에 대한 물음. 철학총론, 64, 315-342.

박준용(2003). 아우구스또 보알의 '억압받는 자들의 연극'의 연극치료적 속성에 관해 게슈탈트(Gestalt)치료 이론의 연극성과의 비교를 중심으로. 한양대학교 석사학위논문.

박태영(2002). 가족치료의 이론의 적용과 실천. 학지사.

박현주, 김미예(2005). 윤리적 딜레마에 대한 개념 분석. 간호행정학회지, 11(2), 185-194.

박형섭(1999). 현대극의 '집단창조'연구. 프랑스문화연구, 3, 107-122.

박형섭(2014). 앙토냉 아르토, 자아의 배우. 프랑스문화예술학회 가을정기학술대회 자료집.

방기연(2011). 상담수퍼비전의 이론과 실제. 양서원.

배소영, 임선숙, 이지희, 장혜성(2004). 구문의미 이해력 검사(KOSECT). 서울장애인종합복지관.

배수진(2007). 예르지 그로토프스키의 실험연극에서 관객이 연기자로 전이된 무대참여 기법. 현대문학이론연구, 32, 331-347.

배정의(2007). 자폐성 아동의 사회적응력 향상과 문제행동 개선을 위한 개별치료를 병행한 소집단 미술치료 사례연구. 영남대학교 석사학위논문.

배희숙(2016). 언어발달. 학지사.

배희숙, 이선형(2001). 연극을 활용한 집단언어치료가 사회성 결핍 언어발달장애 아동의 언어 및 사회성에 미치는 효과. 드라마연구, 34, 223-252.

배희숙, 이선형(2015). 자폐스펙트럼장애 아동의 화용발달을 위한 DvT 연극치료모델 집단 언어치료. 드라마연구, 45, 113-140.

백훈기(2010). 피터 브룩의 연출작업과 빈 공간에 드러나는 브리콜라주. 한국콘텐츠학회, 10(10), 161-

171.

법정(2010). 무소유. 열림원.

변광배(2014). 호모 코뮤니타스(Homo communitas): 바타이유와 사르트르. 프랑스문화예술학회 가을정기학술대회 자료집.

브레히트학회 편(2001). 브레히트의 연극세계. 열음사.

사공일(2007). 들뢰즈의 기관 없는 신체와 아르토의 잔혹연극. 인문사회과학연구, 8(1), 97-121.

서연호(1997). 한국 전승 연희의 원리와 방법. 집문당.

서연호, 임준서 편(2007). 이현화 희곡 시나리오 전집. 연극과인간.

서영석, 최영희, 이소연(2009). 상담에서의 윤리적 의사결정모델 개관. 한국상담학회지, 21(4), 815-842.

손승희(2005). 수퍼비전에서 상담수련생의 비개방 내용, 이유 및 방식에 대한 연구. 한국심리학회지 상담 및 심리치료, 17(1), 57-74.

손은정, 임영선, 유성경, 강지연(2006). 수퍼비전 작업동맹과 상담자 경력 수준이 역할 어려움과 수퍼비전 만족도에 미치는 영향. 한국심리학회지, 18(4), 695-712.

손창선(2018). 모레노의 사이코드라마의 위상-국내 사이코드라마의 위상과의 비교. 인문연구, 84, 115-140.

손창선(2019). 문화치료로서의 사이코드라-모레노의 문화론과 문화치료의 이해. 철학·사상·문화, 31, 223-246.

송동준(1993). 소외극과 게스투스극으로서의 서사극. 브레히트의 서사극: 유형학적 고찰. 서울대학교 출판부.

신동인, 조연호(2010). 정신장애인을 위한 연극치료 집단프로그램의 개발 및 효과성에 관한 연구. 연극교육연구, 17, 147-174.

신승원(2016). 앙리 르페브르. 커뮤니케이션북스.

신연희, 이은남, 조영신, 정선애(2017). 라포에 대한 개념 분석. 근관절건강학회지, 24(3), 187-195.

신현숙(1990). 희곡의 구조. 문학과지성사.

신현숙(2001a). 아르토의 잔혹극과 굿의 비교연구(1). 한국연극학, 16, 371-416.

신현숙(2001b). 아르토의 잔혹극과 굿의 비교연구(II). 한국연극학, 17, 187-223.

심상용(2020). 사회복지 윤리와 철학. 학지사.

심재민(2009). 몸의 연극에서의 수행적인 것의 가능성과 한계. 드라마 연구, 30, 35-55.

심재민(2010). 포스트드라마의 몸: 현상학적인 몸의 현존 방식에 대한 레만의 해석. 한국연극학, 42, 157-191.

안동문화연구소(1999). 하회탈과 하회탈춤의 미학(한국문화총서 8). 사계절.

안동현, 최지은(2004). 애착과 정신병리. 소아청소년정신의학, 15(1), 40-60.

안병순(2008). 즉흥무용교육의 창의성이론에 관한 연구. 한국체육학회지, 47(6), 579-591.

안재범(2003). 그로토프스키의 초연극작업의 연극성에 대한 연구. 한양대학교 석사학위논문.

안지영(2006). 예브레이노프의 연극론 읽기-'아름다운 폭군'의 딜레마. 한국러시아문학회, 23, 69-95.

안창경(2008). 트랜스 테크닉으로서의 그로토프스키의 충동이론에 관한 연구. 중앙대학교 박사학위논문

양돈규(2003), 심리학용어집. 학지사.

양세경, 오수성(2009). 성격유형, 정서표현, 정서표현 갈등 간의 관계-정신분열증 환자들과 일반인들의 비교. 한국심리학회지, 28(1), 15-33.

양승종(2000). 한국의 무당과 무속. 한국민속의 탐구. 집문당.

양해림(2017). 니체와 그리스 비극. 한국문화사.

양혜진(2011). 사이코드라마의 자발성과 창조성의 시각에서 바라본 우리나라 교육. 한국사이코드라마학회지, 14(2), 67-88.

엄수진(2016). 브레히트의 소외 이론으로 본 계슈탈트 심리치료, 한국연극예술치료학회 제10회 학술대회 발표집, 30-31.

염정숙(2011). 연극치료가 저소득층 아동의 정서적 안정성 · 자아존중감 및 대인관계에 미치는 효과. 원광대학교 석사학위논문.

오수성(1998). 씻김굿의 분석심리학적 접근. 한국동서정신과학회지, 1(1), 1-11.

오용득(2011). 섹슈얼리티의 철학. 이담북스.

원준식(2011). 비아리스토텔레스적 연극미학(I): 감정이입에서 능동적인 소통으로. 미학 · 예술학연구, 33, 143-176.

유나래, 박성현(2016). 소마중심 연극치료를 활용한 PTSD 치료 프로그램의 효과 기제 연구. 예술심리치료연구, 12(1), 79-105.

유영권, 김계현, 김미경, 문영주, 손은정, 손진희, 심홍섭, 연문희, 천성문, 최의헌, 최한나, 최해림(2019). 상담 수퍼비전의 이론과 실제. 학지사.

유영대(1998). 진도 씻김굿의 절차와 기능. 어문논집, 37(1), 101-120.

육현승(2005). 미디어화 된 지각과 미디어미학, 랄프 슈넬의 『미디어미학』의 문제성과 의의에 대하여. 독일언어문학, 29, 349-364.

윤가현, 권석만, 김경일, 김신우, 남종호, 서수연, 송현주, 신민섭, 유승엽, 이영순, 이현진, 전우영, 천성문, 최준식, 최해연(2012). 심리학의 이해. 학지사.

윤영범(2015). 사진, 회화, 그래픽디자인의 이미지 구성과 데포르마시옹 3. 커뮤니케이션북스.

윤일수(2006). 연극 〈이(爾)〉와 영화 〈왕의 남자〉에 나타난 연산의 외상 치유방법 비교. 드라마연구, 25, 63-85.

윤지선(2014). 통합적 예술치료를 활용한 건강개선 프로그램 개발 및 효과성 연구. 예술심리치료연구, 10(3), 201-221.

윤지영(2007). 집단놀이 활동이 자폐성 유아의 친사회적 행동에 미치는 효과. 대구대학교 석사학위논문.

윤혜련(2007). 언어장애아동을 위한 그룹언어치료의 이론과 실제. 대한언어치료학회 춘계학술대회 발표집.

윤화숙(2012). 지각(aisthesis) 개념 확장을 통한 미학의 재정립: G. 뵈메(Böhme)의 지각학(Aisthetik)을 중심으로. 서울대학교 석사학위논문.

이가원(2011). 투사적 이미지를 활용한 연극치료에 관한 연구. 용인대학교 석사학위논문.

이거룡, 조민환, 정화열, 조광제, 이정우, 홍성욱, 조영란, 강성원, 박여성(1999). 몸 또는 욕망의 사다리. 한길사.

이경미(2009). 현대연극에 나타난 포스트아방가르드적 전환 및 관객의 미적 경험. 한국연극학, 37, 205-244.

이경엽(2010). 호남지역 무당굿놀이의 연행양상과 의미. 한국무속학, 21, 179-209.

이경자(2009). 노인주거복지시설 사회복지사들의 윤리적 의사결정 딜레마의 내용과 해결유형에 관한 질적 사례 연구. 한국인간복지실천연구, 3, 185-215.

이광식(2015). 뉴아트행동주의. 안그라픽스.

이기호, 안치운, 김만중, 고호상, 이두성(2007). 가면과 사람. 예니.

이두현(1997). 한국무속과 연극. 서울대학교출판부.

이만우(2005). 멜라니 클라인의 삶과 업적, 그리고 아동분석. 정신분석, 16(1), 47-63.

이미경(2006). 놀이치료 수퍼비전. 학지사.

이미원(2005). 연극과 인류학. 연극과인간.

이미원(2011). 한국 탈놀이 연구. 연극과인간.

이미은(2012). 오감자극 생활프로그램이 대학생의 심리적 안녕감에 미치는 영향. 한서대학교 박사학위논문.

이부영(2011). 분석심리학. 일조각.

이상섭(2002). 아리스토텔레스의 시학 연구. 문학과지성사.

이상일(1981). 한국인의 굿과 놀이. 문음사.
이선형(1999). 연금술적 연극. 한국연극학, 12, 73-100.
이선형(2011). 연극치료와 몸. 드라마연구, 35, 306-330.
이선형(2012a). 가면, 그 진실한 얼굴. 프랑스문화예술학, 39, 443-464.
이선형(2012b). 연극치료에서 카타르시스 개념 연구. 한어문교육, 27, 53-74.
이선형(2013a). 연극치료에서 발달변형모델(DvT) 연구. 연극예술치료연구, 3, 19-48.
이선형(2013b). 연극치료에서 자전공연의 의미 연구. 한국연극학, 1(50), 141-168.
이선형(2013c). 치유의 드라마에서 주체와 객체의 관계 연구. 드라마연구, 41, 137-167.
이선형(2014). 놀이로서의 연극-〈고도를 기다리며〉의 경우. 드라마연구, 43, 143-169.
이선형(2016). 영화 속 인간심리. 학지사.
이선형(2019). 연극과 연극치료의 협업 가능성 탐색. 연극예술치료연구, 11, 1-26.
이선형, 배희숙(2011). 예술치료를 위한 역할개념 연구. 한국연극학, 1(43), 189-219.
이선형, 배희숙, 김상민(2013). 집단창작 연극치료 프로그램이 장애일반통합어린이집 교사의 직무스트레스에 미치는 효과. 예술심리치료연구, 9(4), 377-394.
이선형, 정미예(2010). 연극 · 영화로 떠나는 가족치료. 시그마프레스.
이숙희(1973). 그로토프스키 탐방기-빠리 연극통신 2. 연극평론 가을호, 7, 69-75.
이승진(2017). 브레히트 서사극과 연극치료. 외국문학연구, 65, 423-442.
이영희(1994). 칼 로저스의 인간중심 상담이론의 철학적 함의. 한국심리학회지, 6(1), 1-20.
이우경(2019). 심리평가의 최신 흐름. 학지사.
이원양(1984). 브레히트 연구. 두레.
이유섭(2004). 정신분석적 관점에서의 마약중독. 마약류 퇴치 심포지엄, 97-115.
이유정(2020). 자전적 치유공연 연구: 죽음의례의 활용을 중심으로. 용인대학교 박사학위논문.
이윤주(2016). 효율적인 상담사례 개념화를 위한 상담사례 개념도의 활용. 상담학연구, 1(2), 53-72.
이윤주, 양정국(2009). 은유와 최면. 학지사.
이인순(2016). 시민예술과 지역문화재생으로서의 연극-도시 안산을 중심으로. 한국드라마학회학술대회, 23-45.
이재훈(2003). 로널드 페어베언의 심리치료 이론. 한국현대정신분석학회.
이정우(2011). 세계철학사. 1: 지중해세계의 철학. 길출판사.
이주동(2006). 아리스토텔레스의 카타르시스 개념에 대한 수용과 비판. 독일언어문학, 34, 169-195.
이지혜(2009). 오감자극 원예치료 프로그램에 대한 와상상태 중증장애인 반응사례연구. 단국대학교 석사학위논문.
이진경(2002). 노마디즘 1. 휴머니스트.
이진아(2010). 포스트드라마 연극에서 관객의 위치. 한국연극학, 42, 193-225.
이창일(2003). 사상의학, 몸의 철학 마음의 건강. 책세상.
이창재, 장예숙, 서윤희, 김보영, 박한숙(2010). 예술작품과 정신분석. 학지사.
이해란(2006). 오감자극원예치료가 정신분열병환자의 정신사회적기능에 미치는 영향. 대구가톨릭대학교 석사학위논문.
이현화(2007). 이현화 희곡 시나리오 전집 2. 연극과인간.
이효원(1999). 보알의 '욕망의 무지개'와 그를 활용한 치료효과 분석. 동국대학교 석사학위논문.
이효원(2011). 연극치료사 입문과정으로서의 자전공연에 대한 연구. 연극예술치료연구, 1, 52-81.
임재해(2003). 하회탈놀이의 제의성과 예술성, 그리고 민중적 창조력. 안동학연구, 2, 1-48.
임희수, 이정임, 조원근(2009). 원예치료가 중증뇌기능장애인에게 미치는 영향-자아존중감 회복 및 심리 행동 부문-. 인간식물환경학회 학술발표대회, 168-169.

장미연, 이경숙, 진혜경(2005). 자폐성향 유아의 상징놀이 향상 단기프로그램 적용 사례연구. 놀이치료연구, 9(2), 47-61.

장병헌(2009). 설화에 나타난 감정분석과 연극치료적 활용방법. 연극치료와 콘텐츠 개발.

장인희(2015). 우울증상이 있는 중년여성의 예술심리치료 연구사례-분석심리학적 관점으로-. 명지대학교 석사학위논문.

장진부(2005). 독신미혼여성에 대한 연극치료의 효과. 원광대학교 석사학위논문.

장혜임(2014). 오감자극 집단미술치료가 시설노인의 인지기능과 우울에 미치는 효과. 한서대학교 석사학위논문.

전예완(2006). 니체의 비극의 탄생에 대한 재고찰. 미학, 47, 137-178.

전혜선(2015). 도널드 위니캇의 놀이와 치료: 〈킹스 스피치〉를 중심으로, 스토리앤이미지텔링, 10, 255-289.

전효진(2007). 소집단 협동놀이가 자폐성 장애 아동의 사회적 상호작용에 미치는 영향. 단국대학교 석사학위논문.

정낙림(2008). 놀이에 대한 철학적 연구, 니체의 놀이 개념을 중심으로. 니체연구, 14, 159-189.

정낙림(2010). 인식과 놀이-칸트의 놀이 개념을 중심으로. 대동철학, 53, 201-225.

정문자(2003). 사티어 경험적 가족치료. 학지사.

정문자, 정혜정, 이선혜, 전영주(2007). 가족치료의 이해. 학지사.

정방자(1998). 정신역동적 상담. 학지사.

정연홍(2010). 화이트헤드의 과정철학에서 존재와 지각. 철학논총, 59(1), 313-330.

정영정, 백광우(2009). 외상후 스트레스 장애와 치과치료. 대한치과마취과학회지, 9, 1-8.

정영희(2002). 토론연극을 통한 논술 지도 방법 연구. 초등국어교육, 12, 149-178.

정옥신(2019). 상담과정 기반의 학교상담자 셀프 수퍼비전 모형 개발. 한국심리학회지, 31(1), 77-99.

정은선(2016). 브레히트와 연극치료에서의 거리두기에 대한 고찰. 한국연극예술치료학회 학술대회지, 43-49.

정은해(2007). 하이데거와 가다머의 놀이 개념. 인문논총, 57, 55-91.

정현진, 김대호, 오현영, 박용천(2013). 조현병 입원환자의 망상과 환각: 1990년대와 2000년대의 비교. 생물정신의학, 20, 80-85.

정형철(2011). 연극치료를 위한 가이디드 이미저리의 적용가능성 고찰. 예술심리치료연구, 7(1), 159-180.

정화열(2005). 몸의 정치와 예술, 그리고 생태학. (이동수, 김주환, 박현모, 이병택 공역). 아카넷.

조경숙(2019). 초심상담자의 셀프 수퍼비전(self-supervision)을 위한 구조화된 모형 개발. 경희대학교 박사학위논문.

조광제(2004). 몸의 세계, 세계의 몸. 이학사.

조동일(1981). 탈춤의 역사와 원리. 홍성사.

조맹제, 김계희(1993). 주요우울증환자 예비평가에서 the center for Epidemiologic Studies Depression Scale(CES-D)의 진단적 타당성 연구. 신경정신의학, 32, 381-399.

조요한(2015). 예술철학. 미술문화.

주동진, 김동규(1998). 신라신화에 비춰진 신체관. 한국체육학회, 37(1), 18-34.

주재완(2010). 화이트헤드와 음양사상. 화이트헤드연구, 20, 43-70.

주현식(2013). 탈춤에 나타난 연극치유적 자질에 대한 연구. 드라마연구, 40, 173-202.

주현식(2016). 퍼포먼스로서 자폐: 거리두기를 연기하는 관객-배우. 한국연극예술치료학회 학술대회지, 18-29.

진인혜(2006). 축제정책과 지역현황. 연세대학교 출판부.

진중권(2016). 테크노 인문학의 구상. 창비.

차지은(2023). 셀프 수퍼비전(self-supervision) 모형에 기반한 초심놀이치료자 훈련 프로그램 개발 및 효과성 검증. 한국아동심리치료학회지, 18(2), 1-30.

채희완(1984). 탈춤의 사상. 현암사.

채희완(2004). 탈춤. 대원사.

천성문, 함경애, 박명숙, 김미옥(2017). 집단상담의 이론과 실제. 학지사.

철학아카데미, 조광제(2013). 철학, 예술을 읽다. 동녘.

최경성(2002). 한국 제의연극의 특성연구. 명지대학교 석사학위논문.

최서윤(2019). 동료 수퍼비전의 이해와 활용. 한국심리학회지, 38(1), 1-23.

최소인(2002). 놀이와 문화-칸트의 놀이 개념이 지니는 현대적 의미에 대한 성찰. 고전해석학의 역사. 철학과 현실사.

최영주(2008). 1990년대 영국의 도발적 연극에 나타난 서사 실험성. 한국연극학, 35, 249-306.

최원호(2008). 상담윤리의 이론과 실제. 학지사.

최은실(2010). 정서인식 및 표현 능력 향상 프로그램의 효과연구. 이화여자대학교 박사학위논문.

최재식(2009). 신체개념을 통한 메를로-퐁티 현상학과 후설 현상학 연구: 신체(몸)에 관한 현상학적 연구. 철학과 현상학 연구, 40, 1-33.

최지선 (2008). 감각통합치료가 발달지연아동의 작업수행 능력에 미치는 영향. 한서대학교 석사학위논문.

추정선(2004). 대상관계 이론에 입각한 상담적 관점에 대한 연구. 부산교육대학교 교육대학원 논문집, 6, 437-451.

하형주(2015). 다큐멘터리 연극(le théâtre documentaire)과 포스트-다큐멘터리 연극(le théâtre post-documentaire)에 관한 소고, 공연과 이론, 59, 110-118.

하효길(2002). 한국의 굿. 민속원.

한국브레히트학회 편(2011). 브레히트 선집 1권. 연극과인간.

한국여성의 전화(2016). 데이트폭력 피해실태조사 결과와 과제.

한상연(2015). 철학을 삼킨 예술. 동녘.

한옥근(2009). 한국 전통극의 미학적 탐구. 푸른사상.

허근(2012). 알코올중독자의 회복을 위한 단기통합프로그램 개발과 효과성 평가. 서울기독대 박사학위논문.

허순자(2016). 이머시브 연극의 장소성과 관객의 공간 이동성. 연극교육연구, 29, 309-338.

홍성열(2008). 사회심리학. 시그마프레스.

홍영식(2012). 상담 수퍼비전에서 상담자의 자각이 상담과정에 미치는 영향. 상담학연구, 13(3), 1387-1406.

홍영오, 연성진, 주승희(2015). 여성 대상 폭력에 대한 연구: 친밀한 관계에서의 폭력을 중심으로. 한국형사정책연구원 연구총서, 143, 251-331.

홍은숙(2006). 그리스 신화와 그리스 비극; 디오니소스와 『바쿠스의 여신도들』. 고전 르네상스 영문학, 15(2), 5-26.

홍태한(1999). 서울 오구굿의 계통. 한국민속학, 31, 5-22.

홍태한(2001). 재가집의 관점에서 바라본 오구굿의 의미. 민속학연구, 9, 95-119.

홍태한(2007). 서울 진오기굿 〈바리공주〉의 저승관과 그 의미. 한국학연구, 27, 105-133.

홍태한(2010). 무당굿의 축제 가능성과 방향모색. 공연문화연구, 1(20), 309-338.

황루시(1978). 굿의 연극성-서울지역 진오기굿을 중심으로. 이화여자대학교 석사학위논문.

황루시(1992). 한국인의 굿과 무당. 문음사.

황루시(2000). 우리 무당 이야기. 풀빛.

황미숙, 권오륜(2002). 현상학을 통한 무용예술에서의 신체관. 한국체육철학회지, 10(2), 419-435.

황인희(2013). 발달장애자녀 부모의 가족적응에 영향을 미치는 요인 연구. 충남대학교 석사학위논문.

황해경(2005). 집단미술치료가 공무원의 직무스트레스에 미치는 영향. 대구대학교 석사학위논문.

EBS 다큐프라임 '이야기의 힘' 제작팀. (2011). 이야기의 힘. 황금물고기.

江本勝(2008). 물은 답을 알고 있다 (水は答えを知っている). (홍성민 역). 더난출판사. (원저는 2003년에 출판).

福島 脩美(2007). 자기이해를 위한 심리학 (自己理解ワークブック). (김세곤, 성정애 공역). 공동체. (원저는 2004년에 출판).

American Psychiatric Association. (2013). *Diagnostic and statistical manual of mental disorders* (5th ed.). American Psychiatric Publishing.

Andersen-Warren, M., & Grainger, R. (2009). 연극치료 접근법의 실제. *(Practical approches to dramatherapy)*. (이효원 역). 시그마프레스. (원저는 2000년에 출판).

Aristotle. (2002). 시학. (*Poetics*). (천병희 역). 문예출판사. (원저는 1996년에 출판).

Aristotle. (2005). 시학. (*Poetics*). (이상섭 역). 문학과지성사. (원저는 1996년에 출판).

Aristotle. (2008). 수사학. *(Rhetoric)*. (이종모 역). 리젤. (원저는 1991년에 출판).

Arrindell, W. A., Emmelkamp, P. M. G., Monsma, A., & Brilman, E. (1983). The role of perceived parental rearing practices in the aetiology of phobic disorders: A controlled study. *British Journal of Psychiatry, 143*, 183-187.

Artaud, A. (2008). *Le théâtre et son double*. Gallimard.

Artaud, A. (2009). *OEuvres Complètes IV*. Gallimard.

Artaud, A. (2021). 연극과 그 이중 *(Le théâtre et son double)*. (이선형 역). 지만지. (원저는 2008년에 출판).

Asperger, H. (1938). *The psychically abnormal child*, Wien Klin Wochenschr.

Barber, J. G. (1994). *Social work with addictions*. New York University Press.

Barlow, D. H. (2002). *Anxiety and its disorders* (2nd ed.). Guilford Press.

Barrett, L. F. (2017). 감정은 어떻게 만들어지는가? *(How emotions are made?)*. (최호영 역). 생각연구소. (원저는 2017년에 출판).

Beck, A. T. (1986). Cognitive approaches to anxiety disorders. In B. F. Shaw, Z. V. Segal, T. M. Valis, & F. E. Cashman (Eds.), *Anxiety disorders: Psychological and biological perspectives*. Plenum Press.

Bédouin, J.-L. (1961). *Les Masques*, coll., *Que sais-je?*. PUF.

Bédouin, J.-L. (1986). 가면의 민속학. (이강렬 역). 경서원.

Benjamin, J. (2011). 얼굴, 감출 수 없는 내면의 지도. (신혜연 역). 21세기북스.

Berg, I. K., & Miller, S. D. (1996). 해결중심적 단기가족치료 *(Becoming solution-focused in brief therapy)*. (가족치료연구모임 역). 하나의학사. (원저는 1992년에 출판).

Bettelheim, B. (1998). 옛이야기의 매력 1 *(Uses of enchantment)*. (김옥순, 주옥 공역). 시공주니어. (원저는 1976년에 출판).

Bienenfeld, D. (2009). 상담 및 임상 실무자를 위한 정신역동이론 *(Psychodynamic theory for clinicians)*. (유성경, 서은경, 이은진 공역). 학지사. (원저는

2006년에 출판).

Bloom, B. S. (1964). *Stability and change in human characteristics*. Mcgraw Hill.

Boal, A. (1998). 아우구스또 보알의 연극 메소드 *(The rainbow of desire: The boal method of theatre and therapy)*. (이효원 역). 현대미학사. (원저는 1995년에 출판).

Boal, A. (2003). 개인과 일반인을 위한 연기훈련 *(Games for actors and non-actors)*. (이효원 역). 울력. (원저는 1992년에 출판).

Bradley, L. J., Gould, L. J., & Parr, G. D. (2001). Supervision-based integrative models of counselor supervision. In L. J. Bradley & N. Ladany (Eds.), *Counselor supervision: Principles, process, and practice* (3rd ed., pp. 93-124). Brunner-Routledge.

Bradshaw, J. (2004). 상처받은 내면아이 치료 *(Healing the shame that binds you)*. (오제은 역). 학지사. (원저는 1988년에 출판).

Brechet, B. (2005). 브레히트의 연극이론. *(Brecht on Theatre)*. (송윤섭 역). Hill and Wang, (원저는 1977년에 출판).

Breuer, J., & Freud. S. (2004). 히스테리 연구 *(Sigmund Freud-Gesammelte Werke)*. (김미리혜 역). 열린책들. (원저는 1991년에 출판).

Brian B. (1997). 배우의 길 *(The way of the actor)*. (윤광진 역). 예니. (원저는 1987년에 출판).

Brook, P. (2019). 빈 공간 *(The empty space)*. (이민아 역). 걷는책. (원저는 1995년에 출판).

Brownell, P. (2008). *Handbook for therapy, research, and practice in gestalt therapy*. Cambridge Scholars Publishing.

Bruch, M. A., & Heimberg, R. G. (1994). Differences in perceptions of parental and personal characteristics between generalized and nongeneralized social phobics. *Journal of Anxiety Disorders, 8*(2), 155-168.

Butcher, J. N. (2002). *Clinical personality assessment: Practical approaches*. Oxford University Press.

Caillois, R. (2002). 놀이와 인간 *(Les jeux et les hommes)*. (이상률 역). 문예출판사. (원저는 1958년에 출판).

Cartwright, R. D. (1993). Who needs their dreams? The usefulness of dreams in psychotherapy. *Journal of the American Academy of Psychoanalysis, 21*(4), 539-547.

Christine, C. (2007). 몸으로 떠나는 여행 *(Getting our bodies back)*. (김정명 역). 소피아. (원저는 1996년에 출판).

Clark, D. M., & Wells, A. (1995). A cognitive model of social phobia. In R. G. Heimberg, M. R. Leibowitz, D. A. Hope, & F. R. Schneider (Eds.), Social phobia: Diagnosis, assessment, and treatment. Guilford Press.

Clarkson, P. (1990). *Gestalt counselling in action*. Sagepub.

Clarkson, P. & Mackewn, J. (1993). *Fritz perls*. Sage Publication.

Courtney, R. (2010). 교육연극 교육과정론 *(The dramatic curriculum)*. (황정현 역). 박이정. (원저는 1980년에 출판).

Croyden, M. (1984). 현대연극개론: 광인, 연인, 시인들 *(Lunatics, lovers and poets: The contemporary experimental theatre)*. (송혜숙 역). 한마당. (원저는 1975년에 출판).

Davies, D. (1988). Dramatherapy and psychodrama. In S. Jennings (Ed.), Dramatherapy: Theory and practice for teachers and clinicians. Routledge.

Dayton, T. (2012). 사이코드라마 매뉴얼 *(The living stage: A step-by-step guide to psychodrama, sociometry, and group psychotherapy*). (김세준 역). 시그마프레스. (원저는 2004년에 출판).

Deleuze, G. (2008). 감각의 논리 *(Francis bacon logique de la sensation*). (하태환 역). 민음사. (원저는 1981년에 출판).

Diderot, D. (2001). 배우에 관한 역설 *(Paradoxe sur le comédien*). (주미사 역). 문학과지성사. (원저는 1830년에 출판).

Doris, B. (2009). 은유적 이야기치료: 아동을 위한 스토리텔링 기법 *(More annie stories: Therapeutic storytelling technique*). (김인옥 역). 여문각. (원저는 1992년에 출판).

Dunne, P., & Rand, H. (2006). *Narradrama: Integrating drama therapy, narrative, and the creative arts*. Drama Therapy Institute of Los Angeles.

Duplessis, Y. (1983). 초현실주의 *(Le surréalisme*). (조한경 역). 탐구당. (원저는 1978년에 출판).

Emunah, R. (2015). Self-revelatory performance: A form of drama therapy and theatre. *Drama Therapy Review, 1*(1), 71-85.

Fey, M. E. (1986). *Language intervention with young children*. College-Hill Press.

Field, T. M. (1998). Massage therapy effects. *American Psychologist, 53*(12), 1270-1281.

Fischer-Lichte, E. (2005). 기호학적 차이, 연극에서의 몸과 언어-아방가르드에서 포스트모던으로. (심재민 역). 연극평론, 연극과인간, 37.

Foulquié, P. (1984). 실존주의 *(L'existentialisme*). (김원옥 역). 탐구당. (원저는 1966년에 출판).

Fox, J. (1986). *Acts of service: Spontaneity, commitment, tradition in the nonscripted theatre*. Tusitala Publishing.

Fox, J. (2018). 플레이백 씨어터의 이해 *(Acts of service*). (정성희 역). 연극과인간. (원저는 1964년에 출판).

Freedman, J., & Combs, G. (2006). 이야기치료의 이론과 실제 *(Narrative therapy with couple and a whole lot more*). (허남순, 이경욱, 여혜숙, 오세향 공역). 학지사. (원저는 2002년에 출판).

Freeman, B., & McHenry, S. (1996). Clinical supervision of counselors-in-training: A nationwide survey of ideal delivery, goals, and theoretical influences. *Counselor Education and Supervision, 36*(2), 144-158.

Gehart, R. D. (2023). 상담 및 심리치료 사례개념화와 치료계획 *(Theory and treatment planning in counseling and psychotherapy*). (이동훈, 명소연, 전지열, 송연주, 함경애, 신지영, 강수운, 이화정, 양모현, 김영애, 박가현, 신지영, 김주연, 김해진, 남슬기, 김나연, 허소정, 황유진 공역). 학지사. (원저는 2016년에 출판).

Gersie, A., & King, N. (1990). *Storymaking in education and therapy*. Jessica Kingsly.

Giddens, A. (1996). 현대사회의 성 · 사랑 · 에로티시즘: 친밀성의 구조변동 *(Transformation of intimacy: Sexuality, love, and eroticism in modern*). (배은경, 황정미 공역). 새물결. (원저는 1992년에 출판).

Goffman, E. (1959). *The presentation of self in everyday life*. Anchor.

Greenberg, L., & Paivio, S. (2008). 심리치료에서 정서를 어떻게 다룰 것인가 *(Working with emotions in psychotherapy*). (이홍표 역). 학지사. (원저는 1997년에 출판).

Gregg, M. F. (2009). 그림 속에 숨겨진 마음의 세계 *(The secret world of drawings*). (홍은주, 최은정 공역). 학지사. (원저는 1992년에 출판).

Grotowski, J. (1976). 성스러운 날. (장영민 역). 한국연극.

Grotowski, J. (1987). 가난한 연극 *(Towards a poor*

theatre). (고승길 역). 교보문고. (원저는 1968년에 출판).

Halprin, D. (2006). 동작중심 표현예술치료: 움직임, 은유 그리고 의미의 세계 *(The expressive body in life art and therapy*). (김용량, 이정명, 오은영 공역). 시그마프레스. (원저는 2002년에 출판).

Harrison, L. L., Leeper, J. D., & Yoon, M. (1990). Effects of early parent touch on preterm infants' heart rates and arterial oxygen saturation levels. *Journal of Advanced Nursing, 15*(8), 8.

Haynes, R., Corey, G., & Moulton, P. (2006). 수퍼비전의 실제 *(Clinical supervision in the helping professions*). (김창대, 유성경, 김형수 공역). 시그마프레스. (원저는 2003년에 출판).

Hertenstein, M. J., & Campos, J. J. (2001). Emotion regulation via maternal touch. *Infancy, 2*(4), 549–566.

Holloway, E. L. (1995). *Clinical supervision: A systems approach*. Sage Publications, Inc.

Huizinga, J. (2018). 호모 루덴스 놀이하는 인간 *(Homo ludens*). (이종인 역). 연암서가. (원저는 1938년에 출판).

Innes, C. (1997). 아방가르드 연극의 흐름 *(Avant garde theatre: 1892–1992*). (김미혜 역). 현대미학사. (원저는 1993년에 출판).

Israel, A. C., Malatras, J. W., & Wicks-Nelson, R. (2022). 아동 · 청소년 이상심리학. *(Abnormal child and adolescent psychology*). (정명숙, 정현희, 이승연 공역). 시그마프레스. (원저는 2008년에 출판).

Ivancevich, J. M., & Matteson, M. T. (1979). *Stress and work: A managerial perspective*. Scott, Foreman and Company.

Jacobi, J. (1988). 칼 융의 심리학 *(The psychology of C. G. Jung*). (이태동 역). 성문각. (원저는 1973년에 출판).

Jakobson, R. (1989). 일반언어학이론 *(Essais de linguistique générale 1*). (권재일 역). 민음사. (원저는 1963년에 출판).

Janet T. T. (2011). 상담수퍼비전에서 만나게 되는 윤리적 주제들 *(The ethics of supervision and consultation: Practical guidance for mental health professionals*). (방기연 역). 양서원. (원저는 2010년에 출판).

Jarvis, T. J., Tebbutt, J., Mattick, R. P., & Shand, F. (2010). 중독상담과 재활 *(Treatment approaches for alcohol and drug dependence*). (신성만, 전영민, 권정옥, 이은경, 조현섭 공역). 학지사. (원저는 1995년에 출판).

Jaspers, K. (1986). 역사의 기원과 목표 (*Vom ursprung und ziel der geschichte*). (백승균 역). 이화여자대학교출판부. (원저는 1955년에 출판).

Jaspers, K. (2021). 비극론 *(Das tragische*). (황문수 역). 범우사. (원저는 1964년에 출판).

Jennings, S. (2003). 수 제닝스의 연극치료 이야기 *(Introduction to dramatherapy: Theatre and healing*). (이효원 역). 울력. (원저는 1997년에 출판).

Jennings, S. (2007). 크리에이티브 드라마 *(Creative drama in groupwork*). (이귀연 역). 울력. (원저는 1986년에 출판).

Jennings, S. (2011). Play and Story Attachment Assessment(PASAA). *Dramatherapy 33*(1), 45–57.

Jennings, S. (2020). 건강한 애착과 신경극놀이 *(Healthy attachments and neuro-dramatic-play*). (이효원, 황대연 공역). 울력. (원저는 2011년에 출판).

Jennings, S., Cattanach, A., Mitchell, S., Chesner, A., & Meldrum, B. (2010). 연극치료 핸드북 *(The handbook of dramatherapy*). (이효원 역). 울력.

(원저는 1993년에 출판).

Johnson, D. R. (1982). Developmental approaches in drama therapy. *The Arts in Psychotherapy, 9*(3), 183-189.

Johnson, D. R. (1991). The theory and technique of transformations in drama therapy. *The Arts in Psychotherapy, 18*(4), 285-300.

Johnson, D. R., & Emunah, R. (2011). 현대 드라마 치료의 세계: 드라마치료의 역사와 현재적 접근 *(Current approaches in drama therapy)*. (김세준, 이상훈 공역). 시그마프레스. (원저는 2000년에 출판).

Johnson, D. R., Forrester, A., Dintino, C., James, M., & Schnee, G. (1996). Towards a poor drama therapy. *The Arts in Psychotherapy, 23*(4), 239-306.

Johnson, D. R., Pendzik, S., & Snow, S. (2013). 연극치료의 진단평가 *(Assessment in drama therapy)*. (박미리, 김숙현 공역). 학지사. (원저는 2011년에 출판).

Johnstone, K. (1995). 즉흥연기 *(IMPRO Improvisation and the theatre)*. (이미아 역). 지호출판사. (원저는 1979년에 출판).

Jones, P. (2005). 드라마와 치료 *(Drama as therapy: Theatre as living)*. (이효원 역). 울력. (원저는 1996년에 출판).

Kadushin, A. (1992). *Supervision in social work* (3rd ed.). New York Columbia University Press.

Kalff, D. M. (2012). 도라 칼프의 모래놀이 *(Sandspiel)*. (이보섭 역). 학지사. (원저는 1996년에 출판).

Karp, M., Holmes, P., & Trauvon, K. B. (2005). 심리극의 세계 *(The handbook of psychodrama)*. (김광운, 박희석, 김경자, 전은희, 강명옥, 임수진 공역). 학지사. (원저는 1968년에 출판).

Kirby, E. T. (1976). 샤머니즘과 연극 *(Shamanism and theatre)*. (김문환 역). 연극평론, 연극과 인간, 14.

Knill, P. J., Levine, E. G., & Levine, S. K. (2011). 치료미학: 표현예술치료의 이론과 실제 *(Principles and practice of expressive arts therapy)*. (이모영, 문소역 공역). 시그마프레스. (원저는 2004년에 출판).

Kolk. B. V. D. (2017). 몸은 기억한다 *(The body keeps the score)*. (제효영 역). 을유문화사. (원저는 2014년에 출판).

Koster, R. (2017). 라프 코스터의 재미이론 *(Theory of fun for game design)*. (유창석, 전유택 공역). 길벗. (원저는 2004년에 출판).

Kuhar, M. (2012). 중독에 빠진 뇌 *(The addicted brain: Why we abuse drugs, alcohol, and nicotine)*. (김정훈 역). 해나무. (원저는 2011년에 출판).

Ladany, N., & Bradley, L. J. (2013). 상담 수퍼비전 *(Counselor supervision)*. (유영권, 안유숙, 이정선, 은인애, 류경숙, 최주희 공역). 학지사. (원저는 2010년에 출판).

Lahad, M. (1992). *Story-making in assessment method for coping with stress Six-piece story-making and BASIC Ph. In S. Jennings (Ed.). Dramatherapy: Theory and practice 2.* Routledge.

Lakoff, G., & Johnson, M. (2002). 몸의 철학 *(Philosophy in the flesh: The embodied mind and its challenge to western thought)*. (임지룡, 윤희수, 노양진, 나익주 공역). 박이정. (원저는 1999년에 출판).

Lakoff, G., & Johnson, M. (2006). 삶으로서의 은유 *(Metaphors we live by)*. (노양진, 나익주 공역). 박이정. (원저는 1980년에 출판).

Landy, R. (2002). 억압받는 사람들을 위한 연극치료 *(Drama therapy: Concepts, theories and practices)*. (이효원 역). 울력. (원저는 1986년에 출판).

Landy, R. (2010). 페르소나와 퍼포먼스 *(Persona and performance)*. (이효원 역). 학지사. (원저는 1993년에 출판).

Landy, R. (2012). 카우치와 무대 *(The couch and the stage: Integrating words and action in psychotherapy)*. (이효원 역). 울력. (원저는 2007년에 출판).

Le Boeuf, P. (2009). *Craig et la marionnette*, Actes Sud.

Leabhart, T. (1998). 모던 마임과 포스트모던 마임 *(Modern and post-modern mime)*. (박윤정 역). 현대미학사. (원저는 1989년에 출판).

Lefebvre, H. (2011). 공간의 생산 *(La production de l' espace)*. (양영란 역). 에코리브르. (원저는 1974년에 출판).

Lehmann, H.-T. (2013). 포스트드라마 연극 *(Postdramatisches theater)*. (김기란 역). 현대미학사. (원저는 1999년에 출판).

Lelord, F., & André, C. (2008). 내 감정 사용법 *(La force des emotions)*. (배영란 역). 위즈덤하우스. (원저는 2001년에 출판).

Loewenberg, F. M., & Dolgoff, R. (2000). 사회복지 실천윤리 *(Ethical decisions for social work practices)*. (서미경, 김영란, 박미은 공역). 양서원. (원저는 1982년에 출판).

Levine, S. K., & Levine, E. G. (2013). 표현과 치료: 철학, 이론, 적용 *(Foundations of expressive arts therapy: Theoretical and clinical perspectives)*. (최은정 역). 시그마프레스. (원저는 1998년에 출판).

McAlister, M. (2011). From transitional object to symbol: Spiderman in a dramatherapy group with mentally disordered offenders. In *Dramatherapy and destructiveness: Creating the evidence base, playing with thanatos*. Routledge.

McFarlane, P., & Harvey, J. (2013). 학교에서의 연극치료와 가족치료: 다중지원 서비스 *(Dramatherapy and family therapy in education)*. (최윤미, 지승희 공역). 시그마프레스. (원저는 2012년에 출판).

McLuhan, M. (1999). 미디어의 이해 *(Understanding media)*. (박정규 역). 커뮤니케이션북스. (원저는 1994년에 출판).

Mcniff, S. (2014). 통합예술치료 *(Integrating the arts in therapy: History, theory, and practice)*. (윤혜선 역). 이담북스. (원저는 2009년에 출판).

Merleau-Ponty, M. (2004). 보이는 것과 보이지 않는 것 *(Le visible et l'invisible)*. (남수인, 최의영 공역). 동문선. (원저는 1979년에 출판).

Morana, C., & Oudin, E. (2013). 예술철학: 플라톤에서 들뢰즈까지 *(L'art: De platon a deleuze)*. (한의정 역). 미술문화. (원저는 2009년에 출판).

Moreno, J. (2019). 사이코드라마 1 *(Psychodrama)*. (손창선, 이옥진 공역). 아카데미아. (원저는 1964년에 출판).

Morrissette, P. J. (2012). 셀프 슈퍼비전 *(Self-supervision)*. (이명우, 장석진, 이정화, 조민아, 김경집, 최창조, 양승민 공역). 학지사. (원저는 2002년에 출판).

Nietzsche, F. (2005). 유고(1870년~1873년)-니체전집 3: 디오니소스적 세계관 *(Nachgelassene schriften 1870-1873: Friedrich nietzsche samtliche werke 1)*. (이진우 역). 책세상. (원저는 1999년에 출판).

O'Neill, C. (2019). 드라마 세계 *(Drama worlds)*. (송혜숙, 조경향 공역). 연극과인간. (원저는 1995년에 출판).

Paleg, K., & Jongsma, A. E., Jr. (2017). 집단치료 치료계획서 *(Group therapy treatment planner with dsm-5 updates)*. (박성현, 이동귀, 이동훈 공역). 시그마프레스. (원저는 2015년에 출판).

Pavis, P. (1980). *Dictionnaire du Théâtre*, Messidor.

Pavis, P. (1999). 연극학 사전 *(Dictionnaire du théâtre)*. (신현숙, 윤학로 공역). 현대미학사. (원저는 1980년에 출판).

Pendzik, S. (2021). Performance-based drama therapy: Autobiographical performance as a therapeutic intervention. *POS: Revista do Programa de Pos-graduacao em Artes da EBA/UFMG, 11*(23). set-dez.

Pendzik, S., Emunah, R., & Johnson, D. R. (Eds.). (2016). *The self in performance: Autobiographical, self-revelatory, and autoethnographic forms of therapeutic theatre*. Palgrave Macmillan.

Platon (2016). 플라톤의 국가 *(Politeia)*. (최광열 편역). 아름다운날. (원저는 2004년에 출판).

Platon (2016). 법률 *(The laws)*. (천병희 역). 숲. (원저는 2012년에 출판).

Propp, V. (2013). 민담 형태론 (*Морфологиясказки*). (어건주 역). 새문사. (원저는 1928년에 출판).

Radloff, L. (1997). The CES-D scale: A self-report depression scale for research in the general population. *Applied Psychological Measurement, 1*, 386-401.

Reamer, F. G. (2005). 사회복지실천의 가치와 윤리 *(Ethical standards in social work: A critical review of the NASW code of ethics)*. (고미영, 최경원, 황숙연 공역). 사회복지실천연구소. (원저는 1998년에 출판).

Reed, V. (2012). *An introduction to children with language disorders* (4th ed.). Pearson New International Edition.

Reich, W. (2005). 오르가즘의 기능 *(Function of the orgasm)*. (윤수종 역). 그린비. (원저는 1989년에 출판).

Rogers, N. (2007). 인간중심 표현예술치료: 창조적 연결 *(The creative connection: Expressive arts as healing)*. (이정명, 전미향, 전태옥 공역). 시그마프레스. (원저는 1993년에 출판).

Rombach, H. (2001). 아폴론적 세계와 헤르메스적 세계 *(Welt und gegenwelt: Umdenken uber die wirklichkeit-Die philosophisc)*. (전동진 역). 서광사. (원저는 1983년에 출판).

Saint-Denis, M. (1994). 연기훈련 *(Training for the theater: Premises & promises)*. (윤광진 역). 예니. (원저는 1982년에 출판).

Satir, V., Gomori, M., Gerber, J., & Banmen, J. (2000). 사티어 모델: 가족치료의 지평을 넘어서 *(The satir model, family therapy and beyond)*. (한국버지니아사티어연구회 역). 김영애가족치료연구소. (원저는 1991년에 출판).

Schaefer, C. E. (Ed.). (2011). 성인을 위한 놀이치료 *(Play therapy with adults)*. (백지연 역). 북스힐. (원저는 2003년에 출판).

Scharff, D. J. (2002). 대상관계 개인치료 I *(Object relations individual therapy)* (이재훈, 김석도 공역). 한국심리치료연구소. (원저는 1998년에 출판).

Schechner, R. (2004). 민족연극학 *(Between theater and anthropology)*. (김익두 역). 한국문화사. (원저는 1985년에 출판).

Schrader, C., Colkett, D., Grainger, R., Israel, S., Jennings, S., Linden, S., Mitchell, S., Becker, S. N., Plummer, E., Raucher, G., Roose-Evans, J., Rubin, S., Todd, C., & Valeta, T. (2017). 제의 연극: 개인의 성장과 집단 및 임상 실제에서 극적 제의의 힘 *(Ritual theatre: The power of dramatic ritual in personal development group and clinical practice)*. (이효원, 엄수진, 이가원 공역). 울력. (원저는 2011년에 출판).

Shadyac, T. (Director). (1998). *Patch Adams* [Film]. Universal Pictures.

Shakespeare, W. (1990). 뜻대로 하세요 *(As you like it)*. (신정옥 역). 전예원. (원저는 1926년에 출판).

Shakespeare, W. (2009). 맥베스 *(Macbeth)*. (이원주 역). 시공사. (원저는 1939년에 출판).

Shapiro, L. (2016). *Self-revelatory performance: The intentional use of theatre's therapeutic nature*. Connecticut College New London.

Sheimer, B. R. (1970). 아리스토텔레스를 통해서 본 아시아 연극. 연극평론, 3, 연극과 인간.

Simmons, A. (2013). 스토리텔링 *(The story factor)*. (김수현 역). 한언. (원저는 2000년에 출판).

Spinoza, B. (2007). 에티카 *(Etica)*. (강영계 역). 서광사. (원저는 2005년에 출판).

Stadter, M. (2006). 대상관계 단기치료 *(Object relations brief therapy: The therapeutic relationship in short-term work)*. (이재훈 역). 한국심리치료연구소. (원저는 1996년에 출판).

Stanislavski, K. (2014). 스타니슬라프스키 연기론 1 *(An actor prepares)*. (김균형 역). 소명출판. (원저는 1924년에 출판).

Stanislavski, K. (1999). 스타니슬라프스키 연기론 2 *(Building a character)*. (김균형 역). 소명출판. (원저는 1949년에 출판).

Stanislavski, K. (2002). 스타니슬라프스키 연기론 3 *(Creating a role)*. (김균형 역). 소명출판. (원저는 1957년에 출판).

Summers, F. (2004). 대상관계 이론과 정신병리학 *(Object relations theories and psychopathology)*. (이재훈 역). 한국심리치료연구소. (원저는 1994년에 출판).

Swisher, L., & Demetras, M. (1985). The expressive language characteristics of autistic children compared with mentally retarded or specific language impaired children. In E. Schopler & G. B. Mesibov (Eds.), *Communication problems in autism*. Plenum.

Thorau, H. (1989). 억압받는 자들의 연극: 아우구스또 보알 *(Augusto boals theater der unterdrückten in theorie und praxis)*. (김미혜 역). 열화당. (원저는 1982년에 출판).

Tselikas-Portmann, E. (Ed.). (1999). *Supervision and dramatherapy*. Jessica Kingsley Publishers.

Turner, V. (1996). 제의에서 연극으로 *(From ritual to theatre: The human seriousness of play)*. (이기우, 김익두 공역). 현대미학사. (원저는 2001년에 출판).

Wagner, C. A., & Smith, J. P., Jr. (1979). Peer supervision: Toward more effective training. *Counselor Education and Supervision, 18*(4), 288-293.

Watson, L. R., Martin, K., & Schaffer, B. (1986). From, content, and function of the spontaneous communication of autistic students. *Australian Journal of Human Communication Disorders, 14*(1), 33-49.

Watson, L. R. (1985). The TEACCH communication curriculum. In E. Schopler & G. B. Mesibov (Eds.), *Communication problems in autism*. Plenum.

Watson, L. R. (Ed.). (1996). 자폐아와 발달장애 아동의 자발적 의사소통 지도 *(Teaching spontaneous communication to autistic and developmentally handicapped children)*. (이금진 역). 이화여자대학교 출판부. (원저는 1989년에 출판).

Welfel, E. R. (2020). 상담 및 심리치료 윤리 *(Ethics in counseling and psychotherapy)*. (서영석, 조화진, 최바올, 김민선 공역). 박영스토리. (원저는 2015년에 출판).

Wetherby, A. M., & Prizant, B. M. (Eds.). (2000). *Autism spectrum disorders: A transactional developmental perspective*. Paul H. Brookes Publishing Co.

Wilshire, B. W. (1982), *Role Playing and identity: The limits of theatre as metaphor*. Indiana University Press.

Winner, E. (2004). 예술심리학 *(Invented world: The psychology of the art*). (이모영, 이재준 공역). 학지사. (원저는 1982년에 출판).

Winslade, J., & Monk, G. (2005). 이야기상담 *(Narrative counseling in schools*). (송현종, 정수희 공역). 학지사. (원저는 1999년에 출판).

〈웹사이트〉

국사편찬위원회 조선왕조실록 http://sillok.history.go.kr/id/kja_11112029_002

나무위키 '연산군' https://namu.wiki/w/연산군

사이언스타임즈. "AI 의료 상담, 어디까지 믿을 수 있을까?: AI 의료 상담의 현황과 신뢰성". 2025.03.21. https://www.sciencetimes.co.kr/nscvrg/view/menu/249?searchCategory=221&nscvrgSn=259960

영국연극치료협회 http://badth.org.uk/

위키백과 '놀이' https://ko.wikipedia.org/wiki/놀이

위키백과 '조선무속고' https://ko.wikipedia.org/wiki/조선무속고

한국데이트폭력연구소 http://www.stoptrauma.co.kr/s2/s2_1.php

한국여성의전화 http://hotline.or.kr/

Libre. "상담이론-이야기 치료". 2017.11.06. https://m.blog.naver.com/PostView.nhn?blogId=esther5814&logNo=221134063464&proxyReferer=https:%2F%2Fwww.google.co.kr%2F

찾아보기

인명

내용

저자 소개

이선형 (Lee, Sun Hyung)

성균관대학교 불어불문학과에서 학사와 석사학위를 받았다. 프랑스 스트라스부르대학교에서 부조리 극작가 장 타르디유(J. Tardieu)에 관한 논문으로 박사학위를 받았다. 연극평론가로 활동하고 있으며 연극평론집 『연극은 무엇을 위해 존재하는가』(2013)로 여석기 연극평론가상을 수상하였다. 김천대학교 상담심리학과에서 재직하였고, 한국연극예술치료학회 학회장, 한국연극치료협회 협회장, 공연과 이론을 위한 모임(공이모) 대표, 한국연극평론가협회 이사, 한국연극학회 부회장, 한국드라마학회 부회장 등을 역임하였다. 현재 연극치료 전문수련 감독으로 활동하고 있다. 극단 삼산이수에서 〈사모바위〉 〈오아시스 세탁소 습격사건〉 〈지하철의 연인들〉 〈파틀랭 선생〉 등을 연출하였다.

〈주요 저서 및 논문〉

『연극치료, 연극의 뿌리를 찾아서』(학지사, 2024)
『어린왕자와 떠나는 치유여행』(정인출판사, 2016)
『영화 속 인간 심리』(학지사, 2016)
『연극 · 영화로 떠나는 가족치료』(공저, 시그마프레스, 2010)
「브레히트 학습극의 치유성 연구-토론 연극과 비교를 통해」(2023)
「가난한 연극치료(poor drama therapy)를 향하여—가난한 연극과 연극치료의 발달변형모델 관계 연구」(2022)
「연극치료와 사이코드라마의 비교 연구—역할을 중심으로」(2020)
「역할놀이의 치유적 특성 연구—영화 〈패치 아담스〉를 중심으로」(2019)
「한국의 굿과 연극치료의 연계 가능성 연구」(2016)
「제의적 연극치료 연구—제닝스와 존스를 중심으로」(2015)

연극치료
-이론과 실제-

Drama Therapy
- Theory and Practice

2025년 5월 20일 1판 1쇄 인쇄
2025년 5월 30일 1판 1쇄 발행

지은이 • 이선형
펴낸이 • 김진환
펴낸곳 • (주) 학지사
04031 서울특별시 마포구 양화로 15길 20 마인드월드빌딩
대 표 전 화 • 02)330-5114 팩스 • 02)324-2345
등 록 번 호 • 제313-2006-000265호

홈 페 이 지 • http://www.hakjisa.co.kr
인스타그램 • https://www.instagram.com/hakjisabook

ISBN 978-89-997-3426-7 93180

정가 27,000원